한국재벌과
지주회사체제:
GS와 LS

한국재벌과 지주회사체제: GS와 LS

| 김동운 지음 |

이담 Books

지은이의 말

지주회사(持株會社, holding company)가 새로운 지배구조로 각광받고 있다.

지주회사는 다른 회사의 주식 보유가 주된 목적인 회사로서 자회사, 손자회사 및 증손회사를 단계적으로 거느리면서 상하, 주종 관계의 지배체제를 형성한다. 1999년 2월 설립이 허용된 이후 지주회사에 대한 관심이 해를 거듭할수록 고조되어 오고 있으며, 2007년 이후 보다 큰 흐름을 형성하고 있다. 특히 한국경제에서 절대적인 비중을 차지하고 있는 재벌들의 참여가 매우 적극적이다.

얼마나 많은 기업과 재벌들이 지주회사체제를 채택하고 있는가? 왜, 어떤 방식으로 채택하고 있는가? 채택한 이후 어떤 변화가 일어나고 있는가? 그 변화는 긍정적인가, 부정적인가? 지주회사체제가 바람직한 대안적 지배구조로서 제대로 자리매김하고 있는가? 지금의 지주회사 설립 열기가 앞으로도 계속될 것인가?

이 책은 이러한 궁금증들에 대한 답을 찾기 위해 그리고 실마리를 얻기 위해 집필되었다. 『한국재벌과 지주회사체제: LG와 SK』(2011), 『한국재벌과 지주회사체제: CJ와 두산』(2013)에 이은 세 번째 저서이다. 한국경제에서 주요한 위치를 차지하고 있는 두 재벌인 GS그룹과 LS그룹의 지주회사체제 구축 경험을 심층 분석함으로써 시사점을 도출하려고 노력하였다.

모두 다섯 개의 장으로 구성되어 있다: 제1장 (머리말); 제2장 (한국재벌과 지주회사체제); 제3장 (GS그룹의 지주회사체제); 제4장 (LS그룹의 지주회사체제); 제5장 (GS그룹과 LS그룹의 지주회사체제: 종합 및 전망). 부록에는 본문의 내용을 보완하는 지주회사 관련 자료를 정리하였다.

이 책의 주요 내용은 여러 형태로 학술지에 게재되거나 학술대회에서 발표되었다. 애정

어린 질책을 아끼지 않으신 학술지 심사위원들 그리고 학술대회의 논평자와 참가자들께 진심으로 감사드린다.

학술지 발표 논문: (1) '대규모기업집단과 지주회사' (2011년 3월), <지역사회연구> 제19권 제1호; (2) '공정거래법상 지주회사의 주요 추세와 특징 - 신설・존속 지주회사, 계열회사, 지주비율, 자산총액을 중심으로' (2011년 6월), <기업경영연구> 제18권 제2호; (3) '한국재벌과 지주회사체제: 주요 추세 및 특징, 2001-2011년' (2013년 6월), <경영사학> 제28집 제2호; (4) '한국재벌과 지주회사체제: GS그룹과 LS그룹의 비교' (2014년 12월), <질서경제저널> 제17권 제4호; (5) 'GS그룹의 소유구조, 2005-2013년' (2014년 12월), <경영사학> 제29집 제4호.

학술대회 발표 논문: (1) '한국재벌과 지주회사체제: LG, GS, LS그룹의 비교' (2008년 11월), 한국경영사학회, 2008년 국제학술대회, 동국대 (토론: 고려대 정안기); (2) '한국에서의 지주회사 설립 동향, 2000-2010년' (2010년 11월), 한국기업경영학회, 2010년 추계학술대회, 수원대 (토론: 극동정보대 이재춘); (3) '한국재벌과 지주회사체제: 현황과 전망' (2011년 6월), 한국산업조직학회, 2011년 하계학술대회, 서울시립대 (토론: 한국경제연구원 김현종); (4) 'GS그룹 지주회사체제의 성립과정과 의의, 2005-2011년' (2011년 12월), 한국기업경영학회, 2011년 추계학술발표대회, 숙명여대 (토론: 강남대 김병준); (5) '한국재벌과 지주회사체제: 주요 추세 및 특징, 2001-2011년' (2013년 2월), 한국산업조직학회, 2013 경제학공동학술대회, 고려대 (토론: 숭실대 조성봉); (6) '공정거래법상 지주회사, 2000-2012년' (2013년 5월), 한국경영사학회, 2013년 한일 경영사학회 국제학술대회, 대한상공회의소 (토론: 강동대 이재춘); (7) 'LS그룹 지주회사체제의 성립과정과 의의' (2014년 2월), 한국사회경제학회, 2014 경제학공동학술대회, 성균관대 (토론: 한국기업지배구조원 송민경); (8) '한국재벌과 지주회사체제: GS그룹의 사례' (2014년 2월), 한국산업조직학회, 2014 경제학공동학술대회, 성균관대 (토론: 한양대 김영산); (9) 'LS그룹의 성장과정, 2004-2014년: 지배구조의 변화를 중심으로' (2014년 5월), 경제사학회, 2014년 춘계학술대회, 한국방송통신대 (토론: 경북대 이근기); (10) 'GS그룹과 지주회사체제: 지배구조의 주요 추세 및 특징, 2005-2013년' (2014년 5월), 한국기업경영학회, 2014년 춘계학술대회, 중앙대 (토론: 강동대 이재춘, 안양대 정준희); (11) 'LS그룹과 GS그룹의 지주회사체제: 비교 및 전망' (2014년 10월), 한국기업경영학회, 2014년 추계학술대회, 전라남도 광양시 월드마린센터 (토론: 경성대 이태섭, 전북대 오한모); (12) 'GS그룹 허창수 일가의 가족공동소유, 2005-2013년' (2014년 11월), 한국사회경제학회, 2014년 겨울정기학술대회, 연세대 (토론: 인하대 김진방); (13) '한국재벌에서

의 가족 소유: LS그룹 구태회 일가의 사례' (2014년 11월), 한국경제통상학회, 2014년 추계국제학술대회, 부산대 (토론: 신라대 유영명); (14) 'LS그룹의 소유구조, 2004-2013년' (2014년 12월), 한국경영사학회, 2014년 추계학술대회, 연세대 (토론: 강동대 이재춘); (15) 'GS그룹의 소유구조' (2014년 12월), 한국경제연구학회, 2014년 정기학술대회, 성균관대 (토론: 성균관대 이진형).

이 조그마한 결실을 부모님께 드리고 싶다. 오랜 기간 '생명에 대한 강한 의지'로 병마(病魔)를 거뜬하게 물리치고 계시는 아버지, 그리고 일원상(一圓相)의 따뜻한 마음으로 무한한 보살핌을 주고 계시는 어머니. 존경합니다. 사랑합니다. 예정보다 많이 늦어진 일정 속에서도 원고 집필을 격려해 주고 정성스럽게 편집해 주신 출판사 관계자 여러분께 감사드린다.

2014년 12월 31일

김 동 운

목 차

부록 · 309

표 목차

그림 목차

부록 표 목차

부록 그림 목차

제1장

머리말

1.

지주회사제도는 1999년 2월 다시 도입되었으며 올해(2014년)로 15년째가 된다.

지주회사(持株會社, holding company)는 다른 회사의 주식 보유가 주된 목적인 회사로서 자회사, 손자회사 및 증손회사를 단계적으로 거느리며 그 결과 단선 하향적인 지배체제를 형성한다. 그런 한편으로 지주회사는 적은 자본으로 다른 회사들을 용이하게 지배할 수 있는 조직이기도 하다.

1987년 정부는 재벌의 경제력집중 억제를 위한 대규모기업집단지정제도를 도입하면서 지배력의 부작용을 우려하여 이전부터 허용해 오던 지주회사의 설립을 금지시켰다. 하지만 재벌의 문어발식 확장은 계속되었으며 이는 1997년 외환위기의 주요 요인으로 작용하였다.

1998년 출범한 김대중 정부는 재벌의 구조조정을 최우선 과제로 추진하였고, 그 일환으로 1999년 2월 지주회사의 설립을 다시 허용하는 조치를 취하였다. 종래의 재벌들에서는 계열회사 상호 간에 출자가 순환적이고 중층적으로 얽혀 있었으며, 그 정점에는 극히 적은 지분을 보유하는 그룹총수가 있었다. 소유가 뒷받침되지 않은 상태에서 경영권은 무분별하고 무책임하게 행사되었으며, 이는 계열회사의 문어발식 확장과 방만한 경영으로 이어졌다. 반면 지주회사체제는 '지주회사 → 자회사 → 손자회사 → 증손회사'로 이어지는 단선적인 소유구조를 갖는다. 이전의 그룹총수는 충분한 지분으로 지주회사를 소유하면서 경영하고 계열회사는 독자적으로 자율경영을 하게 함으로써 '투명하고 민주적인 지배구조'를 정착시킨다는 것이 지주회사 설립 재허용의 취지였다. 지주회사가 지배력 확장의 수단으로 악용되는 것을 막기 위한 조치들은 별도로 마련되었다.

1999년 2월 이후 지주회사체제를 가장 먼저 도입한 것은 4위 재벌인 SK그룹이었다. 계열회사인 SK엔론(이후 SK E&S)이 2000년 1월 제1호 공정거래법상 지주회사로 지정된 것이다. 2001년에는 3위 재벌인 LG그룹이 지주회사체제를 채택하였다.

이후 매년 다수의 재벌들이 새로운 지배구조로서의 지주회사 실험 대열에 동참하였고, 2000년대 후반 들어 큰 흐름을 형성하였다. 지주회사체제를 채택한 재벌은 2001-2003년 사이 매년 2-4개이던 것이 2005-2006년에는 6-9개, 2007-2009년에는 11-14개, 2010년에는 17개, 2011년에는 20개로 늘어났으며 2012-2013년에는 최고치인 21개로 더욱 늘어났다. 지주회사체제를 채택한 재벌이 공정거래법상 재벌(또는 대규모사기업집단) 전체에서 차지하는 비중 또한 꾸준히 증가하였다. 2001년 7%(30개 재벌 중 2개 재벌)이던 것이 2003-2006년 10-19%(42-52개 중 4-9개), 2007년 25%(55개 중 14개), 2009년 33%(39개 중 13개), 2010년 40%(43개 중 17개) 등으로 높아졌고 2011년에는 최고치인 44%(45개 중 20개)를 기록하였다. 2012-2013년 현재에는 41%(51개 중 21개)이다. 2000년 이후 2013년까지 지주회사체제를 채택한 재벌은 모두 30개이며 소속 일반지주회사는 46개이다. 이들 중 2013년 현재에도 지주회사체제를 유지하고 있는 재벌과 소속 일반지주회사는 각각 21개, 36개이다.

한편, 재벌에 소속된 지주회사를 포함하는 공정거래법상 지주회사 전체의 수 또한 2000대 후반 들어 크게 증가하였다. 2000-2006년에는 매년 10개 미만(5-8개)이던 신설 지주회사는 2007년 15개로 늘어났고 2008년에는 31개로 최고치를 기록하였다. 2009-2010년 20개로 줄어들었다가 2011-2012년에는 26-27개로 다시 늘어났으며, 2013년에는 9월 현재까지 12개가 신설되었다. 2000년 이후 2013년까지 신설된 지주회사는 모두 194개(일반지주회사 172개, 금융지주회사 22개)이며, 공정거래법상의 요건을 충족하면서 2013년 현재에도 존속하고 있는 지주회사는 127개(일반지주회사 114개, 금융지주회사 13개)이다.

2.

제도가 도입된 지 15년이 지나면서 재벌들, 기업들이 새로운 지배구조로서의 지주회사 실험 대열에 대거 동참해 오고 있다. 이러한 흐름의 성격이 무엇인지, 이 흐름이 올바른 방향으로 나아가고 있는지에 대한 진지한 성찰이 필요한 시점이다.

지주회사와 관련된 연구는 그 동안 다양한 분야에서 그리고 다양한 각도에서 진행되어 오고 있다('참고문헌' 참조). 하지만 한국경제에서 절대적인 비중을 차지하는 재벌들에서 구축되고 있는 지주회사체제와 관련해서는 이를 본격적으로 분석, 정리 및 평가하는 학계의 노력이 아직 미미한 실정이다. 이 책은 이러한 노력의 일환이며, 『한국재벌과 지주회사체제:

LG와 SK』(2011년), 『한국재벌과 지주회사체제: CJ와 두산』(2013년)에 이은 세 번째 걸음으로서 GS그룹과 LS그룹의 지주회사체제에 초점을 맞추었다.

SK그룹은 2000년 재벌 최초로 지주회사체제를 도입하였고, LG그룹은 2001년 재벌 중 두 번째로 지주회사체제를 도입한 동시에 재벌 최초로 처음부터 적극적인 지주회사체제를 구축하였다. 두 그룹 모두 2000-2001년 이후 2014년 현재까지 5대 재벌(3-4위, 2-4위)에 속해 있었다. CJ그룹과 두산그룹의 경우, 지주회사체제 도입 시기(2007년, 2009년)에 있어서나 재벌 순위(14-19위, 12-13위)에 있어서는 SK와 LG에 뒤지지만 나름대로의 방식으로 독자적인 지주회사체제를 구축하였다. 이들 4개 재벌은 모두 적극적인 지주회사체제를 도입하여 그룹 계열회사들의 대다수가 지주회사체제에 편입되어 있다.

이에 비해 GS그룹은 2005년에, LS그룹은 2008년에 지주회사체제를 도입하였다. 각각 10대 재벌(7-9위)과 20대 재벌(15-18위)에 속해 있다. GS는 재벌들 중에서는 최초로 그룹 출범 때부터 지주회사체제로 시작하였다. 이 두 그룹은 적극적인 지주회사체제를 채택하기는 하였지만, 그룹 계열회사들 중 지주회사체제에 편입되어 있는 회사의 비중이 다른 재벌들에 비해 매우 낮다. GS에서는 절반 이하이고, LS에서는 절반을 조금 넘는 수준이다. LG, SK, CJ 및 두산의 지주회사체제와 마찬가지로, GS와 LS의 지주회사체제 또한 '한국재벌과 지주회사체제'라는 큰 틀 속에서 진행되고 있는 독특한 경험이며 귀중한 실험임에 틀림없다.

본 연구자는 지주회사체제를 채택한 다른 재벌들에 대한 사례연구도 순차적으로 진행할 예정이며, 궁극적으로는 이 사례들을 바탕으로 '한국재벌과 지주회사체제'를 종합적으로 분석하고 평가하며 대안을 제시하는 작업을 시도할 계획을 가지고 있다. 한국에서의 지주회사 역사는 일천하고 그 실험은 진행형이므로 새로운 지배구조로서의 성공 여부에 대한 판단은 상당 기간 잠정적으로 남을 수밖에 없다. 그런 만큼 분석 및 평가 작업이 다양한 시각에서 지속적으로 진행될 필요가 있다. 이 책을 계기로 '한국재벌과 지주회사체제'가 학계의 주요 화두로 자리 잡고, 그럼으로써 한국재벌의 바람직한 지배구조에 대한 논의가 활발하게 진행될 수 있기를 기대해 본다.

3.

이 책은 이전의 두 저서와 마찬가지로 5개의 장으로 나뉘어 집필되었다: 제1장 (머리말),

제2장 (한국재벌과 지주회사체제), 제3장 (GS그룹의 지주회사체제), 제4장 (LS그룹의 지주회사체제), 제5장 (GS그룹과 LS그룹의 지주회사체제: 종합 및 전망). 후속 연구로서 일관성을 가지는 것이 좋겠다는 판단에서 전체적인 구성을 그대로 유지하였다.

다만, 이전 저서에서는 제1장과 제2장에서 각각 공정거래법상 지주회사와 지주회사체제를 채택한 재벌을 자세하게 소개한 데 반해, 이번에는 이들 내용을 묶어 제2장에서 주요 추세 및 특징 중심으로 간략하게 서술하였다. 2011년까지의 상황에 대한 자세한 분석은 이미 2013년 저서에 담겨 있으며, 2012년부터는 공정거래위원회의 발표 자료에 이전 연도에서와 같은 상세한 정보가 포함되지 않아 2011년까지의 분석에 연이어 일관성 있게 2012-2013년 상황을 추가로 분석하는 것이 가능하지가 않게 되었다. 어떤 연유로 정보가 축소된 상태로 공개되게 되었는지는 알 수 없으나 연구자로서는 매우 아쉬운 일이 아닐 수 없다.

사례연구의 분석틀은 이전 저서에서와 동일하다. 즉, 제3장과 제4장의 본문은 그룹의 성장 과정, 지주회사체제의 성립 과정, 소유구조의 변화, 경영구조의 변화 등 네 가지 내용으로 구성되어 있다. 이 중 핵심 부분은 소유구조와 경영구조의 변화이다. 지주회사제도 도입의 취지가 '투명하고 민주적인 지배구조의 정착'이므로 GS그룹과 LS그룹에서 이러한 취지가 제대로 달성되었는지를 확인하는 것이 중요하기 때문이다. 이를 위해 2000년대 초 이후의 기간을 대상으로 지주회사체제가 도입된(GS 2005년, LS 2008년) 이후, 그리고 그 이전에 소유권 및 경영권에 어떤 변화가 일어났는지를 면밀하게 추적하면서 분석하였다. 제3장과 제4장에서 다루어진 주요 주제들은 다음과 같다.

(1) 제3장 (GS그룹의 지주회사체제):

- 지주회사체제 성립 2단계 과정, 2004-2012년
- 지주회사체제 달성 비율, 2005-2013년
- 지주회사체제, 2013년 12월
- 지주회사 ㈜GS 및 계열회사의 지분 보유, 2005-2013년: 회사 수, 지분 크기
- ㈜GS의 최대주주 및 특수관계인 지분, 2004-2013년
- ㈜GS의 허씨 일가 지분, 2004-2013년: 일가별, 세대별, 개인별 지분
- 지주회사체제 미편입 계열회사의 최대주주 및 특수관계인 지분, 2005-2013년: GS건설, 코스모앤컴퍼니, 삼양통상, 승산
- ㈜GS의 최고경영진, 2004-2013년

- 허씨 일가의 경영 참여, 2005-2013년: 참여 구성원, 참여 대상 회사, 일가별 참여
- ㈜GS 경영진의 겸직, 2005-2013년: 겸직 보유 임원, 겸직 대상 회사
- ㈜GS의 업무조직, 2004-2013년

(2) 제4장 (LS그룹의 지주회사체제):

- 지주회사체제 성립 2단계 과정, 2008-2013년
- 지주회사체제 달성 비율, 2008-2013년
- 지주회사체제, 2013년 12월
- 지주회사 ㈜LS 및 계열회사의 지분 보유, 2004-2013년: 회사 수, 지분 크기
- ㈜LS의 최대주주 및 특수관계인 지분, 1997-2013년
- ㈜LS의 구씨 일가 지분, 2004-2013년: 일가별, 세대별, 개인별 지분
- 지주회사체제 미편입 계열회사의 최대주주 및 특수관계인 지분, 1998-2013년: 예스코, E1, 가온전선
- ㈜LS의 최고경영진, 2002-2013년
- 구씨 일가의 경영 참여, 2002-2013년: 참여 구성원, 참여 대상 회사, 일가별 참여
- ㈜LS 경영진의 겸직, 2004-2012년: 겸직 보유 임원, 겸직 대상 회사
- ㈜LS의 업무조직, 2002-2013년

4.

GS그룹과 LS그룹 지배구조의 가장 큰 특징은 '공동적이면서 개별적인 가족 소유·경영 지배체제'라는 점이다.

가족구성원들이 그룹의 주요 계열회사들을 한편으로는 공동으로 소유하고 다른 한편으로는 개별적으로 소유하였으며, 경영 또한 같은 방식이 적용되었다. 따라서 그룹의 전체 계열회사들이 하나의 소유권 및 경영권 아래에 놓여 있지 않고, 대신 전체 계열회사들이 여러 개의 묶음으로 나뉘어 각각 별개로 소유되고 경영되었다. 그 결과, GS그룹 그리고 LS그룹은 외형적으로는 '하나의 그룹'이지만, 실제로는 '여러 개의 독립적인 소그룹들이 동거하는 집합체'이다.

이런 소그룹들이 GS그룹에는 5개가 있고 LS그룹에는 4개가 있으며, 이들은 각각 '1+4'

그리고 '1+3' 체제로 형성되어 있다. '소그룹 1'은 그룹 전체 계열회사들 중 공정거래법상 지주회사체제에 편입된 계열회사들로 구성된 1개의 모임이고, '소그룹 4'와 '소그룹 3'은 공식적인 지주회사체제에는 편입되지 않으면서 실질적인 지주회사체제를 형성하고 있는 계열회사들로 구성된 4개, 3개의 모임들이다. '소그룹 1'의 정점에는 공정거래법상 지주회사가 있고, '소그룹 4'와 '소그룹 3'의 정점에는 실질적인 지주회사들이 있다.

GS그룹에서는, 공정거래법상 지주회사는 ㈜GS이고 실질적인 지주회사 4개는 GS건설, 코스모앤컴퍼니, 삼양통상, 그리고 승산이다. 또, LS그룹의 공정거래법상 지주회사는 ㈜LS이고 실질적인 지주회사 3개는 예스코, E1, 그리고 가온전선이다. 코스모앤컴퍼니는 공정거래법상 요건을 갖추지 않은 지주회사이며, ㈜LS는 2007년까지는 실질적인 지주회사였고 2008년부터 공정거래법상 지주회사이다.

GS그룹의 소유와 경영에는 허씨 7개 일가 소속 1,2,3세대 가족구성원 56명이 참여하였고, LS그룹의 소유와 경영에는 구씨 3개 일가 소속 1,2,3세대 가족구성원 43명이 참여하였다.

㈜GS의 소유에는 1세대 7형제(허정구, 허준구, 허신구, 허완구, 허승효, 허승표, 허승조) 일가가 공동으로 참여하였으며, 그런 한편으로 4형제(허정구, 허준구, 허신구, 허완구) 일가는 삼양통상, GS건설, 코스모앤컴퍼니, 그리고 승산을 각각 일가별로 독자적으로 소유하였다. 경영에는 4형제(허정구, 허준구, 허신구, 허완구) 일가만 참여하였다. 이 4개 일가는, 한편으로는 지주회사 ㈜GS 및 주요 계열회사들을 1-3개 일가가 공동으로 또는 일가별로 경영하고 다른 한편으로는 일가별로 각각 소유권을 장악하고 있는 실질적인 지주회사 4개를 일가별로 독자적으로 경영하였다. 특히 ㈜GS의 경영에는 3형제(허정구, 허준구, 허완구) 일가만 참여하였다.

㈜LS의 소유에는 1세대 3형제(구태회, 구평회, 구두회) 일가가 공동으로 참여하였으며, 그런 한편으로 3형제 일가는 E1(구평회 일가), 예스코(구태회와 구두회 일가), 그리고 가온전선(3형제 일가)을 공동으로 또는 일가별로 소유하였다. 3형제 일가는 경영에도 모두 관여하였다. 지주회사 ㈜LS 및 주요 계열회사들에 대해서는 1-3개 일가가 공동으로 또는 독자적으로 경영하였으며, 특히 ㈜LS에는 3형제 일가가 모두 관여하였다. 그런 한편으로, 구평회 일가는 소유권을 장악하고 있는 E1을 전적으로 경영하였으며, 구태회 일가는 예스코와 가온전선의 경영을 담당하였다.

GS그룹과 LS그룹의 지배구조 특히 소유구조가 '공동적인' 모습을 가지는 것은, 1세대 형제들이 여러 명이고 후손들이 많으므로 이들을 최대한 포용하여 허씨 그리고 구씨 일가의 동질성 및 영속성을 유지하려는 노력의 결과인 것으로 보인다. 특히 그룹의 주력회사들인 ㈜GS와 ㈜LS에서는, 어느 1명 또는 몇 명의 가족구성원이 전체 가족 지분 중에서 절대적인 비중을 차지하지 못하는 가운데, 2세대 구성원들을 중심으로 세대 간에 그리고 일가 간에 지분이 골고루 배분되는 '분산적 공동소유'의 구조가 정착되었다.

반면, 두 그룹의 소유구조가 '개별적인' 모습을 가지는 것에 대해서는 선뜻 이해하기가 쉽지 않다. 더구나 '개별적'의 정도가 심해서 그룹 전체의 절반 정도가 '개별적인' 모습을 띠고 있는 점에 대해서는 궁금증이 더 커지고 있다. 2013년 현재, GS그룹에서는 77개 전체 계열회사들 중 절반이 넘는 42개(55%)가, LS그룹에서는 50개 계열회사들 중 절반에 조금 못 미치는 23개(46%)가 '개별적인 모습' 속에 담겨 있다. 공정거래법상 지주회사체제에 편입되지 않고 몇 개의 실질적인 지주회사체제들을 형성하고 있는 것이다. GS그룹의 경우, 공정거래법상 지주회사체제 출범 첫 해인 2005년에는 이 '개별적인' 비중이 74%에 달했으며, 이후 점점 줄어 2013년에는 그 비중이 가장 낮은 상태이기는 하다. 반면, LS그룹에서는 지주회사체제 첫 해인 2008년에는 '개별적인' 비중이 40%였는데, 2013년에는 이 비중이 오히려 늘어난 상태이다.

소유구조가 '개별적인' 모습을 가지게 된 것은 허씨 7개 일가 그리고 구씨 3개 일가가 '창업 1세대' 일가인 점과 관련이 있는 것으로 보인다. 10개 일가의 정점에 있는 7형제(허정구, 허준구, 허신구, 허완구, 허승효, 허승표, 허승조)와 3형제(구태회, 구평회, 구두회)는 모두 1세대들이다. 1세대 일가들의 과거 행적과 '전통'을 존중하는 의미에서 그룹이라는 한 울타리 내에서 상당 정도의 독자성을 부여해 준 것으로 짐작된다.

5.

GS그룹과 LS그룹 지배구조의 이러한 모습은 지주회사제도 도입의 취지인 '투명하고 민주적인 지배구조의 정착'과는 상당한 거리가 있음에 틀림없다.

지주회사체제 자체가 불완전하고 복합적이다. 그룹의 절반 정도만 공정거래법상 지주회사체제이고 나머지 절반 정도는 3-4개의 실질적인 지주회사체제들이다. 경영권과 소유권이 통일되어 있지 않고 여러 갈래로 분산되어 얽혀 있다. 개개의 지주회사체제 내에서는, 소유구조는 '공정거래법상 지주회사 또는 실질적인 지주회사 → 자회사 → 손자회사'로 하향적으로 이어지면서 단순 명료하게 형성되어 있는 반면, 소유권과 경영권은 1-6개의 허씨 또는 구씨 일가에게로 집중되어 있다. 그룹 전체로 보면, '단순 투명한 4-5개 소유구조의 집합체'이면서 '1-6개 최대주주 일가에 집중된 4-5개 소유·경영권의 집합체'이다. 그룹의 소유 및 경영구조가 단순하지도 투명하지도 민주적이지도 못하며, 외형적으로나 본질적으로나 지주회사제도 도입의 취지가 크게 퇴색하거나 왜곡되어 있는 상황이다.

GS그룹과 LS그룹의 역사 자체가 짧고, 더구나 LS그룹에서는 공정거래법상 지주회사체제의 역사가 더욱 일천한 상황이므로, 두 그룹에서의 '공동적이면서 개별적인 가족 소유·경영 지배체제'는 앞으로 상당 기간 지속될 것으로 전망된다.

2005년 이후 그리고 2008년 이후 공정거래법상 지주회사인 ㈜GS와 ㈜LS는 공동적인 지배체제를 유지하고 강화하는 구심점 역할을 해왔고, 앞으로도 계속해 갈 것으로 보인다. 두 지주회사가 보다 적극적으로 구심점 역할을 하면서 실질적인 지주회사 및 관련 회사들을 빠른 속도로 흡수하고 그럼으로써 현재보다 더 '공동적인' 지배체제를 구축할지 주목된다. 또, 두 지주회사의 역할이 현재 수준에 머물거나 오히려 소극적이 되면서 보다 더 '개별적인' 지배체제가 구축되고 궁극적으로는 일가들이 차례로 분가하여 새로운 그룹들로 독립할지에 대해서도 관심을 가지고 지켜보아야 할 것으로 보인다.

제2장

한국재벌과 지주회사체제

1. 공정거래법상 지주회사

1.1 개관

제1절에서는 신설 및 존속 공정거래법상 지주회사의 현황을 정리한다. 2000년 이후 2013년 9월 현재까지 신설된 지주회사는 모두 194개이며, 2013년 9월 현재 존속하고 있는 지주회사는 127개이다.

지주회사(持株會社, holding company)는 '다른 회사의 주식 보유가 주된 목적인 회사'를 말한다. 지주회사에 의해 주식이 보유되는 다른 회사는 자회사, 자회사에 의해 주식이 보유되는 다른 회사는 손자회사, 그리고 손자회사에 의해 주식이 보유되는 다른 회사는 증손회사이다. 따라서 지주회사체제는 '지주회사 → 자회사 → 손자회사 → 증손회사'로 이어지는 하향 단선적인 소유구조를 갖는다. 반면, 지주회사는 그 성격상 적은 자본으로 다른 회사들을 용이하게 지배할 수 있는 가능성을 가진 조직이기도 하다.

이러한 양면성 중에서 지배력의 부작용을 우려해 정부는 1987년 재벌의 경제력집중을 억제하기 위하여 대규모기업집단지정제도를 도입하면서 지주회사의 설립 및 전환도 금지시켰다. 기존의 21개 지주회사들은 시정조치를 통해 순차적으로 정리되었으며, 이 중 1994년 6월에 시정조치를 받은 ㈜화성사가 1998년 4월 마지막으로 법 위반 상태를 해소함으로써 지주회사가 한 개도 없는 상태가 되었다.

하지만 경제력집중 억제 조치들에도 불구하고 재벌의 문어발식 확장은 계속되었으며 이는 1997년 외환위기의 주요 요인으로 작용하였다. 1998년 2월 출범한 김대중 정부는 재벌의 구조조정을 최우선 과제로 추진하였으며, 그 일환으로 1999년 2월 지주회사의 설립 및 전환을 다시 허용하는 조치를 취하였다.

종래의 재벌들에서는 계열회사 상호 간에 출자가 순환적이고 중층적으로 얽혀 있었으며,

그 정점에는 극히 적은 지분을 갖는 그룹총수 또는 동일인이 있었다. 소유가 뒷받침되지 않은 상태에서 경영권은 무분별하고 무책임하게 행사되었으며, 이는 계열회사의 문어발식 확장과 방만한 경영으로 이어졌다. 반면 지주회사체제는 '지주회사 → 자회사 → 손자회사 → 증손회사'로 이어지는 하향 단선적인 단순한 소유구조를 갖는다. 이전의 그룹총수는 충분한 지분으로 지주회사만 소유 경영하고 계열회사는 독자적으로 자율경영을 하게 함으로써 투명하고 민주적인 지배구조를 정착시킨다는 것이 지주회사 설립 재허용의 취지였다.

지주회사 관련 내용은 <독점규제 및 공정거래에 관한 법률>(공정거래법)과 <독점규제 및 공정거래에 관한 법률 시행령>(시행령)에 자세하게 규정되었으며, 지주회사가 지배력 확장의 수단으로 악용될 소지를 최소화하기 위해 행위 제한 규정 또한 명시되었다(<부록 6>).

공정거래법(2014년 7월 25일 시행; 제2조 제1호의 2)에 의하면 지주회사는 '주식(지분 포함)의 소유를 통하여 국내회사의 사업내용을 지배하는 것을 주된 사업으로 하는 회사로서 자산총액이 대통령령이 정하는 금액 이상인 회사'이다. 시행령(2014년 7월 25일 시행; 제2조 제1항, 제2항)은 이를 다음과 같이 구체화하였다. 즉 지주회사는 '해당 사업연도의 설립, 합병 또는 분할 등기일 현재 또는 직전 사업연도 종료일 현재의 대차대조표상의 자산총액이 1,000억 원 이상이면서, 회사가 소유하고 있는 자회사의 주식(지분 포함) 가액의 합계액(대차대조표 상의 금액)이 해당 회사 자산총액의 50% 이상인 회사'이다.

지주비율 '50% 이상'은 1999년 이후 변함이 없는 반면, 지주회사 자산총액은 1999년에는 '100억 원 이상'이었다가 2001년에 '300억 원 이상'으로 상향 조정되었으며 2002년에 다시 '1,000억 원 이상'으로 조정된 이후 오늘에 이르고 있다. 2001년 4월 출자총액제한제도가 재도입되면서 출자총액제한기업집단(2002년부터 지정; 기준 자산총액 2002년 5조 원 이상, 2005년 6조 원 이상, 2007년 10조 원 이상; 2009년 3월 지정 제도 폐지) 계열회사의 출자총액이 제한되는 점을 감안하여, 지배력 확장의 폐해가 적은 중소 규모의 지주회사가 원활하게 설립될 수 있도록 신고 및 규제 대상의 범위를 축소한 것이다.

한편, 자회사는 '지주회사에 의하여 그 사업내용을 지배받는 국내회사', 손자회사는 '자회사에 의하여 사업내용을 지배받는 국내회사', 그리고 증손회사는 '손자회사가 발행 주식 총수를 소유하는 국내계열회사(금융보험업 영위 회사 제외)'로 규정되었다(공정거래법 제2조 제1호의 3, 제1호의 4; 제8조의 2 제4항 제4호, 제5항). 또 지주회사 및 일반지주회사의 자회사는 각각 자회사 및 손자회사 발행주식 총수의 40%(상장법인, 국외상장법인, 공동출자법인, 벤처지주회사의 자회사인 경우에는 20%) 이상을 소유해야 한다(공정거래법 제8조의 2 제2항 제2호, 제3항 제1호). 1999년 이후 2006년까지는 자회사 및 손자회사의 '주식 보유 기준'이 '50%(30%) 이상'이었는데, 2007년 4월 법 개정으로 '40%(20%) 이상'으로 하향 조정되었다. 지주회사가 시장에서 긍정적인 평가를 받는 것으로 보고 설립 및 전환을 보다 용이하게 하기 위해서였다.

공정거래위원회는 2000년부터 2013년까지 매년 지주회사의 설립 동향을 정리, 분석하여 발표해 오고 있다. 이들 자료를 바탕으로 두 가지 기초자료를 작성하였다. 하나는 '신설 지주회사 현황'이고, 다른 하나는 '존속 지주회사 현황'이다(<부록 5>).

앞의 자료는 2000-2012년까지는 1-12월 동안, 2013년은 1-9월 동안 신규로 설립 또는 전환된 지주회사(회사명, 설립 및 전환 연월일)를 1개의 표로 정리하였다. 뒤의 자료는 2001년(7월), 2003년(7월), 2004년(5월), 2005년(8월), 2006년(8월), 2007년(8월), 2008년(9월), 2009년(9월), 2010년(9월), 2011년(9월) 등 모두 10개년도 중반 현재 존속하는 지주회사의 현황을 각각 1개의 표로 정리하였다. 자산총액 기준의 순위, 회사명, 설립・전환 연월일, 상장여부, 자산총액, 지주비율, 부채비율, 계열회사(자회사, 손자회사, 증손회사)의 수 등의 정보를 담았다. 2002년 자료는 없으며, 2012년과 2013년에는 자료가 발표되기는 하였지만 이전 연도에서와는 달리 지주회사에 대한 자세한 정보가 포함되어 있지 않다.

아래에서는 이 기초자료를 바탕으로 공정거래법상 지주회사의 설립 동향과 관련된 주요 추세 및 특징을 살펴본다. 2000년 이후 2013년 9월 현재까지 신설된 지주회사는 모두 194개이며, 이 중 대부분인 172개는 일반지주회사이고 나머지 22개는 금융지주회사이다. 신설 지주회사 중 일부는 법률상의 요건을 충족하지 못하여 공정거래법상 지주회사에서 제외되었으며, 2013년 9월 현재 존속하고 있는 지주회사는 127개(일반지주회사 114개, 금융지주회사 13개)이다.

1.2 신설 공정거래법상 지주회사, 2000-2013년

1999년 2월 지주회사의 설립 및 전환이 재허용된 이후 처음 탄생한 지주회사는 SK엔론(이후 SK E&S)이었다. 1999년 1월 SK그룹과 미국 엔론(Enron Corporation)의 50:50 합작지주회사로 설립되었으며, 이후 자산총액 및 지주비율의 법률상 요건(100억 원 이상; 50% 이상)을 충족하여 2000년 1월 공정거래법상 지주회사 제1호가 되었다. 지주회사 설립이 허용된 이후 11개월만이었다.

같은 해 C&M커뮤니케이션(1월), 화성사(4월), 세종금융지주(4월), KIG홀딩스(5월), 온미디어(6월) 등 5개의 지주회사가 더 생겨 2000년 한 해 동안 모두 6개의 신설 지주회사가 등록되었다(<표 2.1>, <그림 2.1>, <그림 2.2>, <부록 표 5.1>).

이후 2006년까지 매년 비슷한 수준인 5-8개씩의 지주회사가 신규로 전환 또는 설립되었으며, 2007년부터는 자회사 및 손자회사에 대한 주식 보유 기준이 하향 조정되면서(상장회사 30% → 20%; 비상장회사 50% → 40%) 신설 지주회사가 대폭 증가하였다. 2006년 8개에서 2007년에는 15개로 2배가량 증가하였고, 2008년에는 31개로 다시 2배 이상 급증하면서 최고치를 기록하였다. 2009-2010년에는 20개로 다소 주춤해졌다가 2011년에는 26개로, 2012년에는 27개로 다시 증가하였으며, 2013년에는 9월 현재까지 12개가 새로 생겼다.

〈표 2.1〉 신설 및 존속 공정거래법상 지주회사, 2000-2013년 (개)

(A) 신설 지주회사

	2000	2001	2002	2003	2004	2005	2006	2007	2008	2009	2010	2011	2012	2013	합
일반지주회사	5	5	4	5	4	4	8	14	28	18	18	22	26	11	172
금융지주회사	1	2	1	2	1	1	0	1	3	2	2	4	1	1	22
합	6	7	5	7	5	5	8	15	31	20	20	26	27	12	194
(누계)															
일반지주회사	5	10	14	19	23	27	35	49	77	95	113	135	161	172	
금융지주회사	1	3	4	6	7	8	8	9	12	14	16	20	21	22	
합	6	13	18	25	30	35	43	58	89	109	129	155	182	194	

(B) 존속 지주회사

	2000	2001	2002	2003	2004	2005	2006	2007	2008	2009	2010	2011	2012	2013
일반지주회사	-	9	-	15	19	22	27	36	55	70	84	92	103	114
금융지주회사	-	2	-	4	5	3	4	4	5	9	12	13	12	13
합	-	11	-	19	24	25	31	40	60	79	96	105	115	127

주: 1) 신설 지주회사는 2000-2012년 12월, 2013년 9월 현재.
2) 존속 지주회사는 2001-2003년 7월, 2004년 5월, 2005-2007년 8월, 2008-2013년 9월 현재; 2000, 2002년 자료 없음.

출처: 공정거래위원회 홈페이지 자료, 〈부록 5〉.

〈그림 2.1〉 신설 공정거래법상 지주회사, 2000-2013년: (1) 연도별 현황 (개)

(출처: <표 2.1>)

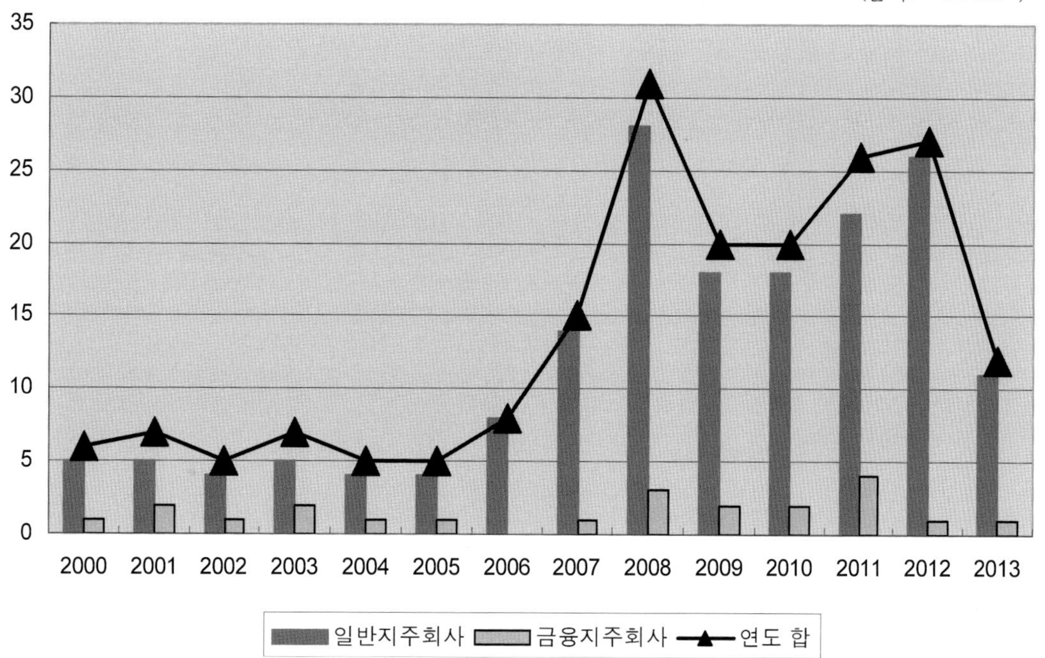

〈그림 2.2〉 신설 공정거래법상 지주회사, 2000-2013년: (2) 누계 (개)

(출처: <표 2.1>)

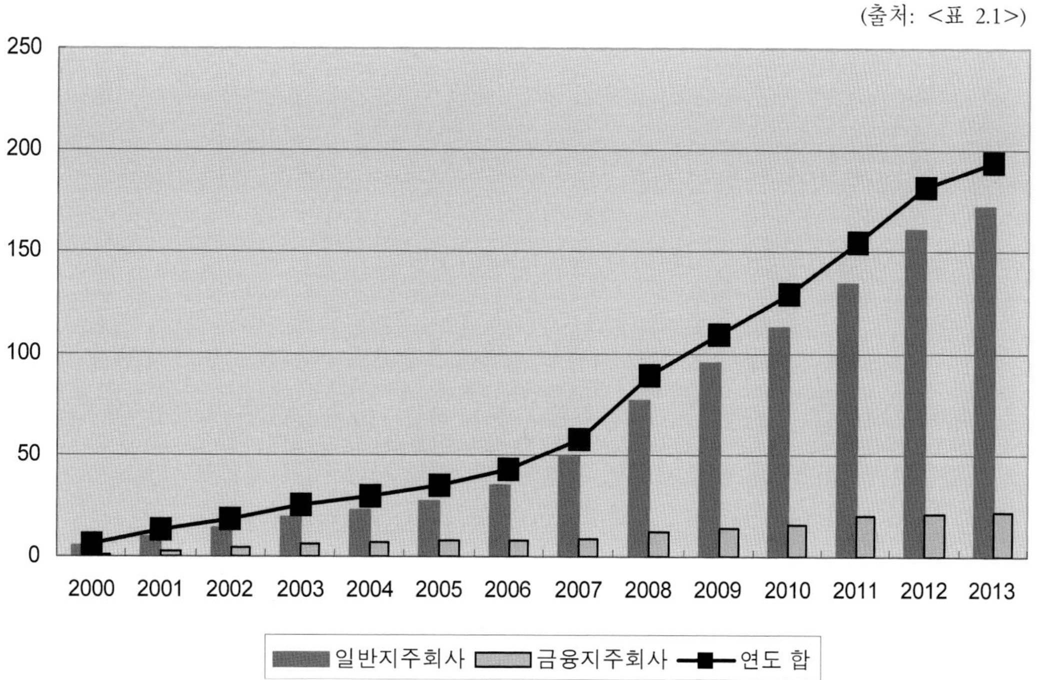

2013년에 신설된 12개 중 1개(JB금융지주)는 금융지주회사이고 나머지 11개는 일반지주회사이다: 넥슨코리아(1월), 넥센(1월), 이지바이오(1월), 한유엘엔에스(1월), 티브로드전주방송(1월), 유라(3월), 케이엑스홀딩스(3월), 엠에스에스홀딩스(4월), 프랜차이즈서비스아시아리미티드(6월), 싸이칸홀딩스(7월), JB금융지주(7월), 한진칼(8월).

한편 누적 신설 지주회사 수는 2000년 6개에서 2003년에는 25개가 되었으며, 2007년부터는 급증하여 2007년(58개)에는 50개를, 2009년(109개)에는 100개를, 그리고 2011년에는 150개(155개)를 각각 넘어섰다. 2013년 9월 현재에는 194개로, 2000년 1월 이후 14년 동안 매년 평균 14개씩의 공정거래법상 지주회사가 새로 생긴 셈이다.

194개 신설 지주회사들 중 일반지주회사가 172개(89%)로 절대다수를 차지하고 있으며, 금융지주회사는 22개(11%)에 불과하다. 금융지주회사는 '금융업 또는 보험업을 영위하는 자회사의 주식을 소유하는 지주회사'(공정거래법 제8조의2 제2항 제4호)이며, 일반지주회사는 '금융지주회사외의 지주회사'(공정거래법 제8조의2 제2항 제5호)이다.

금융지주회사는 2006년을 제외하고 매년 1-4개씩 신설되었다. 22개 신설 금융지주회사는 다음과 같다: 2000년(세종금융지주); 2001년(우리금융지주, 신한금융지주회사); 2002년(퍼스트씨알비); 2003년(한국투자금융지주, 동원금융지주); 2004년(삼성에버랜드); 2005년(하나금융지주); 2007년(에이오엔이십일); 2008년(골든브릿지, KB금융지주, 한국투자운용지주); 2009년(한국스탠다드차타드금융지주, 산은금융지주); 2010년(미래에셋컨설팅, 한국씨티금융지주); 2011년(동양파이낸셜대부, BS금융지주, 메리츠금융지주, DGB금융지주); 2012년(농협금융지주); 2013년(JB금융지주).

1.3 존속 공정거래법상 지주회사, 2001-2013년

신설 지주회사 중 일부는 시간이 지남에 따라 자산총액(1999-2000년 100억 원 이상, 2001년 300억 원 이상, 2002년 이후 1,000억 원 이상) 및 지주비율(50% 이상)의 법률상 요건 중 하나 이상을 충족하지 못하여 공정거래법상 지주회사에서 제외되었다. 공정거래위원회는 2002년을 제외하고 매년 중반(5-9월) 현재의 존속 지주회사 현황을 발표해 오고 있다(<표 2.1>, <그림 2.3>).

예를 들어, 2004년 말 현재 신설 지주회사 누계는 30개인데 2005년 8월 현재 남아 있는 지주회사는 25개였다. 또 2005년 말 현재 신설 지주회사 누계는 35개인 반면 2006년 8월

〈그림 2.3〉 존속 공정거래법상 지주회사, 2001-2013년 (개)

(출처: <표 2.1>)

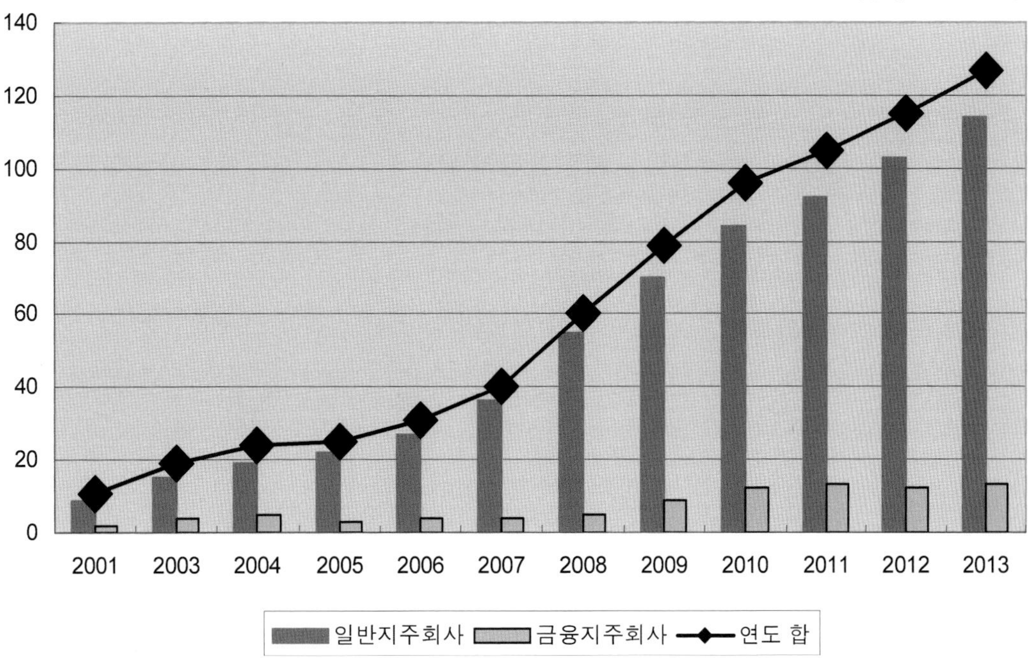

현재 존속 지주회사는 31개였다. 2007년 이후에는 신설 회사가 급증하면서 존속 회사 또한 이 시기에 크게 늘어났다. 2006년 8월 31개이던 것이 2008년 9월에는 60개로 2배가량 증가하였으며, 2011년 9월(105개) 100개를 넘어선 후 2013년 9월 현재에는 127개가 되었다.

2013년 9월 현재 누적 신설회사는 194개인데 이 중 67개(35%)를 제외한 127개(65%)가 공정거래법상 지주회사로 존속하고 있다. 누적 신설 일반지주회사 172개 중에서는 58개를 제외한 114개(66%), 누적 신설 금융지주회사 22개 중에서는 9개를 제외한 13개(59%)가 남아 있다.

한편 '2011년 10월부터 2012년 9월까지', 그리고 '2012년 10월부터 2013년 9월까지' 각각 공정거래법상 지주회사에서 제외된 '12개 회사' 및 '9개 회사'의 경우, 이유는 지주비율 50% 미만(7개, 4개), 자산 1,000억 원 미만(3개, 1개), 합병으로 인한 해산(1개, 4개), 감사보고서 미발행(1개, 0개) 등이었다. 앞의 두 가지 이유로 제외된 지주회사들 중 다수는 지주사업을 주된 사업으로 계속 영위하면서 '실질적인 지주회사'의 지위를 유지해 오고 있는 것으로 보이며, 공정거래법은 이러한 지주회사의 존재를 부정하지 않는다. 사실 '공정거래법상 지주회사'는 신고 및 규제의 대상이 되는 소수의 지주회사들이며, 그렇지 않은 '실질적인 지주회사'가 더 많은 것이 현실이고 그렇게 되도록 하는 것이 지주회사제도 도입의 취지이기도 하다.

공정거래법상의 공식 분류는 아니지만 지주회사는 순수지주회사와 사업지주회사로 구분되기도 한다. 전자는 지주기능만을 하는 경우이고 후자는 고유의 사업을 하면서 지주기능을 병행하는 경우이다. 공정거래위원회 발표 자료 중에서는 2010년 5월 발표 자료에만 관련 정보가 포함되어 있는데, 82개 존속 일반지주회사들 중 54개(66%)가 순수지주회사, 28개(34%)가 사업지주회사였다. 사업지주회사의 경우 고유의 사업과 지주기능 중 어느 쪽의 비중이 큰지는 회사에 따라 다르며, 그 비중은 시간이 지남에 따라 변하는 것이 일반적이다.

2. 한국재벌과 지주회사체제

2.1 개관

제2절에서는 공정거래법상 지주회사체제를 채택한 대규모기업집단의 현황을 정리한다. 2000년 이후 2013년 9월 현재까지 지주회사체제를 채택한 적이 있는 집단은 모두 30개이며, 집단 소속 일반지주회사는 모두 46개이다. 이들 집단의 대부분은 가족이 소유 및 경영을 주도하는 재벌들이며, 따라서 아래에서는 편의상 '집단'이라는 용어 대신 '재벌'이라는 용어를 쓰기로 한다.

1999년 2월 지주회사제도가 다시 허용된 이후 가장 먼저 제도를 도입한 것은 4위 재벌인 SK그룹이었다. 계열회사인 SK엔론(이후 SK E&S)이 2000년 1월 제1호 공정거래법상 지주회사로 지정된 것이다. 2001년에는 3위 재벌인 LG그룹이 지주회사체제를 채택하였다.

이후 매년 다수의 재벌들이 새로운 지배구조로서의 지주회사 실험 대열에 동참하였고 2000년대 후반 들어 큰 흐름을 형성하였다. 지주회사체제를 채택한 재벌은 2001-2003년 2-4개이던 것이 2005-2006년에는 6-9개, 2007-2009년에는 11-14개, 2010년에는 17개, 2011년에는 20개로 늘어났으며 2012-2013년에는 최고치인 21개로 더욱 늘어났다. 지주회사체제를 채택한 재벌이 전체 공정거래법상 재벌(또는 대규모사기업집단)에서 차지하는 비중 또한 꾸준히 증가하였다. 2001년 7%이던 것이, 2003-2006년 10-19%, 2007년 25%, 2009년

33%, 2010년 40% 등으로 높아졌고 2011년에는 역시 최대치인 43%를 기록하였다. 2012-2013년에는 41%이다.

지주회사 관련 공정거래위원회 자료는 매년 중순 발표되었다. 2001-2003년 7월, 2004년 5월, 2005-2007년 8월, 2008-2013년 9월 등이다. 한편 대규모기업집단 관련 공정거래위원회 자료는 매년 4월 기준이다. 이 두 자료를 결합하여 각 연도의 '재벌과 지주회사체제' 현황을 '재벌 계열회사 중 지주회사체제 편입 회사의 비중'과 '재벌 소속 일반지주회사'로 나누어 표로 정리하였다(<부록 3>). 앞의 표에는 그룹(이름, 순위, 계열회사), 지주회사체제(지주회사, 순위, 계열회사), 지주회사체제 달성 비율 등의 정보를, 뒤의 표에는 지주회사 이름, 순위, 설립 및 전환 시기, 상장 여부, 자산총액, 지주비율, 부채비율, 계열회사(자회사, 손자회사, 증손회사) 등의 정보를 담았다. 2002년의 경우에는 자료가 발표되지 않았으며, 2012년과 2013년에는 자료가 있기는 하지만 이전 연도에서와는 달리 지주회사에 대한 자세한 정보가 포함되어 있지 않다.

아래에서는 이 기초자료를 근거로 2001년 이후 2013년까지 지주회사체제를 채택한 30개 재벌 및 46개 일반지주회사와 관련된 주요 추세 및 특징을 살펴본다. 지주회사체제를 채택한 재벌은 2-21개, 일반지주회사는 2-30개 사이에서 증가 추세를 보였다. 또, 30개 재벌 중 21개는 2013년 현재에도 지주회사체제를 유지하고 있고, 46개 지주회사 중 36개는 2013년 현재 지주회사체제를 채택하고 있는 21개 재벌 소속이었다.

2.2 연도별 추세, 2001-2013년

공정거래법상 일반지주회사를 계열회사로 둔 공정거래법상 대규모사기업집단(이하 재벌)은 2001년 이후 30개이며 관련 일반지주회사는 모두 46개이다(<표 2.2>, <그림 2.4>, <그림 2.5>, <그림 2.6>, <그림 2.7>).

첫째, 일반지주회사를 가진 재벌은 2001년 2개이던 것이 2005년에는 9개로 늘어났으며 2007년(14개)에는 처음으로 10개를 넘어섰다. 2008-2009년에는 11-13개로 조금 줄어들었다가 2010년 17개로 그리고 2011년에는 20개로 다시 늘어났으며 2012-2013년에는 21개로 역대 최고치를 기록하였다. 2001년 이후 지주회사체제를 채택한 재벌은 모두 30개이며, 이들 중 2013년 현재에도 체제를 유지하고 있는 재벌은 21개이다.

둘째, 전체 공정거래법상 재벌 중에서 일반지주회사를 보유한 재벌이 차지하는 비중 또한 지속적으로 증가하였다. 2001년 7%(30개 재벌 중 2개 재벌)에 불과하던 것이 2005년에는 19%(48개 중 9개)로, 2007년에는 25%(55개 중 14개)로 늘어났다. 2009년에는 33%(39개 중 13개)로 더욱 증가하였으며, 2011년에는 43%(46개 중 20개)로 역대 최고치를 기록하였다. 2013년 현재의 비중은 41%(51개 중 21개)이다.

〈표 2.2〉 지주회사체제를 채택한 재벌, 2001-2013년 (개, %)

(A) 지주회사체제를 채택한 재벌

	2001	2003	2004	2005	2006	2007	2008	2009	2010	2011	2012	2013	총합
공정거래법상 재벌 (A, 개)	30	42	45	48	52	55	88	39	43	46	51	51	
지주회사체재 채택 재벌 (a, 개)	2	4	6	9	9	14	11	13	17	20	21	21	30
적극적 지주회사체제 (a1)	1	3	4	4	5	10	8	10	13	15	17	18	23
소극적 지주회사체제 (a2)	1	1	2	5	4	4	3	3	4	5	4	3	7
a/A (%)	7	10	13	19	17	25	16	33	40	43	41	41	

(B) 재벌 소속 일반지주회사

	2001	2003	2004	2005	2006	2007	2008	2009	2010	2011	2012	2013	총합
공정거래법상 지주회사 (B, 개)	9	15	19	22	27	36	55	70	84	92	103	114	
재벌 소속 지주회사 (b, 개)	2	4	6	10	10	15	13	16	22	26	28	30	46
적극적 지주회사체제 소속 (b1)	1	3	4	4	5	11	10	13	18	21	23	25	35
소극적 지주회사체제 소속 (b2)	1	1	2	6	5	4	3	3	4	5	5	5	11
b/B (%)	22	27	32	45	37	42	24	23	26	28	27	26	

주: 1) 재벌(=대규모사기업집단)은 4월 현재; 지주회사는 2001-2003년 7월, 2004년 5월, 2005-2007년 8월, 2008-2013년 9월 현재.
2) 2001년에는 30대 집단만 지정, 2003-2013년 공기업집단 제외.
3) 3개 연도(2001, 2004, 2006년)의 공정거래위원회 '지주회사' 자료에는 집단 소속 지주회사 표시 없음. '집단' 자료 및 다른 연도의 '지주회사' 자료로 보완함.
4) 2012-2013년의 경우, '적극적 또는 소극적 지주회사체제'는 자료의 제약으로 잠정적임.
5) 사기업집단 중 금융 관련 집단인 한국투자금융그룹(2009-2013년)과 미래에셋그룹(2010년)은 분석에서 제외함.
6) 금융지주회사 중 대규모기업집단 소속: 2003년 1개((동원그룹) 동원금융지주), 2004년 2개((삼성) 삼성 에버랜드; (동원) 동원금융지주), 2009년 2개((한국투자금융) 한국투자금융지주, 한국투자운용지주), 2010년 3개((한국투자금융) 한국투자금융지주, 한국투자운용지주; (미래에셋) 미래에셋컨설팅), 2011년 2개((한국투자금융) 한국투자금융지주, 한국투자운용지주), 2012년 2개((한국투자금융) 한국투자금융지주; (농협) 농협금융지주), 2013년 2개((한국투자금융) 한국투자금융지주; (농협) 농협금융지주).

출처: 〈표 2.3〉, 〈부록 3〉, 공정거래위원회 홈페이지 자료.

〈그림 2.4〉 지주회사체제를 채택한 재벌, 2001-2013년: (1) 연도별 비중 (개, %)

(출처: <표 2.2>)

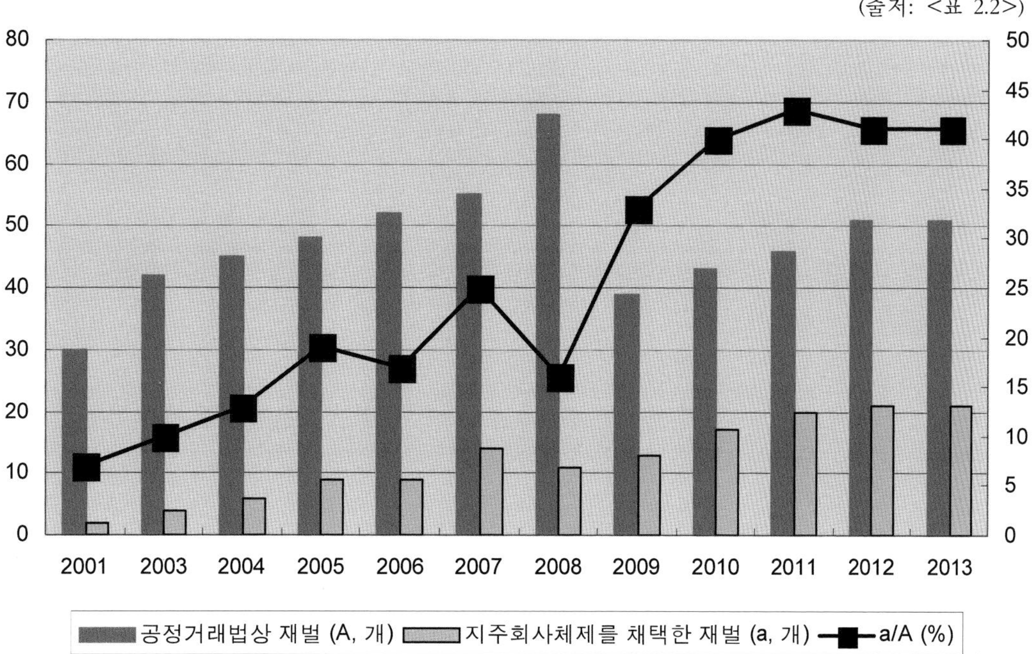

〈그림 2.5〉 지주회사체제를 채택한 재벌, 2001-2013년:
(2) 적극적인 체제를 채택한 재벌 vs. 소극적인 체제를 채택한 재벌 (개)

(출처: <표 2.2>)

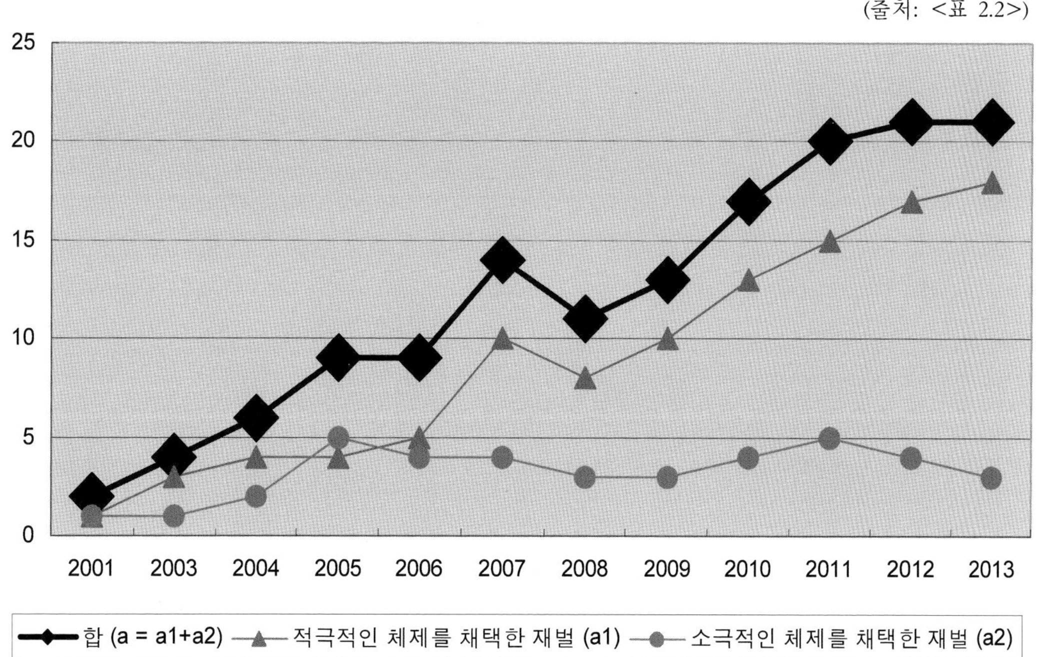

〈그림 2.6〉 재벌 소속 일반지주회사, 2001-2013년: (1) 연도별 비중 (개, %)

(출처: <표 2.2>)

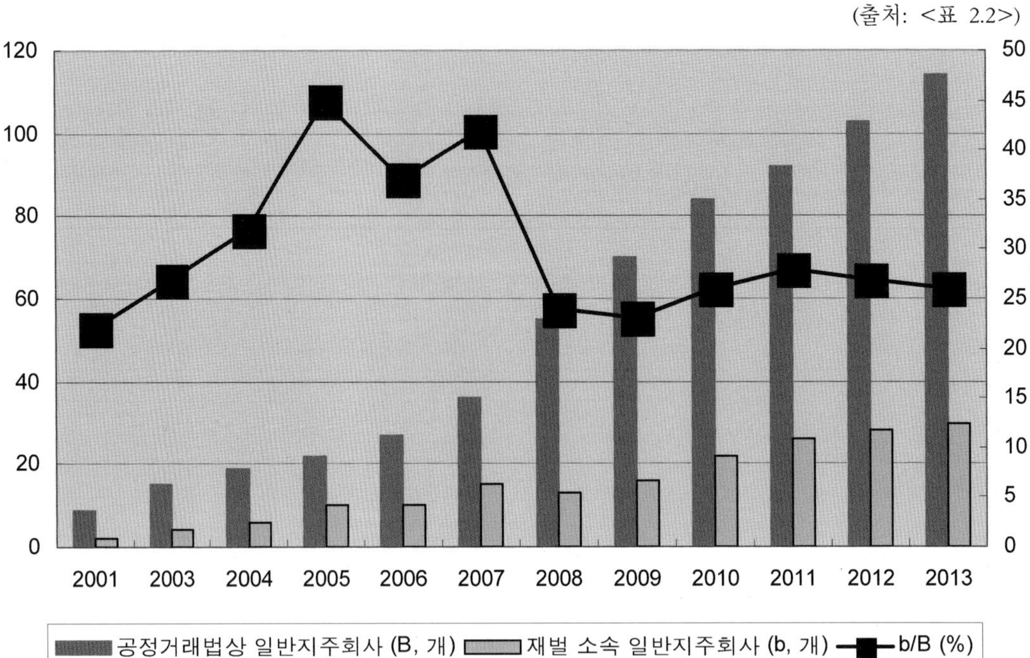

〈그림 2.7〉 재벌 소속 일반지주회사, 2001-2013년:
(2) 적극적 지주회사체제의 재벌 소속 회사 vs. 소극적 지주회사체제의 재벌 소속 회사 (개)

(출처: <표 2.2>)

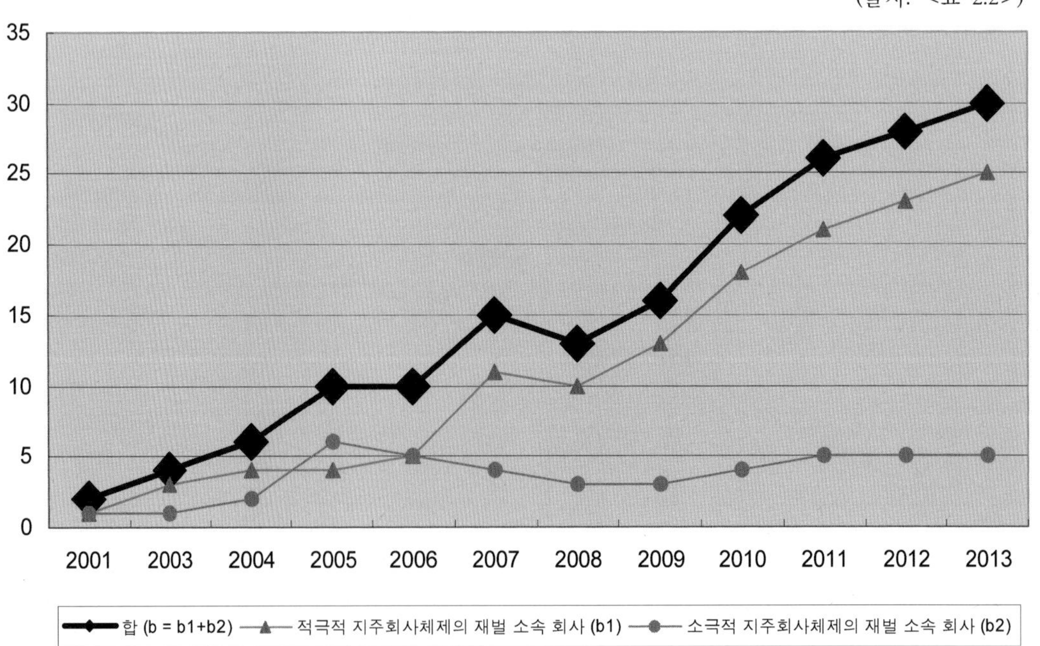

셋째, 지주회사체제를 채택한 30개 재벌 중 23개는 적극적인 지주회사체제를 채택하였다. 즉 재벌 전체 계열회사의 대다수가 일반지주회사 및 그 계열회사였다. 나머지 7개 재벌은 소극적인 지주회사체제를 채택하여 계열회사의 일부만이 지주회사체제에 편입되었다. 2001년(1개 vs. 1개)과 2005년(4개 vs. 5개)을 제외하고는 적극적인 지주회사체제를 채택한 재벌이 소극적인 지주회사체제를 채택한 재벌보다 많았는데, 2006년까지(3-5개 vs. 1-4개)는 1-2개 차이가 나다가 2007년부터는 매년 격차가 더욱 벌어져 5-15개의 차이가 났다. 2007년 6개(10개 vs. 4개), 2008년 5개(8개 vs. 3개), 2009년 7개(10개 vs. 3개), 2010년 9개(13개 vs. 4개), 2011년 10개(15개 vs. 5개), 2012년 13개(17개 vs. 4개), 2013년 15개(18개 vs. 3개) 등이었다.

넷째, 2001년 이후 30개 재벌에 소속된 일반지주회사는 모두 46개이다. 2001-2004년에는 재벌 소속 일반지주회사의 수(2-6개)가 재벌 수(2-6개)와 같았다. 즉 재벌들이 각각 1개씩의 일반지주회사만 보유하였다. 그러다가 2005년부터 2개 이상의 일반지주회사를 보유하는 재벌들이 생기면서 재벌 소속 일반지주회사의 수가 재벌 수보다 1-9개 많아졌으며 매년 격차가 더 벌어졌다. 2005-2007년 1개(재벌 소속 일반지주회사 10-15개 vs. 재벌 9-14개), 2008년 2개(13개 vs. 11개), 2009년 3개(16개 vs. 13개), 2010년 5개(22개 vs. 17개), 2011년 6개(26개 vs. 20개), 2012년 7개(28개 vs. 21개), 2013년 9개(30개 vs. 21개) 등이었다.

다섯째, 전체 일반지주회사 중에서 재벌 소속 지주회사가 차지하는 비중은 '증가 후 감소'의 추세를 보이고 있다. 2001년에는 1/4 이하(22%, 9개 일반지주회사 중 2개 일반지주회사)이던 것이 2005년(45%, 22개 중 10개)과 2007년(42%, 36개 중 15개)에는 절반 가까이 되었는데, 이후 신설 지주회사의 수가 급속하게 늘어나면서 그 비중이 1/4 수준으로 낮아졌다. 2008년 24%(55개 중 13개), 2009년 23%(70개 중 16개), 2010년 26%(84개 중 22개), 2011년 28%(92개 중 26개), 2012년 27%(103개 중 28개), 2013년 26%(114개 중 30개) 등이었다.

마지막으로 여섯째, 재벌 소속 46개 일반지주회사 중 35개는 적극적인 지주회사체제를 채택한 23개 재벌 소속이고, 나머지 11개 일반지주회사는 소극적인 지주회사체제를 채택한 7개 재벌 소속이다. 2001년(1개 vs. 1개)과 2005-2006년(4-5개 vs. 5-6개)을 제외하고는 적극적인 지주회사체제를 채택한 재벌에 소속된 지주회사가 소극적인 지주회사체제를 채택한 재벌에 소속된 지주회사보다 더 많았는데, 2003-2004년(3-4개 vs. 1-2개)에는 2개 차이가 나다가 2007년부터는 매년 격차가 벌어져 7-20개의 차이가 났다. 2007년 7개(11개 vs. 4개), 2008년 7개(10개 vs. 3개), 2009년 10개(13개 vs. 3개), 2010년 14개(18개 vs. 4개), 2011년 16개(21개 vs. 5개), 2012년 18개(23개 vs. 5개), 2013년 20개(25개 vs. 5개) 등이었다.

2.3 지주회사체제를 채택한 30개 재벌, 2001-2013년

2001년 이후 2013년까지 지주회사체제를 채택한 30개 재벌 중 21개는 2013년 현재에도 지주회사체제를 유지하고 있고, 30개 중 23개는 적극적인 지주회사체제를 채택하였으며, 30개 중 24개는 2005년 이후에 지주회사체제를 채택하였다(<표 2.3>).

첫째, 2013년 현재 지주회사체제를 채택하고 있는 21개 재벌 중 18개는 적극적인 지주회사체제를, 3개는 소극적인 지주회사체제를 채택하였다. 2013년 이전에 지주회사체제를 채택한 적이 있는 9개 재벌 중에서는 5개가 적극적인 지주회사체제를 유지하였다.

둘째, 적극적인 지주회사체제를 채택한 23개 재벌 중 18개는 2013년 현재에도 체제를 유지하고 있다. 재벌 순위 10위 이내인 재벌이 5개(3위 SK, 4위 LG, 8위 GS, 9위 농협, 10위 한진), 11-30위가 5개(13위 두산, 15위 CJ, 17위 LS, 23위 부영, 26위 현대백화점), 그리고 31위 이하가 8개이다(32위 코오롱, 33위 한진중공업, 37위 대성, 42위 세아, 47위 하이트진로, 48위 태영, 49위 웅진, 52위 아모레퍼시픽). 2013년 이전에 적극적인 지주회사체제를 유지한 적이 있는 5개 재벌 중에서는 1-10위가 1개(금호아시아나, 2007-2008년 9-10위), 11-30위가 1개(STX, 2005년 28위), 그리고 31위 이하가 3개(동원, 2003-2004년 31-32위; 농심, 2003-2007년 39-46위; 오리온, 2007년 54위)이다.

한편 2013년 현재 소극적인 지주회사체제를 채택하고 있는 재벌은 3개이며, 순위가 1-10위인 재벌이 1개(1위 삼성), 11-30위 1개(11위 한화), 그리고 31위 이하 1개(43위 태광)이다. 또 2013년 이전에 소극적인 지주회사체제를 채택했던 4개 재벌 중에서는 1-10위가 2개(롯데, 2005-2006년 5위; 현대자동차, 2007년 2위), 11-30위가 1개(동부, 2011-2012년 19-20위), 그리고 31위 이하가 1개(대한전선, 2008-2009년 25-30위, 2010-2011년 31-39위)였다.

2012-2013년의 경우 관련 자료가 없어 지주회사체제 달성 비율, 즉 재벌 전체 계열회사 중 지주회사체제에 편입된 회사의 비중을 계산할 수가 없다. 따라서 지주회사체제가 어느 정도로 '적극적 또는 소극적'인지 가늠하는 것이 가능하지가 않다. 2011년의 경우, 20개 재벌 중 15개는 적극적인 지주회사체제를 채택한 것으로 분류되었는데, 이 중 4개 재벌에서는 체제 달성 비율이 31-46%로 상대적으로 낮은 반면, 나머지 11개에서는 80% 내외로 매우 높았으며 100%인 재벌도 1개 있었다. 소극적인 지주회사체제를 채택한 5개 재벌의 체제 달성 비율은 10% 미만이 2개, 20-22%가 3개였다(<표 2.5> 참조).

셋째, 30개 재벌 중 6개는 2000-2004년 사이에, 그리고 나머지 24개는 2005년 이후에 지주회사체제를 도입하였다.

지주회사체제를 최초로 도입한 재벌은 2000년의 SK그룹이다. 2006년까지는 소극적인 지주회사체제를 유지하다가 2007년부터 적극적인 지주회사체제를 구축하기 시작하였다. 2001년 LG그룹이 두 번째로 지주회사체제를 도입하였으며, 2003년에는 동원과 농심이, 2004년에는 세아와 삼성이 그 뒤를 이었다. 따라서 지주회사체제를 채택한 30개 재벌 중 1/5(6개, 20%)만 2000년대 전반에 시작하였으며, 이들 중 4개(SK, LG, 세아, 삼성)는 2013년 현재에도

〈표 2.3〉 지주회사체제를 채택한 30개 재벌, 2000-2013년

	2013년 현재 존속	2013년 이전 존속
적극적인 지주회사체제	(18개) 1-10위: SK, LG, GS, 농협, 한진 11-30위: 두산, CJ, LS, 부영, 현대백화점 31위 이하: 코오롱, 한진중공업, 대성, 세아, 하이트진로, 태영, 웅진, 아모레퍼시픽	(5개) 금호아시아나 STX 동원, 농심, 오리온
소극적인 지주회사체제	(3개) 1-10위: 삼성 11-30위: 한화 31위 이하: 태광	(4개) 현대자동차, 롯데 동부 대한전선
2000-2004년 시작	(4개) 2000: SK 2001: LG 2003: 2004: 세아, 삼성	(2개) 동원, 농심
2005-2009년 시작	(8개) 2005: GS, 한화 2006: 현대백화점 2007: CJ, 한진중공업 2008: LS 2009: 두산, 웅진	(6개) STX, 롯데 금호아시아나, 오리온, 현대자동차 대한전선
2010-2013년 시작	(9개) 2010: 한진, 코오롱, 하이트진로, 부영 2011: 대성, 태광 2012: 농협, 태영 2013: 아모레퍼시픽	(1개) 동부

주: 1) 시작 연도는 공정거래법상 대규모기업집단으로서 지주회사를 보유한 첫 연도임.
2) 아모레퍼시픽: 지주회사(태평양 → 아모레퍼시픽그룹)는 2007년 1월에 설립되어 존속하였으며, 그룹은 2007년과 2013년에 공정거래법상 대규모기업집단으로 지정됨. 편의상 지주회사체제의 시작 연도를 2013년으로 함.
출처: 〈부록 3〉.

지주회사체제를 유지하고 있고 앞의 3개 재벌은 적극적인 지주회사체제를 채택하고 있다. 2013년 현재 SK그룹의 지주회사체제 역사가 13년으로 가장 오래되었고, 그다음이 LG그룹 12년, 세아그룹 9년 등의 순이다.

30개 재벌 중 대다수인 24개(80%)는 2005년 이후 지주회사체제를 채택하였다. 따라서 도입 역사가 8년 또는 그 이하로 짧다. 2005-2009년 사이에 14개 재벌이, 2010-2013년에 10개 재벌이 지주회사체제를 도입하였으며, 2007년에 가장 많은 5개가 관련되어 있다: 2005년 4개(GS, 한화, STX, 롯데); 2006년 1개(현대백화점); 2007년 5개(CJ, 한진중공업, 금호아시아나, 오리온, 현대자동차); 2008년 2개(LS, 대한전선); 2009년 2개(두산, 웅진); 2010년 4개(한진, 코오롱, 하이트진로, 부영); 2011년 3개(대성, 태광, 동부); 2012년 2개(농협, 태영); 2013년 1개(아모레퍼시픽). 이들 중 GS(2005년), CJ(2007년), 부영(2010년) 등 3개 재벌은 첫 해에는 소극적인 지주회사체제로 출발하였다가 2년째부터 적극적인 지주회사체제를 구축하였다.

2005년 이후 지주회사체제를 도입한 24개 재벌 중 17개는 2013년 현재에도 지주회사체제를 유지하고 있으며, 이들 중 15개(GS, 현대백화점, CJ, 한진중공업, LS, 두산, 웅진, 한진, 코오롱, 하이트진로, 부영, 대성, 농협, 태영, 아모레퍼시픽)는 적극적인 지주회사체제를, 그리고 나머지 3개(한화, 태광)는 소극적인 지주회사체제를 채택하고 있다.

2.4 재벌 소속 46개 일반지주회사, 2001-2013년

2001년 이후 2013년까지 30개 재벌에 소속된 일반지주회사는 모두 46개이다. 이 중 36개는 2013년 현재 지주회사체제를 채택하고 있는 21개 재벌 소속이며, 나머지 10개는 2013년 이전에 지주회사체제를 채택한 9개 재벌 소속이다(<표 2.4>).

2013년 현재의 36개 지주회사 중에서, 30개는 적극적인 체제를 채택한 18개 개별 소속이고 6개는 소극적인 체제를 채택한 3개 재벌 소속이다. 또 2013년 이전의 10개 지주회사 중에서, 5개는 적극적인 체제를 채택한 5개 재벌 소속이고 5개는 소극적인 체제를 채택한 4개 재벌 소속이다. 이를 다른 관점에서 살펴보면, 46개 일반지주회사 중 35개는 2013년 현재 또는 이전에 적극적인 지주회사체제를 채택한 23개 재벌 소속이고, 나머지 11개는 소극적인 지주회사체제를 채택한 7개 재벌 소속이다.

〈표 2.4〉 30개 재벌 소속 46개 일반지주회사, 2001-2013년

(A) 2013년 현재 지주회사체제를 채택한 21개 재벌 소속 36개 지주회사

ⓐ 적극적인 체제를 채택한 18개 재벌 소속 30개 지주회사

그룹	2001	2003	2004	2005	2006	2007	2008	2009	2010	2011	2012	2013
SK	SK엔론	SK엔론	SK엔론	SK엔론	SK E&S	SK E&S SK(주)	SK E&S SK(주)	SK E&S SK(주)	SK E&S SK(주)	SK E&S SK(주) SK 이노베이션	SK(주) SK 이노베이션	SK(주) SK 이노베이션
GS				GS홀딩스	GS홀딩스	GS홀딩스	GS홀딩스	(주)GS	(주)GS	(주)GS	(주)GS GS에너지	(주)GS GS에너지
CJ						CJ홈쇼핑	CJ홈쇼핑 CJ(주)	CJ오쇼핑 CJ(주)	CJ오쇼핑 CJ(주) 오미디어 홀딩스 온미디어	CJ(주)	CJ(주)	CJ(주) 케이엑스 홀딩스
두산								두산 두산모트롤 홀딩스	두산 디아이피 홀딩스	두산 디아이피 홀딩스	두산 디아이피 홀딩스	두산 디아이피 홀딩스
부영									부영	부영 동광 주택산업	부영 동광 주택산업	부영 동광 주택산업
한진									한진해운 홀딩스	한진해운 홀딩스	한진해운 홀딩스	한진해운 홀딩스 한진칼
대성										대성홀딩스 대성합동지주 서울도시개발	대성홀딩스 대성합동지주 서울도시개발	대성합동지주 서울도시개발
LG	(주)LGCI	(주)LG	(주)LG	(주)LG	(주)LG	(주)LG	(주) LG	(주)LG	(주)LG	(주)LG	(주)LG	(주)LG
세아			세아 홀딩스	세아 홀딩스	세아 홀딩스	세아 홀딩스		세아 홀딩스	세아 홀딩스	세아 홀딩스	세아 홀딩스	세아 홀딩스
현대백화점					(주)HC&	(주)HC&	(주)HC&	(주)HC&	(주)HC&	현대HC&	현대HC&	현대HC&
한진중공업						한진 중공업 홀딩스	한진 중공업 홀딩스	한진 중공업 홀딩스	한진 중공업 홀딩스	한진 중공업 홀딩스	한진 중공업 홀딩스	한진 중공업 홀딩스
아모레퍼시픽						태평양						아모레 퍼시픽그룹
LS							(주)LS	(주)LS	(주)LS	(주)LS	(주)LS	(주)LS
웅진								웅진 홀딩스	웅진 홀딩스	웅진 홀딩스	웅진 홀딩스	웅진 홀딩스
코오롱									코오롱	코오롱	코오롱	코오롱
하이트진로									하이트 홀딩스	하이트 홀딩스	하이트진로 홀딩스	하이트진로 홀딩스
농협											농협 경제지주	농협 경제지주
태영											SBS미디어 홀딩스	SBS미디어 홀딩스

ⓑ 소극적인 체제를 채택한 3개 재벌 소속 6개 지주회사

태광									티브로드 홀딩스	티브로드 홀딩스 티브로드 도봉 강북방송	티브로드 홀딩스 티브로드 도봉 강북방송 티브로드 전주방송
한화				한화 도시개발	한화 도시개발	드림파마	드림파마	드림파마	한화 도시개발	한화 도시개발	한화 도시개발	한화 도시개발
삼성			삼성 종합화학	삼성 종합화학	삼성 종합화학	삼성 종합화학	삼성 종합화학	삼성 종합화학	삼성 종합화학	삼성 종합화학	삼성 종합화학	삼성 종합화학

(B) 2013년 이전에 지주회사체제를 채택한 9개 재벌 소속 10개 지주회사

ⓐ 적극적인 체제를 채택한 5개 재벌 소속 5개 지주회사

그룹	2001	2003	2004	2005	2006	2007	2008	2009	2010	2011	2012	2013
농심		농심 홀딩스	농심 홀딩스	농심 홀딩스	농심 홀딩스	농심 홀딩스						
동원		동원엔터 프라이즈	동원엔터 프라이즈									
STX				㈜STX								
금호아시아나						금호산업	금호산업					
오리온						온미디어						

ⓑ 소극적인 체제를 채택한 4개 재벌 소속 5개 지주회사

롯데				롯데물산 롯데산업	롯데물산 롯데산업							
현대자동차						차산 골프장 지주회사						
대한전선							티이씨 앤코	티이씨 앤코	티이씨 앤코	티이씨 앤코		
동부										동부 인베스트 먼트	동부 인베스트 먼트	

주: 1) 2001-2003년 7월, 2004년 5월, 2005-2007년 8월, 2008-2013년 9월 현재.
2) SK엔론 = SK E&S, CJ홈쇼핑 = CJ오쇼핑, ㈜LGCI = ㈜LG, GS홀딩스 = ㈜GS, ㈜HC& = 현대HC&, 태평양 = 아모레퍼시픽그룹, 하이트홀딩스 = 하이트진로홀딩스; 아모레퍼시픽그룹 2007년 = 태평양그룹, 하이트진로그룹 2010년 = 하이트맥주그룹.
3) 온미디어: 2007년 오리온그룹 소속, 2010년 CJ그룹 소속.

출처: 〈부록 3〉.

46개 일반지주회사 중 27개는 10개 재벌(CJ, SK, 두산, 대성, 태광, GS, 부영, 한진, 한화, 롯데) 소속이며, 나머지 19개 지주회사는 20개 재벌 소속이다. 1개 지주회사(온미디어)는 2개 재벌(오리온, CJ)에 관련되어 있었다.

즉 10개 재벌은 2개 이상의 지주회사를 가진 적이 있었으며, 나머지 20개 재벌은 각각 1개씩의 지주회사를 가졌다. 앞의 10개 재벌 중 1개(롯데)를 제외한 나머지 9개 재벌은 2013년 현재에도 지주회사체제를 유지하고 있으며, 이 9개 중 2개(태광, 한화)를 제외한 나머지 7개는 적극적인 지주회사체제를 채택하고 있다.

첫째, CJ그룹이 가장 많은 5개의 일반지주회사를 보유한 적이 있었다. 2007년에는 1개 지주회사(CJ홈쇼핑, 이후 CJ오쇼핑)를 보유하여 소극적인 지주회사체제로 출발하였다가 2008년부터는 1-4개의 지주회사를 중심으로 적극적인 지주회사체제를 구축하였다. 2008-2009년 2개 지주회사(CJ오쇼핑, CJ㈜), 2010년 4개(CJ오쇼핑, CJ㈜, 오미디어홀딩스, 온미디어), 2011-2012년 1개(CJ㈜), 2013년 2개(CJ㈜, 케이엑스홀딩스) 등이었다.

둘째, SK, 두산, 대성, 태광 등 4개 재벌은 각각 3개씩의 일반지주회사를 보유하였다. SK는 2001-2006년에는 1개 지주회사(SK엔론, 이후 SK E&S)만 가지고 소극적인 지주회사체제를 유지하였으며, 2007년부터 2개 지주회사(SK E&S, SK㈜)를 중심으로 적극적인 지주회사체제를 구축하였다. 2011년에 1개 지주회사(SK이노베이션)가 더 추가되었다가 2012-2013년에는 다시 2개(SK㈜, SK이노베이션)로 줄었다. 대성은 2011년 3개의 지주회사(대성홀딩스, 대성합동지주, 서울도시개발)로 출발하였으며, 2013년에는 뒤의 2개만 남았다. 두산의 경우, 2009년(두산, 두산모트롤홀딩스)과 2010-2013년(두산, 다아이피홀딩스)에 각각 2개의 지주회사를 가졌는데, 전체 수는 3개이다. 한편 소극적인 지주회사체제를 채택하고 있는 태영에서는 지주회사가 2011년 1개(티브로드홀딩스)였다가 2012년과 2013년에 각각 1개씩(티브로드도봉강북방송, 티브로드전주방송)이 추가되었다.

셋째, GS, 부영, 한진, 한화, 롯데 등 5개 재벌은 각각 2개씩의 일반지주회사를 보유하였다. GS는 2005-2011년에는 지주회사가 1개(㈜GS)였다가 2012년 들어 1개(GS에너지)가 추가되었다. 또 부영에서는 2010년 1개(부영)에서 2011년부터는 2개(동광주택산업 추가)로, 그리고 한진에서는 2010-2012년 1개(한진해운홀딩스)에서 2013년부터는 2개(한진칼 추가)로 지주회사가 각각 늘어났다. 한화의 경우, 2005-2006년과 2010-2013년에는 한화도시개발을, 2007-2009년에는 드림파마를 지주회사로 두었다. 한편 롯데는 2013년 이전(2005-2006년)에 2개의 지주회사(롯데물산, 롯데산업)를 가진 적이 있었다.

넷째, 1개 지주회사만 가지고 있는 20개 재벌은 다음과 같다: ① 2013년 현재 지주회사체제를 채택하고 있는 12개 재벌－LG(㈜LG, 2001-2013년), 세아(세아홀딩스, 2004-2007, 2009-2013년), 현대백화점(현대HC&, 2006-2013년), 한진중공업(한진중공업홀딩스, 2007-2013년), 아모레퍼시픽(아모레퍼시픽그룹, 2007, 2013년), LS(㈜LS, 2008-2013년), 웅진(웅진홀딩스, 2009-2013년), 코오롱(코오롱, 2010-2013년), 하이트진로(하이트진로홀딩스, 2010-2013년), 농협(농협경제지주, 2013년), 태영(SBS미디어홀딩스, 2013년), 삼성(삼성종합화학, 2004-2013년); ② 2013년 이전에 지주회사체제를 채택한 8개 재벌－농심(농심홀딩스, 2003-2007년), 동원(동원엔터프라이즈, 2003-2004년), STX(㈜STX, 2005년), 금호아시아나(금호산업, 2007-2008년), 오리온(온미디어, 2007년), 현대자동차(차산골프장지주회사, 2007년), 대한전선(티이씨앤코, 2008-2011년), 동부(동부인베스트먼트, 2011-2012년).

2.5 재벌과 지주회사체제, 2011년

2012-2013년의 공정거래위원회 자료에는 지주회사 관한 자세한 정보가 포함되어 있지 않아, 재벌들의 지주회사체제가 어느 정도로 '적극적 또는 소극적'인지를 확인하는 것이 가능하지가 않다. 여기서는 자세한 정보가 있는 가장 최근 연도인 2011년의 경우를 살펴보며, 이를 통해 2012-2013년의 재벌들의 상황을 어느 정도 짐작해 볼 수 있을 것으로 생각된다.

2.5.1 지주회사체제를 채택한 20개 재벌

2011년 9월 현재 공정거래법상 일반지주회사를 계열회사로 가지고 있는 재벌은 20개이다. 지주회사체제를 채택한 재벌 '20개'는 2001년 이후 가장 큰 수치이며, 공정거래법상 재벌(45개) 중에서의 비중 또한 44%로 역대 최고치이다. 20개 재벌 중 15개는 적극적인 지주회사체제를 채택하였으며, 20개 중 6개는 재벌 순위가 10위 이내이다. 20개 재벌의 지주회사체제 달성 비율은 100-3%이고, 지주회사체제에 편입된 계열회사는 72-2개 사이이다. 또 20개 재벌 중 4개는 2-3개씩의 지주회사를 가지고 있다(<표 2.5>, <그림 2.8>).

〈표 2.5〉 재벌과 지주회사체제, 2011년 9월:
(1) 20개 재벌 계열회사 중 지주회사체제 편입 회사의 비중 (개, %)

(A) 적극적인 지주회사체제를 채택한 15개 재벌

그룹			지주회사체제				지주회사체제 달성 비율 (B/A, %)
이름	순위	계열회사 (A, 개)	지주회사 (a)	순위	계열회사 (b, 개)	a+b (B, 개)	
SK	3	86	SK이노베이션	1	16	17	
			SK㈜	2	46	47	
			SK E&S	13	9	10 [72]	84
LG	4	59	㈜LG	3	50	51	86
GS	8	76	㈜GS	4	31	32	42
한진	9	40	한진해운홀딩스	17	13	14	35
두산	12	25	두산	6	18	19	
			디아이피홀딩스	43	2	3 [21]	84
LS	15	47	㈜LS	7	26	27	57
CJ	16	65	CJ㈜	5	49	50	77
부영	23	16	부영	8	2	3	
			동광주택산업	39	1	2 [5]	31
현대백화점	30	26	현대HC&	29	11	12	46
한진중공업	31	8	한진중공업홀딩스	18	7	8	100
웅진	32	31	웅진홀딩스	9	19	20	65
코오롱	33	39	코오롱	20	30	31	79
하이트진로	42	15	하이트홀딩스	10	12	13	87
대성	43	73	대성합동지주	27	18	19	
			대성홀딩스	40	9	10	
			서울도시개발	87	19	20 [49]	67
세아	44	21	세아홀딩스	16	14	15	71
(B) 소극적인 지주회사체제를 채택한 5개 재벌							
삼성	1	78	삼성종합화학	15	1	2	3
한화	10	55	한화도시개발	41	10	11	20
동부	20	38	동부인베스트먼트	42	1	2	5
대한전선	39	23	티이씨앤코	85	4	5	22
태광	46	50	티브로드홀딩스	25	10	11	22

주: 1) 그룹 순위는 2011년 4월 현재 공기업집단을 제외한 47개 사기업집단 중에서의 순위; 지주회사 순위는 2011년 9월 현재 92개 일반지주회사 중에서의 순위; 금융지주회사를 보유한 한국투자금융그룹(45위; 한국투자금융지주, 한국투자운용지주)은 제외함.
2) SK이노베이션과 SK E&S는 SK㈜의 자회사, 디아이피홀딩스는 두산의 자회사; 출처에는 계열회사의 수가 중복 계산되어 있어 이를 조정함.
3) 2012-2013년의 자세한 정보는 없음.
출처: 〈부록 3〉.

〈그림 2.8〉 재벌과 지주회사체제, 2011년 9월: (1) 지주회사체제 달성 비율 (개, %)

(출처: <표 2.5>)

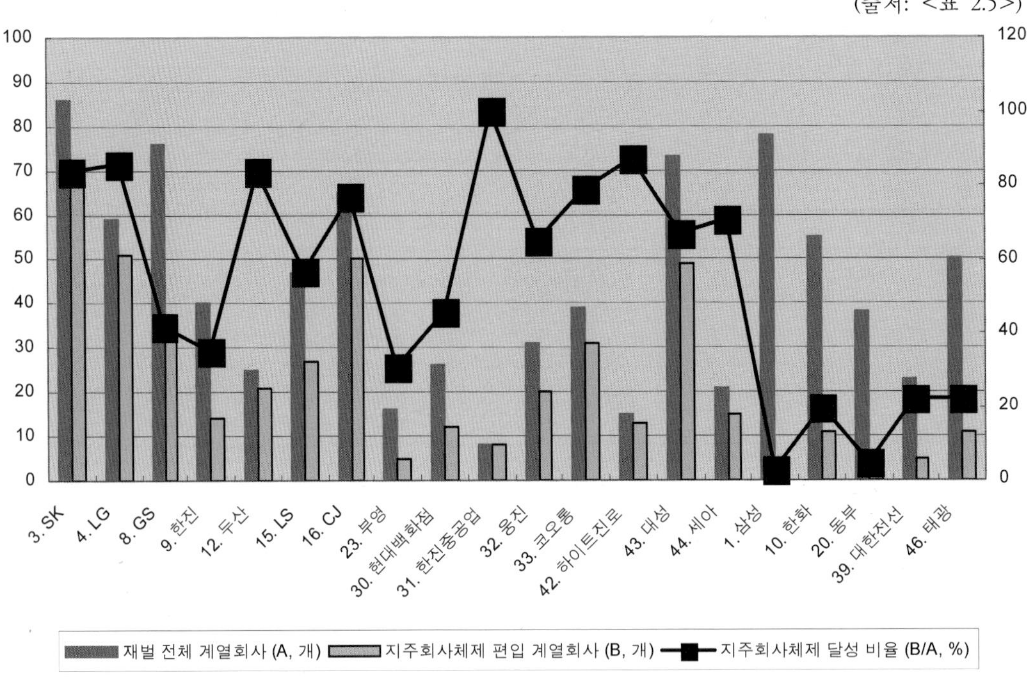

첫째, 20개 재벌 중 15개는 적극적인 지주회사체제를, 나머지 5개는 소극적인 지주회사체제를 채택하였다.

둘째, 적극적인 지주회사체제를 채택한 15개 재벌 중 4개는 공정거래위원회 지정(2011년 4월 현재) 재벌 순위 10위 이내에 속한다. 5개는 11-30위, 6개는 31위 이하이다.

SK(3위)와 LG(4위)는 5위 이내이며, GS(8위)과 한진(9위)은 6-10위이다. 또 두산(12위), LS(15위), CJ(18위) 등 3개 재벌은 11-20위, 부영(23위)과 현대백화점(30위)은 21-30위이다. 31위 이하 순위의 6개 재벌 중에서는 30위권과 40위권이 각각 3개씩이다: 한진중공업(31위), 웅진(32위), 코오롱(33위), 하이트진로(42위), 대성(43위), 세아(44위).

한편 소극적인 지주회사체제를 채택하고 있는 5개 재벌 중에서는 2개가 10위 이내(삼성 1위, 한화 10위), 1개가 11-30위(동부 20위), 2개가 31위 이하이다(대한전선 39위, 태광 46위).

셋째, 적극적인 지주회사체제를 채택한 15개 재벌의 '지주회사체제 달성 비율'([지주회사체제에 편입된 회사의 수 ÷ 재벌 전체 계열회사 수] × 100)은 100%에서 31%에 이르기까지 다양한 분포를 보이고 있다.

한진중공업(100%)이 가장 완벽한 지주회사체제를 구축하고 있으며, 하이트진로(87%), LG(86%), SK(84%), 두산(84%) 등 4개 재벌에서도 그룹 계열회사의 4/5 이상이 지주회사체제에 편입되어 있다. 또 코오롱(79%), CJ(77%), 세아(71%), 대성(67%), 웅진(65%), LS(57%) 등 6개 재벌에서는 그룹 계열회사의 2/3 내외가 지주회사체제와 관련되어 있다. 반면, 현대백화점(46%), GS(42%), 한진(35%), 부영(31%) 등 4개 재벌에서의 비율은 50% 미만으로 상대적으로 낮은 편이다.

한편 소극적인 지주회사체제를 채택한 5개 재벌 중에서는 대한전선(22%), 태광(22%), 한화(20%) 등 3개 재벌에서 전체 계열회사의 1/5 정도가 지주회사체제에 편입되어 있으며, 동부(5%)와 삼성(3%)에서의 비율은 매우 낮다.

넷째, 적극적인 지주회사체제를 채택한 15개 재벌의 '지주회사체제 편입 계열회사 수'는 72개에서 5개에 이르기까지 다양한 분포를 보이고 있다.

SK(72개)가 월등하게 많고, LG(51개)와 CJ(50개)는 50개 이상이다. 대성(49개), GS(32개), 코오롱(31개), LS(27개), 두산(21개), 웅진(20개) 등 6개 재벌은 20-49개, 세아(15개), 한진(14개), 하이트진로(13개), 현대백화점(12개) 등 4개 재벌은 10-19개이다. 나머지 2개 재벌은 10개 미만이다(한진중공업 8개, 부영 5개).

그룹 전체의 계열회사 수를 보면, SK(86개)가 가장 많고, 그다음이 GS(76개), 대성(73개), CJ(65개), LG(59개), LS(47개), 한진(40개), 코오롱(39개), 웅진(31개) 등의 순이다. 따라서 그룹 계열회사 수 및 지주회사체제 편입 회사 수에서 으뜸인 재벌은 SK(86개 계열회사 중 72개)이며, 대성(73개 중 49개), CJ(65개 중 50개), LG(59개 중 51개), LS(47개 중 27개), 코오롱(39개 중 31개) 등 5개 재벌에서도 두 부류의 회사가 매우 많다.

한편, 소극적인 지주회사체제를 채택한 5개 재벌 중에서는 한화(11개)와 태광(11개)에서 지주회사체제 편입 회사의 수가 10개 이상이고, 대한전선(5개), 삼성(2개), 동부(2개)에서는 5개 이하이다. 그룹 전체 계열회사 수는 삼성(78개), 한화(55개), 태광(50개), 동부(38개), 대한전선(23개) 등의 순서로 많다.

마지막으로 다섯째, 2011년 현재 지주회사체제를 채택하고 있는 20개 재벌 중 4개(SK, 대성, 두산, 부영)는 2-3개씩의 일반지주회사를 가지고 있다. 모두 적극적인 지주회사체제를 채택하고 있는 재벌들이다. 나머지 14개 재벌에서는 지주회사가 1개씩이다.

SK그룹과 대성그룹은 각각 3개씩의 일반지주회사를 보유하고 있다. SK(지주회사체제 달성 비율 84%; 그룹 전체 계열회사 86개 vs. 체제 편입 회사 72개)에서는 주력 지주회사인

SK㈜가 다른 2개 지주회사인 SK이노베이션과 SK E&S를 자회사로 거느리고 있다. SK㈜가 2개 지주회사를 포함하는 46개의 자회사를 가지고 있고, SK이노베이션과 SK E&S가 자신의 계열회사를 각각 16개, 9개 가지고 있는 구조이다. 대성(67%; 73개 vs. 49개)의 경우에는 서울도시개발, 대성합동지주, 대성홀딩스 등 3개 지주회사가 독립적인 지위를 가지면서 각각 19개, 18개, 9개의 계열회사를 거느리고 있다.

두산그룹과 부영그룹은 2개씩의 일반지주회사를 가지고 있다. 두산(84%; 25개 vs. 21개)에서는 주력 지주회사 두산이 제2의 지주회사인 디아이피홀딩스를 포함하는 18개의 자회사를 가지고 있으며, 디아이피홀딩스는 2개의 계열회사를 별도로 가지고 있다. 부영(31%; 16개 vs. 5개)의 경우에는, 대성에서처럼 부영과 동광주택산업이 독자적인 지주회사의 지위를 가지고 계열회사(2개, 1개)를 거느리고 있다. 부영은 적극적인 지주회사체제를 채택하고 있는 15개 재벌 중 지주회사체제 달성 비율이 가장 낮으며, 체제 편입 회사 수 또한 가장 적다.

2.5.2 재벌 소속 26개 일반지주회사

2011년 현재 지주회사체제를 채택하고 있는 20개 재벌 소속 일반지주회사는 모두 26개이다. 재벌 소속 지주회사 '26개'는 2001년 이후 가장 큰 수치이며, 공정거래법상 일반지주회사 전체(92개) 중에서의 비중은 1/3 정도(28%)이다. 26개 일반지주회사 중 21개는 적극적인 지주회사체제를 채택한 15개 재벌 소속이며, 26개 지주회사의 자산총액은 14조-1,100억 원, 계열회사는 66-1개 사이이다(<표 2.6>, <그림 2.9>).

첫째, 재벌 소속 26개 일반지주회사 중 21개는 적극적인 지주회사체제를 채택한 15개 재벌 소속이고, 나머지 5개 지주회사는 소극적인 지주회사체제를 채택한 5개 재벌 소속이다.

둘째, 26개 일반지주회사의 자산총액은 14조 원에서 1,100억 원에 이르는 다양한 분포를 보이고 있다. 10조 원 이상을 보유한 회사가 2개, 5-7조 원 보유 회사 2개, 1-4조 원 보유 회사 11개, 5-9천억 원 보유 회사 3개, 1-5천억 원 보유 회사 7개 등이다. 공정거래법상 최소 금액은 1천억 원이다. 2011년 9월 현재의 92개 전체 일반지주회사 중 1조 원 이상을 보유한 회사는 18개인데, 이 중 3개를 제외한 15개가 재벌 소속이며, 10개는 1-10위를 차지하였다.

10조 원 이상의 자산을 가진 2개 일반지주회사는 SK그룹 소속으로 SK이노베이션(14.1조 원, 92개 일반지주회사 중 1위)과 SK㈜(11조 원, 2위)이다. ㈜LG(7.3조 원, 3위)와 ㈜GS(5.9

〈표 2.6〉 재벌과 지주회사체제, 2011년 9월: (2) 20개 재벌 소속 26개 일반지주회사

(A) 적극적인 지주회사체제를 채택한 15개 재벌 소속 21개 지주회사

지주회사	순위	설립·전환 시기 (연.월)	상장 여부	자산 총액 (억 원)	지주 비율 (%)	부채 비율 (%)	계열회사 (개)			
							합	자	손자	증손
SK이노베이션	1	2011.1	X	141,457	63.3	27.7	16	7	9	-
SK㈜	2	2007.7	O	109,766	96.1	45.6	66	8	48	10
㈜LG	3	2001.4	O	73,396	87.6	5.3	50	15	33	2
㈜GS	4	2004.7	O	59,309	90.4	22.0	31	6	24	1
CJ㈜	5	2007.9	O	38,228	60.6	31.7	49	18	28	3
두산	6	2009.1	O	31,876	58.3	55.9	20	9	8	3
㈜LS	7	2008.7	O	20,711	91.1	10.4	26	4	21	1
부영	8	2009.12	X	19,249	94.7	27.9	2	2	-	-
웅진홀딩스	9	2008.1	O	18,494	84.1	109.4	19	8	10	1
하이트홀딩스	10	2008.7	O	16,679	96.7	178.5	12	5	7	-
SK E&S	13	2000.1	X	12,235	79.8	87.1	9	9	-	-
세아홀딩스	16	2001.7	O	11,107	87.0	24.2	14	12	2	-
한진해운홀딩스	17	2009.12	O	10,887	89.3	19.3	13	2	10	1
한진중공업홀딩스	18	2007.8	O	10,538	88.2	3.5	7	4	3	-
코오롱	20	2010.1	O	8,600	77.2	36.6	30	7	22	1
대성합동지주	27	2011.1	O	5,254	85.2	18.0	18	9	9	-
현대HC&	29	2006.1	O	4,314	73.5	28.8	11	8	3	-
동광주택산업	39	2011.1	X	3,425	97.8	23.6	1	1	-	-
대성홀딩스	40	2009.10	O	3,360	61.5	48.3	9	9	-	-
디아이피홀딩스	43	2010.1	X	3,191	67.0	45.9	2	2	-	-
서울도시개발	87	2011.1	X	1,115	90.5	60.2	19	2	17	-

(B) 소극적인 지주회사체제를 채택한 5개 재벌 소속 5개 지주회사

지주회사	순위	설립·전환 시기 (연.월)	상장 여부	자산 총액 (억 원)	지주 비율 (%)	부채 비율 (%)	합	자	손자	증손
삼성종합화학	15	2004.1	X	11,436	88.9	2.8	1	1	-	-
티브로드홀딩스	25	2008.11	X	5,389	76.9	185.6	10	5	4	1
한화도시개발	41	2009.12	X	3,355	98.4	39.9	10	10	-	-
동부인베스트먼트	42	2011.1	X	3,269	88.5	292.8	1	1	-	-
티이씨앤코	85	2008.5	O	1,166	59.1	24.5	4	2	2	-

주: 1) 순위는 자산총액 기준이며 92개 전체 일반지주회사 중에서의 순위임.
2) 2012-2013년의 자세한 정보는 없음.

출처: 〈부록 3〉.

〈그림 2.9〉 재벌과 지주회사체제, 2011년 9월: (2) 일반지주회사의 규모 (천억 원, 개)

(출처: <표 2.6>)

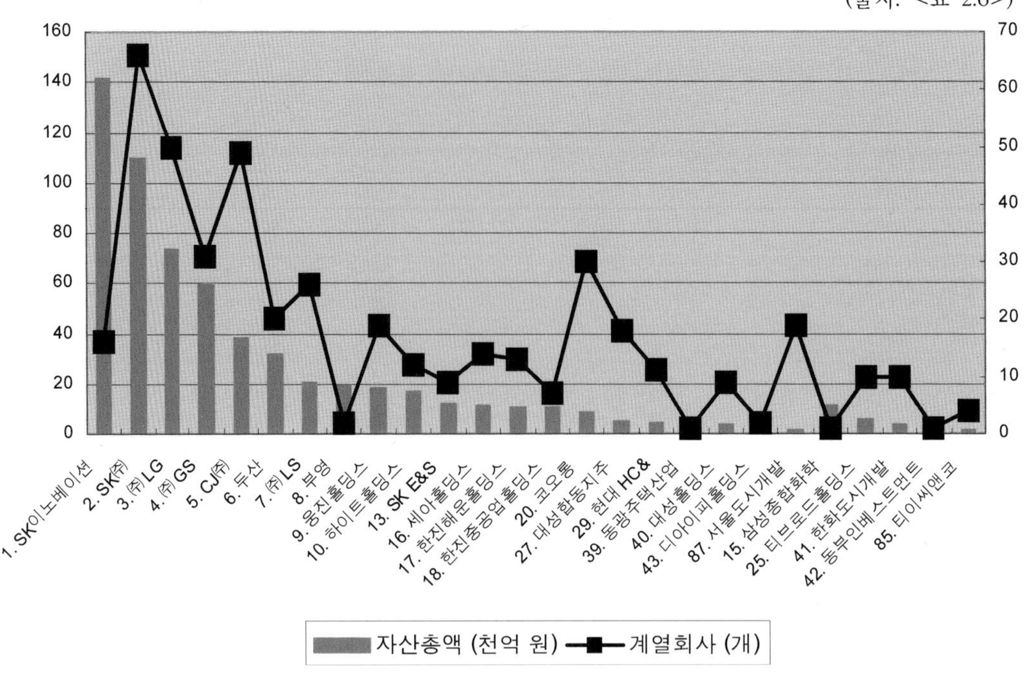

조 원, 4위)의 자산은 5조 원 이상이었다.

그다음으로 2-3조 원대와 1조 원대의 자산을 보유한 일반지주회사가 각각 3개, 8개였다: ① CJ㈜(3.8조 원, 5위), 두산(3.2조 원, 6위), ㈜LS(2.1조 원, 7위); ② 부영(1.9조 원, 8위), 웅진홀딩스(1.8조 원, 9위), 하이트홀딩스(1.7조 원, 10위), SK E&S(1.2조 원, 13위), 삼성종합화학(1.1조 원, 15위), 세아홀딩스(1.1조 원, 16위), 한진해운홀딩스(1.1조 원 17위), 한진중공업홀딩스(1.1조 원, 18위).

1조 원 미만의 자산을 가진 나머지 11개 일반지주회사 중에서는 8천억 원대의 자산을 보유한 회사가 1개(코오롱 20위), 5천억 원대 2개(티브로드홀딩스 25위, 대성합동지주 27위), 4천억 원대 1개(현대HC& 29위), 3천억 원대 5개(동광주택산업 39위, 대성홀딩스 40위, 한화도시개발 41위, 동부인베스트먼트 42위, 디아이피홀딩스 43위), 그리고 1천억 원대가 2개(티이씨앤코 85위, 서울도시개발 87위)이다.

셋째, 26개 일반지주회사가 거느리는 계열회사(자회사, 손자회사, 증손회사)의 수는 66개에서 1개에 이르기까지 다양하다. 50개 이상의 계열회사를 보유한 지주회사가 2개, 20-49개 보유 회사가 5개, 10-19개 보유 회사가 10개, 10개 미만 보유 회사가 9개이다. 또 20개 이상 계열회사를 보유한 7개 지주회사를 포함하는 10개 지주회사는 자회사, 손자회사 및 증손회사를 모두 가지고 있으며, 8개 지주회사는 자회사와 손자회사를 그리고 나머지 8개는 자회사만 거느리고 있다.

SK㈜가 66개(자회사 8개+손자회사 48개+증손회사 10개)로 가장 많은 계열회사를 거느리고 있으며, 그다음이 ㈜LG의 50개(15+33+2)이다. 다른 5개 지주회사는 20-49개의 계열회사를 가지고 있다. CJ㈜ 49개(18+28+3), ㈜GS 31개(6+24+1), 코오롱 30개(7+22+1), ㈜LS 26개(4+21+1), 두산 20개(9+8+3) 등이다.

10개 일반지주회사는 10-19개씩의 계열회사를, 그리고 나머지 9개 지주회사는 10개 미만씩의 계열회사를 보유하였으며, 후자의 9개 지주회사 중 3개의 계열회사는 1개이다: ① 웅진홀딩스(19개), 서울도시개발(19개), 대성합동지주(18개), SK이노베이션(16개), 세아홀딩스(14개), 한진해운홀딩스(13개), 하이트홀딩스(12개), 현대HC&(11개), 티브로드홀딩스(10개), 한화도시개발(10개); ② SK E&S(9개), 대성홀딩스(9개), 한진중공업홀딩스(7개), 티이씨앤코(4개), 부영(2개), 다아이피홀딩스(2개), 동광주택산업(1개), 삼성종합화학(1개), 동부인베스트먼트(1개).

한편 SK㈜의 계열회사 중에는 그룹 소속의 다른 2개 지주회사(SK이노베이션, SK E&S) 및 그 계열회사가, 두산의 계열회사 중에는 그룹의 다른 1개 지주회사(디아이피홀딩스) 및 그 계열회사가 포함되어 있다. 반면 대성그룹 소속의 3개 지주회사(서울도시개발, 대성합동지주), 부영그룹 소속의 2개 지주회사(부영, 동광주택산업)는 각각 독자적인 지위를 가지고 있다.

제3장

GS그룹의 지주회사체제

1. 머리말

제3장에서는 GS그룹(2014년 4월 현재 재벌 순위 8위)이 2005년 공정거래법상 지주회사체제를 도입한 이후 그룹의 소유구조 및 경영구조에 어떤 변화가 일어났는지, 이 과정에서 소유권과 경영권이 어느 정도로 어떤 방식으로 동반 강화되면서 그룹 동일인 겸 ㈜GS최대주주인 허창수와 그 일가에게 집중되어 오고 있는지를 고찰한다. 이를 위해 지주회사 ㈜GS가 설립된 2004년 이후, 그룹이 출범한 2005년 이후 2013년까지 9-10년의 기간을 대상으로 소유 및 경영구조의 주요 추세 및 특징을 분석한다.

GS그룹은 2005년 4월 공식 출범하였다. 지주회사 GS홀딩스(이후 ㈜GS)는 2004년 7월 LG그룹 소속의 지주회사 ㈜LG가 분할되어 신설되었으며, 2005년 1월 LG그룹에서 계열 분리된 뒤 같은 해 4월 관련 회사들과 함께 GS그룹을 새롭게 형성하였다. GS홀딩스의 설립은 GS그룹의 출범을 염두에 두고 사전에 취해진 조치였다. GS그룹은 시작부터 지주회사체제로 출발하였으며, 이는 재벌들 중에서는 최초의 사례이다.

GS그룹의 지주회사체제는 2005년 이후 ㈜GS를 중심으로 점진적으로 구축되었으며, 그룹 출범 이후 7년가량이 지난 2012년 1월 한 차례의 큰 변화가 일어났다. ㈜GS가 분할되어 자회사 겸 제2의 지주회사인 GS에너지가 신설된 것이다. 이로써 GS그룹은 2개의 지주회사를 중심으로 2중 구조의 지주회사체제로 새롭게 재편되었다. GS그룹의 지주회사체제는 다른 재벌들에서는 찾아볼 수 없는 나름대로의 독특한 방식으로 구축되어 오고 있으며, 그런 만큼 '한국재벌과 지주회사체제'라는 큰 틀 속에서 진행되고 있는 귀중한 경험이고 실험이라고 할 수 있다.

GS그룹 지주회사체제 및 지배구조의 가장 큰 특징은 '불완전한 지주회사체제하에서의 공동적이면서 개별적인 가족지배체제의 강화'이다. GS그룹에서는 그룹 전체 계열회사들 중 채 절반이 되지 않은 회사들만 공정거래법상 지주회사인 ㈜GS 및 산하 계열회사들로 조직되어 있으며, ㈜GS의 소유와 경영에는 1세대 허씨 6형제 일가가 공동으로 참여하고 있다. 그런 한편으로 이들 6형제 중 4형제 일가는 공정거래법상 지주회사체제에 편입되지 않은 계열회사들을 나누어 독자적으로 지분을 보유하고 있으며, 경영권 또한 독자적으로 행사하고 있다. 그 결과 '공정거래법상 지주회사체제'와는 별도로 '4개의 실질적인 지주회사체제'가 구축되어 '5개의 지주회사체제'가 공존하고 있는 모습을 보이고 있다. 이러한 복합적인 소유 및 경영구조는 2005년 그룹 출범 때부터 시작되어 이후 고착화되었으며, 이 과정에 1세대와 2세대뿐 아니라 3세대도 적극적으로 참여하면서 가족지배체제가 강화되는 동시에 소유 및 경영의 승계 또한 점진적으로 진행되었다.

아래에서는, GS그룹의 성장 과정(제2절), GS그룹 지주회사체제의 성립 과정(제3절), 소유구조의 변화(제4절), 경영구조의 변화(제5절) 등 4개 항목으로 나누어 GS그룹 지주회사체제의 주요 추세 및 특징을 서술한다.

제2절에서는 GS그룹이 LG그룹에서 분리되는 과정, 2005년 출범 이후 2014년까지의 재벌 순위, 계열 회사 수 및 자산총액의 변화를 정리한다.

제3절에서는 2005년 이후의 지주회사체제 성립 2단계 과정, 지주회사체제 달성 비율(그룹 계열회사 중 공정거래법상 지주회사체제에 편입된 회사의 비중)을 살펴본다.

제4절은 4가지 내용을 담고 있다. 첫째, 2013년 12월 현재 GS그룹의 지주회사체제가 어떤 모습을 띠고 있는지, 그리고 공정거래법상 지주회사(㈜GS)와 실질적인 지주회사 3개(삼양통상, GS건설, 코스모앤컴퍼니)의 지분구조는 어떤지를 제시한다. 둘째, 2005년 이후 ㈜GS 및 주요 12개 계열회사들이 얼마나 많은 다른 계열회사들에 어느 정도의 지분을 보유해오고 있는지를 분석한다. 지분을 보유한 13개 회사는 ㈜GS 계열 9개(㈜GS, 자회사 5개, 손자회사 3개)와 지주회사체제에 편입되지 않은 4개(GS건설, 삼양통상, 코스모앤컴퍼니, 승산)이다. 셋째, 2004년 이후 ㈜GS의 최대주주인 허창수와 특수관계인 지분이 어떻게 변해 오고 있는지를 살펴보며, 특히 가족이 보유한 지분의 현황을 7개 일가별(1세대 1남 허정구, 3남 허준구, 4남 허신구, 5남 허완구, 6남 허승효, 7남 허승표, 8남 허승조 일가), 1·2·3세대별, 그리고 개인별로 자세하게 고찰한다. 넷째, 지주회사체제에 편입되지 않은 주요 4개 회사(GS건설, 코스모앤컴퍼니, 삼양통상, 승산)의 최대주주 및 특수관계인 지분 현황을 차례로 살펴본다.

제5절도 4가지 내용으로 구성되어 있다. 첫째, 지주회사 ㈜GS의 등기임원이 누구인지, 이들 중 허씨 가족구성원은 누구인지를 정리한다. 둘째, 2005년 그룹 출범 이후 5개 일가(허

정구, 허준구, 허신구, 허완구, 허승조 일가) 소속의 14명 가족구성원들이 지주회사체제에 편입되거나 편입되지 않은 11개 계열회사에 어떤 직책을 가지고 경영에 참여하였는지를 자세하게 분석한다. 셋째, ㈜GS 임원들의 겸직 현황을 살펴보면서 산하 계열회사에 대한 경영 관여 정도를 확인한다. 넷째, ㈜GS의 임직원 규모와 업무조직을 살펴본다.

마지막으로 제6절(맺음말)에서는 위에서 논의된 주요 내용을 요약한다.

2. GS그룹의 성장 과정

GS그룹은 2005년 4월 ㈜GS(이전 GS홀딩스) 관련 회사들이 LG그룹에서 계열 분리되면서 공식 출범하였다. 2014년 4월 현재 대규모사기업집단 중 8위이며, 계열회사는 80개, 자산총액은 58.1조 원이다.

GS그룹은 LG그룹에 참여해 왔던 구씨 및 허씨 일가 중 허씨 일가가 자신들의 몫으로 설립한 그룹이다. 구씨 일가 중 일부는 1999년과 2004년에 각각 LIG그룹과 LS그룹으로 이미 독립한 상태였다. 이로써 구씨 및 허씨 일가는 모두 4개 그룹(LG, LIG, LS, GS)과 관련을 맺게 되었다.

LG그룹(이전 럭키금성그룹)의 모태는 1947년 구인회가 설립한 락희화학공업사이다. 구인회(1907-1969년)는 24세 때인 1931년 진주에서 구인회상점을 차려 포목상으로 사업을 시작하였으며, 1945년 부산으로 옮겨와 조선흥업사라는 무역회사를 설립하였다. 이어 1947년에 락희화학공업사(이후 LG화학, ㈜LG)를 세워 사업을 본격화하였다.

이 과정에서 구인회는 장인(허을수의 아버지) 허만식의 6촌 허만정의 자금 지원을 받게 되었으며, 이를 계기로 허만정의 셋째 아들 허준구가 경영에 참여하였다. 허준구는 구인회의 첫째 동생 구철회의 큰 사위(구위숙의 남편)였다. 허준구의 형(허학구)과 동생(허신구)도 락희화학에 관여하였다. 이후 구씨 일가와 허씨 일가는 사돈관계를 넘어 돈독한 사업파트너가 되었다.

구인회는 1969년 세상을 떠났으며, 1970년 1월 금성사(이후 LG전자) 부사장이던 장남 구자경이 그룹회장직을 이어받았다. 25년이 지난 1995년 1월 구자경은 그룹 이름을 '럭키금성그룹'에서 'LG그룹'으로 바꾸고 새로운 출발을 다짐하였으며, 이에 맞추어 2월에는 1989년 이후 그룹 부회장직을 수행해 오던 장남 구본무에게 경영권을 물려주었다.

LG그룹의 분가는 3대 구본무체제 출범 4년 뒤인 1999년 시작되었다. 구인회의 남동생 5명 중 첫째인 구철회 일가가 그룹 계열회사인 LG화재해상보험을 맡아 독립한 것이다. 이 회사는 구철회의 4남 4녀 자녀들 중 아들 2명(3남 구자훈, 4남 구자준)이 주도하였고 다른 아들 2명(1남 구자원, 2남 구자성)의 자녀들도 관여하였다. 2006년 회사 이름이 LIG손해보험으로 바뀌었으며, 이후 LIG그룹으로 자리매김하였다.

LG그룹의 두 번째 분가는 2004년에 있었다. 구인회의 둘째 동생 구정회를 제외한 나머지 3명 동생들(구태회, 구평회, 구두회)이 LG전선그룹(이후 LS그룹)으로 독립하였다. 구태회의 아들 4명(구자홍, 구자엽, 구자명, 구자철), 구평회의 아들 3명(구자열, 구자용, 구자균), 구두회의 아들 1명(구자은)이 모두 관여하였다.

그리고 세 번째이자 마지막으로 2005년 허씨 일가가 GS그룹으로 분가하였다. 1947년 구씨 일가와 동업한 이후 48년이 되던 해였다. LG그룹 지주회사 ㈜LG는 2004년 7월 2개 지주회사 ㈜LG와 GS홀딩스(이후 ㈜GS)로 분할되었으며, 신설된 GS홀딩스 관련 회사들이 2005년 1월 LG그룹에서 계열 분리된 이후 같은 해 4월 공정거래법상 대규모기업집단으로 공식 출범하였다.

GS그룹에는 허만정(구인회의 장인 허만식의 6촌)의 아들 8명 중 2명(2남 허학구, 7남 허승표)을 제외한 나머지 6명(1남 허정구, 3남 허준구, 4남 허신구, 5남 허완구, 6남 허승효, 8남 허승조)이 관여하고 있다. 이들 6명 중에서는 3남 허준구(구인회의 첫째 동생 구철회의 큰 사위)의 아들 5명(허창수, 허정수, 허진수, 허명수, 허태수) 가족구성원들이 주축을 이루고 있으며, 허창수는 ㈜GS의 최대주주이면서 GS그룹의 동일인이다.

이들 6개 일가는 그룹의 공식 지주회사인 ㈜GS에 모두 관여하고 있으며, 그런 한편으로 4개 일가는 별도로 지주회사체제에 편입되어 있지 않은 계열회사들을 나누어 담당하고 있다. 1남 허정구 일가는 삼양통상 및 계열회사, 3남 허준구 일가는 GS건설 및 계열회사, 4남 허신구 일가는 코스모앤컴퍼니 및 계열회사, 그리고 5남 허완구 일가는 승산 및 계열회사를 각각 지배하고 있다. 6남 허승효 일가는 GS그룹 외부의 회사(알토)를 운영하고 있으며, 6개 일가 중 별도의 사업체를 가지고 있지 않은 것은 8남 허승조 일가뿐이다. 따라서 GS그룹이라는 울타리 속에 함께 있기는 하지만, 6개 일가가 각자의 지분을 유지하면서 상당한 정도의 독립성을 유지하고 있는 상황이다.

한편, GS그룹에 관여하지 않고 있는 허만정의 두 아들은 GS그룹 외부에서 사업을 하고 있다. 2남 허학구 일가는 새로닉스를, 그리고 7남 허승표 일가는 피플웍스프로모션을 각각 운영하고 있다.

GS그룹은 2005년 출범 이후 줄곧 10대 재벌에 속해 있다. 2005년에는 순위가 9위였고, 자산총액은 18.7조 원, 계열회사는 50개였다. 이후 순위는 7-8위가 유지되고 있으며, 반면 자산총액과 계열회사는 점진적으로 증가하였다(<표 3.1>, <그림 3.1>).

〈표 3.1〉 GS그룹의 성장, 2005-2014년:
순위 (A, 위), 계열회사 (B, 개), 자산총액 (C, 10억 원),
1개 계열회사 평균자산 (D, 10억 원)

연도	A	B	C	D	연도	A	B	C	D
2005	9	50	18,719	374	2010	7	69	43,084	624
2006	8	50	21,827	437	2011	8	76	46,720	615
2007	8	48	25,136	524	2012	8	73	51,388	704
2008	7	57	31,051	545	2013	8	79	55,246	699
2009	8	64	39,044	610	2014	8	80	58,087	726

주: 4월 현재; 순위는 공기업집단 제외.
출처: 공정거래위원회 홈페이지 자료.

〈그림 3.1〉 GS그룹의 성장, 2005-2014년: 자산총액 (조 원), 계열회사 (개)

(출처: <표 3.1>)

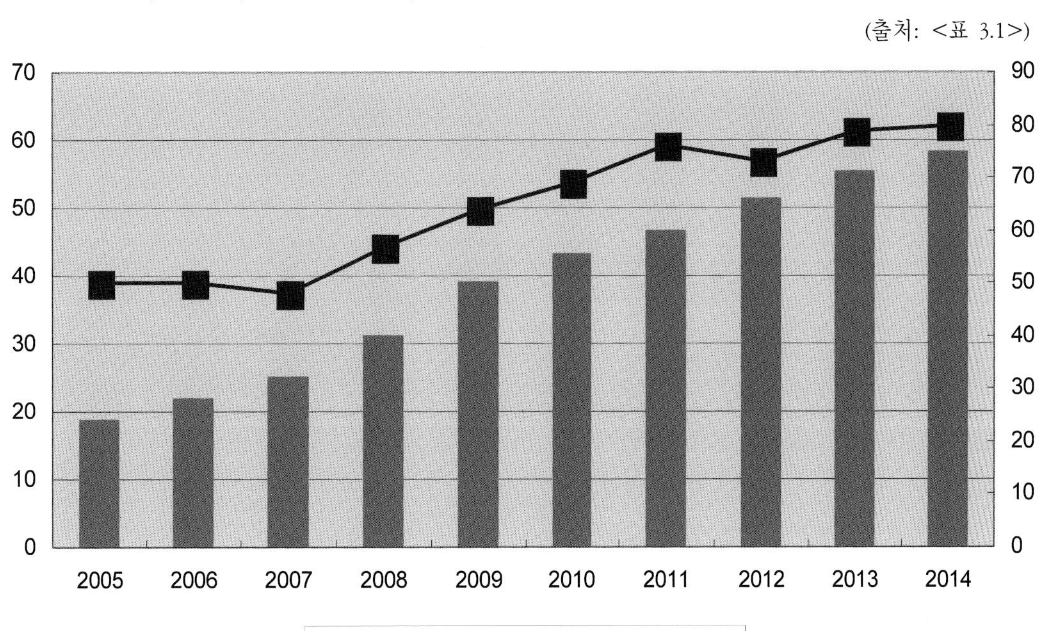

자산총액은 2005년 18.7조 원이던 것이 2006-2007년에는 20조 원 이상(21.8-25.1조 원), 2008-2009년에는 30조 원 이상(31.1-39조 원), 2010-2011년에는 40조 원 이상(43.1-46.7조 원), 2012-2014년에는 50조 원 이상(51.4-58.1조 원)이 되었다. 2014년 현재의 58.1조 원은 8년 전인 2005년의 18.7조 원에 비하면 3.1배 늘어난 수치이다.

계열회사는 보다 완만하게 증가하였다. 2005-2006년 50개가 유지되던 계열회사는 2007년 48개로 다소 줄어들었는데, 2008년 57개로 크게 늘어난 이후 2009-2010년에는 60개 이상(64-69개), 2011-2013년에는 70개 이상(73-79개), 그리고 2014년에는 80개가 되었다. 2014년 현재의 80개는 2005년의 50개에 비하면 1.6배 수준이다.

3. GS그룹 지주회사체제의 성립 과정

3.1 지주회사체제 성립 2단계 과정, 2004-2012년: 개관

GS그룹은 2005년 출범 때부터 지주회사체제였다. 지주회사 ㈜GS(이전 GS홀딩스)는 2004년 7월 LG그룹의 계열회사로 설립되었으며, 2005년 4월부터 GS그룹의 주력회사로 자리매김하였다. 이후 다른 변화가 없다가 7년가량이 지난 2012년 1월 ㈜GS가 분할되어 2개의 지주회사 ㈜GS와 GS에너지가 생겼다. 즉, GS그룹의 지주회사체제는 2005년 4년 이후 2014년 중반까지 9년여 동안 '① 인적 분할 및 지주회사의 설립 → ② 물적 분할 및 제2의 지주회사 설립'의 2단계를 거쳐 구축되었다(<표 3.2>; <부록 5> 참조).

(1) 제1단계 [2004년 7월, ㈜LG의 2개 지주회사 ㈜LG와 GS홀딩스로의 인적 분할]: 2004년 7월 LG그룹의 지주회사 ㈜LG가 2개 지주회사 ㈜LG와 GS홀딩스(2009년 3월 이후 ㈜GS)로 인적 분할되었다. 전자는 이전의 ㈜LG가 존속하는 것으로 하였고 후자는 신설되었다. 두 회사 모두 순수지주회사로서 공정거래법상 지주회사였다. GS홀딩스는 이전의 ㈜LG 사업 중 정유·유통·홈쇼핑 출자부문 및 임대사업부문 일부를 넘겨받았고, ㈜LG는 나머지 출자부문 및 사업부문을 담당하였다.

2004년 12월 현재 ㈜LG와 GS홀딩스의 자산총액은 각각 4.3조 원, 2.7조 원으로 25개 공정거래법상 일반지주회사들 중 나란히 1위와 2위를 차지하였다. 3위인 롯데물산(9,707억 원)은 2위 GS홀딩스의 1/3 수준이었다. 지주회사 ㈜LG는 2001년 4월 ㈜LGCI로 출발한 이후 자산총액 1위를 줄곧 유지해 왔으며, 2003년 12월 현재 6.2조 원이던 것이 분할 이후인 2004년 12월 4.3조 원으로 1/3가량 줄어들었음에도 여전히 1위를 고수하였다. 지주비율은 GS홀딩스가 93.8%(자회사 4개)였고, ㈜LG는 101.6%(자회사 15개)로 계산되었다.

(2) 제2단계 [2012년 1월, ㈜GS의 2개 지주회사 ㈜GS와 GS에너지로의 물적 분할]: 2012년 1월 ㈜GS가 2개 지주회사 ㈜GS와 GS에너지로 물적 분할되었다. 전자는 이전의 순수지주회사 ㈜GS가 존속하는 것으로 하였고, 후자는 사업지주회사로 신설된 뒤 ㈜GS의 자회사로 편입되었다. GS에너지는 이전의 ㈜GS 사업 중 'GS칼텍스 주식을 소유함으로써 그 회사의 제반 사업 내용을 지배하는 에너지 관련 지주사업'을 물려받았으며, ㈜GS는 나머지 모든 사업을 계속 담당하였다. 그 결과 GS그룹은 2개의 지주회사를 중심으로 '㈜GS → GS에너지'로 이어지는 2중 구조의 지주회사체제를 구축하게 되었다.

분할 직후인 2012년 1월 현재, GS에너지의 자산총액은 3.6조 원, 지주비율은 98.3%(자회사 1개)였다. 2012년 이후에는 존속 지주회사들에 대한 자산총액 정보가 없어 순위를 알 수는 없으나, GS에너지의 자산총액은 매우 큰 편이어서 5-10위 사이에 속하는 것으로 추측된다. 2011년 9월 현재의 92개 일반지주회사들 중 1-7위의 자산총액(2010년 12월 기준)은 다음과 같다: 1위 SK이노베이션(14.1조 원), 2위 SK㈜(11조 원), 3위 ㈜LG(7.3조 원), 4위

〈표 3.2〉 GS그룹 지주회사체제 성립 2단계 과정, 2004-2012년

단계	시기	내용
(1)	2004년 7월	* LG그룹 소속 ㈜LG의 2개 지주회사로의 인적 분할 ㈜LG → ㈜LG (존속, 순수지주회사) + GS홀딩스 (신설, 순수지주회사; 2009년 3월 이후 ㈜GS)
	2005년 1월 2005년 4월	* GS홀딩스가 LG그룹에서 계열 분리 * GS그룹 출범
(2)	2012년 1월	* ㈜GS의 2개 지주회사로의 물적 분할 ㈜GS → ㈜GS (존속, 순수지주회사) + GS에너지 (신설, 사업지주회사, 자회사)

출처: 〈표 3.4〉, 〈표 3.5〉.

㈜GS(5.9조 원), 5위 CJ㈜(3.8조 원), 6위 ㈜두산(3.2조 원), 7위 ㈜LS(2.1조 원). 한편, ㈜GS의 경우, 물적 분할 방식으로 진행된 탓에 자산총액은 이전과 대동소이하여, 2012년 순위도 이전처럼 5위 내외일 것으로 추측된다.

3.2 지주회사체제 달성 비율, 2005-2013년

GS그룹은 지주회사체제 달성 비율 즉 '그룹 전체 계열회사들 중 지주회사체제에 편입된 회사의 비중'이 50% 미만으로 낮은 편이다. 하지만 점진적으로 증가하는 추세를 보여 2005년 26%이던 것이 2013년 현재에는 45%로 1.7배 늘어났다(<표 3.3>, <그림 3.2>).

〈표 3.3〉 GS그룹의 지주회사체제:
그룹 계열회사 중 지주회사체제 편입 회사의 비중, 2005-2013년 (개, %)

연.월	그룹		지주회사체제				지주회사체제 달성 비율 (B/A, %)
	순위	계열회사 (A, 개)	지주회사 (a)	순위	계열회사 (자+손자+증손) (b, 개)	합 (a+b=B, 개)	
2005.4	9	50	GS홀딩스	2	12 (4+8+0)	13	26
2006.3	8	49	GS홀딩스	2	14 (5+9+0)	15	31
2007.3	8	47	GS홀딩스	4	15 (5+10+0)	16	34
2008.3	7	57	GS홀딩스	4	17 (5+12+0)	18	32
2009.3	8	64	GS홀딩스	3	25 (5+19+1)	26	41
2010.3	7	68	㈜GS	3	26 (6+20+0)	27	40
2011.3	8	76	㈜GS	4	32 (6+24+2)	33	43
2011.12	8	73	㈜GS	4	30 (6+24+0)	31	42
2012.12	8	76	㈜GS	-	32 (6+18+8)	33	43
			GS에너지	-	[19 (11+8+0)]		
2013.12	8	77	㈜GS	-	34 (6+22+6)	35	45
			GS에너지	-	[20 (14+6+0)]		

주: 1) 그룹 및 지주회사의 계열회사는 해당 연월 현재.
2) 그룹 순위는 해당 연도 4월 현재; 지주회사 순위는 해당 연도 8월(2005-2007년) 또는 9월(2008-2011년) 현재, 2012-2013년 순위 정보는 없음.
3) GS에너지는 ㈜GS의 자회사, GS에너지의 자회사 및 손자회사는 ㈜GS의 손자회사 및 증손회사임.
4) 상호 변경: GS홀딩스 → ㈜GS(2009년 3월).
출처: 사업보고서, 공정거래위원회 홈페이지 자료, 〈표 3.2〉.

〈그림 3.2〉 GS그룹의 지주회사체제, 2005-2013년 (개, %)

(출처: <표 3.3>)

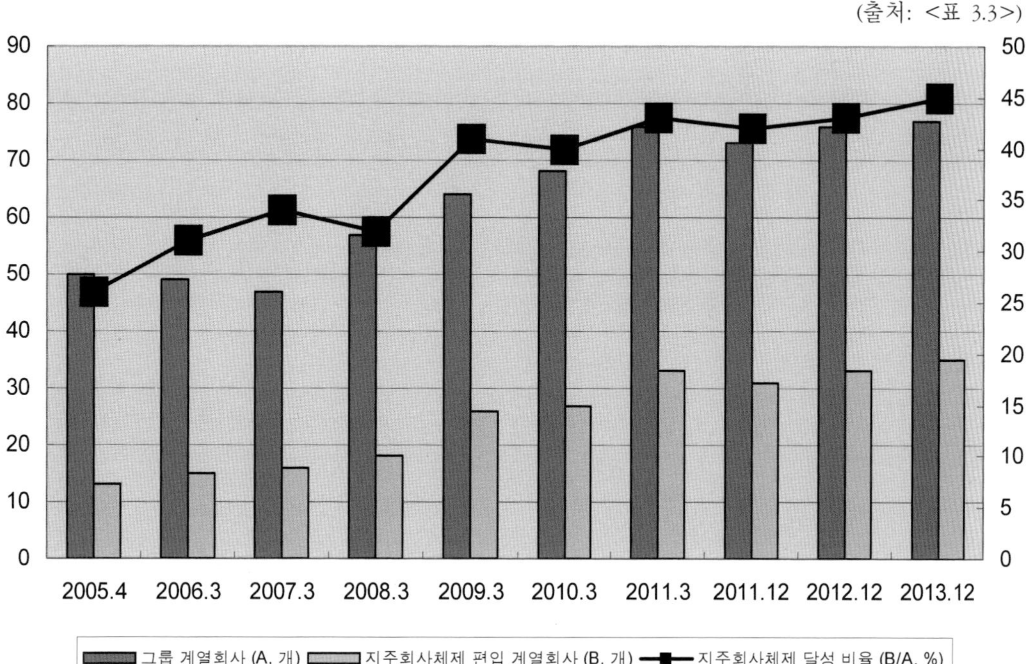

(1) 2005년 4월(26%): 2005년 4월 GS그룹이 출범할 당시에는 그룹 계열회사 50개 중 1/4인 13개만 지주회사체제에 편입되어 있었다. 지주회사 GS홀딩스, 자회사 4개, 손자회사 8개 등이었다.

(2) 2006년 3월 - 2008년 3월(31-34%): 2006-2008년 사이에는 지주회사체제 편입 계열회사가 그룹 전체의 1/3 수준으로 늘어났다.

① 그룹 출범 1년이 지난 2006년 3월에는 지주회사체제 달성 비율이 31%로 조금 높아졌다. 그룹 계열회사는 49개로 1개 줄어든데 반해, 지주회사체제 편입 회사는 15개로 2개 늘어난 때문이었다. GS홀딩스의 자회사(5개)와 손자회사(9개)가 각각 1개씩 더 생겼다.

② 이러한 추세는 2007년 3월에도 이어졌다. 그룹 계열회사는 47개로 2개 줄어들고 지주회사체제 편입 회사는 1개 늘어나 체제 달성비율이 34%로 더욱 높아진 것이다. 자회사(5개)는 이전 그대로이고 손자회사(10개)가 1개 더 늘어났다.

③ 하지만, 2008년 3월 현재에는 체제 달성 비율이 32%로 조금 줄어들었다. 그룹 계열회사는 57개로 10개 늘어난 반면 지주회사체제 편입 회사는 18개로 2개 늘어나는데 그쳤기

때문이었다. 자회사(5개)는 그대로 유지되었고 손자회사(12개)가 2개 더 늘어났다.

(3) 2009년 3월 - 2011년 12월(40-43%): 2009-2011년에는 지주회사체제 편입 회사가 더욱 늘어나 그룹 전체의 2/5 이상이 되었으며, 지주회사체제 달성 비율은 증가와 감소가 반복되었다.

① 2009년 3월에는 체제 달성 비율이 1년 전의 32%에서 41%로 대폭 증가하였다. 그룹 계열회사는 64개, 체제 편입 회사는 26개였다. GS홀딩스의 자회사는 2006년 이후 5개로 변함이 없는 반면, 손자회사는 2008년 12개에서 2009년에는 19개로 크게 늘어났다. 더구나 증손회사도 처음으로 1개 생겨났다.

② 2010년 3월에는 비율이 40%로 조금 줄었다. 그룹 계열회사는 68개로 4개 늘어난 반면 체제 편입회사는 27개로 1개 늘어났다. ㈜GS의 자회사가 2006년 이후 5년 만에 1개 늘어나 6개가 되었고, 손자회사(20개) 또한 1개 더 늘어났다. 반면 증손회사는 없어졌다.

③ 2011년 3월에는 비율이 43%로 다시 소폭 상승하였다. 그룹 계열회사는 1년 전의 68개에서 76개로, 체제 편입 회사는 27개에서 33개로 늘어났다. ㈜GS의 자회사(6개)는 그대로인 반면 자회사(24개)가 4개 늘어났고 증손회사도 다시 2개가 생겼다.

④ 2011년 12월 현재에는 2005년 그룹 출범 이후 처음으로 그룹 계열회사와 체제 편입회사가 동시에 줄어들었다. 특히 체제 편입 회사가 줄어든 것은 2005년 이후 처음이다. 자회사(6개)와 손자회사(24개)는 그대로인 반면 증손회사 2개가 없어진 때문이었다. 그룹 계열회사는 73개 그리고 체제 편입회사는 31개였으며, 체제 달성 비율은 42%로 조금 감소하였다.

(4) 2012년 12월 - 2013년 12월(43-45%): 2개 지주회사를 중심으로 2중 구조의 지주회사체제가 구축되면서 이전에 비해 체제 편입 회사가 그룹 전체의 2/5 이상 수준에서 조금 더 증가하였다.

① 2012년 12월 현재에는 체제 달성 비율이 이전 최고치인 2011년 3월의 43% 수준을 회복하였다. 그룹 계열회사는 76개 그리고 체제 편입 회사는 33개였다. 후자의 33개는 지주회사 ㈜GS, 자회사 6개, 손자회사 18개, 증손회사 8개 등으로 구성되었으며, 이 중에는 자회사 겸 지주회사인 GS에너지와 그 계열회사 20개(GS에너지 → 자회사 11개 → 손자회사 8개)가 포함되어 있다. ㈜GS의 자회사는 2010년 이후 6개로 변함이 없었으며, 이전의 24개 손자회사들 중 대다수는 신설 GS에너지의 자회사 또는 손자회사로 재편되었다. GS에너지는 ㈜GS의 자회사이며, 따라서 GS에너지의 자회사와 손자회사는 ㈜GS의 입장에서는 손자회사와 증손회사가 된다.

② 2013년 현재에는 지주회사체제 비율이 역대 최고치인 45%를 기록하였다. 2005년의 최저치인 26%와 비교하면 1.7배 늘어난 수치이다. 그룹 계열회사 77개 중 35개가 체제에 편입되었다. 지주회사의 자회사(6개)는 그대로인 반면 손자회사(22개)는 4개 증가하고 증손회사(6개)는 2개 감소하였으며, 이들 중 GS에너지 및 계열회사(21개)는 1개 늘어났다.

3.3 지주회사체제 성립 1단계: ㈜LG의 2개 지주회사 ㈜LG와 GS홀딩스(=㈜GS)로의 인적 분할, 2004년 7월

GS그룹은 2005년 4월 출범하였으며 시작부터 지주회사체제였다. 지주회사 GS홀딩스(2009년 3월 이후 ㈜GS)는 2004년 7월 LG그룹의 지주회사 ㈜LG가 인적 분할되어 신설되었으며 이후 LG그룹에 속해 있었다. 2004년 12월 현재 GS홀딩스의 자산총액은 2.7조 원, 그리고 지주비율은 93.8%(자회사 4개)였다. GS홀딩스 관련 회사들은 2005년 1월 LG그룹에서 분리되었고, 4월 GS그룹으로 공식 출범하였다.

㈜LG의 분할은 허씨 일가와 관련된 LG그룹 계열회사들의 분리를 염두에 둔 조치로 GS그룹의 탄생을 예고하는 신호탄이었으며, 동시에 LG그룹 지주회사체제가 3년여 만에 완결되는 마지막 5단계 과정이기도 하였다. LG그룹은 2001년 4월 이후 '① LG화학의 인적 분할 및 지주회사 ㈜LGCI로의 전환(2001년 4월) → ② LG전자의 인적 분할 및 지주회사 ㈜LGEI로의 전환(2002년 4월) → ③ ㈜LGCI의 인적 분할(2002년 8월) → ④ ㈜LGCI의 ㈜LGEI 흡수합병 및 통합지주회사 ㈜LG로의 확대 개편(2003년 3월)' 등의 4단계를 거치면서 지주회사체제를 구축해 오고 있었으며, 2004년 7월 ㈜LG가 인적 분할됨으로써 LG그룹은 창업주 구인회의 직계 가족인 구자경・구본무 일가를 중심으로 지주회사체제를 본격적으로 재정비할 수 있게 되었다.

지주회사 ㈜LG의 2개 지주회사 ㈜LG와 GS홀딩스로의 분할은 인적 분할을 통해 진행되었으며, 분할의 일정, 목적, 성격 및 방법은 분할신고서(2004년 4월 13일; 정정 신고 5월 6일)와 분할종료보고서(2004년 7월 8일)에 상세하게 제시되어 있다(<표 3.4>).

먼저, 분할은 2004년 4월 13일의 이사회 결정 이후 4개월여에 걸쳐 진행되었다. 이사회가 열린 4월 13일 당일 증권거래법(제190조의2)에 따라 분할신고서가 금융감독위원회, 한국증권거래소 및 한국상장사협의회에 제출되었으며, 5월 6일에는 신고서 내용을 추가하기 위해 정정신고가 이루어졌다. 4월 29일 분할주주총회를 위한 주주가 확정되었고, 5월 28일주주총회에서 분할계획이 승인되었다. 분할기일은 2004년 7월 1일로 정해졌으며, 7월 5일 분할이 공식 완료되었다. 이날 분할되는 존속 회사인 ㈜LG에서는 분할보고주주총회가, 그리고 신설 GS홀딩스에서는 창립주주총회가 개최되었다. 이어 분할 등기(7월 7일), 분할종료보고서 제출(7월 8일), 재상장 및 변경상장(8월 10일) 등의 후속조치가 마무리되었다.

분할의 목적은 다섯 가지가 제시되어졌다. 첫째, 분할된 각 부문의 성장잠재력을 배가하고 업종 전문화 및 핵심역량 강화를 추구하여 사업고도화를 실현한다. 둘째, 기업의 이미지를 투자자에게 명확하게 전달하여 투자 자본을 원활하게 조달하고 사업부문에서 창출되는 수익을 해당 사업에 재투자할 수 있게 함으로써 사업의 집중력을 제고하고 성장잠재력을 확보한다. 셋째, 분할된 각 부문별로 사업특성에 맞는 신속하고 전문적인 의사결정이 가능한 체제를 확립하여 사업부문별 경쟁력을 강화하고 전문화된 사업영역에 기업의 역량을 집중함으로써 경영위험의 분산을 추구한다. 넷째, 사업문화가 다른 각 사업부문을 전문화하여 관리상의 효율을 높이고 기업지배구조의 투명성을 증대시키며 이를 통해 시장에서 적정한 기업가치 평가를 가능하게 하여 주주가치의 극대화를 추구한다. 그리고 다섯째, 출자부문의 전문화 및 핵심사업에 대한 집중투자를 용이하게 하고 사업의 고도화를 실현함으로써 효율적인 경영기반을 조성하여 세계적인 경쟁력을 갖춘 지주회사로 성장한다.

분할을 위해 ㈜LG가 해 오던 사업들이 두 부류로 나뉘어졌다. 하나는 '정유·유통·홈쇼핑 출자부문 및 임대사업부문 일부'이고, 다른 하나는 '나머지 출자부문 및 사업부문'이다. 후자는 이전의 ㈜LG가 계속 담당하는 것으로 하였고, 전자는 신설 GS홀딩스로 이관되었다.

이에 따라 GS홀딩스의 '회사가 영위하는 목적사업' 28개가 새로 설정되었는데, 분할 이후 ㈜LG의 '회사가 영위하는 목적사업' 28개와 동일하게 구성하는 것으로 결정되었다. 28개 중 27개는 이전 ㈜LG의 목적사업 27개 그대로이며, 여기에 '브랜드 및 상표권 등 지적재산권의 라이센스업'(제24항)이 새로 추가되었다. 목적사업 중 첫 번째는 이전처럼 지주사업이었다.

분할 직후인 2004년 9월 분기보고서에 나와 있는 ㈜LG와 GS홀딩스의 '회사가 영위하는 목적사업' 28개는 다음과 같다. GS홀딩스는 12월까지 목적사업을 1개 더 추가하였다.

(1) 이전 ㈜LG의 '회사가 영위하는 목적사업' 모두가 새로운 ㈜LG로 이관된 27개: ① 다음 각 호의 사업을 영위하는 회사의 주식을 취득, 소유함으로써 그 회사 제반 사업내용의 지배, 경영지도, 정리, 육성(광업, 제조업, 전기·가스·수도사업, 건설업, 도·소매업, 숙박·

〈표 3.4〉 ㈜LG의 2개 지주회사로의 인적 분할, 2004년 4-8월

(A) 분할 일정

2004년 4월 13일: 이사회 결의	<u>2004년 7월 1일: 분할기일</u>
4월 29일: 분할주주총회를 위한 주주 확정	7월 5일: 분할보고총회 또는 창립총회
5월 28일: 분할계획서 승인을 위한 주주총회	7월 7일: 분할등기
	8월 10일: 재상장, 변경 상장

(B) 분할의 주요 내용

1. 목적: 1) 각 부문의 성장잠재력 배가, 업종전문화・핵심역량 강화 → 사업고도화 실현
   2) 기업이미지를 투자자에게 명확하게 전달 → 투자자본의 원활한 조달, 수익의 해당 사업부문에로의 재투자 → 사업의 집중력 제고, 성장잠재력 확보
   3) 각 부문별 사업 특성에 맞는 신속하고 전문적인 의사결정체제 확립 → 사업부문별 경쟁력 강화, 전문화된 사업영역에 기업역량 집중 → 경영위험의 분산
   4) 문화가 다른 각 사업부문의 전문화 → 관리상의 효율성 제고, 기업지배구조의 투명성 증대 → 시장에서의 적정한 기업가치 평가 유도 → 주주가치 극대화
   5) 출자부문의 전문화, 핵심사업에 대한 집중투자 추구, 사업의 고도화 실현 → 효율적인 경영기반 조성, 세계적 경쟁력을 갖는 지주회사로의 성장 추구

2. 회사명: 1) 분할 전 회사 - ㈜LG (LG Corporation)
   2) 분할되는 회사 - ㈜LG (LG Corporation)
   신설회사 - GS홀딩스 (GS Holdings Corporation)

3. 사업부문: 1) ㈜LG - 신설회사에 분할되는 부문을 제외한 나머지 출자・사업부문
   2) GS홀딩스 - 정유・유통・홈쇼핑 출자부문, 임대사업부문 일부

4. 방법: 1) 분할되는 회사의 영위 사업 중 정유・유통・홈쇼핑 출자부문 및 임대사업부문 일부('분할대상부문')를 분할하여 신설회사 설립
   2) 분할되는 회사의 주주가 신설회사의 주주가 되는 인적분할 방식
   3) 분할되는 회사는 존속, 신설회사는 한국증권거래소에 재상장

5. 분할 재산 관련 사항:
   1) 분할되는 회사의 존속・신설 회사 주주에 대한 주식 배정비율: 보통주・우선주 1주당 ㈜LG 0.65주, GS홀딩스 0.35주
   2) a) 분할되는 회사가 보유하고 있는 다음 상표는 신설회사에 이전: '금성, 金星, Goldstar, GS, GS device' 및 이들 중 하나 이상을 포함하거나 나타내는 상표, 기타 이들과 유사한 일체의 상표 (이러한 상표 중 '럭키, Lucky, 트윈스, Twins, 엘지, LG'를 그의 일부로 포함하는 상표는 제외; 이들을 총칭하여 'Goldstar 상표'라 함); 신설회사를 위하여 개발 중인 일체의 Mark, 상표 ('개발상표')
   b) 신설회사에 이전되는 Goldstar 상표와 개발상표 및 관련되는 일체의 권리의무는 분할대상부문 또는 이전대상재산에 포함됨
   c) 분할되는 회사가 보유하고 있는 상표권, 기타 산업재산권 등 일체의 지적재산권(신설회사 이전 부문 제외) 및 관련되는 일체의 권리의무는 존속회사에 귀속됨
   3) 재무구조 (2003년 12월 31일 기준, 백만 원; 분할 전 회사 = 분할되는 회사 + 신설회사)

a) 자산:	6,174,983	=	3,994,924	+	2,180,059	[64.7%	+ 35.3%	]
b) 부채:	1,895,224	=	1,241,549	+	653,675	[65.5	+ 34.5	]
자본:	4,279,759	=	2,753,375	+	1,526,384	[64.3	+ 35.7	]
c) 자본금:	1,352,860	=	879,359	+	473,501	[65.0	+ 35.0	]

출처: 분할신고서, 분할종료보고서.

음식점업, 운수업, 통신업, 부동산·임대업, 사업서비스업, 교육서비스업, 보건·사회복지사업, 오락·문화·운동 관련 사업, 기타 공공·수리·개인서비스업). ② 국내외 광고의 대행업과 광고물의 제작 및 매매. ③ 수출입업 및 물품매도확약서 발행업. ④ 전자계산기 시간대여업. ⑤ 컴퓨터 소프트웨어 매매 및 대여업. ⑥ 각종 통계 및 분석과 처리작업 청부업. ⑦ 부동산 매매 및 임대. ⑧ 창고업. ⑨ 각종 상품의 매매. ⑩ 각종 상품의 위탁 및 수탁매매대리업. ⑪ 과학기술 조사 연구 및 기술개발연구의 용역과 기술정보의 매개. ⑫ 기술용역업. ⑬ 국내외 무역업 및 이에 수반되는 청부업. ⑭ UTILITY(유틸리티) 판매. ⑮ 위탁 통신판매 및 방문판매업. ⑯ 교육서비스업. ⑰ 인터넷 등 전자상거래를 통한 상품, 제품 매매 및 관련 부대 사업. ⑱ 시장조사 및 경영상담업. ⑲ 정보의 운영 및 판매. ⑳ 통신서비스 관련 대행용역 제공. ㉑ 전자전기기계기구의 대여업. ㉒ 기술연구 및 용역수탁업. ㉓ 팩토링업. ㉔ 이상의 각종 원료, 자재, 제품을 소재로 한 제2차 제품의 제조, 가공, 보존 및 매매. ㉕ 전기 각 항 및 그에 관련된 위탁매매. ㉖ 전기 각 항에 관련되는 일체의 사업. ㉗ 전기 각 항에 관련한 사업에 대한 투자.

(2) 새로운 ㈜LG의 목적사업에 추가된 1개: ㉔ 브랜드 및 상표권 등 지적재산권의 라이센스업.

(3) 2014년 12월까지 GS홀딩스의 목적사업에 추가된 1개: ㉕ 자원탐사 및 개발. 이에 따라 이전의 제25항에서 제28항은 각각 제26항에서 제29항으로 조정됨.

한편, ㈜LG의 분할은 인적분할 방식으로 진행되었다. 분할되는 회사 ㈜LG의 주주가 분할 기일인 2004년 7월 1일 현재의 지분율에 비례하여 존속 및 신설 회사의 주식을 배정받는 방식이다. 보통주와 우선주 1주당 존속 지주회사 ㈜LG의 주식 0.65주, 그리고 신설 지주회사 GS홀딩스의 주식 0.35주를 각각 배당받는 것으로 결정되었다.

'65:35'의 비율은 분할 전 회사의 자본금 대비 분할 이후 두 회사의 자본금(8,794억 원 vs. 4,735억 원) 비율과 같다. 자산(64.7:35.3, 3.99조 원 vs. 2.18조 원), 부채(65.5:34.5), 자본(64.3:35.7) 등 다른 재산의 분할도 거의 비슷한 비율이 적용되었다.

또 ㈜LG와 GS홀딩스가 각각 지주회사로서 독자적인 '브랜드 및 상표권 등 지적재산권의 라이센스업'을 영위하기 위한 조치도 취해졌다. 이전의 ㈜LG가 보유하고 있던 '금성, 金星, Goldstar, GS, GS device' 등의 소위 'Goldstar 상표'는 GS홀딩스로 이전하고, 이들을 제외한 '럭키, Lucky, 트윈스, Twins, 엘지, LG' 등은 ㈜LG가 계속 보유하는 것으로 조정되었다.

3.4 지주회사체제 성립 2단계: ㈜GS의 2개 지주회사 ㈜GS와 GS에너지로의 물적 분할, 2012년 1월

GS그룹의 지주회사체제는 2005년 4월 출범 이후 GS홀딩스(2009년 3월 이후 ㈜GS)를 중심으로 점진적으로 구축되어 왔으며, 6년 9개월이 지난 2012년 1월 처음으로 큰 변화가 있었다. 새로운 지주회사가 설립되어 지주회사체제가 '㈜GS → GS에너지'로 이어지는 2중 구조를 가지게 된 것이다.

이러한 변화는 ㈜GS가 2개 지주회사 ㈜GS와 GS에너지로 물적 분할되면서 가능해졌다. 전자는 이전의 순수지주회사 ㈜GS가 존속하는 것으로 하였고, 후자는 사업지주회사로 신설된 뒤 ㈜GS의 자회사로 편입되었다. 2012년 1월 현재 GS에너지의 자산총액은 3.6조 원, 그리고 지주비율은 98.3%(자회사 1개)였다.

분할의 일정, 목적, 성격 및 방법은 '주요사항보고서'(2011년 10월 19일)와 '합병 등 종료보고서(분할)'(2012년 1월 5일)에 자세하게 제시되어 있다(<표 3.5>).

먼저, 분할은 2011년 10월 19일 이사회에서 결정된 이후 석 달이 채 되지 않아 마무리되었다. 이사회 다음 날인 10월 20일 주주명부의 폐쇄가 공고되었고, 한 달여가 지난 11월 29일 분할계획서 승인을 위한 주주총회가 개최되었다. 분할 기일은 2012년 1월 1일로 정해졌으며, 다음 날인 1월 2일 신설 회사 GS에너지에서는 창립총회가 개최되었고 같은 날 존속회사 ㈜GS에서 개최되기로 예정되었던 분할보고총회는 이사회 결의에 의한 공고로 갈음하였다. 1월 3일에는 분할 등기가 완료되었다.

분할의 목적은 세 가지였다. 첫째, 사업 특성에 적합한 신속하고 전문적인 의사결정이 가능한 지배구조를 확립하여 경영효율성과 책임경영체제를 강화한다. 둘째, 핵심사업에 대한 집중 투자와 시장환경에 대한 신속한 대응을 통해 에너지사업의 근원적 경쟁력을 강화한다. 그리고 셋째, 신재생에너지·대체에너지 등 에너지 관련 신규 성장사업을 적극적으로 육성하여 새로운 성장동력을 확보하며 지속가능한 수익원을 발굴하여 에너지사업의 다각화 및 균형성장을 도모한다.

분할을 위해 ㈜GS가 영위해 오던 사업 중 'GS칼텍스 주식을 소유함으로써 그 회사의 제반 사업내용을 지배하는 에너지 관련 지주사업'을 분리하여 신설 GS에너지로 이관하였으며, 나머지 사업은 ㈜GS가 계속 담당하는 것으로 하였다.

이에 따라 GS에너지가 영위할 목적사업 21개가 새로 설정되었다. GS에너지는 지주사업과 일반사업을 병행하는 사업지주회사로서, 목적사업의 대부분은 일반사업 관련 내용이며 지주사업과 관련해서는 '다른 회사 사업 내용의 지배'(제1항)와 '지적재산권의 라이선스업'(제17항)이 포함되어 있다.

㈜GS의 '주요사항보고서'(2011년 10월 19일)에 나와 있는 GS에너지의 21개 목적사업은 다음과 같다. ① 다른 회사의 주식을 취득·소유함으로써 그 회사 제반 사업내용의 지배, 경영지도, 정리, 육성. ② 원유, 천연가스, 엘피지를 포함한 석유 및 석유화학 제품의 제조, 수출입, 공급, 저장용역, 중개 및 매매업. ③ 원유 등 자원탐사, 채취, 정제 및 판매업. ④ 발전, 송전, 변전, 배전을 포함한 전력사업 및 집단에너지사업. ⑤ 열 생산 및 공급을 포함한 지역 냉난방업. ⑥ 가스의 제조 판매 및 공급사업. ⑦ 신재생에너지, 대체에너지 및 신소재의 연구, 개발, 설계, 제조, 유통, 판매 및 제품 서비스업. ⑧ 환경오염방지, 처리, 정화, 복원 및 재활용과 소음, 진동, 기타 유해물질 관리 등을 통한 환경보전, 복원, 재생 사업. ⑨ 광업 및 제조업. ⑩ 부동산 매매 및 임대업. ⑪ 도소매업. ⑫ 수출입업. ⑬ 창고 및 창고 대여업. ⑭ 정유, 석유화학, 윤활유 제품의 제조, 저장, 운송 등의 위탁관리업. ⑮ 선박 대여 및 운수·수송업. ⑯ 기술연구 및 용역수탁업. ⑰ 특허권 등 지적재산권의 라이선스업. ⑱ 시장조사, 경영자문 및 컨설팅업. ⑲ 기타 에너지 사업 및 각종 서비스 사업. ⑳ 전기 각 항에 관련되는 일체의 사업. ㉑ 전기 각 항에 관련한 사업에 대한 투자.

분할 이후 ㈜GS(이전 GS홀딩스)의 목적사업에는 변화가 없는 것으로 보인다. 위에서 설명한 것처럼, 2004년 12월 현재 ㈜GS의 목적사업은 29개이며 이는 2008년까지 그대로였다. 2009년 이후에는 사업보고서에 목적사업이 제시되어져 있지 않다. 2008년 12월 현재의 ㈜GS의 목적사업과 2011년 11월 현재의 GS에너지의 목적사업을 비교해 보면, 같은 항목은 '부동산 매매 및 임대업' 1개뿐이다(㈜GS 제7항, GS에너지 제10항). 그런 한편으로, 지주사업 관련 2개 항목인 '다른 회사의 사업 내용 지배'(제1항, 제1항)와 '지적재산권의 라이센스업'(제24항, 제17항)은 유사하게 제시되어 있다.

한편, GS에너지가 GS칼텍스를 지배하기 위해 설립된 만큼, GS에너지의 목적사업 중 주요 3개 항목(제2항, 제4항, 제5항)은 GS칼텍스의 목적사업(제1항, 제2항, 제3항)과 거의 동일하다. 정보 이용이 가능한 마지막 해인 2008년의 사업보고서에 제시되어 있는 GS칼텍스의 20개 목적사업은 다음과 같다.

① 원유, 천연가스, 엘피지를 포함한 석유 및 석유화학 제품의 제조, 수출입, 공급, 자원개발 및 생산, 저장용역 및 매매업. ② 발전, 송전, 변전, 배전을 포함한 전력사업 및 열병합발

〈표 3.5〉 ㈜GS의 2개 지주회사로의 물적 분할, 2011년 10월-2012년 1월

(A) 분할 일정

2011년 10월 19일: 이사회 결의	2012년 1월 1일: 분할기일
10월 20일: 주주명부 폐쇄 공고	1월 2일: 분할보고총회 및 창립총회
11월 6-9일: 주식명의개서 정지	
11월 29일: 분할계획서 승인을 위한 주주총회	1월 3일: 분할 등기

(B) 분할의 주요 내용

1. 목적: 1) 사업 특성에 적합한 신속하고 전문적인 의사결정이 가능한 지배구조 확립
→ 경영효율성과 책임경영체제 강화
2) 핵심사업에의 집중 투자, 시장환경에의 신속 대응 → 에너지사업의 근원적 경쟁력 강화
3) 신재생에너지・대체에너지 등 에너지 관련 신규 성장사업 적극 육성 →
새로운 성장동력 확보, 지속가능한 수익원 발굴 → 에너지사업의 다각화 및 균형성장 도모

2. 회사명: 1) 분할 전 회사 - ㈜GS (GS Holdings Corporation)
2) 분할되는 회사 - ㈜GS (GS Holdings Corporation)
신설회사 - GS에너지 (GS Energy Corporation)

3. 사업부문: 1) ㈜GS - 신설회사에 이전되는 사업을 제외한 모든 사업
2) GS에너지 - GS칼텍스 주식을 소유함으로써 그 회사의 제반 사업내용을 지배하는
에너지 관련 지주사업

4. 방법: 1) 분할되는 회사의 영위 사업 중 GS칼텍스 주식을 소유함으로써 그 회사의 제반 사업내용을
지배하는 에너지 관련 지주사업('분할대상사업')을 분할하여 신설회사 설립
2) 분할되는 회사가 신설회사 발행 주식의 총수를 취득하는 단순・물적 분할 방식
3) 분할되는 회사는 상장법인으로 존속, 신설회사는 비상장법인

5. 분할 재산 관련 사항:
1) 분할되는 회사의 일체의 적극・소극 재산, 공법상 권리의무를 포함한 기타의 권리의무, 재산적 가치가 있는 사실관계(인허가, 근로관계, 계약관계, 소송, 지적재산권 등 포함)는 '분할대상사업'에 관한 것이면 신설회사에, '분할대상사업 이외의 사업'에 관한 것이면 분할되는 회사에게 각각 귀속
2) 재무구조 (2011년 6월 30일 기준, 백만 원; 분할 전 회사 ≷ 분할되는 회사 // 신설회사)

a) 자산:	5,367,762	〉	5,307,897	//	3,599,752
b) 부채:	725,291	〉	658,207	//	60,480
자본:	4,642,471	〈	4,649,690	//	3,499,272
c) 자본금:	473,501	=	473,501	//	250,000

출처: 주요사항보고서, 합병 등 종료보고서.

전사업. ③ 열 생산 및 공급을 포함한 지역냉난방업. ④ 연료전지 등 대체에너지의 연구, 개발, 설계, 제조, 유통, 판매 및 제품 서비스업. ⑤ 선박대여업. ⑥ 엘피지 설비 공사 및 엘피지 용기 검사업. ⑦ 주유소 및 충전소 운영업. ⑧ 자동차 정비, 세차, 부품, 용품 및 용역판매업. ⑨ 데이터베이스 및 온라인 정보 제공업, 전자상거래 및 통신판매업 등 기타 인터넷 관련 사업. ⑩ 운동설비 운영업. ⑪ 잡화, 양곡, 주류, 담배 도매 및 소매업. ⑫ 음반, 비디오물 판매 및 대여. ⑬ 자동판매기 운영. ⑭ 상품권 발행 및 유통업. ⑮ 각종 접객서비스업. ⑯ 가맹점사업. ⑰ 슈퍼마켓, 편의점, 대형할인점 등 종합유통업. ⑱ 보험대리업. ⑲ 부동산 임대업. ⑳ 전 항의 목적달성상 수반 또는 관련되거나 회사에 직접, 간접으로 유익한 기타 사업 일체.

한편, ㈜GS의 분할은 단순 물적 분할 방식으로 진행되었다. 분할되는 회사 ㈜GS가 신설회사인 GS에너지 발행 주식의 총수를 취득하는 방식이다. 이로써 GS에너지는 ㈜GS의 100% 자회사로 편입되었다. ㈜GS는 상장법인으로 존속하였으며 GS에너지는 비상장법인으로 결정되었다. 재산의 경우, 분할 전후의 ㈜GS의 자산, 부채, 자본 및 자본금은 같거나 대동소이하였다. 반면, GS에너지는 별도의 재산을 보유하게 되었는데, ㈜GS에 비해 자산은 2/3 수준(68%; 3.60조 원 vs. 5.31조 원), 그리고 자본금은 절반 수준(53%; 2,500억 원 vs. 4,735억 원)이었다.

4. 소유구조의 변화

4.1 GS그룹의 지주회사체제, 2013년 12월

2013년 12월 현재 GS그룹은 77개 계열회사 중 35개가 지주회사 ㈜GS 및 산하 계열회사로 조직되어 있으며, 지주회사체제 달성 비율은 45%이다. 이 비율은 2005년 4월 그룹이 출범한 이후 역대 최고치로서 2005년의 최저치인 '26%'와 비교하면 1.7배 늘어난 수치이다. 하지만 그룹 계열회사 중 절반 이상(42개, 55%)은 여전히 지주회사체제에 편입되어 있지 않으며, 체제 달성 비율 '45%'는 다른 재벌들에서의 비율과 비교하면 매우 낮은 수치이다(<표 3.6>; <표 3.3>, 제2장 <표 2.5> 참조).

GS그룹의 지주회사체제 달성 비율이 낮은 이유는 다양한 허씨 일가 가족구성원들이 지분에 참여하는 '공동적이면서 개별적인 소유구조'가 형성되어 있기 때문이다. 먼저, 공정거래법상 지주회사인 ㈜GS에는 허씨 일가 8형제 중 6형제(1남 허정구, 3남 허준구, 4남 허신구, 5남 허완구, 6남 허승효, 8남 허승조)의 1, 2, 3세대 가족구성원들이 공동으로 지분으로 가지고 있으며, 최대주주(허창수; 허준구의 1남)는 3남 허준구 일가에 속해 있다. 그런 한편으로, 4형제(허정구, 허준구, 허신구, 허완구)는 일가별로 지주회사체제에 편입되지 않은 계열회사들을 나누어 독자적으로 지분을 보유하고 있다. 1남 허정구 일가는 삼양통상(최대주주 허남각; 허정구의 1남) 및 그 계열회사를, 3남 허준구 일가는 GS건설(최대주주 허창수; 허준구의 1남) 및 그 계열회사를, 4남 허신구 일가는 코스모앤컴퍼니(최대주주 허연수; 허신구의 2남) 및 그 계열회사를, 그리고 5남 허완구 일가는 승산(최대주주 허용수; 허완구의 1남)을 각각 지배하고 있다.

그 결과, '공정거래법상 지주회사체제'와는 별도로 '3개의 실질적인 지주회사체제'가 구축되어 '4개의 지주회사체제'가 공존하고 있는 모습을 보이고 있다. GS그룹의 이러한 복합적인 소유구조는 공정거래위원회가 발표한 2014년 4월 현재의 소유지분도에 그 대체적인 모습이 제시되어져 있다(<표 3.6>, <표 3.7>, <그림 3.3>).

4.1.1 공정거래법상 지주회사체제 편입 35개 회사

지주회사 ㈜GS의 최대주주는 허창수이고, ㈜GS의 34개 계열회사는 자회사(6개), 손자회사(22개), 증손회사(6개) 등 3단계로 연결되어 있다. 자회사 6개 중 4개는 자신의 계열회사를 거느리고 있는데, 이 4개 자회사 중 1개(GS에너지)는 지주회사로서 계열회사가 2단계에 걸쳐 이어져 있고, 나머지 3개(GS홈쇼핑, GS리테일, GS글로벌)는 계열회사가 각각 1단계로만 이어져 있다.

결국 GS그룹 지주회사체제의 소유구조는 허창수를 정점으로 하는 5단계 하향구조이면서 비대칭적인 피라미드구조이다. 5단계 하향구조는 '① 최대주주 허창수 → ② 지주회사 ㈜GS → ③ 자회사 6개 → ④ 손자회사 22개 → ⑤ 증손회사 6개'이다. 또 비대칭적인 피라미드구조는 다음과 같이 구성되어 있다: ① 최대주주 허창수 → ② 지주회사 ㈜GS → 【[③ 자회사 겸 지주회사 1개 (GS에너지) → ④ 손자회사 14개 → ⑤ 증손회사 6개] + [③ 자회사 1개 (GS홈쇼핑) → ④ 손자회사 3개] + [③ 자회사 1개 (GS리테일) → ④ 손자회사 3개] + [③ 자회사 1개 (GS글로벌) → ④ 손자회사 2개] + ③ 자회사 2개】.

첫째, 지주회사 ㈜GS에는 허씨 일가 8형제 중 6형제의 일가 소속 1,2,3세대 49명의 가족구성원들이 지분(45.46%)을 보유하고 있다. 이들 중 3남 허준구 일가가 지분 크기(15.02%)와 가족구성원 수(14명) 모두에서 우위를 점하고 있으며, 허창수(허준구의 1남)가 최대주주로서 가장 많은 지분(4.75%)을 보유하고 있다. 그다음이 1남 허정구 일가(12.03%, 9명), 5남 허완구 일가(8.24%, 6명), 4남 허신구 일가(6.30%, 9명), 8남 허승조 일가(2.68%, 4명), 6남 허승효 일가(1.05%, 5명) 등의 순이다. 허승효 일가를 제외한 5개 일가는 2% 이상 지분 보유 구성원을 각각 1-3명씩 가지고 있으며, 이 대주주들 중 2명(허창수 4.75%, 3남 허준구 일가; 허동수 2.46%, 1남 허정구 일가)은 2013년 현재 경영에 참여하고 있고 1명(허용수 4.31%, 5남 허완구 일가)은 2012년까지 경영에 참여하였다. 결국, 그룹의 대표격인 지주회사 ㈜GS는 허씨 일가가 공동으로 소유하면서 공동으로 경영하는 구조로 되어 있다.

〈표 3.6〉 GS그룹의 지주회사체제, 2013년 12월

(가) 개관

· 그룹 계열회사 77개 (a) = 지주회사체제 편입 회사 35개 (b) + 미편입 회사 42개 (c)
· 지주회사체제 달성 비율 (b/a) = 45%

· [b]
최대주주 허창수 → 지주회사 ㈜GS → 자회사 6개 → 손자회사 22개 → 증손회사 6개
<u>지주회사 ㈜GS</u>* →
[A] <u>자회사 · 지주회사 GS에너지</u> → <u>손자회사</u> 14개 (<u>1</u> + 13) → 증손회사 6개
[B] <u>자회사 3개</u>* → 손자회사 8개
[C] 자회사 2개
* 표시된 4개 회사는 상장회사이며, 밑줄 친 6개 회사는 계열회사 보유.

· [c]
① (17개) 최대주주 허창수 → [<u>GS건설</u>* → <u>자회사</u> 15개 (<u>1</u> + 14) → 손자회사 1개]
(2개) 허창수 일가 → 2개 회사
② (10개) 최대주주 허연수 → [<u>코스모앤컴퍼니</u> → <u>자회사</u> 5개 (<u>1*</u> + <u>2</u> + 2)
→ <u>손자회사</u> 3개 (1* + <u>1</u> + 1) → 증손회사 1개]
(1개) 허연수일가 → 1개 회사
③ (7개) 최대주주 허남각 → [<u>삼양통상</u>* → 자회사 6개]
④ (1개) 최대주주 허용수 → [승산]
⑤ (4개) 친족 및 기타 → 4개 회사
* 표시된 4개 회사는 상장회사이며, 밑줄 친 8개 회사는 계열회사 보유.

(나) 지주회사 ㈜GS* 및 34개 계열회사 (b)

자회사 (6개): [A] (1개) GS에너지(100%)
[B] (3개) GS홈쇼핑*(30), GS리테일*(65.8), GS글로벌*(54.6)
[C] (2개) GS스포츠(100), GS이피에스(70)

손자회사 (22개): [A] (14개) (GS에너지) GS칼텍스(50), 보령LNG터미널(50), 살데비다코리아(33.3), 삼일폴리머(100), 서라벌도시가스(100), 파워카본테크놀로지(50), 해양도시가스(100), GS나노텍(99.8), GS이엠(100), GS파워(50), GS파크24(50), GS플라텍(62.3), GS퓨얼셀(95.7), GSE WTE(100)
[B] (3개) (GS홈쇼핑) 에이플러스비(96.8), 텐바이텐(80), GS텔레서비스(100)
(3개) (GS리테일) 후레쉬서브(100), GS넷비전(100), GS왓슨스(50)
(2개) (GS글로벌) 디케이티(42.2), 피엘에스(90)

증손회사 (6개): [A] (GS칼텍스) 상지해운(100), 이노폴리텍(100), GS그린텍(100), GS바이오(100), GS에코메탈(100), GS엠비즈(100)

(다) 지주회사체제 미편입 42개 회사 (c)

① (17개) (1개) GS건설*
(16개) 자회사: (15개) 파르나스호텔(67.56%), GS오엔엠(100), 대구그린에너지센터(40.01), 비에스엠(100), 상락푸드(98.46), 서울문산고속도로(45.5), 옥산오창고속도로(60.1), 은평새길(57.93), 이지빌(84), 의정부경전철(47.54), 자이서비스(100), 지에스텍(100), 지앤엠에스테이트(50), 지엘에스서비스(100), 지씨에스플러스(100)
손자회사: (1개) (파르나스호텔) 피앤에쓰(100)
(2개) 센트럴모터스, GS자산운용

② (10개) (1개) 코스모앤컴퍼니
(9개) 자회사: (5개) 코스모화학*, 코스모건설, 코스모글로벌, 제비오코리아, 코스모산업
손자회사: (3개) (코스모화학) 코스모신소재*
(코스모건설) 랜드마크아시아
(코스모글로벌) 마루망코리아
증손회사: (1개) (마루망코리아) 엠케이비앤에프
(1개) 코스모정밀화학

③ (7개) (1개) 삼양통상*
(6개) 자회사: GS아이티엠, 보헌개발, 삼양인터내셔날, 삼정건업, 옥산유통, 켐텍인터내셔날

④ (1개) 승산

⑤ (4개) GS네오텍, GS샵티앤엠, 엔씨타스, 위너셋

주: 1) 지주회사 GS에너지의 계열회사: 한편으로는 GS에너지의 자회사 및 손자회사이며, 다른 한편으로는 ㈜GS의 손자회사 및 증손회사임.
2) 지주회사체제 미편입 회사: 사업보고서 상의 정보를 기준으로 〈그림 3.3〉을 참조함; 4개 회사(⑤)에 대한 자세한 정보는 없음.
3) 삼양통상: 대표이사회장은 허남각, 동생 허광수는 비상근이사. 이 두 사람이 6개 회사에 겸직을 가지고 있으며 이 6개 회사를 자회사로 간주함.
출처: 사업보고서, 〈부록 1〉, 〈그림 3.3〉.

〈그림 3.3〉 GS그룹의 소유지분도, 2014년 4월

(출처: <부록 1>)

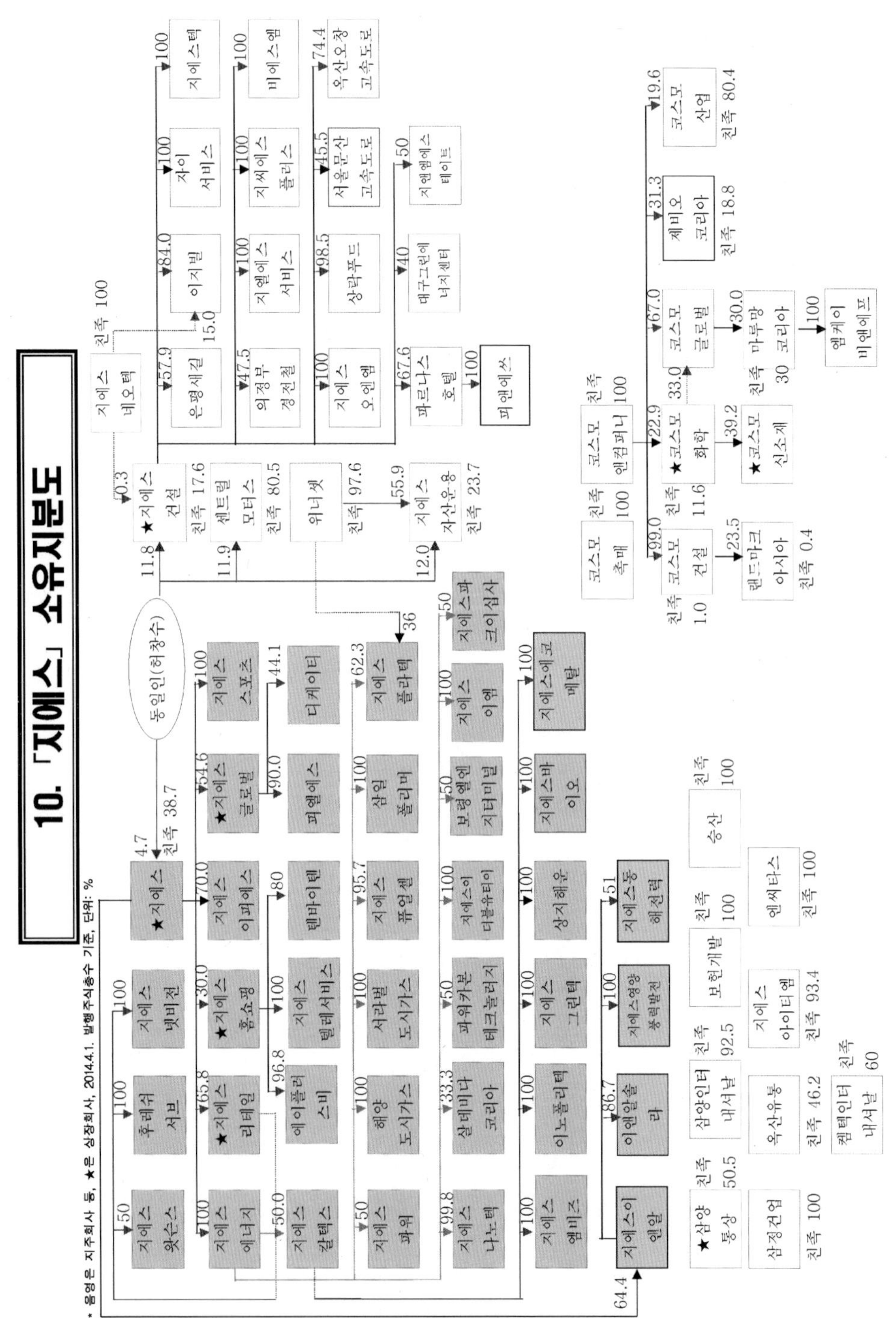

〈표 3.7〉 GS그룹의 지주회사 및 주요 계열회사에 대한 허씨 일가의 지분, 2013년 12월 (%)

	지주회사	지주회사체제 미편입 계열회사				그룹 외부 회사		
	㈜GS	GS건설	코스모 앤컴퍼니	삼양통상	승산	알토	새로닉스	피플웍스 프로모션
1남 허정구								
허남각	3.02			20.00				
허준홍	1.51			19.50				
허정윤	0.14							
허동수	2.46			4.48				
허세홍	1.43			1.67				
허자홍	0.11			0.83				
허지영	0.06							
허광수	2.64			3.15				
허서홍	0.66			1.67				
3남 허준구								
허창수	4.75	11.80						
허윤홍	0.44	0.14						
허윤영	0.27	0.04						
허정수	0.12	4.44						
허철홍	1.37	0.38						
허두홍	0.63	0.03						
허진수	2.02	5.80						
허치홍	0.37	0.63						
허진홍	0.24							
허명수	1.95	3.62						
허주홍	0.37	0.07						
허태홍	0.30	0.06						
허태수	1.98	2.27						
허정현	0.21	0.12						
4남 허신구							2.48	
허경수	3.21		19.00					
허선홍	0.12		26.00					
허연수	1.59		35.00					
허원홍	0.41							
허연호	0.47							
최일현	0.00							
최가현	0.00							
최영민	0.00							
허연숙	0.50							
5남 허완구	1.15				18.34			
김영자					4.63			
허용수	4.31				58.55			
정혜신	0.06							
허석홍	0.85							
허정홍	0.35							
허인영	1.52				18.48			
6남 허승효	0.28					36.03		
최윤혜	0.00							
허영수	0.53					15.00		
허윤수	0.14					17.84		
허임수	0.10							
8남 허승조	2.16							
이경훈	0.00	0.03						
허지안	0.27							
허민경	0.25							
기타 허성윤	0.11							
허수연	0.03							
2남 허학구								
허전수								
허제홍							21.04	
허제현							14.06	
허명자							1.45	
허혜자							1.29	
7남 허승표								
허서정								10.49
허준수								83.93
합	45.46	29.43	80.00	51.30	100	68.87	45.32	94.42

주: 1) 밑줄은 최대주주 지분.
2) ㈜GS: 지분 참여 총인원 49명; 3남 허준구 일가(15.02%, 14명), 1남 허정구 일가(12.03%, 9명), 5남 허완구 일가(8.24%, 6명), 4남 허신구 일가(6.30%, 9명), 8남 허승조 일가(2.68%, 4명), 6남 허승효 일가(1.05%, 5명).
3) GS건설: 최대주주 및 특수관계인 지분(30.40%); 기타 특수관계인(0.97%) – 남촌재단(0.65%), GS네오텍(0.32%).
4) 코스모앤컴퍼니: 나머지 지분(20%) 관련 정보 없음; 상장자회사인 코스모화학의 최대주주 및 특수관계인 지분(34.84%) – 최대주주 코스모앤컴퍼니(22.90%), 허경수(11.58%), 기타 특수관계인(임원 4명, 0.36%).
5) 삼양통상: 최대주주 및 특수관계인 지분(51.30%); 기타 특수관계인 없음.
6) 승산: 2012년 12월 현재; 최대주주 및 특수관계인 지분(100%); 기타 특수관계인 없음.
7) 알토: 2012년 12월 현재; 최대주주 및 특수관계인 지분(100%); 기타 주주 – 허지홍(10.20%), 피플웍스프로모션(3.84%), 기타(17.09%).
8) 새로닉스: 최대주주 및 특수관계인 지분(100%); 기타 특수관계인 – 광성전자(19.64%), 허성원(0.87%), 이흥구(0.53%), 신화영(2.01%).
9) 피플웍스프로모션: 2012년 12월 현재; 최대주주 및 특수관계인 지분(100%); 기타 특수관계인 – 김판석(3.15%), 김이정(2.10%), 기타(0.33%).

출처: 사업보고서, 감사보고서.

둘째, ㈜GS의 계열회사 34개 중 2/3 이상인 23개(68%)는 ㈜GS의 3개 비상장자회사와 그 계열회사이고, 나머지 11개(32%)는 3개 상장자회사와 그 계열회사이다. ㈜GS의 6개 자회사 중 비상장회사는 3개(GS에너지, GS스포츠, GS이피에스)이며 이들 중 지주회사인 GS에너지만 계열회사(손자회사 14개, 증손회사 6개)를 거느리고 있다. GS에너지 및 관련 회사(21개)는 ㈜GS 산하 계열회사 34개의 62%를 차지하고 있다. 반면 ㈜GS의 나머지 3개 상장자회사(GS홈쇼핑, GS리테일, GS글로벌)는 모두 계열회사를 가지고 있는데, 계열회사는 각각 3개, 3개, 2개로 수가 적고 모두 손자회사이다. 2013년 12월 현재 GS그룹의 계열회사 77개 중 상장회사는 8개이며, 이들 중 4개(지주회사 ㈜GS와 3개 자회사)만 공정거래법상 지주회사 체제에 편입되어 있다.

셋째, 상위 회사의 하위 회사에 대한 보유 지분의 크기는 30%에서 100%에 이르기까지 다양한 분포를 보이고 있다. 먼저 ㈜GS의 34개 계열회사 중 3개 상장회사(자회사)에 대한 지분은 30-65.8%이다. 1개 회사(GS홈쇼핑)에서는 30%이고, 2개 회사(GS글로벌, GS리테일)에서는 2배가량 많은 60% 내외(54.6-65.8%)이다. ㈜GS의 나머지 31개 비상장 계열회사 중에서는 100% 피지배회사가 절반 이상인 16개(자회사 2개, 손자회사 8개, 증손회사 6개)이며, 이 중에는 증손회사 6개가 모두 포함되어 있다. 또 지분이 90-99%(4개), 80-89%(1개), 70-79%(1개), 60-69%(1개), 50-59%(6개)인 회사가 각각 1-6개씩 모두 13개이고, 나머지 2개 비상장 계열회사(살데비다코리아, 디케이티)에 대한 지분은 50% 미만(33.3-42.2%)이다.

4.1.2 지주회사체제 미편입 42개 회사

GS그룹의 77개 계열회사 중 공정거래법상 지주회사체제에 편입되어 있지 않은 회사는 42개(55%)이다. 이 회사들은 '공정거래법상 지주회사' ㈜GS에 지분을 보유하고 있는 허씨 일가 1세대 6형제 일가 중 4형제 일가(1남 허정구, 3남 허준구, 4남 허신구, 5남 허완구)가 나누어 독자적으로 지배하고 있으며, 3개의 '실질적인 지주회사'(GS건설, 코스모앤컴퍼니, 삼양통상) 및 그 산하 계열회사로 조직되어 있다.

첫째, 42개 회사 중 거의 절반인 19개(45%)는 3남 허준구 일가 몫으로 되어 있다. 19개 중 17개는 GS건설(상장)과 그 계열회사(자회사 15개, 손자회사 1개; 비상장)이며, GS건설의 최대주주는 허창수(11.8%; 허준구의 1남)이다. 허창수는 ㈜GS의 최대주주이기도 하다. 즉, 'GS건설그룹'은 '① 최대주주 허창수 → ② 실질적인 지주회사 GS건설 → 【[③ 자회사 1개(파르나스호텔) → ④ 손자회사 1개] + ③ 자회사 14개】'의 구조로 연결되어 있다.

GS건설에 지분을 보유하고 있는 허준구 일가는 모두 13명(2세대 5명, 3세대 8명; 29.4%)이며, 이들과 다른 1명(3세대)은 ㈜GS에도 지분을 가지고 있다. 한편, 허준구 일가 몫의 19개 회사 중 나머지 2개(센트럴모터스, GS자산운용)에 대한 자세한 지분 정보는 없으며, 허창수가 각각 최대주주 또는 대주주(11.9%, 12%; 2014년 4월 현재)로 참여하고 있는 점으로 보아 허준구・허창수 일가가 지배하고 있는 것으로 추측된다.

둘째, 지주회사체제 미편입 42개 회사 중 1/4인 11개(26%)는 4남 허신구 일가가 지배하고 있다. 11개 중 10개는 코스모앤컴퍼니(비상장)와 그 계열회사(자회사 5개, 손자회사 3개, 증손회사 1개; 자회사 1개와 손자회사 1개는 상장, 나머지 7개는 비상장)이며, 코스모앤컴퍼니의 최대주주는 허연수(35%; 허신구의 2남)이다. 즉, '코스모그룹'은 '① 최대주주 허연수 → ② 실질적인 지주회사 코스모앤컴퍼니 → 【[③ 자회사 1개(코스모글로벌) → ④ 손자회사 1개(마루망코리아) → ⑤ 증손회사 1개] + [③ 자회사 1개(코스모화학; 상장) → ④ 손자회사 1개(코스모신소재; 상장)] + [③ 자회사 1개(코스모건설) → ④ 손자회사 1개] + ③ 자회사 2개】'의 구조로 되어 있다.

코스모앤컴퍼니에 지분을 보유하고 있는 허신구 일가는 3명(2세대 2명, 3세대 1명; 80%)이며, 이들과 다른 6명(2세대 2명, 3세대 4명)은 ㈜GS에도 지분을 가지고 있다. 허연수는 ㈜GS에 지분을 보유하고 있는 49명 허씨 가족구성원들 중 11번째로 많은 지분(1.59%)을 가지고 있다. 한편, 허신구 일가 몫의 11개 회사 중 나머지 1개는 코스모정밀화학이다.

셋째, 지주회사체제 미편입 42개 회사 중 7개(17%)는 1남 허정구 일가 몫이다. 7개 회사는 삼양통상(상장)과 산하 6개 계열회사(자회사; 비상장)이며, 삼양통상의 최대주주는 허남각(20%; 허정구의 1남)이다. 즉, '삼양통상그룹'은 '최대주주 허남각 → 실질적인 지주회사 삼양통상 → 자회사 6개'의 구조로 되어 있다. 삼양통상에 지분을 보유하고 있는 허정구 일가는 모두 7명(2세대 3명, 3세대 4명; 51.3%)이며, 이들과 다른 2명(3세대)은 ㈜GS에도 지분을 가지고 있다. 허남각은 ㈜GS에 지분을 보유하고 49명 허씨 가족구성원들 중에서는 네 번째 대주주(3.02%)이다.

넷째, 1개 회사(승산; 비상장)는 5남 허완구 일가가 지배하고 있다. 허완구의 1남 허용수가 최대주주(58.55%)이며 다른 3명의 가족구성원(1세대 2명, 2세대 1명)과 함께 100% 지분을 가지고 있다. 이들 4명 중 1명(1세대)을 제외한 3명과 다른 3명(2세대 1명, 3세대 2명)은 ㈜GS에도 지분을 보유하고 있다. 허용수는 ㈜GS에 지분을 보유하고 있는 49명 허씨 가족구성원들 중에서는 최대주주 허창수(4.75%)에 이어 두 번째로 많은 지분(4.31%)을 보유하고 있다.

다섯째, 지주회사체제 미편입 42개 회사들 중 4개(GS네오텍, GS샵티앤엠, 엔씨타스, 위너셋)에 대한 자세한 지분 정보는 없는 상황이다.

여섯째, ㈜GS에 지분을 가지고 있는 허씨 6형제 중 지주회사체제 미편입 회사를 자신의 몫으로 가지고 있지 않은 형제는 2명(6남 허승효, 8남 허승조)이며, 이들 중 허승조 일가는 GS건설에 약간의 지분(0.03%)을 가지고 있고 허승효 일가는 그룹 외부에서 회사(알토; 68.87%)를 보유하고 있다.

일곱째, 허씨 8형제 중 2형제(2남 허학구, 7남 허승표) 일가는 GS그룹에는 관여하고 있지 않은데, 대신 각각 별도의 회사(새로닉스, 45.32%; 피플웍스프로모션, 94.42%)를 가지고 있다. 새로닉스에는 4남 허신구 일가도 약간의 지분(2.48%)을 보유하고 있다.

4.2 ㈜GS 및 계열회사의 지분 보유, 2005-2013년: (1) 회사 수

2005년 출범 이후 GS그룹의 지주회사체제에 편입된 회사들 중 자신의 계열회사를 거느린 적이 있는 회사는 모두 9개이다. 지주회사 ㈜GS, 자회사였다가 손자회사로 전환된 1개, 자회사 4개(지주회사 1개 포함), 손자회사 3개 등이다. 1개 회사(GS칼텍스)는 2005-2011년에는 자회사였다가 2012년부터는 손자회사로 지위가 바뀌었다(<표 3.8>, <그림 3.4>).

9개 회사 중 지주회사 ㈜GS, 자회사였다가 손자회사로 전환된 1개(GS칼텍스), 자회사 2개(GS홈쇼핑, GS리테일) 등 4개 회사는 2005년 이후 2013년까지 줄곧 다른 계열회사들의 지분을 보유해 오고 있다. 반면 나머지 5개 회사는 각각 1-5년씩의 기간 동안만 지분을 보유하였는데, 자회사 2개(지주회사 GS에너지, 2012년 이후; GS글로벌, 2010년 이후)는 2013년 현재에도 지분을 보유하고 있고 손자회사 3개(에코메탈, GS그린텍, 디앤샵)는 2009-2011년 사이에 각각 1개 연도씩에만 지분을 보유하였다.

지주회사체제에 편입되지 않은 계열회사들 중에서는 4개 주요 회사(GS건설, 코스모앤컴퍼니, 삼양통상, 승산)가 2005년 이후 체제 미편입 회사들의 지분을 보유해 오고 있다.

〈표 3.8〉 ㈜GS와 주요 계열회사의 지분 보유 회사, 2005-2013년 (개)

(A) ㈜GS 및 계열회사

	2005.4	2006.3	2007.3	2008.3	2009.3	2010.3	2011.3	2011.12	2012.12	2013.12
㈜GS	4	5	5	5	5	6	6	6	6	6
(㈜GS) GS칼텍스	5	6	6	7	12	11	17	17		
GS에너지									11	14
GS홈쇼핑	2	2	3	3	4	4	2	2	2	3
GS리테일	1	1	1	2	3	3	3	3	3	3
GS글로벌						2	2	2	2	2
(GS에너지) GS칼텍스									8	6
(GS칼텍스) 에코메탈							1			
GS그린텍							1			
(GS홈쇼핑) 디앤샵					1					
(B) 지주회사체제 미편입 계열회사										
GS건설	3	5	6	9	11	14	13	13	13	15
코스모앤컴퍼니	10	9	7	8	8	11	11	12	13	10
삼양통상	4	4	4	4	4	4	4	5	5	6
승산	1	1	1	1	1	1	1	1	1	

주: 1) ㈜GS 2005-2009년 = GS홀딩스.
2) GS건설: 2005.4(3월 현재), 2006.3-2011.3(이전 연도 12월 현재); 2013년 - 손자회사 1개 별도로 있음.
3) 코스모앤컴퍼니: 코스모그룹에 속하는 것으로 추정되는 회사들 모두의 수치임.
4) 삼양통상과 승산: 잠정적인 수치임.
출처: 사업보고서, 〈부록 1〉.

〈그림 3.4〉 ㈜GS 및 주요 5개 계열회사의 지분 보유 회사, 2005-2013년 (개)

(출처: <표 3.8>)

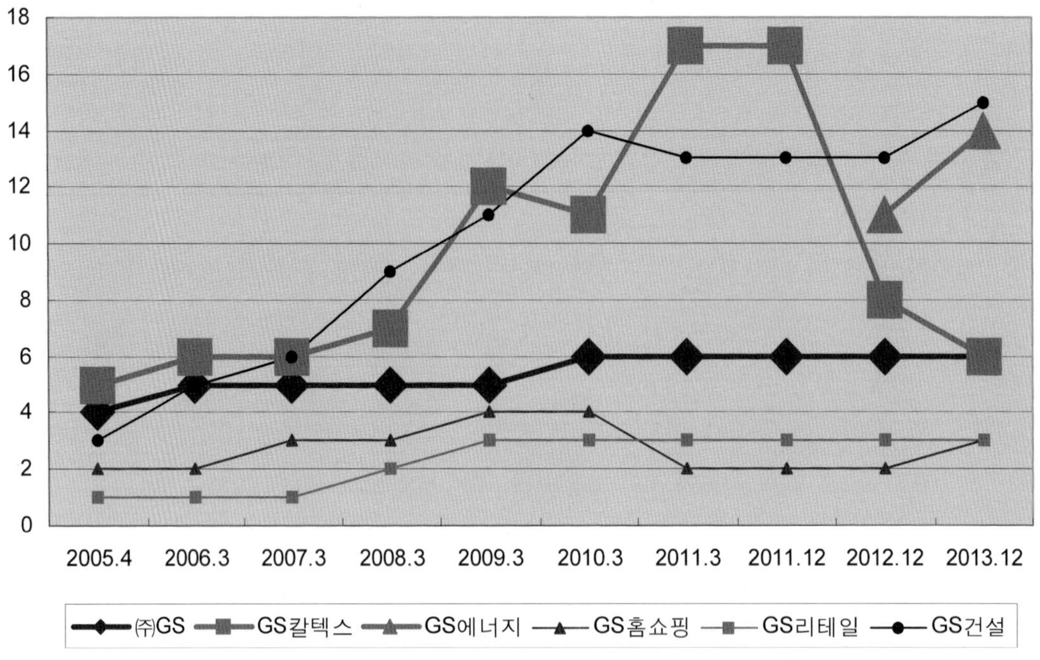

4.2.1 ㈜GS의 지분 보유 회사

지주회사 ㈜GS가 지분을 보유하는 계열회사(자회사)의 수는 4-6개로 적다. 2005년 4개, 2006-2009년 5개, 2010-2013년 6개 등이다. 반면 '그룹 전체 계열회사'와 '㈜GS 산하의 전체 계열회사'는 보다 빠른 속도로 증가하였으며, 이에 따라 이들 모집단 중 '㈜GS가 지분을 보유하는 회사'가 차지하는 비중은 낮은 가운데 감소하는 추세를 보였다(<표 3.3> 참조).

그룹 전체 계열회사는 2005년 50개에서 2013년에는 77개로 1.5배 증가하였으며, ㈜GS가 지분을 보유하는 회사가 그룹 전체에서 차지하는 비중은 8-11% 수준에 머물렀다. 2005년 8%(지분 보유 회사 4개 vs. 그룹 계열회사 50개), 2006-2007년 10-11%(5개 vs. 47-49개), 2008-2010년 8-9%(5-6개 vs. 57-68개), 그리고 2011-2013년 8%(6개 vs. 73-77개)였다.

한편, ㈜GS 산하 전체 계열회사는 2005년 12개이던 것이 2013년에는 34개로 2.8배 증가하였으며, 이들 중 ㈜GS가 직접 지분을 보유하는 회사의 비중은 18-36% 수준이었다. 2005-2007년 33-36%(㈜GS 지분 보유 회사 4-5개 vs. ㈜GS 산하 계열회사 12-15개), 2008년

29%(5개 vs. 17개), 2009-2011년 19-23%(5-6개 vs. 25-32개), 2012-2013년 18-19%(6개 vs. 32-34개) 등이었다. 최고치는 2006년의 36%(5개 vs. 14개), 최저치는 2013년의 18%(6개 vs. 34개)였다.

4.2.2 ㈜GS 계열회사의 지분 보유 회사

첫째, 자신의 회사를 거느린 적이 있는 ㈜GS의 8개 계열회사 중에서는 GS칼텍스가 가장 많은 회사에 지분을 보유하였다. 2005년 5개, 2006-2008년 6-7개, 2009-2010년 11-12개, 2011년 17개, 2012-2013년 6-8개 등이다. GS칼텍스는 2005-2011년에는 ㈜GS의 자회사였고, 2012-2013년에는 GS에너지의 자회사로서 ㈜GS의 손자회사였다. GS칼텍스의 지분 보유 회사(5-17개)는 1개 연도(2013년; 6개)를 제외하고는 ㈜GS의 지분 보유 회사(4-6개)보다 많았으며, 특히 2009-2011년에는 전자가 후자보다 2-3배가량(11-17개 vs. 5-6개) 많았다.

둘째, 2012년 1월 ㈜GS의 자회사로 신설된 지주회사 GS에너지는 2012년 11개, 2013년 14개의 회사에 지분을 가졌다. GS에너지는 ㈜GS의 사업 중 'GS칼텍스 주식을 소유함으로써 그 회사의 제반 사업내용을 지배하는 에너지 관련 지주사업'을 물려받기 위해 설립되었으며, 따라서 GS에너지의 자회사들 중 GS칼텍스를 제외한 대부분은 GS칼텍스의 이전 자회사들이었다. 2012년의 11개 중 9개, 2013년의 14개 중 10개가 여기에 해당된다(<표 3.9> 참조). 이 회사들을 2012-2013년의 GS칼텍스 산하 계열회사(8개, 6개)에 포함시키면 GS칼텍스 관련 회사는 2012년 17개 그리고 2013년 16개가 되며, 2011년 수준(17개)이 유지된 것으로 볼 수 있다.

셋째, ㈜GS의 3개 자회사는 각각 1-4개씩의 회사에 지분을 보유하였다. GS홈쇼핑은 2005년 이후 2-4개의 회사에 지분을 보유해 오고 있는데, 2005-2006년 2개, 2007-2008년 3개, 2009-2010년 4개, 2011-2012년 2개, 2013년 3개 등으로 '증가 → 감소 → 증가'의 추세를 보이고 있다. 반면, GS리테일은 2005년 이후 1-3개의 회사에 지분을 보유하고 있으며, 2005-2007년 1개, 2008년 2개, 2009-2013년 3개 등으로 증가하였다. GS글로벌의 경우에는 2010년 이후 2개의 회사에 지분을 보유하고 있다.

넷째, ㈜GS의 손자회사 3개는 각각 1개 연도에 1개씩의 회사에 지분을 보유한 적이 있었다. 에코메탈과 GS그린텍(GS칼텍스의 자회사)은 2011년에, 그리고 디앤샵(GS홈쇼핑의 자회사)은 2009년에 지분을 보유하였다.

전체적으로 보면, GS칼텍스와 GS에너지가 지분을 보유하는 회사가 가장 많다. 2005년 5개, 2006-2008년 6-7개, 2009-2010년 11-12개, 2011년3월 19개(손자회사 2개 포함), 2011년 12월 17개, 2012년 19개(GS에너지 계열 11개+GS칼텍스 계열 8개), 2013년 20개(GS에너지 계열 14개+GS칼텍스 계열 6개) 등이다.

'GS칼텍스와 GS에너지의 지분 보유 회사'가 '그룹 전체 계열회사' 중에서 차지하는 비중은 10-26% 사이에서 증가하는 추세를 보였다. 2005-2008년 10-13%(GS칼텍스와 GS에너지 계열 5-7개 vs. 그룹 계열회사 47-57개), 2009-2010년 16-19%(11-12개 vs. 64-68개), 2011-2013년 23-26%(17-20개 vs. 73-77개) 등이다. 또, 'GS칼텍스와 GS에너지의 지분 보유 회사'가 '㈜GS 산하 전체 계열회사' 중에서 차지하는 비중은 더욱 높아 50% 내외 수준(40-59%)이었다. 2005-2008년 40-43%(GS칼텍스와 GS에너지 계열 5-7개 vs. ㈜GS 산하 계열회사 12-17개), 2009년 48%(12개 vs. 25개), 2010년 42%(11개 vs. 26개), 2011-2013년 57-59%(17-20개 vs. 30-34개) 등이다.

4.2.3 지주회사체제 미편입 계열회사의 지분 보유 회사

지주회사체제에 편입되지 않은 그룹 계열회사 중에서는 GS건설, 코스모앤컴퍼니, 삼양통상, 승산 등 4개 주요 회사가 다수의 체제 미편입 회사에 지분을 보유한 것으로 보인다(<표 3.8>; <표 3.6>, <부록 1> 참조).

이들 4개 회사 중 가장 빈번하게 다른 회사들에 지분을 보유한 회사는 GS건설이다. 2005-2007년 3-6개, 2008-2009년 9-11개, 2010-2013년 13-15개 등이며, 2005년 3개이던 것이 2013년 현재에서는 5배 증가한 15개이다. GS건설이 지분을 보유하는 회사(3-15개)는 ㈜GS가 지분을 보유하는 회사(4-6개)보다 많으며, 특히 2009-2013년에는 전자가 후자보다 2배 이상(11-15개 vs. 5-6개) 많다.

코스모앤컴퍼니, 삼양통상, 승산 등 3개 회사에 대해서는 2005년 이후의 자세한 지분 정보가 없으며 대체적인 상황은 다음과 같다.

첫째, 코스모앤컴퍼니의 경우 2013년 12월 현재 '관련 회사'가 모두 10개이며, 이들 중 5개 회사가 자신의 계열회사를 거느리고 있다. 코스모앤컴퍼니(5개 계열회사), 코스모앤컴퍼니의 3개 자회사(코스모화학(1개), 코스모건설(1개), 코스모글로벌(1개)), 코스모글로벌의 1개 자회사(마루망코리아(1개)) 등이다. 코스모앤컴퍼니의 '관련 회사' 수는 2005년 이후 매년 7-13개씩이었다.

둘째, 삼양통상은 2013년 현재 '관련 회사'를 6개 거느리고 있으며, 이들 중 4개는 2005년 이후 계속 존속해 오고 있다.

셋째, 승산은 2013년 현재에는 지분 보유 회사가 없는데, 2005-2012년에는 1개의 '관련 회사'가 있었다.

4.3 ㈜GS 및 계열회사의 지분 보유, 2005-2013년: (2) 지분 크기

4.3.1 ㈜GS의 보유 지분

2005년 이후 지주회사 ㈜GS의 자회사가 된 회사는 매년 4-6씩 모두 7개이다. 이 중 3개 회사는 2013년까지 줄곧 자회사였고, 나머지 4개는 일정 기간 동안만 자회사였다. 7개 회사 중 6개에 대한 ㈜GS의 보유 지분은 변화가 없었고, 나머지 1개 회사의 경우에도 한 차례 미미한 변화가 있은 뒤 그 수준이 이후 유지되었다. 또 7개 회사 중 3개는 상장회사이고 4개는 비상장회사이다. 7개 회사에 대한 ㈜GS의 보유 지분은 30%에서 100%까지 다양하다(<표 3.9>, <그림 3.5>, <그림 3.6>; <표 3.8> 참조).

먼저, 2005년 이후 2013년 현재까지 ㈜GS의 자회사인 회사는 2개 상장회사(GS홈쇼핑, GS리테일)과 1개 비상장회사(GS스포츠)이다. 이들에 대한 ㈜GS의 보유 지분은 각각 30%, 65.8%, 100%로 2005년 이후 변함이 없다. GS리테일은 비상장회사이다가 2011년 후반에 상장회사로 전환되었다.

다음으로, 일정 기간 동안만 자회사인 회사는 1개 상장회사(GS글로벌, 2010-2013년)와 3개 비상장회사(GS칼텍스, 2005-2011년; GS에너지, 2012-2013년; GS이피에스, 2006-2013년)이다. ㈜GS의 보유 지분은 GS글로벌의 경우 55.9%(2010년)에서 54.6%(2011-2013년)로 약간 줄어들었으며, 나머지 3개 회사에 대해서는 동일한 지분(GS칼텍스 50%, GS에너지 100%, GS이피에스 70%)이 유지되었다. GS칼텍스는 2012년부터 신설 GS에너지의 자회사로서 ㈜GS의 손자회사로 지위가 변경되었다.

한편, 공정거래위원회의 자료에 의하면, ㈜GS의 지주비율([보유 자회사 주식가액의 합계 ÷ 지주회사의 자산총액] × 100)은 90% 내외 수준이 유지되는 가운데 다소 감소하는 추세를 보였다(<부록 5> 참조). 즉 ㈜GS의 자산총액 중 거의 대부분은 자회사에 대한 보유 주식

금액이었다. 2004년(12월 현재) 93.8%(자회사 4개, 자산총액 2.7조 원), 2005년 96%(5개, 3조 원), 2006년 95%(5개, 3.3조 원), 2007년 94.5%(5개, 3.6조 원), 2008년 89.9%(5개, 4,5조 원), 2009년 90.4%(6개, 5.2조 원), 2010년 90.4%(6개, 5.9조 원) 등이었다. 2011-2012년의 경우에는 관련 정보가 공개되어 있지 않다.

4.3.2 ㈜GS 계열회사의 보유 지분

㈜GS의 7개 자회사들 중 3개 상장회사 모두(GS홈쇼핑, GS리테일, GS글로벌)와 2개 비상장회사(GS칼텍스, GS에너지)는 다른 회사에 지분을 보유하였다. 나머지 2개 비상장자회사(GS스포츠, GS이피에스)는 지분 보유 회사가 없다. 앞의 5개 회사 중 GS칼텍스가 2005-2011년 사이 매년 5-17개씩 모두 23개의 다른 회사에 가장 빈번하게 지분을 보유하였으며, 그다음이 GS에너지 14개(2012-1013년 매년 11-14개씩), GS홈쇼핑 7개(2005-2013년 매년 2-4개씩), GS리테일 3개(2005-2013년 매년 1-3개씩), GS글로벌 3개(2010-2013년 매년 2개씩) 등의 순이다. 피지배 회사들은 1개를 제외하고는 모두 비상장회사이며, 관련 지분은 31.3%에서 100%에 이르기까지 다양하다. 한편 ㈜GS의 손자회사 3개(GS칼텍스 계열 2개, GS홈쇼핑 계열 1개)는 1개 연도에 각각 1개씩의 비상장회사에 지분을 보유하였다.

첫째, GS칼텍스가 지분을 보유한 '23개 회사'는 네 부류로 나눌 수 있다. ① GS칼텍스가 2011년까지 ㈜GS의 자회사이다가 2012년부터 GS에너지의 자회사로 바뀐 이후에도 계속 지분을 보유한 '7개 회사', ② 2011년까지는 GS칼텍스가 그리고 2012년부터는 GS에너지가 지분을 보유한 '9개 회사', ③ 2011년 이전에 GS칼텍스가 지분을 보유한 '6개 회사', ④ 2012년 이후 GS칼텍스가 지분을 보유한 '1개 회사' 등이다.

첫 번째 부류의 7개 회사는 2007-2011년 사이에 GS칼텍스 계열로 편입되었다. 이들 중 2개(AMCO, GS파크24)는 2012년까지만 GS칼텍스 계열이었으며, 후자는 2013년에 GS에너지 계열로 이관되었다. GS칼텍스의 보유 지분은 4개(BNC, GS그린텍, 상지해운, AMCO)에서는 100%, 그리고 1개(GS파크24)에서는 50%였으며, 2개(GS바이오, GS에코메탈)에서는 50%(2011년)이다가 100%(2012-2013년)로 증가하였다.

두 번째 부류의 9개 회사 중에서는 3개 회사(서라벌도시가스, 해양도시가스, GS파워)는 2005년부터, 그리고 나머지 6개 회사는 2006-2011년 사이에 GS칼텍스 계열로 편입되었다.

〈표 3.9〉 ㈜GS와 주요 계열회사의 자회사에 대한 보유 지분, 2005-2013년 (%)

(A) ㈜GS 및 계열회사

	2005.4	2006.3	2007.3	2008.3	2009.3	2010.3	2011.3	2011.12	2012.12	2013.12
(㈜GS)										
GS칼텍스(1)	50	50	50	50	50	50	50	50		
GS에너지									100	100
GS홈쇼핑	30	30	30	30	30	30	30	30	30	30
GS리테일	65.8	65.8	65.8	65.8	65.8	65.8	65.8	65.8	65.8	65.8
GS글로벌						55.9	54.6	54.6	54.6	54.6
GS스포츠	100	100	100	100	100	100	100	100	100	100
GS이피에스		70	70	70	70	70	70	70	70	70
(GS칼텍스(1))									(GS칼텍스(2))	
AMCO			100	100	100	100	100	100	100	
BNC					100	100	100	100	100	100
GS그린텍						100	100	100	100	100
상지해운							100	100	100	100
GS바이오							50	50	100	100
GS에코메탈							50	50	100	100
GS엠비즈									99.9	100
GS파크24					50	50	50	50	50	
서라벌도시가스	100	100	100	100	100	100	100	100		
해양도시가스	100	100	100	100	100	100	100	100		
GS파워	100	100	100	100	100	100	100	100		
GS퓨얼셀		55	53.7	53.7	74.6	76.9	76.9	95		
파워카본테크놀로지					50	50	50	50		
GS나노텍						86	86	90.1		
살데비다코리아							33.3	33.3		
삼일폴리머							100	100		
GS플라텍							100	61.2		
GS넥스테이션		66.3	97.2	98.7	98.7	99.3	99.3	99.7		
누리셀				48.5	86					
그린센추리					100					
코로나					51					
오일체인	31.3	50								
세티	58.8									
(GS에너지)										
GS칼텍스(2)									50	50
GS파크24										50
서라벌도시가스									100	100
해양도시가스									100	100
GS파워									50	50
GS퓨얼셀									95.7	95.7
파워카본테크놀로지									50	50
GS나노텍									91.7	99.8
살데비다코리아									33.3	33.3
삼일폴리머									100	100
GS플라텍									62.3	62.3
GSE WTE									100	100
보령LNG터미널										50
GS이엠										100

	2005.4	2006.3	2007.3	2008.3	2009.3	2010.3	2011.3	2011.12	2012.12	2013.12
(GS홈쇼핑)										
GS텔레서비스	100	100	100	100	100	100	100	100	100	100
에이플러스비										96.8
텐바이텐										80
GS샵티앤엠								100	100	
디앤샵					29.3	34.7	48.9			
GS울산방송	98.7	98.7	98.7	99.8	99.8	99.8				
GS강남방송			51	51	51	84.9				
(GS리테일)										
GS왓슨스	50	50	50	50	50	50	50	50	50	50
후레쉬서브				100	100	100	100	100	100	100
GS넷비전					55.6	100	100	100	100	100
(GS글로벌)										
피엘에스						90	90	90	90	90
디케이티							69.6	69.6	61.2	42.2
쌍용기초소재						36				
(GS에코메탈)										
다우메탈							100			
(GS그린텍)										
서림흥업							100			
(디앤샵)										
다음온켓					50.5					
(B) 지주회사체제 미편입 계열회사										
(GS건설)										
이지빌	16	32	78	78	78	78	83	83	83	84
자이서비스	100	100	100	100	100	100	100	100	100	100
파르나스호텔	67.56	67.56	67.56	67.56	67.56	67.56	67.56	67.56	67.56	67.56
의정부경전철		47.54	47.54	47.54	47.54	42	35.89	29.9	47.54	47.54
지에스텍		100	100	100	100	100	100	100	100	100
지엘에스서비스			100	100	100	100	100	100	100	100
서울문산고속도로				45.5	45.5	45.5	45.5	48.58	45.5	45.5
지씨에스플러스				100	100	100	100	100	100	100
비에스엠					100	100	100	100	100	100
지에스오엔엠					100	100	100	100	100	100
상락푸드						96.15	97.69	97.69	98.46	98.46
옥산오창고속도로						50	50	50	50	60.1
은평새길						54.4	54.4	54.4	54.4	57.93
대구그린에너지센터										40.01
지앤엠에스테이트										50
울산그린				41.66	41.66	31.26				

주: 1) 밑줄 친 회사는 상장회사(GS리테일은 2011년 12월 이후).
2) GS건설: 2005.4 = 2005년 3월 현재; 2006.3-2011.3 = 2005-2010년 12월 현재.
3) ㈜GS 2005-2009년 = GS홀딩스; BNC 2013년 = 이노폴리텍; GS에코메탈 2011년 3월 = 에코메탈; GS넥스테이션 2006-2008년 = 넥스테이션; GS텔레서비스 2005년 = GS텔레시스템; GS울산방송 2005-2006년 = 한국케이블TV울산방송; 피엘에스 2010년, 2011년 3월 = GS피엘에스; 자이서비스 2005-2006년 = 위드서비스; 파르나스호텔 2005-2009년 = 한무개발; 지에스텍 2006-2011년 = 에스텍적산.

출처: 사업보고서.

〈그림 3.5〉 ㈜GS의 주요 4개 계열회사에 대한 보유 지분, 2005-2013년 (%)

(출처: <표 3.9>)

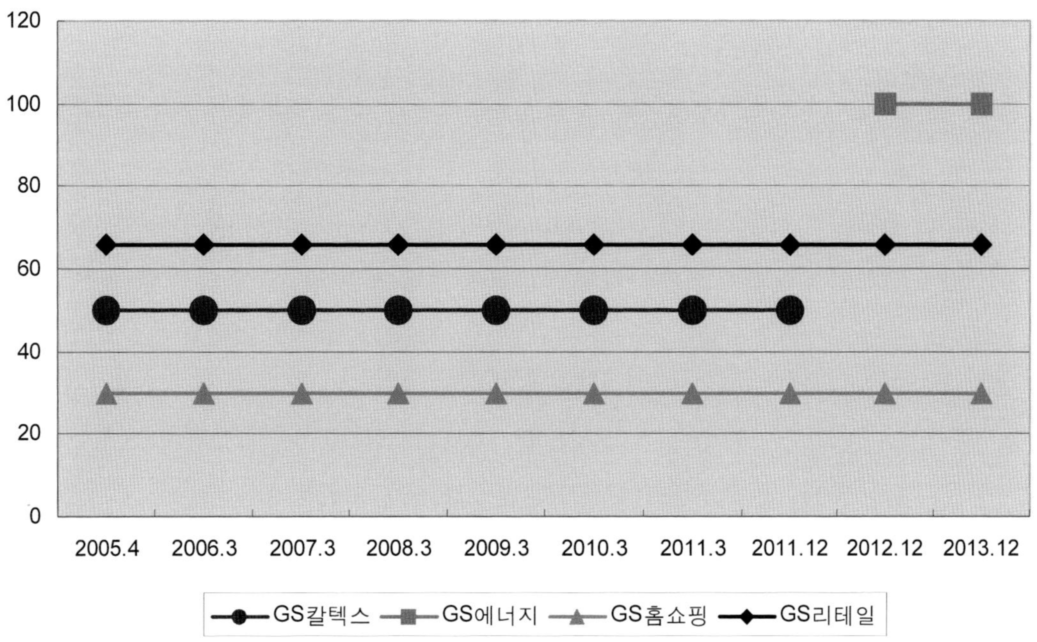

〈그림 3.6〉 GS건설의 주요 4개 계열회사에 대한 보유 지분, 2005-2013년 (%)

(출처: <표 3.9>)

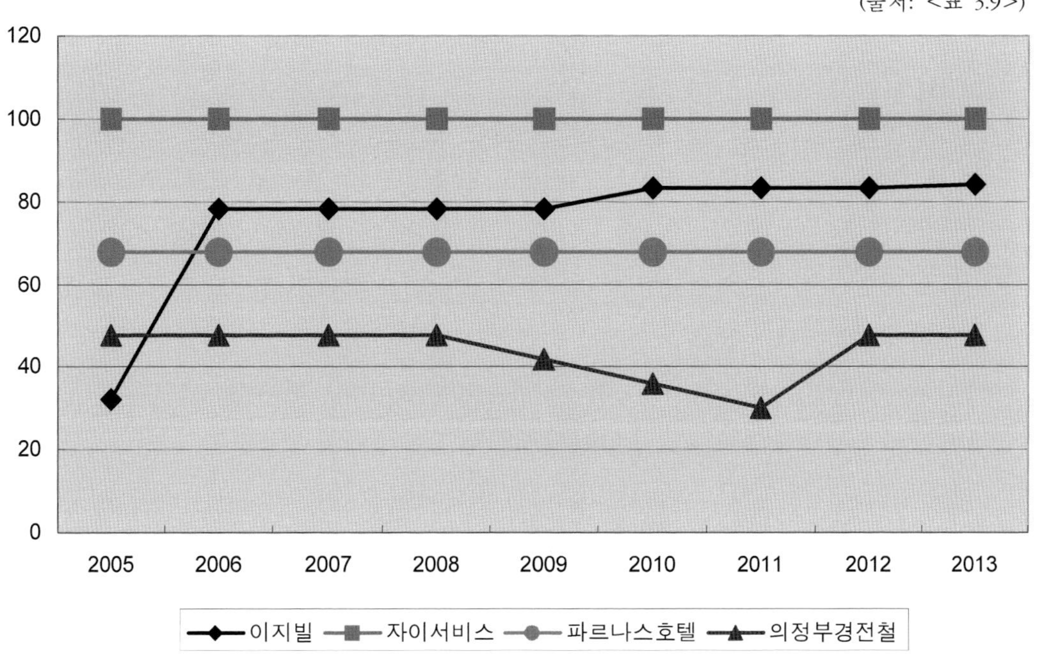

GS칼텍스의 지분은 33.3-100% 사이였으며, 6개 회사에서는 변함이 없는 반면 2개 회사에서는 증가하였고 1개 회사에서는 감소하였다: 서라벌도시가스, 해양도시가스, GS파워, 삼일폴리머(100%), 파워카본테크놀로지(50%), 살데비다코리아(33.3%); GS퓨얼셀(55% → 53.7% → 74.6% → 76.9% → 95%), GS나노텍(86% → 90.1%); GS플라텍(100% → 61.2%).

세 번째 부류의 6개 회사는 2011년 이전에 각각 1-7년 동안 GS칼텍스 계열에 속해 있었으며, GS칼텍스의 보유 지분은 31.3-100% 사이였다. GS넥스테이션(66.3-99.7%)이 7년 동안 편입되어 있었고, 2개 회사(누리셀 48.5-86%, 오일체인 31.3-50%)는 2년 동안, 그리고 3개 회사(그린센츄리 100%, 코로나 51%, 세티 58.8%)는 1년 동안만 편입되어 있었다. 마지막 네 번째 부류에 속하는 1개 회사는 GS엠비즈(2012-2013년, 99.9-100%)이다.

둘째, GS에너지가 2012년 이후 지분을 보유한 14개 회사는 ① GS칼텍스, ② GS칼텍스의 이전 자회사 10개, ③ 새로운 자회사 3개 등으로 구성되어 있다.

먼저, GS칼텍스에 대한 GS에너지의 지분은 50%로 2011년까지 GS칼텍스에 대해 ㈜GS가 보유했던 지분과 동일하다. GS칼텍스의 이전 자회사 10개에 대한 GS에너지의 보유 지분은 33.3-100% 사이이며, 6개 회사에서는 이전의 GS칼텍스에 의한 보유 지분과 같은 반면 4개 회사에서는 증가 또는 감소의 변화가 있었다: 서라벌도시가스(100%), 해양도시가스(100%), 삼일폴리머(100%), 파워카본테크놀로지(50%), GS파크24(50%), 살데비다코리아(33.3%); GS퓨얼셀(95% → 95.7%), GS나노텍(90.1% → 91.7% → 99.8%), GS플라텍(61.2% → 62.3%); GS파워(100% → 50%). 한편, 2012년 이후에 GS에너지에 새롭게 편입된 3개 회사는 GSE WTE(100%), GS이엠(100%), 그리고 보령LNG터미널(50%)이다.

셋째, GS홈쇼핑이 지분을 보유한 회사는 7개이며, 이 중 2013년 현재 GS홈쇼핑 계열에 속해 있는 회사는 3개이다. 이 3개 중 1개(GS텔레서비스, 100%)는 2005년 이후 줄곧 계열에 속해 있는 반면 2개(에이플러스비 96.8%, 텐바이텐 80%)은 2013년에 새롭게 편입되었다. 나머지 4개 회사는 2013년 이전 2-6년의 기간 동안 GS홈쇼핑의 계열회사였다: GS울산방송(2005-2010년, 98.7-99.8%), GS강남방송(2007-2010년, 51-84.9%), 디앤샵(상장회사, 2009-2011년, 29.3-48.9%), GS샵티앤엠(2011-2012년, 100%).

넷째, GS리테일의 3개 계열회사는 2013년 현재에도 모두 GS리테일 산하에 있다. 1개(GS왓슨스, 50%)는 2005년에, 1개(후레쉬서브, 100%)는 2008년에, 그리고 1개(GS넷비전, 55.6% → 100%)는 2009년에 각각 편입되었다.

다섯째, GS글로벌은 2010년 이후에 3개 회사에 지분을 보유하였다. 2개(피엘에스 90%;

디케이티 69.6% → 42,2%)에는 2013년 현재에도 지분을 가지고 있고, 1개(쌍용기초소재 36%)에는 1개 연도에 지분을 보유하였다.

여섯째, ㈜GS의 손자회사 3개는 2009-2011년 사이에 각각 1개 회사의 지분을 보유한 적이 있었다: GS칼텍스 산하 GS에코메탈(다우메탈, 100%); GS칼텍스 산하 GS그린텍(서림흥업, 100%); GS홈쇼핑 산하 디앤샵(다음온켓, 50.5%).

4.3.3 지주회사체제 미편입 계열회사의 보유 지분

지주회사체제에 편입되지 않은 그룹 계열회사 중 자신의 지분을 보유한 회사는 4개(GS건설, 코스모앤컴퍼니, 삼양통상, 승산)인데, 이들 중 지분 정보가 있는 회사는 GS건설 1개이다. GS건설은 2005년 이후 매년 3-15개씩 모두 16개의 체제 미편입 비상장회사들에 지분을 보유하였다. 3개 회사(이지빌, 자이서비스, 파르나스호텔)는 2005년 이후 줄곧 GS건설의 계열회사이고, 2개(대구그린에너지센터, 지앤엠에스테이트)는 2013년에 처음으로 계열회사가 되었다. 또 1개(울산그린)를 제외한 나머지 15개 회사는 2013년 현재 GS건설의 계열회사이다(<표 3.9>; <표 3.8> 참조).

16개 회사에 대한 GS건설의 보유 지분은 16%에서 100%에 이르기까지 다양하다. ① 동일한 지분이 유지된 9개 회사: 자이서비스(100%), 지에스텍(100%), 지엘에스서비스(100%), 지씨에스플러스(100%), 비에스엠(100%), 지에스오엔앰(100%), 파르나스호텔(67.56%), 대구그린에너지센터(40.01%), 지앤엠에스테이트(50%). ② 지분이 증가한 4개 회사: 이지빌(16% → 32% → 78% → 83% → 84%), 상락푸드(96.15% → 97.69% → 98.46%), 옥산오창고속도로(50% → 60.1%), 은평새길(54.4% → 57.93%). ③ 지분이 증가한 후 이전 수준으로 다시 감소한 1개 회사: 서울문산고속도로(45.5% → 48.58% → 45.5%). ④ 지분이 감소한 후 이전 수준으로 다시 증가한 1개 회사: 의정부경전철(47.54% → 42% → 35.89% → 29.9% → 47.54%). ⑤ 지분이 감소한 1개 회사: 울산그린(41.66% → 31.26%).

4.4 ㈜GS의 최대주주 및 특수관계인 지분, 2004-2013년: (1) 개관

㈜GS(이전 GS홀딩스)는 2004년 7월 LG그룹의 지주회사 ㈜LG가 인적 분할되어 신설되었다. ㈜LG의 영위사업 중 '정유・유통・홈쇼핑 출자부문 및 임대사업부문 일부'를 넘겨받아 독자적으로 지주사업을 수행하기 위해 지주회사로 출발하였다. ㈜GS 및 관련 회사들은 2005년 1월 LG그룹에서 계열 분리되었고, 4월 GS그룹으로 공식 출범하였다(<표 3.2>, <표 3.4> 참조).

〈표 3.10〉 ㈜GS의 최대주주 및 특수관계인 지분, 2004-2013년 (%)

연.월	최대주주		친족					기타 특수관계인	총합
	허완구	허창수	허창수	허용수	허동수	기타	합	계열회사	
(LG그룹)									
2004.9	4.43	5.58	3.40	1.74	2.00	27.69	34.83		39.26
2004.12				1.80	3.82	39.38	45.00		50.58
(GS그룹)									
2005.12		5.41		2.76	2.99	40.34	46.09		51.50
2006.12		4.77		2.93	2.41	35.41	40.75		45.52
2007.12		4.77		3.43	2.41	35.15	40.99	0.10	45.86
2008.12		4.86		4.10	2.46	35.89	42.45	0.10	47.41
2009.12		4.86		4.10	2.46	35.44	42.00	0.10	46.96
2010.12		4.75		4.10	2.46	34.23	40.79		45.54
2011.12		4.75		4.10	2.46	33.95	40.51		45.26
2012.12		4.75		4.20	2.46	33.85	40.51		45.26
2013.12		4.75		4.31	2.46	33.95	40.72		45.47

주: 1) 보통주 기준.
2) ㈜GS: 2004-2008년 = GS홀딩스; 2004년 = LG그룹 계열회사, 2005년 이후 = GS그룹 계열회사.
3) 최대주주의 변동: 2004년 8월 5일(구본무 외 49명, 회사분할 신규 보고); 2004년 8월 17일(허완구 외 47명, 장내지분 취득 및 처분에 따른 최대주주 변경); 2004년 11월 29일(허창수 외 48명, 장내매수에 따른 최대주주 본인 변경).
4) 최대주주 및 친족 수: 2004.9(48명), 2004.12-2005.12(46명), 2006.12(48명), 2007.12(47명), 2008.12(48명), 2009.12 (49명), 2010.12(47명), 2011.12-2013.12(49명).
5) 친족 중 3명은 ㈜GS의 임원: 허창수, 2004-2013년 대표이사회장; 허용수, 2006-2009년 미등기상무, 2010-2011년 미등기전무, 2012년 미등기부사장; 허동수, 2004-2013년 비상근이사.
6) 기타 특수관계인 = ㈜승산.

출처: 사업보고서, 분기보고서.

〈그림 3.7〉 ㈜GS의 최대주주 및 특수관계인 지분, 2005-2013년 (%)

(출처: <표 3.10>

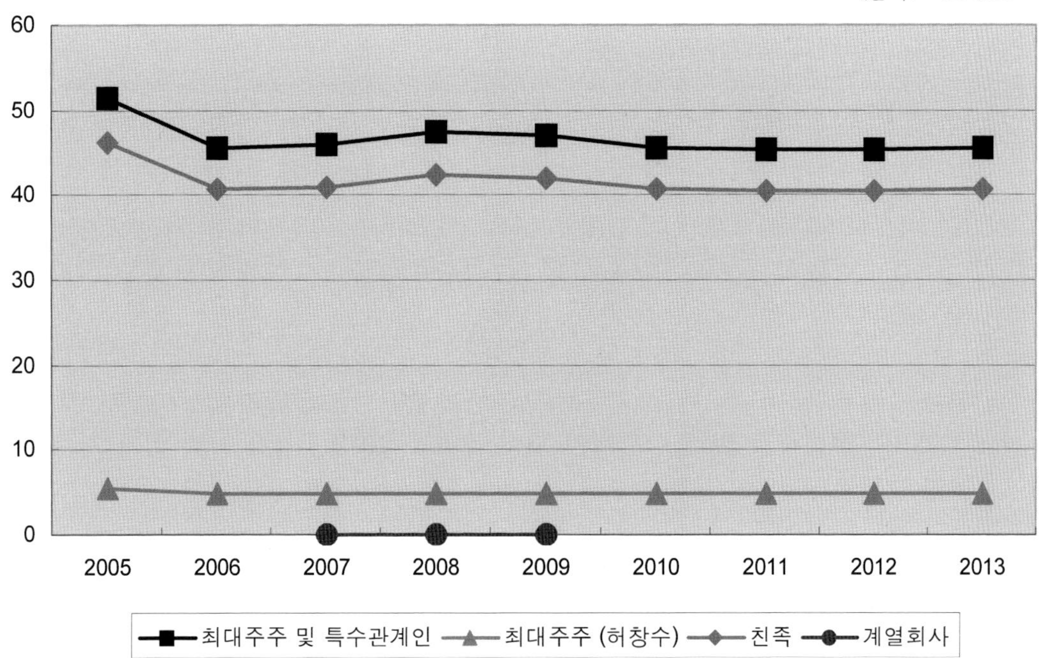

㈜GS는 허씨 일가가 공동으로 그리고 전적으로 소유하고 있다. 50명에 가까운 많은 가족구성원들이 50% 내외의 지분을 가졌으며, 가족구성원인 최대주주는 가족 전체 지분의 1/10 정도만을 보유하였다. 반면 친족 이외의 특수관계인은 지분에 거의 참여하지 않았다(<표 3.10>, <그림 3.7>).

첫째, 최대주주 및 특수관계인 지분은 2005년 최고치인 51.50%를 기록한 이후 2006년 45.52%로 줄었으며, 2008년까지 47.41%로 다시 조금 늘어났다가 2010년 이후에는 45%대(45.26-45.54%)가 유지되어 오고 있다.

둘째, 최대주주는 설립 직후인 2004년 9월 현재에는 1세대인 허완구(8형제 중 5남; 4.43%)였으며, 12월까지 2세대인 허창수(1세대 3남 허준구의 1남)로 바뀌었다. 허창수의 지분은 2004년 5.58%이던 것이 이후 다소 줄어들어 2005년 5.41%, 2006-2007년 4.77%, 2008-2009년 4.86% 등이었으며, 2010년부터는 4.75%이다. '최대주주 지분'이 '최대주주 및 특수관계인 지분' 전체에서 차지하는 비중은 2004년 11%(5.58% vs. 50.58%), 2013년 10%(4.75% vs. 45.47%)였다.

셋째, 친족 지분은 2004-2005년에는 45-46.09%였으며, 이후 줄어들어 2006-2007년 40%대, 2008-2009년 42%대, 그리고 2010년부터는 다시 40%대였다. 2013년 현재에는 40.72%이다. 한편, 지분에 참여하는 최대주주 및 친족의 수는 매년 46-49명씩이었으며, 2011-2013년에는 줄곧 49명이었다.

넷째, 친족 이외의 특수관계인 중에서는 1개 계열회사(승산)가 2007-2009년의 3년 동안 약간의 지분(0.10%)을 보유한 적이 있었다. 이 계열회사는 지주회사체제에 편입되어 있지 않으며, 허완구 일가가 100% 지분을 보유하고 있고 허완구의 1남인 허용수가 최대주주인 회사이다. 허용수는 ㈜GS의 대주주로서 2007-2009년에는 3.43-4.10%의 지분을 보유하였다.

4.5 ㈜GS의 최대주주 및 특수관계인 지분, 2004-2013년: (2) 허씨 일가 가족 지분

4.5.1 지분 참여 가족구성원

2004년 ㈜GS가 설립된 이후 2013년까지 지분에 참여한 적이 있는 허씨 일가 가족구성원은 모두 56명이며, 이들은 7개 일가에 그리고 1·2·3세대에 속해 있었다(<표 3.11>; <표 3.10>, <표 3.15> 참조).

첫째, 2004년 이후 매년 지분에 참여하는 가족구성원은 46-49명씩이었으며, 전체 인원은 56명이다. 2004-2010년에는 46-49명 사이에서 매년 1-2명씩 변화가 있었으며(2004년(9월) 48명, 2004-2005년(12월) 46명, 2006년 48명, 2007년 47명, 2008년 48명, 2009년 49명, 2010년 47명), 2011년부터는 49명이 유지되어 오고 있다.

둘째, 지분에 참여한 56명은 1세대인 허정구의 8형제 중 7형제 일가에 속해 있었다. 허정구(1남), 허준구(3남), 허신구(4남), 허완구(5남), 허승효(6남), 허승표(7남), 허승조(8남) 등이다. 지분에 참여하지 않은 유일한 일가는 2남 허학구 일가이다. 7형제 중 허승표(7남) 일가는 2004년 7월 ㈜GS가 설립된 직후에만 잠깐 지분을 보유하였으며, 나머지 6형제 일가는 2013년 현재까지 지분을 보유해 오고 있다.

셋째, 지분에 참여한 56명을 일가별로 보면, 허준구 일가가 15명(1세대 0명+2세대 6명+3세대 9명)으로 가장 많고, 그다음이 허정구 일가 10명(0+3+7), 허신구 일가 10명(0+5+5), 허완구 일가 6명(1+3+2), 허승효 일가 5명(2+3+0), 허승조 일가 5명(3+2+0), 허승표 일가 3명(1+2+0) 등의 순이다. 3세대 2명은 어느 일가 소속인지 정보가 없다.

〈표 3.11〉 허씨 일가 가계도

1세대	2세대	3세대
1남 허정구 (+ 이행좌)	1남 허남각 (+ 구자영) 1녀 허영자 (+ 김희철) 2남 허동수 (+ 김자경) 2녀 허영숙 (+ 윤후명) 3남 허광수 (+ 김영자)	1녀 허정윤 (+ 정대호), 1남 허준홍 1남 김성식, 2남 김찬식, 3남 김은식 1남 허세홍, 2남 허자홍, 1녀 허지영 (+ 이인범) 1녀 허유정 (+ 방준오), 1남 허서홍
2남 허학구 (+ 최필선)	1남 허전수 (+ 배진숙) 1녀 허명자, 2녀 허혜자 3녀 허숙원	1남 허제홍, 2남 허제현
3남 허준구 (+ 구위숙)	1남 허창수 (+ 이주영) 2남 허정수 (+ 한영숙) 3남 허진수 (+ 이영아) 4남 허명수 (+ 노경선) 5남 허태수 (+ 이지원)	1녀 허윤영, 1남 허윤홍 1남 허철홍, 2남 허두홍 1남 허치홍, 2남 허진홍 1남 허주홍, 2남 허태홍 1녀 허정현
4남 허신구 (+ 윤봉식)	1남 허경수 1녀 허연호 (+ 최대석) 2녀 허연숙 2남 허연수	1남 허선홍 최일현, 최가현, 최영민 1남 허원홍
5남 허완구 (+ 김영자)	1남 허용수 (+ 정혜신) 1녀 허인영	1남 허석홍, 2남 허정홍
6남 허승효 (+ 최윤혜)	1남 허영수 (+ 손정민) 1녀 허임수, 2남 허윤수	
7남 허승표 (+ 조희숙)	1녀 허서정, 1남 허준수	
8남 허승조 (+ 이경훈)	1녀 허지안, 2녀 허민경	*이선애
기타		허수연, 허서정

지분 참여 가족구성원: 총 56명 (1세대 7명, 2세대 24명, 3세대 25명)

1남 허정구 일가 10명 (0,3,7)	3남 허준구 일가 15명 (0,6,9)
4남 허신구 일가 10명 (0,5,5)	5남 허완구 일가 6명 (1,3,2)
6남 허승효 일가 5명 (2,3,0)	7남 허승표 일가 3명 (1,2,0)
8남 허승조 일가 5명 (3,2,0)	기타 2명 (0,0,2)

주: 1) 밑줄 친 사람은 ㈜GS에 지분을 보유한 적이 있음.
2) 허정구 형제의 부모는 고 허만정과 고 하위정; 최일현, 최가현, 최영민은 허연호와 최대석의 자녀인 것으로 보임; 허수연과 허서정이 누구의 자녀인지에 대한 정보는 없으며, 3세대인 것으로 보임; 이선애는 허승조의 장모이며 1세대로 간주함.
출처: 서울신문사 산업부(2005), Naver 검색.

넷째, 지분에 참여한 56명을 세대별로 보면, 1세대 7명, 2세대 24명, 그리고 3세대 25명이며, 2004년부터 1・2・3세대가 모두 지분에 참여하였다. 1세대 7형제 중 유일하게 허완구의 일가에는 1・2・3세대가 모두 포함되어 있으며, 반면 형들인 허정구, 허준구, 허신구 일가에는 2・3세만, 동생들인 허승효, 허승표, 허승조 일가에는 1・2세대만 포함되어 있다. 허승조 일가의 경우에는 1세대의 부모세대 1명(이선애)도 포함되어 있으며, 편의상 1세대로 간주하였다. 지분 참여 가족 수가 가장 많은 허준구 일가 15명은 2세대 6명과 3세대 9명으로 구성되어 있는데, 각각 2세대(24명)와 3세대(25명) 전체 인원 중 가장 많은 수를 차지하고 있다.

다섯째, 지분에 참여한 56명 중 허씨 직계는 47명이다. 1세대 7명 중 4명, 2세대 24명 중 21명, 그리고 3세대 25명 중 22명이다. 허씨 직계가 아닌 9명은 다음과 같다: ① 1세대 3명 - 여자 배우자 2명(최윤혜(허승효 부인), 이경훈(허승조 부인)), 이경훈의 어머니(이선애; 편의상 1세대로 간주함); ② 2세대 3명 - 여자 배우자 2명(이주영(허창수 부인), 정혜신(허용수 부인)), 남자 배우자 1명(최대석(허연호의 남편)); ③ 3세대 3명 - 허연호와 최대석의 자녀. 한편, 허씨 7형제의 직계 2세대는 모두 23명인데, 이들 중 지분에 참여하지 않은 사람은 허정구의 3남 2녀 자녀 중 2녀(허영자, 허영숙)이다.

4.5.2 가족 보유 지분: (1) 일가별 지분

1세대 7형제 중 지분 참여 구성원이 가장 많은 3남 허준구 일가(15명)가 보유 지분도 가장 많았다(<표 3.12>, <그림 3.8>; <표 3.11>, <표 3.13>, <표 3.14>, <표 3.15>, <표 3.16> 참조).

첫째, 3남 허준구 일가(14.97-20.02%)와 1남 허정구 일가(9.17-14.71%)가 첫 번째와 두 번째로 많은 지분을 보유하고 있으며, 그다음이 5남 허완구 일가(6.53-8.88%)와 4남 허신구 일가(4.40-6.39%), 그리고 8남 허승조 일가(2.13-2.72%)와 6남 허승효 일가(1.02-1.17%)이다. 상위 2개 일가, 중위 2개 일가, 하위 2개 일가 간의 지분 차이가 크다. 7남 허승표 일가는 2004년 9월 현재에만 약간의 지분(0.18%)을 보유하였다.

둘째, 가족 전체 지분은 '2004-2005년(12월) 50-51%대 → 2006-2007년 45%대 → 2008-2009년 46-47%대 → 2010년 이후 45%대'로 '감소 → 증가 → 감소'의 변화를 보였다. 상위 2개 일가의 지분도 비슷한 패턴을 보여, 같은 기간 허준구 일가 지분은 '19-20%대 →

〈표 3.12〉 ㈜GS의 최대주주 및 친족 지분, 2004-2013년: (1) 일가별 지분 (%)

	2004.9	2004.12	2005	2006	2007	2008	2009	2010	2011	2012	2013
허정구 일가 (1남)	9.17	14.71	13.97	11.39	11.85	12.47	12.31	11.90	11.86	11.86	12.03
허남각 일가	3.63	4.33	4.66	4.56	4.56	5.02	4.86	4.45	4.45	4.45	4.67
허동수 일가	2.75	4.55	4.01	3.46	3.92	4.00	4.00	4.11	4.06	4.06	4.06
허광수 일가	2.79	5.83	5.30	3.37	3.37	3.45	3.45	3.34	3.35	3.35	3.30
허준구 일가 (3남)	14.97	20.02	19.03	15.35	15.35	15.65	15.65	15.02	15.02	15.02	15.02
허창수 일가	4.09	6.31	6.31	5.58	5.58	5.68	5.68	5.46	5.46	5.46	5.46
허정수 일가	3.61	5.13	4.82	2.15	2.15	2.21	2.21	2.12	2.12	2.12	2.12
허진수 일가	1.91	3.40	3.19	2.69	2.69	2.74	2.74	2.63	2.63	2.63	2.63
허명수 일가	2.13	2.12	2.44	2.69	2.69	2.74	2.74	2.62	2.62	2.62	2.62
허태수 일가	3.23	3.06	2.27	2.24	2.24	2.28	2.28	2.19	2.19	2.19	2.19
허신구 일가 (4남)	4.40	5.28	6.09	6.27	6.27	6.39	6.39	6.37	6.33	6.32	6.30
허경수 일가	2.93	2.94	3.27	3.27	3.27	3.33	3.33	3.33	3.33	3.33	3.33
허연수 일가	0.73	1.33	1.81	1.99	1.99	2.03	2.03	2.03	2.03	2.02	2.00
허연호 일가	0.50	0.48	0.48	0.48	0.48	0.49	0.49	0.47	0.47	0.47	0.47
허연숙	0.24	0.53	0.53	0.53	0.53	0.54	0.54	0.54	0.50	0.50	0.50
허완구 일가 (5남)	6.53	6.79	8.66	8.63	8.41	8.88	8.58	8.22	8.22	8.17	8.24
허완구	4.43	4.43	4.63	4.11	2.95	2.48	1.89	1.53	1.53	1.32	1.15
허용수 일가	2.01	2.07	3.14	3.42	4.20	4.98	5.27	5.27	5.27	5.43	5.57
허인영	0.09	0.29	0.89	1.10	1.26	1.42	1.42	1.42	1.42	1.42	1.52
허승효 일가 (6남)	1.12	1.17	1.02	1.06	1.06	1.08	1.08	1.08	1.08	1.08	1.05
허승효 일가	0.56	0.56	0.28	0.30	0.30	0.31	0.31	0.31	0.31	0.31	0.28
허영수	0.33	0.38	0.51	0.52	0.52	0.53	0.53	0.53	0.53	0.53	0.53
허윤수	0.13	0.13	0.13	0.14	0.14	0.14	0.14	0.14	0.14	0.14	0.14
허임수	0.10	0.10	0.10	0.10	0.10	0.10	0.10	0.10	0.10	0.10	0.10
허승조 일가 (8남)	2.13	2.58	2.66	2.67	2.66	2.72	2.72	2.72	2.68	2.68	2.68
허승조 일가	2.11	2.55	2.63	2.60	2.59	2.26	2.20	2.20	2.16	2.16	2.16
허지안	0.02	0.02	0.02	0.04	0.04	0.24	0.27	0.27	0.27	0.27	0.27
허민경		0.01	0.01	0.03	0.03	0.22	0.25	0.25	0.25	0.25	0.25
허승표 일가 (7남)	0.18										
허승표	0.02										
허준수	0.13										
허서정	0.03										
기타	0.03	0.03	0.03	0.12	0.12	0.12	0.12	0.12	0.12	0.12	0.14
허정구 일가 (1남)	9.17	14.71	13.97	11.39	11.85	12.47	12.31	11.90	11.86	11.86	12.03
허준구 일가 (3남)	14.97	20.02	19.03	15.35	15.35	15.65	15.65	15.02	15.02	15.02	15.02
허신구 일가 (4남)	4.40	5.28	6.09	6.27	6.27	6.39	6.39	6.37	6.33	6.32	6.30
허완구 일가 (5남)	6.53	6.79	8.66	8.63	8.41	8.88	8.58	8.22	8.22	8.17	8.24
허승효 일가 (6남)	1.12	1.17	1.02	1.06	1.06	1.08	1.08	1.08	1.08	1.08	1.05
허승조 일가 (8남)	2.13	2.58	2.66	2.67	2.66	2.72	2.72	2.72	2.68	2.68	2.68
총합	38.53	50.58	51.46	45.48	45.72	47.31	46.85	45.43	45.31	45.25	45.46

주: 1) 2005-2013년 12월 현재; ㈜GS 2004-2008년 = GS홀딩스.
2) 하위 일가 중 허완구, 허승효 일가, 허승조 일가, 허승표 등은 1세대이며, '일가'는 1세대의 다른 가족구성원을 포함함; 그 외의 다른 일가는 2세대이며, '일가'는 3세대를 포함함.
3) 총합 - 〈표 3.10〉에서의 '최대주주 및 친족 지분'과는 다소 차이가 남.
출처: 〈표 3.15〉, 〈표 3.16〉.

〈그림 3.8〉 ㈜GS의 최대주주 및 친족 지분, 2004-2013년: (1) 일가별 지분 (%)

(출처: <표 3.12>)

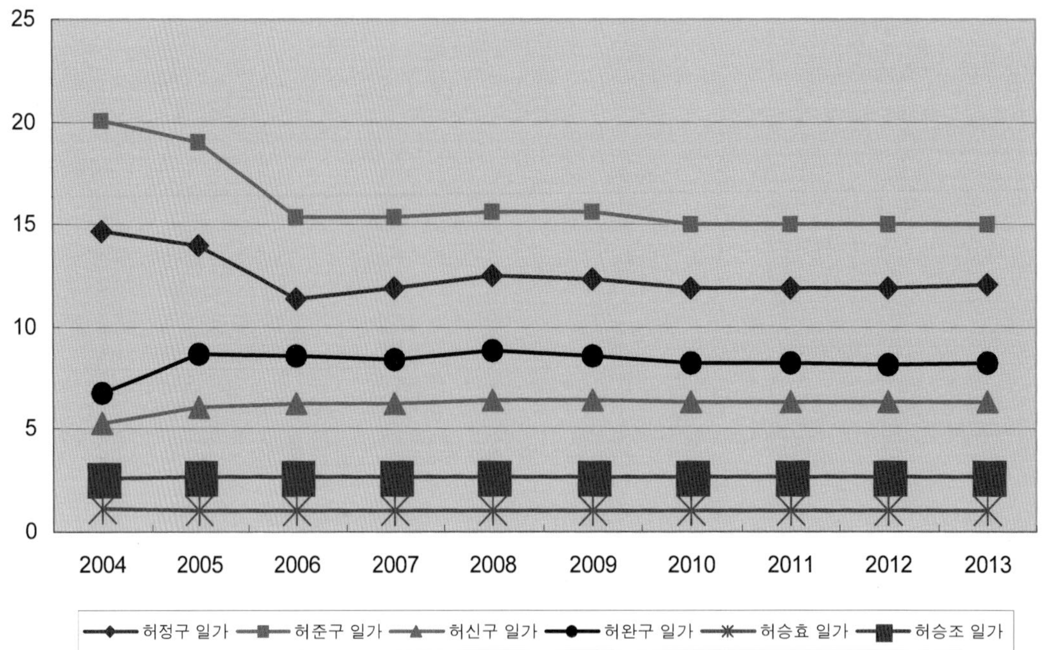

15.35% → 15.65% → 15.02%'로, 그리고 허정구 일가 지분은 '13-14%대 → 11%대 → 12%대 → 11-12%대'로 변하였다. 반면, 중위 2개 일가의 지분은 2004년에 비해 2005년 이후에는 약간 늘어났으며(허완구 일가, 6%대 → 8%대; 허신구 일가, 5%대 → 6%대), 하위 2개 일가의 지분은 2004년 이후 2%대(허승조 일가)와 1%대(허승효 일가) 수준이 그대로 유지되었다.

셋째, '가족 전체 지분' 중 '허준구 일가 지분'이 차지하는 비중이 1/3 내외이고(2004년 40%(지분 50.58% vs 20.02%), 2006년 34%(45.48% vs. 15.35%), 2013년 33%(45.46% vs. 15.02%)), '허정구 일가 지분'이 차지하는 비중이 1/4 내외이다(2004년 29%(지분 50.58% vs. 14.71%), 2006년 25%(45.48% vs. 11.39%), 2013년 26%(45.46% vs. 12.03%)). 이 두 일가의 지분을 합하면 전체의 2/3 남짓이 된다: 2004년 69%(지분 50.58% vs 34.73%), 2006년 59%(45.48% vs. 26.74%), 2013년 60%(45.46% vs. 27.05%).

넷째, 25개의 하위 일가 중에서는 어느 1개 일가가 월등하게 많은 지분을 가지고 있지는 못하다.

1세대 7형제 일가는 각각 3-5개씩의 하위 일가로 구성되어 있으며, 이 하위 일가는 모두

25개이다. 1남 허정구 일가 3개, 3남 허준구 일가 5개, 4남 허신구 일가 4개, 5남 허완구 일가 3개, 6남 허승효 일가 4개, 8남 허승조 일가 3개, 7남 허승표 일가 3개 등이다. 이들 중 14개 일가에는 2명 이상의 가족구성원이 포함되어 있고, 나머지 11개 일가에는 1명씩만 관련되어 있다. 특히 1세대 2개 일가(허정구, 허준구 일가)의 하위 8개 일가는 모두 각각 2명 이상으로 구성되어 있다.

2명 이상이 관련되어 있는 14개 하위 일가는 각각 0.28%에서 6.31%에 이르는 다양한 지분을 가지고 있다. 5%대 지분을 보유하는 일가가 2개(허창수, 허용수), 4%대 보유 일가 2개(허남각, 허동수), 3%대 보유 일가 2개(허광수, 허경수), 2%대 보유 일가 6개(허정수, 허진수, 허명수, 허태수, 허연수, 허승조), 1% 미만 보유 일가 2개(허연호, 허승효) 등이다.

㈜GS의 최대주주인 허창수(1세대 3남 허준구의 1남)의 일가는 2012년까지 가장 많은 지분을 보유하였다. 2004-2005년 6.31%, 2006-2007년 5.58%, 2008-2009년 5.68%, 그리고 2010년 이후 5.46%였다. 그런데 2013년 들어 허용수(1세대 5남 허완구의 1남) 일가가 처음으로 가장 많은 지분(5.57%)을 보유하게 되었다. 2004년의 2.07%와 비교하면 2.7배 늘어난 수치이다. 2004년 2.07%, 2005-2006년 3.14-3.42%, 2007-2008년 4.20-4.98%, 2009-2012년 5.27-5.43%, 2013년 5.57% 등이었다. 허용수는 허완구의 외동아들이며, 허완구는 ㈜GS가 설립된 직후인 2004년 9월 현재 최대주주였다.

그다음으로 1세대 1남 허정구의 세 아들(허남각, 허동수, 허광수) 일가가 4-3%대의 비교적 많은 지분을 가졌으며, 1세대 3남 허준구의 다섯 아들 중에서는 1남인 허창수 일가가 5%대의 지분을 보유한 반면 나머지 네 아들(허정수, 허진수, 허명수, 허태수) 일가는 절반 정도인 2%대의 엇비슷한 지분을 보유하였다. 한편 1세대 4남 허진구의 두 아들(허경수, 허연수)은 각각 3%대와 2%대의 지분을 보유하였다.

4.5.3 가족 보유 지분: (2) 세대별 지분

㈜GS에는 2004년 설립 이후 허씨 일가의 1・2・3세대가 모두 지분에 참여하였으며, 2세대가 압도적인 우위를 유지하였다(<표 3.13>, <표 3.14>, <그림 3.9>; <표 3.11>, <표 3.12>, <표 3.15>, <표 3.16> 참조).

첫째, 2세대의 지분은 2004-2005년 36-37%대, 2006-2009년 30-32%대, 그리고 2010년 이후 31%대이며, 가족 전체 지분 중에서 2세대 지분이 차지하는 비중은 2/3 이상이었다.

2004년 74%(지분 50.58% vs. 37.37%), 2006년 67%(45.48% vs. 30.34%), 2013년 70%(45.46% vs. 31.89%) 등이다.

1세대의 지분은 5% 내외 수준에서 지속적으로 감소하여 2004년 7.54%이던 것이 2013년 현재에는 절반 이하인 3.59%가 되었다. 3.59%는 2004년 이후 최저치이다. 반면 3세대의 지분은 5-10% 사이에서 점차 증가하여 2004년 5.67%에서 2013년에는 1.8배인 9.98%이다. 2009년까지는 매년 늘어나 9.88%가 되었는데, 2010-2011년에 9.58-9.54%로 조금 줄어든 후 2012년(9.60%)부터 다시 상승세로 돌아서 2013년 9.98%로 최고치를 기록하였다. 2세대가 우위를 유지하는 가운데 3세대로의 소유승계가 조금씩 이루어지고는 있지만 진행 속도는 더뎌서 2008년 이후 9%대에 머물러 있는 상황이다.

둘째, 지분을 보유하고 있는 1세대 3형제(5남 허완구, 6남 허승효, 8남 허승조; 7남 허승표 제외) 중에서는 허승조(부인 이경훈과 장모 이선애 포함)가 2004년 이후 2%대의 지분을 보유해 오고 있으며, 허완구는 지분을 계속 줄여 2004년 4.43%이던 것이 2013년에는 1/4 수준인 1.15%이다. 허승효(부인 최윤혜 포함)의 지분은 1% 미만이었다.

셋째, 2세대 중에서는 최대주주인 허창수(1세대 3남 허준구의 1남), 그리고 허용수(1세대 5남 허완구의 1남)가 가장 많은 4%대의 지분을 가지고 있다. 허창수(부인 이주영 포함)의 지분은 2004-2005년 5.50-5.67%이던 것이 2006년 이후 4.75-4.86%로 다소 줄어들었으며, 반면 허용수(부인 정혜신 포함)의 지분은 계속 늘어나 2004년 1.80%, 2005-2006년 2.76-2.93%, 2007년 3.43%, 그리고 2008년 이후에는 4.16-4.37%였다. 2013년 현재 두 사람의 지분은 각각 4.75%, 4.37%이다. 허용수의 지분이 늘어난 것은 아버지 허완구의 지분이 줄어든 것과 관련이 있으며, 허완구의 지분은 아들 허용수 뿐 아니라 딸 허인영과 손자 허석홍에게도 상속된 것으로 보인다.

허창수와 허용수 다음으로는 허남각(1세대 1남 허정구의 1남)과 허경수(1세대 4남 허신구의 1남)가 각각 3%대의 지분을 보유하였다. 선두그룹을 형성하고 있는 이들 2세대 4명(허남각, 허창수, 허경수, 허용수)은 1세대 4형제(1남 허정구, 3남 허준구, 4남 허신구, 5남 허완구)의 장남들이며, 각 일가에서 장자상속의 전통이 지켜지고 있는 것으로 볼 수 있다. 특히 허창수의 아버지 허준구는 1940년대 말 LG그룹의 구씨 일가 사업에 처음으로 참여한 '허씨 일가 중 사실상의 창업자'이다. 따라서 허창수가 2세대의 선두주자로서 '㈜GS의 최대주주' 그리고 'GS그룹의 동일인'의 지위를 가지고 그룹을 이끌어 가고 있는 셈이다.

〈표 3.13〉 ㈜GS의 최대주주 및 친족 지분, 2004-2013년: (2) 세대별 지분 I (%)

	2004.9	2004.12	2005	2006	2007	2008	2009	2010	2011	2012	2013
허정구 일가 (1남)	9.17	14.71	13.97	11.39	11.85	12.47	12.31	11.90	11.86	11.86	12.03
2세대	7.93	13.23	11.70	8.87	8.87	8.92	8.76	8.25	8.25	8.25	8.12
3세대	1.24	1.48	2.27	2.52	2.98	3.55	3.55	3.65	3.61	3.61	3.91
허준구 일가 (3남)	14.97	20.02	19.03	15.35	15.35	15.65	15.65	15.02	15.02	15.02	15.02
2세대	12.63	16.44	14.82	10.83	10.83	11.05	11.05	10.82	10.82	10.82	10.82
3세대	2.34	3.58	4.21	4.52	4.52	4.60	4.60	4.20	4.20	4.20	4.20
허신구 일가 (4남)	4.40	5.28	6.09	6.27	6.27	6.39	6.39	6.37	6.33	6.32	6.30
2세대	4.08	4.97	5.78	5.78	5.78	5.89	5.89	5.87	5.83	5.82	5.77
3세대	0.32	0.31	0.31	0.49	0.49	0.50	0.50	0.50	0.50	0.50	0.53
허완구 일가 (5남)	6.53	6.79	8.66	8.63	8.41	8.88	8.58	8.22	8.22	8.17	8.24
1세대	4.43	4.43	4.63	4.11	2.95	2.48	1.89	1.53	1.53	1.32	1.15
2세대	1.83	2.09	3.65	4.03	4.69	5.58	5.58	5.58	5.58	5.68	5.89
3세대	0.27	0.27	0.38	0.49	0.77	0.82	1.11	1.11	1.11	1.17	1.20
허승효 일가 (6남)	1.12	1.17	1.02	1.06	1.06	1.08	1.08	1.08	1.08	1.08	1.05
1세대	0.56	0.56	0.28	0.30	0.30	0.31	0.31	0.31	0.31	0.31	0.28
2세대	0.56	0.61	0.74	0.76	0.76	0.77	0.77	0.77	0.77	0.77	0.77
허승조 일가 (8남)	2.13	2.58	2.66	2.67	2.66	2.72	2.72	2.72	2.68	2.68	2.68
1세대	2.11	2.55	2.63	2.60	2.59	2.26	2.20	2.20	2.16	2.16	2.16
2세대	0.02	0.03	0.03	0.07	0.07	0.46	0.52	0.52	0.52	0.52	0.52
허승표 일가 (7남)	0.18										
1세대	0.02										
2세대	0.16										
기타											
3세대	0.03	0.03	0.03	0.12	0.12	0.12	0.12	0.12	0.12	0.12	0.14
1세대	7.12	7.54	7.54	7.00	5.84	5.05	4.40	4.04	4.00	3.79	3.59
2세대	27.21	37.37	36.72	30.34	31.00	32.67	32.57	31.81	31.77	31.86	31.89
3세대	4.20	5.67	7.20	8.14	8.88	9.59	9.88	9.58	9.54	9.60	9.98
총합	38.53	50.58	51.46	45.48	45.72	47.31	46.85	45.43	45.31	45.25	45.46

주: 1) 2005-2013년 12월 현재; ㈜GS 2004-2008년 = GS홀딩스.
　　2) 총합 - 〈표 3.10〉에서의 '최대주주 및 친족 지분'과는 다소 차이가 남.
출처: 〈표 3.15〉, 〈표 3.16〉.

〈표 3.14〉 ㈜GS의 최대주주 및 친족 지분, 2004-2013년: (3) 세대별 지분 II (%)

		2004.9	2004.12	2005	2006	2007	2008	2009	2010	2011	2012	2013
허정구 (1남)												
허남각	2세대	3.35	4.05	4.05	3.73	3.73	3.67	3.51	3.10	3.10	3.10	3.02
허동수	2세대	2.00	3.82	2.99	2.41	2.41	2.46	2.46	2.46	2.46	2.46	2.46
허광수	2세대	2.58	5.36	4.66	2.73	2.73	2.79	2.79	2.69	2.69	2.69	2.64
허준홍	3세대	0.28	0.28	0.61	0.83	0.83	1.35	1.35	1.35	1.35	1.35	1.65
허세홍	3세대	0.75	0.73	1.02	1.05	1.51	1.54	1.54	1.65	1.60	1.60	1.60
허서홍	3세대	0.21	0.47	0.64	0.64	0.64	0.66	0.66	0.65	0.66	0.66	0.66
허준구 (3남)												
허창수	2세대	3.44	5.67	5.50	4.77	4.77	4.86	4.86	4.75	4.75	4.75	4.75
허정수	2세대	2.78	3.33	2.78	0.11	0.11	0.12	0.12	0.12	0.12	0.12	0.12
허진수	2세대	1.64	2.83	2.48	1.98	1.98	2.02	2.02	2.02	2.02	2.02	2.02
허명수	2세대	1.69	1.70	1.94	1.94	1.94	1.98	1.98	1.95	1.95	1.95	1.95
허태수	2세대	3.08	2.91	2.12	2.03	2.03	2.07	2.07	1.98	1.98	1.98	1.98
허윤홍	3세대	0.65	0.64	0.81	0.81	0.81	0.82	0.82	0.71	0.71	0.71	0.71
허철홍	3세대	0.83	1.80	2.04	2.04	2.04	2.09	2.09	2.00	2.00	2.00	2.00
허치홍	3세대	0.27	0.57	0.71	0.71	0.71	0.72	0.72	0.61	0.61	0.61	0.61
허주홍	3세대	0.44	0.42	0.50	0.75	0.75	0.76	0.76	0.67	0.67	0.67	0.67
허정현	3세대	0.15	0.15	0.15	0.21	0.21	0.21	0.21	0.21	0.21	0.21	0.21
허신구 (4남)												
허경수	2세대	2.81	2.82	3.15	3.15	3.15	3.21	3.21	3.21	3.21	3.21	3.21
허연수	2세대	0.53	1.14	1.62	1.62	1.62	1.65	1.65	1.65	1.65	1.64	1.59
허연호	2세대	0.50	0.48	0.48	0.48	0.48	0.49	0.49	0.47	0.47	0.47	0.47
허연숙	2세대	0.24	0.53	0.53	0.53	0.53	0.54	0.54	0.54	0.50	0.50	0.50
허선홍	3세대	0.12	0.12	0.12	0.12	0.12	0.12	0.12	0.12	0.12	0.12	0.12
허원홍	3세대	0.20	0.19	0.19	0.37	0.37	0.38	0.38	0.38	0.38	0.38	0.41
최일현	3세대									0.00	0.00	0.00
허완구 (5남)	1세대	4.43	4.43	4.63	4.11	2.95	2.48	1.89	1.53	1.53	1.32	1.15
허용수	2세대	1.74	1.80	2.76	2.93	3.43	4.16	4.16	4.16	4.16	4.26	4.37
허인영	2세대	0.09	0.29	0.89	1.10	1.26	1.42	1.42	1.42	1.42	1.42	1.52
허석홍	3세대	0.27	0.27	0.38	0.49	0.77	0.82	1.11	1.11	1.11	1.17	1.20
허승효 (6남)	1세대	0.56	0.56	0.28	0.30	0.30	0.31	0.31	0.31	0.31	0.31	0.28
허영수	2세대	0.33	0.38	0.51	0.52	0.52	0.53	0.53	0.53	0.53	0.53	0.53
허임수	2세대	0.10	0.10	0.10	0.10	0.10	0.10	0.10	0.10	0.10	0.10	0.10
허윤수	2세대	0.13	0.13	0.13	0.14	0.14	0.14	0.14	0.14	0.14	0.14	0.14
허승조 (8남)	1세대	2.11	2.55	2.63	2.60	2.59	2.26	2.20	2.20	2.16	2.16	2.16
허지안	2세대	0.02	0.02	0.02	0.04	0.04	0.24	0.27	0.27	0.27	0.27	0.27
허민경	2세대		0.01	0.01	0.03	0.03	0.22	0.25	0.25	0.25	0.25	0.25
허승표 (7남)	1세대	0.02										
허준수	2세대	0.16										
기타	3세대	0.03	0.03	0.03	0.12	0.12	0.12	0.12	0.12	0.12	0.12	0.14

주: 1) 2005-2013년 12월 현재; ㈜GS 2004-2008년 = GS홀딩스.
2) 허연숙과 허인영은 3세대 없음.
출처: 〈표 3.15〉, 〈표 3.16〉.

〈그림 3.9〉 ㈜GS의 최대주주 및 친족 지분, 2004-2013년: (2) 세대별 지분 (%)

(출처: <표 3.13>)

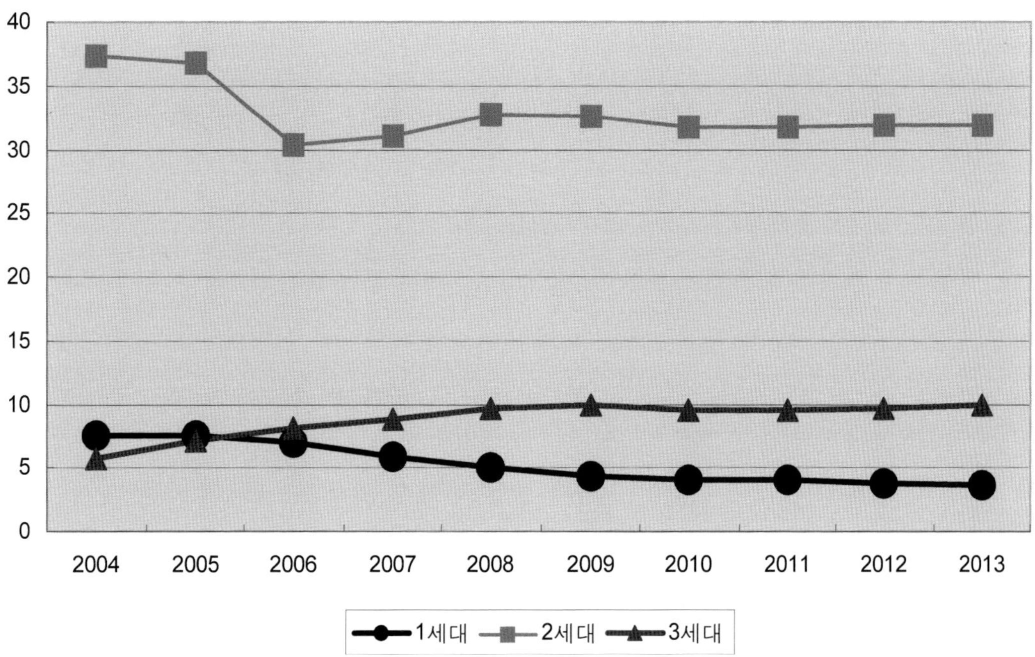

허남각과 허창수의 동생들의 경우에는 지분의 크기가 나이 순서대로이지는 않다. 허남각의 동생 2명(허동수, 허광수)은 2%대의 엇비슷한 지분을 보유하고 있는데, 2004년 이후 아래인 허광수의 지분이 조금 더 많은 상태가 계속되어 오고 있다. 허창수의 동생 4명 중에서는 둘째 허진수(1-2%대), 넷째 허태수(2-1%대), 셋째 허명수(1%대), 첫째 허정수(2-3%대 이후 1% 미만) 순으로 많은 지분을 가지고 있다. 허창수의 동생 4명의 지분은 허남각의 동생 2명 지분보다 적다. 한편, 허경수의 남동생 1명(허연수)은 1%대의 지분을, 여동생 2명(허연호(남편 최대석 포함), 허연숙)은 1% 미만씩의 지분을 가지고 있고, 허용수의 여동생 1명(허인영)은 1%대의 지분을 가지고 있다. 특히 허인영의 지분은 지속적으로 증가해 2004년 0.29%에서 2013년에는 5.2배인 1.52%이다.

넷째, 3세대 중에서는 허정수의 두 아들(허철홍, 허두홍)이 2%대의 지분을 보유하면서 선두를 달리고 있다. 허정수는 허창수의 바로 아래 동생으로 허창수의 5형제 중에서는 가장 적은 지분을 보유하였는데, 이는 두 아들에게로 지분을 물려준 때문이었다. 허창수의 5형제 중 허정수를 제외한 나머지 4명의 3세대들은 모두 1% 미만씩의 적은 지분을 보유하였으며, 이들 중에서는 허창수의 두 자녀(아들 허윤홍, 딸 허윤영)가 가장 많은 지분(0.64-0.82%)을 가졌다.

허정수의 3세대 다음으로는 허남각, 허동수 및 허용수의 3세대들이 1%대의 지분을 보유하였다. 허남각의 두 자녀(아들 허준홍, 딸 허정윤) 지분은 2004년 0.28%이던 것이 2013년에는 1.65%로 5.9배 증가하였으며, 같은 기간 허용수의 두 아들(허석홍, 허정홍) 지분은 0.27%에서 1.20%로 4.4배, 그리고 허동수의 세 자녀(아들 허세홍과 허자홍, 딸 허지영) 지분은 0.73%에서 1.60%로 2.2배 증가하였다.

허남각의 자녀 지분은 2004년 이후 꾸준히 증가하고 있는데, 이는 아버지 허남각의 지분이 꾸준히 감소한 것과 관련이 있었다. 허동수의 자녀 지분은 2010년까지는 꾸준히 증가하다가 2011년 이후에는 다소 줄어든 상태이며, 반면 아버지 허동수의 지분은 2007년까지 감소하다가 2008년 약간 증가한 후 그 수준이 유지되어 오고 있다. 한편, 허용수의 아들 지분의 경우, 같은 기간 허용수(부인 정혜신 포함)의 지분 역시 2.5배나 증가하였는데(2004년 1.74% → 2013년 4.37%), 2세대 허용수와 3세대 아들 지분이 동시에 늘어난 것은 1세대인 허완구의 지분이 크게 감소한 것과 관련이 있었다.

4.5.4 가족 보유 지분: (3) 개인별 지분

2004년 이후 ㈜GS의 지분에 참여한 허씨 일가 가족구성원들은 매년 46-49명씩 모두 56명이며, 이들의 지분은 0.00%에서 5.58%에 이르기까지 다양하다. 어느 1명 또는 몇 명이 전체 가족 지분(38.53-51.46%) 중에서 절대적인 비중을 차지하지 못하는 가운데, 2세대 구성원들을 중심으로 세대 간에 그리고 일가 간에 지분이 골고루 배분되는 '분산적 공동소유'의 구조가 정착되었다(<표 3.15>, <표 3.16>, <그림 3.10>, <그림 3.11>; <표 3.11>, <표 3.12>, <표 3.13>, <표 3.14> 참조).

첫째, 2013년 현재 49명의 가족구성원들은 0.00-4.75%씩의 지분을 보유하고 있으며, 최대주주인 2세대 허창수가 가장 많은 지분(4.75%)을 가지고 있다. 4%대 지분 보유 2명, 3%대 보유 2명, 2%대 보유 4명, 1%대 보유 8명, 1% 미만 보유 33명 등이다. 1% 미만의 지분을 보유한 사람이 전체의 2/3(67%)를 차지하고 있다.

1% 이상의 지분을 보유한 16명은 다음과 같다: ① 허창수(4.75%), 허용수(4.31%); ② 허경수(3.21%), 허남각(3.02%); ③ 허광수(2.64%), 허동수(2.46%), 허승조(2.16%), 허진수(2.01%); ④ 허태수(1.98%), 허명수(1.95%), 허연수(1.59%), 허인영(1.52%), 허준홍(1.51%), 허세홍(1.43%),

〈표 3.15〉 ㈜GS의 최대주주 및 친족 지분, 2004-2013년: (4) 개인별 지분 I (%)

	2004.9	2004.12	2005	2006	2007	2008	2009	2010	2011	2012	2013
허정구 (1남)											
허남각	3.35	4.05	4.05	3.73	3.73	3.67	3.51	3.10	3.10	3.10	3.02
허동수	2.00	3.82	2.99	2.41	2.41	2.46	2.46	2.46	2.46	2.46	2.46
허광수	2.58	5.36	4.66	2.73	2.73	2.79	2.79	2.69	2.69	2.69	2.64
허준홍	0.19	0.19	0.51	0.72	0.72	1.24	1.24	1.24	1.24	1.24	1.51
허세홍	0.58	0.55	0.81	0.84	1.30	1.32	1.32	1.43	1.43	1.43	1.43
허자홍	0.09	0.10	0.13	0.13	0.13	0.14	0.14	0.14	0.11	0.11	0.11
허서홍	0.17	0.37	0.56	0.56	0.56	0.58	0.58	0.62	0.66	0.66	0.66
허정윤	0.09	0.09	0.10	0.11	0.11	0.11	0.11	0.11	0.11	0.11	0.14
허지영	0.08	0.08	0.08	0.08	0.08	0.08	0.08	0.08	0.06	0.06	0.06
허유정	0.04	0.10	0.08	0.08	0.08	0.08	0.08	0.03			
허준구 (3남)											
허창수	3.40	5.58	5.41	4.77	4.77	4.86	4.86	4.75	4.75	4.75	4.75
허정수	2.78	3.33	2.78	0.11	0.11	0.12	0.12	0.12	0.12	0.12	0.12
허진수	1.64	2.83	2.48	1.98	1.98	2.02	2.02	2.02	2.02	2.02	2.02
허명수	1.69	1.70	1.94	1.94	1.94	1.98	1.98	1.95	1.95	1.95	1.95
허태수	3.08	2.91	2.12	2.03	2.03	2.07	2.07	1.98	1.98	1.98	1.98
이주영	0.04	0.09	0.09	0.00	0.00	0.00	0.00				
허윤홍	0.34	0.34	0.50	0.50	0.50	0.51	0.51	0.44	0.44	0.44	0.44
허철홍	0.57	1.24	1.37	1.37	1.37	1.40	1.40	1.37	1.37	1.37	1.37
허두홍	0.26	0.56	0.67	0.67	0.67	0.69	0.69	0.63	0.63	0.63	0.63
허치홍	0.15	0.32	0.46	0.46	0.46	0.47	0.47	0.37	0.37	0.37	0.37
허진홍	0.12	0.25	0.25	0.25	0.25	0.25	0.25	0.24	0.24	0.24	0.24
허주홍	0.20	0.20	0.28	0.41	0.41	0.42	0.42	0.37	0.37	0.37	0.37
허태홍	0.24	0.22	0.22	0.34	0.34	0.34	0.34	0.30	0.30	0.30	0.30
허윤영	0.31	0.30	0.31	0.31	0.31	0.31	0.31	0.27	0.27	0.27	0.27
허정현	0.15	0.15	0.15	0.21	0.21	0.21	0.21	0.21	0.21	0.21	0.21
허신구 (4남)											
허경수	2.81	2.82	3.15	3.15	3.15	3.21	3.21	3.21	3.21	3.21	3.21
허연수	0.53	1.14	1.62	1.62	1.62	1.65	1.65	1.65	1.65	1.64	1.59
허연호	0.50	0.48	0.48	0.48	0.48	0.49	0.49	0.47	0.47	0.47	0.47
허연숙	0.24	0.53	0.53	0.53	0.53	0.54	0.54	0.54	0.50	0.50	0.50
최대석	0.00	0.00	0.00	0.00	0.00	0.00	0.00				
허선홍	0.12	0.12	0.12	0.12	0.12	0.12	0.12	0.12	0.12	0.12	0.12
허원홍	0.20	0.19	0.19	0.37	0.37	0.38	0.38	0.38	0.38	0.38	0.41
최일현									0.00	0.00	0.00
최가현									0.00	0.00	0.00
최영민									0.00	0.00	0.00
허완구 (5남)	4.43	4.43	4.63	4.11	2.95	2.48	1.89	1.53	1.53	1.32	1.15
허용수	1.74	1.80	2.76	2.93	3.43	4.10	4.10	4.10	4.10	4.20	4.31
허인영	0.09	0.29	0.89	1.10	1.26	1.42	1.42	1.42	1.42	1.42	1.52
정혜신						0.06	0.06	0.06	0.06	0.06	0.06
허석홍	0.27	0.27	0.38	0.49	0.77	0.82	0.82	0.82	0.82	0.83	0.85
허정홍							0.29	0.29	0.29	0.34	0.35
허승효 (6남)	0.56	0.56	0.28	0.30	0.30	0.31	0.31	0.31	0.31	0.31	0.28
최윤혜	0.00	0.00	0.00	0.00	0.00	0.00	0.00	0.00	0.00	0.00	0.00
허영수	0.33	0.38	0.51	0.52	0.52	0.53	0.53	0.53	0.53	0.53	0.53
허윤수	0.13	0.13	0.13	0.14	0.14	0.14	0.14	0.14	0.14	0.14	0.14
허임수	0.10	0.10	0.10	0.10	0.10	0.10	0.10	0.10	0.10	0.10	0.10
허승조 (8남)	2.11	2.55	2.63	2.59	2.59	2.26	2.20	2.20	2.16	2.16	2.16
이경훈	0.00	0.00	0.00	0.00	0.00	0.00	0.00	0.00	0.00	0.00	0.00
이선애				0.01							
허지안	0.02	0.02	0.02	0.04	0.04	0.24	0.27	0.27	0.27	0.27	0.27
허민경		0.01	0.01	0.03	0.03	0.22	0.25	0.25	0.25	0.25	0.25
허승표 (7남)	0.02										
허준수	0.13										
허서정	0.03										
기타 허수연	0.03	0.03	0.03	0.03	0.03	0.03	0.03	0.03	0.03	0.03	0.03
허성윤				0.09	0.09	0.09	0.09	0.09	0.09	0.09	0.11

주: 1) 2005-2013년 12월 현재; ㈜GS 2004-2008년 = GS홀딩스.
2) 이선애는 허승조의 장모; 허수연과 허성윤이 누구의 자녀인지에 대한 정보 없음. 3세대인 것으로 보임.
3) 최대주주 및 친족 수: 2004년 9월(48명), 2004년 12월-2005년(46명), 2006년(48명), 2007년(47명), 2008년(48명), 2009년(49명), 2010년(47명), 2011-2013년(49명).

출처: 사업보고서, 분기보고서.

〈표 3.16〉 ㈜GS의 최대주주 및 친족 지분, 2004-2013년: (5) 개인별 지분 II (%)

	2004.9	2004.12	2005	2006	2007	2008	2009	2010	2011	2012	2013
허정구 (1남)											
허남각	3.35	4.05	4.05	3.73	3.73	3.67	3.51	3.10	3.10	3.10	3.02
허준홍	0.19	0.19	0.51	0.72	0.72	1.24	1.24	1.24	1.24	1.24	1.51
허정윤	0.09	0.09	0.10	0.11	0.11	0.11	0.11	0.11	0.11	0.11	0.14
허동수	2.00	3.82	2.99	2.41	2.41	2.46	2.46	2.46	2.46	2.46	2.46
허세홍	0.58	0.55	0.81	0.84	1.30	1.32	1.32	1.43	1.43	1.43	1.43
허자홍	0.09	0.10	0.13	0.13	0.13	0.14	0.14	0.14	0.11	0.11	0.11
허지영	0.08	0.08	0.08	0.08	0.08	0.08	0.08	0.08	0.06	0.06	0.06
허광수	2.58	5.36	4.66	2.73	2.73	2.79	2.79	2.69	2.69	2.69	2.64
허서홍	0.17	0.37	0.56	0.56	0.56	0.58	0.58	0.62	0.66	0.66	0.66
허유정	0.04	0.10	0.08	0.08	0.08	0.08	0.08	0.03			
허준구 (3남)											
허창수	3.40	5.58	5.41	4.77	4.77	4.86	4.86	4.75	4.75	4.75	4.75
이주영	0.04	0.09	0.09	0.00	0.00	0.00	0.00				
허윤홍	0.34	0.34	0.50	0.50	0.50	0.51	0.51	0.44	0.44	0.44	0.44
허윤영	0.31	0.30	0.31	0.31	0.31	0.31	0.31	0.27	0.27	0.27	0.27
허정수	2.78	3.33	2.78	0.11	0.11	0.12	0.12	0.12	0.12	0.12	0.12
허철홍	0.57	1.24	1.37	1.37	1.37	1.40	1.40	1.37	1.37	1.37	1.37
허두홍	0.26	0.56	0.67	0.67	0.67	0.69	0.69	0.63	0.63	0.63	0.63
허진수	1.64	2.83	2.48	1.98	1.98	2.02	2.02	2.02	2.02	2.02	2.02
허치홍	0.15	0.32	0.46	0.46	0.46	0.47	0.47	0.37	0.37	0.37	0.37
허진홍	0.12	0.25	0.25	0.25	0.25	0.25	0.25	0.24	0.24	0.24	0.24
허명수	1.69	1.70	1.94	1.94	1.94	1.98	1.98	1.95	1.95	1.95	1.95
허주홍	0.20	0.20	0.28	0.41	0.41	0.42	0.42	0.37	0.37	0.37	0.37
허태홍	0.24	0.22	0.22	0.34	0.34	0.34	0.34	0.30	0.30	0.30	0.30
허태수	3.08	2.91	2.12	2.03	2.03	2.07	2.07	1.98	1.98	1.98	1.98
허정현	0.15	0.15	0.15	0.21	0.21	0.21	0.21	0.21	0.21	0.21	0.21
허신구 (4남)											
허경수	2.81	2.82	3.15	3.15	3.15	3.21	3.21	3.21	3.21	3.21	3.21
허선홍	0.12	0.12	0.12	0.12	0.12	0.12	0.12	0.12	0.12	0.12	0.12
허연수	0.53	1.14	1.62	1.62	1.62	1.65	1.65	1.65	1.65	1.64	1.59
허원홍	0.20	0.19	0.19	0.37	0.37	0.38	0.38	0.38	0.38	0.38	0.41
허연호	0.50	0.48	0.48	0.48	0.48	0.49	0.49	0.47	0.47	0.47	0.47
최대석	0.00	0.00	0.00	0.00	0.00	0.00	0.00				
최일현									0.00	0.00	0.00
최가현									0.00	0.00	0.00
최영민									0.00	0.00	0.00
허연숙	0.24	0.53	0.53	0.53	0.53	0.54	0.54	0.54	0.50	0.50	0.50
허완구 (5남)	4.43	4.43	4.63	4.11	2.95	2.48	1.89	1.53	1.53	1.32	1.15
허용수	1.74	1.80	2.76	2.93	3.43	4.10	4.10	4.10	4.10	4.20	4.31
정혜신						0.06	0.06	0.06	0.06	0.06	0.06
허석홍	0.27	0.27	0.38	0.49	0.77	0.82	0.82	0.82	0.82	0.83	0.85
허정홍							0.29	0.29	0.29	0.34	0.35
허인영	0.09	0.29	0.89	1.10	1.26	1.42	1.42	1.42	1.42	1.42	1.52
허승효 (6남)	0.56	0.56	0.28	0.30	0.30	0.31	0.31	0.31	0.31	0.31	0.28
최윤혜	0.00	0.00	0.00	0.00	0.00	0.00	0.00	0.00	0.00	0.00	0.00
허영수	0.33	0.38	0.51	0.52	0.52	0.53	0.53	0.53	0.53	0.53	0.53
허윤수	0.13	0.13	0.13	0.14	0.14	0.14	0.14	0.14	0.14	0.14	0.14
허임수	0.10	0.10	0.10	0.10	0.10	0.10	0.10	0.10	0.10	0.10	0.10
허승조 (8남)	2.11	2.55	2.63	2.59	2.59	2.26	2.20	2.20	2.16	2.16	2.16
이경훈	0.00	0.00	0.00	0.00	0.00	0.00	0.00	0.00	0.00	0.00	0.00
이선애				0.01							
허지안	0.02	0.02	0.02	0.04	0.04	0.24	0.27	0.27	0.27	0.27	0.27
허민경		0.01	0.01	0.03	0.03	0.22	0.25	0.25	0.25	0.25	0.25
허승표 (7남)	0.02										
허준수	0.13										
허서정	0.03										
기타 허수연	0.03	0.03	0.03	0.03	0.03	0.03	0.03	0.03	0.03	0.03	0.03
허성윤				0.09	0.09	0.09	0.09	0.09	0.09	0.09	0.11

주: 1) 2005-2013년 12월 현재; ㈜GS 2004-2008년 = GS홀딩스.
2) 이선애는 허승조의 장모; 허수연과 허성윤이 누구의 자녀인지에 대한 정보 없음, 3세대인 것으로 보임.
3) 최대주주 및 친족 수: 2004년 9월(48명), 2004년 12월-2005년(46명), 2006년(48명), 2007년(47명), 2008년(48명), 2009년(49명), 2010년(47명), 2011-2013년(49명).

출처: 〈표 3.15〉.

〈그림 3.10〉 ㈜GS의 최대주주 및 친족 지분, 2004-2013년:
(3) 2013년 현재 1-4위 개인별 지분 (%)

(출처: <표 3.15>)

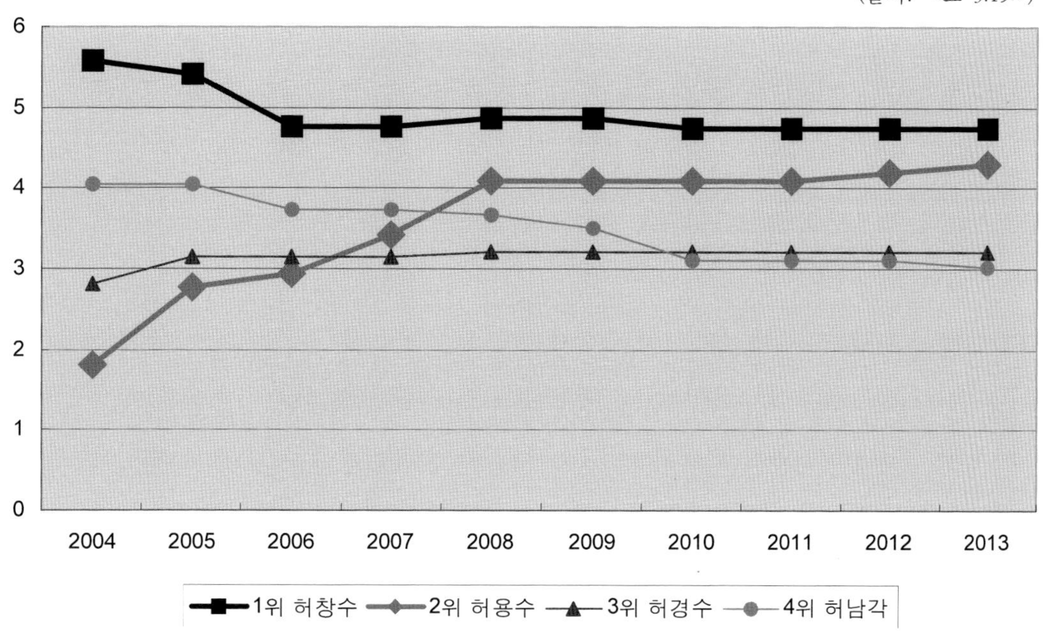

〈그림 3.11〉 ㈜GS의 최대주주 및 친족 지분, 2004-2013년:
(4) 2013년 현재 5-8위 개인별 지분 (%)

(출처: <표 3.15>)

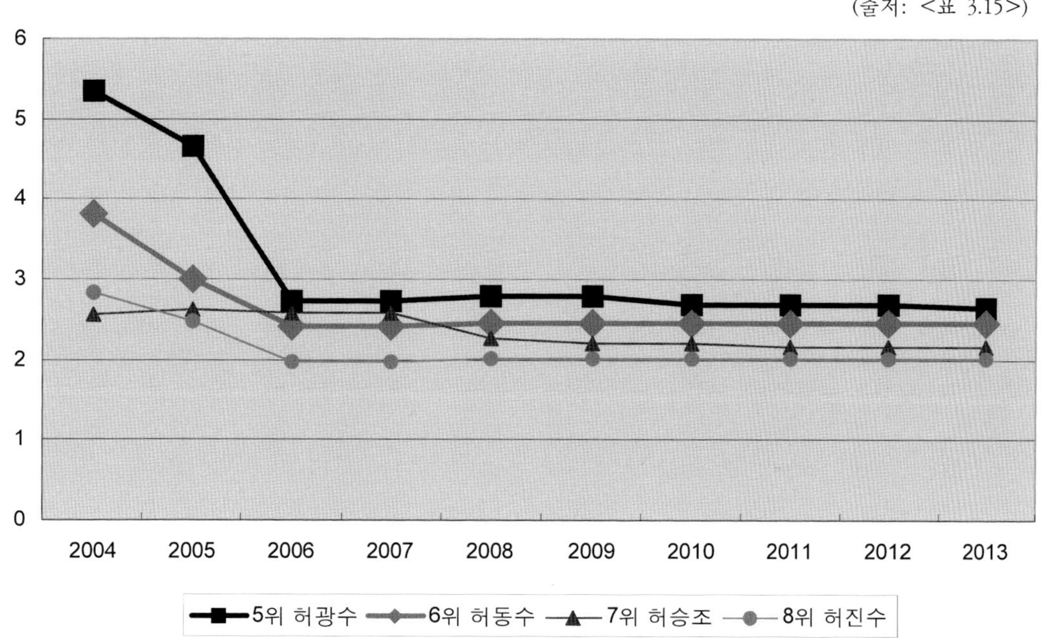

허철홍(1.37%), 허완구(1.15%).

2-4%대를 보유한 8명 중 7명은 2세대, 1명(허승조)은 1세대이다. 또 1%대를 보유한 8명은 1세대 1명(허완구), 2세대 4명(허태수, 허명수, 허연수, 허인영), 그리고 3세대 3명이며, 2세대 4명이 상대적으로 많은 지분을 가지고 있다.

1% 이상 지분을 보유한 16명을 1세대 기준 일가별로 보면, 1남 허정구 일가가 5명(2세대 허남각, 허광수, 허동수; 3세대 허준홍, 허세홍)으로 가장 많으며, 이들이 '지분에 참여한 일가 전체 가족구성원'(9명)에서 차지하는 비중(56%) 또한 가장 크다. 그다음이 3남 허준구 일가 5명(2세대 허창수, 허진수, 허태수, 허명수; 3세대 허철홍; 14명 중 36%), 5남 허완구 일가 3명(1세대 허완구; 2세대 허용수, 허인용; 6명 중 50%), 4남 허신구 일가 2명(2세대 허경수, 허연수; 9명 중 22%), 8남 허승조 일가 1명(1세대 허승조; 4명 중 25%) 등이다.

둘째, 2세대인 허창수와 허용수는 각각 2006년, 2008년부터 4%대의 지분을 보유해 오고 있다. 허창수는 ㈜GS(이전 GS홀딩스)가 설립된 직후인 2004년 9월에는 지분이 3.45%로 최대주주인 허완구(4.43%)에 이어 2위였다. 하지만 12월까지 최대주주가 되면서 허창수의 지분은 5.58%로 늘어나 1위가 되었고, 이후 2013년까지 선두를 유지해 오고 있다. 2004-2005년에는 5%대이다가 2006년부터는 4%대로 줄어들었고 2010년부터는 4.75%이다. 허창수의 2004년 5.58%와 2005년 5.41%는 2004-2013년 사이 ㈜GS와 관련된 가족 지분 중 첫 번째, 두 번째로 큰 수치이다. 허창수 외에 허광수(2004년, 5.36%)도 5%대 지분을 보유한 적이 있었다.

허용수는 2004년 12월 현재에는 지분이 1.80%로 지분 보유 가족구성원 46명 중 11위였다. 이후 지분이 매년 늘어나 2005-2006년에는 2%대, 2007년에는 3%대가 되었으며, 2008년에는 4.10%로 더욱 늘어나 허창수(4.85%)에 이어 2위가 되었다. 이후 허창수와 함께 4%대를 유지하면서 2위 자리를 지켜오고 있다.

한편 허창수와 허용수 외에 다른 3명도 4%대의 지분을 보유한 적이 있었다. 1세대 허완구(2004-2006년, 4.11-4.63%), 2세대 허남각(2004-2005년, 4.05%), 그리고 허남각의 둘째 동생 허광수(2005년, 4.66%)이다.

셋째, 2세대인 허경수와 허남각은 각각 2005년, 2006년부터 3%대의 지분을 보유해 오고 있다. 허경수의 지분은 2004년 2.82%, 2005-2007년 3.15%, 2008년 이후 3.21% 등으로 늘어난 반면, 허남각의 지분은 2004년 이후 지속적으로 감소하였다. 2004-2005년 4.05%, 2006-2007년 3.73%, 2008-2009년 3.67-3.51%, 2010-2012년 3.10%, 2013년 3.02% 등이다.

넷째, 2013년 현재 2%대의 지분을 보유하고 있는 4명 중 1세대인 허승조는 2004년 이후 줄곧 2%대를 유지해 오고 있다. 2005년(2.63%) 이후 조금씩 줄어 2011년부터는 2.16%이다.

다른 2세대 3명은 2005-2008년 사이에 2%대 지분을 가지게 되었다. 허남각의 첫째 동생 허동수는 2004년 3.82%를 보유하고 있다가 2005년부터 2%대로 줄어들었고 2008년 이후 2.46%이다. 허남각의 둘째 동생 허광수는 2004년에는 5%대, 2005년에는 4%대의 많은 지분을 보유했는데, 2006년부터 2%대가 된 이후 조금씩 줄어들어 2013년(2.64%)에는 최저치를 기록하였다. 허창수의 둘째 동생 허진수는 2004-2005년에는 2%대, 2006-2007년에는 1%대의 지분을 가지고 있었고, 2008년 이후 2.02%를 유지하고 있다.

다섯째, 2013년 현재 1%대를 보유하고 있는 8명 중 1세대인 허완구는 2004년 이후 지속적으로 지분을 줄여 아들, 딸 그리고 손자에게 물려주었다. 2004-2006년 4%대, 2007-2008년 2%대, 그리고 2009년부터 1%대이며, 2013년의 1.15%는 최저치이다. 그 결과 2007년부터는 아들 허용수보다 지분이 적어졌고(2.95% vs. 3.43%), 2012년부터는 딸 허인영보다 지분이 적어졌으며(1.32% vs. 1.42%), 2013년에는 큰 손자 허석홍과의 지분 격차가 가장 줄어들었다(1.15 vs. 0.85%).

2013년 현재 1%대를 보유한 2세대 4명(허태수, 허명수, 허연수, 허인영) 중 허명수와 허연수는 2004년 이후 줄곧, 그리고 허인영과 허태수는 각각 2006년, 2010년부터 1%대의 지분을 가지게 되었다. 허인영의 지분은 2004-2005년 1% 미만이다가 2006년부터 1%대로 늘어났으며, 반면 허태수의 지분은 2004-2009년 2%대이다가 2010년부터 1%대로 줄어들었다.

2013년 현재 1%대 지분을 보유한 3세대 3명 중에서는 허철홍(허정수의 장남)이 2004년 이후 1%대를 계속 보유해 오고 있으며, 허세홍(허동수의 장남)은 2007년부터 그리고 허준홍(허남각의 아들)은 2008년부터 1%대의 지분을 가지게 되었다.

여섯째, 2013년 현재 1% 미만의 지분을 보유한 33명을 세대별로 보면, 1세대 3명, 2세대 9명, 그리고 3세대 21명이다.

1세대 3명은 허승효와 여자 배우자 2명(최윤혜(허승효 부인), 이경훈(허승조 부인))이며, 2004년 이후 지분을 보유해 오고 있다. 1세대의 다른 2명(허승표, 이선애(이경훈 어머니))은 각각 2004년과 2006년에 1% 미만의 지분을 보유한 적이 있었다.

2세대 9명은 허승효와 허승조의 자녀 5명(아들 허영수와 허윤수, 딸 허임수; 딸 허지안과 허민경) 모두, 허신구의 딸 2명(허연호, 허연숙) 모두, 허준구의 아들 1명(허정수), 허용수의 부인(정혜신) 등이다. 6명이 여자이다. 9명 중 8명은 2004년 또는 그 이후의 시기부터 줄곧

1% 미만의 지분을 보유하였으며, 허정수의 경우에는 2004-2005년에는 지분이 2-3%대이다가 2006년 이후 0.11-0.12%로 급격하게 줄어들었다. 한편 2세대의 다른 4명은 2013년 이전의 시기에 1% 미만을 보유한 적이 있었다. 이주영(허창수 부인, 2004-2009년), 최대석(허연호 남편, 2004-2009년), 그리고 허준수와 허서정(허승표 자녀, 2004년)이다.

3세대 21명 중에서는 16명은 2004년부터 지분을 가지고 있으며, 허연호와 최대석의 자녀 3명이 2011년부터 가장 늦게 지분을 가지게 되었다. 3세대의 다른 3명은 2013년 이전에 지분을 보유한 적이 있었다.

4.6 지주회사체제 미편입 계열회사의 최대주주 및 특수관계인 지분

4.6.1 GS건설의 최대주주 및 특수관계인 지분, 2005-2013년

GS건설(2005년 3월 이전 LG건설)은 지주회사체제에 편입되지 않은 그룹 계열회사들 중 'GS건설그룹'의 중심에 있는 실질적인 지주회사이다. 2013년 12월 현재 'GS건설 및 계열회사'는 모두 17개로 지주회사체제 미편입 회사 42개 중 가장 큰 비중(40%)을 차지하고 있으며, 지주회사체제를 구성하는 '㈜GS 및 계열회사' 35개와 비교하면 절반 수준이다. GS건설의 자회사는 2005년 그룹 출범 당시에는 3개였다가 이후 증가하여 2009년 이후에는 11-15개이며, 2013년의 15개는 2004년 이후 최고치이다(<표 3.6>, <표 3.8> 참조).

GS건설은 ㈜GS의 최대주주인 허창수의 5형제(1세대 3남 허준구의 아들) 일가가 전적으로 소유하고 있다. 이들은 지주회사 ㈜GS에서는 1세대 일가들 중 가장 많은 지분(2006년 이후 15%대)을 보유하면서 GS그룹을 대표하고 있다(<표 3.17>, <표 3.18>, <그림 3.12>).

첫째, 최대주주 및 특수관계인 지분은 2005년 이후 30%대이며, 이 중 대부분은 최대주주 및 친족 지분이고 친족 이외의 다른 특수관계인 지분은 1% 미만으로 미미하다.

둘째, 최대주주 및 친족 중에서는 최대주주인 허창수가 가장 많은 11-12%대의 지분을 가지고 있다. 허창수는 2002년 11월 최대주주가 되었으며, 2005년에 12.66%를 보유한 이후 매년 조금씩 줄어 2010년에는 11.99%가 되었고 2012년부터는 11.80%이다. 친족 지분은 2005년 이후 17%대에서 증가 후 감소하는 변화를 보이고 있다. '최대주주 지분'이 '최대주주 및 친족 지분 전체'에서 차지하는 비중은 2/5 이상이다. 2005년 42%(지분 12.66% vs. 30.05%), 2010년 40%(11.99% vs. 29.64%), 2013년 40%(11.80% vs. 29.43%) 등이다.

〈그림 3.12〉 GS건설의 최대주주 및 특수관계인 지분, 2005-2013년 (%)

(출처: <표 3.17>)

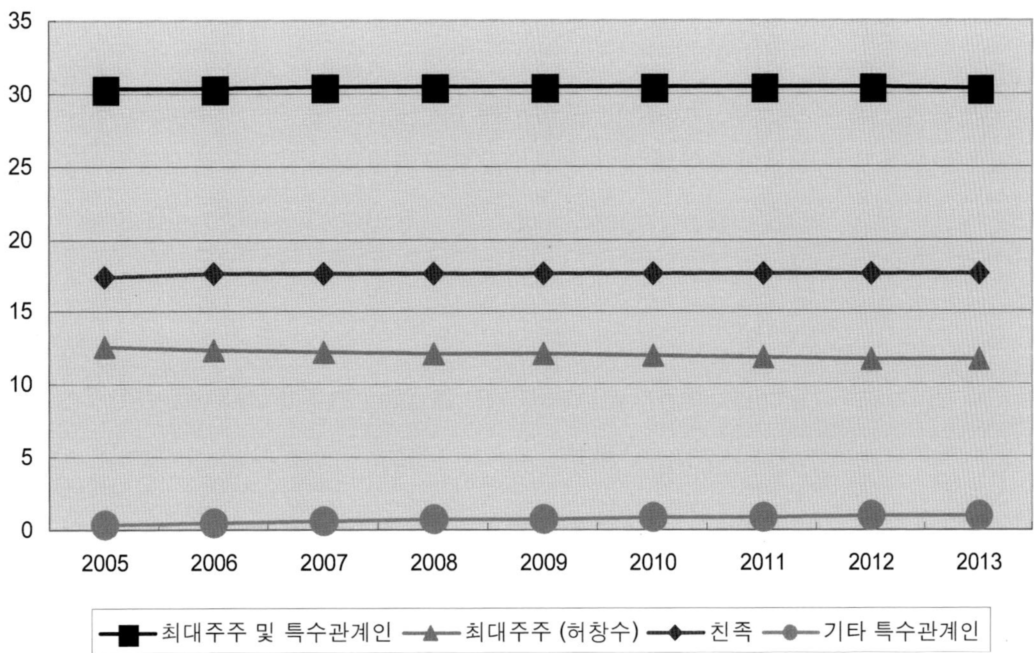

〈표 3.17〉 GS건설의 최대주주 및 특수관계인 지분, 2005-2013년 (%)

연도	최대주주 (A)	친족 (B)					기타 특수관계인 (C)				총합	
	허창수	허명수	허태수	허윤홍	기타	합	계열회사	비영리법인	임원	합	(A+B)	(A+B+C)
2005	12.66	3.62	2.27	0.14	11.36	17.39	0.32		0.01	0.33	30.05	30.38
2006	12.38	3.62	2.27	0.14	11.57	17.60	0.32	0.07	0.04	0.43	29.98	30.41
2007	12.21	3.62	2.27	0.14	11.59	17.62	0.32	0.24	0.05	0.61	29.83	30.44
2008	12.15	3.62	2.27	0.14	11.62	17.65	0.32	0.30	0.06	0.68	29.80	30.48
2009	12.09	3.62	2.27	0.14	11.62	17.65	0.32	0.36	0.03	0.71	29.74	30.45
2010	11.99	3.62	2.27	0.14	11.62	17.65	0.32	0.46	0.03	0.81	29.64	30.45
2011	11.93	3.62	2.27	0.14	11.61	17.64	0.32	0.52	0.02	0.86	29.57	30.43
2012	11.80	3.62	2.27	0.14	11.60	17.63	0.32	0.65	0.02	0.99	29.43	30.42
2013	11.80	3.62	2.27	0.14	11.60	17.63	0.32	0.65		0.97	29.43	30.40

주: 1) 보통주 기준, 12월 현재; 2005년 3월 LG건설에서 GS건설로 상호 변경.
2) 최대주주 - LG그룹 계열회사(2002년 11월 이전), 허창수(2002년 11월부터); 허창수의 지분 - 2002년 12월(10.12%), 2003년 12월(12.95%), 2004년 12월(12.97%).
3) 허창수, 허명수, 허태수 및 허윤홍은 임원.
4) 계열회사 - GS네오텍; 비영리법인 - 남촌복지재단(2006-2008년), 남촌재단(2009-2013년); 임원 - 2005-2007년(2명), 2008년(7명), 2009년(5명), 2010년(4명), 2011년(3명), 2012년(2명).

출처: 사업보고서.

셋째, 기타 특수관계인 중에서는 지주회사체제에 편입되어 있지 않은 계열회사 1개(GS네오텍)가 2005년 이후 0.32%를 보유해 오고 있는데, 이 회사는 2014년 4월 현재 허씨 일가가 100% 소유하고 있으며 자세한 지분 정보는 없다(<그림 3.3> 참조). 2006년부터는 비영리법 인인 남촌재단(이전 남촌복지재단)이 주주로 이름을 올렸으며, 허창수가 자신의 지분을 매년 조금씩 출연하면서 재단 지분은 2006년 0.07%에서 2012-2013년에는 0.65%로 늘어났다. 한편 임원 지분(0.01-0.06%)은 2005년 이후 2012년까지 유지되다가 2013년 들어 없어졌다.

〈표 3.18〉 GS건설의 최대주주 및 친족 지분, 2005-2013년 (%)

	2005	2006	2007	2008	2009	2010	2011	2012	2013
허창수 (1남)	12.66	12.38	12.21	12.15	12.09	11.99	11.93	11.80	11.80
허윤영	0.04	0.04	0.04	0.04	0.04	0.04	0.04	0.04	0.04
허윤홍	0.14	0.14	0.14	0.14	0.14	0.14	0.14	0.14	0.14
허정수 (2남)	4.44	4.44	4.44	4.44	4.44	4.44	4.44	4.44	4.44
허철홍	0.38	0.38	0.38	0.38	0.38	0.38	0.38	0.38	0.38
허두홍	0.03	0.03	0.03	0.03	0.03	0.03	0.03	0.03	0.03
허진수 (3남)	5.80	5.80	5.80	5.80	5.80	5.80	5.80	5.80	5.80
허치홍	0.63	0.63	0.63	0.63	0.63	0.63	0.63	0.63	0.63
허명수 (4남)	3.62	3.62	3.62	3.62	3.62	3.62	3.62	3.62	3.62
허주홍	0.02	0.07	0.07	0.07	0.07	0.07	0.07	0.07	0.07
허태홍	0.01	0.06	0.06	0.07	0.06	0.06	0.06	0.06	0.06
허태수 (5남)	2.27	2.27	2.27	2.27	2.27	2.27	2.27	2.27	2.27
허정현	0.01	0.12	0.12	0.12	0.12	0.12	0.12	0.12	0.12
이경훈			0.02	0.04	0.05	0.05	0.03	0.03	0.03
허창수 일가	12.84	12.56	12.39	12.33	12.27	12.17	12.11	11.98	11.98
허정수 일가	4.85	4.85	4.85	4.85	4.85	4.85	4.85	4.85	4.85
허진수 일가	6.43	6.43	6.43	6.43	6.43	6.43	6.43	6.43	6.43
허명수 일가	3.65	3.75	3.75	3.76	3.75	3.75	3.75	3.75	3.75
허태수 일가	2.28	2.39	2.39	2.39	2.39	2.39	2.39	2.39	2.39
이경훈			0.02	0.04	0.05	0.05	0.03	0.03	0.03
1세대			0.02	0.04	0.05	0.05	0.03	0.03	0.03
2세대	28.79	28.51	28.34	28.28	28.22	28.12	28.06	27.93	27.93
3세대	1.26	1.47	1.47	1.48	1.47	1.47	1.47	1.47	1.47
총합	30.05	29.98	29.83	29.80	29.74	29.64	29.56	29.43	29.43

주: 1) 12월 현재.
2) 허창수 5형제는 1세대 3남 허준구의 아들; 이경훈은 1세대 8남 허승조의 부인.
3) 최대주주 및 친족 수: 2005-2006년(13명), 2007-2013년(14명).
출처: 사업보고서.

넷째, GS건설의 지분에 참여한 가족구성원은 모두 14명이다. 2005-2006년에는 13명이었고 2007년부터 1명(이경훈)이 추가되었다. 1남 허창수 일가 3명, 2남 허정수 일가 3명, 3남 허진수 일가 2명, 4남 허명수 일가 3명, 5남 허태수 일가 2명, 1세대 8남 허승조의 부인 이경훈 등이다. 세대별로는 1세대 1명, 2세대 5명, 3세대 8명 등이다.

허창수 일가 지분이 11-12%대로 월등하게 많고, 나머지 4형제 일가의 지분은 2-6%대에서 조금씩 차이가 난다. 허진수 일가(6%대), 허정수 일가(4%대), 허명수 일가(3%대), 허태수 일가(2%대) 등의 순이다. 이들 일가 지분의 대부분은 2세대(허창수, 허진수, 허정수, 허명수, 허태수 순)가 보유하고 있으며, 3세대의 지분은 합해서 1%대이다.

다섯째, GS건설의 지분을 보유한 14명 가족구성원 모두는 ㈜GS에도 지분을 보유하였다. 이경훈을 제외한 허창수 5형제 일가 13명만 고려하면, 이들 외에 2명이 더 ㈜GS의 지분을 보유하였다. 허창수의 부인 이주영(2004-2009년)과 허진수의 둘째 아들 허진홍(2004-2013년)이다. 3세대 중에서는 허진홍 혼자만 GS건설의 지분을 가지지 않았다(<표 3.11>, <표 3.12>, <표 3.13>, <표 3.14>, <표 3.15>, <표 3.16> 참조).

허창수 일가는 ㈜GS에서도 5형제 중 가장 많은 지분(5%대)을 보유하였으며, 나머지 4형제의 경우는 GS건설에서는 일가 간에 지분이 1% 이상씩 차이가 난 반면 ㈜GS에서는 2%대 수준에서 지분이 엇비슷하였다.

세대별로 보면, GS건설에서는 2세대 지분(27-28%대)이 3세대 지분(1%대)보다 월등하게 많았고, ㈜GS에서는 각각 10-11%대와 4%대로 격차가 상대적으로 작았다. 특히 허정수 일가의 경우, GS건설에서는 허정수가 4%대를 그리고 3세대가 0.4%대를 보유한 반면 ㈜GS에서는 2006년 이후 허정수는 0.1%대를, 3세대는 2%대를 가졌다. 허정수를 제외한 나머지 4형제 중에서는 허창수가 ㈜GS에서 4%대의 가장 많은 지분을 보유하였고, 허진수, 허명수, 그리고 허태수는 각각 2% 내외 수준에서 엇비슷한 지분을 보유하였다.

4.6.2 코스모앤컴퍼니의 최대주주 및 특수관계인 지분, 2005-2012년

비상장회사인 코스모앤컴퍼니는 지주사업을 영위하는 지주회사이며, 공정거래법상 지주회사체제에 편입되어 있지 않은 GS그룹 내 계열회사들 중에서 코스모그룹을 형성하고 있다. 2013년 12월 현재 '코스모그룹' 소속 회사는 모두 11개로 'GS건설그룹'(17개) 다음으로 많으며, 지주회사체제 미편입 회사 42개 중에서 차지하는 비중은 26%, 그리고 지주회사체제 편입 35개 회사와 비교하면 31% 수준이다. 코스모그룹 소속 회사는 2005년 GS그룹 출범 당시에는 11개였고, 이후 8-14개 수준에서 감소, 증가, 감소의 변화를 보이고 있다. 2005-2008년에는 GS건설그룹 소속 회사보다 많다가(8-11개 vs. 4-10개) 2009년부터 적어졌다(9-14개 vs. 12-16개) (<표 3.6>, <표 3.8> 참조).

첫째, 코스모앤컴퍼니는 1세대 4남 허신구 일가의 2·3세대 3명이 소유하고 있으며, 최대주주 및 특수관계인 지분은 2005년 이후 80%이다(<표 3.19>). 최대주주는 2008년까지는 허신구의 장남 허경수(45%)였으며, 2009년부터는 차남 허연수(35%)로 바뀌었다. 허연수는 2005년 이후 줄곧 35%를 보유해 왔으며, 반면 허경수는 2008년까지 45%를 가지고 있다가 2009년 아들 허선홍(26%)에게 절반 이상을 물려준 뒤 자신(19%)은 3위 주주가 되었다.

둘째, 허신구 일가(6%대)는 ㈜GS에서는 3남 허준구 일가(15%대), 1남 허정구 일가(11%대) 그리고 5남 허완구 일가(8%대)에 이어 네 번째로 많은 지분을 가지고 있다(<표 3.11>, <표 3.12>, <표 3.13>, <표 3.14>, <표 3.15>, <표 3.16> 참조).

㈜GS의 지분에는 허신구의 자녀 4명 일가 모두가 참여하였다. 허경수 일가 2명, 허연수 일가 2명, 허연호 일가 5명, 허연숙 일가 1명 등 10명이며, 2세대 5명과 3세대 5명이다. 반

〈표 3.19〉 코스모앤컴퍼니의 최대주주 및 특수관계인 지분, 2005-2012년 (%)

	2005	2006	2007	2008	2009	2010	2011	2012
최대주주	45	45	45	45	35	35	35	35
친족	35	35	35	35	45	45	45	45
허경수 (1남)	45	45	45	45	19	19	19	19
허선홍					26	26	26	26
허연수 (2남)	35	35	35	35	35	35	35	35
허경수 일가	45	45	45	45	45	45	45	45
허연수	35	35	35	35	35	35	35	35
2세대	80	80	80	80	54	54	54	54
3세대					26	26	26	26
총합	80	80	80	80	80	80	80	80

주: 1) 보통주 기준, 12월 현재.
2) 허경수와 허연수는 1세대 4남 허신구의 아들; 최대주주는 허경수(2005-2008년), 허연수(2009-2013년); 허경수는 임원; 최대주주 및 친족 수 - 2005-2008년(2명), 2009-2013년(3명).
출처: 감사보고서.

면 이들 중 코스모앤컴퍼니의 지분에는 3명(2세대 2명, 3세대 1명)만 참여하고 있으며, 특히 허경수 일가 2명은 두 회사 모두에 관여하고 있고 허선홍은 3세대 중에서는 혼자만 지분을 가지고 있다. ㈜GS에서는, 2세대 허경수(3%대)는 동생 허연수(1%대)보다 줄곧 많은 지분을 보유하였으며, 3세대 허선홍(0.12%)은 허연수의 아들 허원홍(0.19-0.41%)보다 적은 지분을 보유하였다.

4.6.3 삼양통상의 최대주주 및 특수관계인 지분, 2005-2013년

상장회사인 삼양통상은 지주회사체제에 편입되지 않은 GS그룹 계열회사들 중 '삼양통상그룹'을 지배하는 실질적인 지주회사이다. 2013년 12월 현재 삼양통상 및 관련 회사는 모두 7개이며, 이들이 지주회사체제 미편입 42개 회사 중에서 차지하는 비중은 17%이고 지주회사체제 편입 35개 회사와 비교하면 20% 수준이다. 삼양통상 관련 회사는 2005년 GS그룹 출범 이후 2010년까지는 5개였으며, 2011-2012년에는 6개, 2013년에는 7개로 늘어났다(<표 3.6>, <표 3.8> 참조).

삼양통상은 1세대 1남 허정구의 아들 3명(허남각, 허동수, 허광수) 일가가 전적으로 소유하고 있다. 이들은 지주회사 ㈜GS에서는 1세대 3남 허준구 일가에 이어 두 번째로 많은 지분(2006년 이후 11-12%대)을 가지고 있다(<표 3.20>, <그림 3.13>).

첫째, 최대주주 및 특수관계인 지분은 2005년 39.80%이던 것이 이후 점차 늘어나 2006-2008년 43%대, 2009-2010년 45-46%대, 2011-2012년 49%대가 되었으며 2013년에는 51.30%로 최고치를 기록하였다. 특수관계인은 친족뿐이며 다른 특수관계인은 없다.

둘째, 최대주주 허남각은 17-20%대의 지분을 가지고 있다. 2005년 17%, 2006-2008년 18%대, 그리고 2009년 이후 20%이다. 이에 비해, 친족 지분은 22-31%대에서 보다 큰 정도로 증가하는 추세를 보였다. 2005년 22%대, 2006-2009년 25%대, 2010년 26%대, 2011-2012년 29%대, 2013년 31%대 등이었다. 결과적으로 '최대주주 지분'이 '최대주주 및 특수관계인 지분 전체'에서 차지하는 비중은 2/5내외 수준에서 다소 줄어들었다. 2005년 43%(지분 17% vs. 39.8%), 2011년 41%(20% vs. 49.3%), 그리고 2013년 39%(20% vs. 51.3%)이다.

셋째, 삼양통상의 지분에 참여한 가족구성원은 2005년 이후 매년 7명이다. 1남 허남각 일가 2명, 2남 허동수 일가 3명, 그리고 3남 허광수 일가 2명이다. 세대별로는 2세대가 3명이고, 3세대가 4명이다.

허남각 일가 지분이 28-39%대로 월등하게 많고, 허동수 일가는 6-7%대, 그리고 허광수 일가는 4-5%대의 지분을 보유하였다. 허남각 일가의 지분은 2005년 28%에서 꾸준히 늘어나 2006-2008년 31%대, 2009-2019년 34-35%대, 2011-2012년 37%대, 그리고 2013년 39.5%였다. 반면, 나머지 두 일가의 지분은 2006년 이후 다소 줄어들어 2009년 이후 허동수 일가는 6.98%를 그리고 허광수 일가는 4.82%를 보유하고 있다.

세대별로 보면, 2세대가 3세대보다 약간 많은 지분을 가지고 있다. 두 세대의 지분 차이는 2005년(24.6% vs.15.2%) 이후 한동안 9% 포인트 이상이 유지되었는데, 2010년부터 조금씩 격차가 줄어들어 2013년(27.63% vs. 23.67%)에는 4% 포인트 수준이었다. 2세대 3명 중에서는 최대주주인 허남각이 17-20%대의 가장 많은 지분을 가지고 있고, 허동수와 허

〈표 3.20〉 삼양통상의 최대주주 및 특수관계인 지분, 2005-2013년 (%)

	2005	2006	2007	2008	2009	2010	2011	2012	2013
최대주주	17.00	18.21	18.18	18.18	20.00	20.00	20.00	20.00	20.00
친족	22.80	25.49	25.44	25.44	25.80	26.80	29.30	29.30	31.30
허남각 (1남)	17.00	18.21	18.18	18.18	20.00	20.00	20.00	20.00	20.00
허준홍	11.00	12.85	12.83	12.83	14.00	15.00	17.50	17.50	19.50
허동수 (2남)	4.50	4.80	4.79	4.79	4.48	4.48	4.48	4.48	4.48
허세홍	1.70	1.79	1.78	1.78	1.67	1.67	1.67	1.67	1.67
허자홍	0.80	0.89	0.89	0.89	0.83	0.83	0.83	0.83	0.83
허광수 (3남)	3.10	3.37	3.37	3.37	3.15	3.15	3.15	3.15	3.15
허서홍	1.70	1.79	1.78	1.78	1.67	1.67	1.67	1.67	1.67
허남각 일가	28.00	31.06	31.01	31.01	34.00	35.00	37.50	37.50	39.50
허동수 일가	7.00	7.48	7.46	7.46	6.98	6.98	6.98	6.98	6.98
허광수 일가	4.80	5.16	5.15	5.15	4.82	4.82	4.82	4.82	4.82
2세대	24.60	26.38	26.34	26.34	27.63	27.63	27.63	27.63	27.63
3세대	15.20	17.32	17.28	17.28	18.17	19.17	21.67	21.67	23.67
총합	39.80	43.70	43.62	43.62	45.80	46.80	49.30	49.30	51.30

주: 1) 보통주 기준, 12월 현재.
2) 허남각, 허동수 및 허광수는 1세대 1남 허정구의 아들; 최대주주는 허남각; 3명(허남각, 허광수, 허준홍)은 임원.
3) 최대주주 및 친족 수는 7명; 2006-2008년 자기주식 제외(지분 정보 없음).
출처: 사업보고서.

〈그림 3.13〉 삼양통상의 최대주주 및 특수관계인 지분, 2005-2013년 (%)

(출처: <표 3.20>)

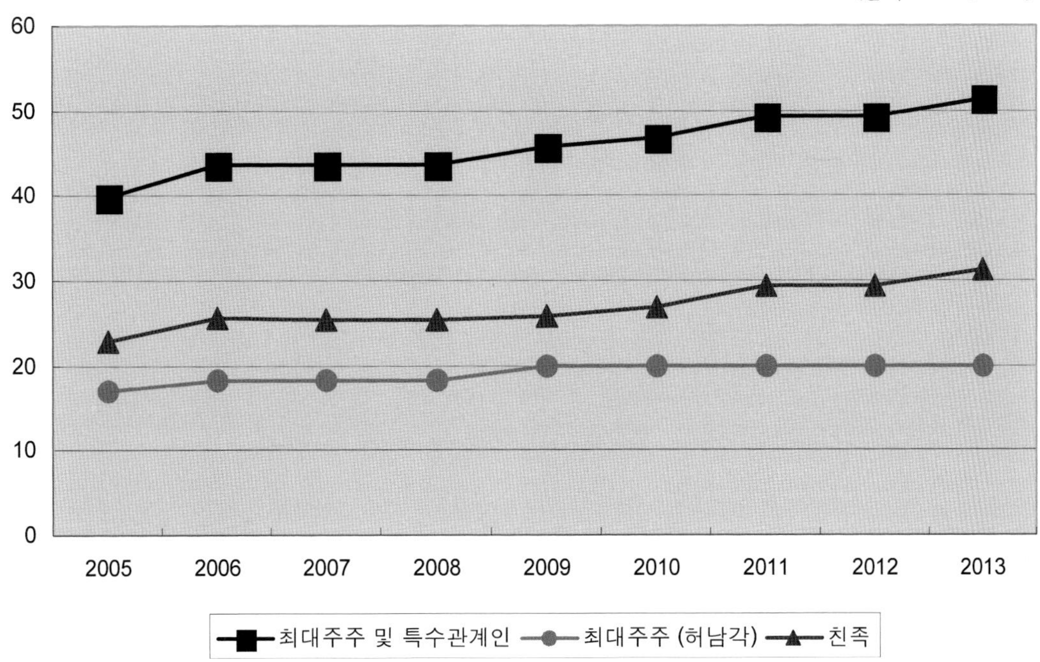

광수는 각각 4%대와 3%대를 가지고 있다. 또 3세대 4명 중에서는 허남각의 아들 허준홍이 11-19%대의 월등히 많은 지분을 가지고 있는 반면 2명(허동수의 아들 허세홍, 허광수의 아들 허서홍)은 1%대, 1명은 1% 미만을 가지고 있다.

결국, 허남각과 아들 허준홍이 삼양통상에서의 가족 지분 대부분을 보유하고 있으며, 특히 허준홍의 지분이 2005년 11%에서 2013년에는 19.50%로 크게 늘어나면서 3세대로의 소유승계가 빠르게 진행되고 있다. 허남각과 허준홍의 지분 차이는 2005년(17% vs. 11%) 6%포인트이던 것이 2013년(20% vs. 19.5%)에는 0.5%포인트이다.

넷째, 삼양통상의 지분을 보유한 7명 가족구성원 모두는 ㈜GS에도 지분을 가지고 있다. 이들 7명 외에 3세대 여자 3명이 더 ㈜GS의 지분을 보유하였다. 허정윤(허남각의 딸, 2004-2013년), 허지영(허동수의 딸, 2004-2013년), 허유정(허광수의 딸, 2004-2010년) 등이다(<표 3.11>, <표 3.12>, <표 3.13>, <표 3.14>, <표 3.15>, <표 3.16> 참조).

허남각 일가는 ㈜GS에서도 가장 많은 지분(4%대)을 가지기는 했지만, 삼양통상에서와는 달리 허동수 일가(3-4%대)나 허광수 일가(3%대)에 비해 큰 차이는 나지 않았다.

세대별로 보면, 삼양통상에서처럼 ㈜GS에서도 3세대의 지분이 상당히 많았고 2세대와의 격차가 점차 좁혀졌다. ㈜GS에서의 2세대와 3세대 지분 격차는 2005년 6%포인트 수준(7.93% vs. 1.24%)이던 것이 2013년에는 4%포인트 수준(8.12% vs. 3.91%)이었다. 한편, 허남각(3%대)은 ㈜GS에서도 2세대 중 가장 많은 지분을 보유하기는 했지만 허동수와 허광수(2%대)보다 조금 많은 정도였다. 반면, 허남각의 아들 허준홍은, 삼양통상에서와는 달리 ㈜GS에서는 허동수의 아들 허세홍과 엇비슷한 지분을 보유하였다. 2005년부터 2012년까지는 3세대 7명 중 허세홍(0.55-1.43%)이 1위, 허준홍(0.19-1.24%)은 2위였으며, 2013년 들어 허준홍이 처음으로 1위가 되었다(1.51% vs. 1.43%). 3세대 중 1%대 지분을 보유한 사람은 허세홍(2007년 이후)과 허준홍(2008년 이후) 2명이었다.

4.6.4 승산의 최대주주 및 특수관계인 지분, 2005-2012년

승산 및 계열회사는 GS그룹의 지주회사체제에 편입되어 있지 않으며, 2005년 이후 1-2개이다. 1세대 5남 허완구 일가 몫으로 되어 있다(<표 3.6>, <표 3.8> 참조).

비상장회사인 승산은 허완구(18.34%), 부인 김영자(4.63%), 아들 허용수(58.55%), 딸 허인영(18.48%) 등 4명이 100% 소유하고 있으며, 2005년 이후 지분에 변동이 없다. 최대주주는 2세대인 허용수이며, 2세대 자녀들이 1세대보다 많은 지분을 보유하고 있다(<표 3.21>).

〈표 3.21〉 승산의 최대주주 및 특수관계인 지분, 2005-2012년 (%)

	2005	2006	2007	2008	2009	2010	2011	2012
최대주주	58.55	58.55	58.55	58.55	58.55	58.55	58.55	58.55
친족	41.45	41.45	41.45	41.45	41.45	41.45	41.45	41.45
허완구	18.34	18.34	18.34	18.34	18.34	18.34	18.34	18.34
김영자	4.63	4.63	4.63	4.63	4.63	4.63	4.63	4.63
허용수 (1남)	58.55	58.55	58.55	58.55	58.55	58.55	58.55	58.55
허인영 (1녀)	18.48	18.48	18.48	18.48	18.48	18.48	18.48	18.48
1세대	22.97	22.97	22.97	22.97	22.97	22.97	22.97	22.97
2세대	77.03	77.03	77.03	77.03	77.03	77.03	77.03	77.03
총합	100	100	100	100	100	100	100	100

주: 1) 보통주 기준, 12월 현재.
2) 허완구는 1세대 중 5남; 최대주주는 허용수; 최대주주 및 친족 수는 4명.
출처: 감사보고서.

허완구 일가(8%대)는 ㈜GS에서는 허준구 일가(15%대)와 허정구 일가(11-12%대) 다음으로 많은 지분을 가지고 있으며, 가족구성원 6명(1세대 1명, 2세대 3명, 3세대 2명)이 지분에 참여하였다. 이들 6명 중 3명(1세대 허완구; 2세대 허용수, 허인영)이 승산에도 지분을 가지고 있으며, 다른 1명(1세대 김영자) 또한 지분을 가지고 있다(<표 3.11>, <표 3.12>, <표 3.13>, <표 3.14>, <표 3.15>, <표 3.16> 참조).

허완구의 경우, ㈜GS에서는 2006년까지는 두 자녀보다 많은 지분을 보유하고 있다가, 2007년부터는 아들 허용수보다 적어졌고, 2012년부터는 딸 허인영보다도 적어졌다. 2009년 이후 ㈜GS에서의 허용수 지분(4%대)은 허완구 지분(1%)보다 2배 이상 많다. 승산과 ㈜GS 모두에서 2세대로의 소유승계가 완료된 것으로 볼 수 있다.

5. 경영구조의 변화

5.1 개관

허씨 일가 가족구성원들은 2005년 GS그룹 출범 때부터 지주회사 ㈜GS(이전 GS홀딩스)와 주요 계열회사를 공동으로, 그리고 개별적으로 소유하는 한편으로 경영권 또한 같은 방식으로 장악하면서 '공동적이면서 개별적인 소유 및 경영'의 독특한 가족지배체제를 구축해 오고 있다. 다만 가족구성원들이 소유권 및 경영권에 참여하는 정도와 방식에는 차이가 있었다.

지주회사 ㈜GS의 소유권은 1세대 6형제(1남 허정구, 3남 허준구, 4남 허신구, 5남 허완구, 6남 허승효, 8남 허승조) 일가가 공동으로 그리고 전적으로 가졌다. 친족 이외의 다른 특수관계인은 거의 없는 가운데 2004년 설립 이후 매년 46-49명씩 모두 56명의 가족구성원들이 45% 내외의 지분을 계속 보유하였으며, 최대주주인 가족구성원은 가족 전체 지분의 1/10 정도만을 보유하였다. 그런 한편으로, 6형제 중 4형제(허정구, 허준구, 허신구, 허완구) 일가에서는, ㈜GS의 지분을 보유한 대다수의 가족구성원들이 몇몇 다른 가족구성원들과 함께 지주회사체제에 편입되어 있지 않은 주요 4개 계열회사(삼양통상, GS건설, 코스모앤컴퍼니, 승산)를 일가별로 독자적으로 소유하였다.

이에 비해, 경영에는 ㈜GS에 지분을 보유한 6형제 중 5형제(허정구, 허준구, 허신구, 허완구, 허승조) 일가만 참여하였으며, 참여 가족구성원은 모두 14명으로 ㈜GS 지분을 보유한

56명과 비교하면 1/4 수준이다. 이들 중 4형제(허정구, 허준구, 허신구, 허완구) 일가 소속 13명은, 한편으로는 지주회사체제에 편입된 주요 회사들을 1-3개 일가 소속 구성원들이 공동으로 또는 독자적으로 경영하고 다른 한편으로는 지주회사체제에 편입되지 않은 주요 회사들을 일가별로 독자적으로 경영하였다. 특히 ㈜GS의 경영에는 3형제(허정구, 허준구, 허완구) 일가 소속 3명만 참여하였으며, 이 중 허준구 일가의 허창수는 최대주주이면서 대표이사회장직을 가지고 경영을 전적으로 담당하였다.

5.2 ㈜GS의 최고경영진, 2004-2013년

지주회사 ㈜GS(2009년 이전 GS홀딩스)에서는 2004년 설립 이후 허창수-허동수 체제가 유지되어 오고 있다(<표 3.22>, <표 3.23>; <표 3.27> 참조).

등기임원은 2004년 이후 7명으로 변함이 없으며, 7명 중 3명은 사내이사이고 4명은 사외이사이다. 사내이사 중 2명은 대표이사로 최대주주 허창수와 전문경영인 서경석이다. 허창수는 2004년 이후 회장직을 가지고 있고, 서경석은 2008년까지 사장이다가 2009년부터는 부회장이다. 나머지 사내이사 1명은 비상근이사인 허동수이다.

사내이사 3명 중 2명이 허씨 일가 가족구성원이고 이 중 1명이 대표이사회장직을 가지고 있는 점에서 ㈜GS의 경영권은 허씨 일가에 의해 안정적으로 확보되어 있는 셈이다. 이들 2명 이외에 다른 가족구성원 1명(허용수)은 2006-2012년 사이에 미등기임원이었다.

허창수와 허동수는 ㈜GS에 지분을 보유하고 있는 허씨 일가 1세대 6형제 중 각각 3남 허신구 일가와 1남 허정구 일가에 속해 있다. 허신구 일가와 허정구 일가의 지분은 6형제 일가 지분 중 첫 번째(15%대)와 두 번째(11-12%대)로 많으며, 다른 4형제 일가 지분(1-8%대)과는 큰 차이가 난다. 이 두 일가를 대표해서 허신구의 장남 허창수와 허정구의 차남 허동수가 지주회사의 경영에 참여하고 있으며, 허창수가 전면에 나서고 허동수는 허창수를 보조 또는 견제하는 역할을 하는 것으로 볼 수 있다.

허창수는 ㈜GS의 지분에 참여한 56명의 가족구성원 중 가장 많은 지분(4%대)을 보유한 최대주주이며, 허동수 또한 5위 내외의 순위를 가진 대주주(2%대)이다. 최대주주인 허창수가 최고경영자의 위치에 있는 점에서는 지주회사의 소유권과 경영권이 허창수 1인에게로 집중 또는 통합되어 있는 셈이다.

한편, 미등기임원인 허용수는 1세대 6형제 중 5남 허완구 일가에 속해 있으며, 허완구 일가는 허신구와 허정구 일가 다음으로 ㈜GS에 많은 지분(8%대)을 보유하였다. 허완구의 외동아들인 허용수 또한 2-4%대의 지분을 가진 대주주이며, 보유 지분이 매년 큰 폭으로 늘어나 2008년부터는 최대주주인 허창수 다음으로 많은 지분을 보유하고 있다. 허용수도

〈표 3.22〉 ㈜GS의 등기임원, 2004-2013년: (1) 임원 수 (명)

연도	합	사외이사	사내이사	사내이사		사내이사	
				대표이사 (A)	비상근이사 (B)	허창수 일가 (A,B)	전문경영인 (A,B)
2004	7	4	3	2	1	2 (1,1)	1 (1,0)
2005	7	4	3	2	1	2 (1,1)	1 (1,0)
2006	7	4	3	2	1	2 (1,1)	1 (1,0)
2007	7	4	3	2	1	2 (1,1)	1 (1,0)
2008	7	4	3	2	1	2 (1,1)	1 (1,0)
2009	7	4	3	2	1	2 (1,1)	1 (1,0)
2010	7	4	3	2	1	2 (1,1)	1 (1,0)
2011	7	4	3	2	1	2 (1,1)	1 (1,0)
2012	7	4	3	2	1	2 (1,1)	1 (1,0)
2013	7	4	3	2	1	2 (1,1)	1 (1,0)

주: 1) 2004-2009년 - 12월 또는 이듬해 3월 현재; 2010-2013년 - 12월 현재.
2) ㈜GS: 2004-2008년 = GS홀딩스; 2004년 = LG그룹 소속.
출처: 사업보고서

〈표 3.23〉 ㈜GS의 등기임원, 2004-2013년: (2) 사내이사

	2004	2005	2006	2007	2008	2009	2010	2011	2012	2013
대표이사 (상근)	허창수	허창수	허창수	허창수	허창수	허창수	허창수	허창수	허창수	허창수
	서경석	서경석	서경석	서경석	서경석	서경석	서경석	서경석	서경석	서경석
이사 (비상근)	허동수	허동수	허동수	허동수	허동수	허동수	허동수	허동수	허동수	허동수

주: 1) 2004-2009년 - 12월 또는 이듬해 3월 현재; 2010-2013년 - 12월 현재.
2) ㈜GS: 2004-2008년 = GS홀딩스; 2004년 = LG그룹 소속.
3) 허창수 - 회장(2004-2013년); 서경석 - 사장(2004-2008년), 부회장(2009-2013년).
출처: 사업보고서

허동수처럼 경영에서는 허창수를 보조하는 역할을 담당하였으며, 일정 기간 동안 미등기임원이었던 점에서 등기임원직을 계속 유지하고 있는 허동수보다는 허용수의 역할이 상대적으로 더 제한적이었다.

5.3 허씨 일가 가족구성원의 경영 참여, 2005-2013년: (1) 참여 구성원 및 참여 대상 회사

2005년 GS그룹이 출범한 이후 ㈜GS 및 그룹 계열회사의 경영에 참여한 적이 있는 허씨 일가 가족구성원은 모두 14명이다. 이들은 5개 일가에 그리고 1・2・3세대에 속해 있으며, 모두 11개 계열회사의 경영에 참여하였다(<표 3.24>, <표 3.25>, <그림 3.14>; <표 3.26>, <표 3.27>, <표 3.28> 참조).

5.3.1 경영 참여 가족구성원

첫째, 2005년 이후 매년 경영에 참여하는 가족구성원은 11-14명씩이었으며, 전체 인원은 14명이다. 2005-2011년에는 11-12명이 유지되다가 2012년에 13명으로, 그리고 2013년에는 14명으로 늘어났다. 경영 참여 인원 14명은 ㈜GS의 소유에 참여한 인원 56명과 비교하면 1/4 수준(25%)이다.

둘째, 경영에 참여한 14명은 ㈜GS 및 주요 계열회사에 지분을 보유한 1세대 6형제 일가 중 5형제 일가에 속해 있었다. 허정구(1남), 허준구(3남), 허신구(4남), 허완구(5남), 허승조(8남) 등이다. 6남 허승효 일가는 지분을 가지고 있으면서 경영에는 참여하지 않았다. 허완구 일가는 2006년부터, 그리고 나머지 4형제 일가는 2005년부터 2013년 현재까지 경영에 참여해 오고 있다.

셋째, 경영에 참여한 14명을 일가별로 보면, 허준구 일가가 5명(1세대 0명+2세대 4명+3세대 1명)으로 가장 많고, 그다음이 허정구 일가 4명(0+3+1), 허신구 일가 2명(0+2+0), 허완구 일가 2명(0+2+0), 허승조 일가 1명(1+0+0) 등의 순이다. ㈜GS에 지분을 많이 보유하고 있는 일가 순서(허준구, 허정구, 허완구, 허신구, 허승조, 허승효)와 거의 동일하다.

넷째, 경영에 참여한 14명을 세대별로 보면, 2세대가 11명으로 절대다수를 차지하고 있고, 3세대가 2명(허준홍, 허윤홍), 그리고 1세대가 1명(허승조)이다. ㈜GS의 지분을 보유한

〈그림 3.14〉 허씨 일가 가족구성원의 경영 참여, 2005-2013년: 참여 구성원 및 참여 대상 회사 (명, 개)

(출처: <표 3.24>)

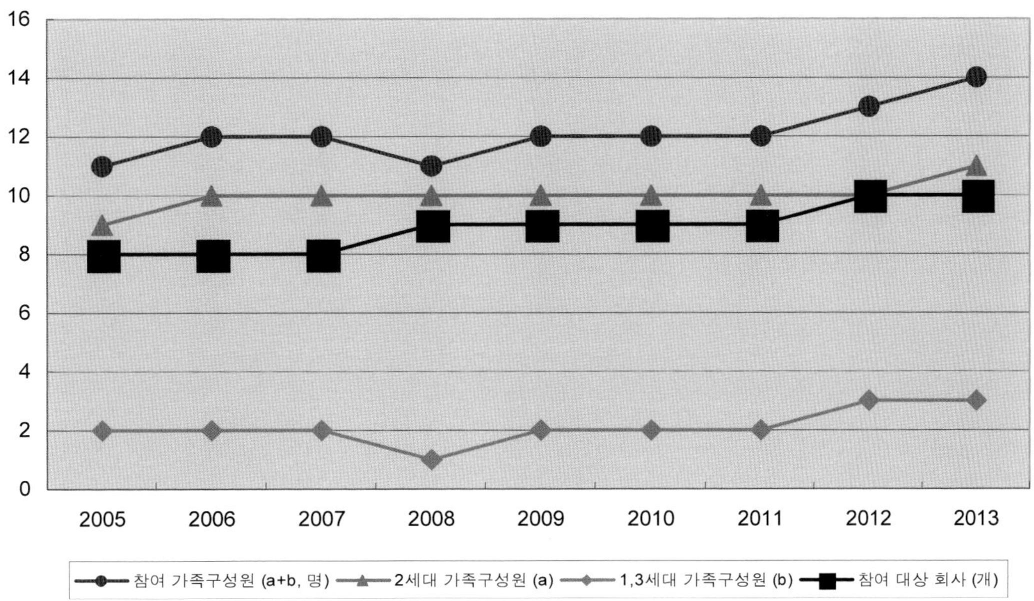

〈표 3.24〉 허씨 일가 가족구성원의 경영 참여, 2005-2013년: (1) 개관 (명, 개)

	합	2005	2006	2007	2008	2009	2010	2011	2012	2013
참여 구성원 (명)	14	11	12	12	11	12	12	12	13	14
허정구 일가	4	4	4	4	3	4	4	4	4	4
허준구 일가	5	4	4	4	4	4	4	4	5	5
허신구 일가	2	2	2	2	2	2	2	2	2	2
허완구 일가	2		1	1	1	1	1	1	1	2
허승조 일가	1	1	1	1	1	1	1	1	1	1
1세대	1	1	1	1	1	1	1	1	1	1
2세대	11	9	10	10	10	10	10	10	10	11
3세대	2	1	1	1		1	1	1	2	2
3개 회사 참여	4	1	1	1	1	1	1	1	2	3
2개 회사 참여	2	3	3	3	4	4	4	4	4	2
1개 회사 참여	8	7	8	8	6	7	7	7	7	9
참여 대상 회사 (개)	11	8	8	8	9	9	9	9	10	10
지주회사체제 편입 회사	7	5	5	5	6	6	6	6	7	6
지주회사체제 미편입 회사	4	3	3	3	3	3	3	3	3	4

주: 합은 2005-2013년 전체 기준임.
출처: 〈표 3.25〉, 〈표 3.26〉, 〈표 3.27〉, 〈표 3.28〉.

56명(1세대 7명, 2세대 24명, 3세대 25명)과 비교해 보면, 지분 보유 인원 중 경영 참여 인원의 비중이 2세대의 경우 거의 절반(46%)으로 압도적으로 높고, 1세대는 14% 그리고 3세대는 8%이다.

〈표 3.25〉 허씨 일가 가족구성원의 경영 참여, 2005-2013년: (2) 참여 구성원 및 참여 대상 회사 (개, 명)

(A) 구성원별 참여 회사 (개)

	합	2005	2006	2007	2008	2009	2010	2011	2012	2013
허창수	3	3	3	3	3	3	3	3	3	3
허동수	3	2	2	2	2	2	2	2	3	3
허태수	3	2	2	2	2	2	2	2	2	3
허용수	3		1	1	2	2	2	2	2	1
허승조	2	2	2	2	2	2	2	2	2	2
허진수	2	1	1	1	1	1	1	1	2	2
허남각	1	1	1	1	1	1	1	1	1	1
허광수	1	1	1	1	1	1	1	1	1	1
허명수	1	1	1	1	1	1	1	1	1	1
허경수	1	1	1	1	1	1	1	1	1	1
허연수	1	1	1	1	1	1	1	1	1	1
허인영	1									1
허준홍	1	1	1	1		1	1	1	1	1
허윤홍	1								1	1

(B) 회사별 참여 구성원 (명)

	합	2005	2006	2007	2008	2009	2010	2011	2012	2013
(지주회사체제 편입 회사)										
㈜GS	3	2	3	3	3	3	3	3	3	2
GS리테일	3	3	3	3	3	3	3	3	3	3
GS에너지	3								2	3
GS칼텍스	2	2	2	2	2	2	2	2	2	2
GS홈쇼핑	2	2	2	2	2	2	2	2	2	2
GS스포츠	1	1	1	1	1	1	1	1	1	1
GS이피에스	1				1	1	1	1	1	
(지주회사체제 미편입 회사)										
GS건설	4	2	2	2	2	2	2	2	3	4
삼양통상	3	3	3	3	2	3	3	3	3	3
코스모앤컴퍼니	1	1	1	1	1	1	1	1	1	1
승산	1									1

주: 1) 합은 2005-2013년 전체 기준임.
2) 허승조는 1세대, 허준홍과 허윤홍은 3세대, 나머지 구성원은 2세대.
출처: 〈표 3.26〉, 〈표 3.27〉, 〈표 3.28〉.

2008년에는 1·2세대만 그리고 나머지 연도에는 1·2·3세대 모두가 경영에 참여하였다. 1세대는 줄곧 1명이었고, 2세대는 매년 9-11명(2005년 9명, 2006-2012년 10명, 2013년 11명)이었으며, 3세대는 매년 1-2명(2005-2007, 2009-2011년 1명, 2012-2013년 2명)이었다. 또 허승조 일가에는 1세대(허승조)만 있었고, 허신구 일가와 허완구 일가에는 2세대(허경수, 허연수; 허용수, 허인영)만 있었으며, 허준구 일가와 허정구 일가에는 2세대와 3세대가 함께 있었다(허창수, 허진구, 허명수, 허태수+허윤홍; 허남각, 허동수, 허광수+허준홍).

다섯째, 경영에 참여한 14명 중 4명(2세대)은 2005-2013년 사이에 3개 회사의 경영에 참여하였으며, 2명(1세대 1명, 2세대 1명)은 2개 회사에, 그리고 대다수인 8명(2세대 6명, 3세대 2명)은 1개 회사에만 참여하였다.

3개 회사의 경영에 참여한 2세대 4명 중 허창수는 2005년 이후 줄곧 3개 회사에 참여하였다. 또 허동수와 허태수는 2005년 이후 매년 2-3개 회사에, 허용수는 2006년 이후 1-2개 회사에 참여하였다. 2개 회사에 참여한 2명 중에서는 1세대인 허승조는 2005년 이후 줄곧 2개 회사에, 2세대인 허진수는 매년 1-2개 회사에 참여하였다. 마지막으로, 1개 회사에만 참여한 8명 중 2세대 5명(허남각, 허광수, 허명수, 허경수, 허연수)은 2005년 이후 줄곧, 그리고 3세대인 허준홍(2008년을 제외한 나머지 연도)과 허윤홍(2012-2013년)은 보다 짧은 기간 동안에만 경영에 참여하였다. 2세대 허인영의 경우, 2005년 이후 줄곧 1개 회사에 참여한 것으로 보이는데 2013년 정보만 확인할 수 있어 편의상 1개 연도에만 참여한 것으로 분류하였다.

5.3.2 경영 참여 대상 회사

14명의 가족구성원들이 참여한 그룹 계열회사는 모두 11개이며, 2005-2007년 8개, 2008-2011년 9개, 그리고 2012-2013년 10개이다.

11개 회사 중 7개는 지주회사 ㈜GS 및 자회사 6개(GS칼텍스, GS에너지, GS홈쇼핑, GS리테일, GS스포츠, GS이피에스)이다. 매년 5-7개가 관련되어 있었다. 2005-2007년 5개, 2008-2011년 6개, 2012년 7개, 2013년 6개 등이다. GS칼텍스는 2011년까지는 ㈜GS의 자회사였다가 2012년부터는 GS에너지의 자회사 및 ㈜GS의 손자회사로 지위가 바뀌었다. 11개 회사 중 나머지 4개는 지주회사체제에 편입되어 있지 않은 주요 계열회사들인 GS건설, 삼양통상, 코스모앤컴퍼니, 승산이다. 2005-2012년에는 3개 회사가, 그리고 2013년에는 4개 회사가 관련되어 있었는데, 허인영이 참여한 승산의 경우에는 2013년 정보만 있어 편의상 1개 연도에만 포함시켰다.

11개 회사에는 1개 회사 당 1-4명씩의 가족구성원들이 경영에 참여하였다. GS건설에 가장 많은 4명이 관련되어 있고, 3명 관련 회사가 4개(㈜GS, GS에너지, GS리테일, 삼양통상), 2명 관련 회사가 2개(GS칼텍스, GS홈쇼핑), 그리고 1명 관련 회사가 4개(GS스포츠, GS이피에스, 코스모앤컴퍼니, 승산)이다. GS에너지에는 2012-2013년에만, GS이피에스에는 2008-2012년에만 가족구성원들이 참여하였고, 승산을 제외한 나머지 8개 회사에는 2005년 이후 줄곧 참여하였다.

5.4 허씨 일가 가족구성원의 경영 참여, 2005-2013년: (2) 일가별 경영 참여

2005년 이후 1세대 5형제 가족구성원 14명은 11개 그룹 계열회사의 경영에 관여하였다. 3남 허준구 일가(5명, 7개)가 참여 구성원 및 회사 수에서 가장 앞섰고, 그다음이 1남 허정구 일가(4명, 4개), 허완구 일가(2명, 4개), 허신구 일가(2명, 2개), 허승조 일가(1명, 2개) 등의 순이다. 이들 중 허승조를 제외한 나머지 4형제 일가 13명은, 한편으로는 지주회사 ㈜GS 및 6개 자회사의 경영에 참여하고 다른 한편으로는 일가별로 소유하고 있는 지주회사체제 미편입 4개 회사를 독자적으로 경영하였다. 경영에 참여한 14명의 대다수는 ㈜GS의 대주주들이며, 이들 중 4형제 일가 구성원 13명의 대다수는 일가별로 소유한 지주회사체제 미편입 회사에서도 큰 지분을 보유하였다(<표 3.26>, <표 3.27>, <표 3.28>).

5.4.1 허준구 일가의 경영 참여

허준구 일가는 1세대 5형제 일가 중 가장 많은 5명이 경영에 참여하였다. 4명은 2세대로 허준구의 아들(허창수, 허진수, 허명수, 허태수)이고, 1명은 3세대로 허창수의 아들(허윤홍)이다. 이들은 5형제 일가 중 가장 많은 7개 회사에 관여하였다. 지주회사체제 편입 회사가 6개(㈜GS, GS칼텍스, GS에너지, GS홈쇼핑, GS리테일, GS스포츠), 그리고 미편입 회사가 1개(GS건설)이다.

첫째, 5명 중에서는 허창수와 허태수가 각각 3개 회사(㈜GS, GS스포츠, GS건설; GS홈쇼핑, GS리테일, GS건설)에 관여하였고, 허진수는 2개 회사(GS칼텍스, GS에너지)에, 그리고 허명수와 허윤홍은 같은 1개 회사(GS건설)에 관여하였다. 회사별로는, GS건설에 가장 많은 4명이 관련되어 있고 나머지 6개 회사에는 각각 1명씩만 관련되어 있다.

둘째, 지주회사체제에 편입된 경영 참여 6개 회사 중 3개(지주회사 ㈜GS, GS칼텍스, GS홈쇼핑)에서는 5명 중 3명(허창수, 허진수, 허태수)이 대표이사직 또는 상근이사직을 가지고 경영을 주도하였고, 나머지 3개(GS스포츠, GS에너지, GS리테일)에서는 같은 3명이 비상근이사로 참여하였다. 이들 3명은 GS에너지를 제외한 나머지 5개 회사에서는 2005년 이후, GS에너지에서는 2012년 설립 이후 줄곧 참여하였다.

〈표 3.26〉 허씨 일가 가족구성원의 경영 참여, 2005-2013년: (3) 구성원별 · 회사별 참여 연도 (년)

	지주회사	지주회사체제 편입 회사						지주회사체제 미편입 회사			
	㈜GS	GS 칼텍스	GS 에너지	GS 홈쇼핑	GS 리테일	GS 스포츠	GS 이피에스	GS 건설	코스모 앤컴퍼니	삼양 통상	승산
허정구 일가											
2세대 허남각										05-13	
허동수	05-13	05-13	12-13								
허광수										05-13	
3세대 허준홍										05-07,09-13	
허준구 일가											
2세대 허창수	05-13					05-13		05-13			
허진수		05-13	12-13								
허명수								05-13			
허태수				05-13	05-13			13			
3세대 허윤홍								12-13			
허신구 일가											
2세대 허경수									05-13		
허연수					05-13						
허완구 일가											
2세대 허용수	06-12		13				08-12				
허인영											13
허승조 일가											
1세대 허승조				05-13	05-13						

주: 〈표 3.31〉 중에서는 GS스포츠의 허창수만 고려함.
출처: 〈표 3.27〉, 〈표 3.28〉, 〈표 3.31〉.

지주회사체제에 편입되어 있지 않은 GS건설에는 위의 3명 중 2명(허창수, 허태수)과 다른 2명(허명수, 허윤홍)이 경영에 참여하였다. 허창수(2005-2006, 2011-2013년)와 허명수(2007-2012년)는 2005년 이후 대표이사직을 번갈아 가지면서 경영을 주도하였고, 허태수(2013년, 비상근이사)와 허윤홍(2012-2013년, 미등기임원)은 최근 연도에 보조 역할을 하기 위해 참여하였다.

〈표 3.27〉 허씨 일가 가족구성원의 경영 참여, 2005-2013년:
(4) 지주회사체제 편입 계열회사에서의 직책

	㈜GS			GS칼텍스		GS에너지		
	허창수	허동수	허용수	허동수	허진수	허동수	허진수	허용수
2005	대표회장	비상근이사		(대표회장)	(등기부사장)			
2006	대표회장	비상근이사	미등기상무					
2007	대표회장	비상근이사	미등기상무					
2008	대표회장	비상근이사	미등기상무	대표회장	등기사장			
2009	대표회장	비상근이사	미등기상무	대표회장	등기사장			
2010	대표회장	비상근이사	미등기전무	대표회장	대표사장			
2011	대표회장	비상근이사	미등기전무	대표회장	대표사장			
2012	대표회장	비상근이사	미등기부사장	대표회장	대표부회장	비상근이사	비상근이사	
2013	대표회장	비상근이사		등기회장	대표부회장	비상근이사	비상근이사	등기부사장

	GS홈쇼핑		GS리테일			GS스포츠	GS이피에스
	허태수	허승조	허승조	허태수	허연수	허창수	허용수
2005	등기부사장	비상근이사	대표	비상근이사	미등기상무	비상근이사	
2006	등기부사장	비상근이사	대표	비상근이사	미등기전무	비상근이사	
2007	대표사장	비상근이사	대표	비상근이사	미등기전무	비상근이사	
2008	대표사장	비상근이사	대표	비상근이사	미등기전무	비상근이사	비상근이사
2009	대표사장	비상근이사	대표	비상근이사	미등기부사장	비상근이사	비상근이사
2010	대표사장	비상근이사	대표	비상근이사	미등기부사장	비상근이사	비상근이사
2011	대표사장	비상무이사	대표	비상근이사	미등기부사장	비상근이사	비상근이사
2012	대표사장	비상무이사	대표	비상무이사	미등기사장	비상근이사	비상무이사
2013	대표사장	비상무이사	대표	비상무이사	미등기사장	비상근이사	
2014			대표		등기사장	비상근이사	

주: 1) ㈜GS - 2005-2009년(12월 또는 이듬해 3월 현재), 2010-2013년(12월 현재); 기타 회사 - 12월 현재; GS리테일 - 2014년 (3월 현재).
2) 대표 = 상근 대표이사, 비상무이사 = 비상근 기타비상무이사; 대표이사, 비상근이사 및 비상근 기타비상무이사는 등기임원.
3) ㈜GS 2005-2008년 = GS홀딩스; GS칼텍스 - 2004-2007년 사업보고서 없음, 2005년 직책은 2003년의 직책임, 2003년에는 허창수와 구본무가 비상근이사임; GS에너지 - 2012년 1월 설립; GS리테일 - 2014년 허태수 직책 없음; GS스포츠 - 출처는 〈표 3.31〉, 2010-2013년의 직책 정보는 없으며 비상근이사인 것으로 보임.
출처: 사업보고서, 분기보고서, 〈표 3.31〉.

셋째, 경영에 참여한 5명은 ㈜GS와 GS건설 모두에서 지분을 보유하였다. 두 회사에서 대표이사직을 가지고 있는 2세대 허창수는 두 회사의 최대주주이다.

다른 2세대 3명(허진수, 허태수, 허명수)도 ㈜GS와 GS건설의 대주주들인데 경영 참여 방식은 각기 달랐다. 허진수는 두 회사의 경영에는 참여하지 않고 대신 ㈜GS의 핵심 자회사들인 GS칼텍스(대표이사)와 GS에너지(비상근이사)에서 등기임원직을 가졌다. 허태수 역시

〈표 3.28〉 허씨 일가 가족구성원의 경영 참여, 2005-2013년: (5) 지주회사체제 미편입 계열회사에서의 직책

	GS건설				승산
	허창수	허명수	허태수	허윤홍	허인영
2005	대표회장	등기부사장			
2006	대표회장	대표사장			
2007	비대표회장	대표			
2008	비대표회장	대표			
2009	비대표회장	대표			
2010	비대표회장	대표			
2011	대표회장	대표			
2012	대표회장	대표		미등기상무	
2013	대표회장	등기사장	비상근이사	미등기상무	대표

	삼양통상			코스모앤컴퍼니
	허남각	허광수	허준홍	허경수
2005	대표회장	비상근이사	미등기비상근이사	대표
2006	대표회장	비상근이사	미등기비상근이사	대표
2007	대표회장	비상근이사	비상근이사	대표
2008	대표회장	비상근이사		대표
2009	대표회장	비상근이사	미등기비상근이사	대표
2010	대표회장	비상근이사	미등기비상근이사	대표
2011	대표회장	비상근이사	미등기비상근이사	대표
2012	대표회장	비상근이사	미등기비상근이사	대표
2013	대표회장	비상근이사	미등기비상근이사	대표

주: 1) GS건설 - 2005-2009년(12월 또는 이듬해 3월 현재), 2010-2013년(12월 현재); 기타 회사 - 12월 현재.
2) 대표 = 상근 대표이사, 비대표 = 비상근 대표이사; 대표이사와 비상근이사는 등기임원.
3) GS건설 - 허명수 2007-2012년 대표이사의 직책(회장, 사장 등) 표시 없음, 허태수 2013년은 2014년 3월이며 직책은 '기타 비상무이사'; 승산 - 2013년 현재 허인영이 '대표'로 되어 있으며 이전 연도 정보는 없음.
출처: 사업보고서, 감사보고서, 금융감독원 전자공시시스템.

㈜GS의 주요 자회사들인 GS홈쇼핑(대표이사)과 GS리테일(비상근이사)에서 등기임원직을 가졌는데, 2013년 들어 ㈜GS건설에서도 등기임원이 되었다. 반면 허명수는 GS건설(대표이사, 등기이사)에서만 등기임원으로 관여하였다.

유일한 3세대인 허윤홍은 ㈜GS와 GS건설 모두에서 3세대 중 가장 많은 지분을 가지지는 못하였으며, 두 회사 최대주주(허창수)의 큰 아들이라는 신분으로 GS건설에서 경영수업을 받게 된 것으로 보인다.

넷째, ㈜GS에 지분을 보유한 1세대 허준구 일가 가족구성원은 모두 15명(2세대 6명, 3세대 9명)이며, 이들 중 13명(2세대 5명, 3세대 8명)과 다른 일가 가족구성원 1명(1세대)은 GS건설에도 지분을 보유하였다. 경영에 참여한 5명(2세대 4명, 3세대 1명)은 두 회사에 지분을 보유한 허준구 일가 15명 중에서는 1/3(33%)에 해당한다. 또 '경영 참여 2세대 4명'은 '지분 보유 2세대 6명' 중 대다수(67%)를 차지하고 있고, '경영 참여 3세대 1명'은 '지분 보유 3세대 9명' 중에서는 1/9 수준(11%)이다.

5.4.2 허정구 일가의 경영 참여

허정구 일가는 허준구 일가 다음으로 많은 4명의 가족구성원이 경영에 참여하였다. 3명은 2세대로 허정구의 아들(허남각, 허동수, 허광수)이며, 1명은 3세대로 허남각의 외동아들(허준홍)이다. 이들은 허준구 일가 다음으로 많은 4개 회사에 관여하였다. 지주회사체제 편입 회사가 3개(㈜GS, GS칼텍스, GS에너지), 그리고 미편입 회가가 1개(삼양통상)이다.

첫째, 4명 중 허동수가 3개 회사(㈜GS, GS칼텍스, GS에너지)에 관여한 반면 나머지 3명(허남각, 허광수, 허준홍)은 같은 1개 회사(삼양통상)에만 관여하였다.

둘째, 허동수는 GS칼텍스에서는 대표이사직을, ㈜GS와 GS에너지에서는 비상근이사직을 가졌다. GS칼텍스에는 허준구 일가의 허진수도 경영에 참여하였는데, 허동수는 2012년까지 대표이사직을 유지하다가 2013년부터는 등기이사로 지위가 낮아졌으며, 반면 허진수는 2010년 대표이사로 승진하여 2010-2012년 사이 허동수와 함께 2인 대표이사체제를 유지하다가 2013년부터는 혼자 대표이사직을 수행하고 있다. 지주회사 ㈜GS(대표이사 허창수)와 더불어 그룹 핵심 계열회사인 GS칼텍스의 경영도 허준구 일가가 접수한 것으로 볼 수 있다.

지주회사체제에 편입되어 있지 않은 삼양통상에서는 허동수를 제외한 3명이 경영을 담당하고 있다. 2세대인 허남각과 허광수가 각각 대표이사, 비상근이사이고, 3세대인 허준홍은 미등기비상근이사직을 주로 가지면서 2007년에는 비상근이사가 되었고 2008년에는 경영진에서 일시적으로 제외되기도 하였다.

셋째, 경영에 참여한 4명은 ㈜GS와 삼양통상 모두에 지분을 보유하였다. 2세대 3명은 두 회사의 대주주들이며, ㈜GS에서는 허남각, 허광수, 허동수 순으로, 그리고 삼양통상에서는 허남각, 허동수, 허광수 순으로 많은 지분을 보유하였다. ㈜GS에서의 지분이 가장 적은 허동수가 일가 대표로 지주회사체제 편입 핵심 계열회사인 GS칼텍스에 관여하였고, 삼양통상은 허광수의 보조를 받으면서 최대주주인 허남각이 경영을 책임졌다.

한편, 유일한 3세대인 허준홍은 ㈜GS에서는 허정구 일가 3세대 중 가장 많은 지분을 가지지 못하다가 2013년 들어 1위가 되었다. 반면 삼양통상에서는 다른 3세대 뿐 아니라 2세대 2명보다 월등하게 많은 지분을 보유하였으며, 아버지인 허남각에 이어 2위 대주주의 자리를 유지하는 가운데 아버지 지분과의 격차를 점차 좁혀 2013년 현재에는 두 사람의 지분이 거의 비슷한 수준이 되었다. 그럼에도 허준홍은 2005년 이후 '미등기비상근이사'라는 다소 생소한 직책을 가지면서 삼양통상의 경영에 적극적으로 관여하지 않는 상태를 유지하고 있다.

넷째, ㈜GS에 지분을 보유한 1세대 허정구 일가 가족구성원은 모두 10명(2세대 3명, 3세대 7명)이며, 이들 중 7명(2세대 3명, 3세대 4명)은 삼양통상에도 지분을 보유하였다. 경영에 참여한 4명(2세대 3명, 3세대 1명)은 두 회사에 지분을 보유한 허정구 일가 10명 중에서는 2/5(40%)에 해당한다. 허준구 일가의 경우(33%)보다 높은 비중이다. 또, '경영 참여 2세대 3명'은 '지분 보유 2세대 3명' 모두(100%)이며, '경영 참여 3세대 1명'은 '지분 보유 3세대 7명' 중 1/7(14%)이다. 이들 비중 역시 허준구 일가(67%, 11%)에 비해 높다.

5.4.3 허완구 일가의 경영 참여

허완구 일가는 2명의 가족구성원이 경영에 참여하였다. 2명은 모두 2세대로 허완구의 아들(허용수)과 딸(허인영)이다. 허인영은 경영에 참여한 허씨 일가 14명 중 유일한 여성이다. 이들이 참여한 회사는, 허정구 일가에서처럼, 4개이며, 지주회사체제 편입 회사가 3개(㈜GS, GS에너지, GS이피에스) 그리고 미편입 회사가 1개(승산)이다.

첫째, 허용수는 3개 회사(㈜GS, GS에너지, GS이피에스)에 관여하였고 허인영은 1개 회사(승산)에만 관여하였다. 허용수는 ㈜GS(2006-2012년, 미등기임원)와 GS이피에스(2008-2012년, 비상근이사)에서는 2012년 이전에 일정 기간 동안 제한적으로만 경영에 참여하였으며,

2013년 들어 GS에너지의 등기임원으로 임명되면서 보다 적극적인 역할을 수행할 수 있게 되었다. 허인영은 승산의 대표이다. 2013년 현재의 정보만 있는 상황이지만 2013년 이전에도 대표직을 가진 것으로 추측된다.

둘째, 경영에 참여한 2명은 ㈜GS와 승산 모두에 지분을 가졌다. ㈜GS에서는 허용수가 아버지 허완구로부터 지분을 점차 물려받아 2008년부터는 최대주주인 허창수에 이어 2위의 대주주 자리를 유지해 오고 있다. 허인영 또한 아버지로부터 지분을 물려받아 대주주의 지위를 가지게 되었다. 승산에서는 허용수가 최대주주이고 허인영이 2위 대주주이다. 허용수는 2위의 대주주임에도 불구하고 ㈜GS의 경영에 적극적으로 참여하지 못하다가 결국 물러나게 되었으며, 대신 신설된 GS에너지로 자리를 옮기면서 보다 격상된 직책을 가지게 되었다. 또 허용수는 최대주주임에도 승산에는 관여하지 않고 대신 동생 허인영이 경영을 책임지고 있다.

셋째, ㈜GS에 지분을 보유한 1세대 허완구 일가는 모두 6명(1세대 1명, 2세대 3명, 3세대 2명)이며, 이들 중 3명(1세대 1명, 2세대 2명)과 다른 가족구성원 1명(1세대)은 승산에도 지분을 보유하고 있다. 경영에 참여한 2명(2세대)은 두 회사에 지분을 보유한 허완구 일가 7명 중에서는 2/7(14%)에 해당한다. 또 '경영 참여 2세대 2명'은 '지분 보유 2세대 3명' 중 2/3(67%)이며, 지분을 보유한 3세대(그리고 1세대) 중에서는 아무도 경영에 참여하지 않았다. 이들 3가지 비중(14%, 67%, 0%)은 허준구 일가(33%, 67%, 11%)나 허정구 일가(40%, 100%, 14%)에 비해서는 상대적으로 낮은 편이다.

5.4.4 허신구 일가의 경영 참여

허신구 일가에서도, 허완구 일가에서처럼, 2명의 가족구성원이 경영에 참여하였다. 2명 모두 2세대로 허신구의 아들(허경수, 허연수)이다. 하지만 이들이 참여한 회사는 지주회사체제 편입 회사 1개(GS리테일)와 미편입 회사 1개(코스모앤컴퍼니)로 허완구 일가 참여 회사 4개의 절반 수준이다.

첫째, 허연수는 GS리테일에, 그리고 허경수는 코스모앤컴퍼니에 관여하였다. 허연수는 2005년 이후 줄곧 미등기임원이다가 2014년 들어 처음으로 등기임원으로 승진하였다. GS리테일에는 허승조 일가의 허승조와 허신구 일가의 허태수도 경영에 참여하고 있는데, 허승조가 대표이사이고, 허태수는 2013년까지 비상근이사직을 유지하다가 2014년 들어 경영진에서 물러났다. 허연수의 지위와 역할이 한층 강화되고 있는 상황이다. 한편 허경수는 코스모앤컴퍼니의 대표직을 계속 가지고 있다.

둘째, 경영에 참여한 2명은 ㈜GS와 코스모앤컴퍼니 모두에 지분을 가지고 있다. ㈜GS에서는 2명 모두 대주주들이며 허경수가 허연수보다 2배가량 많은 지분을 보유하였다. 코스모앤컴퍼니에서는 허경수가 2008년까지 최대주주이다가 2009년에 아들 허준홍에게 지분의 절반 이상을 물려주면서 허연수가 최대주주가 되었다. ㈜GS에서의 지분이 적은 허연수가 지주회사체제 편입 계열회사인 GS리테일의 경영에 관여하였고, 코스모앤컴퍼니의 경영은 허경수가 담당하고 있다.

셋째, ㈜GS에 지분을 보유한 1세대 허신구 일가 가족구성원은 모두 10명(2세대 5명, 3세대 5명)이며, 이들 중 3명(2세대 2명, 3세대 1명)은 코스모앤컴퍼니에도 지분을 보유하였다. 경영에 참여한 2명(2세대)은 두 회사에 지분을 보유한 허신구 일가 10명 중에서는 1/5(20%)에 해당한다. 또 '경영 참여 2세대 2명'은 '지분 보유 2세대 5명' 중 2/5(40%)이며, 지분 보유 3세대 중에서는 아무도 경영에 참여하고 있지 않다. 허신구 일가(20%, 40%, 0%) 역시, 허완구 일가에서처럼, 허준구 일가(33%, 67%, 11%)나 허정구 일가(40%, 100%, 14%)에 비해서는 지분 보유 구성원들의 경영 참여 정도가 작은 편이다.

5.4.5 허승조 일가의 경영 참여

허승조 일가는 1세대 5형제 중 가장 적은 1명이 경영에 참여하였다. 1세대인 허승조 자신이며, 경영에 참여한 허씨 일가 14명 중에서는 유일한 1세대이다. 참여 회사는, 허신구 일가에서처럼, 2개이며, 모두 지주회사체제 편입 회사(GS홈쇼핑, GS리테일)이다. 1세대 5형제 중 유일하게 지주회사체제 미편입 회사를 소유하거나 경영하고 있지 않다.

허승조는 GS리테일에서는 대표이사이고 GS홈쇼핑에서는 비상근이사이다. GS리테일에는 허준수 일가의 허태수(2005-2013년 비상근이사)와 허신구 일가의 허연수(2005-2013년 미등기임원, 2014년 등기임원)도 경영에 참여하고 있는데, 이들의 역할은 제한적이어서 대표이사인 허승조가 줄곧 경영을 주도해 오고 있다. 반면, GS홈쇼핑에서는 허태수(대표이사)가 경영을 주도하고 허승조는 보조하는 역할을 담당하고 있다.

허승조는 ㈜GS에 지분을 보유한 대주주들 중의 1명이며, 다른 가족구성원 4명(1세대 2명, 2세대 2명)도 지분을 보유하였다. '경영 참여 1명'은 '지분 보유 5명' 중에서는 1/5(20%)에 해당한다. 허정구 일가(40%)와 허준구 일가(33%)보다는 낮고, 허신구 일가(20%)와는 같으며, 허완구 일가(14%)보다는 높은 수준이다.

5.5 ㈜GS 경영진의 겸직, 2005-2013년

지주회사 ㈜GS의 임원들은 대부분이 겸직을 보유하면서 그룹의 주요 계열회사들을 직접적 또는 간접적으로 통제하였다. 2005년 그룹 출범 이후 겸직을 보유한 적이 있는 등기임원 및 미등기임원은 모두 8명이며, 겸직 대상 회사는 지주회사체제에 편입되거나 편입되지 않은 19개이다(<표 3.29>, <표 3.30>, <표 3.31>; <표 3.27>, <표 3.28> 참조).

자료 출처인 ㈜GS의 사업보고서에는 자세한 겸직 정보가 제시되어져 있지 않으며, 따라서 현재로서는 대체적이면서 불완전한 모습만을 살펴볼 수 있을 뿐이다. 또 가족구성원의 경우, 개별 회사 사업보고서를 근거로 위에서 분석한 '허씨 일가 가족구성원의 경영 참여, 2005-2013년' 내용과 여기서 서술하는 겸직 관련 내용이 반드시 일치하지는 않는다.

5.5.1 겸직 보유 임원

2005년 이후 매년 겸직을 보유한 임원은 5-7명씩이었으며(2005-2008년 5명, 2009년 6명, 2012년 7명, 2013년 5명), 전체 인원은 8명이다.

첫째, 겸직을 보유한 8명 중 3명은 등기임원(사내이사; 대표이사 2명, 비상근이사 1명)이고 나머지 5명은 미등기임원이다. 등기임원 3명은 매년 겸직을 보유한 반면 미등기임원은 매년 2-4명(2005-2008년 2명, 2009년 3명, 2012년 4명, 2013년 2명)이 겸직을 보유하였다.

㈜GS의 사내 등기임원은 2005년 이후 줄곧 3명이었으며, 등기임원은 전원이 매년 겸직을 보유하였다. 반면 미등기임원은 2005년 3명 그리고 2006-2013년 4명이었으며, 2012년 한 해에만 전원 겸직을 보유하였고 나머지 연도에는 절반 이상의 일부 인원만 겸직을 보유하였다. 전체 임원(2005년 6명, 2006-2013년 7명)을 기준으로 하면 매년 겸직을 보유한 임원(2005-2008년 5명, 2009년 6명, 2012년 7명, 2013년 5명)의 비중은 71-100% 사이이며, 따라서 임원의 대다수가 겸직을 보유한 것으로 볼 수 있다.

둘째, 겸직을 보유한 8명 중 3명(대표이사 허창수, 비상근이사 허동수; 미등기임원 허용수)은 허씨 일가 가족구성원이고 나머지 5명(대표이사 1명, 미등기임원 4명)은 전문경영인이다. 매년 겸직을 보유하는 임원 중 가족구성원은 2-3명 그리고 전문경영인은 3-4명으로, 2009년에는 3명으로 같았고 나머지 연도에는 전문경영인이 1명 더 많았다.

셋째, 전문경영인인 대표이사 서경석이 매년 3-5개의 가장 많은 겸직을 보유하였다. 2005-2008년 3개, 2009-2011년 4개, 2012-2013년 5개 등으로 겸직 수가 점차 늘어났다. 관련된 전체 회사는 5개이다. 반면 비상근이사 허동수가 겸직을 보유한 적이 있는 회사는 2005년 이후 모두 7개로 겸직 보유 8명 중에서는 가장 많은데, 매년 관련된 회사는 1-5개로 서경석에 비해 적거나 같았다. 대표이사 허창수는 2005년 이후 줄곧 2개 회사에만 관여하였다. 한편, 미등기임원 5명은 2005년 이후 일정 기간 동안만 겸직을 보유하였다. 임병용과 홍순기는 6개 회사에, 허용수와 정찬수는 5개 회사에, 그리고 이완경은 4개 회사에 각각 관여하였다.

겸직을 보유한 8명 중 2005-2013년 기간 동안 5개의 겸직을 가진 임원은 4명으로 등기임원 2명(서경석, 허동수)와 미등기임원 2명(홍순기, 정찬수)이다. 또 4개 겸직을 가진 임원은 2명(미등기임원 허용수, 이완경), 3개 겸직 임원 1명(미등기임원 임병용), 2개 겸직 임원 1명(등기임원 허창수) 등이다.

〈표 3.29〉 ㈜GS 경영진의 겸직, 2005-2013년: (1) 개관 (명, 개)

	합	2005	2006	2007	2008	2009	2011	2012	2013
겸직 임원 (명)	8	5	5	5	5	6	3	7	5
등기임원	3	3	3	3	3	3	3	3	3
미등기임원	5	2	2	2	2	3		4	2
5개 겸직	4							4	4
4개 겸직	2	1	1	1		1	1	1	
3개 겸직	1	2	1	1	1	1	1	1	
2개 겸직	1	1	2	1	2	1	1	1	1
1개 겸직	0	1	1	2	2	3			
겸직 회사 (개)	19	8	8	7	6	8	7	17	14
지주회사체제 편입 회사	10	6	6	5	4	6	3	8	7
지주회사체제 미편입 회사	9	2	2	2	2	2	4	9	7

주: 2010년 정보 없음; 2011년에는 등기임원 정보만 있음; 합은 2005-2013년 전체 기준임.
출처: 〈표 3.30〉, 〈표 3.31〉.

〈표 3.30〉 ㈜GS 경영진의 겸직, 2005-2013년: (2) 임원별 겸직 회사, 회사별 겸직 임원 (개, 명)

(A) 임원별 겸직 회사 (개)

	합	2005	2006	2007	2008	2009	2011	2012	2013
(등기임원)									
허동수	7	3	2	1	1	1	3	5	5
허창수	2	2	2	2	2	2	2	2	2
서경석	5	3	3	3	3	4	4	5	5
(미등기임원)									
허용수	5					1		4	
임병용	6	1	1	1	2	3		3	
홍순기	6				1	1		5	5
정찬수	5							5	5
이완경	4	4	4	4					

(B) 회사별 겸직 임원: 지주회사체제 편입 10개 회사 (명)

	합	2005	2006	2007	2008	2009	2011	2012	2013
(자회사)									
GS에너지	5							5(2)	4(1)
GS이피에스	5	1	1	1		2(1)		2	2
GS칼텍스	4	3(1)	3(1)	3(1)	3(1)	3(1)	2(1)	3(1)	3(1)
GS스포츠	4	3(1)	3(1)	3(1)	2(1)	2(1)	2(1)	3(1)	2(1)
GS홈쇼핑	3	1	1	1	1	1		1	1
GS리테일	2	1	1	1	1	1			
GS글로벌	1					1	1	1	1
(손자회사)									
디케이테	2							2	2
GS파워	1	(1)	(1)						
GS플라텍	1							(1)	

(C) 회사별 겸직 임원: 지주회사체제 미편입 9개 회사 (명)

	합	2005	2006	2007	2008	2009	2011	2012	2013
(GS건설 계열회사)									
파르나스호텔	3	2(1)	1	1	1	1	1	2	1
GS건설	2	(1)	(1)	(1)	(1)	(1)	(1)	2(1)	(1)
(삼양통상 계열회사)									
보헌개발	1						(1)	(1)	(1)
컴텍인터내셔날	1						(1)	(1)	(1)
삼정건업	1							(1)	(1)
(승산 계열회사)									
승산	1							(1)	
승산레저	1							(1)	
(기타 회사)									
GS자산운용	1							1	1
위너셋	1							1	1

주: 2010년 정보 없음; 2011년에는 등기임원 정보만 있음; 괄호 안의 숫자는 허씨 일가 가족구성원 수.
출처: 〈표 3.31〉.

〈표 3.31〉 ㈜GS 경영진의 겸직, 2005-2013년: (3) 회사별 · 임원별 겸직

(A) 지주회사체제 편입 겸직 대상 회사

	2005	2006	2007	2008	2009	2011	2012	2013
GS칼텍스	허동수(대)	허동수(대)	허동수(대)	허동수(대)	허동수(대)	허동수	허동수	허동수
	서경석(이)	서경석(이)	서경석(이)	서경석(이)	서경석(이)	서경석	서경석	서경석
	임병용(감)	임병용(감)	임병용(감)	임병용(감)	임병용(감)			
							정찬수	정찬수
GS에너지							허동수	허동수
							허용수	
							서경석	서경석
							홍순기	홍순기
							정찬수	정찬수
GS홈쇼핑	이완경(이)	이완경(이)	이완경(이)					
				임병용(감)	임병용(이)			
							정찬수	정찬수
GS리테일	이완경(이)	이완경(이)	이완경(이)					
				홍순기(감)	홍순기(감)			
GS글로벌					서경석(이)	서경석	서경석	서경석
GS스포츠	허창수(이)	허창수(이)	허창수(이)	허창수(이)	허창수(이)	허창수	허창수	허창수
	서경석(이)	서경석(이)	서경석(이)	서경석(이)	서경석(이)	서경석	서경석	서경석
	이완경(대)	이완경(대)	이완경(대)					
							임병용	
GS이피에스					허용수(이)			
	이완경(이)	이완경(이)	이완경(이)					
					임병용(감)			
							홍순기	홍순기
							정찬수	정찬수
GS파워	허동수(이)	허동수(이)						
GS플라텍							허용수	
디케이티							홍순기	홍순기
							정찬수	정찬수

(B) 지주회사체제 미편입 겸직 대상 회사

	2005	2006	2007	2008	2009	2011	2012	2013
GS건설	허창수(대)	허창수(대)	허창수(대)	허창수(대)	허창수(대)	허창수	허창수	허창수
							임병용	
파르나스호텔	허동수(이)							
	서경석(이)	서경석(이)	서경석(이)	서경석(이)	서경석(이)	서경석	서경석	서경석
							임병용	
보헌개발						허동수	허동수	허동수
컴텍인터내셔날						허동수	허동수	허동수
삼정건업							허동수	허동수
승산							허용수	
승산레저							허용수	
GS자산운용							홍순기	홍순기
위너셋							홍순기	홍순기

주: 1) 대 = 대표이사, 이 = 이사(비상근 등기임원인 것으로 보임), 감 = 감사; 파르나스호텔 2005-2008년 = 한무개발.
2) ㈜GS의 임원 중 3명은 등기임원(허창수, 허동수, 서경석), 나머지는 미등기임원.
3) 출처의 겸직 정보는 불확실하거나 미비함: 2004-2009년 - 별도의 겸직 정보 없음, 출처의 '임원의 현황' 중 '비고'란에 있는 정보임; 2010년 - 정보 없음; 2011-2013년 - 겸직 정보 있으며 직책 정보는 없음, 2011년에는 등기임원 정보만 있음.
출처: ㈜GS 사업보고서.

5.5.2 겸직 대상 회사

8명 임원이 겸직을 보유한 그룹 계열회사는 모두 19개로, 2005-2011년 6-8개, 2012년 17개, 2013년 14개 등이다.

첫째, 19개 회사 중 10개는 ㈜GS의 계열회사이며, 이 중 7개는 자회사(GS칼텍스, GS에너지, GS홈쇼핑, GS리테일, GS글로벌, GS스포츠, GS이피에스) 그리고 3개는 손자회사(GS파워, GS플라텍, 디케이티)이다. GS칼텍스는 2011년까지는 ㈜GS의 자회사였고, 2012년부터는 GS에너지의 자회사이자 ㈜GS의 손자회사였다.

이들 10개 회사 중 매년 관련된 회사는 4-8개이며, 2005-2006년 6개, 2007-2008년 4-5개, 2009년 6개, 2012-2013년 7-8개 등이었다. 2개 자회사(GS칼텍스, GS스포츠)에는 2005년 이후 줄곧, 그리고 2개 자회사(GS에너지, GS글로벌)에는 자회사 편입 이후 줄곧 ㈜GS의 임원이 관여하였다. 반면, 3개 자회사(GS홈쇼핑, GS리테일, GS이피에스)와 3개 손자회사에는 지주회사 임원의 관여 기간이 상대적으로 짧았다. 특히 3개 손자회사에 대한 관여 기간은 1년 또는 2년이었다.

둘째, 19개 회사 중 나머지 9개는 지주회사체제에 편입되지 않은 회사들이다. 허신구 일가 소유의 GS건설 계열 2개(GS건설, 파르나스호텔), 허정구 일가 소유의 삼양통상 계열 3개(보헌개발, 컴텍인터내셔날, 삼정건업), 허완구 일가 소유의 승산 계열(승산, 승산레저), 기타 회사 2개(GS자산운용, 위너셋) 등이다. GS건설 계열 2개 회사에는 2005년 이후 줄곧 ㈜GS의 임원이 관여하였고, 나머지 7개 회사에는 최근 1-3년 동안만 관여하였다.

셋째, 19개 회사에는 1개 회사 당 1-5명씩의 ㈜GS 임원이 겸직을 보유하였다. 자회사 겸 지주회사인 GS에너지에 가장 많은 4-5명(2012-2013년)이 관련되어 있었고, GS칼텍스와 GS스포츠에는 2005년 이후 각각 2-3명이 관련되어 있었다. 관련된 전체 임원 수를 기준으로 하면, GS에너지와 GS이피에스가 각각 5명으로 가장 많고, 그다음이 GS칼텍스와 GS스포츠 4명, GS홈쇼핑과 파르나스호텔 3명, GS리테일, 디케이티 및 GS건설 2명 등이다.

5.5.3 회사별·임원별 겸직

겸직 대상 회사에서 지주회사 ㈜GS의 임원들은 모두 등기임원의 직책을 가졌는데, 대부분은 비상근이사이고 일부가 대표이사 또는 감사였다.

첫째, 지주회사 임원이 대표이사직을 가진 회사는 19개 회사 중 3개(GS건설, GS칼텍스, GS스포츠)였다. ㈜GS의 대표이사인 허창수(2005-2013년)는 GS건설에서, 비상근이사인 허동수(2005-2013년)는 GS칼텍스에서, 그리고 미등기임원인 이완경(2005-2007년)은 GS스포츠에서 각각 대표이사였다.

둘째, 지주회사 임원이 감사직을 가진 회사는 GS칼텍스(임병용, 2005-2009년), GS홈쇼핑(임병용, 2008년), GS이피에스(임병용, 2008년), GS리테일(홍순기, 2008-2009년) 등 4개이며, 2명의 지주회사 미등기임원이 짧은 기간 동안 관여하였다.

셋째, 겸직 대상 19개 회사 중 ㈜GS의 임원 2명 이상이 같은 연도에 서로 다른 직책을 가지고 참여한 적이 있는 회사는 GS건설, GS칼텍스, GS스포츠 등 3개였다. GS건설에서는 허창수(㈜GS 대표이사)가 줄곧 대표이사였는데, 2012년에는 임병용(미등기임원) 또한 겸직을 가졌다. GS칼텍스에서는 2005년 이후 허동수(비상근이사)가 대표이사, 그리고 서경석(대표이사)이 비상근이사였으며, 2005-2009년에는 임병용(미등기임원)도 감사로 관여하였다. GS스포츠에서는 2005년 이후 허창수(대표이사)와 서경석(대표이사)이 비상근이사인 가운데 2005-2007년에는 이완경(미등기임원)이 대표이사직을, 그리고 2012년에는 임병용(미등기임원)이 겸직을 보유하였다.

넷째, 겸직을 보유한 ㈜GS 등기임원 3명(허창수, 허동수, 서경석) 중, ㈜GS의 최대주주이자 대표이사인 허창수는 자신이 최대주주로 있는 GS건설에서도 대표이사직을 가졌다. GS건설은 허창수가 소속된 1세대 허준구 일가가 전적으로 소유하고 경영하였으며, 다른 가족구성원 3명(허명수, 허태수, 허윤홍) 또한 경영에 관여하였다. 한편, 허창수는 GS스포츠에서는 2005년 이후 줄곧 비상근이사이다.

㈜GS의 대주주이자 비상근이사인 허동수는 2005년 이후 줄곧 ㈜GS의 핵심 자회사인 GS칼텍스의 대표이사이다. GS칼텍스의 대표이사로서 ㈜GS에 겸직을 보유하고 있는 것으로도

볼 수 있다. 허동수는 다른 6개 회사(GS에너지, GS파워, 파르나스호텔, 보헌개발, 컴텍인터내셔날, 삼정건업)에도 겸직을 가졌는데, 이 중 뒤의 3개 회사는 삼양통상 관련 회사들이다. 삼양통상은 허동수를 포함하는 1세대 허정구 일가가 전적으로 소유하고 경영하고 있으며, 허동수는 대주주이면서 경영에는 관여하고 있지 않다.

㈜GS의 대표이사인 전문경영인 서경석은 매년 3-5개씩 모두 5개 회사(GS칼텍스, GS에너지, GS글로벌, GS스포츠, 파르나스호텔)에 겸직을 보유하였는데, 직책은 모두 비상근이사였다. 이 중 GS글로벌에서는 지주회사 임원 중 혼자만 관여하였고, 다른 4개 회사에서는 혼자 또는 다른 임원과 함께 관여하였다.

다섯째, 겸직을 보유한 ㈜GS 미등기임원 5명 중에서는 이완경이 GS스포츠에서 2005-2007년 사이에 대표이사의 겸직을 가진 적이 있었다. 허씨 가족구성원인 허용수는 2012년 승산 관련 2개 회사(승산, 승산레저)에 겸직을 보유한 적이 있는데, 승산은 허용수를 포함하는 1세대 허완구 일가가 전적으로 소유하고 경영하는 지주회사체제 미편입 회사이다. 승산의 경영은 허용수의 여동생 허인영이 책임지고 있다.

5.6 ㈜GS의 업무조직, 2004-2013년

㈜GS(이전 GS홀딩스)는 2004년 7월 LG그룹의 지주회사 ㈜LG가 인적 분할되어 신설되었으며, 지주사업만을 전담하는 순수지주회사로 출발하였다. 그런 만큼 ㈜GS의 임직원은 적고 업무조직은 단순하였다(<표 3.32>; <표 3.4> 참조)).

2004년 이후 임직원 수는 29-40명 사이에서 조금씩 늘어났다. 2004년 29명, 2005-2008년 32-34명, 2009-2012년 35-38명, 그리고 2013년 40명이었다. 임원은 2005년 10명을 제외하고는 11명이 계속 유지되었으며, 직원 수만 18-29명 사이에서 조금씩 증가하였다.

임원 10-11명 중에서는 등기임원이 7명, 미등기임원이 3-4명이었다. 등기임원 7명은 사내이사 3명(대표이사 2명, 비상근이사 1명)과 사외이사 4명으로 구성되었으며, 미등기임원은 2005년의 3명을 제외하고는 4명이 계속 유지되었다.

미등기임원과 직원은 3-5개의 팀으로 조직되었으며, 팀장은 미등기임원이 담당하였다. 2004-2007년에는 재무팀, 업무지원팀, 사업지원팀 등 3개 팀이 있었으며, 2008년 들어 경영지원팀과 브랜드관리팀이 추가되었다. 2009년 이후에는 자세한 정보가 없으나, 4개 팀(재무, 업무지원, 사업지원, 경영지원)은 존속하였으며, 브랜드관리팀 또한 존속한 것으로 추측된다.

한편, 2012년 1월 ㈜GS가 물적 분할되어 사업지주회사 GS에너지가 신설되었는데, 분할 이후 ㈜GS에서는 직원이 몇 명 늘어난 것을 제외하고는 업무 조직에 아무런 변화가 없었다. 반면, 사업보고서에 있는 임직원 수 정보와 임원의 현황 중 '담당 업무' 내용에 의하면, 신설 GS에너지에서는 2012-2013년 사이에 조직상에 상당한 변화가 일어났다.

2012년 12월 현재 GS에너지의 임직원은 144명이었다. 임원이 10명이고 직원이 134명이었으며, 임원은 등기임원 6명(상근사내이사 2명, 비상근사내이사 4명)과 미등기임원 4명이었다. 업무는 5개 부문으로 조직되었는데, 1개 부문(기획・재무)은 지주사업과 관련이 있는 것으로 보이며 나머지 4개 부문(자원개발, 정유・화학, Gas & Power, Cleantech사업)은 사업과 관련이 있었다.

〈표 3.32〉 ㈜GS의 업무조직, 2004-2013년 (명, 개)

	2004	2005	2006	2007	2008	2009	2010	2011	2012	2013
임직원 (명)	29	32	34	34	34	35	37	36	38	40
임원	11	10	11	11	11	11	11	11	11	11
직원	18	22	23	23	23	24	26	25	27	29
등기임원	7	7	7	7	7	7	7	7	7	7
사내이사	3	3	3	3	3	3	3	3	3	3
사외이사	4	4	4	4	4	4	4	4	4	4
미등기임원	4	3	4	4	4	4	4	4	4	4
조직 (팀; 개)	3	3	3	3	5	4	4	4	4	4
	재무 업무 사업	재무 업무 사업	재무 업무 사업	재무 업무 사업	재무 업무 사업 경영 브랜드	재무 업무 사업 경영	재무 업무 사업 경영	재무 업무 사업 경영	재무 업무 사업 경영	재무 업무 사업 경영

주: 1) 12월 현재.
2) 조직: 업무 = 업무지원, 사업 = 사업지원, 경영 = 경영지원, 브랜드 = 브랜드관리.
3) 2004-2008년에는 별도의 조직도 있음; 2009-2013에는 조직도 없음, 출처의 '임원의 현황' 중 '담당 업무'에 표시되어 있는 팀 이름임.
4) 2008년의 경우, 조직도에는 5개 팀이 표시되어 있는 반면 '담당 업무'에는 브랜드관리팀을 제외한 4개 팀만 표시되어 있음. 2009년부터는 조직도가 없기는 하지만 '담당 업무'에 4개 팀이 계속 표시되어 있는 점에 비추어 볼 때 브랜드관리팀 역시 존속했을 가능성이 있음.
출처: 사업보고서.

1년이 지난 2013년 12월까지 임직원은 186명으로 늘어났고, 5개 부문은 5개의 실, 본부 및 부문으로 재편되었다. 임원은 13명으로 등기임원이 7명(상근사내이사 2명, 비상근사내이사 4명, 비상근감사 1명), 그리고 미등기임원이 6명이었고, 직원은 173명이었다. 새 조직은 1개 실(종합기획), 2개 본부(경영지원, 에너지・자원사업), 그리고 2개 부문(정유・화학, 전지사업)이었다. 사업 분야는 축소 내지 통합된 반면 지주사업은 종합기획실을 통해 보다 체계적으로 추진할 수 있게 된 것으로 보인다.

6. 맺음말

2005년 이후 GS그룹의 지주회사체제 그리고 소유 및 경영구조에 나타난 주요 추세 및 특징은 다음과 같다.

(1) GS그룹의 성장:

GS그룹은 2005년 LG그룹에서 분리되어 설립되었다. 2005년 이후 줄곧 10대 재벌(7-9위)에 속해 있으며, 2005년과 2014년 사이 계열회사는 1.6배(50개 → 80개), 자산총액은 3.1배(18.7조 원 → 58.1조 원) 증가하였다.

(2) GS그룹 지주회사체제의 성립 과정:

① 지주회사체제는 2단계를 거쳐 구축되었다: ㈜LG의 인적 분할 및 공정거래법상 지주회사 GS홀딩스(이후 ㈜GS)의 설립(2004년 7월) → ㈜GS의 물적 분할 및 공정거래법상 지주회사 GS에너지의 설립(2012년 1월).

② 지주회사체제 달성 비율, 즉 '그룹 계열회사 중 공정거래법상 지주회사체제에 편입된 회사의 비중'은 50% 미만(26-45%)으로 낮기는 하지만 점진적으로 증가해 오고 있다.

(3) 소유구조의 변화:

① 2013년 12월 현재 그룹의 77개 계열회사 중 35개(45%)는 공정거래법상 지주회사체제에 편입되어 있고, 나머지 42개(55%)는 편입되어 있지 않다.

1세대 허씨 6형제(1남 허정구, 3남 허준구, 4남 허신구, 5남 허완구, 6남 허승효, 8남 허승조) 일가는 '공정거래법상 지주회사'인 ㈜GS에서는 지분을 공동으로 보유하고 있고, 그런 한편으로 앞의 4형제 일가는 지주회사체제에 편입되지 않은 '3개의 실질적인 지주회사'(삼양통상, GS건설, 코스모앤컴퍼니)와 다른 1개 회사(승산)를 각각 독자적으로 소유하고 있다. 이들 '4개 지주회사체제'는 각각 최대주주를 정점으로 하는 다단계 하향 피라미드구조로 조직되어 있다.

② 2005년 이후 ㈜GS 및 12개 주요 계열회사들이 그룹의 다른 계열회사들에 지분을 보유하였다.

지주회사체제에 편입된 회사들 중에서는 9개가 자신의 계열회사를 거느렸다. 지주회사 ㈜GS, 자회사였다가 손자회사로 전환된 1개(GS칼텍스), 자회사 4개(지주회사 GS에너지, GS홈쇼핑, GS리테일, GS글로벌), 손자회사 3개(에코메탈, GS그린텍, 디앤샵) 등이며, GS칼텍스의 지분 보유 회사가 5-17개로 가장 많다.

지주회사체제에 편입되지 않은 계열회사들 중에서는 실질적인 지주회사 4개(삼양통상, GS건설, 코스모앤컴퍼니, 승산)가 2005년 이후 자신의 계열회사를 거느렸다. 특히 GS건설은 GS칼텍스 만큼 많은 3-15개의 다른 계열회사에 지분을 보유하였다. 승산의 경우 2012년까지 1개의 계열회사가 있었다.

③ 2004년 이후 ㈜GS의 최대주주 및 특수관계인 지분은 45-51%대이며, 2013년 현재에는 45.47%이다. 최대주주인 허창수의 지분은 4-5%대 그리고 친족 지분은 40-46%대이며, 친족 이외의 특수관계인은 일부 연도에서만 미미한 지분을 보유하였다.

2004년 이후 지분을 보유한 최대주주 및 친족은 모두 56명이며, 이들은 1세대 7형제 일가(1남 허정구 일가 10명, 3남 허준구 일가 15명, 4남 허신구 일가 10명, 5남 허완구 일가 6명, 6남 허승효 일가 5명, 7남 허승표 일가 3명, 8남 허승조 일가 5명)에, 그리고 1·2·3세대(7명, 24명, 25명)에 속해 있었다.

허준구 일가(14-20%대)가 가장 많은 지분를 보유하였으며, 그다음이 허정구 일가(9-14%대), 허완구 일가(6-8%대), 허신구 일가(4-6%대), 허승조 일가(2%대), 허승효 일가(1%대), 허승표 일가(1% 미만) 등의 순이다. 또 2세대의 보유 지분(27-37%대)이 압도적으로 많으며, 3세대 지분(4-9%대)은 증가하는 추세를, 그리고 1세대 지분(7-3%대)은 감소하는 추세를 보였다.

④ 지주회사체제에 편입되지 않은 실질적인 지주회사 4개 중 GS건설(상장)은 1세대 3남 허준구 일가가 전적으로 소유하고 있다. 아들 5형제(허창수, 허정수, 허진수, 허명수, 허태

수) 일가 13명과 다른 가족구성원 1명이 지분을 보유하고 있으며, 최대주주 및 특수관계인 지분은 2005년 이후 20%대이고 친족 이외의 특수관계인 지분은 미미하다.

코스모앤컴퍼니(비상장)에서는 1세대 4남 허신구의 아들 2명(허경수, 허연수) 일가 3명이 80% 지분을, 그리고 삼양통상(상장)에서는 1세대 1남 허정구의 아들 3명(허남각, 허동수, 허광수) 일가 7명이 39-51%대의 지분을 각각 보유하고 있다. 승산(비상장)은 1세대 5남 허완구 일가의 몫이며, 허완구, 부인, 자녀 2명(허용수, 허인영) 등 4명이 100%를 가지고 있다.

(4) 경영구조의 변화

① 지주회사 ㈜GS에서는 2004년 설립 이후 '대표이사 허창수, 비상근이사 허동수'를 중심으로 가족경영체제가 유지되었다. 허창수는 1세대 6형제 중 가장 많은 지분을 보유한 3남 허준구 일가 소속이며, 56명 가족구성원들 중 가장 많은 지분을 보유한 최대주주이다. 또 허동수는 1세대 6형제 중 두 번째로 많은 지분을 보유한 1남 허정구 일가 소속이며 5위 내외의 대주주이다.

② 2005년 이후 14명의 허씨 일가 가족구성원들이 11개 그룹 계열회사의 경영에 관여하였다.

14명은 1세대 5형제(1남 허정구, 3남 허준구, 4남 허신구, 5남 허완구, 8남 허승조) 일가에, 그리고 1·2·3세대(1명, 11명, 2명)에 속해 있었다. 허준구 일가가 5명(2세대 허창수, 허진수, 허명수, 허태수; 3세대 허윤홍)으로 가장 많고, 그다음이 허정구 일가 4명(2세대 허남각, 허동수, 허광수; 3세대 허준홍), 허신구 일가 2명(2세대 허경수, 허연수), 허완구 일가 2명(2세대 허용수, 허인영), 허승조 일가 1명(1세대 허승조) 등의 순이다. ㈜GS에 지분을 많이 보유한 1세대 일가 순서(허준구, 허정구, 허완구, 허신구, 허승조, 허승효)와 거의 동일하다.

경영 참여 대상 회사 11개 중 7개(지주회사 ㈜GS; 자회사 GS칼텍스, GS에너지, GS홈쇼핑, GS리테일, GS스포츠, GS이피에스)는 공정거래법상 지주회사체제에 편입되어 있고, 나머지 4개(GS건설, 코스모앤컴퍼니, 삼양통상, 승산)는 편입되어 있지 않다. 전자의 7개 회사에 대해서는 5형제 일가 중 1-3개 일가 가족구성원들이 참여하였으며, 반면 후자의 4개 회사에 대해서는 지분을 보유한 4형제(허준구, 허신구, 허정구, 허완구) 일가가 각각 전적으로 경영을 담당하였다.

③ ㈜GS 임원들은 대부분이 겸직을 보유하면서 주요 계열회사들을 직접적 또는 간접적으로 통제하였다. 2005년 이후 겸직을 보유한 등기임원과 미등기임원은 모두 8명이며 이

중에는 가족구성원 3명(허창수, 허동수, 허용수)이 포함되어 있다.

겸직 대상 회사는 모두 19개였다. 이 중 10개는 지주회사체제에 편입된 회사로, ㈜GS의 자회사가 7개(GS에너지, GS이피에스, GS칼텍스, GS스포츠, GS홈쇼핑, GS리테일, GS글로벌), 그리고 손자회사가 3개(디케이티, GS파워, GS플라텍)였다. 나머지 9개는 지주회사체제에 편입되어 있지 않은 회사들이다. GS건설 계열 2개(GS건설, 파르나스호텔), 삼양통상 계열 3개(보헌개발, 컴텍인터내셔날, 삼정건업), 승산 계열 2개(승산, 승산레저), 기타 2개(GS자산운용, 위너셋) 등이다.

④ ㈜GS는 지주사업을 수행하는 순수지주회사이다. 2004년 이후 임직원은 29-40명(임원 10-11명, 직원 18-29명)으로 적었고, 이들은 3-5개의 팀(재무, 업무, 사업, 경영, 브랜드)으로 조직되었다.

제4장

LS그룹의 지주회사체제

1. 머리말

제4장에서는 LS그룹(2014년 4월 현재 재벌 순위 16위)이 2008년 공정거래법상 지주회사체제를 도입한 이후 그룹의 소유구조 및 경영구조에 어떤 변화가 일어났는지, 그리고 이 과정에서 소유권과 경영권이 어느 정도로 어떤 방식으로 동반 강화되면서 구태회(그룹 동일인) 및 구자열(㈜LS 최대주주) 일가에게 집중되어 오고 있는지를 고찰한다. 이를 위해 구씨 일가가 소유에 참여하기 시작한 2002년 이후, 그리고 그룹이 출범한 2004년 이후 2013년까지 10-12년의 기간을 대상으로 소유 및 경영구조의 주요 추세 및 특징을 분석한다.

LS그룹은 2004년 4월 출범하였다. GS그룹의 출범 1년 전이었다. 주력회사인 LG전선(이후 LS전선, ㈜LS)은 2003년 11월 LG그룹에서 계열 분리되었으며, 이듬해 4월 관련 회사들과 함께 LG전선그룹(이후 LS그룹)을 새롭게 형성하였다. LG전선의 계열 분리는, GS홀딩스(이후 ㈜GS)의 설립처럼, 독자적인 그룹의 출범을 염두에 두고 사전에 취해진 조치였다.

그룹 출범 이후 4년여가 지난 2008년 8월 ㈜LS는 공정거래법상 지주회사로 전환되었고, 이로써 LS그룹은 지주회사체제로 공식 재편되었다. 이후 지주회사체제는 ㈜LS를 중심으로 점진적으로 구축되었으며, 5년여가 지난 2013년 12월 한 차례의 큰 변화가 일어났다. ㈜LS의 자회사인 LS전선이 분할되어 제2의 지주회사 LS I&D가 신설된 것이다. 이 지주회사는 공정거래법상 지주회사로 지정되지는 않았지만, LS그룹은 이제 2개의 지주회사를 중심으로 새로운 모습의 체제를 가지게 되었다. LS그룹의 지주회사체제는 GS그룹과 다른 재벌들에서는 찾아볼 수 없는 특유의 방식으로 구축되어 오고 있으며, 그런 만큼 '한국재벌과 지주회사체제'라는 큰 틀 속에서 진행되고 있는 또 다른 귀중한 경험이고 실험이라고 할 수 있다.

LS그룹 지주회사체제 및 지배구조의 가장 큰 특징은 '불완전한 지주회사체제하에서의 공동적이면서 개별적인 가족지배체제의 강화'이다. 이 점은 GS그룹의 경우와 큰 틀에서는 유사한 반면 구체적인 내용에서는 서로 다른 모습을 보여주고 있다. LS그룹에서는 그룹 전체 계열회사들 중 절반을 조금 넘는 회사들이 공정거래법상 지주회사인 ㈜LS 및 산하 계열회사들로 조직되어 있으며, ㈜LS의 소유와 경영에는 1세대 구씨 3형제 일가가 공동으로 참여하고 있다. 그런 한편으로 3형제 일가는 공정거래법상 지주회사체제에 편입되지 않은 계열회사들에 대해 공동으로 또는 독자적으로 지분을 보유하고 있으며, 경영권은 2형제 일가가 나누어 독자적으로 행사하고 있다. 그 결과, '공정거래법상 지주회사체제'와는 별도로 '3개의 실질적인 지주회사체제'가 구축되어 '4개의 지주회사체제'가 공존하고 있는 모습을 보이고 있다. 이러한 복합적인 소유 및 경영구조는 2004년 그룹이 출범하기 1-2년 전부터 시작되었으며 2008년 지주회사체제로 재편된 이후 더욱 고착화된 것으로 보인다. 이 과정에 1세대와 2세대뿐 아니라 3세대도 적극적으로 참여하여 가족지배체제가 보다 강화되었으며, 3세대로의 승계는 소유에서만 더디게 진행되었다.

아래에서는, LS그룹의 성장 과정(제2절), LS그룹 지주회사체제의 성립 과정(제3절), 소유구조의 변화(제4절), 경영구조의 변화(제5절) 등 4개 항목으로 나누어 LS그룹 지주회사체제의 주요 추세 및 특징을 서술한다.

제2절에서는 LS그룹이 LG그룹에서 분리되는 과정, 그리고 2004년 출범 이후 2014년까지의 재벌 순위, 계열 회사 수 및 자산총액의 변화를 정리한다.

제3절에서는 2008년 이후의 지주회사체제 성립 2단계 과정, 그리고 지주회사체제 달성비율(그룹 계열회사 중 공정거래법상 지주회사체제에 편입된 회사의 비중)을 살펴본다.

제4절은 크게 4가지 내용으로 구성되어 있다. 첫째, 2013년 12월 현재 LS그룹의 지주회사체제가 어떤 모습을 띠고 있는지, 그리고 공정거래법상 지주회사(㈜LS)와 실질적인 지주회사 3개(예스코, E1, 가온전선)의 지분구조는 어떤지를 제시한다. 둘째, 2004년 이후 ㈜LS 및 주요 12개 계열회사들이 얼마나 많은 다른 계열회사들에 어느 정도의 지분을 보유해 오고 있는지를 분석한다. 지분을 보유한 13개 회사는 ㈜LS 계열 6개(㈜LS, 자회사 4개, 손자회사 1개)와 지주회사체제에 편입되지 않은 7개이며, 뒤의 7개는 예스코 계열 3개(예스코, 자회사 1개, 손자회사 1개), E1 계열 3개(E1, 자회사 1개, 손자회사 1개), 그리고 가온전선이다. 셋째, 2002년 이후 ㈜LS의 최대주주인 구자열과 특수관계인 지분이 어떻게 변해 오고 있는지를 살펴보며, 특히 가족이 보유한 지분의 현황을 3개 일가별(1세대 4남 구태회, 5남 구평회, 6남 구두회 일가), 1·2·3세대별, 그리고 개인별로 자세하게 고찰한다. 넷째, 지주회사체제에 편입되지 않은 주요 3개 회사(예스코, E1, 가온전선)의 최대주주 및 특수관계인 지분 현황을 차례로 살펴본다.

제5절도 4가지 내용을 담고 있다. 첫째, 지주회사 ㈜LS의 등기임원이 누구인지, 그리고 이들 중 구씨 가족구성원은 누구인지를 정리한다. 둘째, 2002년 소유에 참여하기 시작한 이후 3개 일가(구태회, 구평회, 구두회 일가) 소속의 10명 가족구성원들이 지주회사체제에 편입되거나 편입되지 않은 13개 계열회사에 어떤 직책을 가지고 경영에 참여하였는지를 자세하게 분석한다. 셋째, ㈜LS 임원들의 겸직 현황을 살펴보면서 산하 계열회사에 대한 경영 관여 정도를 확인한다. 넷째, 2008년 지주회사로 전환되기 이전과 이후 ㈜LS의 임직원 규모와 업무조직이 어떻게 변하였는지를 살펴본다.

마지막으로 제6절(맺음말)에서는 위에서 논의된 주요 내용을 요약한다.

2. LS그룹의 성장 과정

LS그룹(이전 LG전선그룹)은 2004년 4월 ㈜LS(이전 LG전선, LS전선) 관련 회사들이 LG그룹에서 계열 분리되면서 공식 출범하였다. 2014년 4월 현재 대규모사기업집단 중 16위이며, 계열회사는 51개, 자산총액은 20.4조 원이다.

LS그룹은 LG그룹에 참여해 왔던 구씨 및 허씨 일가 중 구씨 일가의 일부가 자신들의 몫으로 설립한 그룹이다. 구씨 일가 중 다른 일부는 1999년에 이미 LIG그룹으로 독립한 상태였으며, 허씨 일가는 LS그룹이 출범한 후 1년이 지난 2005년 4월 GS그룹으로 따로 분가하였다. 이로써 구씨 및 허씨 일가는 모두 4개 그룹(LG, LIG, LS, GS)과 관련을 맺게 되었다.

LG그룹(이전 럭키금성그룹)의 모태는 1947년 구인회가 설립한 락희화학공업사이다. 구인회(1907-1969년)는 24세 때인 1931년 진주에서 구인회상점을 차려 포목상으로 사업을 시작하였으며, 1945년 부산으로 옮겨와 조선흥업사라는 무역회사를 설립하였다. 이어 1947년에 락희화학공업사(이후 LG화학, ㈜LG)를 세워 사업을 본격화하였다.

이 과정에서 구인회는 장인(허을수의 아버지) 허만식의 6촌 허만정의 자금 지원을 받게 되었으며, 이를 계기로 허만정의 셋째 아들 허준구가 경영에 참여하였다. 허준구는 구인회의 첫째 동생 구철회의 큰 사위(구위숙의 남편)였다. 허준구의 형(허학구)과 동생(허신구)도 락희화학에 관여하였다. 이후 구씨 일가와 허씨 일가는 사돈관계를 넘어 돈독한 사업파트너가 되었다.

구인회는 1969년 세상을 떠났으며, 1970년 1월 금성사(이후 LG전자) 부사장이던 장남 구자경이 그룹회장직을 이어받았다. 25년이 지난 1995년 1월 구자경은 그룹 이름을 '럭키금성그룹'에서 'LG그룹'으로 바꾸고 새로운 출발을 다짐하였으며, 이에 맞추어 2월에는 1989년 이후 그룹 부회장직을 수행해 오던 장남 구본무에게 경영권을 물려주었다.

LG그룹의 분가는 3대 구본무체제 출범 4년 뒤인 1999년 시작되었다. 구인회의 남동생 5명 중 첫째인 구철회 일가가 그룹 계열회사인 LG화재해상보험을 맡아 독립한 것이다. 이 회사는 구철회의 4남 4녀 자녀 중 아들 2명(3남 구자훈, 4남 구자준)이 주도하였고, 다른 아들 2명(1남 구자원, 2남 구자성)의 자녀들도 관여하였다. 2006년 회사 이름이 LIG손해보험으로 바뀌었으며, 이후 LIG그룹으로 자리매김하였다.

이어 2004년에 LG전선그룹(2005년 3월 이후 LS그룹)이 두 번째로 LG그룹으로부터 분가하였다. 1947년 LG그룹이 창립된 이후 47년이 되던 해였다. LG전선(이후 LS전선, ㈜LS) 관련 회사들은 2003년 11월 LG그룹에서 공식 분리되었으며, 2004년 4월 공정거래법상 대규모기업집단으로 지정되면서 독자적인 그룹으로 출범하였다.

LS그룹은 구인회의 둘째 동생 구정회를 제외한 나머지 3명 동생들(셋째 구태회, 넷째 구평회, 다섯째 구두회) 일가의 몫이었다. 구태회와 구평회를 비롯해 구태회의 아들 4명(구자홍, 구자엽, 구자명, 구자철), 구평회의 아들 3명(구자열, 구자용, 구자균), 그리고 구두회의 아들 1명(구자은)이 경영에 참여하였다. 구태회는 그룹의 동일인이며, 구자열은 ㈜LS의 최대주주이다.

1세대 3형제 일가는 그룹의 공식 지주회사인 ㈜LS에 모두 관여하고 있으며, 그런 한편으로 별도로 지주회사체제에 편입되어 있지 않은 계열회사들을 나누어 담당하고 있다. 'E1 및 계열회사'에는 구평회 일가만 관여하고 있고, '예스코 및 계열회사'에는 구태회와 구두회 일가가, 그리고 '가온전선 및 계열회사'에는 3개 일가 모두가 관여하고 있다. 3개 일가 입장에서는 각각 2개 부류의 계열회사들을 나누어 담당하고 있는 셈이다(구태회와 구두회 일가는 '예스코와 가온전선', 구평회 일가는 'E1과 가온전선'). 따라서 LS그룹이라는 같은 울타리 안에 있으면서도 3개 일가는 각자의 지분을 유지하면서 상당한 정도의 독립성을 유지하고 있다.

한편, 2005년 4월에는 세 번째이자 마지막으로 허씨 일가가 LG그룹에서 분가하여 GS그룹으로 독립하였다. 허만정(구인회의 장인 허만식의 6촌)의 아들 8명 중 2명(2남 허학구, 7남 허승표)을 제외한 나머지 6명(1남 허정구, 3남 허준구, 4남 허신구, 5남 허완구, 6남 허승효, 8남 허승조)이 관여하였으며, 허준구의 아들 5명(허창수, 허정수, 허진수, 허명수, 허태수) 일가 가족구성원들이 주축을 이루고 있다.

LS그룹은 2004년 출범 이후 줄곧 20대 재벌에 속해 있다. 2004년에는 순위가 17위였고, 자산총액은 5.1조 원 그리고 계열회사는 12개였다. 이후 순위는 15-19위가 유지되고 있으며, 자산총액과 계열회사는 점진적으로 증가하였다(<표 4.1>, <그림 4.1>).

〈표 4.1〉 LS그룹의 성장, 2004-2014년: 순위 (A, 위), 계열회사 (B, 개), 자산총액 (C, 10억 원), 1개 계열회사 평균자산 (D, 10억 원)

연도	A	B	C	D	연도	A	B	C	D
2004	17	12	5,056	421	2010	15	44	16,179	368
2005	19	17	5,877	346	2011	15	47	18,043	384
2006	19	19	6,591	347	2012	15	50	19,316	386
2007	16	20	9,852	493	2013	17	49	20,075	410
2008	18	24	9,562	398	2014	16	51	20,367	399
2009	17	32	12,845	401					

주: 4월 현재; 순위는 공기업집단 제외; 2004년 = LG전선그룹.
출처: 공정거래위원회 홈페이지 자료.

〈그림 4.1〉 LS그룹의 성장, 2004-2014년: 자산총액 (조 원), 계열회사 (개)

(출처: <표 4.1>)

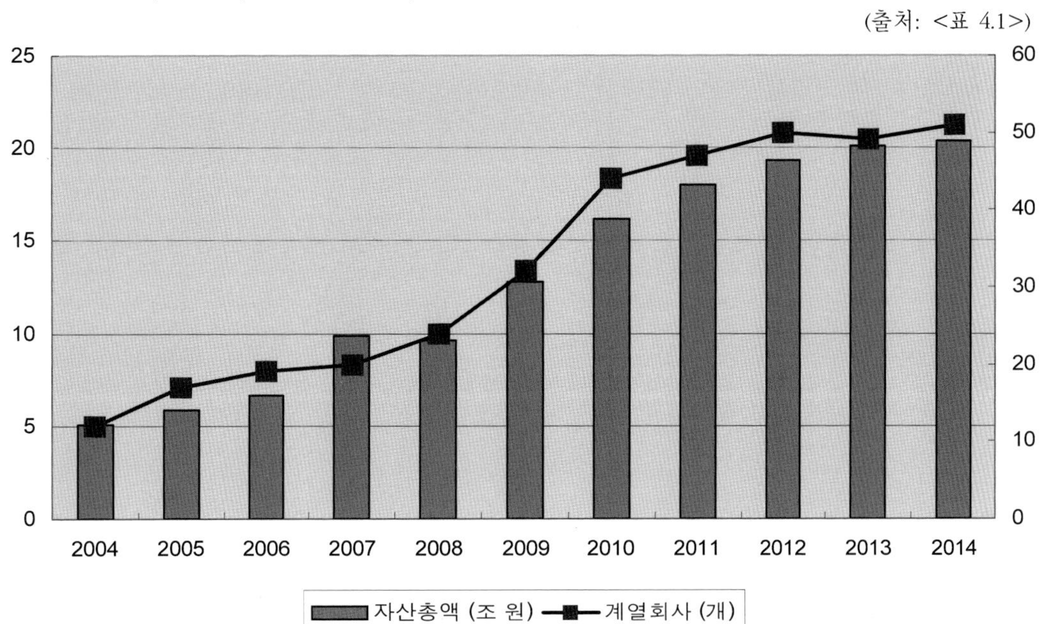

자산총액은 2004년 5.1조 원이던 것이 2005-2006년에는 5.9-6.6조 원으로 완만하게 증가하였으며, 2007년 들어 큰 폭으로 늘어나 9.9조 원이 되었다. 이어 2009년에 12.8조 원으로 더욱 늘어나 처음으로 10조 원 이상이 되었다. 2010-2012년 사이에는 16.1-19.3조 원으로 꾸준히 증가하였으며, 2013년에 처음으로 20조 원 이상(20.1조 원)이 되었고 2014년(20.4조 원)에는 조금 더 늘어나 최고치를 기록하였다. 2004년의 5.1조 원과 비교하면 4배 늘어난 수치이다.

계열회사 또한 꾸준히 증가하였다. 2004년 12개이던 것이 2007년에는 20개로 늘어났고 2008년에는 24개로 더욱 늘어나 그룹 출범 4년 만에 계열회사가 2배가 되었다. 이어 2009년 32개, 2010-2012년 44-50개로 매년 증가하였으며, 2013년(49개)에는 2004년 이후 처음으로 계열회사가 줄어든 뒤 2014년(51개) 다시 늘어나 최고치를 기록하였다. 2004년의 12개와 비교하면 4.3배 수준이다.

3. LS그룹 지주회사체제의 성립 과정

3.1 지주회사체제 성립 2단계 과정, 2008-2013년: 개관

LS그룹은 출범(2004년 4월) 이후 4년 3개월이 지난 2008년 7월 지주회사체제를 구축하기 시작하였다. 주력회사인 LS전선(이전 LG전선)이 분할되어 공정거래법상 지주회사 ㈜LS로 전환되면서였다. 이후 5년 이상 다른 변화가 없다가 2013년 12월에 ㈜LS의 자회사인 LS전선이 분할되어 새로운 지주회사 LS I&D가 설립되었다. 즉, LS그룹의 지주회사체제는 2008년 7월 이후 2014년 중반까지 6년여 동안 '① 물적 분할 및 공정거래법상 지주회사로의 전환 → ② 인적 분할 및 제2의 지주회사 설립'의 2단계를 거쳐 구축되었다(<표 4.2>; <부록 5> 참조).

(1) 제1단계 [2008년 7월, LS전선의 3개 회사로의 물적 분할 및 공정거래법상 지주회사로의 전환]: 2008년 7월 그룹의 주력회사이자 실질적인 지주회사 역할을 해오던 LS전선이 ㈜LS, LS전선, LS엠트론 등 3개 회사로 물적 분할되었다. ㈜LS는 이전의 LS전선이 새로운 회사명을 가지고 '투자사업부문'을 수행하는 순수지주회사로 성격을 바꾼 뒤 존속하는 것으로 하였으며 공정거래법상 지주회사로 지정되었다. 반면, LS전선과 LS엠트론은 신설된 뒤

이전의 LS전선 사업 중 '전선업부문'과 '기계업부문'을 각각 넘겨받았으며, 두 회사 모두 ㈜LS의 자회사로 편입되었다.

2008년 9월 현재 ㈜LS의 자산총액은 1.7조 원으로 55개 공정거래법상 일반지주회사들 중 여섯 번째로 규모가 컸다. 1-5위의 지주회사는 SK㈜(9.5조 원), ㈜LG(5.6조 원), 금호산업(4.1조 원), GS홀딩스(3.6조 원), 그리고 CJ㈜(2.2조 원)였다. ㈜LS의 지주비율은 89.7%(자회사 4개)였다.

(2) 제2단계 [2013년 12월, 자회사 LS전선의 2개 회사로의 인적 분할 및 제2의 지주회사 설립]: 2013년 12월 ㈜LS 자회사인 LS전선이 LS전선과 LS I&D의 2개 회사로 인적 분할되었다. LS전선은 전선업을 계속 영위하면서 존속하는 것으로 하였고, LS I&D는 신설된 뒤 이전의 LS전선으로부터 'Cyprus 해외투자사업과 부동산개발사업'을 물려받았다. 뒤의 회사는 사업지주회사의 성격을 가지고 ㈜LS의 자회사로 편입되었다.

이로써 LS그룹은 2개 지주회사를 중심으로 '㈜LS → LS I&D'로 이어지는 2중 구조의 지주회사체제를 구축하게 되었다. LS I&D는 해외 계열회사를 자회사로 두고 있으며 공정거래법상 지주회사는 아니다.

〈표 4.2〉 LS그룹 지주회사체제 성립 2단계 과정, 2008-2013년

단계	시기	내용
	2003년 11월	* LG전선(2005년 3월 이후 LS전선, 2008년 7월 이후 ㈜LS) 관련 회사 LG그룹에서 계열 분리
	2004년 4월	* LG전선그룹(2005년 3월 이후 LS그룹) 출범
(1)	2008년 7월	* LS전선의 3개 회사로의 물적 분할 및 공정거래법상 지주회사로의 전환 LS전선 → ㈜LS (존속, 순수지주회사) + LS전선 (신설, 자회사) + LS엠트론 (신설, 자회사)
(2)	2013년 12월	* LS전선의 2개 회사로의 인적 분할 LS전선 → LS전선 (존속) + LS I&D (신설, 사업지주회사, ㈜LS의 자회사)

주: LS I&D는 공정거래법상 지주회사가 아님.
출처: 〈표 4.4〉, 〈표 4.5〉.

3.2 지주회사체제 달성 비율, 2008-2013년

LS그룹의 지주회사체제 달성 비율 즉 '그룹 전체 계열회사들 중 지주회사체제에 편입된 회사의 비중'은 55% 내외로 다소 낮은 편이다. 더구나 점진적으로 감소하는 추세를 보여 2008년 60%이던 것이 2013년 현재에는 54%이다. 한편, 공정거래법상 지주회사체제로 전환한 이후의 체제 달성 비율(54-60%)은 이전의 실질적인 지주회사체제하에서의 비율(55-72%)에 비해 오히려 줄어든 수치를 보이고 있다(<표 4.3>, <그림 4.2>).

(1) 2004년 12월 - 2007년 12월 (55-72%): 주력회사인 LS전선은 2008년 7월 공정거래법상 지주회사로 지정되기 이전에도 LS그룹의 실질적인 지주회사 역할을 해 오고 있었다. 지분 보유 회사는 모두 10-12개로, 자회사가 9-11개 그리고 손자회사가 1개였다. LS전선 및 계열회사가 그룹 전체에서 차지하는 비중은 그룹 출범 이후 3년 동안(2004-2006년)에는

〈표 4.3〉 LS그룹의 지주회사체제:
그룹 계열회사 중 지주회사체제 편입 회사의 비중, 2008-2013년 (개, %)

연.월	그룹		지주회사체제				지주회사체제 달성 비율 (B/A, %)
	순위	계열회사 (A, 개)	지주회사 (a)	순위	계열회사 (자+손자+증손) (b, 개)	합 (a+b=B, 개)	
(지주회사체제 이전)							
2004.12	17	16	LG전선	-	10 (9+1+0)	11	69
2005.12	19	18	LS전선	-	11 (10+1+0)	12	67
2006.12	19	18	LS전선	-	12 (11+1+0)	13	72
2007.12	16	22	LS전선	-	11 (10+1+0)	12	55
(지주회사체제)							
2008.12	18	30	㈜LS	6	17 (4+12+1)	18	60
2010.1	15	43	㈜LS	7	23 (4+18+1)	24	56
2010.12	15	46	㈜LS	7	25 (4+20+1)	26	57
2011.12	15	47	㈜LS	7	26 (5+20+1)	27	57
2013.3	17	50	㈜LS	-	27 (5+21+1)	28	56
2013.12	17	50	㈜LS	-	26 (6+19+1)	27	54

주: 1) 2004-2007년의 LG전선과 LS전선은 공정거래법상 지주회사가 아님.
2) 그룹 및 지주회사의 계열회사는 해당 연월 현재.
3) 그룹 순위는 해당 연도 4월 현재; 지주회사 순위는 해당 연도 9월(2008-2011년) 현재, 2013년 순위 정보는 없음.
4) 상호 변경: LG전선 → LS전선 (2005년 3월); LS전선 → ㈜LS (2008년 7월).
출처: 사업보고서, 공정거래위원회 홈페이지 자료, 〈표 4.2〉.

〈그림 4.2〉 LS그룹의 지주회사체제, 2008-2013년 (개, %)

(출처: <표 4.3>)

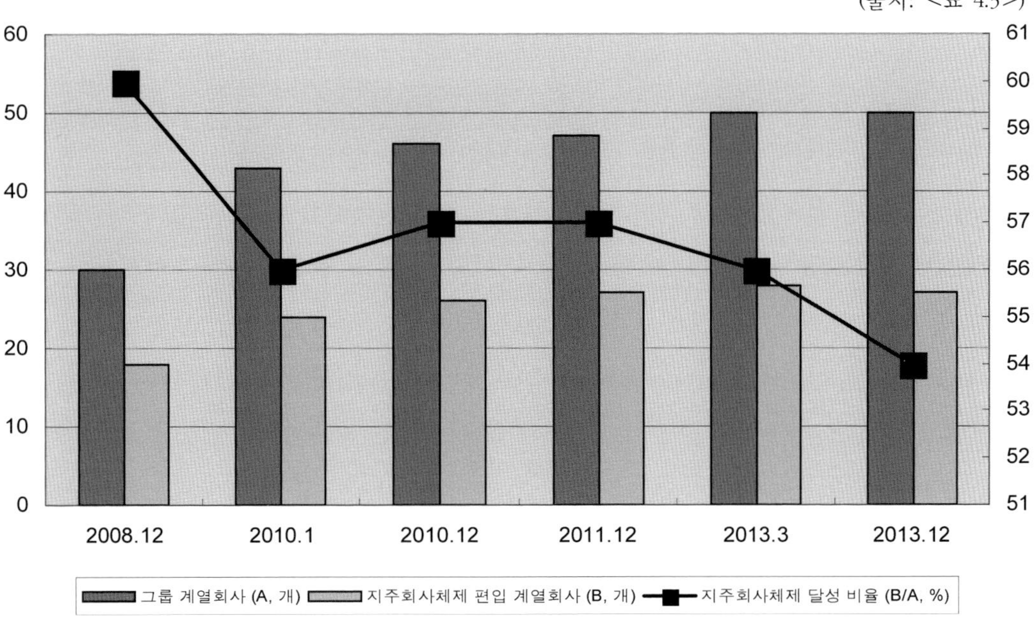

2/3 이상(67-72%)이었으며, 2007년 들어 절반 수준(55%)으로 줄어들었다.

(2) 2008년 12월 (60%): 지주회사체제 출범 첫 해에는 그룹 계열회사 30개 중 2/3 남짓인 18개 회사가 체제에 편입되었다. 지주회사 ㈜LS, 자회사 4개, 손자회사 12개, 증손회사 1개 등으로 구성되었다.

(3) 2010년 1월 - 2013년 3월 (56-57%): 2010년 초에서 2013년 초까지는 지주회사체제 달성 비율이 2008년에 비해 3-4% 포인트 줄어든 상태가 계속되었다. 그룹 전체 계열회사는 43-50개 수준에서, 그리고 지주회사체제 편입 회사는 24-28개 수준에서 완만하게 증가한 때문이었다. 지주회사의 자회사는 4-5개 그리고 손자회사는 18-21개였으며, 증손회사는 1개가 그대로 유지되었다.

(4) 2013년 12월 (54%): 2013년 12월 현재에는 지주회사체제 달성 비율이 54%로 더욱 낮아져 2008년 이후 최저치를 기록하였다. 2008년의 최고치인 60%와 비교하면 6% 포인트 줄어든 수치이다. 2013년 초에 비해 그룹 전체 계열회사는 50개로 그대로인 반면 체제 편입 회사는 27개로 1개 줄어들었다. 지주회사 ㈜LS를 비롯해 자회사가 6개, 손자회사가 19개, 그리고 증손회사가 1개였다.

3.3 지주회사체제 성립 1단계: LS전선(=㈜LS)의 물적 분할 및 공정거래법상 지주회사로의 전환, 2008년 7월

LS그룹은 출범(2004년 4월) 이후 4년여가 지난 2008년 7월 지주회사체제로 재편되었다. 주력회사인 LS전선이 3개 회사로 물적 분할된 뒤 공정거래법상 지주회사 ㈜LS로 전환되면서였다. 2008년 9월 현재 ㈜LS의 자산총액은 1.7조 원 그리고 지주비율은 89.7%(자회사 4개)였다.

LS전선(이전 LG전선)은 2003년 11월 LG그룹으로부터 계열 분리되었으며, 2004년 4월 LS그룹이 출범한 이후에는 9-11개의 회사에 지분을 보유하면서 실질적인 지주회사의 역할을 해 오고 있었다. 2008년의 분할 및 지주회사로의 전환은 기존의 지주기능을 공식화하고 보다 강화하기 위한 의도에서 취해진 조치였다.

분할의 일정, 목적, 성격 및 방법은 분할신고서(2008년 5월 2일; 정정 신고 5월 9일, 6월 5일)와 분할종료보고서(2008년 7월 4일; 정정 신고 7월 31일)에 자세하게 나와 있다(<표 4.4>).

먼저, 분할은 2008년 5월 2일의 이사회 결정 이후 석 달이 채 되지 않아 마무리되었다. 이사회 다음 날인 5월 3일 주주명부의 폐쇄가 공고되었고, 22일 분할주주총회를 위한 주주가 확정되었으며, 6월 24일 분할계획서 승인을 위한 주주총회가 개최되었다. 분할 기일은 7월 1일로 정해졌다. 같은 날로 예정된 분할보고총회(존속 ㈜LS)와 창립총회(신설 LS전선, LS엠트론)는 이사회 결의에 의한 공고로 갈음하였으며, 이어 분할 등기(7월 2일)와 상호 변경 상장(7월 28일)이 진행되었다.

분할의 목적은 세 가지였다. 첫째, 투자사업부문과 전선・기계(부품 포함)의 제조사업부문으로 분리함으로써 적정한 기업가치의 평가를 통해 주주의 가치를 극대화한다. 둘째, 투자사업부문만을 영위하는 순수지주회사의 설립을 통하여 제조사업부문이 고유의 사업에 전념하게 하는 한편 사업부문별로 객관적인 평가를 함으로써 책임경영체제를 구축한다. 그리고 셋째, 각 사업부문의 특성에 맞는 신속한 의사결정이 이루어지게 하고 역량을 집중함으로써 성장잠재력을 확보하고 경영위험을 최소화한다.

분할을 위해 이전의 LS전선이 영위해 오던 사업이 세 부류로 나누어졌다. 투자사업부문, 제조사업부문 중 전선업부문, 제조사업부문 중 기계(부품 포함)업부문이다. 투자사업부문은 이전의 LS전선이 지주회사로 성격을 바꾸고 새로운 회사명(㈜LS)하에 계속 담당하였으며,

〈표 4.4〉 LS전선(=㈜LS)의 3개 회사로의 물적 분할, 2008년 5-7월

(A) 분할 일정

2008년 5월 2일: 이사회 결의	6월 24일: 분할계획서 승인을 위한 주주총회
5월 3일: 주주명부 폐쇄 공고	7월 1일: 분할기일, 분할보고총회 또는 창립총회
5월 22일: 분할주주총회를 위한 주주 확정	7월 2일: 분할등기
5월 23-29일: 주주명의개서 정지	7월 28일: 상호 변경 상장

(B) 분할의 주요 내용

1. 목적: 1) 투자사업부문과 전선·기계(부품 포함)의 제조사업부문 분리 → 적정 기업가치의 평가 → 주주가치 극대화
   2) 투자사업만 영위하는 순수지주회사 설립, 제조사업의 고유 사업 전념 → 사업부문별 객관적 평가, 책임경영체제 구축
   3) 각 사업부문 특성에 맞는 신속한 의사결정 및 역량 집중 → 성장잠재력 확보, 경영위험 최소화

2. 회사명: 1) 분할 전 회사 - LS전선 (LS Cable Ltd.)
   2) 분할되는 회사 - LS전선 → ㈜LS (LS Corporation) (상호 변경)
   신설회사 - LS전선 (LS Cable Ltd.)
   LS엠트론 (LS Mtron Ltd.)

3. 사업부문: 1) ㈜LS - 투자사업부문
   2) LS전선 - 제조사업부문 중 전선업부문
   LS엠트론 - 제조사업부문 중 기계(부품 포함)업부문

4. 방법: 1) 분할되는 회사의 영위 사업 중 전선부문 및 기계(부품 포함)부문을 분할하여 각각 신설회사 설립
   2) 분할되는 회사가 신설회사의 발행 주식 총수를 취득하는 단순·물적 분할 방식
   3) 분할되는 회사는 존속, 신설회사는 비상장법인

5. 분할 재산 관련 사항:
   1) 분할되는 회사의 일체의 적극·소극 재산, 공법상 권리의무를 포함한 기타의 권리의무, 재산적 가치가 있는 사실관계(인허가, 근로관계, 계약관계, 소송 등 포함)는 분할대상부문에 관한 것이면 신설회사에, 분할대상부문 이외의 부문에 관한 것이면 분할되는 회사에 각각 귀속
   2) a) 분할되는 회사가 보유하고 있는 다음 상표는 분할되는 회사에 존속: '엘에스', 'LS', 심벌마크를 포함하고 있는 상표 (관련되는 일체의 권리의무 포함); 기타 '엘에스', 'LS', 심벌마크와 유사성을 인정할 수 있는 일체의 상표
   b) 나머지 상표(관련되는 일체의 권리의무 포함), 기타 산업재산권 등 일체의 지적재산권은 분할대상부문에 관한 것이면 신설회사에, 분할대상부문 이외의 부문에 관한 것이면 분할되는 회사에 각각 귀속
   3) 재무구조 (2007년 12월 31일 기준, 백만 원;
   분할 전 회사 ≧ 분할되는 회사 // 신설 LS전선 // 신설 LS엠트론)

	분할 전 회사		분할되는 회사		신설 LS전선		신설 LS엠트론	
a) 자산:	3,192,166	>	1,645,738	//	2,239,795	//	645,095	
b) 부채:	1,700,984	>	172,792	//	1,348,335	//	179,857	
자본:	1,491,182	>	1,472,946	//	891,460	//	465,238	
c) 자본금:	161,000	=	161,000	//	100,000	//	45,000	
d) 매출금:	3,164,411	=	0	+	2,544,343	+	620,068	[80.4% + 19.6%]

출처: 분할신고서, 분할종료보고서.

나머지 두 사업은 신설 자회사인 LS전선과 LS엠트론으로 각각 이관되었다.

이에 따라 분할 후의 3개 회사가 영위할 목적사업들이 새롭게 설정되었다. ㈜LS 24개, LS전선 30개, 그리고 LS엠트론 21개였다.

㈜LS는 순수지주회사의 성격을 가지게 된 만큼 목적사업이 새롭게 설정되었다. 특히 지주사업(제1항), 지적재산권의 관리 및 라이센스업(제5항), 자회사에 대한 사무지원사업(제22항) 등의 항목이 명문화되었다. 반면, 제조사업부문을 물려받은 신설 2개 자회사의 경우에는, 이전 LS전선의 44개 목적사업이 나뉘어 일부는 그대로 일부는 다소 변경되어 신설 회사의 목적사업이 되었는데, 12개 사업은 두 회사 모두에 이관되었다. 신설된 목적사업은 각각 1개, 2개이며, '반도체 관련 제조업'은 두 회사 모두에 포함되었다.

분할신고서(2008년 5월 2일)에 나와 있는 분할 이후의 3개 회사 목적사업은 다음과 같다.

(1) 존속 지주회사 ㈜LS의 목적사업 24개: ① 자회사의 주식 또는 지분을 취득・소유함으로써 자회사의 제반 사업내용을 지배・경영지도・정리・육성하는 지주사업. ② 부동산 매매 및 임대업. ③ 교육서비스업. ④ 국내외 광고의 대행업과 광고물의 제작 및 매매 등의 광고사업. ⑤ 브랜드 및 상표권 등 지적재산권의 관리 및 라이센스업. ⑥ 시장조사, 경영자문 및 컨설팅업. ⑦ 신기술사업 관련 투자, 관리, 운영 사업 및 창업지원 사업. ⑧ 부동산개발, 기획, 조사, 컨설팅 용역업. ⑨ 각종 상품의 매매. ⑩ 각종 상품의 위탁 및 수탁매매대리업. ⑪ 수출입대행업, 무역대리업을 포함한 수출사업. ⑫ 도소매업, 통신판매업을 포함한 각종 판매 유통사업. ⑬ 컴퓨터 소프트웨어 매매 및 대리업. ⑭ 인터넷 등 전자상거래를 통한 상품, 제품 매매 및 관련 부대사업. ⑮ 회사가 보유하고 있는 지식, 정보 등의 운영, 무형자산의 판매 및 용역사업. ⑯ 통신서비스 관련 대행용역 제공. ⑰ 전자전기기계기구의 임대업. ⑱ 기술연구 및 용역 수탁업. ⑲ 조림 및 산지개발에 관한 사업. ⑳ 체육시설 및 휴양시설 등 개발업. ㉑ 국내외 자원의 탐사, 채취, 개발사업. ㉒ 자회사 등과 상품 또는 용역의 공동개발・판매 및 설비・전산시스템의 공동 활용 등을 위한 사무지원사업. ㉓ 자회사 등의 전산시스템 개발 및 설비 제공, 이와 관련된 컨설팅 교육사업. ㉔ 전기 각 항의 목적 달성에 부수 또는 수반되거나 직접, 간접의 투자 및 일체의 사업.

(2) 신설 자회사 LS전선의 목적사업 30개 (이전 LS전선의 목적사업과 동일한 23개, 일부 변경된 6개(*), 새로 설정된 1개(**)): ① 전력용 및 통신용 전선과 전람의 제조 및 판매. ② 전력용 케이블 접속 및 부설의 시공사업. ③ 통신케이블의 시공 및 주변기기의 제조 및 판매. ④ 접속자재 및 연소방지제의 제조, 판매 및 동 시공사업. ⑤ 각종 기기의 제조 및 판매

(*). ⑥ 섬유, 공작, 금속가공, 전선제조, 전자기술응용, 합성수지가공, 포장기계의 제조 및 판매(*). ⑦ 각종 플랜트설비의 제조, 판매 및 동 시공사업. ⑧ 상기 각항의 관련한 설치공사, 아프터 서비스, 시공 및 엔지니어링 등의 일체의 부대사업. ⑨ 부동산개발 및 임대업(*). ⑩ 콤파운드(Compound)의 제조 및 판매. ⑪ LAN시스템의 제조・판매 및 시공사업. ⑫ 커넥터(Connector) 제조 및 판매사업. ⑬ 신동제품 제조업 및 달리 분류되지 않는 비철금속 압연 및 압출업. ⑭ 각종 전선, 전기, 전자기기, 기계류 및 동 제품의 원재료, 부품의 일반무역업. ⑮ 각종 전선, 유무선 통신장비 및 동 제품의 원재료 부품의 일반도매업과 무역중개업(*). ⑯ 알루미늄 압연 및 압출업. ⑰ 산업용 고무제품 제조업. ⑱ 달리 분류되지 않는 전자관 및 기타 전자부품 제조업. ⑲ 반도체 관련 제조업(**). ⑳ 광섬유 및 광학요소의 제조업. ㉑ 공업용 및 산업용 건물도급 건설업. ㉒ 폐기물처리시설의 제작, 판매, 설치, 시공, 수리 및 엔지니어링. ㉓ 폐기물 수집 및 처리업. ㉔ 육, 해상 철구조물 및 금속 구조물 제작, 판매, 설치, 시공, 수리 및 엔지니어링. ㉕ 알루미늄 압출형재 및 창호제작, 판매, 설치, 시공, 수리 및 엔지니어링(*). ㉖ 토목, 건축, 창호 및 철물 공사업. ㉗ 압축기 제조, 판매(*). ㉘ 통신장비, 인터넷, IT, 소프트웨어 관련 제품 제조 및 판매업. ㉙ 전기전자부품,자동차부품, 회로소재부품의 제조 및 판매업. ㉚ 위와 관련되는 일체의 부대사업.

(3) 신설 LS엠트론의 목적사업 21개 (이전 LS전선의 목적사업과 동일한 13개, 일부 변경된 6개(*), 새로 설정된 2개(**)): ① 각종 냉동기, 공기조절기와 냉난방설비 및 유압기기의 제조 및 판매. ② 각종 농업용 및 수산업용 기계의 제조 및 판매. ③ 각종 산업기계 및 자동화설비 제조 및 판매(**). ④ 각종 기기의 제조 및 판매(*). ⑤ 각종 전기전자부품, 자동차부품, 회로소재부품의 제조 및 판매업(*). ⑥ 각종 통신장비, 인터넷, IT, 소프트웨어 관련 제품 제조 및 판매업(*). ⑦ 동박 제조 및 판매업. ⑧ 주・단조품의 제조 및 판매. ⑨ 중장비 및 기계의 부품의 제조 및 판매. ⑩ 부동산개발 및 임대업(*). ⑪ 신동제품 제조업 및 달리 분류되지 않는 비철금속 압연 및 압출업. ⑫ 각종 전기, 전자기기, 기계류 및 동 제품의 원재료, 부품의 일반무역업(*). ⑬ 산업용 고무제품 제조업. ⑭ 분류되지 않는 전자관 및 기타 전자부품 제조업. ⑮ 반도체 관련 제조업(**). ⑯ 폐기물처리시설의 제작, 판매, 설치, 시공, 수리 및 엔지니어링. ⑰ 폐기물 수집 및 처리업. ⑱ 압축기 제조, 판매(*). ⑲ 석유류 및 가스 매매업. ⑳ 가스용품 제조 및 판매업. ㉑ 위와 관련되는 일체의 부대사업.

이전 LS전선의 44개 목적사업 중에서는, LS전선으로 이관된 것이 17개, LS엠트론으로 이관된 것이 7개, LS전선과 LS엠트론 모두에 이관된 것이 12개, 그리고 이관되지 않은 것이

8개이다.

(1) 이전 LS전선의 목적사업 중 신설 LS전선으로 이관된 17개: ① 전력용 및 통신용 전선과 전람의 제조 및 판매. ② 전력용 케이블 접속 및 부설의 시공사업. ③ 통신케이블의 시공 및 주변기기의 제조 및 판매. ④ 접속자재 및 연소방지제의 제조, 판매 및 동 시공사업. ⑧ 섬유, 공작, 금속가공, 전선제조, 전자기술 응용, 합성수지 가공, 포장, 인쇄 및 식품가공 기계의 제조. ⑫ 각종 플랜트 설비의 제조, 판매 및 동 시공사업. ⑰ 상기 각항의 관련한 설치공사, 아프터 서비스, 시공 및 엔지니어링 등의 일체의 부대사업. ⑲ 콤파운드(COMPOUND)의 제조 및 판매. ⑳ LAN 시스템의 제조·판매 및 시공사업. ㉑ 커넥터(CONNECTOR) 제조 및 판매사업. ㉔ 각종 전선, 유무선통신장비, 농업용 기계 및 동제품의 원재료 부품의 일반무역업과 중개무역업. ㉕ 알루미늄 압연 및 압출업. ㉚ 광섬유 및 광학요소의 제조업. ㉛ 공업용 및 산업용 건물도급건설업. ㉟ 육·해상 철구조물 및 금속구조물 제작, 판매, 설치, 시공, 수리 및 엔지니어링. ㊱ 알루미늄 추출형재 및 창호제작, 판매, 설치, 시공, 수리 및 엔지니어링. ㊲ 토목, 건축, 창호 및 철물공사업.

(2) 이전 LS전선의 목적사업 중 신설 LS엠트론으로 이관된 7개: ⑤ 각종 냉동기, 공기조절기와 냉난방설비 및 유압기기의 제조 및 판매. ⑥ 각종 농업용 및 수산업용 기계의 제조 및 판매. ⑬ 주·단조품의 제조 및 판매. ⑭ 중장비 및 기계의 부품 제조 및 판매. ㊴ 석유류 및 가스 매매업. ㊵ 가스용품 제조 및 판매업. ㊶ 동박 제조 및 판매업.

(3) 이전 LS전선의 목적사업 중 신설 LS전선과 LS엠트론 모두에 이관된 12개: ⑦ 각종 기기의 제조 및 방법 및 판매. ⑱ 부동산 임대업. ㉒ 신동제품 제조업 및 달리 분류되지 않는 비철금속압연 및 압출업. ㉓ 각종 전선, 전기, 전자기기, 기계류 및 동 제품의 원재료, 부품의 일반무역업. ㉗ 산업용 고무제품 제조업. ㉘ 달리 분류되지 않는 전자관 및 기타 전자부품 제조업. ㉝ 폐기물 처리시설의 제작, 판매, 설치, 시공, 수리 및 엔지니어링. ㉞ 폐기물 수집 및 처리업. ㊳ 펌프 및 압축기 제조, 판매. ㊷ 통신장비, 인터넷, IT, 소프트웨어 관련 제품 제조 및 판매업. ㊸ 전기전자부품, 자동차부품, 회로소재부품의 제조 및 판매업. ㊹ 위와 관련되는 일체의 부대사업.

(4) 이전 LS전선의 목적사업 중 신설 LS전선과 LS엠트론으로 이관되지 않은 8개: ⑨ 건설, 광산, 시멘트, 제철, 제강, 운반하역, 창고, 화학, 제지 및 펄프의 기계 및 설비의 제조 및 판매. ⑩ 발전보조설비, 열병합발전설비의 제조 및 판매. ⑪ 집진기 및 환경오염 방지설비의 제조 및 판매. ⑮ 각종 산업시설 및 공장의 종합계획 및 설계. ⑯ 공장설비시설의 제작, 판

매, 설치, 시공 및 엔지니어링. ㉖ 치과전용장비 및 용품제조업(치열교정용 선재). ㉙ 다이오우드, 트랜지스터 및 유사반도체 제조업. ㉜ 각종 산업용 공기 및 기체압축기, 송풍기, 송풍장치 및 주변기기의 제조, 판매, 설치, 시공, 수리 및 엔지니어링.

한편, LS전선의 분할은 단순 물적 분할 방식으로 진행되었다. 분할되는 회사 ㈜LS가 신설회사인 LS전선과 LS엠트론의 발행 주식 총수를 취득하는 방식이다. 이로써 2개 신설회사는 지주회사 ㈜LS의 100% 자회사로 편입되었다.

재산의 경우, 자본금(1,610억 원)은 분할 후의 ㈜LS와 이전의 LS전선이 같았으며, 자산(1.65조 원 vs. 3.19조 원), 부채 및 자본은 ㈜LS의 금액이 적은 것으로 결정되었다. 반면 2개 신설회사는 별도의 재산을 보유하게 되었는데, LS전선이 LS엠트론보다 자본금은 2배 이상(1,000억 원 vs. 450억 원), 그리고 자산은 3배 이상(2.24조 원 vs. 6,451억 원) 많았다. 매출액의 경우에는 이전 LS전선에서의 금액이 신설 LS전선(80.4%)과 LS엠트론(19.6%)으로 전부 이전되는 것으로 조정되었고, 지주회사인 ㈜LS의 몫은 전혀 없었다. 대신 ㈜LS는 '엘에스, LS' 상표를 계속 보유함으로써 '브랜드 및 상표권 등 지적재산권의 관리 및 라이센스업'을 영위할 수 있게 되었다.

3.4 지주회사체제 성립 2단계: LS전선의 인적 분할, 2013년 12월

LS그룹은 2008년 7월 이후 지주회사체제를 점진적으로 구축해 왔으며, 5년 5개월이 지난 2013년 12월 처음으로 큰 변화가 일어났다. 새로운 지주회사가 설립되어 지주회사체제가 '㈜LS → LS I&D'로 이어지는 2중 구조로 재편된 것이다.

이를 위해 지주회사 ㈜LS의 자회사인 LS전선이 LS전선과 LS I&D의 2개 회사로 인적 분할되었으며, 전자는 전선업을 계속 영위하면서 존속하고 후자는 사업지주회사의 성격을 가지고 신설된 뒤 ㈜LS의 자회사로 편입되었다. LS I&D는 해외 계열회사를 자회사로 거느리게 되었으며, 공정거래법상 지주회사는 아니다.

분할의 일정, 목적, 성격 및 방법은 '주요사항보고서'(2013년 10월 21일; 정정 신고 11월 8일), '증권신고서(분할)'(2013년 10월 21일; 정정 신고 11월 13일) 및 '증권발행실적보고서(분할)'(2013년 12월 31일)에 자세하게 명시되어 있다(<표 4.5>).

먼저, 분할은 2013년 10월 21일 이사회에서 결정된 이후 2개월여 만에 마무리되었다. 11월 5일 분할주주총회를 위한 주주가 확정되었으며, 28일 분할계획서 승인을 위한 주주총회가 개최되었다. 분할 기일은 12월 31일로 정해졌다. 같은 날로 예정된 존속회사(LS전선)에서의 분할보고총회와 신설회사(LS I&D)에서의 창립총회는 이사회의 결의에 의한 공고로 갈음하였다. 또 분할기일 당일에 분할등기가 진행되었다.

분할의 목적은 세 가지였다. 첫째, 이전의 LS전선으로부터 Cyprus 해외투자 사업부문 및 부동산개발 사업부문을 분리함으로써 존속회사 LS전선이 고유의 업무에 전념하여 핵심경쟁력을 강화할 수 있게 한다. 둘째, 신설 자회사의 해외투자 사업부문은 성과 촉진과 사업구조 개선을 통해 사업 가치를 제고하고, 부동산개발 사업부문은 유동화에 집중한다. 그리고 셋째, 이를 통해 궁극적으로 기업 가치와 주주 가치의 제고에 기여한다.

분할을 위해 LS전선이 영위해 오던 사업 중 '해외자회사(Cyprus Investment Inc) 주식의 소유를 통하여 사업내용을 지배하는 Cyprus 해외투자 사업부문'과 '부동산개발 사업부문'을 분리하여 신설 LS I&D로 이관하였고, 전선사업은 LS전선이 계속 담당하는 것으로 하였다.

이에 따라 LS I&D가 영위할 목적사업 29개가 새로 설정되었다. LS I&D는 지주사업과 일반사업을 병행하는 사업지주회사로서, 목적사업의 대부분은 일반사업 관련 내용이고 지주사업 관련 항목은 1개(제1항)이다.

LS전선의 주요사항보고서(2013년 10월 21일)에 나와 있는 LS I&D의 29개 목적사업은 다음과 같다: ① 자회사의 주식 또는 지분을 취득·소유함으로써 자회사의 제반 사업내용을 지배·경영지도·정리·육성하는 지주사업으로서 다음 각목을 포함하는 사업 - 가. 자회사에 대한 경영관리. 나. 자회사에 대한 출자, 자금지원, 보증 기타 금융지원. 다. 위 가, 나목을 위한 자금조달. ② 전력용, 통신용 전선, 권선 및 전람의 제조 및 판매. ③ 전력용케이블 접속 및 부설의 시공사업. ④ 통신케이블의 시공 및 주변기기의 제조 및 판매. ⑤ LAN시스템의 제조·판매 및 시공업. ⑥ 각종 전선, 전기, 전자기기, 기계류 및 동 제품의 원재료, 부품의 일반무역업. ⑦ 각종 전선, 유무선 통신장비 및 동 제품의 원재료 부품의 일반도매업과 무역중개업. ⑧ 부동산 매매업, 임대업, 중개업, 컨설팅업 및 시설물 관리업. ⑨ 부동산개발업, 분양대행업. ⑩ 부동산사업기획, 사업관리, 건설관리, 시장조사, 경영자문 용역업. ⑪ 부동산 자산관리업. ⑫ 부동산 리서치, 투자분석, 자산실사업. ⑬ 부동산 임대차 계약 대행업. ⑭ 체육시설 및 휴양시설 등 개발업. ⑮ 빌딩 및 각종 시설 관리 용역업. ⑯ 건축, 엔지니어링 및 기술서비스업. ⑰ 건설업(설비공사업, 토목공사업, 조경공사업). ⑱ 일반건설업(건축공사, 인테리어공사업, 전기공사업). ⑲ 국내외 자원탐사, 채취 등 개발사업 및 판매업. ⑳ 헬스클럽, 수영장, 볼링장 등 각종 스포츠 경기장 설치 및 운영사업. ㉑ 소방시설 설계,

〈표 4.5〉 LS전선의 2개 회사로의 인적 분할, 2013년 10-12월

(A) 분할 일정

2013년 10월 21일: 이사회 결의
11월 5일: 분할주주총회를 위한 주주 확정
11월 6-8일: 주식명의개서 정지
11월 28일: 분할계획서 승인을 위한 주주총회
11월 30일 - 12월 30일: 구주권 제출
12월 31일: 분할기일, 분할보고총회 및 창립총회, 분할등기

(B) 분할의 주요 내용

1. 목적: 1) Cyprus 해외투자 사업부문과 부동산개발 사업부문을 분할
→ 분할되는 회사가 고유의 업무에 전념, 핵심경쟁력 강화
2) 해외투자 사업부문은 성과 촉진과 사업구조 개선을 통한 사업가치 제고, 부동산개발 사업부문은 유동화에 집중
3) 기업가치와 주주가치의 제고

2. 회사명: 1) 분할 전 회사 – LS전선 (LS Cable Ltd.)
2) 분할되는 회사 – LS전선 (LS Cable Ltd.)
신설회사 – LS I&D (LS I&D Ltd.)

3. 사업부문: 1) LS전선 – 전선사업
2) LS I&D – Cyprus 해외투자 사업부문, 부동산개발 사업부문

4. 방법: 1) 분할되는 회사의 영위 사업 중 Cyprus 해외투자 사업부문과 부동산개발 사업부문('분할대상부문')을 분할하여 신설회사 설립
2) 분할되는 회사의 주주가 신설회사의 주식을 배정받는 인적분할 방식
3) 분할되는 회사는 존속 및 비상장법인, 신설회사는 비상장법인

5. 분할 재산 관련 사항:
1) 분할되는 회사의 존속·신설 회사 주주에 대한 주식 배정 비율:
보통주 1주당 LS전선 0.6218828주, LS I&D 0.3781172주
2) 분할되는 회사의 일체의 적극·소극 재산, 공법상 권리의무를 포함한 기타의 권리의무, 재산적 가치가 있는 사실관계(인허가, 근로관계, 계약관계, 소송 등 포함)는 분할대상부문에 관한 것이면 신설회사에, 분할대상부문 이외의 부문에 관한 것이면 분할되는 회사에 각각 귀속
3) 재무구조 (2013년 6월 30일 기준, 백만 원; 분할 전 회사 = 분할되는 회사 + 신설회사)

a) 자산:	3,843,482 =	2,879,805 +	963,677	[74.9%	+ 25.1%	]
b) 부채:	3,033,554 =	2,376,125 +	657,429	[78.3	+ 21.7	]
자본:	809,928 =	503,680 +	306,248	[62.2	+ 37.8	]
c) 자본금:	115,000 =	71,517 +	43,483	[62.2	+ 37.8	]

출처: 증권신고서, 증권발행실적보고서, 주요사항보고서.

소방설비 공사, 소방공사 감리, 소방시설 점검업. ㉒ 운동설비 운영업(스키장, 골프장, 정구장, 당구장, 종합체육시설) 및 골프연습장 등 각종 운동 설비 운영업, 회원모집 및 임대위탁관리업. ㉓ 노인 휴양시설, 부대시설의 설치 운영관리, 회원모집 및 임대위탁관리업. ㉔ 관광숙박업, 전문휴양업, 종합휴양업 등 관광객 이용 시설업. ㉕ 회사가 보유하고 있는 지식, 정보 등의 운영, 무형자산의 판매 및 용역사업. ㉖ 주차장업, 창고업 및 일반조경관리업. ㉗ 공원 및 휴양림, 유원지 관리 운영업. ㉘ 전 각호에 관련되는 용역, 제품 및 상품의 매매업, 중개업, 위탁 매매업, 수출입업. ㉙ 전 각호에 관련되는 직접 또는 간접의 일체의 사업.

한편, LS전선의 분할은 인적분할 방식으로 진행되었다. 분할되는 회사 LS전선의 주주(최대주주 ㈜LS, 87% 지분 보유)가 분할 기일인 2013년 12월 31일 현재의 지분율에 비례하여 존속 및 신설 회사의 주식을 배정받는 방식이다. 보통주 1주당 존속회사 LS전선의 주식 0.622주, 그리고 신설회사 LS I&D의 주식 0.378주를 각각 배당받는 것으로 결정되었다. 주식 배정 비율 '62.2:37.8'은 분할 이전 회사의 자본금 대비 분할 이후 두 회사의 자본금(715억 원 vs. 435억 원) 및 자본의 비율과 같으며, 자산(74.9:25.1, 2.88조 원 vs. 9,637억 원)과 부채(78.3:21.7)는 존속회사의 몫이 보다 많게 조정되었다.

4. 소유구조의 변화

4.1 LS그룹의 지주회사체제, 2013년 12월

2013년 12월 현재 LS그룹은 50개 계열회사 중 27개가 지주회사 ㈜LS 및 산하 계열회사로 조직되어 있으며, 지주회사체제 달성 비율은 54%이다. 이 비율은 2008년 공정거래법상 지주회사체제로 전환된 이후 최저치로서 2008년의 최고치인 '60%'와 비교하면 6% 포인트 줄어든 수치이다. 그룹 계열회사 중 절반 정도(23개, 46%)는 여전히 지주회사체제에 편입되어 있지 않으며, 체제 달성 비율 '54%'는, GS그룹에서의 2013년 비율 '45%'보다 높기는 하지만, 다른 재벌들에서의 비율과 비교하면 상대적으로 낮은 수치이다(<표 4.6>; <표 4.3>, 제2장 <표 2.5> 참조).

LS그룹의 지주회사체제 달성 비율이 낮은 이유는, GS그룹의 경우처럼, 다양한 구씨 일가 가족구성원들이 지분에 참여하는 '공동적이면서 개별적인 소유구조'가 형성되어 있기 때문이다. 먼저, 공정거래법상 지주회사인 ㈜LS에는 구씨 일가 3형제(4남 구태회, 5남 구평회, 6남 구두회)의 1,2,3세대 가족구성원들이 공동으로 지분을 가지고 있으며, 최대주주(구자열; 구평회의 1남)는 5남 구평회 일가에 속해 있다. 그런 한편으로, 이들 3형제는 지주회사체제에 편입되어 있지 않은 계열회사들에 대해 일가별로 또는 공동으로 지분을 보유하고 있다. 구평회 일가는 E1(최대주주 구자열; 구평회의 1남) 및 그 계열회사를, 구태회와 구두회 일가는 예스코(최대주주 구자은; 구두회의 1남) 및 그 계열회사를, 그리고 3형제 일가 모두는 가온전선(최대주주 구자홍; 구태회의 1남) 및 그 계열회사를 각각 지배하고 있다.

그 결과, '공정거래법상 지주회사체제'와는 별도로 '3개의 실질적인 지주회사체제'가 구축되어 '4개의 지주회사체제'가 공존하고 있는 모습을 보이고 있다. LS그룹의 이러한 복합적인 소유구조는 공정거래위원회가 발표한 2014년 4월 현재의 소유지분도에 전체적인 윤곽이 제시되어져 있다(<표 4.6>, <표 4.7>, <그림 4.3>).

4.1.1 공정거래법상 지주회사체제 편입 27개 회사

지주회사 ㈜LS의 최대주주는 구자열이고, ㈜LS의 26개 계열회사는 자회사(6개), 손자회사(19개), 증손회사(1개) 등 3단계로 연결되어 있다. 자회사 6개 중 4개는 자신의 계열회사를 거느리고 있는데, 이 4개 자회사 중 1개(LS엠트론)는 계열회사가 2단계에 걸쳐 이어져 있고, 나머지 3개(LS-Nikko동제련, LS산전, LS전선)는 계열회사가 각각 1단계로만 되어 있다.

결국, LS그룹 지주회사체제의 소유구조는 구자열을 정점으로 하는 5단계 하향구조이면서 비대칭적인 피라미드구조이다. 5단계 하향구조는 '① 최대주주 구자열 → ② 지주회사 ㈜LS → ③ 자회사 6개 → ④ 손자회사 19개 → ⑤ 증손회사 1개'이다. 또 비대칭적 피라미드구조는 다음과 같이 구성되어 있다: ① 최대주주 구자열 → ② 지주회사 ㈜LS → 【[③ 자회사 1개 (LS엠트론) → ④ 손자회사 3개 → ⑤ 증손회사 1개] + [③ 자회사 1개 (LS-Nikko동제련) → ④ 손자회사 6개] + [③ 자회사 1개 (LS산전) → ④ 손자회사 5개] + [③ 자회사 1개 (LS전선) → ④ 손자회사 5개] + ③ 자회사 2개】.

첫째, 지주회사 ㈜LS에는 구씨 3형제의 일가 소속 1,2,3세대 40명의 가족구성원들이 지분(33.13%)을 보유하고 있다. 이들 중 4남 구태회 일가와 5남 구평회 일가가 비슷한 크기의 지분(13.35%, 22명; 13.09%, 11명)을 가지고 있으며, 6남 구두회 일가의 지분(6.69%, 7명)은 앞의 두 일가 지분의 절반 정도이다. 최대주주는 구자열(구평회의 1남)인데 그의 지분

〈표 4.6〉 LS그룹의 지주회사체제, 2013년 12월

(가) 개관

· 그룹 계열회사 50개 (a) = 지주회사체제 편입 회사 27개 (b) + 미편입 회사 23개 (c)
· 지주회사체제 달성 비율 (b/a) = 54%

· [b]
최대주주 구자열 → 지주회사 ㈜LS → 자회사 6개 → 손자회사 19개 → 증손회사 1개
지주회사 ㈜LS* →
[A] 자회사 1개 → 손자회사 3개 (1 + 2) → 증손회사 1개
[B] 자회사 3개 (1* + 2) → 손자회사 16개 (1* + 15)
[C] 자회사 2개
· * 표시된 3개 회사는 상장회사이며, 밑줄 친 6개 회사는 계열회사 보유.

· [c]
① (10개) 최대주주 구자열 → [E1* → 자회사 5개 (1* + 4) → 손자회사 3개 (1 + 2) → 증손회사 1개]
② (10개) 최대주주 구자은 → [예스코* → 자회사 4개 (1 + 3) → 손자회사 5개]
③ (3개) 최대주주 구자홍 → [가온전선* → 자회사 2개]
· * 표시된 4개 회사는 상장회사이며, 밑줄 친 6개 회사는 계열회사 보유.

(나) 지주회사 ㈜LS* 및 26개 계열회사 (b)

자회사 (6개): [A] (1개) LS엠트론(100%)
[B] (3개) LS-Nikko동제련(50.1), LS산전*(46), LS전선(87)
[C] (2개) LS글로벌인코퍼레이티드(100), LS I&D(87)

손자회사 (19개): [A] (3개) (LS엠트론) 대성전기공업(100), 농가온(100), 캐스코(93.5)
[B] (6개) (LS-Nikko동제련) 리싸이텍코리아(100), 선우(100), 씨에스라인(100), 지알엠(100), 토리컴(100), 화창(80)
(5개) (LS산전) 트리노테크놀로지(66.7), LS메카피온(60), LS메탈(100), LS사우타(90), LS파워세미텍(53.6)
(5개) (LS전선) 알루텍(99.5), 지씨아이(98.2), 코스페이스(99.9), 파운텍(100), JS전선*(69.9)

증손회사 (1개): [A] (대성전기공업) 델텍(100)

(다) 지주회사체제 미편입 23개 회사 (c)

① (10개) (1개) E1*
(9개) 자회사: (5개) LS네트웍스*(83.2%), E1물류(100), E1컨테이너터미널(100), 동방도시가스산업(100), 온산탱크터미널(24)
손자회사: (3개) (LS네트웍스) 케이제이모터라드(100), 베스트토요타(100), 흥업(100)
증손회사: (1개) (케이제이모터라드) 스포츠모터사이클코리아(100)

② (10개) (1개) 예스코*
(9개) 자회사: (4개) 한성(65), 대한가스기기(69.8), 씨아이바이오텍(52.2), 예스코서비스(100)
손자회사: (5개) (한성) LS자산운용(6.7), 리앤에스(99.4), 우성지앤티(96.7), 한성플랜지(93.1), 한성피씨건설(100)

③ (3개) (1개) 가온전선*
(2개) 자회사: 모보(90.4), 위더스(79.4)

주: 1) 온산탱크터미널: E1과 예스코가 각각 24% 보유, E1의 자회사로 간주함.
2) LS자산운용: 2013년 3월 현재 최대주주는 '구자용(구자열 동생) 외 12인'(88.7%).
출처: 사업보고서, 〈부록 2〉, 〈그림 4.3〉.

〈그림 4.3〉 LS그룹의 소유지분도, 2014년 4월

(출처: <부록 2>)

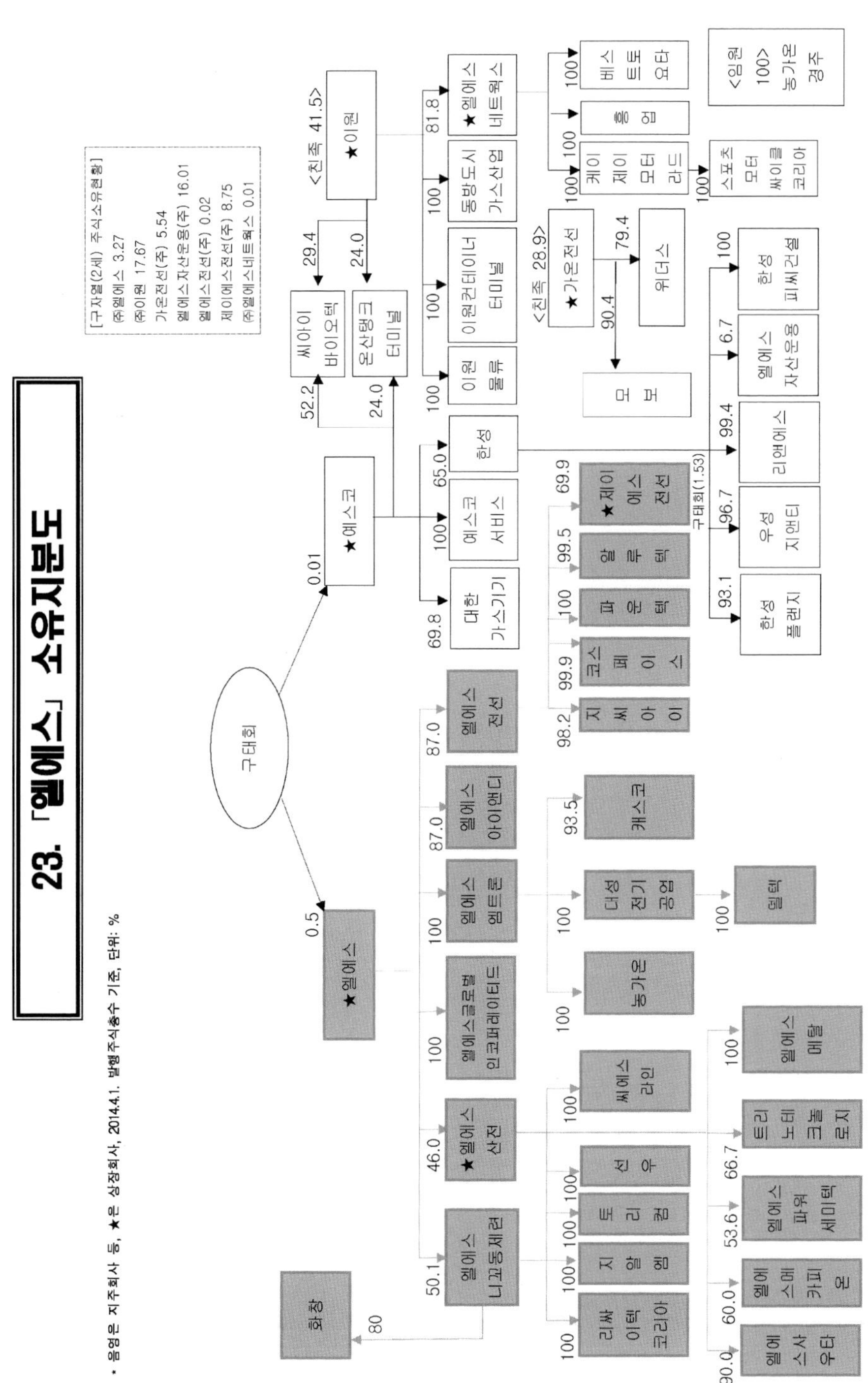

〈표 4.7〉 LS그룹의 지주회사 및 주요 계열회사에 대한 구씨 일가의 지분, 2013년 12월 (%)

	지주회사	지주회사체제 미편입 계열회사		
	㈜LS	예스코	E1	가온전선
4남 구태회	0.46	0.01		
구자홍	2.83	4.98		3.14
구진희	0.19	0.13		
구본웅	0.59	0.38		
구자엽	1.69	2.44		3.44
구은희	0.22	0.12		
구본규	0.55	1.01		
구자명	1.86	3.10		2.72
구본혁	0.31	0.21		
구윤희	0.29	0.26		
구자철	1.19	2.18		2.72
구원희	0.17			
구본권	0.12			
구근희	1.21	1.93		1.48
이준범	0.02			
이미영	0.07	0.11		0.08
이지현	0.07	0.11		0.08
이재우	0.07	0.11		0.08
구혜정	0.52	0.48		
이인정	0.82	1.45		1.48
이대현	0.05	0.16		0.12
이상현	0.05	0.16		0.12
5남 구평회				
구자열	3.27		17.66	5.54
구은아	0.19			
구동휘	1.27		0.12	
구은성	0.19			
구자용	2.71		11.81	3.69
구희나	0.28		0.04	
구희연	0.28		0.04	
구자균	2.47		11.60	3.69
구소연	0.40		0.13	
구소희	0.40		0.13	
구혜원	1.63		2.99	1.85
6남 구두회				
유한선		0.24		
구자은	4.02	13.16		4.80
구원경	0.09			
구은정	0.77	5.28		0.74
구재희	1.71	0.60		1.85
기타				
구소영	0.03	0.06		
구다영	0.03	0.06		
이윤결	0.04			
구태회 일가	13.35	19.33		15.46
구평회 일가	13.09		44.52	14.77
구두회 일가	6.69	19.40		7.39
합	33.13	38.73	44.52	37.62

주: 1) 밑줄은 최대주주 지분.
2) 구원경은 구자은의 자녀인 것으로 보임; 구소영, 구다영, 이윤결은 3세이며, 구두회 일가 구성원인 것으로 보임.
3) 기타 특수관계인: ㈜LS(송강재단 0.30%, 임원 1명 0.01%), 예스코(자사주 15.83%, 임원 1명 0.01%), E1(송강재단 0.80%).
출처: 사업보고서.

(3.27%)은 두 번째로 많으며, 가장 많은 지분(4.02%)을 가진 실질적인 최대주주는 구자은(구두회의 1남)이다. 이들 3개 일가는 2% 이상 지분 보유 구성원들을 각각 1-3명씩 가지고 있으며, 이 대주주들 중 2명(2위 구자열 3.27%, 구평회 일가; 3위 구자홍 2.83%, 구태회 일가)은 경영에도 참여하고 있다. 결국, 그룹의 대표격인 지주회사 ㈜LS는 구씨 일가가 공동으로 소유하면서 공동으로 경영을 하는 구조로 되어 있다.

둘째, ㈜LS의 계열회사 26개 중 3/4 이상인 20개(77%)는 ㈜LS의 5개 비상장자회사와 그 계열회사이고, 나머지 6개(23%)는 1개 상장자회사와 그 계열회사이다. ㈜LS의 5개 비상장자회사(LS엠트론, LS-Nikko동제련, LS전선, LS글로벌인코퍼레이티드, LS I&D) 중에서는 앞의 3개 회사가 각각 4개(손자회사 3개, 증손회사 1개), 6개(손자회사), 5개(손자회사)의 계열회사를 거느리고 있으며, 1개 상장자회사(LS산전) 또한 5개의 손자회사를 가지고 있다. 4개 자회사 중 어느 1개가 절대적인 비중의 계열회사를 거느리고 않고 각각 비슷한 수(4-6개)의 계열회사를 지배하는 구조이다. 한편, 2013년 12월 현재 LS그룹 계열회사 27개 중 상장회사는 7개이며, 이들 중 3개(지주회사 ㈜LS, 자회사 LS산전, 손자회사 JS전선)만 공정거래법상 지주회사체제에 편입되어 있다.

셋째, 상위 회사의 하위 회사에 대한 보유 지분의 크기는 46%에서 100%에 이르기까지 다양한 분포를 보이고 있다. 먼저 ㈜LS의 26개 계열회사 중 2개 상장회사에 대한 지분은 50% 내외로 상대적으로 적은 편이다. 자회사 LS산전에서는 46%이고, 손자회사 JS전선(LS전선 자회사)에서는 69.9%이다. ㈜LS의 나머지 24개 비상장 계열회사 중에서는 100% 피지배 회사가 12개(자회사 2개, 손자회사 9개, 증손회사 1개)로 절반을 차지하고 있으며, 100% 피지배 손자회사 9개 중에는 LS엠트론의 자회사 3개 중 2개, 그리고 LS-Nikko동제련의 자회사 6개 중 5개가 포함되어 있다. 또 지분이 90-99%(5개), 80-89%(3개), 60-69%(2개), 50-59%(2개)인 회사가 각각 2-5개씩 모두 12개이다. 24개 비상장 계열회사 중 지분이 가장 적은 회사는 자회사인 LS-Nikko동제련(50.1%)이다.

4.1.2 지주회사체제 미편입 23개 회사

LS그룹의 50개 계열회사 중 공정거래법상 지주회사체제에 편입되어 있지 않은 회사는 23개(46%)이다. 이 회사들은 '공정거래법상 지주회사' ㈜LS에 지분을 보유하고 있는 구씨 3형제 일가(4남 구태회, 5남 구평회, 6남 구두회)가 독자적으로 또는 공동으로 지배하고 있으며, 3개의 '실질적인 지주회사'(E1, 예스코, 가온전선) 및 그 산하 계열회사로 조직되어 있다.

첫째, 23개 회사 중 절반에 가까운 10개(43%)는 5남 구평회 일가의 몫으로 되어 있다. 10개 회사는 E1(상장)과 그 계열회사(자회사 5개, 손자회사 3개, 증손회사 1개; 자회사 1개는 상장, 나머지 8개는 비상장)이며, E1의 최대주주는 구자열(17.66%; 구평회의 1남)이다. 구자열은 ㈜LS의 최대주주이기도 하다. 즉, 'E1그룹'은 '① 최대주주 구자열 → ② 실질적인 지주회사 E1 → 【[③ 자회사 1개 (LS네트웍스; 상장) → ④ 손자회사 3개(케이제이모터라드 + 2개) → ⑤ 증손회사 1개] + ③ 자회사 4개】'의 구조로 연결되어 있다. E1에 지분을 보유하고 있는 구평회 일가는 모두 9명(2세대 4명, 3세대 5명; 44.52%)이며, 이들과 다른 2명(3세대)은 ㈜LS에도 지분을 가지고 있다.

둘째, 지주회사체제 미편입 23개 회사 중 다른 10개(43%)는 4남 구태회 일가와 6남 구두회 일가가 공동으로 지배하고 있다. 10개 회사는 예스코(상장)와 그 계열회사(자회사 4개, 손자회사 5개; 비상장)이며, 예스코의 최대주주는 구자은(13.16%; 구두회의 1남)이다. 구자은은 ㈜LS의 실질적인 최대주주이기도 하다. 즉, '예스코그룹'은 '① 최대주주 구자은 → ② 실질적인 지주회사 예스코 → 【[③ 자회사 1개 (한성) → ④ 손자회사 5개] + 자회사 3개】'의 구조로 되어 있다.

예스코에 지분을 보유하고 있는 구태회 일가는 19명(1세대 1명, 2세대 7명, 3세대 11명; 19.33%)이고 구두회 일가는 6명(1세대 1명, 2세대 3명, 3세대 2명; 19.40%)이며, 구태회 일가 19명과 다른 3명(2세대 1명, 3세대 2명), 그리고 구두회 일가 6명과 다른 2명(3세대)은 ㈜LS에도 지분을 보유하고 있다.

셋째, 지주회사체제 미편입 23개 회사 중 나머지 3개(13%)는 구씨 3형제 일가가 공동으로 지배하고 있다. 3개 회사는 가온전선(상장)과 산하 2개 계열회사(자회사; 비상장)이며, 가온전선의 최대주주는 구자홍(3.14%; 구태회의 1남)이다. 즉, '가온전선그룹'은 '① 최대주주 구자홍 → ② 실질적인 지주회사 가온전선 → ③ 자회사 2개'의 구조로 연결되어 있다.

가온전선에 지분을 보유하고 있는 가족구성원은 모두 18명으로, 구태회 일가 11명(2세대

6명, 3세대 5명; 15.46%), 구평회 일가 4명(2세대; 14.77%), 그리고 구두회 일가 3명(2세대; 7.39%)이다. 최대주주인 구자홍(3.14%)은 18명 중 6위의 주주이며, 실질적인 최대주주는 구자열(5.54%; 구평회의 1남, ㈜LS의 최대주주)이다. 가온전선에 지분을 보유하고 있는 구태회 일가 11명과 구두회 일가 3명은 다른 구성원들과 함께 각각 ㈜LS(지분 보유 총인원 22명, 7명)와 예스코(19명, 6명)에도 지분을 가지고 있다. 또 가온전선 지분을 보유한 구평회 일가 4명은 다른 구성원들과 함께 ㈜LS(지분 보유 총인원 11명)와 E1(9명)에도 지분을 가지고 있다.

4.2 ㈜LS 및 계열회사의 지분 보유, 2004-2013년: (1) 회사 수

2008년 이후 LS그룹의 지주회사체제에 편입된 회사들 중 자신의 계열회사를 거느리고 있는 회사는 모두 6개이다. 지주회사 ㈜LS, 자회사 4개, 손자회사 1개 등이다(<표 4.8>, <그림 4.4>).

6개 회사 중 지주회사 ㈜LS는 2004년 그룹이 출범한 이후 2007년까지 '실질적인 지주회사'로서 다른 계열회사들에 지분을 보유해 왔으며, 자회사 1개(LS-Nikko동제련) 또한 2004년 이후 줄곧 다른 회사들에 지분을 보유하였다. 반면 나머지 4개 회사는 2008년 이후의 지주회사체제하에서 자신의 계열회사를 거느리게 되었다. 자회사 2개(LS전선, LS엠트론)와 손자회사 1개(대성전기공업)는 2008년부터, 자회사 1개(LS산전)는 2009년부터 다른 계열회사에 지분을 보유하였다.

한편, 지주회사체제에 편입되지 않은 그룹 계열회사들 중에서는 7개 회사가 다른 계열회사를 지배한 적이 있었다. '실질적인 지주회사' 3개(예스코, E1, 가온전선), 자회사 2개, 손자회사 2개 등이다.

7개 회사 중 '지주회사' 1개(예스코)는 2004년 그룹 출범 이후 2013년 현재까지 줄곧 다른 계열회사에 지분을 보유해 오고 있으며, '지주회사' 1개(E1)와 자회사 1개(LS네트웍스)는 지주회사체제 출범 1년 전인 2007년부터 다른 회사에 지분을 보유하기 시작하였다. 반면, '지주회사' 1개(가온전선, 2009년 이후), 자회사 1개(한성, 2009년 이후), 손자회사 2개(한성플랜지, 2009-2012년; 케이제이모터라드, 2011년 이후) 등 나머지 4개 회사는 2008년 이후에 자신의 계열회사를 거느리게 되었으며, 이들 중 손자회사 1개는 2012년까지만 계열회사를 거느렸다.

4.2.1 ㈜LS의 지분 보유 회사

지주회사 ㈜LS가 지분을 보유하는 계열회사(자회사)의 수는 4-6개로 적은 편이다. 2008-2010년 4개, 2011-2012년 5개, 2013년 6개 등이다.

㈜LS(이전 LS전선)는 2007년까지는 그룹의 실질적인 지주회사로서 보다 많은 9-11개(2004년 9개, 2005년 10개, 2006년 11개, 2007년 10개)의 계열회사에 지분을 보유해 왔으며, 2008년 지주회사로 전환하면서 이전에 해오던 사업부문(전선업, 기계업)을 신설된 2개 자회사(LS전선, LS엠트론)로 이관하였다. 따라서 2008년 이후 LS전선과 LS엠트론이 각각 지분을 보유하는 회사(5-6개, 3-6개)를 ㈜LS가 지분을 보유하는 회사(4-6개)에 합하면 14-16개이며, 이는 2004-2007년 사이 ㈜LS의 지분 보유 회사 9-11개와 비교하면 상당히 늘어난 수치가 된다.

〈표 4.8〉 ㈜LS와 주요 계열회사의 지분 보유 회사, 2004-2013년 (개)

(A) ㈜LS 및 계열회사

	지주회사체제 이전 시기				지주회사체제 시기					
	2004	2005	2006	2007	2008	2010.1	2010.12	2011	2013.3	2013.12
㈜LS	9	10	11	10	4	4	4	5	5	6
(㈜LS) LS-Nikko동제련	1	1	1	1	2	3	4	5	6	6
LS산전						3	5	6	5	5
LS전선					6	6	6	5	6	5
LS엠트론					4	6	5	4	4	3
(LS엠트론) 대성전기공업					1	1	1	1	1	1
(B) 지주회사체제 미편입 계열회사										
예스코	2	3	2	2	2	3	3	3	4	4
E1				3	4	4	5	5	5	5
가온전선						1	1	1	1	2
(예스코) 한성						4	5	5	5	5
(E1) LS네트웍스				1	2	2	2	1	2	3
(한성) 한성플랜지						1	1	1	1	
(LS네트웍스) 케이제이모터라드								1	1	1

주: 1) 2004-2008, 2011년 12월 현재.
2) ㈜LS 2004년 = LG전선, 2005-2007년 = LS전선; LS전선 2008-2013년 = ㈜LS의 신설 자회사.
3) 예스코 2004-2005년 = 극동도시가스.
출처: 사업보고서, 〈부록 2〉.

〈그림 4.4〉 ㈜LS 및 주요 4개 계열회사의 지분 보유 회사, 2004-2013년 (개)

(출처: <표 4.8>)

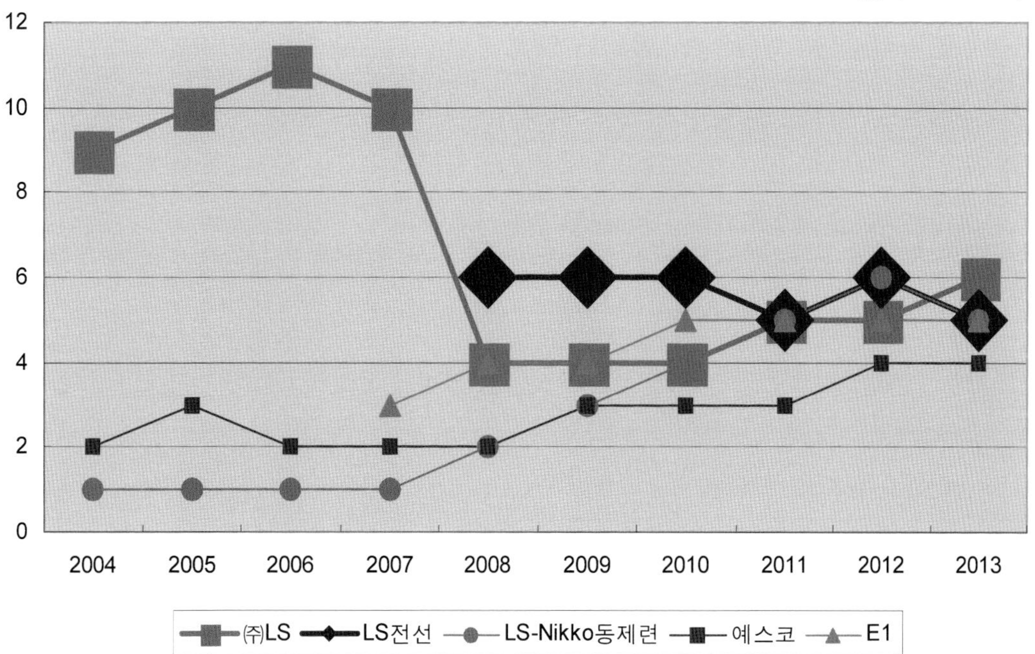

2004년 이후 '㈜LS가 지분을 보유한 회사'만 고려하면, 이들 회사가 '그룹 전체 계열회사' 및 '㈜LS 산하의 전체 계열회사' 중에서 차지하는 비중은 낮은 가운데 감소하는 추세를 보이고 있다(<표 4.3> 참조).

그룹 전체 계열회사는 지주회사체제 도입 전인 2004-2007년에는 16-22개였으며, 이들 중 ㈜LS의 지분 보유 회사(9-11개)가 차지하는 비중은 절반 정도로 매우 높았다. 2004년 56%(지분 보유 회사 9개 vs. 그룹 계열회사 16개), 2005년 56%(10개 vs. 18개), 2006년 61%(11개 vs. 18개), 그리고 2007년 45%(10개 vs. 22개)였다.

하지만 2008년 지주회사체제가 도입된 이후 그룹 계열회사는 빠른 속도로 증가하여 2007년 22개에서 2013년까지는 2.3배 증가한 50개가 되었다. 반면 ㈜LS의 지분 보유 회사는 이전의 절반 수준(4-6개)으로 감소하였다. 이에 따라 전자 중에서 후자가 차지하는 비중은 10% 내외에 머물렀다. 2008년에는 2007년에 비해 1/3 이하 수준인 13%(지분 보유 회사 4개 vs. 그룹 계열회사 30개)가 되었고, 2009-2010년에는 9%(4개 vs. 43-46개), 그리고 2011-2013년에는 10-12%(5-6개 vs. 47-50개)였다.

한편, ㈜LS 산하의 전체 계열회사는 2008년 17개에서 2009년에는 23개로 늘어났으며 2010-2013년에는 25-27개 수준이 유지되었다. 이들 중 ㈜LS가 지분을 보유한 회사의 비중은 1/5 정도였다. 2008년 24%(㈜LS의 지분 보유 회사 4개 vs. ㈜LS 산하 계열회사 17개), 2009-2012년 16-19%(4-5개 vs. 23-27개), 2013년 23%(6개 vs. 26개) 등이었다.

4.2.2 ㈜LS 계열회사의 지분 보유 회사

자신의 회사를 거느린 적이 있는 ㈜LS의 5개 계열회사 중에서는, 4개 자회사가 각각 5개 내외(2-6개)의 다른 회사에 지분을 보유하였고 나머지 1개 손자회사는 줄곧 1개 회사에만 지분을 가졌다. 4개 자회사의 지분 보유 회사 수는 지주회사 ㈜LS의 지분 보유 회사 수(4-6개)와 비슷하다.

4개 자회사 중 1개(LS-Nikko동제련)에서는 지분 보유 회사가 증가하는 추세를, 다른 1개(LS엠트론)에서는 감소하는 추세를 보였으며, 나머지 2개(LS산전, LS전선)에서는 증가와 감소가 반복되었다. 먼저 LS-Nikko동제련은 2004-2007년에는 1개 회사에만 지분을 보유해 왔는데, 2008년 2개, 2009년 3개, 2010년 4개, 2011년 5개, 2012-2013년 6개 등으로 2008년 이후 거의 매년 1개씩 증가하였다. 반면, LS엠트론의 지분 보유 회사는 2008년 4개에서 2009년 6개로 증가한 이후 2010년부터는 거의 매년 1개씩 줄어들었다(2010년 5개, 2011-2012년 4개, 2013년 3개). 한편 LS산전의 경우에는 '증가 → 감소'(2009년 3개, 2010년 5개, 2011년 6개, 2012-2013년 5개)의 추세를, 그리고 LS전선의 경우에는 '감소 → 증가 → 감소'(2008-2010년 6개, 2011년 5개, 2012년 6개, 2013년 5개)의 추세를 보이고 있다.

4.2.3 지주회사체제 미편입 계열회사의 지분 보유 회사

LS그룹의 지주회사체제에 편입되지 않은 계열회사 중에서는 7개 회사가 다른 계열회사에 지분을 보유한 적이 있으며, 이들이 지분을 보유한 회사 수는 각각 '1-5개'이다. 이 수치는 지주회사체제에 편입된 6개 계열회사의 지분 보유 회사 수 '2-6개'에 비해 약간 적은 편이기는 하지만, 후자에서와는 달리, 전반적으로 증가하는 추세를 보이고 있다.

첫째, '실질적인 지주회사' 3개 중에서는 E1이 가장 많은 4-5개 계열회사에 지분을 보유하였고, 그다음이 예스코(2-4개)와 가온전선(1-2개)이다. 3개 회사 모두에서 지분 보유 회사는 꾸준히 증가하였다. 예스코(이전 극동도시가스)는 2004년 그룹 출범 이후 2007년까지 2-3개 회사에 지분을 보유해 왔으며(2004년 2개, 2005년 3개, 2006-2007년 2개), 2008년 이후의 지주회사체제하에서 회사 수가 조금 더 늘어났다. 2008년 2개, 2009-2011년 3개, 2012-2013년 4개 등이었다. E1은 2007년부터 3개 계열회사에 지분을 보유하기 시작한 이후 2008-2009년에는 4개 회사에, 2010년 이후에는 5개 회사에 지분을 보유하였다. 가온전선은 2009-2012년에는 1개 계열회사에만 지분을 보유해 오다가 2013년 들어 지분 보유 회사가 2개로 늘어났다.

둘째, 2개 자회사인 한성(예스코의 자회사)과 LS네트웍스(E1의 자회사)는 각각 4-5개, 1-3개의 계열회사에 지분을 보유하였다. 두 회사 모두에서 지분 보유 회사 수는 소폭 증가하였다. 한성에서는 2009년 4개에서 2010-2013년 5개로 늘어났고, LS네트웍스에서는 2008-2010년 2개, 2011년 1개, 2012년 2개, 그리고 2013년 3개였다. 한성의 지분 보유 회사(4-5개)는 모회사인 예스코의 지분 보유 회사(3-4개)보다 많다.

셋째, 2개 손자회사인 한성플랜지(한성의 자회사, 2009-2012년)와 케이제이모터라드(LS네트웍스의 자회사, 2011년 이후)는 각각 1개씩의 회사에만 지분을 보유하였다.

전체적으로 보면, '예스코그룹'(예스코 → 한성 → 한성플랜지)과 'E1그룹'(E1 → LS네트웍스 → 케이제이모터라드) 소속 계열회사 수가 엇비슷하게 많다. 전자의 계열회사(예스코 포함)는 2008년 3개, 2009년 9개, 2010-2013년 10-11개 등이었으며, 후자의 계열회사(E1 포함)는 2008-2009년 7개, 2010-2011년 8개, 2012년 9개, 2013년 10개 등이었다. 반면, '가온전선그룹' 계열회사는 2-3개에 불과하였다.

4.3 ㈜LS 및 계열회사의 지분 보유, 2004-2013년: (2) 지분 크기

4.3.1 ㈜LS의 보유 지분

2004년 그룹 출범 이후 ㈜LS의 자회사가 된 회사는 모두 17개이다. ㈜LS가 지주회사로 전환되기 이전인 2004-2007년에는 자회사가 매년 9-11개씩 모두 14개였고, 지주회사가 된 이후인 2008-2013년에는 매년 4-6개씩 모두 6개였다.

㈜LS의 17개 자회사 중, 2개는 2004년 이후 2013년 현재까지 줄곧 자회사이고, 11개는 2007년 이전에만 자회사였으며, 3개는 2008년 이후에 자회사가 되었다. 나머지 1개 자회사

의 경우, 2007년까지 자회사였다가 2008-2009년 자회사에서 제외된 뒤 2011년에 다시 자회사로 편입되었다.

17개 자회사 중 대다수인 10개에 대한 ㈜LS의 보유 지분은 변화가 없었고, 6개 회사에 대한 지분은 증가하였으며, 나머지 1개 회사에 대한 지분은 감소하였다. 또 17개 자회사 중 2개는 상장회사이고 15개는 비상장회사이다. 17개 회사에 대한 ㈜LS의 보유 지분은 19.5%에서 100%에 이르기까지 다양하다(<표 4.9>, <그림 4.5>, <그림 4.6>; <표 4.8> 참조).

첫째, 2004년 이후 2013년까지 ㈜LS의 자회사인 2개 회사는 1개 상장회사(LS산전)과 1개 비상장회사(LS-Nikko동제련)이다. LS산전에 대한 ㈜LS의 보유 지분은 46%로 변함이 없으며, LS-Nikko동제련에서는 2004년 50%, 2005년 이후 50.1%이다.

둘째, 2007년 이전에 자회사였던 11개 회사는 1개 상장회사(JS전선)과 10개 비상장회사이며, 3개 그룹으로 나누어진다: ① 2008년 이후 ㈜LS의 신설 자회사인 LS전선 산하로 이관된 5개 회사 (알루텍, 지씨아이, 코스페이스, 파운텍, JS산업); ② 2008년 이후 ㈜LS의 신설 자회사인 LS엠트론 산하로 이관된 2개 회사 (캐스코, 카보닉스); ③ 2007년 이전 기간에만 자회사였던 4개 회사 (네옵텍, 슈미들린코리아, 피엔에프, 진로산업).

11개 회사에 대한 ㈜LS의 지분은 19.5%에서 100% 사이이며, 1개 회사에서는 100%(알루텍), 그리고 2개 회사에서는 50% 미만(네옵텍 40.5-44.4%, 피엔에프 19.5%)이었다. 또 지분이 증가한 회사는 4개(지씨아이, 87.9% → 92.3% → 98.2%; 코스페이스, 87.1% → 99%; 카보닉스, 73.5% → 96%; 네옵텍, 40.5% → 44.4%)이며, 나머지 7개 회사의 지분은 변함이 없었다. 한편 4개 회사에 대해서는 2004-2007년의 4년 동안 지분을 보유하였고(지씨아이 87.9-98.2%, 코스페이스 87.1-99%, 카보닉스 73.5-96%, 파운텍 51%), 나머지 7개 회사에 대해서는 보다 짧은 기간 동안 지분을 보유하였다.

셋째, 2008년 이후에 ㈜LS의 자회사가 된 3개 회사는 LS전선, LS엠트론, LS I&D이며, 모두 비상장회사이다. LS전선에 대한 지분은 2008-2009년 100%이던 것이 2010년부터는 87%이며, LS엠트론과 LS I&D에서의 지분은 각각 100%(2008-2013년), 87%(2013년)이다.

넷째, LS글로벌인코퍼레이티드의 경우에는, 2006-2007년에는 ㈜LS의 자회사였다가 2008-2010년에는 신설 LS전선의 자회사로 옮겨간 후 2011년 다시 ㈜LS의 자회사로 편입되었다. 그 사이 ㈜LS의 보유 지분은 51%에서 100%로 증가하였다.

〈표 4.9〉 ㈜LS와 주요 계열회사의 자회사에 대한 보유 지분, 2004-2013년 (%)

(A) ㈜LS 및 계열회사

	지주회사체제 이전 시기				지주회사체제 시기					
	2004	2005	2006	2007	2008	2010.1	2010.12	2011	2013.3	2013.12
(㈜LS)										
LS-Nikko동제련	50	50.1	50.1	50.1	50.1	50.1	50.1	50.1	50.1	50.1
LS산전	46	46	46	46	46	46	46	46	46	46
LS전선					100	100	87	87	87	87
LS엠트론					100	100	100	100	100	100
LS글로벌인코퍼레이티드			51	51				100	100	100
LS I&D										87
알루텍		100	100	100						
지씨아이	87.9	92.3	92.3	98.2						
코스페이스	87.1	87.1	87.1	99						
파운텍	51	51	51	51						
JS전선				78.7						
캐스코		50	50	50						
카보닉스	73.5	73.5	73.5	96						
네옵텍	40.5	44.4	44.4							
슈미들린코리아	87.9									
피엔에프	19.5									
진로산업		95.5	95.5							
(LS-Nikko동제련)										
지알엠					100	100	100	100	100	100
토리컴					63.6	99.4	99.8	99.8	99.8	100
리싸이텍코리아						100	100	100	100	100
화창							100	100	80	80
선우								100	100	100
씨에스라인									100	100
이엔알	100	100	100	100						
(LS산전)										
LS메카피온						60	60	60	60	60
LS파워세미텍						53.6	53.6	53.6	53.6	53.6
LS메탈							100	100	100	100
LS사우타							90	90	90	90
트리노테크놀로지								66.7	66.7	66.7
플레넷						63.1	63.1	63.1		
(LS전선)										
알루텍					100	100	100	100	98.9	99.5
지씨아이					98.2	98.2	98.2	98.2	98.2	98.2
코스페이스					99	99	99.2	99.2	99.2	99.9
파운텍					51	51	51	100	100	100
JS전선					78.7	69.9	69.9	69.9	69.9	69.9
LS글로벌인코퍼레이티드					51	51	51			
모보									54.2	
(LS엠트론)										
대성전기공업					50.5	50.5	50.5	100	100	100
캐스코					50	50	50	50	93.5	93.5
농가온						100	100	100	100	100
농가온경주						100	100	100	100	
에이스냉동공조					100	100	100			
카보닉스					96	97.6				
(대성전기공업)										
델텍					100	100	100	100	100	100

(B) 지주회사체제 미편입 계열회사

	지주회사체제 이전 시기				지주회사체제 시기					
	2004	2005	2006	2007	2008	2010.1	2010.12	2011	2013.3	2013.12
(예스코)										
예스코서비스	50	100	100	100	100	100	100	100	100	100
대한가스기기		69.8	69.8	69.8	69.8	69.8	69.8	69.8	69.8	69.8
한성						65	65	65	65	65
씨아이바이오텍									52.2	52.2
극동도시가스엔지니어링	100	100								
(E1)										
LS네트웍스				93.5	93	90	81.8	84	83.3	83.2
E1물류				100	100	100	100	100	100	100
E1컨테이너터미널				100	100	100	100	100	100	100
동방도시가스산업					100	100	100	100	100	100
온산탱크터미널							20	24	24	24
(가온전선)										
위더스						35.6	35.6	65.6	79.4	79.4
모보										90.4
(한성)										
한성플랜지						93	93.1	93.1	93.1	93.1
리앤에스						98.8	98.8	99.4	99.4	99.4
우성지앤티						49.1	96.7	96.7	96.7	96.7
한성피씨건설						100	100	100	100	100
LS자산운용							6.7	6.7	6.7	6.7
(LS네트웍스)										
케이제이모터라드				100	100	100	100	100	100	100
흥업									100	100
베스트토요타										100
오디캠프					100	100	100			
(한성플랜지)										
한성메드						100	100	100	100	
(케이제이모터라드)										
스포츠모터사이클코리아								100	100	100

주: 1) 밑줄 친 회사는 상장회사.
2) 2004-2008, 2011년 12월 현재.
3) ㈜LS 2004년 = LG전선, 2005-2007년 = LS전선; LS전선 2008-2013년 = ㈜LS의 신설 자회사.
4) 농가온 2010년 - 2013년 3월 = 농가온평택; 토리컴 2008년 = 휘닉스엠앤엠; 예스코 2004-2005년 = 극동도시가스; 예스코서비스 2004-2005년 = 세원가스관리.
5) 온산탱크터미널: 예스코와 E1이 각각 같은 지분(20-24%) 보유, E1 자회사로 간주함.
출처: 사업보고서.

〈그림 4.5〉 ㈜LS의 주요 4개 계열회사에 대한 보유 지분, 2004-2013년 (%)

(출처: <표 4.9>)

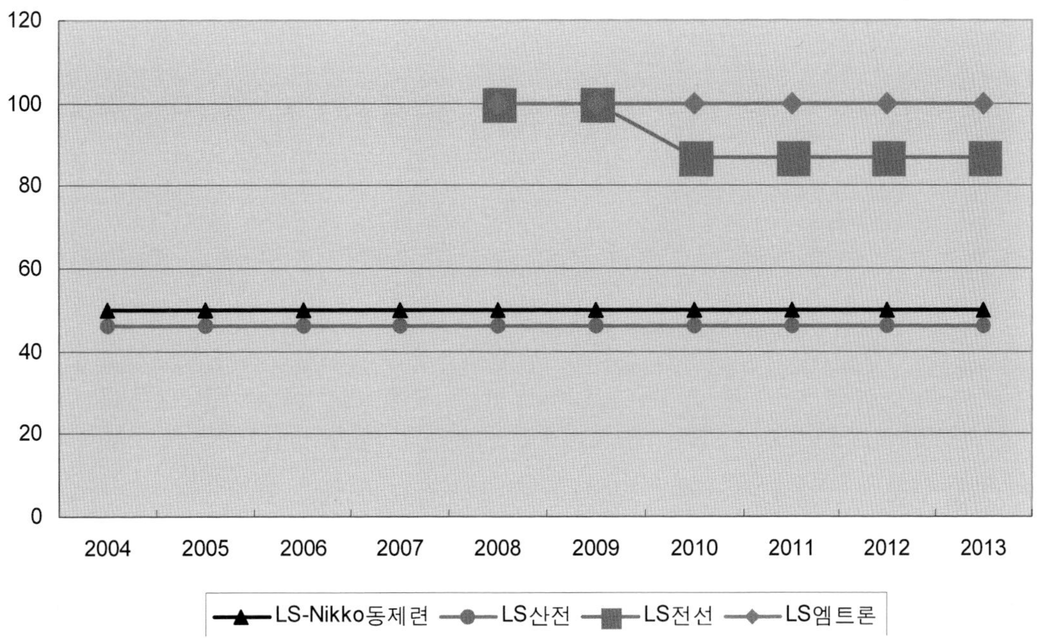

〈그림 4.6〉 예스코, E1 및 가온전선의 주요 4개 계열회사에 대한 보유 지분, 2004-2013년 (%)

(출처: <표 4.9>)

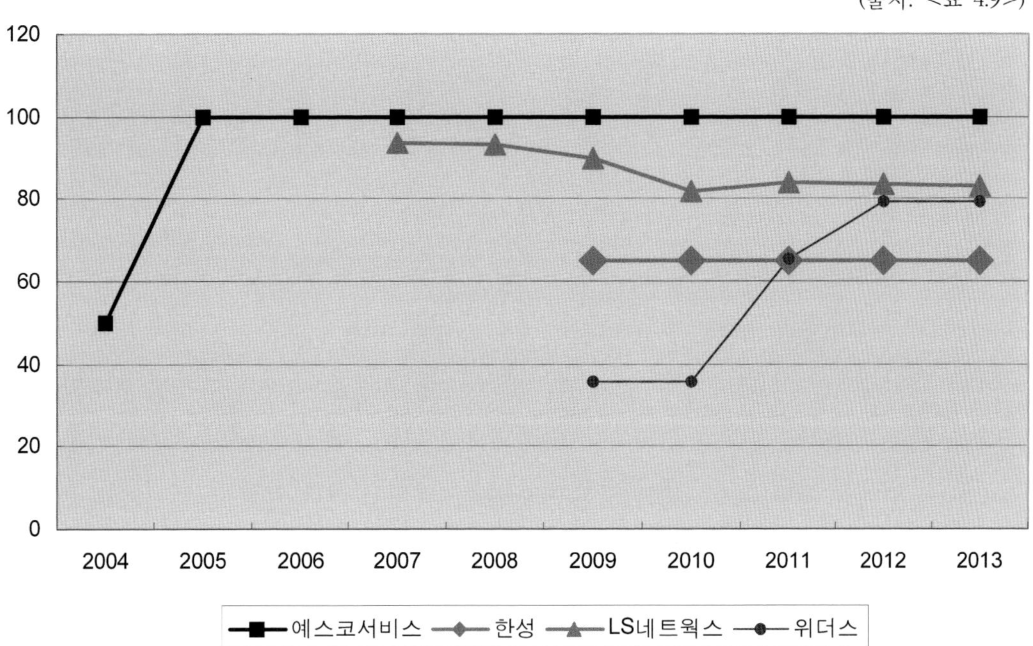

한편, 공정거래위원회의 자료에 의하면, ㈜LS의 지주비율([보유 자회사 주식가액의 합계 ÷ 지주회사의 자산총액] × 100)은 90% 내외 수준이 유지되었다(<부록 5> 참조). 즉 ㈜LS의 자산총액 중 거의 대부분은 자회사에 대한 보유 주식금액이었다. 2008년 7월 89.7%(자회사 4개, 자산총액 1.7조 원), 2008년(12월 현재) 91.4%(4개, 1.6조 원), 2009년 89.6%(4 개, 1.8 조 원), 2010년 91.1%(4개, 2.1조 원) 등이었다. 2011-2012년의 경우에는 관련 정보가 공개되어 있지 않다.

4.3.2 ㈜LS 계열회사의 보유 지분

2008년 이후의 ㈜LS 자회사 6개 중 자신의 계열회사를 거느린 자회사는 모두 4개이며, 1개(LS산전)는 상장회사, 그리고 3개(LS-Nikko동제련, LS전선, LS엠트론)는 비상장회사이다. 나머지 2개 비상장자회사(LS글로벌인코퍼레이티드, LS I&D)는 지분 보유 회사가 없다. 2008년 이전에 ㈜LS 산하에 있었던 11개 자회사 또한 다른 계열회사를 지배한 적이 없었다.

4개 자회사 중 2개(LS-Nikko동제련, LS산전)는 2004년부터 ㈜LS의 자회사였고, 다른 2개(LS전선, LS엠트론)는 2008년 이후에 자회사가 되었다. LS-Nikko동제련은 2004-2007년 사이에는 1개 회사에 지분을 보유하다가 2008년 이후의 지주회사체제하에서 보다 많은 회사에 지분을 보유하게 되었으며, 나머지 3개 자회사는 2008년 이후에 비로소 자신의 계열회사를 거느리게 되었다. 4개 자회사가 지분을 보유한 회사의 수는 각각 매년 5개 내외씩, 총 6-7개로 비슷하다. 피지배 회사들은 1개(JS전선)를 제외하고 모두 비상장회사이며, 관련 지분은 50%에서 100% 사이이다. 한편 ㈜LS의 손자회사 1개(LS엠트론 계열)는 2008년 이후 1개 비상장회사에 지분으로 보유해 오고 있다.

첫째, LS-Nikko동제련은 2004년 이후 매년 1-6개씩 모두 7개의 다른 회사에 지분(63.6-100%)을 보유하였다. 이들 중 1개(이엔알)는 2007년 이전에 그리고 나머지 6개는 2008년 이후에 지분을 보유하였다. 7개 회사 중 5개 회사에 대해서는 100% 지분이 유지되었고(지알앰, 2008-2013년; 리싸이텍코리아, 2009-2013년; 선우, 2011-2013년; 씨에스라인, 2012-2013년; 이엔알, 2004-2007년), 1개 회사에서는 지분이 증가하였으며(토리컴, 2008-2013년, 63.6% → 99.4% → 99.8% → 100%), 나머지 1개 회사에서는 지분이 감소하였다(화창, 2010-2012년, 100% → 80%).

둘째, LS산전은 2009년 이후 매년 3-5개씩 모두 6개의 다른 회사를 계열회사로 거느렸다.

6개 모두에서의 지분(53.6-100%)은 변함이 없었다: LS메탈 (100%, 2010-2013년), LS사우타 (90%, 2010-2013년), 트리노테크놀로지 (66.7%, 2011-2013년), 플레넷 (63.1%, 2009-2011년), LS메카피온 (60%, 2009-2013년), LS파워세미텍 (53.6%, 2009-2013년).

셋째, LS전선은 2008년 이후 매년 5-6개씩 모두 7개의 다른 회사에 지분(51-100%)을 보유하였다. 7개 중 1개(JS전선)는 상장회사이고 나머지 6개는 비상장회사이다. 또 7개 중 6개는 ㈜LS의 2007년 이전 자회사가 이관되어 온 것이며, 1개(모보)만 새롭게 편입되었다. 7개 회사 중 2개 회사에서는 지분이 증가하였고(파운텍, 2008-2013년, 51% → 100%; 코스페이스, 2008-2013년, 99% → 99.9%), 2개 회사에서는 지분이 감소하였으며(JS전선, 2008-2013년, 78.7% → 69.9%; 알루텍, 2008-2013년, 100% → 98.9% → 99.5%), 나머지 3개 회사에서는 지분 변화가 없었다(지씨아이, 2008-2013년, 98.2%; LS글로벌인코퍼레이티드, 2008-2010년, 51%; 모보, 2012년, 54.2%). 모보는 2013년 지주회사체제 미편입회사인 가온전선의 계열회사로 이관되었다.

넷째, LS엠트론은 2008년 이후 매년 3-6개씩 모두 6개의 다른 회사에 지분(50-100%)을 보유하였다. 6개 회사 모두 비상장회사이다. LS엠트론은 LS전선과 함께 2008년 ㈜LS의 자회사로 신설되었는데, LS전선의 경우에는 지분 보유 회사 7개 중 6개가 ㈜LS의 이전 자회사였던 반면 LS엠트론의 지분 보유 회사 6개 중에서는 2개(캐스코, 카보닉스)만 이전 ㈜LS의 자회사였다. 6개 회사 중 3개에 대한 LS엠트론의 지분은 100%였고(농가온, 2009-2013년; 농가온경주, 2009-2012년, 에이스냉동공조, 2008-2010년), 나머지 3개 회사에 대한 지분은 증가하였다(대성전기공업, 2008-2013년, 50.5% → 100%; 캐스코, 2008-2013년, 50% → 93.5%; 카보닉스, 2008-2009년, 96% → 97.6%).

다섯째, 자신의 계열회사를 거느린 ㈜LS의 손자회사는 대성전기공업(LS엠트론 자회사)이며, 2008년 이후 비상장회사인 델텍을 100% 소유하고 있다.

4.3.3 지주회사체제 미편입 계열회사의 보유 지분

지주회사체제에 편입되어 있지 않은 그룹 계열회사 중 자신의 지분을 보유한 회사는 모두 7개이다. '실질적인 지주회사' 3개(예스코, E1, 가온전선), 자회사 2개(한성, LS네트웍스), 손자회사 2개(한성플랜지, 케이제이모터라드) 등이다.

7개 회사 중 4개(예스코, E1, 가온전선, LS네트웍스)는 상장회사 그리고 4개는 비상장회사이다. 또 7개 회사 중 3개(예스코, E1, LS네트웍스)는 2008년 지주회사체제 이전부터 다른 회사에 지분을 보유하였고, 나머지 4개 회사는 2009년 이후에 지분을 보유하게 되었다. 7개 회사가 매년 지분을 보유한 회사는 각각 1-5개씩이며, 지분 보유 회사 전체 수 또한 1-5개씩이다. 피지배회사에 대한 지분은 20%에서 100%에 이르기까지 다양하다.

첫째, 3개 '실질적인 지주회사' 중에서는 유일하게 예스코가 2004년 그룹 출범 때부터 산하 계열회사를 거느렸다. 계열회사는 매년 2-4개씩 모두 5개이다. 2개 회사에 대해서는 2008년 이전부터 지분을 가졌고(에스코서비스, 2004-2013년, 50% → 100%; 대한가스기기, 2005-2013년, 69.8%), 2개 회사에 대해서는 2008년 이후에 지분을 가지게 되었다(한성, 2009-2013년, 65%; 씨아이바이오텍, 2012-2013년, 52.2%). 나머지 1개 회사(극동도시가스엔지니어링)에 대해서는 2004-2005년에 100% 소유한 적이 있었다.

E1은 2007년 이후 매년 3-5개씩 모두 5개의 계열회사에 지분을 보유하였다. 3개 회사에 대해서는 2007년부터 지분을 보유하였고(E1물류, 100%; E1컨테이너터미널, 100%; LS네트웍스, 93.5% → 93% → 90% → 81.8% → 84% → 83.3% → 83.2%), 나머지 2개 회사에 대해서는 2008년 이후에 지분을 보유하였다(동방도시가스산업, 2008-2013년, 100%; 온산탱크터미널, 2010-2013년, 20% → 24%). 온산탱크터미널의 경우, 예스코와 E1이 각각 같은 크기의 지분을 보유하였으며 편의상 E1 계열회사로 분류하였다.

3개 '실질적인 지주회사' 중 가온전선은 가장 늦게 2009년부터, 그리고 가장 적은 2개 회사에 지분을 보유하였다(위더스, 2009-2013년, 35.6% → 65.6% → 79.4%; 모보, 2013년, 90.4%). 모보의 경우, 2012년에 LS전선의 자회사로 편입되었다가 2013년 가온전선 산하로 이관되었으며, 모보에 대한 지분은 54.2%에서 90.4%로 크게 증가하였다.

둘째, 자신의 계열회사를 거느린 2개 자회사는 LS네트웍스(E1 자회사)와 한성(예스코 자회사)이다. LS네트웍스는 2007년부터 매년 1-3개씩 모두 4개 회사에 100% 지분을 보유하였고(케이제이모터라드, 2007-2013년; 흥업, 2012-2013년; 베스트토요타, 2013년; 오디캠프, 2008-2010년), 한성은 2009년부터 매년 4-5씩 모두 5개 회사에 지분(6.7-100%)을 보유하였다: 한성피씨건설, 2009-2013년, 100%; 리앤에스, 2009-2013년, 98.8% → 99.4%; 한성플랜지, 2009-2013년, 93% → 93.1%; 우성지앤티, 2009-2013년, 49.1% → 96.7%; LS자산운용, 2010-2013년, 6.7%.

셋째, 다른 회사에 지분을 보유한 2개 손자회사는 한성플랜지(한성 자회사)와 케이제이모트라드(LS네트웍스 자회사)이며, 각각 1개씩의 회사를 100% 소유하였다(한성메드, 2009-

2012년; 스포츠모터사이클코리아, 2011-2013년).

4.4 ㈜LS의 최대주주 및 특수관계인 지분, 1997-2013년: (1) 개관

㈜LS는 오랫동안 LG그룹 계열회사였다. 상호는 1995년 2월 이전에는 금성전선이었고 이후에는 LG전선이었다. 2003년 11월 LG전선 및 관련 회사들은 LG그룹으로부터 계열 분리되었으며, 2004년 4월 LG전선그룹으로 공식 출범하였다. 2005년 3월에는 LG전선이 LS전선으로 그리고 LG전선그룹은 LS그룹으로 명칭이 바뀌었다. 2008년 7월 LS전선은 지주회사로 전환되었고 상호는 ㈜LS로 다시 변경되었다. 이와 동시에 자회사 LS전선과 LS엠트론이 신설되었다(<표 4.2>, <표 4.4> 참조).

㈜LS의 최대주주는 1997-2001년에는 LG증권이었으며, 2002년 구자열로 변경된 이후 오늘에 이르고 있다. LG그룹 시절인 2003년까지는 친족 지분의 비중이 크지 않았으며, 2004년 LS그룹이 출범하면서 친족 지분이 절대적인 우위를 차지하는 소유구조가 정착되었다(<표 4.10>, <그림 4.7>).

4.4.1 LG그룹 시기: 1997-2003년

먼저, 1997-2001년 사이에는 친족 지분이 미미한 상태에서 계열회사들이 대주주 역할을 하였다. 최대주주 및 특수관계인 지분은 20% 내외(13.72-23.49%)였으며, 이 중 친족 지분은 1997-1998년에는 2%대(2.47-2.65%), 1999-2001년에는 1% 미만(0.12-0.13%)에 불과하였다. 대신 대부분의 지분은 최대주주인 LG증권 지분(3.97-4.03%), 3-4개 계열회사 지분(7.04-9.51%), 그리고 자사주(4.26-9.83%)였다. 이 외에 비영리법인(LG연암재단) 보유 지분이 약간 있었다.

2002년 들어 구자열이 최대주주가 되면서 친족 지분이 크게 늘어났다. 2001년 0.13%이던 것이 2002년에는 13.77%로 껑충 뛰었고 2003년에는 다시 2배가량 늘어나 25.76%가 되었다. 그 결과 최대주주(2.50-2.95%) 및 친족(13.77-25.76%) 지분이 최대주주 및 특수관계인 전체 지분(30.33-42.72%)의 절반 이상을 차지하게 되었다. 계열회사 지분은 모두 없어진 가운데 자사주(13.98-14%)가 이전보다 더 늘어났고, 비영리법인(연암학원)과 임원이 보유하는 지분 또한 조금 있었다.

〈표 4.10〉 ㈜LS의 최대주주 및 특수관계인 지분, 1997-2013년 (%)

연도	최대주주		친족				기타 특수관계인				총합
	LG 증권	구자열	구자은	구자홍	기타	합	계열 회사	자사주	비영리 법인	임원	
(LG그룹)											
1997	4.03					2.65	7.04				13.72
1998	4.03					2.47	7.04	6.99	0.06		20.59
1999	3.97					0.12	9.51	4.26	0.05		17.91
2000	3.97					0.12	9.51	5.78	0.05		19.43
2001	3.97					0.13	9.51	9.83	0.05		23.49
2002		2.50	1.34	1.42	11.01	13.77		14.00	0.05	0.01	30.33
2003		2.95	3.35	2.82	19.59	25.76		13.98		0.03	42.72
(LS그룹)											
2004		3.55	3.93	3.13	22.81	29.87				0.00	33.42
2005		3.55	3.93	3.13	22.81	29.87				0.00	33.42
2006		3.27	3.93	2.96	23.26	30.15				0.01	33.43
2007		3.27	3.93	2.96	23.26	30.15				0.01	33.43
지주회사											
2008		3.27	3.93	2.96	23.26	30.15				0.01	33.43
2009		3.27	4.02	2.96	23.17	30.15				0.01	33.43
2010		3.27	4.02	2.96	23.17	30.15				0.01	33.43
2011		3.27	4.02	2.83	23.30	30.15				0.01	33.43
2012		3.27	4.02	2.83	23.30	30.15				0.01	33.43
2013		3.27	4.02	2.83	23.00	29.85			0.30	0.01	33.43

주: 1) 12월 현재, 보통주 기준.

2) ㈜LS 1997-2004년 = LG전선, 2005-2007년 = LS전선; LS그룹 2004년 = LG전선그룹.

3) 최대주주의 변동: 1997년 3월 히다찌전선(9.86%)에서 LG증권 외 77인(13.67%)으로 변경.

4) 구자열와 구자홍은 임원, 구자은은 실질적인 최대주주.

5) 친족 1997-2001년: 다음과 같이 표시되어 있으며, 임원이 포함되어 있을 수 있음. 1997년(구자경 외 72명), 1998년(구자경 외 67명), 1999-2000년(구동범 외 8명), 2001년(구동범 외 6명).

6) 최대주주 및 친족 수: 2002년(28명, 기타 친족 4명 제외), 2003년(36명), 2004-2005년(37명), 2006-2010년(40명), 2011-2012년(41명), 2013년(40명).

7) 계열회사: 1997-1998년 4개(LG상사 3.21%, LG건설 2.84, LG산전 0.50, LG화학 0.49), 1999년 3개(LG정보통신 5.95, LG석유화학 3.08, LG화학 0.48), 2000년 3개(LG전자 5.95, LG석유화학 3.08, LG화학 0.48), 2001년 3개(LG유통 5.95, LG석유화학 3.08, LGCI 0.48).

8) 자사주: 자사주 및 자사주펀드.

9) 비영리법인: 1998-2001년 LG연암학원, 2002년 연암학원, 2013년 송강재단(구평회 사망 후 주식 전액 출연).

10) 임원: 2002년 2명, 2003년 3명, 2004년 2명, 2005-2013년 1명.

출처: 사업보고서.

〈그림 4.7〉 ㈜LS의 최대주주 및 특수관계인 지분, 2004-2013년 (%)

(출처: <표 4.10>)

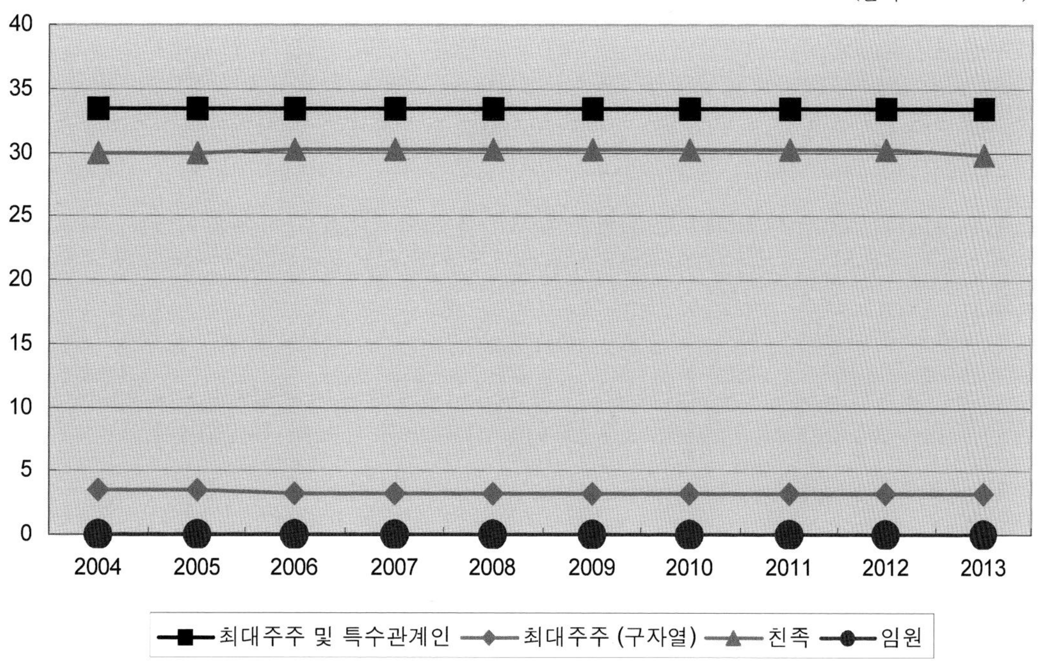

4.4.2 LS그룹 시기: 2004년 이후

2004년 LS그룹이 출범하면서 '최대주주 및 특수관계인 지분' 중 거의 대부분은 '최대주주 및 친족 지분'이 차지하는 구조로 바뀌었다. 이때부터 ㈜LS는 구씨 일가가 전적으로, 그리고 공동으로 소유하게 되었다. 40명 내외의 많은 가족구성원들이 33%대의 지분을 보유하였으며, 가족구성원인 최대주주는 가족 전체 지분의 1/10 정도만을 보유하였다. 반면 친족 이외의 특수관계인 지분은 미미하였다. 2004년 시작된 소유구조는 2008년 ㈜LS가 지주회사로 전환된 이후에도 그대로 유지되었다.

첫째, 최대주주 및 특수관계인 지분은 2003년 최고치인 42.72%를 기록한 이후 2004년 33.42%로 줄었으며, 2006년 이후 2013년 현재까지는 33.43%이다.

둘째, 최대주주인 구자열(1세대 5남 구평회의 장남)의 지분은 2-3%대였다. 2002년 2.5%에서 2003년에는 2.95%로, 2004년에는 다시 3.55%로 증가하였다. 2006년 3.27%로 다소 줄어들었으며, 이후 이 지분이 그대로 유지되어 오고 있다. '최대주주 지분'이 '최대주주 및 특수관계인 지분' 전체에서 차지하는 비중은 2004-2005년 11%(3.55% vs. 33.42%), 그리고 2006년 이후 10%(3.27% vs. 33.43%)이다.

한편, 구자열은 최대주주이기는 하지만 그의 지분 크기는 가족구성원들 지분 중 2위였다. 실질적인 최대주주는 구자은(1세대 6남 구두회의 장남)이며, 그의 지분은 구자열보다 조금 더 많았다(3.93-4.02% vs. 3.27-3.55%). 결국, ㈜LS는 구씨 가족이 공동으로 소유하는 가운데 구자열이 대주주의 자격으로 가족을 대표해서 대외적으로 최대주주 역할을 수행하고 있는 것으로 볼 수 있다.

셋째, 친족 지분은 30% 내외이다. 2003년 25.76%에서 2004-2005년에는 29.87%가 되었으며, 2006-2012년에는 조금 더 늘어난 30.15%가 유지되었다. 2013년 현재에는 29.85%이다. 2005-2006년에 친족 지분이 늘어난 것은 같은 기간 최대주주 지분이 줄어든 때문이었다(29.87% → 30.15% vs. 3.55% → 3.27%). 또 2013년 친족 지분이 줄어든 것은 1세대 구평회가 사망하면서 보유 지분이 비영리법인으로 출연된 때문이었다. 한편, 지분에 참여하는 최대주주 및 친족의 수는 2004-2005년 37명, 2006-2013년 40-41명이었다.

넷째, 친족 이외의 특수관계인은 2004-2012년에는 임원 1-2명이었으며 보유 지분은 0.01% 이하로 미미하였다. 2013년에는, 임원 지분에 더하여, 2004년 이후 처음으로 비영리법인(송강재단)이 등장하였으며, 보유 지분(0.3%)은 사망한 구평회가 보유하던 지분으로 충당되었다. 1998-2002년 사이에는 다른 비영리법인(연암재단, 0.05-0.06%)이 지분에 참여한 적이 있었는데, 이와 비교하면 송강재단의 지분은 5-6배 늘어난 크기이다.

4.5 ㈜LS의 최대주주 및 특수관계인 지분, 2004-2013년: (2) 구씨 일가 가족 지분

4.5.1 지분 참여 가족구성원

2002년 최대주주가 LG증권에서 구자열로 변경되고 친족 지분이 크게 늘어난 이후 2013년까지 ㈜LS의 지분에 참여한 적이 있는 구씨 일가 가족구성원은 모두 43명이며, 이들은 3개 일가에 그리고 1·2·3세대에 속해 있었다(<표 4.11>; <표 4.10>, <표 4.15> 참조).

첫째, 2002년 이후 매년 지분에 참여하는 가족구성원은 28-41명이었으며, 전체 인원은 43명이다. 2002년 28명, 2003년 36명, 2004-2005년 37명, 2006-2010년 40명, 2011-2012년 41명, 2013년 40명 등이다. 2002년의 경우, 28명이 속한 구씨 3형제 일가 이외의 다른 친족

4명도 약간의 지분을 보유하였는데, 편의상 이들은 제외하였다.

둘째, 지분에 참여한 43명은 1세대인 구태회(4남), 구평회(5남) 및 구두회(6남) 3형제 일가에 속해 있었다. 이들 일가는 모두 2002년 이후 2013년 현재까지 줄곧 지분을 보유해 오고 있다.

셋째, 43명 중 구태회 일가가 22명(1세대 1명+2세대 8명+3세대 13명)으로 전체의 절반 이상을 차지하고 있고, 구평회 일가는 12명(1+4+7), 그리고 구두회 일가는 9명(1+4+4)이다. 3세대 3명의 경우 자세한 정보가 없기는 하지만 구두회 일가에 속하는 것으로 보인다.

〈표 4.11〉 구씨 일가 가계도

1세대	2세대	3세대
4남 구태회	1녀 구근희 (+ 이준범)	1녀 이미영 (+ 김덕주), 2녀 이지현, 1남 이재우
(+ 최무)	1남 구자홍 (+ 지순혜)	1녀 구진희, 1남 구본웅
	2녀 구혜정 (+ 이인정)	1남 이대현, 2남 이상현
	2남 구자엽 (+ 김태향)	1녀 구은희 (+ 정일선), 1남 구본규
	3남 구자명 (+ 조미연)	1남 구본혁, 1녀 구윤희
	4남 구자철 (+ 홍정원)	1녀 구원희 (+ 박서원), 1남 구본권
5남 구평회	1남 구자열 (+ 이현주)	1녀 구은아, 1남 구동휘, 2남 구은성
(+ 문남)	2남 구자용 (+ 이현주)	1녀 구희나, 2녀 구희연
	3남 구자균 (+ 독고진)	1녀 구소연, 2녀 구소희
	1녀 구혜원 (+ 주진규)	1남 주신홍, 1녀 주은진, 2녀 주은혜
6남 구두회	1녀 구은정 (+ 김중민)	1녀 김지선
(+ 유한선)	2녀 구지희	
	1남 구자은 (+ 장인영)	구원경
	3녀 구재희 (+ 김동범)	
	-	구소영, 구다영, 이윤결

지분 참여 가족구성원: 총 43명 (1세대 3명, 2세대 16명, 3세대 24명)

4남 구태회 일가 22명 (1,8,13) 5남 구평회 일가 12명 (1,4,7)
6남 구두회 일가 9명 (1,4,4)

주: 1) 밑줄 친 사람은 ㈜LS에 지분을 보유한 적이 있음.
2) 구재서와 진양하의 아들 6명: 1남 구인회(+ 허을수), 2남 구철회(+ 안남이), 3남 구정회(+ 김증문), 4남 구태회, 5남 구평회, 6남 구두회.
3) 구원경은 구자은의 자녀인 것으로 보임; 구소영, 구다영, 이윤결은 구두회 일가의 구성원이며, 3세대인 것으로 보임; 3세대의 남녀 구분은 일부 추측함.

출처: 서울신문사 산업부(2005년), Naver 검색.

넷째, 지분에 참여한 43명을 세대별로 보면, 1세대 3명, 2세대 16명, 그리고 3세대 24명이다. 2002년부터 1·2·3세대가 함께 지분에 참여하였으며, 세 일가 모두에 1·2·3세대가 포함되어 있다. 1세대는 1명씩 세 일가에 포함되어 있으며, 2세대의 절반(8명), 그리고 3세대의 절반 이상(13명)은 지분 참여 가족구성원 수가 가장 많은 허준구 일가에 속해 있다.

다섯째, 지분에 참여한 43명 중 구씨 직계는 35명이다. 1세대 3명 모두, 2세대 16명 중 14명, 3세대 24명 중 18명이다. 구씨 직계가 아닌 8명은 다음과 같다: ① 2세대 2명 - 남자 배우자 2명 (이준범(구근희 남편), 이인정(구혜정 남편)); ② 3세대 6명 - 구근희와 이준범 자녀 3명, 구혜정과 이인정 자녀 2명, 구두회 일가에 속하는 것으로 보이는 1명. 구근희와 구혜정은 구태회의 두 딸이며, 이들은 남편 그리고 자녀와 함께 지분에 참여하였다. 반면 구평회와 구두회의 딸들은 자신들만 지분을 가지고 있다. 한편, 1세대와 2세대의 여자 배우자들 중에서는 아무도 지분에 참여하고 있지 않다.

4.5.2 가족 보유 지분: (1) 일가별 지분

1세대 구씨 3형제 중 4남 구태회 일가와 5남 구평회 일가가 비슷한 크기의 많은 지분을 가졌고, 6남 구두회 일가는 앞의 두 일가 지분의 절반 정도만을 보유하였다(<표4.12>, <그림 4.8>; <표 4.11>, <표 4.13>, <표 4.14>, <표 4.15>, <표 4.16> 참조).

첫째, 4남 구태회 일가의 지분은 2002년 6.89%, 2003년 11.48%, 그리고 2004-2013년 13.35-13.43%였다. 5남 구평회 일가의 지분 또한 거의 비슷한 수준이었다. 2002년 6.61%, 2003년 11.5%, 2004-2013년 13.09-13.39% 등이다. 반면, 6남 구두회 일가의 지분은 2002년 2.69%, 2003년 5.74%, 그리고 2004-2013년 6.59-6.69%였다. 2002년에는 구태회 및 구평회 일가 지분의 2/5 정도였다가 2003년부터 1/2 수준이 유지되어 오고 있다.

둘째, 가족 전체 지분은 2002년 16.19%, 그리고 2003년 28.72%였으며, LS그룹이 출범한 2004년부터는 33%대(33.13-33.44%)가 유지되었다. 2004년 이후 미미하지만 증가와 감소의 변화가 진행되었고, 2004년 33.41%이던 지분이 2013년에는 최저치인 33.13%가 되었다.

세 일가 각각의 지분 역시 미미하지만 시간이 지나면서 증가 또는 감소의 변화가 있었다. 그 결과, 2004년과 2013년 2개 연도를 비교해 보면, 구태회 일가 지분은 13.35% 수준이 그대로 유지되고 있고, 구평회 일가 지분은 13.39%에서 최저치인 13.09%로 감소하였으며, 구

〈표 4.12〉 ㈜LS의 최대주주 및 친족 지분, 2002-2013년: (1) 일가별 지분 (%)

	지주회사체제 이전 시기						지주회사체제 시기					
	2002	2003	2004	2005	2006	2007	2008	2009	2010	2011	2012	2013
구태회 일가 (4남)	6.89	11.48	13.35	13.36	13.35	13.35	13.35	13.43	13.43	13.36	13.36	13.35
구태회	0.00	0.01	0.46	0.46	0.46	0.46	0.46	0.46	0.46	0.46	0.46	0.46
구자홍 일가	1.42	3.35	3.74	3.75	3.68	3.68	3.68	3.68	3.68	3.61	3.61	3.61
구자엽 일가	1.38	2.31	2.51	2.51	2.40	2.40	2.40	2.40	2.40	2.46	2.46	2.46
구자명 일가	1.37	2.29	2.52	2.52	2.52	2.52	2.52	2.52	2.52	2.47	2.47	2.46
구자철 일가	1.37	1.26	1.30	1.30	1.40	1.40	1.40	1.48	1.48	1.49	1.49	1.48
구근희 일가	0.68	1.13	1.39	1.39	1.43	1.43	1.43	1.43	1.43	1.44	1.44	1.44
구혜정 일가	0.67	1.13	1.43	1.43	1.46	1.46	1.46	1.46	1.46	1.43	1.43	1.44
구평회 일가 (5남)	6.61	11.50	13.39	13.39	13.38	13.38	13.38	13.38	13.38	13.39	13.39	13.09
구평회	0.01	0.30	0.30	0.30	0.30	0.30	0.30	0.30	0.30	0.30	0.30	
구자열 일가	2.50	4.21	4.92	4.92	4.92	4.92	4.92	4.92	4.92	4.92	4.92	4.92
구자용 일가	1.65	2.79	3.27	3.27	3.27	3.27	3.27	3.27	3.27	3.27	3.27	3.27
구자균 일가	1.64	2.80	3.27	3.27	3.26	3.26	3.26	3.26	3.26	3.27	3.27	3.27
구혜원	0.81	1.40	1.63	1.63	1.63	1.63	1.63	1.63	1.63	1.63	1.63	1.63
구두회 일가 (6남)	2.69	5.74	6.67	6.67	6.67	6.67	6.67	6.59	6.59	6.69	6.69	6.69
구두회	0.00	0.00	0.00	0.00	0.00	0.00	0.00	0.00	0.00			
구자은 일가	1.34	3.35	4.02	4.02	4.02	4.02	4.02	4.11	4.11	4.11	4.11	4.11
구은정	0.54	0.65	0.65	0.65	0.65	0.65	0.65	0.75	0.75	0.77	0.77	0.77
구지희	0.00	0.49	0.49	0.49	0.49	0.49	0.49	0.02	0.02			
구재희	0.81	1.25	1.51	1.51	1.51	1.51	1.51	1.71	1.71	1.71	1.71	1.71
기타										0.10	0.10	0.10
구태회 일가 (4남)	6.89	11.48	13.35	13.36	13.35	13.35	13.35	13.43	13.43	13.36	13.36	13.35
구평회 일가 (5남)	6.61	11.50	13.39	13.39	13.38	13.38	13.38	13.38	13.38	13.39	13.39	13.09
구두회 일가 (6남)	2.69	5.74	6.67	6.67	6.67	6.67	6.67	6.59	6.59	6.69	6.69	6.69
총합	16.19	28.72	33.41	33.42	33.40	33.40	33.40	33.40	33.40	33.44	33.44	33.13

주 1) 12월 현재.
2) ㈜LS: 2002-2004년 = LG전선, 2005-2007년 = LS전선; 2002-2003년 = LG그룹 계열회사, 2004-2013년 = LS그룹 계열회사.
3) 2002년 - 기타 친족 4명 제외; 하위 일가 중 구태회, 구평회 및 구두회는 1세대이며 나머지는 2세대임, '일가'는 3세대를 포함함.
4) 총합 - 〈표 4.10〉에서의 '최대주주 및 친족 지분'과는 다소 차이가 남.
출처: 〈표 4.15〉, 〈표 4.16〉.

〈그림 4.8〉 ㈜LS의 최대주주 및 친족 지분, 2002-2013년: (1) 일가별 지분 (%)

(출처: <표 4.12>)

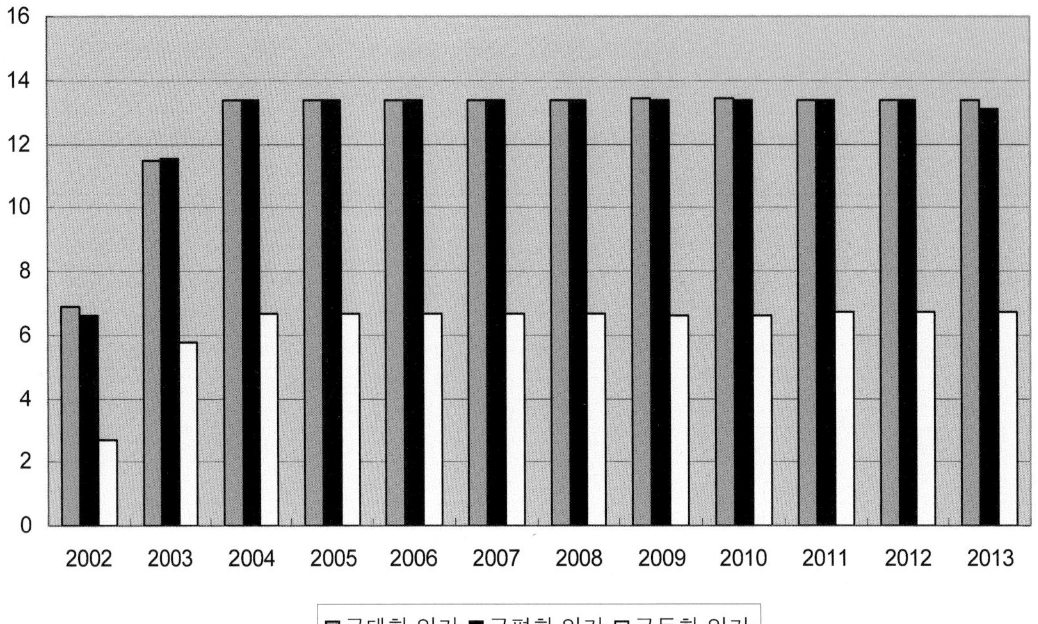

두회 일가 지분은 6.67%에서 최고치인 6.69%로 증가하였다. 가족 전체 지분이 2013년에 최저치가 된 것은 구평회 일가 지분이 같은 해 최저치가 된 때문이었다.

한편, 구태회 일가와 구평회 일가의 지분은 미미하지만 앞서거니 뒤서거니 하면서 격차가 유지되었다. 2002년(6.89% vs. 6.61%)에는 구태회 일가, 2003-2008년(11.48-13.35% vs. 11.50-13.38%)에는 구평회 일가, 2009-2010년(13.43% vs. 13.38%)에는 구태회 일가, 2011-2012년(13.36% vs. 13.39%)에는 구평회 일가, 그리고 2013년(13.35% vs. 13.09%)에는 구태회 일가가 각각 앞섰다. 2013년의 지분 격차는 2002년 이후 가장 컸다.

셋째, 가족 전체 지분이 세 일가에 나누어지는 비율은 2003년 이후 대략 '4:4:2'였다. 구태회 일가와 구평회 일가가 각각 40%가량씩을, 구두회 일가가 나머지 20%가량을 차지하였다. 2004년에는 비율이 '39.96:40.08:19.96'(일가 지분 13.35%, 13.39%, 6.67% vs. 가족 지분 33.41%)이었고, 2013년에는 '40.30:39.51:20.19'(13.35%, 13.09%, 6.69% vs. 33.13%)였다.

넷째, 17개의 하위 일가 중에서는 어느 1개 일가가 월등하게 많은 지분을 가지고 있지는 않은 가운데 일가 간에 적지 않은 격차를 보이고 있다.

1세대 3형제 일가는 각각 5-7명씩의 하위 일가로 구성되어 있으며, 이 하위 일가는 모두 17개이다. 4남 구태회 일가 7개, 5남 구평회 일가 5개, 6남 구두회 일가 5개 등이다. 이들 중 10개 일가에는 2명 이상의 가족구성원이 포함되어 있고, 나머지 7개 일가에는 1명씩만 관련되어 있다. 전자에 해당하는 일가는 구태회 일가 7개 중 6개, 구평회 일가 5개 중 3개, 그리고 구두회 일가 5개 중 1개이다.

2명 이상이 관련되어 있는 10개 하위 일가는 2004년 이후 각각 1.30%에서 4.92%에 이르는 다양한 지분을 보유하였다. 4%대 지분을 보유하는 일가가 2개(구자열, 구자은), 3%대 보유 일가 3개(구자홍, 구자용, 구자균), 2%대 보유 일가 2개(구자엽, 구자명), 그리고 1%대 보유 일가 3개(구자철, 구근희, 구혜정)이다. 1명씩만 관련되어 있는 7개 일가 중에서는 2명(구재희, 구혜원)이 1%대의 지분을 보유하였다.

㈜LS의 최대주주인 구자열(1세대 5남 구평회의 1남)의 일가는 2002년 이후 가장 많은 지분을 보유하였다. 2002년 2.50%, 2003년 4.21%, 그리고 2004년 이후 4.92%이다. 구자열은 개인적으로는 최대주주임에도 불구하고 지분 크기가 가족구성원들 중 2위에 머물렀는데, 일가들 중에서는 구자열 일가가 1위를 고수하였다. 이런 연유로 구자열이 최대주주의 역할을 하게 된 것으로 보인다. 반면, ㈜LS의 실질적인 최대주주인 구자은(1세대 구두회의 외동아들)의 일가는 구자열 일가 다음으로 많은 2위의 지분을 가졌다. 2012년(1.34%)에는 지분이 적었다가 2013년(3.35%) 공동 2위가 되었으며 2014년 이후(4.02-4.11%) 단독 2위를 유지하고 있다.

그다음으로 구자열의 두 남동생(구자용, 구자균) 일가가 3%대의 높은 지분을 가졌으며, 여동생(구혜원)은 1%대의 지분을 가졌다. 1세대 4남 구태회의 4남 2녀 자녀들 중에서는 장남 구자홍 일가만 3%대 지분을 보유하였고, 남동생 2명(구자엽, 구자명)은 2%대 지분을, 그리고 남동생, 누나 및 여동생(구자철, 구근희, 구혜정)은 1%대 지분을 보유하였다. 또, 구자은의 여동생(구재희)은 1%대의 지분을, 그리고 누나 2명(구은정, 구지희)은 1% 미만의 지분을 각각 보유하였다.

4.5.3 가족 보유 지분: (2) 세대별 지분

2002년 최대주주가 2세대인 구자열로 변경되고 가족 지분이 처음으로 크게 늘어난 이후 구씨 3형제 일가의 1·2·3세대가 모두 ㈜LS의 지분에 참여하기 시작하였으며, 2세대가 압도적인 우위를 유지하였다(<표 4.13>, <표 4.14>, <그림 4.9>; <표 4.11>, <표 4.12>, <표 4.15>, <표 4.16> 참조).

첫째, 2세대의 지분은 2002년 16%대 그리고 2003년 24%대였으며, 2004년 이후에는 2004-2005년 28%대, 2006-2010년 27%대, 2011-2013년 26%대 등으로 다소 감소하는 추세를 보였다. 가족 전체 지분 중에서 2세대 지분이 차지하는 비중은 4/5 이상이었다. 2004년 85%(지분 33.41% vs. 28.29%), 2006년 81%(33.40% vs. 27.12%), 2011년 80%(33.44% vs. 26.76%), 2013년 81%(33.13% vs. 26.72%) 등이다.

1세대의 지분은 1% 미만이었다. 2002년 0.01%, 2003년 0.31%였으며, 2004년 이후 줄곧 0.76%이다가 2013년 들어 0.45%로 감소하였다. 반면 3세대의 지분은 5% 내외 수준에서 꾸준히 증가하였다. 2002년에는 지분이 거의 없다가 2003년 3.78%로 크게 늘어났으며, 이

〈표 4.13〉 ㈜LS의 최대주주 및 친족 지분, 2002-2013년: (2) 세대별 지분 I (%)

	지주회사체제 이전 시기						지주회사체제 시기					
	2002	2003	2004	2005	2006	2007	2008	2009	2010	2011	2012	2013
구태회 일가 (4남)	6.89	11.48	13.35	13.36	13.35	13.35	13.35	13.43	13.43	13.36	13.36	13.35
1세대	0.00	0.01	0.46	0.46	0.46	0.46	0.46	0.46	0.46	0.46	0.46	0.46
2세대	6.89	9.89	11.01	11.01	10.45	10.45	10.45	10.53	10.53	10.18	10.18	10.14
3세대	0.00	1.58	1.88	1.89	2.44	2.44	2.44	2.44	2.44	2.72	2.72	2.75
구평회 일가 (5남)	6.61	11.50	13.39	13.39	13.38	13.38	13.38	13.38	13.38	13.39	13.39	13.09
1세대	0.01	0.30	0.30	0.30	0.30	0.30	0.30	0.30	0.30	0.30	0.30	
2세대	6.60	9.00	10.70	10.70	10.09	10.09	10.09	10.09	10.09	10.08	10.08	10.08
3세대	0.00	2.20	2.39	2.39	2.99	2.99	2.99	2.99	2.99	3.01	3.01	3.01
구두회 일가 (6남)	2.69	5.74	6.67	6.67	6.67	6.67	6.67	6.59	6.59	6.69	6.69	6.69
1세대	0.00	0.00	0.00	0.00	0.00	0.00	0.00	0.00	0.00			
2세대	2.69	5.74	6.58	6.58	6.58	6.58	6.58	6.50	6.50	6.50	6.50	6.50
3세대			0.09	0.09	0.09	0.09	0.09	0.09	0.09	0.19	0.19	0.19
1세대	0.01	0.31	0.76	0.76	0.76	0.76	0.76	0.76	0.76	0.76	0.76	0.46
2세대	16.18	24.63	28.29	28.29	27.12	27.12	27.12	27.12	27.12	26.76	26.76	26.72
3세대	0.00	3.78	4.36	4.37	5.52	5.52	5.52	5.52	5.52	5.92	5.92	5.95
총합	16.19	28.72	33.41	33.42	33.40	33.40	33.40	33.40	33.40	33.44	33.44	33.13

주: 1) 12월 현재.
2) ㈜LS: 2002-2004년 = LG전선, 2005-2007년 = LS전선; 2002-2003년 = LG그룹 계열회사, 2004-2013년 = LS그룹 계열회사.
3) 2002년 - 기타 친족 4명 제외.
4) 총합 - 〈표 4.10〉에서의 '최대주주 및 친족 지분'과는 다소 차이가 남.
출처: 〈표 4.15〉, 〈표 4.16〉.

〈그림 4.9〉 ㈜LS의 최대주주 및 친족 지분, 2002-2013년: (2) 세대별 지분 (%)

(출처: <표 4.13>)

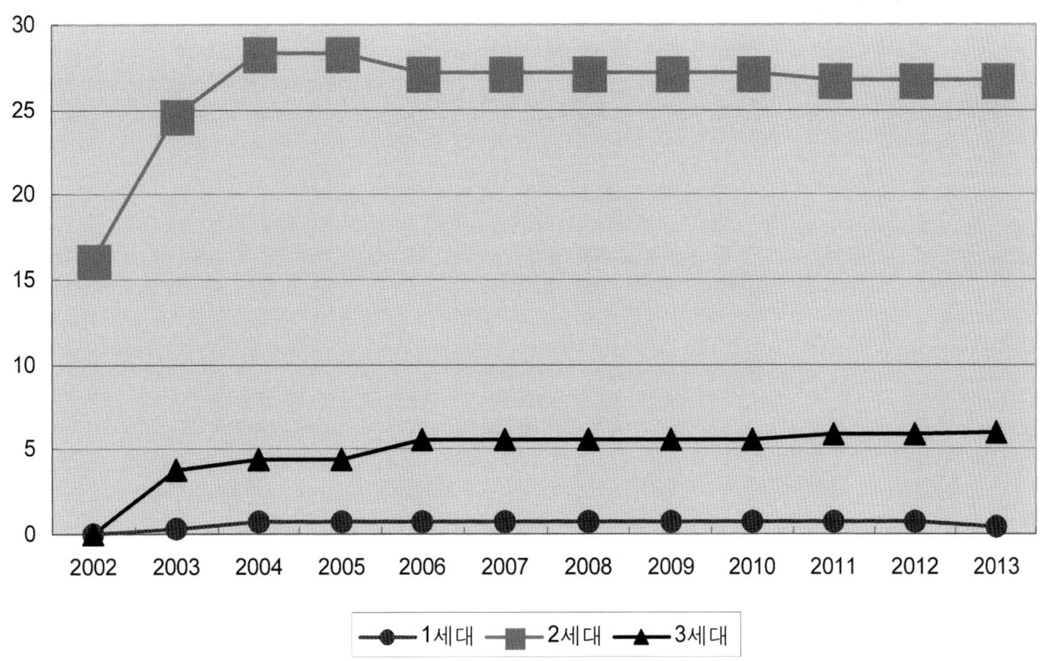

후 2004-2005년 4.36-4.37%, 2006-2010년 5.52%, 2011-2012년 5.92%, 2013년 5.95% 등으로 더욱 늘어났다. 2013년의 '5.95%'는 역대 최고치로 2003년의 '3.78%'와 비교하면 1.6배 늘어난 수치이다. 2세대가 우위를 유지하는 가운데 3세대로의 소유승계가 조금씩 이루어지고는 있지만 진행 속도는 더뎌서 2006년 이후 5%대에 머물러 있는 상황이다.

둘째, 1세대 3형제(4남 구태회, 5남 구평회, 6남 구두회)는 각각 0.5% 미만의 미미한 지분을 보유하였다. 각 일가의 최연장자로서 상징적인 의미로 지분을 보유한 것으로 보인다. 구태회가 2004년 이후 2013년 현재까지 0.46%를 보유하고 있고, 구평회는 2012년까지 0.30%를, 구두회는 2010년까지 0.00%를 보유하였다. 구태회는 LS그룹의 '동일인'으로서 그룹을 대표하고 있다.

셋째, 2세대 중에서는 ㈜LS의 '실질적인' 최대주주인 구자은(1세대 6남 구두회의 외동아들)과 '공식적인' 최대주주인 구자열(1세대 5남 구평회의 1남)이 가장 많은 3-4%대의 지분을 가지고 있고, 그다음이 구자홍(1세대 4남 구태회의 1남, 2-3%대)이다.

구자은은 2003년 2세대 중 처음으로 3%대를 가지면서 1위가 된 이후 지분을 늘려가면서

〈표 4.14〉 ㈜LS의 최대주주 및 친족 지분, 2002-2013년: (3) 세대별 지분 II (%)

		지주회사체제 이전 시기						지주회사체제 시기					
		2002	2003	2004	2005	2006	2007	2008	2009	2010	2011	2012	2013
구태회 (4남)	1세대	0.00	0.01	0.46	0.46	0.46	0.46	0.46	0.46	0.46	0.46	0.46	0.46
구자홍	2세대	1.42	2.82	3.13	3.13	2.96	2.96	2.96	2.96	2.96	2.83	2.83	2.83
구자엽	2세대	1.38	1.83	1.91	1.91	1.72	1.72	1.72	1.72	1.72	1.69	1.69	1.69
구자명	2세대	1.37	1.87	2.02	2.02	1.93	1.93	1.93	1.93	1.93	1.88	1.88	1.86
구자철	2세대	1.37	1.18	1.20	1.20	1.18	1.18	1.18	1.26	1.26	1.20	1.20	1.19
구근희	2세대	0.68	1.06	1.32	1.32	1.28	1.28	1.28	1.28	1.28	1.23	1.23	1.23
구혜정	2세대	0.67	1.13	1.43	1.43	1.38	1.38	1.38	1.38	1.38	1.35	1.35	1.34
구본웅	3세대	0.00	0.53	0.61	0.62	0.72	0.72	0.72	0.72	0.72	0.78	0.78	0.78
구본규	3세대	0.00	0.48	0.60	0.60	0.68	0.68	0.68	0.68	0.68	0.77	0.77	0.77
구본혁	3세대	0.00	0.42	0.50	0.50	0.59	0.59	0.59	0.59	0.59	0.59	0.59	0.60
구본권	3세대		0.08	0.10	0.10	0.22	0.22	0.22	0.22	0.22	0.29	0.29	0.29
이미영	3세대		0.07	0.07	0.07	0.15	0.15	0.15	0.15	0.15	0.21	0.21	0.21
이대현	3세대					0.08	0.08	0.08	0.08	0.08	0.08	0.08	0.10
구평회 (5남)	1세대	0.01	0.30	0.30	0.30	0.30	0.30	0.30	0.30	0.30	0.30	0.30	
구자열	2세대	2.50	2.95	3.55	3.55	3.27	3.27	3.27	3.27	3.27	3.27	3.27	3.27
구자용	2세대	1.65	2.43	2.88	2.88	2.71	2.71	2.71	2.71	2.71	2.71	2.71	2.71
구자균	2세대	1.64	2.22	2.64	2.64	2.48	2.48	2.48	2.48	2.48	2.47	2.47	2.47
구혜원	2세대	0.81	1.40	1.63	1.63	1.63	1.63	1.63	1.63	1.63	1.63	1.63	1.63
구동휘	3세대	0.00	1.26	1.37	1.37	1.65	1.65	1.65	1.65	1.65	1.65	1.65	1.65
구희나	3세대	0.00	0.36	0.39	0.39	0.56	0.56	0.56	0.56	0.56	0.56	0.56	0.56
구소연	3세대	0.00	0.58	0.63	0.63	0.78	0.78	0.78	0.78	0.78	0.80	0.80	0.80
구두회 (6남)	1세대	0.00	0.00	0.00	0.00	0.00	0.00	0.00	0.00	0.00			
구자은	2세대	1.34	3.35	3.93	3.93	3.93	3.93	3.93	4.02	4.02	4.02	4.02	4.02
구은정	2세대	0.54	0.65	0.65	0.65	0.65	0.65	0.65	0.75	0.75	0.77	0.77	0.77
구지희	2세대	0.00	0.49	0.49	0.49	0.49	0.49	0.49	0.02	0.02			
구재희	2세대	0.81	1.25	1.51	1.51	1.51	1.51	1.51	1.71	1.71	1.71	1.71	1.71
구원경	3세대			0.09	0.09	0.09	0.09	0.09	0.09	0.09	0.09	0.09	0.09
기타	3세대										0.10	0.10	0.10

주: 1) 12월 현재.
2) ㈜LS: 2002-2004년 = LG전선, 2005-2007년 = LS전선; 2002-2003년 = LG그룹 계열회사, 2004-2013년 = LS그룹 계열회사.
3) 2002년 - 기타 친족 4명 제외; 구혜원, 구은정, 구지희 및 구재희는 3세대 없음.
출처: 〈표 4.15〉, 〈표 4.16〉.

2013년 현재까지 1위를 고수해 오고 있으며, 2009년 이후 4%대의 지분을 보유하고 있다. 반면 구자열은 2002년에는 2%대의 지분으로 1위의 주주였는데, 2002년 구자은에게 1위 자리를 내준 뒤 계속 2위에 머물렀다. 2004년 이후 3%대 지분을 가지고 있는 가운데 2006년 이후 다소 줄어들었다. 한편 구자홍은 2004-2005년에는 3%대의 지분을 그리고 2006년부터는 2%대의 지분을 가지고 있으며, 2011년 이후 다소 줄어든 상태이다.

1위 구자은, 2위 구자열, 3위 구자홍 등 선두그룹을 형성하고 있는 2세대 3명은 1세대 3형제(구두회, 구평회, 구태회)의 장남들이다. 각 일가에서 장자상속의 전통이 지켜지고 있는 셈이다. 하지만, 2세대 장남 3명의 지분 순위는 1세대 3형제의 나이 순서와는 정반대이며, 더구나 2위 구자열이 ㈜LS의 공식적인 최대주주로 나서고 있다. 결국, 1세대 3형제 일가는, 각자의 영역을 어느 정도 지키는 가운데, 서로 협조하면서 전체적으로는 1개의 일가로서 ㈜LS를 공동소유하고 있는 것으로 볼 수 있다.

구자은, 구자열 그리고 구자홍의 동생들은 1-2%대의 지분을 보유하였다. 먼저, 구자열의 남동생 2명(구자용, 구자균)은 2%대의 엇비슷한 지분을 가졌으며, 구자용의 지분이 조금 더 많다. 여동생(구혜원)은 1%대의 지분을 가졌다. 다음으로, 구자홍의 남동생 3명(구자엽, 구자명, 구자철), 누나 1명(구근희; 남편 이준범 포함), 그리고 여동생 1명(구혜정; 남편 이인정 포함)은 각각 1%대의 지분을 보유하였다. 이들 중 구자명은 2004-2005년에 2%대의 지분을 보유한 적이 있으며, 2003년 이후 형인 구자엽보다 많은 지분을 보유해 오고 있다. 또 막내인 구자철의 지분은 누나인 구근희와 구혜정의 지분보다 적다. 마지막으로, 외동아들인 구자은의 경우, 여동생(구재희)은 1%대의 지분을, 그리고 누나 2명(구은정, 구지희)은 전체 2세대 일가 중에서는 가장 적은 1% 미만씩의 지분을 각각 보유하였다.

넷째, 3세대 중에서는 최대주주인 구자열의 자녀들(아들 구동휘와 구은성, 딸 구은아)이 유일하게 1%대의 지분을 보유하면서 선두를 달리고 있다. 구자열의 남동생인 구자용과 구자균의 자녀들(각각 딸 2명)은 1% 미만씩의 지분을 가지고 있으며, 2세대에서는 구자용의 지분이 많은 반면 3세대에서는 구자균의 자녀 지분이 더 많다.

2세대 구자홍의 6남매의 3세대들은 모두 1% 미만씩의 지분(0.78-0.07%)을 보유하였으며, 지분 크기는 남자 형제(구자홍, 구자엽, 구자명, 구자철), 그리고 여자 형제(구근희, 구혜정)의 순이다. 2세대 남자 형제 4명의 3세대는 각각 아들 1명씩(구본웅, 구본규, 구본혁, 구본권)과 딸 1명씩이며, 2세대 여자 형제 2명의 3세대는 구씨 직계가 아닌 2-3명씩이다. 구자홍, 구자엽 및 구자명의 3세대들은 2002년부터, 구자철과 구근희의 3세대들은 2003년부터,

그리고 구혜정의 3세대는 2006년부터 각각 지분을 보유하기 시작하였다.

한편, 실질적인 최대주주인 구자은의 자녀 1명은 2004년부터 0.09%의 지분을 보유하고 있다. 구자은의 누나 2명(구은정, 구지희)과 여동생(구재희)의 자녀에 대해서는 자세한 정보가 없으며, 최근 들어 미미한 지분을 보유하게 된 것으로 보인다.

4.5.4 가족 보유 지분: (3) 개인별 지분

2002년 이후 ㈜LS의 지분에 참여한 구씨 일가 가족구성원들은 매년 28-41명씩 모두 43명이며, 이들이 보유한 지분은 0.00%에서 4.02%에 이르기까지 다양하다. 어느 1명 또는 몇 명이 전체 가족 지분(16.19-33.44%) 중에서 절대적인 비중을 차지하지 못하는 가운데 2세대 구성원들을 중심으로 세대 간에 그리고 일가 간에 지분이 골고루 배분되는 '분산적 공동소유'의 구조가 정착되었다(<표 4.15>, <표 4.16>, <그림 4.10>, <그림 4.11>; <표 4.11>, <표 4.12>, <표 4.13>, <표 4.14> 참조).

첫째, 2013년 현재 40명의 가족구성원들은 0.02-4.02%씩의 지분을 보유하고 있으며, 2세대인 구자은이 가장 많은 지분(4.02%)을 가지고 있다. 4%대 지분 보유 1명, 3%대 보유 1명, 2%대 보유 3명, 1%대 보유 7명, 1% 미만 보유 28명 등이다. 1% 미만의 지분을 보유한 사람이 전체의 2/3 이상(70%)을 차지하고 있다.

1% 이상의 지분을 보유한 12명은 다음과 같다: ① 구자은(4.02%); ② 구자열(3.27%); ③ 구자홍(2.83%), 구자용(2.71%), 구자균(2.47%); ④ 구자명(1.86%), 구재희(1.71%), 구자엽(1.69%), 구혜원(1.63%), 구동휘(1.27%), 구근희(1.21%), 구자철(1.19%).

2-4%대를 보유한 5명은 모두 2세대이다. 또 1%대를 보유한 7명 중에서는 1명(구동휘)은 3세대, 그리고 나머지 6명은 2세대이며, 7명 중 구동휘의 지분 크기는 5위이다.

1% 이상의 지분을 보유한 12명을 1세대 기준 일가별로 보면, 4남 구태회 일가(2세대 구자홍, 구자엽, 구자명, 구자철, 구근희)와 5남 구평회 일가(2세대 구자열, 구자용, 구자균; 3세대 구동휘)가 각각 5명이고, 6남 구두회 일가는 2명(2세대 구자은, 구재희)이다. 구태회 일가의 경우, 지분에 참여한 가족구성원은 모두 22명이며 이들 중 1% 이상의 지분을 보유한 사람(5명)은 1/4 이하(23%)이다. 이에 비해, 이 비중이 구평회 일가에서는 절반 정도(45%, 11명 중 5명)나 되며, 구두회 일가에서는 1/4 이상(29%, 7명 중 2명)이다.

〈표 4.15〉 ㈜LS의 최대주주 및 친족 지분, 2002-2013년: (4) 개인별 지분 I (%)

	지주회사체제 이전 시기						지주회사체제 시기					
	2002	2003	2004	2005	2006	2007	2008	2009	2010	2011	2012	2013
구태회 (4남)	0.00	0.01	0.46	0.46	0.46	0.46	0.46	0.46	0.46	0.46	0.46	0.46
구자홍	1.42	2.82	3.13	3.13	2.96	2.96	2.96	2.96	2.96	2.83	2.83	2.83
구자엽	1.38	1.83	1.91	1.91	1.72	1.72	1.72	1.72	1.72	1.69	1.69	1.69
구자명	1.37	1.87	2.02	2.02	1.93	1.93	1.93	1.93	1.93	1.88	1.88	1.86
구자철	1.37	1.18	1.20	1.20	1.18	1.18	1.18	1.26	1.26	1.20	1.20	1.19
구근희	0.68	1.04	1.30	1.30	1.26	1.26	1.26	1.26	1.26	1.21	1.21	1.21
구혜정	0.63	0.22	0.52	0.52	0.52	0.52	0.52	0.52	0.52	0.52	0.52	0.52
이준범	0.00	0.02	0.02	0.02	0.02	0.02	0.02	0.02	0.02	0.02	0.02	0.02
이인정	0.04	0.91	0.91	0.91	0.86	0.86	0.86	0.86	0.86	0.83	0.83	0.82
구본웅	0.00	0.38	0.44	0.44	0.53	0.53	0.53	0.53	0.53	0.59	0.59	0.59
구본규	0.00	0.37	0.47	0.47	0.52	0.52	0.52	0.52	0.52	0.55	0.55	0.55
구본혁		0.20	0.23	0.23	0.30	0.30	0.30	0.30	0.30	0.30	0.30	0.31
구본권					0.12	0.12	0.12	0.12	0.12	0.12	0.12	0.12
구진희		0.15	0.17	0.18	0.19	0.19	0.19	0.19	0.19	0.19	0.19	0.19
구은희		0.11	0.13	0.13	0.16	0.16	0.16	0.16	0.16	0.22	0.22	0.22
구윤희	0.00	0.22	0.27	0.27	0.29	0.29	0.29	0.29	0.29	0.29	0.29	0.29
구원희		0.08	0.10	0.10	0.10	0.10	0.10	0.10	0.10	0.17	0.17	0.17
이미영		0.03	0.03	0.03	0.05	0.05	0.05	0.05	0.05	0.07	0.07	0.07
이지현		0.02	0.02	0.02	0.05	0.05	0.05	0.05	0.05	0.07	0.07	0.07
이재우		0.02	0.02	0.02	0.05	0.05	0.05	0.05	0.05	0.07	0.07	0.07
이대현					0.04	0.04	0.04	0.04	0.04	0.04	0.04	0.05
이상현					0.04	0.04	0.04	0.04	0.04	0.04	0.04	0.05
구평회 (5남)	0.01	0.30	0.30	0.30	0.30	0.30	0.30	0.30	0.30	0.30	0.30	
구자열	2.50	2.95	3.55	3.55	3.27	3.27	3.27	3.27	3.27	3.27	3.27	3.27
구자용	1.65	2.43	2.88	2.88	2.71	2.71	2.71	2.71	2.71	2.71	2.71	2.71
구자균	1.64	2.22	2.64	2.64	2.48	2.48	2.48	2.48	2.48	2.47	2.47	2.47
구혜원	0.81	1.40	1.63	1.63	1.63	1.63	1.63	1.63	1.63	1.63	1.63	1.63
구동휘	0.00	0.98	1.07	1.07	1.27	1.27	1.27	1.27	1.27	1.27	1.27	1.27
구은성	0.00	0.14	0.15	0.15	0.19	0.19	0.19	0.19	0.19	0.19	0.19	0.19
구은아	0.00	0.14	0.15	0.15	0.19	0.19	0.19	0.19	0.19	0.19	0.19	0.19
구희나	0.00	0.17	0.19	0.19	0.28	0.28	0.28	0.28	0.28	0.28	0.28	0.28
구희연		0.19	0.20	0.20	0.28	0.28	0.28	0.28	0.28	0.28	0.28	0.28
구소연	0.00	0.36	0.40	0.40	0.40	0.40	0.40	0.40	0.40	0.40	0.40	0.40
구소희	0.00	0.22	0.23	0.23	0.38	0.38	0.38	0.38	0.38	0.40	0.40	0.40
구두회 (6남)	0.00	0.00	0.00	0.00	0.00	0.00	0.00	0.00	0.00			
구자은	1.34	3.35	3.93	3.93	3.93	3.93	3.93	4.02	4.02	4.02	4.02	4.02
구은정	0.54	0.65	0.65	0.65	0.65	0.65	0.65	0.75	0.75	0.77	0.77	0.77
구지희	0.00	0.49	0.49	0.49	0.49	0.49	0.49	0.02	0.02			
구재희	0.81	1.25	1.51	1.51	1.51	1.51	1.51	1.71	1.71	1.71	1.71	1.71
구원경			0.09	0.09	0.09	0.09	0.09	0.09	0.09	0.09	0.09	0.09
구소영										0.03	0.03	0.03
구다영										0.03	0.03	0.03
이윤결										0.04	0.04	0.04

주: 1) 12월 현재; 2002년 이전에는 개인별 지분 정보 없음.
2) ㈜LS: 2002-2004년 = LG전선, 2005-2007년 = LS전선; 2002-2003년 = LG그룹 계열회사, 2004-2013년 = LS그룹 계열회사.
3) 2002년 기타 친족 4명 있음 (허창수 0.07%, 구본호 0.01, 구자훈 0.00, 구동범 0.00); 구원경은 구자은의 자녀인 것으로 보임; 구소영, 구다영, 이윤결은 3세이며, 구두회 일가 구성원인 것으로 보임.
4) 최대주주 및 친족 수: 2002년(28명, 기타 친족 4명 제외), 2003년(36명), 2004-2005년(37명), 2006-2010년(40명), 2011-2012년(41명), 2013년(40명).

출처: 사업보고서.

〈표 4.16〉 ㈜LS의 최대주주 및 친족 지분, 2002-2013년: (5) 개인별 지분 II (%)

	지주회사체제 이전 시기						지주회사체제 시기					
	2002	2003	2004	2005	2006	2007	2008	2009	2010	2011	2012	2013
구태회 (4남)	0.00	0.01	0.46	0.46	0.46	0.46	0.46	0.46	0.46	0.46	0.46	0.46
구자홍	1.42	2.82	3.13	3.13	2.96	2.96	2.96	2.96	2.96	2.83	2.83	2.83
구본웅	0.00	0.38	0.44	0.44	0.53	0.53	0.53	0.53	0.53	0.59	0.59	0.59
구진희		0.15	0.17	0.18	0.19	0.19	0.19	0.19	0.19	0.19	0.19	0.19
구자엽	1.38	1.83	1.91	1.91	1.72	1.72	1.72	1.72	1.72	1.69	1.69	1.69
구본규	0.00	0.37	0.47	0.47	0.52	0.52	0.52	0.52	0.52	0.55	0.55	0.55
구은희		0.11	0.13	0.13	0.16	0.16	0.16	0.16	0.16	0.22	0.22	0.22
구자명	1.37	1.87	2.02	2.02	1.93	1.93	1.93	1.93	1.93	1.88	1.88	1.86
구본혁		0.20	0.23	0.23	0.30	0.30	0.30	0.30	0.30	0.30	0.30	0.31
구윤희	0.00	0.22	0.27	0.27	0.29	0.29	0.29	0.29	0.29	0.29	0.29	0.29
구자철	1.37	1.18	1.20	1.20	1.18	1.18	1.18	1.26	1.26	1.20	1.20	1.19
구본권					0.12	0.12	0.12	0.12	0.12	0.12	0.12	0.12
구원희		0.08	0.10	0.10	0.10	0.10	0.10	0.10	0.10	0.17	0.17	0.17
구근희	0.68	1.04	1.30	1.30	1.26	1.26	1.26	1.26	1.26	1.21	1.21	1.21
이준범	0.00	0.02	0.02	0.02	0.02	0.02	0.02	0.02	0.02	0.02	0.02	0.02
이미영		0.03	0.03	0.03	0.05	0.05	0.05	0.05	0.05	0.07	0.07	0.07
이지현		0.02	0.02	0.02	0.05	0.05	0.05	0.05	0.05	0.07	0.07	0.07
이재우		0.02	0.02	0.02	0.05	0.05	0.05	0.05	0.05	0.07	0.07	0.07
구혜정	0.63	0.22	0.52	0.52	0.52	0.52	0.52	0.52	0.52	0.52	0.52	0.52
이인정	0.04	0.91	0.91	0.91	0.86	0.86	0.86	0.86	0.86	0.83	0.83	0.82
이대현					0.04	0.04	0.04	0.04	0.04	0.04	0.04	0.05
이상현					0.04	0.04	0.04	0.04	0.04	0.04	0.04	0.05
구평회 (5남)	0.01	0.30	0.30	0.30	0.30	0.30	0.30	0.30	0.30	0.30	0.30	
구자열	2.50	2.95	3.55	3.55	3.27	3.27	3.27	3.27	3.27	3.27	3.27	3.27
구동휘	0.00	0.98	1.07	1.07	1.27	1.27	1.27	1.27	1.27	1.27	1.27	1.27
구은성	0.00	0.14	0.15	0.15	0.19	0.19	0.19	0.19	0.19	0.19	0.19	0.19
구은아	0.00	0.14	0.15	0.15	0.19	0.19	0.19	0.19	0.19	0.19	0.19	0.19
구자용	1.65	2.43	2.88	2.88	2.71	2.71	2.71	2.71	2.71	2.71	2.71	2.71
구희나	0.00	0.17	0.19	0.19	0.28	0.28	0.28	0.28	0.28	0.28	0.28	0.28
구희연		0.19	0.20	0.20	0.28	0.28	0.28	0.28	0.28	0.28	0.28	0.28
구자균	1.64	2.22	2.64	2.64	2.48	2.48	2.48	2.48	2.48	2.47	2.47	2.47
구소연	0.00	0.36	0.40	0.40	0.40	0.40	0.40	0.40	0.40	0.40	0.40	0.40
구소희	0.00	0.22	0.23	0.23	0.38	0.38	0.38	0.38	0.38	0.40	0.40	0.40
구혜원	0.81	1.40	1.63	1.63	1.63	1.63	1.63	1.63	1.63	1.63	1.63	1.63
구두회 (6남)	0.00	0.00	0.00	0.00	0.00	0.00	0.00	0.00	0.00			
구자은	1.34	3.35	3.93	3.93	3.93	3.93	3.93	4.02	4.02	4.02	4.02	4.02
구원경			0.09	0.09	0.09	0.09	0.09	0.09	0.09	0.09	0.09	0.09
구은정	0.54	0.65	0.65	0.65	0.65	0.65	0.65	0.75	0.75	0.77	0.77	0.77
구지희	0.00	0.49	0.49	0.49	0.49	0.49	0.49	0.02	0.02			
구재희	0.81	1.25	1.51	1.51	1.51	1.51	1.51	1.71	1.71	1.71	1.71	1.71
기타												
구소영										0.03	0.03	0.03
구다영										0.03	0.03	0.03
이윤결										0.04	0.04	0.04

주: 1) 12월 현재; 2002년 이전에는 개인별 지분 정보 없음.
2) ㈜LS: 2002-2004년 = LG전선, 2005-2007년 = LS전선; 2002-2003년 = LG그룹 계열회사, 2004-2013년 = LS그룹 계열회사.
3) 2002년 기타 친족 4명 있음 (허창수 0.07%, 구본호 0.01, 구자훈 0.00, 구동범 0.00); 구원경은 구자은의 자녀인 것으로 보임; 구소영, 구다영, 이윤결은 3세이며, 구두회 일가 구성원인 것으로 보임.
4) 최대주주 및 친족 수: 2002년(28명, 기타 친족 4명 제외), 2003년(36명), 2004-2005년(37명), 2006-2010년(40명), 2011-2012년(41명), 2013년(40명).

출처: 〈표 4.15〉.

〈그림 4.10〉 ㈜LS의 최대주주 및 친족 지분, 2002-2013년:
(3) 2013년 현재 1-4위 개인별 지분 (%)

(출처: <표 4.15>)

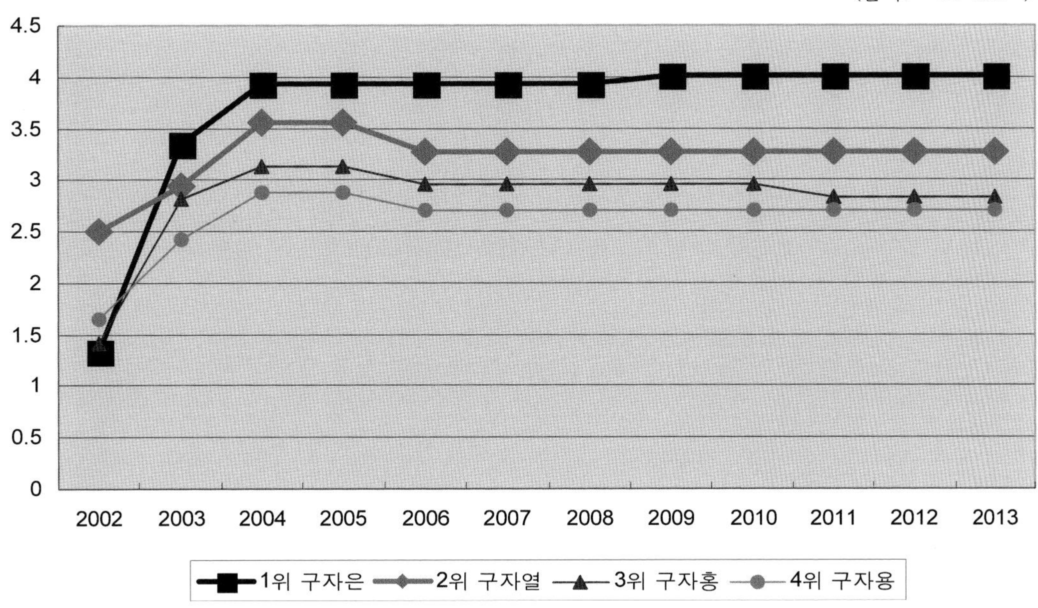

〈그림 4.11〉 ㈜LS의 최대주주 및 친족 지분, 2002-2013년:
(4) 2013년 현재 5-8위 개인별 지분 (%)

(출처: <표 4.15>)

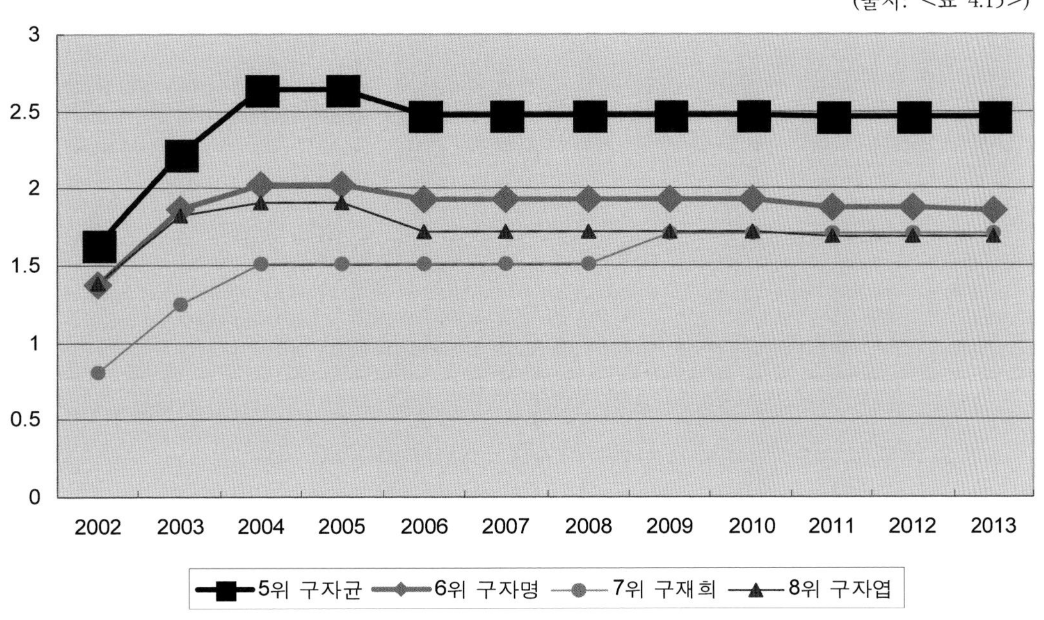

둘째, 구자은은 2009년부터 4%대의 지분을 보유해 오고 있다. 2002년에는 1% 이상의 지분을 보유한 2세대 8명 중 가장 적은 1.34%의 지분을 보유하였는데, 이듬해인 2003년 지분이 3.35%로 2.5배나 급증해 유일하게 3%대 지분을 보유하면서 최대주주로 급부상하였다. 2004-2008년에는 3.93%였고 2009년부터는 4.02%이다. 구자은의 '4.02%'와 '3.93%'는 2002년 이후 ㈜LS와 관련된 가족 지분 중 첫 번째, 두 번째로 큰 수치이다.

셋째, '공식적인' 최대주주인 구자열은 2004년부터 3%대의 지분을 보유하고 있다. 2002년에는 유일하게 2%대(2.50%)를 보유한 1위 주주였다가 2003년 구자은에게 1위 자리를 물려준 뒤 줄곧 2위에 머물렀다. 2003년에는 2.95%, 2004-2005년에는 3.55%였고, 2006년 이후에는 3.27%이다. 구자열의 '3.55%'는 2002년 이후의 가족 지분 중 세 번째로 큰 수치이다. 한편, 구자은과 구자열 외에 구자홍(2004-2005년, 3.13%)도 3%대 지분을 보유한 적이 있었다.

넷째, 구자홍, 구자용, 구자균 등 세 사람은 2002년에는 1%대 지분을 가지고 있다가 2003년부터 2%대 지분을 보유해 오고 있다. 세 사람의 지분(2.82-3.13%; 2.43-2.88%; 2.22-2.64%)은 모두 감소하는 추세를 보였는데, 변화 패턴이 '2004년 증가, 2006년 감소, 2011년 감소(또는 유지)'로 유사하였다. 한편, 이들 외에 구자명(2004-2005년, 2.02%)도 2%대 지분을 보유한 적이 있었다.

다섯째, 2013년 현재 1%대를 보유하고 있는 2세대 6명 중 형제인 3명(구자엽, 구자명, 구자철)은 2002년부터, 그리고 여자 구성원 3명(구근희, 구혜원, 구재희)은 2003년부터 1%대의 지분을 보유해 오고 있다.

이들 중 3명의 지분은 감소하는 추세를 보이고 있고(구자엽, 1.69-1.91%; 구자명, 1.86-2.02%; 구근희, 1.04-1.26%), 2명의 지분은 증가하는 추세를 보이고 있으며(구재희, 1.25-1.71%; 구혜원, 1.40-1.63%), 나머지 1명의 지분은 증가와 감소가 반복되고 있다(구자철, 1.18-1.26%). 지분이 감소 추세를 보이는 앞의 3명(구자엽, 구자명, 구근희)의 경우, 역시 감소 추세를 보이는 다른 3명(구자홍, 구자용, 구자균)에서의 패턴 즉 '2004년 증가, 2006년 감소, 2011년 감소'의 변화가 똑같이 나타나고 있다.

한편, 1%대 지분을 보유한 유일한 3세대인 구동휘(구자열의 장남)는 2004년부터 1%대의 지분을 보유해 오고 있으며, 2006년 이후에는 1.27%이다.

여섯째, 2013년 현재 1% 미만의 지분을 가지고 있는 28명을 세대별로 보면, 1세대 1명, 2세대 4명, 그리고 3세대 23명이다.

1세대 1명은 구태회이며, 2002년 이후 0.5% 미만의 지분을 보유하고 있다. 1세대의 다른

2명인 동생 구평회와 구두회 또한 각각 2012년과 2010년까지 구태회보다 적은 지분을 보유하였으며, 2012년과 2011년에 세상을 떠났다.

2세대 4명은 구태회의 자녀 6명 중 1명(딸 구혜정)과 사위 2명(구근희의 남편 이준범, 구혜정의 남편 이인정), 그리고 구두회의 자녀 4명 중 1명(구은정)이다. 2명은 여자이고 다른 2명은 구씨 직계 구성원이 아니다. 4명 모두 2002년 이후 지분을 보유하고 있으며, 3명(이인정, 구은정, 구혜정)은 0.5% 이상을, 그리고 1명(이준범)은 0.1% 미만을 보유하였다. 한편, 2세대의 다른 여자 구성원 3명(구태회의 장녀 구근희, 구평회의 외동딸 구혜원, 구두회의 3녀 구재희)는 2002년에 1% 미만의 지분을 보유한 후 2003년부터 1% 이상의 지분을 보유하게 되었으며, 다른 여자 1명(구두회의 2녀 구지희)은 2010년까지 0.5% 미만을 보유하였다.

3세대 23명 중에서는, 16명은 2004년 그룹 출범 이전부터, 그리고 나머지 7명은 2004년부터 지분을 보유하기 시작하였다. 2002년 8명, 2003년 8명, 2004년 1명, 2006년 3명, 2011년 3명 등이다. 2011년의 3명은 1세대 6남 구두회의 3세대인 것으로 추측되며, 23명 중 6명은 구씨 직계가 아니다(구근희와 이준범의 자녀 3명, 구혜정과 이인정의 자녀 2명, 기타 1명). 23명 중 2명(1세대 구태회 일가의 구본웅(구자홍의 아들), 구본규(구자엽의 아들)는 2006년 이후 0.5%대의 비교적 많은 지분을 보유하고 있으며, 대다수인 나머지 21명은 0.5% 미만의 지분을 보유하였다.

4.6 지주회사체제 미편입 계열회사의 최대주주 및 특수관계인 지분

4.6.1 예스코의 최대주주 및 특수관계인 지분, 1999-2013년

예스코(2006년 3월 이전 극동도시가스)는 지주회사체제에 편입되지 않은 그룹 계열회사들 중 '예스코그룹'의 중심에 있는 실질적인 지주회사이다. 2013년 12월 현재 '예스코 및 계열회사'는 모두 10개로 지주회사체제 미편입 회사 23개 중 'E1그룹'과 함께 가장 큰 비중(43%)을 차지하고 있으며, 지주회사체제를 구성하는 '㈜LS 및 계열회사' 27개와 비교하면 2/5가량(37%)이다. 예스코는, E1이나 가온전선보다 빠르게, 2004년 그룹 출범 때부터 자회사를 거느리기 시작하였으며, 자회사 수는 2004-2008년 2-3개, 2009-2011년 3개, 2012-2013년 4개 등으로 늘어났다(<표 4.6>, <표 4.8> 참조).

예스코는 2002년부터 1세대 4남 구태회 일가와 6남 구두회 일가가 각각 절반 정도씩의 지분(2003년 이후 19%대)을 보유하면서 공동으로 소유하고 있다. ㈜LS에서는 구태회 일가와 1세대 5남 구평회 일가 지분(2004년 이후 각각 13%대)이 구두회 일가 지분(6%대)보다 2배가량 많다(<표 4.17>, <표 4.18>, <그림 4.12>).

〈표 4.17〉 예스코의 최대주주 및 특수관계인 지분, 1999–2013년 (%)

연도	최대주주 (A)			친족 (B)				기타 특수관계인 (C)				총합	
	LG상사	LG–Caltex정유	구자은	구자은	구자명	기타	합	계열회사	자사주	임원	합	(A+B)	(A+B+C)
(LG그룹)													
1999	23.00							32.56	2.50		35.06	23.00	58.06
2000	23.00							28.00	7.52		35.52	23.00	58.52
2001	23.00							28.00	7.43		35.43	23.00	58.43
2002		18.50		5.37	2.08	15.58	23.03	9.50	7.05		16.55	41.53	58.08
2003			13.16		3.74	21.85	25.59		16.40		16.40	38.75	55.15
(LS그룹)													
2004			13.16		3.74	21.84	25.58		15.83		15.83	38.74	54.57
2005			13.16		3.74	21.84	25.58		15.83		15.83	38.74	54.57
2006			13.16		3.74	21.84	25.58		15.83	0.05	15.88	38.74	54.62
2007			13.16		3.74	21.84	25.58		15.83	0.05	15.88	38.74	54.62
지주회사체제 시기													
2008			13.16		3.74	21.84	25.58		15.83	0.05	15.88	38.74	54.62
2009			13.16		3.61	21.98	25.59		15.83	0.08	15.91	38.75	54.66
2010			13.16		3.61	21.98	25.59		15.83	0.08	15.91	38.75	54.66
2011			13.16		3.10	22.49	25.59		15.83	0.04	15.87	38.75	54.62
2012			13.16		3.10	22.49	25.59		15.83	0.04	15.87	38.75	54.62
2013			13.16		3.10	22.47	25.57		15.83	0.01	15.84	38.73	54.57

주: 1) 보통주 기준, 12월 현재.
2) 예스코: 1999–2005년 = 극동도시가스(2006년 3월 예스코로 상호 변경), 2003년 11월 LG그룹에서 분리, 2004년 4월 LS그룹 편입.
3) 최대주주 및 친족 수: 2002년(19명, 최대주주 제외), 2003–2008년(20명), 2009–2010년(21명), 2011–2013년(25명); 구자명은 임원.
4) 계열회사: 1999년 3개(LG–Caltex정유 18.5%, LG전선 9.5, LG전자 4.56), 2000–2001년 2개 (LG–Caltex정유 18.5, LG전선 9.5), 2002년 1개(LG전선 9.5).
5) 자사주: 자사주 및 자사주 신탁.
6) 임원: 2006–2008년(1명), 2009–2012년(2명), 2013년(1명).
출처: 사업보고서.

〈그림 4.12〉 예스코의 최대주주 및 특수관계인 지분, 2003-2013년 (%)

(출처: <표 4.17>, <표 4.18>)

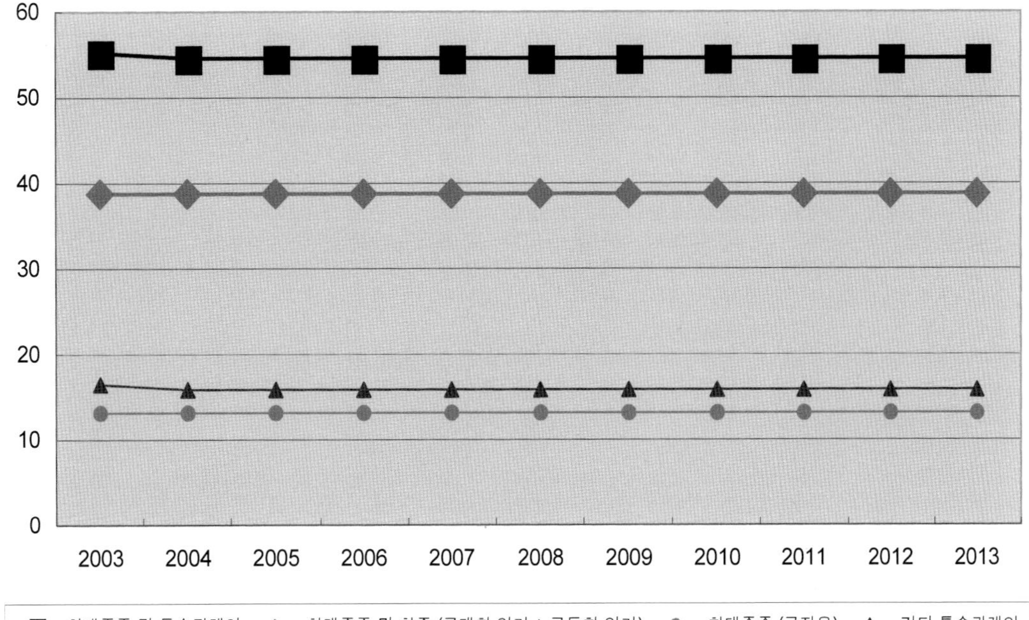

첫째, 2001년까지는 LG그룹 계열회사들이 최대주주 및 대주주였으며, 예스코 역시 자사주를 상당수 보유하였다. 이들 4-5개 계열회사들이 보유한 최대주주 및 특수관계인 지분은 58%대였다.

2002년에도 최대주주는 계열회사였고, 다른 1개 계열회사도 주주로 참여하였으며, 자사주 또한 이전 수준이 유지되었다. 이들 3개 회사의 지분은 35%대로, 이전의 계열회사 지분보다 줄어들기는 하였지만, 여전히 전체 지분(58%대)에서 3/5 이상을 차지하면서 우위를 점하였다. 나머지 2/5가량의 지분(23%대)이 구씨 일가에 의해 처음으로 보유되었다.

2003년 들어 최대주주가 구자은(구두회의 외동아들)으로 변경되면서 구씨 일가가 소유를 장악하는 구조가 정착되었다. 2004년 이후 최대주주 및 특수관계인 지분은 54%대이며, 이 중 2/3가량(38%대)은 최대주주 및 친족 지분이고 나머지 1/3가량의 대부분은 자사주이다.

둘째, 2004년 이후 최대주주 및 친족 중에서는 최대주주인 구자은이 가장 많은 13%대의 지분을 가지고 있다. 2002년 5.37%를 처음 보유하였고, 2003년 최대주주가 되면서 지분이 2배 이상(13.16%) 증가한 이후 같은 수준이 2013년 현재까지 유지되어 오고 있다. 친족 지

〈표 4.18〉 예스코의 최대주주 및 친족 지분, 2002-2013년 (%)

	지주회사체제 이전 시기						지주회사체제 시기					
	2002	2003	2004	2005	2006	2007	2008	2009	2010	2011	2012	2013
구태회 (4남)	0.01	0.01	0.01	0.01	0.01	0.01	0.01	0.01	0.01	0.01	0.01	0.01
구자홍	2.05	5.90	5.90	5.90	5.90	5.90	5.90	5.91	5.91	4.98	4.98	4.98
구본웅	0.18	0.18	0.18	0.18	0.18	0.18	0.18	0.18	0.18	0.38	0.38	0.38
구진희	0.07	0.07	0.07	0.07	0.07	0.07	0.07	0.07	0.07	0.13	0.13	0.13
구자엽	2.53	3.67	3.67	3.67	3.67	3.67	3.67	3.66	3.66	2.44	2.44	2.44
구본규	0.18	0.18	0.18	0.18	0.18	0.18	0.18	0.18	0.18	1.01	1.01	1.01
구은희	0.05	0.05	0.05	0.05	0.05	0.05	0.05	0.05	0.05	0.12	0.12	0.12
구자명	2.08	3.74	3.74	3.74	3.74	3.74	3.74	3.61	3.61	3.10	3.10	3.10
구본혁	0.13	0.13	0.13	0.13	0.13	0.13	0.13	0.13	0.13	0.21	0.21	0.21
구윤희	0.11	0.11	0.11	0.11	0.11	0.11	0.11	0.11	0.11	0.26	0.26	0.26
구자철	2.30	1.56	1.56	1.56	1.56	1.56	1.56	1.56	1.56	2.18	2.18	2.18
구근희	1.15	1.93	1.93	1.93	1.93	1.93	1.93	1.93	1.93	1.93	1.93	1.93
이미영										0.11	0.11	0.11
이지현										0.11	0.11	0.11
이재우										0.11	0.11	0.11
구혜정	1.15	0.48	0.48	0.48	0.48	0.48	0.48	0.48	0.48	0.48	0.48	0.48
이인정		1.45	1.45	1.45	1.45	1.45	1.45	1.45	1.45	1.45	1.45	1.45
이대현										0.16	0.16	0.16
이상현										0.16	0.16	0.16
구두회 (6남)	0.41	0.41	0.41	0.41	0.41	0.41	0.41	0.41	0.41			
유한선	0.24	0.24	0.24	0.24	0.24	0.24	0.24	0.24	0.24	0.24	0.24	0.24
구자은	5.37	13.16	13.16	13.16	13.16	13.16	13.16	13.16	13.16	13.16	13.16	13.16
구은정	2.02	2.02	2.02	2.02	2.02	4.77	4.77	4.88	4.88	5.28	5.28	5.28
구지희	0.62	0.62	0.62	0.62	0.62	0.20	0.20					
구재희	2.38	2.83	2.83	2.83	2.83	0.50	0.50	0.60	0.60	0.60	0.60	0.60
기타												
구소영								0.06	0.06	0.06	0.06	0.06
구다영								0.06	0.06	0.06	0.06	0.06
구태회 일가	11.99	19.46	19.46	19.46	19.46	19.46	19.46	19.33	19.33	19.33	19.33	19.33
구태회	0.01	0.01	0.01	0.01	0.01	0.01	0.01	0.01	0.01	0.01	0.01	0.01
구자홍 일가	2.30	6.15	6.15	6.15	6.15	6.15	6.15	6.16	6.16	5.49	5.49	5.49
구자엽 일가	2.76	3.90	3.90	3.90	3.90	3.90	3.90	3.89	3.89	3.57	3.57	3.57
구자명 일가	2.32	3.98	3.98	3.98	3.98	3.98	3.98	3.85	3.85	3.57	3.57	3.57
구자철	2.30	1.56	1.56	1.56	1.56	1.56	1.56	1.56	1.56	2.18	2.18	2.18
구근희 일가	1.15	1.93	1.93	1.93	1.93	1.93	1.93	1.93	1.93	2.26	2.26	2.26
구혜정 일가	1.15	1.93	1.93	1.93	1.93	1.93	1.93	1.93	1.93	2.25	2.25	2.25
구두회 일가	11.04	19.28	19.28	19.28	19.28	19.28	19.28	19.41	19.41	19.40	19.40	19.40
구태회 일가	11.99	19.46	19.46	19.46	19.46	19.46	19.46	19.33	19.33	19.33	19.33	19.33
1세대	0.01	0.01	0.01	0.01	0.01	0.01	0.01	0.01	0.01	0.01	0.01	0.01
2세대	11.26	18.73	18.73	18.73	18.73	18.73	18.73	18.60	18.60	16.56	16.56	16.56
3세대	0.72	0.72	0.72	0.72	0.72	0.72	0.72	0.72	0.72	2.76	2.76	2.76
구두회 일가	11.04	19.28	19.28	19.28	19.28	19.28	19.28	19.41	19.41	19.40	19.40	19.40
1세대	0.65	0.65	0.65	0.65	0.65	0.65	0.65	0.65	0.65	0.24	0.24	0.24
2세대	10.39	18.63	18.63	18.63	18.63	18.63	18.63	18.64	18.64	19.04	19.04	19.04
3세대								0.12	0.12	0.12	0.12	0.12
1세대	0.66	0.66	0.66	0.66	0.66	0.66	0.66	0.66	0.66	0.25	0.25	0.25
2세대	21.65	37.36	37.36	37.36	37.36	37.36	37.36	37.24	37.24	35.60	35.60	35.60
3세대	0.72	0.72	0.72	0.72	0.72	0.72	0.72	0.84	0.84	2.88	2.88	2.88
총합	23.03	38.74	38.74	38.74	38.74	38.74	38.74	38.74	38.74	38.73	38.73	38.73

주: 1) 12월 현재; 2002년 이전에는 친족 지분 없음.
2) 예스코: 2002-2003년 = LG그룹 계열회사, 2004-2013년 = LS그룹 계열회사.
3) 구소영과 구다영은 3세이며, 구두회 일가 구성원인 것으로 보임.
4) 최대주주 및 친족 수: 2002년(19명), 2003-2008년(20명), 2009-2010년(21명), 2011-2013년(25명).
5) 총합 - 〈표 4.17〉에서의 '최대주주 및 친족 지분 (A+B)'과는 다소 차이가 남.
출처: 사업보고서.

분은 2002년 23%대에서 2003년 25%대로 약간 늘어난 이후 거의 변화가 없다. '최대주주 지분'이 '최대주주 및 친족 지분 전체'에서 차지하는 비중은 1/3 수준이다(34%; 지분 13.16% vs. 38.73-38.75%)

셋째, 기타 특수관계인 지분은 15%대이며, 이 중 거의 대부분은 자사주이다. 2003년에 계열회사 지분은 완전히 없어졌는데, 대신 자사주가 이전보다 2배 이상 증가한 16%대가 되었고 2004년부터는 15%대로 약간 줄어든 뒤 같은 수준이 유지되어 오고 있다. 한편 2006년부터는 임원 1-2명이 약간의 지분을 보유하였다.

넷째, 예스코의 지분에 참여한 가족구성원은 모두 27명이다. 2002년에는 19명이다가 2003-2008년 20명, 2009-2010년 21명, 2011-2013년 25명 등으로 조금씩 증가하였다. 27명 중 2/3 이상인 19명은 구태회 일가 구성원이고, 나머지 8명이 구두회 일가 구성원이다. 세대별로는 1세대 3명, 2세대 11명, 3세대 13명 등이다. 3세대의 경우, 구태회 일가에서는 2002년부터 그리고 구두회 일가에서는 2009년부터 지분에 참여하기 시작하였다.

지분 참여 구성원 수에서는 구태회 일가가 구두회 일가보다 2배 이상 많지만, 지분은 두 일가가 절반가량씩 나누어 가지고 있다. 2002년에는 11%대, 2003년 이후에는 19%대를 각각 보유하고 있는데, 2003-2008년에는 구태회 일가 지분이 조금 더 많았고(19.46% vs. 19.28%) 2009년부터는 구두회 일가 지분이 조금 더 많다(19.33% vs. 19.40-19.41%).

이들 일가 지분의 대부분은 2세대가 보유하였다. 구두회 일가의 2명(구자은, 구은정)과 구태회 일가의 3명(구자홍, 구자엽, 구자명)이 대주주들이다. 2세대 지분은 2010년까지 37%대였다가 2011년부터는 35%대로 약간 줄어들었으며, 1세대 지분 또한 미미한 가운데 감소하였다. 반면 3세대 지분은 0.72%에서 2.88%로 4배나 늘어났으며, 이는 구태회 일가의 3세대 5명이 새로 지분에 참여한 때문이었다.

다섯째, 예스코의 지분을 보유한 27명 가족구성원 중 1명(1세대 구두회의 부인 유한선)을 제외한 나머지 26명은 ㈜LS에도 지분을 보유하였다. 또 이들 26명 외에 5명이 더 ㈜LS의 지분을 보유하였다. 구태회 일가 3명(2세대 구자철의 자녀 2명, 2세대 구근희의 남편 이준범)과 구두회 일가 2명(2세대 구자은의 자녀 1명, 3세대 1명)이며, 세대별로는 2세대 1명과 3세대 4명이다(<표 4.11>, <표 4.12>, <표 4.13>, <표 4.14>, <표 4.15>, <표 4.16> 참조).

2세대 일가 중 구자은(1세대 구두회의 외동아들) 일가는, 예스코(13%대)에서처럼, ㈜LS(4%대)서도 가장 많은 지분을 보유하였는데, 예스코에서는 다른 일가들보다 지분이 월등하게 많은 반면 ㈜LS에서는 다른 일가들과의 격차가 크지 않았다. 1세대 구태회의 자녀들 중에서는 구자홍(예스코 5-6%대, ㈜LS 3%대) 일가의 지분이 상대적으로 많았고, 구자엽 일가와 구자명 일가는 두 회사에서 각각 3%대와 2%대의 지분을 보유하였다. 구자은의 큰 누나 구은정은 예스코에서는 2-5%대의 많은 지분을 보유하였지만 ㈜LS에서는 1% 미만의 적은 지분을 보유하였다.

세대 전체로 보면, 예스코에서는 2세대 지분이 3세대 지분보다 월등하게 많은 반면(구태회 일가 16-18%대 vs. 0.72-2.76%; 구두회 일가 18-19%대 vs. 0.12%), ㈜LS에서는 그 격차가 상대적으로 작은 편이다(10-11%대 vs. 1-2%대; 6%대 vs. 0.09-0.19%).

4.6.2 E1의 최대주주 및 특수관계인 지분, 1998-2013년

E1(2004년 3월 이전 LG-Caltex가스)은 지주회사체제에 편입되어 있지 않은 그룹 계열회사들 중 'E1그룹'을 이끄는 실질적인 지주회사이다. 2013년 12월 현재 'E1그룹' 소속 회사는 모두 10개로 '예스코그룹' 소속 회사 수와 같다. 지주회사체제 미편입 회사 23개 중에서 차지하는 비중은 43%이고, 지주회사체제 편입 회사 27개와 비교하면 37% 수준이다. E1은 2004년 그룹이 출범한 이후 3년이 지난 2007년부터 자회사를 거느리기 시작하였으며, 자회사 수는 2007년 3개, 2008-2009년 4개, 그리고 2010년 이후 5개이다. 같은 기간의 예스코 자회사보다 매년 1-2개씩 많았다(<표 4.6>, <표 4.8> 참조).

E1은 ㈜LS의 최대주주인 구자열의 남녀 4형제(1세대 5남 구평회의 자녀) 일가가 전적으로 소유하고 있다. 이들은 지주회사 ㈜LS에서는 1세대 4남 구태회 일가와 비슷한 크기의 지분(13%대)을 그리고 1세대 6남 구두회 일가(6%대)보다는 2배 이상 많은 지분을 보유하고 있다(<표 4.19>, <표 4.20>, <그림 4.13>).

첫째, 2001년까지는 LG그룹 계열회사인 LG-Caltex정유(2005년 3월 이후 GS칼텍스)가 최대주주(36%대)였으며, 2001년에는 E1 역시 상당수의 자사주(13%대)를 보유하였다. 구씨 일가는 2000년부터 지분을 보유하기 시작하였는데, 2000-2001년에는 친족 지분이 1% 미만(0.05-0.2%)으로 미미하였다. 최대주주 및 특수관계인 지분은 1998-2000년에는 36%대, 2001년에는 50%대였다.

〈표 4.19〉 E1의 최대주주 및 특수관계인 지분, 1998-2013년 (%)

연도	최대주주 (A)		친족 (B)					기타 특수관계인 (C)		총합	
	LG-Caltex 정유	구자열	구자열	구자용	구평회	기타	합	자사주	비영리 법인	(A+B)	(A+B+C)
(LG그룹)											
1998	36.40									36.40	36.40
1999	36.38									36.38	36.38
2000	36.38			0.05			0.05			36.43	36.43
2001	36.38			0.05		0.15	0.20	13.96		36.58	50.54
2002	36.38		5.11	3.49	0.01	5.40	14.01	12.55		50.39	62.94
2003		17.66		11.86	0.80	15.01	27.67	12.96		45.33	58.29
(LS그룹)											
2004		17.66		11.86	0.80	15.01	27.67	13.44		45.33	58.77
2005		17.66		11.86	0.80	15.01	27.67	13.44		45.33	58.77
2006		17.66		11.86	0.80	15.01	27.67	13.44		45.33	58.77
2007		17.66		11.86	0.80	15.01	27.67	13.44		45.33	58.77
지주회사체제 시기											
2008		17.66		11.86	0.80	15.01	27.67	13.44		45.33	58.77
2009		17.66		11.86	0.80	15.01	27.67	13.44		45.33	58.77
2010		17.66		11.86	0.80	15.01	27.67	13.44		45.33	58.77
2011		17.66		11.81	0.80	15.06	27.67	15.72		45.33	61.05
2012		17.66		11.81	0.80	15.06	27.67	15.72		45.33	61.05
2013		17.66		11.81		15.06	26.87	15.72	0.80	44.53	61.05

주: 1) 보통주 기준, 12월 현재.
2) E1: 1998-2003년 = LG-Caltex가스(2004년 3월 E1으로 상호 변경), 2003년 11월 LG그룹에서 분리, 2004년 4월 LS그룹 편입; LG-Caltex정유 2005년 3월 이후 = GS칼텍스.
3) 최대주주 및 친족 수: 2000년(1명, 최대주주 제외), 2001년(3명, 최대주주 제외), 2002년(9명, 최대주주 제외), 2003-2010년(9명), 2011-2012년(10명), 2013년(9명); 구자용과 구평회는 임원.
4) 자사주: 2001-2003년 자사주펀드(LG-Caltex가스 보유), 2004년 자사주펀드(신한은행 보유), 2005-2008년 자기주식(자사주신탁 계약에 의한 취득), 2009-2013년 자기주식.
5) 비영리법인 = 송강재단.

출처: 사업보고서.

〈그림 4.13〉 E1의 최대주주 및 특수관계인 지분, 2003-2013년 (%)

(출처: <표 4.19>)

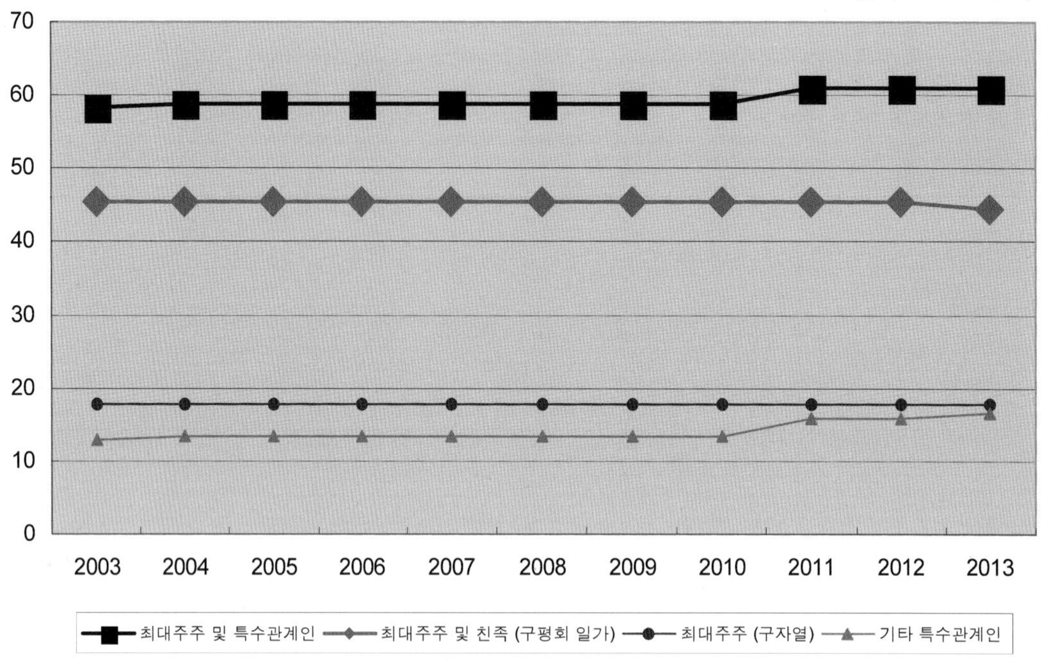

2002년에도 최대주주는 LG-Caltex정유(36%대)였고 자사주(12%대)는 이전과 비슷한 수준이 유지되었으며, 그런 한편으로 친족 지분(14%대)이 큰 폭으로 증가하였다. 2개 계열회사의 지분은 48%대로 이전보다 조금 줄어들었고, 최대주주 및 특수관계인 전체 지분(62%대)에서 차지하는 비중 또한 줄어들기는 하였지만 여전히 3/4 이상을 차지하면서 우위를 점하였다.

하지만 2003년 들어 최대주주가 구자열(구평회의 장남)로 변경되면서 구평회 일가가 소유를 장악하는 구조가 정착되었다. 2004년 이후 최대주주 및 특수관계인 지분은 58-61%대이며, 이 중 3/4가량(44-45%대)은 최대주주 및 친족 지분이고 나머지 1/4가량은 자사주이다.

한편, 예스코의 경우, 최대주주가 2001년까지는 LG상사, 2002년에는 LG-Caltex정유였으며, 2003년 최대주주가 구씨 일가 구성원(구자은)으로 변경되면서 1세대인 구태회 일가와 구두회 일가가 공동으로 소유하는 구조가 정착되었다. 즉, LS그룹의 실질적인 지주회사들인 예스코와 E1는, 2001년까지는 각각 다른 계열회사(LG상사, LG-Caltex정유)의, 그리고 2002년에는 같은 계열회사(LG-Caltex정유)의 자회사이다가 2003년 독립한 뒤, 2004년 이후 LS그룹 내에서 각자의 계열회사를 거느리면서 독자적인 영역을 구축하게 되었다.

둘째, 2004년 이후 최대주주 및 친족 중에서는 최대주주인 구자열이 가장 많은 17%대의 지분을 가지고 있다. 2002년 5.11%를 처음 보유하였고, 2003년 최대주주가 되면서 지분이 3배 이상(17.66%) 증가한 이후 같은 수준이 2013년 현재까지 유지되어 오고 있다. 친족 지분은 2002년 14%대에서 2003년 27%대(27.67%)로 2배가량 증가하였으며, 이 수준이 2004년 이후에도 그대로 유지되었다. '최대주주 지분'이 '최대주주 및 친족 지분 전체'에서 차지하는 비중은 2/5가량이다(39-40%; 지분 17.66% vs. 44.53-45.33%).

〈표 4.20〉 E1의 최대주주 및 친족 지분, 2002-2013년 (%)

	지주회사체제 이전 시기						지주회사체제 시기					
	2002	2003	2004	2005	2006	2007	2008	2009	2010	2011	2012	2013
구평회 (5남)	0.01	0.80	0.80	0.80	0.80	0.80	0.80	0.80	0.80	0.80	0.80	
구자열	5.11	17.66	17.66	17.66	17.66	17.66	17.66	17.66	17.66	17.66	17.66	17.66
구동휘	0.12	0.12	0.12	0.12	0.12	0.12	0.12	0.12	0.12	0.12	0.12	0.12
구자용	3.49	11.86	11.86	11.86	11.86	11.86	11.86	11.86	11.86	11.81	11.81	11.81
구희나	0.04	0.04	0.04	0.04	0.04	0.04	0.04	0.04	0.04	0.04	0.04	0.04
구희연										0.04	0.04	0.04
구자균	3.29	11.66	11.66	11.66	11.66	11.66	11.66	11.66	11.66	11.60	11.60	11.60
구소연	0.13	0.13	0.13	0.13	0.13	0.13	0.13	0.13	0.13	0.13	0.13	0.13
구소희	0.07	0.07	0.07	0.07	0.07	0.07	0.07	0.07	0.07	0.13	0.13	0.13
구혜원	1.75	2.99	2.99	2.99	2.99	2.99	2.99	2.99	2.99	2.99	2.99	2.99
구평회	0.01	0.80	0.80	0.80	0.80	0.80	0.80	0.80	0.80	0.80	0.80	
구자열 일가	5.23	17.78	17.78	17.78	17.78	17.78	17.78	17.78	17.78	17.78	17.78	17.78
구자용 일가	3.53	11.90	11.90	11.90	11.90	11.90	11.90	11.90	11.90	11.89	11.89	11.89
구자균 일가	3.49	11.86	11.86	11.86	11.86	11.86	11.86	11.86	11.86	11.86	11.86	11.86
구혜원	1.75	2.99	2.99	2.99	2.99	2.99	2.99	2.99	2.99	2.99	2.99	2.99
1세대	0.01	0.80	0.80	0.80	0.80	0.80	0.80	0.80	0.80	0.80	0.80	
2세대	13.64	44.17	44.17	44.17	44.17	44.17	44.17	44.17	44.17	44.06	44.06	44.06
3세대	0.36	0.36	0.36	0.36	0.36	0.36	0.36	0.36	0.36	0.46	0.46	0.46
총합	14.01	45.33	45.33	45.33	45.33	45.33	45.33	45.33	45.33	45.32	45.32	44.52

주: 1) 12월 현재.
2) E1: 2002-2003년 = LG그룹 계열회사, 2004-2013년 = LS그룹 계열회사.
3) 2002년 이전: 2000년(구자용 0.05%), 2001년(0.25%; 구자균 0.15, 구자용 0.05, 구혜원 0.00).
4) 최대주주 및 친족 수: 2002-2010년(9명), 2011-2012년(10명), 2013년(9명).
5) 총합 - 〈표 4.19〉에서의 '친족 지분 (B)'(2002년) 또는 '최대주주 및 친족 지분 (A+B)'(2003-2013년)과는 다소 차이가 남.

출처: 사업보고서.

셋째, 기타 특수관계인 지분은 13-16%대이며, 2012년까지는 모두 자사주였고 2013년에 자사주 외에 비영리법인(송강재단) 지분이 처음 생겼다. 자사주는 2001-2003년에는 12-13%대였으며, 2004-2010년에는 13%대, 그리고 2011-2013년에는 15%대였다.

넷째, E1의 지분에 참여한 가족구성원은 모두 10명이다. 2002-2010년 9명, 2011-2012년 10명, 2013년 9명 등이다. 세대별로는 1세대 1명, 2세대 4명, 3세대 5명이다. 2002년부터 1·2·3세대가 모두 지분에 참여하였다.

지분의 거의 대부분은 2세대인 최대주주 구자열(17%대), 남동생 구자용과 구자균(각각 11%대), 여동생 구혜원(2%대) 등 4명이 나누어 보유하였다. 1세대 지분은 1% 미만, 3세대 지분은 0.5% 미만이었다.

다섯째, E1의 지분을 보유한 10명 가족구성원 모두는 ㈜LS에도 지분을 보유하였으며, 이들 외에 3세대 2명(구자열의 자녀) 또한 지분에 참여하였다(<표 4.11>, <표 4.12>, <표 4.13>, <표 4.14>, <표 4.15>, <표 4.16> 참조).

구자열 일가는, E1(17%대)에서처럼, ㈜LS(4%대)에서도 가장 많은 지분을 보유하였는데, E1에서와는 달리 ㈜LS에서는 다른 일가들과의 지분 격차가 크지는 않았다. 두 회사에서 구자용 일가와 구자균 일가의 지분은 각각 11%대, 3%대였으며, 구혜원의 지분은 각각 2%대, 1%대였다. 세대별로 보면, E1에서는 2세대 지분이 3세대 지분보다 압도적으로 많은 반면(44%대 vs. 0.5%미만), ㈜LS에서는 3세대 지분이 2세대 지분의 1/3 가까이나 된다(10%대 vs. 2-3%대).

4.6.3 가온전선의 최대주주 및 특수관계인 지분, 2002-2013년

가온전선(2004년 9월 이전 희성전선)은 지주회사체제에 편입되지 않은 그룹 계열회사들 중 '가온전선그룹'의 중심에 있는 실질적인 지주회사이다. 2013년 12월 현재 '가온전선 및 계열회사'는 모두 3개로 지주회사체제 미편입 회사 23개 중 '예스코그룹'(10개)과 'E1그룹'(10개)에 소속되지 않은 회사들이다. 미편입 회사 23개 중에서는 1/10 수준(13%)이고, 뒤의 '두 그룹'과 비교하면 1/3 이하(30%)이다. 또 지주회사체제를 구성하는 '㈜LS 및 계열회사' 27개와 비교하면 1/10 수준(11%)이다. 가온전선은, 예스코나 E1보다 늦게, 2009년부터 자회사를 가졌으며, 자회사 수는 2009-2012년 1개, 2013년 2개이다(<표 4.6>, <표 4.8> 참조).

가온전선은 2003년부터 1세대 3형제 일가(4남 구태회, 5남 구평회, 6남 구두회)가 공동으로 소유하고 있으며, 보유 지분은 각각 15%대, 14%대, 7%대이다. 세 일가는 ㈜LS에서도 비슷한 비율(13%대, 13%대, 6%대)로 지분을 보유하였다(<표 4.21>, <표 4.22>, <그림 4.14>).

첫째, 최대주주 및 특수관계인 지분은 2004년 이후 37%대이며, 지분 모두는 최대주주 및 친족 지분이고 친족 이외의 다른 특수관계인 지분은 없다.

〈표 4.21〉 가온전선의 최대주주 및 특수관계인 지분, 2002-2013년 (%)

연도	최대주주		친족				기타 특수관계인	총합
	상농기업	구자홍	구자열	구자엽	기타	합	계열회사	
2002	11.96					8.96	15.83	36.75
2003		5.56	5.40	3.74	22.85	31.99		37.55
(LS그룹)								
2004		5.56	5.40	3.74	22.85	31.99		37.55
2005		5.56	5.40	3.74	22.85	31.99		37.55
2006		5.56	5.40	3.74	22.85	31.99		37.55
2007		5.56	5.40	3.65	22.85	31.90		37.46
지주회사체제 시기								
2008		5.56	5.40	3.65	22.85	31.90		37.46
2009		5.56	5.40	3.65	22.86	31.91		37.47
2010		5.58	5.42	3.66	22.92	32.00		37.58
2011		3.14	5.42	3.44	25.62	34.48		37.62
2012		3.14	5.42	3.44	25.62	34.48		37.62
2013		3.14	5.54	3.44	25.50	34.48		37.62

주: 1) 보통주 기준, 12월 현재.
2) 가온전선: 2002-2003년 = 희성전선(2004년 9월 가온전선으로 상호 변경), 2003년 12월 희성그룹에서 분리, 2004년 4월 LS그룹 편입.
3) 최대주주 및 친족 수: 2003-2010년(14명), 2011-2012년(19명), 2013년(18명); 구자엽은 임원, 구자열은 2011년 이후 실질적인 최대주주.
4) 2002년: 친족 3명(8.96%; 구본능 4.21, 구본식 3.47, 구광모 1.28), 계열회사 2개(15.83%; 희성정밀 10.26, 희성금속 5.57).

출처: 사업보고서.

〈그림 4.14〉 가온전선의 최대주주 및 친족 지분, 2003-2013년 (%)

(출처: <표 4.21>, <표 4.22>)

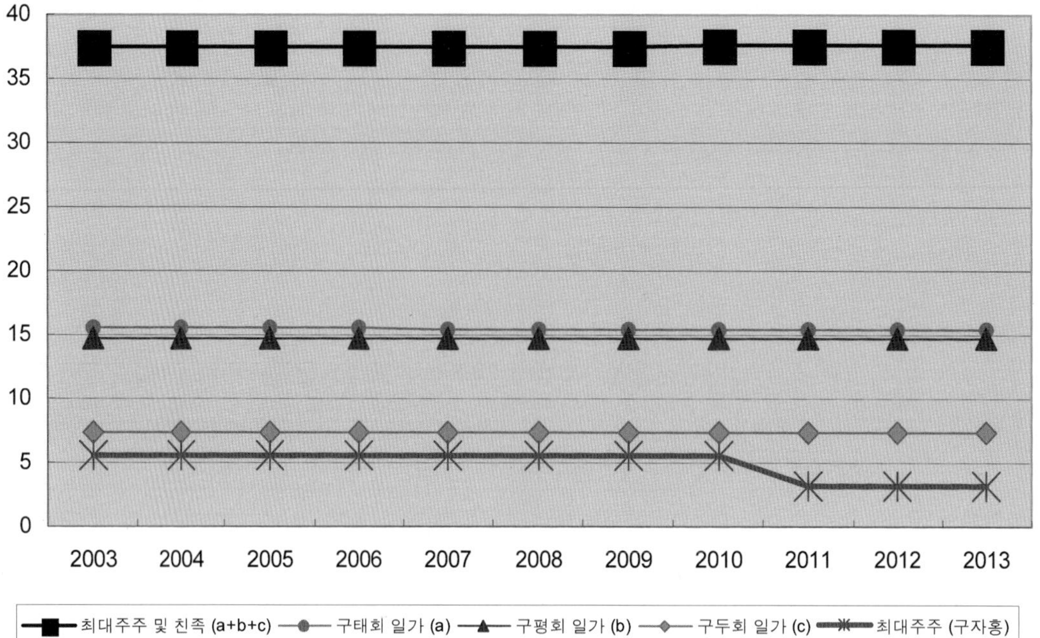

둘째, 최대주주 및 친족 중에서는 1세대 3형제의 장남들인 구자홍, 구자열, 그리고 구자은이 상대적으로 많은 지분을 가졌다. 구자홍은 최대주주이며 2003년 이후 5%대의 가장 많은 지분을 보유하였는데, 2011년 이후에는 3%대로 지분이 크게 줄어들어 공식적인 최대주주이면서도 실질적으로는 6위 주주가 되었다. 구자열은 2010년까지 5%대의 지분을 보유한 2위 주주였으며, 5%대 지분을 계속 유지하면서 2011년 이후에는 실질적인 최대주주가 되었다. 구자은은 4%대의 지분을 줄곧 보유하여 2010년까지는 3위, 2011년 이후에는 2위였다. 한편 친족 지분은 31-34%대 수준에서 감소 후 증가하는 변화를 보였으며, 2013년 현재에는 34.48%이다. 또 '최대주주 지분'이 '최대주주 및 친족 지분 전체'에서 차지하는 비중은 2010년까지는 1/7 남짓이다가(15%; 지분 5.56-5.58% vs. 37.46-37.58%) 2011년 이후에는 1/10 이하로 줄어들었다(8%; 지분 3.14% vs. 37.62%).

셋째, 가온전선의 지분에 참여한 가족구성원은 모두 19명이다. 2003년 이후 2010년까지는 줄곧 14명이다가 2011년에 19명으로 늘어났으며, 2013년 현재에는 18명이다. 19명 중 절반이 넘는 11명은 구태회 일가 구성원이고, 5명은 구평회 일가 구성원 그리고 나머지 3명은 구두회 일가 구성원이다. 세대별로는 1세대 1명, 2세대 13명, 3세대 5명이다. 3세대는 모두 구태회 일가 소속이며, 2011년부터 지분을 보유하였다.

〈표 4.22〉 가온전선의 최대주주 및 친족 지분, 2003-2013년 (%)

	지주회사체제 이전 시기					지주회사체제 시기					
	2003	2004	2005	2006	2007	2008	2009	2010	2011	2012	2013
구태회 (4남)											
구자홍	5.56	5.56	5.56	5.56	5.56	5.56	5.56	5.58	3.14	3.14	3.14
구자엽	3.74	3.74	3.74	3.74	3.65	3.65	3.65	3.66	3.44	3.44	3.44
구자명	2.94	2.94	2.94	2.94	2.94	2.94	2.94	2.95	2.72	2.72	2.72
구자철	0.32	0.32	0.32	0.32	0.32	0.32	0.32	0.32	2.72	2.72	2.72
구근희	1.47	1.47	1.47	1.47	1.47	1.47	1.47	1.47	1.48	1.48	1.48
이미영									0.08	0.08	0.08
이지현									0.08	0.08	0.08
이재우									0.08	0.08	0.08
이인정	1.47	1.47	1.47	1.47	1.47	1.47	1.47	1.47	1.48	1.48	1.48
이대현									0.12	0.12	0.12
이상현									0.12	0.12	0.12
구평회 (5남)	0.30	0.30	0.30	0.30	0.30	0.30	0.30	0.30	0.30	0.30	
구자열	5.40	5.40	5.40	5.40	5.40	5.40	5.40	5.42	5.42	5.42	5.54
구자용	3.60	3.60	3.60	3.60	3.60	3.60	3.60	3.61	3.62	3.62	3.69
구자균	3.60	3.60	3.60	3.60	3.60	3.60	3.60	3.61	3.62	3.62	3.69
구혜원	1.80	1.80	1.80	1.80	1.80	1.80	1.80	1.81	1.81	1.81	1.85
구두회 (6남)											
구자은	4.78	4.78	4.78	4.78	4.78	4.78	4.78	4.79	4.80	4.80	4.80
구은정	0.74	0.74	0.74	0.74	0.74	0.74	0.74	0.74	0.74	0.74	0.74
구재희	1.84	1.84	1.84	1.84	1.84	1.84	1.84	1.84	1.85	1.85	1.85
구태회 일가	15.50	15.50	15.50	15.50	15.41	15.41	15.41	15.45	15.46	15.46	15.46
구평회 일가	14.70	14.70	14.70	14.70	14.70	14.70	14.70	14.75	14.77	14.77	14.77
구두회 일가	7.36	7.36	7.36	7.36	7.36	7.36	7.36	7.37	7.39	7.39	7.39
1세대	0.30	0.30	0.30	0.30	0.30	0.30	0.30	0.30	0.30	0.30	
2세대	37.26	37.26	37.26	37.26	37.17	37.17	37.17	37.27	36.84	36.84	37.14
3세대									0.48	0.48	0.48
총합	37.56	37.56	37.56	37.56	37.47	37.47	37.47	37.57	37.62	37.62	37.62

주: 1) 12월 현재; 2002년 이전에는 개인별 지분 정보 없음.
2) 가온전선: 2003년 = 희성전선, 2003년 12월 희성그룹에서 분리, 2004-2013년 = LS그룹 계열회사.
3) 이인정은 구태회 일가 소속 구혜정의 남편.
4) 최대주주 및 친족 수: 2003-2010년(14명), 2011-2012년(19명), 2013년(18명).
5) 총합 - 〈표 4.21〉에서의 '총합'과는 다소 차이가 남.
출처: 사업보고서.

지분 참여 구성원 수에서는 구태회 일가가 구평회 일가보다 2배 이상 많지만, 지분은 구태회 일가가 약간 많은 수준에서 두 일가가 각각 2/5가량씩(15.41-15.50% vs. 14.70-14.77%) 가지고 있으며, 나머지 1/5가량(7.36-7.39%)은 구두회 일가가 가지고 있다.

이들 일가 지분의 거의 대부분은 2세대가 보유하였다. 1세대 3형제의 장남 3명(구자홍, 구자열, 구자은), 구자홍의 동생 2명(구자엽, 구자명), 구자열의 동생 2명(구자용, 구자균) 등이 상대적으로 많은 지분을 보유하였다. 2세대 지분은 37% 내외 수준이 유지되었으며, 반면 1세대와 3세대 지분은 각각 0.5% 미만으로 미미하였다.

넷째, 가온전선의 지분을 보유한 19명은 모두 ㈜LS의 지분도 보유하였으며, 이들 외에 24명의 다른 가족구성원들 또한 ㈜LS의 지분을 보유하였다. 즉, ㈜LS의 지분에 참여한 1세대 3형제 43명 중 2세대 위주의 절반 정도(44%)가 가온전선의 지분에도 참여한 것이다(<표 4.11>, <표 4.12>, <표 4.13>, <표 4.14>, <표 4.15>, <표 4.16> 참조).

㈜LS의 지분을 보유한 구태회 일가 구성원은 22명(1세대 1명, 2세대 8명, 3세대 13명)이며, 이들 중 가온전선에도 지분을 보유한 사람은 11명(2세대 6명, 3세대 5명)이다. 특히 3세대 중에서는 구씨 직계가 아닌 구태회의 딸 2명의 자녀 5명만 가온전선의 지분에 참여하였다. 또 구평회 일가에서는 ㈜LS 지분 보유 12명 중 5명(1세대 1명, 2세대 4명, 3세대 7명; 1세대 1명, 2세대 4명)이, 그리고 구두회 일가에서는 9명 중 3명(1세대 1명, 2세대 4명, 3세대 4명; 2세대 3명)이 각각 가온전선에도 지분을 보유하였다. 세대별로 보면, ㈜LS에 지분을 보유한 1세대 3명 중 1명, 2세대 16명 중 13명, 그리고 3세대 24명 중 5명이 가온전선의 지분을 보유하였다.

1세대 3형제 일가는, 가온전선에서처럼(구태회 일가 15%대, 구평회 일가 14%대, 구두회 일가 7%대), ㈜LS에서도 대략 '4:4:2'의 비율로 지분(13%대, 13%대, 6%대)을 보유하였다. 다만, 가온전선에서는 구태회 일가 지분이 조금 더 많았고, ㈜LS에서는 구평회 일가 지분이 조금 더 많았다. 세대별로 보면, 가온전선에서는 2세대 지분이 3세대 지분보다 월등하게 많은 반면(37-38%대 vs. 0.48%), ㈜LS에서는 그 격차가 상대적으로 작은 편이다(26-28%대 vs. 4-5%대).

5. 경영구조의 변화

5.1 개관

구씨 일가 가족구성원들은 2004년 LS그룹 출범 때부터 주력회사인 ㈜LS(이전 LG전선, LS전선)와 주요 계열회사를 공동으로, 그리고 개별적으로 소유하는 한편으로 경영권 또한 같은 방식으로 장악하면서 '공동적이면서 개별적인 소유 및 경영'의 독특한 가족지배체제를 구축해 오고 있다. 다만 가족구성원들이 소유권 및 경영권에 참여하는 정도와 방식에는 차이가 있었다.

㈜LS의 소유권은 1세대 3형제(4남 구태회, 5남 구평회, 6남 구두회) 일가가 공동으로 그리고 전적으로 가졌다. 친족 이외의 다른 특수관계인은 거의 없는 가운데 2004년 그룹 출범 이후 매년 37-41명씩 모두 43명의 가족구성원들이 33%대의 지분을 계속 보유하였으며, 최대주주인 가족구성원은 가족 전체 지분의 1/10 정도만을 보유하였다. 그런 한편으로, ㈜LS의 지분을 보유한 1세대 3형제 일가 구성원들의 일부는 E1(구평회 일가), 예스코(구태회와 구두회 일가), 가온전선(3형제 일가) 등 지주회사체제에 편입되지 않은 주요 3개 계열회사를 공동으로 또는 개별적으로 소유하였다.

이에 비해, 경영에는 3형제 일가가 모두 참여하기는 하였지만, 참여 가족구성원은 10명으로 ㈜LS의 지분을 보유한 43명과 비교하면 1/4 이하이다. 지주회사체제에 편입된 회사들에서는 1-3개 일가 소속 구성원들이 공동으로 또는 독자적으로 경영에 참여하였으며, 특히 두 주력회사인 ㈜LS와 신설 LS전선의 경영에는 3개 일가가 모두 관여하였다. 한편 지주회사체제에 편입되지 않은 회사들 중 E1 및 주요 관련 회사들에서는 소유권을 가지고 있는 구평회 일가가 경영권 또한 전적으로 행사하였으며, 예스코와 가온전선에서는 소유는 2-3개 일가가 공동으로 하면서도 경영은 구태회 일가가 전적으로 담당하였다. 특히 구두회 일가는 지주회사체제 미편입 회사들의 소유에는 참여하면서도 경영에는 전혀 관여하지 않고 있다.

5.2 ㈜LS의 최고경영진, 2002-2013년

㈜LS(2005년 이전 LG전선, 2005-2007년 LS전선)는 2004년 LS그룹이 출범한 이후 실질적인 지주회사였으며 2008년 공정거래법상 지주회사로 전환하였다. 2004년 이후 2012년까지

구자열-구자홍 체제가 유지되었는데, 2004-2007년에는 구자열이 대표이사, 그리고 2008-2012년에는 구자홍이 대표이사였다. 2013년 현재에는 구자홍이 등기임원에서 물러나고 구자열이 다시 대표이사가 되었다. ㈜LS의 경영에 참여한 가족구성원은 모두 7명이며, 이 중 4명(구자열, 구자홍, 구자명, 구자엽)은 등기임원 그리고 3명(구자은, 구태회, 구평회)은 미등기임원이다(<표 4.23>, <표 4.24>, <표 4.25>; <표 4.29> 참조).

5.2.1 지주회사 전환 이전, 2002-2007년

LG그룹 소속이던 2002-2003년에는 2인 대표이사체제였다. 대표이사 2명 중 1명은 구자열(1세대 구평회 일가)이었고 1명은 전문경영인(한동규)이었다. 이들 외에 사내이사가 2명(상근이사, 비상근이사) 더 있었다. 2002년에는 이들 2명이 모두 전문경영인이었다가 2003년에 비상근이사가 구자명(구태회 일가)으로 교체되었다. 사내이사 4명 중 1대3으로 전문경영인이 우위를 점하던 상황에서 2대2로 구씨 일가 구성원과 전문경영인의 수가 같아진 것이다.

2004년 LS그룹이 출범하면서는 1인 대표이사체제, 그리고 구씨 일가 우위체제로 바뀌었다. 대표이사는 2명에서 1명으로 줄어들면서 구자열만 계속 직책을 유지하였고, 전체 사내이사는 이전처럼 4명이면서 가족구성원과 전문경영인이 각각 2명씩이었다. 비상근이사는 없어졌으며, 구자명은 물러나고 대신 형인 구자홍이 새로운 상근이사가 되었다.

더구나 2005년에는 전문경영인은 1명으로 줄어들고 가족구성원 2명은 그대로 있게 되면서 구씨 일가가 경영권에서 더욱 우위를 점하게 되었다. 2005년 체제는 2007년까지 유지되었다. 즉, 구자열 1인 대표이사체제, 3인 사내이사체제, 그리고 사내이사 중 가족구성원 2대1 우위체제가 3년 동안 계속된 것이다. 2005년 이후 나타난 또 다른 변화는 사외이사가 사내이사에 비해 수가 많거나 같아졌다는 점이다. 2002-2004년에는 사외이사가 2-3명, 사내이사가 4명이었으며, 2005-2007년에는 각각 3-4명, 3명으로 역전되었다.

한편, 2004년부터 2007년까지 구자은(구두회 일가)이 미등기임원으로 경영에 관여하였다. 직책은 '미등기이사'이며, 소속 부서는 중국지역본부(2004-2005년) 또는 기계사업본부 산하의 사출시스템사업부(2006-2007년, 부장)였다. 또 2004-2006년에는 1세대인 구태회와 구평회가 각각 명예회장과 고문이었다.

5.2.2 지주회사 전환 이후, 2008-2013년

2008년 7월 ㈜LS가 지주회사로 전환되면서 1인 대표이사체제가 2인 대표이사체제로 다시 바뀌었다. 1명은 가족구성원, 1명은 전문경영인이었다. 구자열은 대표이사에서 비상근이사로 물러났고, 대신 상근이사인 구자홍이 새 대표이사가 되었다. 또 전문경영인 대표이사에는 새 인물인 이철우가 임명되었는데, 그는 2008년 초에 처음 상근이사가 된 이후 몇 개월 만에 최고경영자로 승진하게 되었다. 2013년 구자홍은 ㈜LS의 경영에서 완전히 손을 떼게 되었으며, 구자열이 다시 대표이사로 복귀하였다.

사내이사는 이전처럼 3명이 유지되었으며, 대표이사가 2명으로 늘어나면서 등기이사는 1명으로 줄게 되었다. 대표이사 외의 등기이사는 2004년 이후 '상근'이었는데, 2008-2009년

〈표 4.23〉 ㈜LS의 등기임원, 2002-2013년: (1) 임원 수 (명)

연도	합	사외이사	사내이사	사내이사			사내이사	
				대표이사 (A)	상근이사 (B)	비상근이사 (C)	구자열 일가 (A,B,C)	전문경영인 (A,B,C)
(LG그룹)								
2002	7	2	4	2	1	1	1 (1,0,0)	3 (1,1,1)
2003	7	3	4	2	1	1	2 (1,0,1)	2 (1,1,0)
(LS그룹)								
2004	7	3	4	1	3		2 (1,1,0)	2 (0,2,0)
2005	7	4	3	1	2		2 (1,1,0)	1 (0,1,0)
2006	7	4	3	1	2		2 (1,1,0)	1 (0,1,0)
2007	6	3	3	1	2		2 (1,1,0)	1 (0,1,0)
지주회사								
2008	6	3	3	2		1	2 (1,0,1)	1 (1,0,0)
2009	6	3	3	2		1	2 (1,0,1)	1 (1,0,0)
2010	6	3	3	2	1		2 (1,1,0)	1 (1,0,0)
2011	7	4	3	2	1		2 (1,1,0)	1 (1,0,0)
2012	7	4	3	2	1		2 (1,1,0)	1 (1,0,0)
2013	7	4	3	2	1		2 (1,1,0)	1 (1,0,0)

주: 1) 2002-2009년 - 12월 또는 이듬해 3월 현재; 2010-2013년 - 12월 현재.
2) ㈜LS 2002-2004년 = LG전선, 2005-2007년 = LS전선; LS그룹 2004년 = LG전선그룹.
3) 2002년: 등기임원 1명은 상근감사.
출처: 사업보고서

〈표 4.24〉 ㈜LS의 등기임원, 2002-2013년: (2) 사내이사

	지주회사 이전						지주회사					
	2002	2003	2004	2005	2006	2007	2008	2009	2010	2011	2012	2013
대표이사 (상근)	구자열	구자열	구자열	구자열	구자열	구자열						구자열
							구자홍	구자홍	구자홍	구자홍	구자홍	
	한동규	한동규										
							이광우	이광우	이광우	이광우	이광우	이광우
이사 (상근)			구자홍	구자홍	구자홍	구자홍						
									구자열	구자열	구자열	
												구자엽
	조일권	조일권	조일권									
			이범순									
				이철우	이철우	이철우						
이사 (비상근)		구자명										
							구자열	구자열				
	原精二											

주: 1) 2002-2009년 – 12월 또는 이듬해 3월 현재; 2010-2013년 – 12월 현재.
2) ㈜LS 2002-2004년 = LG전선, 2005-2007년 = LS전선; 2002-2003년 = LG그룹 소속.
3) 대표이사: 구자홍 회장(2010-2012년), 구자열 회장(2013년), 이광우 사장(2010-2013년), 2002-2009년에는 직책(회장, 사장 등) 표시 없음.
4) 구자홍 이사회의장(2004-2012년).
출처: 사업보고서.

〈표 4.25〉 분할 전후 존속 및 신설 회사의 등기임원: LS전선 (2008년 6월) vs. ㈜LS, LS전선, LS엠트론 (2008년 9월)

	이전 LS전선	지주회사 ㈜LS	신설 LS전선	신설 LS엠트론
사내이사 (A, 명)	5	3	4	4
사외이사 (B, 명)	4	3	0	0
(A)	구자열(대표이사)	구자열(비상근이사)	구자열(대표이사)	구자열(대표이사)
	구자홍(상근이사)	구자홍(대표이사)		
	이광우(상근이사)	이광우(대표이사)		
	이철우(상근이사)		이철우(상근이사)	
	윤명림(상근이사)			
			구자윤(감사)	이수홍(감사)
			손종호(대표이사)	심재설(대표이사)
				남기원(상근이사)
(B)	노용악, 정진규	노용악, 정진규		
	구자윤, 이수홍	윤명림		

주: 윤명림은 2008년 3월 분기보고서에, 그리고 이광우와 정진규는 2008년 6월 반기보고서에 처음 등장함.
출처: 반기보고서, 분기보고서.

에 ‘비상근’으로 바뀌었다가 2010년부터 다시 ‘상근’이 되었다. 대표이사 외의 등기이사 1명은 2008-2012년까지는 구자열이었고, 2013년에는 구자홍의 동생인 구자엽이었다.

사내이사 3명 중 가족구성원이 이전처럼 2명이 유지되기는 하였지만, 전문경영인 1명이 대표이사직을 수행하게 되었다는 점에서 가족 우위의 정도가 이전에 비해 다소 약화된 것으로 볼 수 있다.

5.2.3 ㈜LS 경영 참여 가족구성원

㈜LS의 경영에 참여한 가족구성원은 모두 7명이며, 이들 중 4명(구태회, 구자홍, 구자엽, 구자명)은 1세대 4남 구태회 일가 소속이고, 2명(구평회, 구자열)은 5남 구평회 일가 소속이며, 나머지 1명(구자은)은 6남 구두회 일가 소속이다.

구태회 일가와 구평회 일가는 ㈜LS에 13%대의 비슷한 지분을 보유하였으며, 구두회 일가의 지분은 절반 정도인 6%대였다. 앞의 두 일가를 대표해서 구태회의 장남 구자홍과 구평회의 장남 구자열이 대표이사로서 경영의 전면에 나서고 있으며, 구자홍의 동생 2명(구자엽, 구자명)과 1세대 2명(구태회, 구평회)은 보조 역할을 하였다. 2003년 이후 두 일가는 구성원 1-2명씩을 경영에 참여시켜 각자의 지분을 지키려고 한 것으로 보인다(구자명, 구자홍, 구자엽(2003, 2004-2012, 2013년) vs. 구자열(2003-2013년); 구태회(2004-2006년) vs. 구평회(2004-2006년). 한편, 소유에서 열세인 구두회 일가는 경영에서도 마찬가지여서 구두회의 외동아들 구자은이 지주회사 전환 이전의 일정 기간 동안 미등기임원으로만 참여하였다.

경영에 참여한 가족구성원 7명 중 2세대 5명은 ㈜LS의 지분을 보유한 가족구성원 43명 중 대주주들이다. 구자열은 공식적인 최대주주이기는 하지만 지분 크기(3%대)는 2위였으며, 실질적인 최대주주는 구자열보다 조금 더 많은 지분(3-4%대)을 보유한 구자은이었다. 또 구자홍은 3위(2-3%대), 구자명과 구자엽은 6-7위(1%대)였다. 1세대 일가를 기준으로 하면, ㈜LS에 지분을 보유한 구태회 일가 구성원 22명 중에서는 구자홍, 구자명, 구자엽이 각각 1,2,3위, 구평회 일가 12명 중에서는 구자열이 1위, 그리고 구두회 일가 9명 중에서는 구자은이 1위였다.

결국, 경영에의 참여 정도는 일가 전체의 지분에 걸맞게 구태회 일가와 구평회 일가가 우위를 점하였으며, 지분 참여 구성원이 많은 구태회 일가에서는 지분 보유 상위 3명이 상황에 따라 대표로 나선 셈이다. 구두회 일가의 경우, 일가 전체 지분에서는 열세이기는 하지만 구자은이 개인적으로 실질적인 최대주주임을 감안하면, 경영에의 참여가 보다 정당하게 그리고 보다 적극적으로 이루어지지 못한 것으로 볼 수 있다.

5.3 구씨 일가 가족구성원의 경영 참여, 2002-2013년: (1) 참여 구성원 및 참여 대상 회사

2004년 LS그룹이 출범한 이후(2002-2003년 기간은 참고로 포함함) ㈜LS 및 그룹 계열회사의 경영에 참여한 적이 있는 구씨 일가 가족구성원은 모두 10명이다. 이들은 3개 일가에 그리고 1·2세대에 속해 있으며, 모두 13개 계열회사의 경영에 참여하였다(<표 4.26>, <표 4.27>, <그림 4.15>; <표 4.28>, <표 4.29>, <표 4.30> 참조).

5.3.1 경영 참여 가족구성원

첫째, 2002년 이후 매년 경영에 참여하는 가족구성원은 4-9명씩이었으며, 전체 인원은 10명이다. 2002-2003년에는 4-6명이었으며 2004년 LS그룹이 출범한 이후에는 7-9명 수준이 유지되었다. 2004-2006년 9명, 2007-2008년 8명, 2009-2012년 7명, 2013년 8명 등이다. 경영 참여 인원 10명은 ㈜LS의 소유에 참여한 인원 43명과 비교하면 1/4에 조금 못 미친다(23%).

둘째, 경영에 참여한 10명은 ㈜LS 및 주요 계열회사에 지분을 보유한 1세대 3형제(4남 구태회, 5남 구평회, 6남 구두회) 일가에 속해 있었다. 구태회 일가와 구평회 일가는 2002년 이후 2013년 현재까지 줄곧 경영에 참여하고 있으며, 구두회 일가는 2004년 이후 일정 기간 동안(2004-2008, 2012-2013년)만 참여하였다.

셋째, 경영에 참여한 10명을 일가별로 보면, 구태회 일가가 5명(1세대 1명+2세대 4명)으로 절반을 차지하였고, 구평회 일가가 4명(1+3) 그리고 구두회 일가가 1명(0+1)이다. ㈜LS에 비슷한 크기의 가장 많은 지분을 가지고 있는 앞의 두 일가가 경영에서도 비슷한 크기의 가장 많은 인원을 참여시키고 있다.

넷째, 경영에 참여한 10명을 세대별로 보면, 2세대가 8명으로 절대다수를 차지하고 있고 나머지 2명은 1세대(구태회, 구평회)이다. ㈜LS의 지분을 보유한 43명(1세대 3명, 2세대 16명, 3세대 24명)과 비교해 보면, 지분 보유 인원 중 경영 참여 인원의 비중이 1세대에서 67%, 그리고 2세대에서 50%이며, 3세대는 아직 경영에 참여하고 있지 않다.

2세대는 2002년 이후 2013년 현재까지 줄곧, 그리고 1세대는 2002년 이후 2011년까지만 경영에 참여하였다. 1세대는 매년 1-2명(2002-2003, 2007-2011년 1명, 2004-2006년 2명), 그리고 2세대는 매년 3-8명(2002-2003년 3-5명, 2004-2008년 7명, 2009-2011년 6명, 2012-2013년 7-8명)이었다. 또 구두회 일가에는 2세대(구자은)만 있었고, 구태회 일가와 구평회 일가에는 1세대와 2세대가 함께 있었다(구태회+구자홍, 구자엽, 구자명, 구자철; 구평회+구자열, 구자용, 구자균).

다섯째, 경영에 참여한 10명 중 1명(2세대)은 2002-2013년 사이에 7개 회사의 경영에 참여하였으며, 2명(2세대)은 4개 회사에, 1명(2세대)은 3개 회사에, 3명(1세대 1명, 2세대 2명)은 2개 회사에, 그리고 나머지 3명(1세대 1명, 2세대 2명)은 1개 회사에만 참여하였다. 또

〈표 4.26〉 구씨 일가 가족구성원의 경영 참여, 2002-2013년: (1) 개관 (명, 개)

	합	지주회사체제 이전 시기						지주회사체제 시기					
		2002	2003	2004	2005	2006	2007	2008	2009	2010	2011	2012	2013
참여 구성원 (명)	10	4	6	9	9	9	8	8	7	7	7	7	8
구태회 일가	5	1	3	4	4	4	3	3	3	3	3	3	4
구평회 일가	4	3	3	4	4	4	4	4	4	4	4	3	3
구두회 일가	1			1	1	1	1	1				1	1
1세대	2	1	1	2	2	2	1	1	1	1	1		
2세대	8	3	5	7	7	7	7	7	6	6	6	7	8
7개 회사 참여	1										1	1	
6개 회사 참여	0									1			1
5개 회사 참여	0								1				
4개 회사 참여	2						1	2	1	1	1	1	1
3개 회사 참여	1						1						1
2개 회사 참여	3		1	5	5	5	3	2	2	2	2	3	1
1개 회사 참여	3	4	5	4	4	4	3	4	3	3	3	2	4
참여 대상 회사 (개)	13	3	4	6	6	6	9	10	11	12	13	13	13
지주회사체제 편입 회사	7	1	2	3	3	3	3	4	5	6	7	7	7
지주회사체제 미편입 회사	6	2	2	3	3	3	6	6	6	6	6	6	6

주: 1) 2002-2003년 = LG그룹, 2004-2013년 = LS그룹.
2) 합은 2002-2013년 전체 기준임.
3) 다음 범주의 2013년 구성원 중에는 2014년 1명(구자철) 포함됨: 참여 구성원, 구태회 일가, 2세대, 1개 회사 참여.
출처: 〈표 4.27〉, 〈표 4.28〉, 〈표 4.29〉, 〈표 4.30〉.

〈그림 4.15〉 구씨 일가 가족구성원의 경영 참여, 2002-2013년:
참여 구성원 및 참여 대상 회사 (명, 개)

(출처: <표 4.26>)

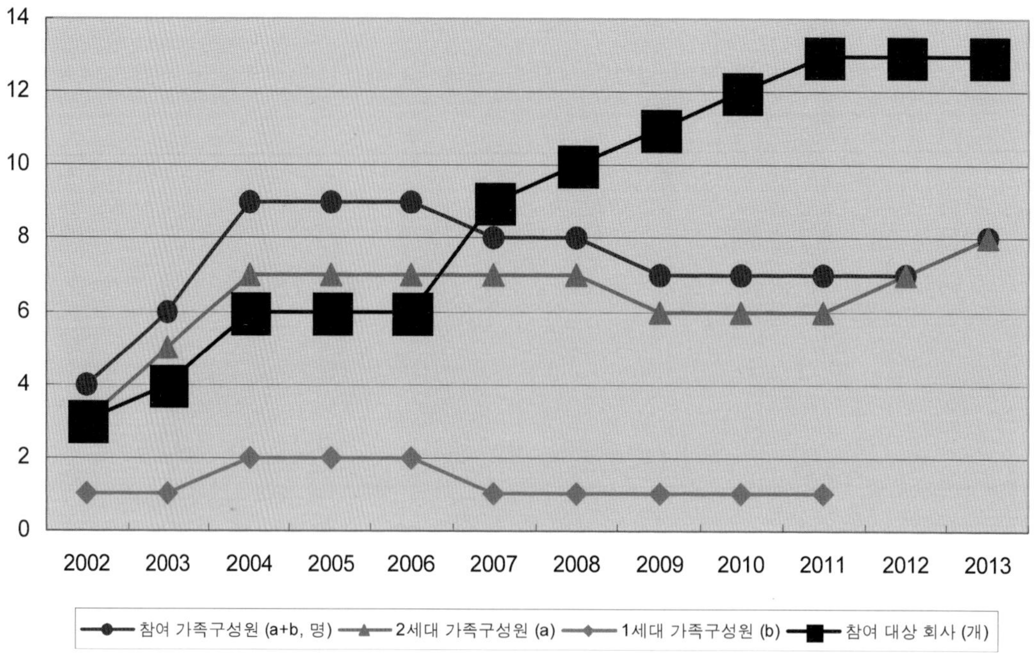

10명 중 2002년 이후 2013년 현재까지 줄곧 경영에 참여한 사람은 3명(2세대; 구자열, 구자용, 구자명)이며, 2004년 그룹 출범 이후를 기준으로 하면 6명(2세대; 구자열, 구자용, 구자명, 구자엽, 구자홍, 구자균)이 2013년까지 계속 참여하였다.

2002-2013년 사이 가장 많은 7개 회사의 경영에 참여한 구자열의 경우, 참여 회사가 2002-2003년에는 1개이다가 그룹이 출범한 직후인 2004-2007년에는 2-3개로 늘어났고, 지주회사체제 기간인 2008-2009년에는 4-5개, 그리고 2010-2013년에는 6-7개로 더욱 늘어났다.

4개 회사에 참여한 2명 중에서는 구자용이 2002-2006년 1개 회사에 그리고 2007년 이후에는 4개 회사에 참여하였으며, 구자엽 또한 참여 회사가 2003년 1개, 2004-2012년 2개, 2013년 3개 등으로 늘어났다. 또 3개 회사에 참여한 구자명은 2002년에는 1개, 그리고 2003년부터는 2개 회사에 참여하였다.

2개 회사에 참여한 3명 중에서는 구평회(1세대)가 2002-2011년 사이에, 그리고 구자홍이 2003-2013년 사이에 매년 1-2개 회사에 참여하였으며, 구자은은 2004-2008년, 그리고 2012-2013년에 매년 1개 회사에 참여하였다. 마지막으로, 1개 회사에만 참여한 나머지 3명

〈표 4.27〉 구씨 일가 가족구성원의 경영 참여, 2002–2013년: (2) 참여 구성원 및 참여 대상 회사 (개, 명)

(A) 구성원별 참여 회사 (개)

	합	지주회사체제 이전 시기						지주회사체제 시기					
		2002	2003	2004	2005	2006	2007	2008	2009	2010	2011	2012	2013
구자열	7	1	1	2	2	2	3	4	5	6	7	7	6
구자용	4	1	1	1	1	1	4	4	4	4	4	4	4
구자엽	4		1	2	2	2	2	2	2	2	2	2	3
구자명	3	1	2	2	2	2	2	2	2	2	2	2	2
구평회	2	1	1	2	2	2	1	1	1	1	1		
구자홍	2		1	2	2	2	2	1	1	1	1	2	1
구자은	2			1	1	1	1	1				1	1
구태회	1			1	1	1							
구자균	1			1	1	1	1	1	1	1	1	1	1
구자철	1												1

(B) 회사별 참여 구성원 (명)

	합	2002	2003	2004	2005	2006	2007	2008	2009	2010	2011	2012	2013
(지주회사체제 편입 회사)													
㈜LS	7	1	2	5	5	5	3	2	2	2	2	2	2
LS산전	3		2	3	3	3	3	2	2	2	2	3	2
LS전선	3							2	1	1	1	2	2
LS-Nikko동제련	2			2	2	2	2	2	2	2	2	2	2
LS엠트론	1								1	1	1	1	1
JS전선	1									1	1	1	1
대성전기공업	1										1	1	1
(지주회사체제 미편입 회사)													
예스코	2	1	1	1	1	1	1	1	1	1	1	1	2
E1	2	2	2	2	2	2	2	2	2	2	2	1	1
LS네트웍스	2						2	2	2	2	2	2	2
가온전선	1			1	1	1	1	1	1	1	1	1	1
E1물류	1						1	1	1	1	1	1	1
E1컨테이너터미널	1						1	1	1	1	1	1	1

주: 1) 2002–2003년 = LG그룹, 2004–2013년 = LS그룹.
2) 합은 2002–2013년 전체 기준임.
3) 구자철 2013년 = 2014년, 예스코 2013년 구성원에 포함됨.

출처: 〈표 4.28〉, 〈표 4.29〉, 〈표 4.30〉.

중 구자균은 2004년 이후, 구태회(1세대)는 2004-2006년에, 그리고 구자철은 2013년에 경영에 참여하였다. 10명 중 구자철의 경영 참여 기간이 1년으로 가장 짧다.

5.3.2 경영 참여 대상 회사

10명의 가족구성원들이 참여한 그룹 계열회사는 모두 13개이다. 2002-2003년에는 3-4개이다가 그룹이 출범한 직후인 2004-2006년에는 6개 그리고 2007년에는 9개였으며, 지주회사체제 기간인 2008-2010년에는 10-12개로, 그리고 2011-2013년에는 13개로 더욱 늘어났다.

13개 회사 중 7개는 지주회사체제에 편입된 회사들이며, 지주회사 ㈜LS, 자회사 4개(LS산전, LS-Nikko동제련, LS전선, LS엠트론), 그리고 손자회사 2개(JS전선, 대성전기공업)이다. 매년 1-7개가 관련되어 있었다. 2002-2003년 1-2개, 2004-2007년 3개, 2008-2010년 4-6개, 2011-2013년 7개 등이다. 13개 회사 중 나머지 6개는 지주회사체제에 편입되지 않은 예스코, 가온전선, 그리고 E1 및 자회사 3개(LS네트웍스, E1물류, E1컨테이너터미널)이다. 매년 2-6개가 관련되어 있었다. 2002-2003년 2개, 2004-2006년 3개, 그리고 2007년 이후 6개이다.

13개 회사에는 1개 회사 당 1-7명씩의 가족구성원들이 참여하였다. ㈜LS에 가장 많은 7명이 관련되어 있고, 3명 관련 회사가 2개(LS산전, LS전선), 2명 관련 회사가 4개(LS-Nikko동제련, 예스코, E1, LS네트웍스), 그리고 1명 관련 회사가 가장 많은 6개 회사(LS엠트론, JS전선, 대성전기공업, 가온전선, E1물류, E1컨테이너터미널)이다.

또 13개 회사 중 3개 회사(㈜LS, 예스코, E1)에는 2002년 이후 그리고 1개 회사(LS산전)에는 2003년 이후 2013년 현재까지 줄곧 가족구성원이 경영에 참여하였다. 나머지 9개 회사에는 2004년 그룹 출범 이후에 가족구성원들이 참여하였다. 이 9개 회사 중 5개 회사에는 2008년 지주회사체제 출범 이전에(2004년 이후 LS-Nikko동제련, 가온전선; 2007년 이후 LS네트웍스, E1물류, E1컨테이너터미널), 그리고 5개 회사에는 2008년 이후에 가족구성원들이 참여하기 시작하였다(2008년 이후 LS전선; 2009년 이후 LS엠트론; 2010년 이후 JS전선; 2011년 이후 대성전기공업).

5.4 구씨 일가 가족구성원의 경영 참여, 2002-2013년: (2) 일가별 경영 참여

2002년 이후 1세대 3형제 가족구성원 10명은 13개 그룹 계열회사의 경영에 참여하였다.

참여 구성원은 4남 구태회 일가(5명)와 5남 구평회 일가(4명) 소속이 각각 절반 정도씩이고 6남 구두회 일가 소속은 1명이다. 또 참여 회사는 구평회 일가(11개)가 월등하게 많고, 그다음이 구태회 일가(6개)와 구두회 일가(2개)이다. 이들 가족구성원 10명은, 한편으로는 지주회사 ㈜LS, 자회사 4개 및 손자회사 2개의 경영에 참여하고 다른 한편으로는 지주회사체제 미편입 6개 회사의 경영에도 관여하였다. 경영에 참여한 10명의 대다수는 ㈜LS의 대주주들이며, 지주회사체제 미편입 회사 중 핵심 회사 3개(예스코, E1, 가온전선)에도 큰 지분을 보유하였다(<표 4.28>, <표 4.29>, <표 4.30>).

5.4.1 구태회 일가의 경영 참여

구태회 일가는 1세대 3형제 일가 중 가장 많은 5명이 경영에 참여하였다. 1명은 1세대인 구태회이고, 나머지 4명은 구태회의 아들(구자홍, 구자엽, 구자명, 구자철)이다. 이들은 3형제 일가 중 두 번째로 많은 6개 회사에 관여하였다. 지주회사체제 편입 회사가 4개(㈜LS, LS산전, LS-Nikko동제련, LS전선), 그리고 미편입 회사가 2개(예스코, 가온전선)이다.

첫째, 5명 중 구자엽은 4개 회사(㈜LS, LS산전, LS전선, 가온전선)에 관여하였고, 구자명은 3개(㈜LS, LS-Nikko동제련, 예스코), 구자홍은 2개(㈜LS, LS산전), 그리고 구태회와 구자철은 각각 1개 회사(㈜LS; 예스코)에 관여하였다. 회사별로는, ㈜LS에 가장 많은 4명이 관련되어 있었고, 2개 회사(LS산전, 예스코)에는 각각 2명이, 그리고 나머지 3개 회사(LS-Nikko동제련, LS전선, 가온전선)에는 각각 1명이 관련되어 있었다.

둘째, 5명 중 4명(구자홍, 구자엽, 구자명, 구태회)은 지주회사체제에 편입된 4개 회사의 경영에 관여하였다. 3명(구자홍, 구자엽, 구자명)은 4개 회사 모두에서 대표이사직을 가지고 경영을 주도하였다. 구자홍과 구자엽은 각각 2개 회사(LS산전, ㈜LS; LS산전, LS전선)에서 2004년 이후 일정 기간 동안, 그리고 구자명은 1개 회사(LS-Nikko동제련)에서 2004년 이후 줄곧 대표이사였다. LS산전의 경우, 구자홍과 구자엽이 2004년 이후 대표이사직을 번갈아 보유하였다. 한편, 1세대인 구태회는 2008년 이전 일정 기간 동안 1개 회사(㈜LS)에서 명예회장의 직책을 가지고 있었다.

위의 4명 중 2명(구자엽, 구자명)과 다른 1명(구자철)은 지주회사체제에 편입되지 않은 실질적인 지주회사 2개의 경영에 참여하였다. 구자엽은 2004년 이후 가온전선에서, 그리고 구자명은 2004년 이후 일정 기간 동안 예스코에서 대표이사였다. 구자철은 2013년에 예스코의 등기임원이 되었다.

셋째, 경영에 참여한 5명 중 ㈜LS에서는 5명 모두가, 그리고 예스코와 가온전선에서는 2세대 4명이 지분을 보유하였다. 특히 2세대 4명(구자홍, 구자엽, 구자명, 구자철)은 3개 회사 모두에서 주요 주주들이었는데, 경영 참여 방식은 각기 달랐다.

㈜LS에서는 구태회 일가 중 가장 많은 지분을 보유한 구자홍이 일가를 대표해서 2004년 이후 상근이사 그리고 대표이사로서 경영에 참여하고 있으며, 일가 중 세 번째로 많은 지분을 가진 구자엽은 2013년에 처음으로 상근이사로서 지주회사의 경영의 관여하게 되었다. 미미한 지분을 보유한 1세대 구태회는 2004년 그룹 출범 이후 3년 동안 주력회사인 ㈜LS에서 명예회장의 직책을 가지고 경영자문의 역할을 수행하였다. 이들 3명 중 구자홍과 구자엽은 각각 1개(LS산전), 2개(LS산전, LS전선)의 ㈜LS 자회사의 경영에도 관여하였으며, 이에

〈표 4.28〉 구씨 일가 가족구성원의 경영 참여, 2002-2013년: (3) 구성원별 · 회사별 참여 연도 (년)

	지주회사	지주회사체제 편입 회사						지주회사체제 미편입 회사					
	㈜LS	LS산전	LS-Nikko동제련	LS전선	LS엠트론	JS전선	대성전기공업	예스코	E1	가온전선	LS네트웍스	E1물류	E1컨테이너
구태회 일가													
1세대 구태회	04-06												
2세대 구자홍	04-12	03-07, 12-13											
구자엽	13	03-12		13						04-13			
구자명	03		04-13					02-13					
구자철								13					
구평회 일가													
1세대 구평회	04-06								02-11				
2세대 구자열	02-13		04-13	08-12	09-13	10-13	11-13				07-13		
구자용									02-13		07-13	07-13	07-13
구자균		04-13											
구두회 일가													
2세대 구자은	04-07			08, 12-13									

주: 1) 2002-2003년 = LG그룹, 2004-2013년 = LS그룹; ㈜LS는 2008년 지주회사로 전환됨.
2) E1컨테이너 = E1컨테이너터미널; 구자철 2013년 = 2014년.
출처: 〈표 4.29〉, 〈표 4.30〉.

〈표 4.29〉 구씨 일가 가족구성원의 경영 참여, 2002-2013년: (4) 지주회사체제 편입 계열회사에서의 직책

	㈜LS							LS-Nikko동제련	
	구자열	구자홍	구자엽	구자명	구자은	구태회	구평회	구자열	구자명
(LG그룹)									
2002	대표								
2003	대표			비상근이사					
(LS그룹)									
2004	대표	상근이사			미등기이사	명예회장	고문	비상근이사	대표부회장
2005	대표	상근이사			미등기이사	명예회장	고문	비상근이사	대표부회장
2006	대표	상근이사			미등기이사	명예회장	고문	비상근이사	대표부회장
2007	대표	상근이사			미등기이사			비상근이사	대표부회장
지주회사체제 시기									
2008	비상근이사	대표						임원	대표부회장
2009	비상근이사	대표						비대표	대표부회장
2010	상근이사	대표회장						임원	대표
2011	상근이사	대표회장						비상근이사	대표
2012	상근이사	대표회장						비상근이사	대표회장
2013	대표회장		상근이사					임원	대표회장

	LS산전			LS전선			LS엠트론	JS전선	대성전기공업
	구자홍	구자엽	구자균	구자열	구자엽	구자은	구자열	구자열	구자열
(LG그룹)									
2003	비대표회장	비상근이사							
(LS그룹)									
2004	대표회장	비상근이사	상근이사						
2005	대표회장	비상근이사	상근이사						
2006	대표회장	비상근이사	대표						
2007	대표회장	대표부회장	대표사장						
지주회사체제 시기									
2008		대표	대표사장	대표		미등기이사			
2009		대표회장	대표부회장	대표회장			대표		
2010		대표회장	대표부회장	대표회장			대표	대표	
2011		대표회장	대표부회장	대표회장			대표	대표	대표
2012	등기회장	대표회장	대표부회장	대표회장		대표사장	대표	대표	대표
2013	등기회장		대표부회장		대표회장	대표사장	대표	대표	임원

주: 1) 12월 또는 이듬해 3월 현재.
2) 대표 = 대표이사, 비대표 = 비상근 대표이사, 명예회장 = 미등기 비상근명예회장, 고문 = 미등기 비상근고문; '대표'인 경우는 직책(회장, 사장 등) 표시 없음.
3) ㈜LS: 2002-2004년 = LG전선, 2005-2007년 = LS전선; 2002년 이전(1997-2001년 허창수 대표이사, 1998년 구자홍 비상근이사); 구자은 이사 = 집행이사, 담당업무는 중국지역(2004-2005년), 사출시스템사업부장(2006-2007년).
4) LS-Nikko동제련: 출처는 ㈜LS와 예스코의 사업보고서임; 2004년 이전 정보 없음; 구자열 2004-2007년 = 이사(비상근이사인 것으로 보임), 2008, 2010, 2013년 정보 없음(임원인 것으로 보임).
5) LS산전: 2003년부터 가족구성원이 경영에 참여함; 구자홍 2012-2013년 = 이사회의장.
6) LS전선: ㈜LS의 신설 자회사; 구자은 이사 = 집행이사, 담당업무는 통신사업부(2008년).
7) JS전선: 구자열 = 각자대표이사.
8) 대성전기공업: 출처는 ㈜LS의 사업보고서임; 2013년 정보 없음(임원인 것으로 보임).
출처: 사업보고서.

〈표 4.30〉 구씨 일가 가족구성원의 경영 참여, 2002-2013년: (5) 지주회사체제 미편입 계열회사에서의 직책

	예스코			E1		
	구자명	구자철	허동수	구자용	구평회	허동수
2002	대표		비상근이사	등기부사장	명예회장	비상근이사
2003	대표			등기부사장	명예회장	
(LS그룹)						
2004	대표			등기부사장	명예회장	
2005	비상근이사			대표	명예회장	
2006	비상근이사			대표	명예회장	
2007	비상근이사			대표	명예회장	
지주회사체제 시기						
2008	비상근대표			대표	명예회장	
2009	비상근대표			대표	명예회장	
2010	대표회장			대표부회장	명예회장	
2011	대표회장			대표회장	명예회장	
2012	대표회장			대표회장		
2013	대표회장			대표회장		
2014	대표회장	상근이사		대표회장		

	가온전선	LS네트웍스		E1물류	E1컨테이너
	구자엽	구자열	구자용	구자용	구자용
(LS그룹)					
2004	대표				
2005	대표				
2006	대표				
2007	대표	비상근이사	비상근대표부회장	비상근이사	비상근이사
지주회사체제 시기					
2008	대표	비상근이사	비상근대표부회장	비상근이사	비상근이사
2009	대표회장	비상근이사	비상근대표부회장	임원	임원
2010	대표회장	비상근이사	비상근대표회장	비상근이사	비상근이사
2011	대표회장	비상근등기회장	비상근등기회장	비상근이사	비상근이사
2012	대표회장	비상근등기회장	비상근등기회장	비상근이사	비상근이사
2013	대표회장	비상근등기회장	비상근등기회장	비상근이사	비상근이사
2014	기타비상무이사	비상근등기회장	비상근등기회장	비상근이사	비상근이사

주: 1) 2002-2013년 = 12월 또는 이듬해 3월 현재; 2014년 = 3월 현재.
2) 대표 = 대표이사; '대표'인 경우는 직책(회장, 사장 등) 표시 없음.
3) 예스코: 2002-2005년 = 극동도시가스; 구자명 2005-2009년 = 이사회의장.
4) E1: 2002-2003년 = LG-Caltex가스; 구평회 2002-2009년 = 상근·비상근 등기·미등기임원 표시 없음, 2010-2011년 = 미등기 상근명예회장.
5) 가온전선: 2002-2004년 = 희성전선; 2002-2003년 = 가족구성원 임원 없음.
6) LS네트웍스: 구자열 2010-2012년 = 이사회의장, 구자용 2013년 = 이사회의장.
7) E1물류, E1컨테이너: E1컨테이너= E1컨테이너터미널; 출처는 E1의 사업보고서임; 2007-2008년 = 등기이사(비상근이사인 것으로 보임), 2009년 정보 없음(임원인 것으로 보임).
출처: 사업보고서.

더하여 구자엽은 지주회사체제 미편입 1개 회사(가온전선)에도 관여하였다.

한편, 구자명은 그룹 출범 이전인 2003년에 ㈜LS의 경영에 잠깐 참여하였고, 2004년 이후에는 ㈜LS의 자회사인 LS-Nikko동제련에 줄곧 관여하였다. 이에 더하여 2004년 이전부터 지주회사체제 미편입 회사인 가온전선의 경영을 책임져 오고 있다. 4형제 중 막내인 구자철은 2013년 예스코의 등기임원에 임명되어 처음으로 그리고 4형제 중 가장 늦게 경영에 관여하기 시작하였다.

넷째, ㈜LS에 지분을 보유한 1세대 구태회 일가 가족구성원은 모두 22명(1세대 1명, 2세대 8명, 3세대 13명)이며, 이들 중 19명(1세대 1명, 2세대 7명, 3세대 11명)과 11명(2세대 6명, 3세대 5명)은 각각 예스코와 가온전선에도 지분을 보유하였다. 경영에 참여한 5명(1세대 1명, 2세대 4명)은 3개 회사에 지분을 보유한 구태회 일가 22명 중에서는 1/4 이하(23%)이다. 또 '경영 참여 1세대 1명'은 '지분 보유 1세대 1명' 모두(100%)이고, '경영 참여 2세대 4명'은 '지분 보유 2세대 8명' 중 절반(50%)이며, '지분 참여 3세대 13명' 중에서는 아무도 경영에 참여하고 있지 않다.

5.4.2 구평회 일가의 경영 참여

구평회 일가는 구태회 일가 다음으로 많은 4명의 가족구성원이 경영에 참여하였다. 1명은 1세대인 구평회이고, 나머지 3명은 구평회의 아들(구자열, 구자용, 구자균)이다. 이들은 구태회 일가보다 2배가량이나 많은 11개의 회사에 관여하였다. 지주회사체제 편입 회사가 7개(㈜LS, LS산전, LS-Nikko동제련, LS전선, LS엠트론, JS전선, 대성전기공업), 그리고 미편입 회사가 4개(E1, LS네트웍스, E1물류, E1컨테이너터미널)이다. 11개 회사 중 앞의 4개 회사에는 다른 일가 구성원들과 함께 경영에 참여하고 있는 반면 나머지 7개 회사에는 구평회 일가만 참여하고 있다.

첫째, 경영에 참여한 4명 중 구자열이 가장 많은 7개 회사(㈜LS, LS-Nikko동제련, LS전선, LS엠트론, JS전선, 대성전기공업, LS네트웍스)의 경영에 관여하였고, 그다음으로 구자용이 4개 회사(E1, LS네트웍스, E1물류, E1컨테이너터미널), 구평회가 2개 회사(㈜LS, E1), 그리고 구자균이 1개 회사(LS산전)에 관여하였다. 회사별로는, 3개 회사(㈜LS, E1, LS네트웍스)에는 각각 2명이, 그리고 나머지 8개 회사에는 각각 1명이 관련되어 있었다.

둘째, 4명 중 3명(구자열, 구자균, 구평회)은 지주회사체제에 편입된 7개 회사의 경영에 관여하였다. 2명(구자열, 구자균)은 7개 회사 모두에서 대표이사직을 가지고 경영을 주도하였다. 구자열은 6개 회사(㈜LS, LS-Nikko동제련, LS전선, LS엠트론, JS전선, 대성전기공업)에서 2004년 이후 일정 기간 동안, 그리고 구자균은 나머지 1개 회사(LS산전)에서 2006년 이후 줄곧 대표이사였다. 한편 1세대인 구평회는 2008년 이전 일정 기간 동안 1개 회사(㈜LS)에서 고문의 직책을 가지고 있었다.

위의 3명 중 2명(구자열, 구평회)과 다른 1명(구자용)은 지주회사체제에 편입되지 않은 실질적인 지주회사 1개(E1) 및 자회사 3개(LS네트웍스, E1물류, E1컨테이너터미널)의 경영에 참여하였다. 구자열은 2007년 이후에 그리고 구평회는 2011년 이전에 각각 1개 회사(LS네트웍스, 등기임원; E1, 미등기임원)의 경영에 관여하였으며, 구자용은 이들 2개 회사에서 2008년 전후에 대표이사직을 일정 기간 가지는 한편으로 다른 2개 자회사(E1물류, E1컨테이너터미널)에도 등기임원으로 참여하였다.

셋째, 경영에 참여한 4명은 모두 ㈜LS, E1 그리고 가온전선에 지분을 보유하였다. 특히 2세대 3명(구자열, 구자용, 구자균)은 주요 주주들이었으며, 구자열은 ㈜LS와 E1의 최대주주였다. 이들 3명의 경영 참여 방식은 각기 달랐다.

㈜LS에서는 구평회 일가를 대표해서 구자열이 2004년 이후 대표이사, 비상근이사, 상근이사, 대표이사 등을 번갈아 맡으면서 경영에 적극적으로 관여하였다. 구자열은 구평회 일가 중에서는 가장 많은 지분을 보유하였으며, 구씨 일가 전체에서는 두 번째로 많은 지분을 가지면서 ㈜LS의 공식적인 최대주주의 역할을 수행하고 있다. 적은 지분을 보유한 1세대 구평회는 2004년 그룹 출범 이후 3년 동안 주력회사인 ㈜LS의 미등기 고문으로서, 다른 1세대인 구태회(명예회장)와 함께, 2세대의 경영에 힘을 보태어 주었다.

구자열은 ㈜LS 외에 다른 6개 회사의 경영에도 깊숙이 관여하였다. ㈜LS의 자회사 2개(LS전선, LS엠트론)와 손자회사 2개(JS전선, 대성전기공업)에서는 대표이사였고, ㈜LS의 자회사 1개(LS-Nikko동제련)에서는 비상근이사 또는 대표이사였다. 또 E1의 자회사 1개(LS네트웍스)에서는 비상근이사였다. 구자열은 E1의 최대주주인데 경영에는 간접적으로만 참여하였으며, 가온전선에서는 1-2위의 주주이면서도 경영에는 관여하지 않았다.

2세대의 다른 2명 중 구자용은 ㈜LS 관련 회사에는 관여하지 않고 E1 관련 회사들을 책임지고 있다. 구자용은 E1의 지분을 보유한 구평회 일가 구성원들 중 2위의 주주이며, 최대주주인 구자열을 대신해서 2005년 이후 대표이사직을 수행하고 있다. 이에 더하여, E1의 주요 3개 자회사(LS네트웍스, E1물류, E1컨테이너터미널)에서도 대표이사 또는 비상근이사로서 관여하고 있다. 2세대 3형제 중 막내인 구자균은 ㈜LS의 1개 자회사(LS산전)에서 2006년 이후 대표이사이다. 한편, 가온전선의 경우, 구평회 일가는 지분은 가지고 있으면서도 경영에는 관여하지 않고 있으며, 구태회 일가가 경영을 책임지고 있다.

넷째, ㈜LS에 지분을 보유한 1세대 구평회 일가는 모두 12명(1세대 1명, 2세대 4명, 3세대 7명)이며, 이들 중 10명(1세대 1명, 2세대 4명, 3세대 5명)과 5명(1세대 1명, 2세대 4명)은 각각 E1과 가온전선에도 지분을 보유하였다. 경영에 참여한 4명(1세대 1명, 2세대 3명)은 3개 회사에 지분을 보유한 구평회 일가 12명 중에서는 1/4(25%)에 해당한다. 또, '경영 참여 1세대 1명'은 '지분 보유 1세대 1명' 모두(100%)이고, '경영 참여 2세대 3명'은 '지분 보유 2세대 4명' 중 3/4(75%)이며, '지분 참여 3세대 7명' 중에서는 경영에 관여하는 사람이 아무도 없다. 3가지 비중(25%, 100%, 75%)은 구태회 일가(23%, 100%, 50%)와 비교하면 조금 높은 편이다.

5.4.3 구두회 일가의 경영 참여

구두회 일가에서는 구두회의 1남 3녀 자녀 중 외동아들인 구자은 혼자만 경영에 관여하였다. 2004년 그룹 출범 이후 2007년까지는 ㈜LS의 미등기임원이었으며, 2008년 이후에는 신설된 LS전선에서 2008년에 잠깐 미등기임원이었다가 2012년 들어 대표이사로 직책이 크게 상승하였다.

구두회 일가는 ㈜LS와 가온전선에서는 다른 1세대인 구태회 일가와 구평회 일가에 비해 지분이 절반 정도였으며, 예스코에서는 구태회 일가와 지분을 반반씩 나누어 보유하고 있었다. 반면 구자은은 개인적으로는 3개 회사 모두의 대주주였다. 예스코의 최대주주였고, ㈜LS에서는 1위 주주로서 실질적인 최대주주였으며, 가온전선의 3위 주주였다.

그럼에도 구자은은 예스코와 가온전선의 경영에는 전혀 관여하지 않았으며, ㈜LS에는 2008년 이전 일정기간 동안 미등기임원으로서만 관여하였다. 2008년 이후에도 지주회사 ㈜LS에는 참여하지 않았고, 대신 자회사 1개(LS전선)에서만 뒤늦게 2012년에 본격적으로 경영에 참여하게 되었다. 구두회 일가 전체로 보나 구자은 개인으로 보나 지분에 걸맞지 않게 경영에의 참여 정도가 매우 낮은 상황이다.

㈜LS에 지분을 보유한 구두회 일가 가족구성원은 모두 9명(1세대 1명, 2세대 4명, 3세대 4명)이며, 이들 중 7명(1세대 1명, 2세대 4명, 3세대 2명)과 3명(2세대)은 각각 예스코와 가

온전선에도 지분을 보유하였다. 예스코에는 7명 외에 다른 가족구성원 1명(1세대)도 주주였다. 경영에 참여한 1명(2세대)은 3개 회사에 지분을 보유한 구두회 일가 10명 중에서는 1/10(10%)이며, '경영 참여 2세대 1명'은 '지분 보유 2세대 4명' 중에서는 1/4(25%)에 해당한다. 지분을 보유한 1세대 2명 그리고 3세대 4명 중에서는 경영 참여자가 없다. 앞의 2가지 비중(10%, 25%)은 구태회 일가(23%, 50%) 및 구평회 일가(25%, 75%)와 비교하면 매우 낮은 수준이다.

5.5 ㈜LS 경영진의 겸직, 2004-2012년

지주회사 ㈜LS의 등기임원들은 대부분이 겸직을 보유하면서 그룹의 주요 계열회사들을 직접적 또는 간접적으로 통제하였다. 2004년 그룹 출범 이후 겸직을 보유한 적이 있는 등기임원은 모두 6명이며, 겸직 대상 회사는 지주회사체제에 편입되거나 편입되지 않은 9개이다(<표 4.31>, <표 4.32>, <표 4.33>; <표 4.29>, <표 4.30> 참조)

자료 출처인 ㈜LS의 사업보고서에는 자세한 겸직 정보가 제시되어져 있지 않다. 특히 등기임원 관련 정보만 있고 미등기임원의 겸직 정보는 없는데, 이는 미등기임원들은 겸직을 가지지 않았다는 의미일 수도 있지만 정보가 누락되었을 가능성도 있다. 앞 장에서 분석한 ㈜GS에서는 등기임원보다 많은 미등기임원이 겸직을 보유하였다. 어떤 경우든 현재로서는 대체적이면서 불완전한 모습만을 살펴볼 수 있을 뿐이다. 또 가족구성원의 경우, 개별 회사 사업보고서를 근거로 위에서 분석한 '구씨 일가 가족구성원의 경영 참여, 2002-2013년' 내용과 여기서 서술하는 겸직 관련 내용이 반드시 일치하지는 않는다.

5.5.1 겸직 보유 임원

2004년 이후 매년 겸직을 보유한 등기임원은 2-4명씩이었으며 전체 인원은 6명이다. 2004년 4명, 2005-2007년 3명, 2009-2012년 2명 등이다.

첫째, ㈜LS의 사내 등기임원은 2004년에는 4명이었고 2005년 이후에는 줄곧 3명이었으며, 따라서 2007년까지는 등기임원 전원이, 그리고 2009년 이후에는 3명 중 2명이 겸직을 보유하였다.

둘째, 겸직을 보유한 6명 중 2명(구자열, 대표이사 → 비상근이사 → 상근이사; 구자홍,

〈표 4.31〉 ㈜LS 경영진의 겸직, 2004-2012년: (1) 개관 (명, 개)

	합	2004	2005	2006	2007	2009	2010	2011	2012
겸직 임원 (명)	6	4	3	3	3	2	2	2	2
6개 겸직	1							1	1
4개 겸직	0					1	1		
3개 겸직	1		1	1					
1개 겸직	4	4	2	2	3	1	1	1	1
겸직 회사 (개)	9	2	4	4	2	5	5	7	7
지주회사체제 편입 회사	8	2	4	4	2	4	4	6	6
지주회사체제 미편입 회사	1					1	1	1	1

주: 1) 2004-2007년 = 지주회사체제 이전 시기, 2009-2012년 = 지주회사체제 시기.
2) 2008, 2013년 정보 없음; 임원은 모두 등기임원임; 합은 2004-2012년 전체 기준임.
출처: 〈표 4.32〉, 〈표 4.33〉.

〈표 4.32〉 ㈜LS 경영진의 겸직, 2004-2012년: (2) 임원별 겸직 회사, 회사별 겸직 임원 (개, 명)

(A) 임원별 겸직 회사 (개)

	합	2004	2005	2006	2007	2009	2010	2011	2012
구자열	6	1	1	1	1	4	4	6	6
구자홍	1	1	1	1	1				
이철우	3		3	3	1				
이광우	1					1	1	1	1
이범순	1	1							
조일권	1	1							
(B) 회사별 겸직 임원: 지주회사체제 편입 8개 회사 (명)									
(자회사)									
LS-Nikko동제련	4	3(1)	2(1)	2(1)	2(1)	(1)		(1)	(1)
LS산전	2	(1)	(1)	(1)	(1)	1	1	1	1
네옵텍	1		1	1					
LS글로벌인코퍼레이티드	1		1	1					
LS전선	1					(1)	(1)	(1)	(1)
LS엠트론	1					(1)	(1)	(1)	(1)
(손자회사)									
JS전선	1						(1)	(1)	(1)
대성전기공업	1							(1)	(1)
(C) 회사별 겸직 임원: 지주회사체제 미편입 1개 회사 (명)									
(E1 계열회사)									
LS네트웍스	1					(1)	(1)	(1)	(1)

주: 1) 2004-2007년 = 지주회사체제 이전 시기, 2009-2012년 = 지주회사체제 시기.
2) 2008, 2013년 정보 없음; 임원은 모두 등기임원; 합은 2004-2012년 전체 기준; 괄호 안의 숫자는 구씨 일가 가족구성원 수.
출처: 〈표 4.33〉.

상근이사 → 대표이사)은 구씨 일가 가족구성원이고 나머지 4명(대표이사 1명, 상근이사 3명)은 전문경영인이다. 매년 겸직을 보유하는 임원 중 가족구성원은 2007년까지는 2명, 2009년부터는 1명이며, 전문경영인은 2004년에만 2명이었고 2005년부터는 1명이다.

셋째, 가족구성원인 구자열이 매년 1-6개씩 가장 많은 겸직을 보유하였다. 2004-2007년 1개, 2009-2010년 4개, 2011-2012년 6개 등으로 ㈜LS가 지주회사로 전환한 2008년 이후에 겸직 수가 대폭 증가하였다. 겸직을 1개만 보유한 기간에는 구자열은 ㈜LS의 대표이사였고, 4-6개를 보유한 기간에는 비상근이사에 이어 상근이사의 신분이었다. 관련된 전체 회사는 6개이며, 겸직 보유 6명 중 유일하게 2004년 이후 줄곧 겸직을 보유하였다.

〈표 4.33〉 ㈜LS 경영진의 겸직, 2004-2012년: (3) 회사별 · 임원별 겸직

(A) 지주회사체제 편입 겸직 대상 회사

	2004	2005	2006	2007	2009	2010	2011	2012
LS-Nikko동제련	구자열(이) 이범순(대) 조일권(이)	구자열(이)	구자열(이)	구자열(이)	구자열(대)		구자열(이)	구자열(이)
		이철우(감)	이철우(감)	이철우(감)				
LS산전	구자홍(대)	구자홍(대)	구자홍(대)	구자홍(대)				
					이광우(이)	이광우(이)	이광우(이)	이광우(이)
네옵텍		이철우(이)	이철우(이)					
LS글로벌 인코퍼레이티드		이철우(이)	이철우(이)					
LS전선					구자열(대)	구자열(대)	구자열(대)	구자열(대)
LS엠트론					구자열(대)	구자열(대)	구자열(대)	구자열(대)
JS전선						구자열(대)	구자열(대)	구자열(대)
대성전기공업							구자열(대)	구자열(대)

(B) 지주회사체제 미편입 겸직 대상 회사

	2004	2005	2006	2007	2009	2010	2011	2012
LS네트웍스					구자열(이)	구자열(이)	구자열(이)	구자열(이)

주: 1) 12월 또는 이듬해 3월 현재; 2004-2007년 = 지주회사체제 이전 시기, 2009-2012년 = 지주회사체제시기.
2) 2008, 2013년 정보 없음; 미등기임원 정보 없음.
3) 대 = 대표이사; 이 = 이사(비상근이사인 것으로 보임); 감 = 감사.
4) 구자열: LS-Nikko동제련 = 2009년 비상근 공동대표이사; LS전선, LS엠트론, JS전선, 대성전기공업 = 2009년 상근 대표이사, 2010-2012년 상근 각자대표이사.
출처: ㈜LS 사업보고서.

전문경영인인 이철우는 2005-2006년에 3개 회사에 겸직을 보유한 적이 있었으며, 나머지 4명(가족구성원 구자홍; 전문경영인 이광우, 이범순, 조일권)은 각각 1개의 겸직만 보유하였다. 이들 5명 중 1명(이광우)은 2009년 이후에, 그리고 나머지 4명은 그 이전에 겸직을 보유하였다.

5.5.2 겸직 대상 회사

6명의 등기임원이 겸직을 보유한 그룹 계열회사는 모두 9개이다. 2004년 2개, 2005-2006년 4개, 2007년 2개, 2009-2010년 5개, 2011-2012년 7개 등이다.

첫째, 9개 회사 중 8개는 ㈜LS의 계열회사이며, 이 중 6개는 자회사(LS-Nikko동제련, LS산전, 네옵텍, LS글로벌인코퍼레이티드, LS전선, LS엠트론)이고 2개는 손자회사(JS전선, 대성전기공업)이다. JS전선과 LS글로벌인코퍼레이티드는 2008년 이전에는 ㈜LS의 자회사였고, 2008년부터는 LS전선의 자회사이자 ㈜LS의 손자회사였다.

이들 8개 회사 중 매년 관련된 회사는 2-6개이며, 2004년 2개, 2005-2006년 4개, 2007년 2개, 2009-2010년 4개, 그리고 2011-2012년 6개였다. 1개 자회사(LS산전)에는 2004년 이후 줄곧, 1개 자회사(LS-Nikko동제련)에는 2004년 이후 1개 연도를 제외하고 줄곧, 그리고 2개 자회사(LS전선, LS엠트론)에는 설립 이듬해인 2009년 이후 줄곧 ㈜LS의 등기임원이 관여하였다. 반면, 2개 자회사(네옵텍, LS글로벌인코퍼레이티드)와 2개 손자회사(JS전선, 대성전기공업)에는 각각 2008년 이전과 이후에 상대적으로 짧은 기간 동안만 지주회사 임원이 관여하였다.

한편, 겸직 대상 9개 회사 중 나머지 1개는 지주회사체제에 편입되어 있지 않은 회사로서, E1의 자회사인 LS네트웍스(2009년 이후)이다.

둘째, 9개 회사에는 1개 회사 당 1-3명씩의 ㈜LS 임원이 겸직을 보유하였다. 자회사인 LS-Nikko동제련에 2004-2007년 사이 가장 많은 2-3명이 관련되어 있었고, LS-Nikko동제련의 다른 연도 그리고 나머지 8개 회사에는 1명씩만 관련되어 있었다. 관련된 전체 임원 수를 기준으로 하며, LS-Nikko동제련이 4명으로 가장 많고, LS산전이 2명, 그리고 나머지 7개 회사는 각각 1명이다.

5.5.3 회사별 · 임원별 겸직

겸직 대상 회사에서 ㈜LS의 임원들은 모두 등기임원의 직책을 가졌는데, 비상근이사와 대표이사가 반반 정도이고 일부가 감사였다.

첫째, ㈜LS의 임원이 대표이사직을 가진 회사는 9개 회사 중 6개였다. LS-Nikko동제련에서는 상근이사 이범순(2004년)과 비상근이사 구자열(2009년)이, LS산전에서는 상근이사 구자홍(2004-2007년)이, 그리고 나머지 4개 회사(LS전선, 2009년 이후; LS엠트론, 2009년 이후; JS전선, 2010년 이후; 대성전기공업, 2011년 이후)에서는 비상근이사 또는 상근이사인 구자열이 각각 대표이사직을 보유하였다. 한편, ㈜LS 임원이 감사로 참여한 회사는 LS-Nikko동제련(이철우, 2005-2007년) 1개였다.

둘째, 겸직 대상 9개 회사 중 ㈜LS의 임원 2명 이상이 같은 연도에 서로 다른 직책을 가지고 참여한 적이 있는 회사는 LS-Nikko동제련 1개이다. 2004년에 3명(대표이사 이범순, 비상근이사 구자열과 조일권), 그리고 2006-2007년에 2명(비상근이사 구자열, 감사 이철우)이었다. 2009년(대표이사)과 2011-2012년(비상근이사)에는 구자열 혼자 참여하였으며, 2010년에는 겸직 임원이 없었다.

셋째, 가족구성원 2명 중 구자열은 ㈜LS에 지분을 보유한 구씨 가족구성원들 중 2위의 대주주이며 '공식적인 최대주주'였다. 2004-2007년 사이에는 ㈜LS의 대표이사였으며, 이 기간 동안에는 1개 회사(LS-Nikko동제련)에서만 비상근이사직을 가졌다. ㈜LS가 지주회사로 전환한 이후인 2008-2009년에는 비상근이사 그리고 2010-2012년에는 상근이사로 직책이 낮아졌는데, 겸직 회사는 매년 4-6개로 크게 늘어났다. 4개 회사(LS전선, LS엠트론, JS전선, 대성전기공업)에서는 대표이사, 1개 회사(LS네트웍스)에서는 비상근이사, 그리고 1개 회사(LS-Nikko동제련)에서는 대표이사 또는 비상근이사였다.

㈜LS의 3위 대주주인 구자홍은 2004-2007년에는 상근이사 자격으로 핵심 자회사인 LS산전에서 대표이사의 직책을 수행하였다. LS산전의 대표이사로서 ㈜LS에 겸직을 보유한 것으로도 볼 수 있다. 구자홍은 2008년에 지주회사 ㈜LS의 대표이사로 승진하였는데, 대표이사로 재직하는 동안(2008-2012년)에는 겸직을 가지지 않았다.

넷째, 전문경영인 4명 중 3명(이범순, 이철우, 조일권)은 ㈜LS의 상근이사 그리고 1명(이광우)은 대표이사였다. 이들은 2008년 전후의 짧은 기간 동안 각각 1-3개의 계열회사 경영에 관여하였다. 이범순은 1개 회사(LS-Nikko동제련, 2004년)에서 대표이사였고, 조일권은 같은 회사(LS-Nikko동제련, 2004년)에서 비상근이사였다. 또 이철우는 1-3개 회사(LS-Nikko 동제련, 네옵텍, LS글로벌인코퍼레이티드, 2005-2007년)에서 비상근이사 또는 감사의 직책을, 그리고 이광우는 1개 회사(LS산전, 2009년 이후)에서 비상근이사의 직책을 가졌다.

5.6 ㈜LS의 업무조직, 2002-2013년

5.6.1 LS전선 분할 전후의 존속 및 신설 회사 업무조직, 2008년

2008년 7월 그룹 주력회사인 LS전선(이전 LG전선)은 3개 회사로 물적 분할된 뒤 공정거래법상 지주회사 ㈜LS로 전환하였다. LS전선은 2004년 그룹 출범 이후 매년 9-11개의 회사에 지분을 보유하면서 실질적인 지주회사의 역할을 수행해 왔으며, 2008년의 분할 및 지주회사로의 전환은 기존의 지주기능을 공식화하고 보다 강화하기 위한 조치였다. 분할을 위해 이전의 LS전선이 해 오던 사업이 투자사업과 2개의 제조사업(전선업, 부품을 포함한 기계업)으로 나뉘어졌으며, 투자사업은 이전의 LS전선이 계속 담당하되 회사의 성격을 순수지주회사로 바꾸고 회사 이름을 ㈜LS로 변경하여 존속하는 것으로 하였고, 제조사업은 신설 자회사인 LS전선과 LS엠트론이 각각 담당하는 것으로 하였다.

분할되기 직전인 2008년 6월 현재 LS전선의 업무조직은 1팀(경영진단), 1부문(전략기획), 1담당(홍보), 7본부(지원, 전선사업, 기계사업, 부품사업, 통신사업, 기술개발, 중국지역) 및 기타 2개 조직으로 구성되어 있었고, 7본부는 각자의 산하 조직을 거느리고 있었다. 임직원은 3,269명(임원 39명, 직원 3,230명)이었다. 7월의 분할과 함께 이전 LS전선의 조직과 인원은 신설 2개 자회사로 나뉘어 이관되었다(<표 4.34>; <표 4.4>, '3.3 지주회사체제 성립 1단계' 참조).

첫째, 7본부 중 5개(지원, 전선사업, 통신사업, 기술개발, 중국지역), 1담당, 기타 2개 조직 등 이전 조직의 대부분은 LS전선의 몫이 되었으며, 약간의 조정을 거쳐 '3부문, 1팀, 4본부, 기타 2개 조직'으로 재편되었다. 임직원은 1,907명(임원 22명, 직원 1,885명)이었다. 이전 LS전선의 7본부 중 나머지 2개(기계사업, 부품사업)는 LS엠트론으로 이관되어 '3부문, 5사업부, 3팀' 체제가 되었으며, 여기에 임직원 1,400명(임원 12명, 직원 1,388명)이 소속되었다.

신설 LS전선과 LS엠트론의 '회사가 영위하는 목적사업'은 각각 30개, 21개가 설정되었는데, 이전 LS전선의 목적사업 44개와 거의 유사하였다. 44개가 나뉘어져 일부는 그대로 일부

〈표 4.34〉 분할 전후의 존속 및 신설 회사 업무조직: LS전선 vs. ㈜LS, LS전선, LS엠트론, 2008년

(1) 이전 LS전선:	임직원 3,269명	=	임원 39 (등기 9, 미등기 30)	+	직원 3,230
(2) 지주회사 ㈜LS:	36명	=	7 (6,1)	+	29
신설 LS전선:	1,907명	=	22 (4,18)	+	1,885
신설 LS엠트론:	1,400명	=	12 (4,8)	+	1,388

(1) 이전 LS전선: (2008년 6월)	(팀 1) 경영진단 (부문 1) 전략기획, (담당 1) 홍보 / CLO, SBG (본부 7) 지원: (담당 3) 경영관리, 재경, IT (팀 1) 부동산개발TF / CPO 전선사업: (사업부 3) 전선, 전력, 소재 (팀 1) 시공사업 기계사업: (사업부 3) 트랙터, 공조, 사출시스템 (팀 1) 특수사업 부품사업: (사업부 3) 전자부품, 회로소재, 특수선 (팀 1) 자동차부품사업 통신사업: (사업부 1) 통신 / RF시스템 기술개발: (연구소 1) 중앙, (센터 1) 생산기술 중국지역
(2) 지주회사 ㈜LS: (2008년 9월)	(부문 4) 전략기획: (팀 2) 사업전략, 경영기획 재경: (팀 2) 재경, 부동산개발 인사・지원: (팀 1) 업무지원 인재육성: (팀 1) 인재육성
신설 LS전선: (2008년 9월)	(부문 3) 홍보, 사업개발, 중국지역, (팀 1) PMI / CLO, SBG (본부 4) 지원: (부문 1) 재경, (팀 1) 부동산개발TF / CIO, CPO 전선사업: (사업부 4) 전선, 전력, 소재, 특수선 (팀 1) 시공사업 통신사업: (사업부 1) 통신 (팀 2) RF사업추진, NI 기술개발: (연구소 1) 중앙, (센터 1) 생산기술 (팀 1) 자동차전장
신설 LS엠트론: (2008년 9월)	(부문 3) 재경, 지원 기술개발: (연구소 1) 중앙 (사업부 5) 트랙터, 공조, 사출시스템, 전자부품, 회로소재 (팀 3) 자동차부품사업, 특수사업, UC

출처: 반기보고서, 분기보고서.

는 다소 변경되어 신설회사의 목적사업이 되었으며, 12개 사업은 2개 회사 모두에 포함되었다. 여기에 각각 1개, 2개의 새로운 사업이 추가되었다.

둘째, 순수지주회사로 전환된 ㈜LS는 '4부문(전략기획, 재경, 인사지원, 인재육성) 및 산하 6팀'의 새로운 조직을 가지게 되었으며, 임직원은 36명(임원 7명, 직원 29명)이었다. 이 중 일부는 이전 LS전선의 조직 중 지주기능을 담당했던 것으로 보이는 1팀(경영진단)과 1부문(전략기획)의 역할과 인원을 이어받은 것으로 추측된다.

지주회사 ㈜LS의 목적사업은 24개가 새롭게 설정되었으며, 지주사업과 관련이 있는 6개 사업은 다음과 같다: (제1항) 자회사의 주식 또는 지분을 취득, 소유함으로써 자회사의 제반 사업내용을 지배, 경영지도, 정리, 육성하는 지주사업; (제5항) 브랜드 및 상표권 등 지적재산권의 관리 및 라이센스업; (제7항) 신기술사업 관련 투자, 관리, 운영 사업 및 창업지원 사업; (제15항) 회사가 보유하고 있는 지식, 정보 등의 운영, 무형자산의 판매 및 용역사업; (제22항) 자회사 등과 상품 또는 용역의 공동개발・판매 및 설비・전산시스템의 공동 활용 등을 위한 사무지원사업; (제23항) 자회사 등의 전산시스템 개발 및 설비 제공, 이와 관련된 컨설팅 교육사업. 특히 제5항과 관련하여 지주회사 ㈜LS는 이전 LS전선이 보유하고 있던 '엘에스, LS' 및 관련 상표를 그대로 물려받았다.

셋째, 재산의 경우, 자본금(1,610억 원)은 분할 후의 ㈜LS와 이전의 LS전선이 같았으며, 자산(1.65조 원 vs. 3.19조 원)은 ㈜LS의 금액이 절반 정도 적은 것으로 결정되었다. 반면 물적 분할로 신설된 2개 자회사는 별도의 재산을 보유하게 되었다. LS전선이 LS엠트론보다 자본금은 2배 이상(1,000억 원 vs. 450억 원), 그리고 자산은 3배 이상(2.24조 원 vs. 6,451억 원) 많았다. LS전선과 ㈜LS를 비교하면, 자산(2.24조 원 vs. 1.65조 원)은 전자가 그리고 자본금(1,000억 원 vs. 1,610억 원)은 후자가 더 많다.

5.6.2 지주회사 ㈜LS의 업무조직, 2008-2013년

2008년 7월 이후 ㈜LS는 순수지주회사로서 지주사업을 전담하였으며, 그런 만큼 임직원은 적고 업무조직은 단순하였다(<표 4.35>, <표 4.36>).

2008년 이후 임직원 수는 36-72명 사이에서 매년 조금씩 늘어나 2013년에는 2배가 되었다. 2008년 36명, 2009년 48명, 2010-2012년 61-69명, 2013년 72명 등이었다. 2008년과 2013년 사이, 임원은 7명에서 12명으로 1.7배, 그리고 직원은 29명에서 60명으로 2.1배 증가하였다.

임원(7-13명) 중에서는 등기임원(6-7명)이 미등기임원(1-6명)보다 많았다. 등기임원은 2008-2010년에는 6명, 그리고 2011-2013년에는 7명이었으며, 사내이사는 3명으로 변함이 없는 반면 사외이사가 3명에서 4명으로 늘어났다. 사내이사는 대표이사 2명 그리고 비상근이사(2008-2009년) 또는 상근이사(2010-2013년) 1명으로 구성되었다. 미등기임원은 2008-2010년에는 3-4명이었고 2011-2013년에는 5-7명이었다.

미등기임원과 직원은 3-7개의 부문으로 조직되었으며, 부문장은 미등기임원이 담당하였다. 지주회사 출범 첫 해인 2008년에는 4부문(전략기획, 재경, 인사・지원, 인재육성) 및 산하 6개 팀이 있었다. 이후 2개 부문(전략기획, 인재육성)은 그대로 유지되었고, 2개 부문(재경, 인사・지원)은 다소 변경되었으며, 2010년 이후에는 매년 새로운 부문이 1개씩 모두 4개(홍보, 경영관리, 경영진단, 경영기획)가 추가되었다. 그 결과 2008년 4부문이던 것이 2013년에는 7부문(전략기획, 인재육성, 재경・지원, 인사・홍보, 경영관리, 경영진단, 경영기획)으로 확대되었다. 2008년에는 4부문 산하에 6개 팀이 있었는데, 2009년 이후에는 팀 관련 정보가 없다.

〈표 4.35〉 지주회사 ㈜LS의 업무조직, 2008-2013년: 개관 (명, 개)

	2008	2009	2010	2011	2012	2013
임직원 (명)	36	48	61	65	69	72
임원	7	9	10	12	13	12
직원	29	39	51	53	56	60
등기임원	6	6	6	7	7	7
사내이사	3	3	3	3	3	3
사외이사	3	3	3	4	4	4
미등기임원	1	3	4	5	6	5
조직 (부문; 개)	4	3	4	5	6	7

주: 12월 현재
출처: 사업보고서, 〈표 4.36〉.

〈표 4.36〉 ㈜LS의 업무조직, 2001-2013년

(A) 지주회사 ㈜LS의 조직, 2008-2013년

2008년: (부문 4) 전략기획: (팀 2) 사업전략, 경영기획
재경: (팀 2) 재경, 부동산개발
인사·지원: (팀 1) 업무지원
인재육성: (팀 1) 인재육성

2009년: (부문 3) 전략기획, 인재육성, 재경

2010년: (부문 4) 전략기획, 인재육성, 재경·지원, 홍보

2011년: (부문 5) 전략기획, 인재육성, 재경·지원, 홍보, 경영관리

2012년: (부문 6) 전략기획, 인재육성, 재경·지원, 인사·홍보, 경영관리, 경영진단

2013년: (부문 7) 전략기획, 인재육성, 재경·지원, 인사·홍보, 경영관리, 경영진단, 경영기획

(B) 이전 ㈜LS(=LS전선)의 지원 조직, 2001-2007년

2001년: (부문 2) 재경, 사업지원, (실 1) 감사

2003년: (본부 1) 재경: (담당 2) 경영관리, 금융·IR
(부문 3) 전략기획, 경영혁신, 사업지원

2004년: (본부 1) 재경: (부문 2) 경영관리, 금융·IR
(부문 4) 전략기획, 경영혁신, 사업지원, 노경·환경안전

2005년: (팀 1) 경영진단
(본부 1) 재경: (담당 3) 재경, 경영기획, 경영관리
(부문 3) 전략기획, 경영혁신
사업지원: (담당 1) 홍보

2006년: (팀 1) 경영진단
(본부 1) 재경: (담당 2) 경영기획, 경영관리
(부문 3) 전략기획, 경영혁신
사업지원: (담당 1) 홍보 / CLO, CPO

2007년: (팀 1) 경영진단
(본부 1) 지원: (담당 3) 재경, 전략기획, 경영관리
(부문 1) 경영혁신, (담당 1) 홍보 / CLO, CPO, SBG

주: 1) 12월 현재; 2001-2003년 = LG그룹 계열회사, 2004-2013년 = LS그룹 계열회사.
2) 2008-2013년: 2008년에만 별도의 조직도 있음; 2009-2013년의 경우 출처의 '임원 및 직원의 현황' 중 임원 담당업무에 있는 정보이며, 다소 불확실함.
3) 2001-2007년: 사업 및 연구 관련 조직은 제외함; 2002년에는 지원 조직 표시 없음; LS전선 2001-2004년 = LG전선.

출처: 사업보고서.

한편, ㈜LS는 2008년 공정거래법상 지주회사로 전환되기 이전에도 다수의 그룹 계열회사들에 지분을 보유하면서 실질적인 지주회사의 역할을 수행해 왔다. 이 시기에는 사업 관련 부서 외의 '지원 부서들' 중 핵심 조직이 지주기능을 담당했을 것으로 추측되며, 그룹 출범 이듬해인 2005년에 신설된 '경영진단팀'이 3개 담당 또는 부문(경영기획, 경영관리, 전략기획)과 함께 주도적인 역할을 한 것으로 짐작된다. 이들의 명칭은 2008년 이후에도 차례로 등장하여 2013년 현재에는 같은 명칭을 가진 4개 부문이 전체 7개 부문에 포함되어 있다.

6. 맺음말

2004년 이후 LS그룹의 지주회사체제 그리고 소유 및 경영구조에 나타난 주요 추세 및 특징은 다음과 같다.

(1) LS그룹의 성장:

LS그룹(이전 LG전선그룹)은 2004년 LG그룹에서 분리되어 설립되었다. 2004년 이후 줄곧 20대 재벌(15-19위)에 속해 있으며, 2004년과 2014년 사이 계열회사는 4.3배(12개 → 51개) 그리고 자산총액은 4배(5.1조 원 → 20.4조 원) 증가하였다.

(2) LS그룹 지주회사체제의 성립 과정:

① 지주회사체제는 2단계를 거쳐 구축되었다: LS전선의 3개 회사(㈜LS, LS전선, LS엠트론)로의 물적 분할 및 공정거래법상 지주회사 ㈜LS로의 전환 (2008년 7월) → ㈜LS의 자회사인 LS전선의 인적 분할 및 실질적인 지주회사 LS I&D의 설립 (2013년 12월).

② 지주회사체제 달성 비율 즉 '그룹 계열회사 중 공정거래법상 지주회사체제에 편입된 회사의 비중'은 50%를 조금 넘는 수준(54-60%)에서 감소하는 추세를 보였다.

(3) 소유구조의 변화:

① 2013년 12월 현재 그룹의 50개 계열회사 중 27개(54%)가 공정거래법상 지주회사체제에 편입되어 있고 나머지 23개(46%)는 편입되어 있지 않다.

1세대 구씨 3형제(4남 구태회, 5남 구평회, 6남 구두회) 일가는 '공정거래법상 지주회사'

인 ㈜LS에서는 지분을 공동으로 보유하고 있고, 그런 한편으로 3형제 일가는 가온전선(3형제 일가), 예스코(구태회 및 구두회 일가), E1(구평회 일가) 등 지주회사체제에 편입되지 않은 '3개의 실질적인 지주회사'를 공동으로 또는 개별적으로 소유하고 있다. 이들 '4개 지주회사체제'는 각각 최대주주를 정점으로 하는 다단계 하향 피라미드구조로 조직되어 있다.

② 2004년 이후 ㈜LS 및 12개 주요 계열회사들이 그룹의 다른 계열회사들에 지분을 보유하였다.

지주회사체제에 편입된 회사들 중에서는 6개가 자신의 계열회사를 거느렸다. 지주회사 ㈜LS, 자회사 4개(LS-Nikko동제련, LS전선, LS엠트론, LS산전), 손자회사 1개(대성전기공업) 등이며, ㈜LS의 지분 보유 회사가 4-11개로 가장 많다.

지주회사체제에 편입되지 않은 계열회사들 중에서는 7개가 2004년 이후 자신의 계열회사를 거느렸다. 실질적인 지주회사 3개(예스코, E1, 가온전선), 자회사 2개(한성, LS네트웍스), 그리고 손자회사 2개(한성플랜지, 케이제이모터라드)이며, E1과 한성(예스코 자회사)이 상대적으로 많은 4-5개씩의 다른 계열회사에 지분을 보유하였다.

③ 2004년 이후 ㈜LS의 최대주주 및 특수관계인 지분은 33%대이며, 2013년 현재에는 33.43%이다. 최대주주인 구자열의 지분은 3%대, 그리고 친족 지분은 29-30%대이며, 친족 이외의 특수관계인은 일부 연도에서만 미미한 지분을 보유하였다.

2002년 이후 지분을 보유한 최대주주 및 친족은 모두 43명이며, 이들은 1세대 3형제 일가(4남 구태회 일가 22명, 5남 구평회 일가 12명, 6남 구두회 일가 9명)에, 그리고 1,2,3세대(3명, 16명, 24명)에 속해 있었다.

구태회 일가(6-13%대)와 구평회 일가(6-13%대)가 엇비슷하게 많은 지분을 보유하였으며, 구두회 일가의 지분(2-6%대)은 그 절반 정도이다. 또 2세대의 보유 지분(16-28%대)이 압도적으로 많으며, 3세대 지분(0-5%대)은 증가하는 추세를 보인 반면 1세대 지분(1% 미만)은 미미하였다.

④ 지주회사체제에 편입되지 않은 실질적인 지주회사 3개 중 예스코(상장)는 1세대 구태회 일가와 구두회 일가 구성원 27명이 38%대의 지분을 공동으로 보유하고 있다. 구태회의 아들 4형제(구자홍, 구자엽, 구자명, 구자철)를 비롯한 19명 그리고 구두회의 외동아들(구자은)을 비롯한 8명이 각각 절반씩(19%대) 나누어 가지고 있으며, 2세대(35-37%대)가 주축을 이루고 있다.

E1(상장)은 1세대 구평회 일가의 몫이다. 아들 3명(구자열, 구자용, 구자균)과 다른 가족

구성원 7명이 44-45%대의 지분을 가지고 있으며, 지분의 거의 대부분은 2세대(44%대)가 가지고 있다.

가온전선(상장)은 1세대 3형제 일가 19명(구태회 일가 11명, 구평회 일가 5명, 구두회 일가 3명)이 공동으로 37%대의 지분을 보유하고 있다. 구평회 일가(15%대)와 구평회 일가(14%대)의 보유 지분이 엇비슷하게 많으며, 구두회 일가(7%대)의 지분은 그 절반 정도이다. 2세대(36-37%대)가 지분의 거의 대부분을 보유하고 있다.

(4) 경영구조의 변화:

① ㈜LS에서는 2004년 그룹 출범 이후 2012년까지 구자열과 구자홍을 중심으로 가족경영체제가 유지되었다. 2004-2007년에는 구자열이, 그리고 2008-2012년에는 구자홍이 대표이사였으며, 대표이사가 아닌 시기에는 상근이사 또는 비사근이사의 직책을 가지고 경영에 참여하였다. 2013년에는 구자열이 다시 대표이사로 복귀하였으며, 구자홍 대신 동생 구자엽이 상근이사로 임명되었다. 구자열과 구자홍은 각각 ㈜LS에 비슷한 크기의 가장 많은 지분을 보유한 1세대 구태회 일가와 구평회 일가 소속이다. 또 구자열은 43명 가족구성원들 중 2위의 지분을 보유한 ㈜LS의 공식적인 최대주주이고, 구자홍은 3위의 대주주 그리고 구자엽은 6-7위의 대주주이다.

② 2002년 이후 10명의 구씨 일가 가족구성원들이 13개 그룹 계열회사의 경영에 관여하였다.

10명은 1세대 3형제(4남 구태회, 5남 구평회, 6남 구두회) 일가에, 그리고 1,2세대(2명, 8명)에 속해 있었다. 구태회 일가가 5명(1세대 구태회; 2세대 구자홍, 구자엽, 구자명, 구자철)으로 절반을 차지하였고, 구평회 일가 소속이 4명(1세대 구평회; 2세대 구자열, 구자용, 구자균) 그리고 구두회 일가 소속이 1명(2세대 구자은)이다. 구태회 일가와 구평회 일가는 ㈜LS에서 비슷한 크기의 많은 지분을 가지고 있고, 구두회 일가는 그 절반 정도만을 가지고 있다.

경영 참여 대상 회사 13개 중 7개(지주회사 ㈜LS; 자회사 LS산전, LS-Nikko동제련, LS전선, LS엠트론; 손자회사 JS전선, 대성전기공업)는 공정거래법상 지주회사체제에 편입되어 있고, 나머지 6개(예스코, 가온전선; E1 및 자회사 LS네트웍스, E1물류, E1컨테이너터미널)는 편입되어 있지 않다. 전자의 7개 회사에 대해서는 3형제 일가 중 1-3개 일가 가족구성원들이 참여하였다. 이에 비해, 후자의 6개 회사 중 E1 계열 4개 회사에 대해서는 지분을 독자적으로 보유한 구평회 일가가 경영도 전적으로 담당하였고, 나머지 2개 회사에 대해서는 지분을 보유한 2-3개 일가 중 구태회 일가만 경영에 참여하였다.

③ ㈜LS 등기임원들은 대부분이 겸직을 보유하면서 주요 계열회사들을 직접적 또는 간접적으로 통제하였다. 2004년 이후 겸직을 보유한 등기임원은 모두 6명이며 이 중에는 가족구성원 2명(구자열, 구자홍)이 포함되어 있다.

겸직 대상 회사는 모두 9개였다. 이 중 8개는 지주회사체제에 편입된 회사로, ㈜LS의 자회사가 6개(LS산전, LS-Nikko동제련, LS전선, LS엠트론, 네옵텍, LS글로벌인코퍼레이티드) 그리고 손자회사가 2개(JS전선, 대성전기공업)였다. 나머지 1개(E1의 자회사 LS네트웍스)는 지주회사체제에 편입되어 있지 않은 회사이다.

④ ㈜LS는 2008년에 지주사업을 수행하는 순수지주회사로 전환되었다. 2008년 이후 임직원은 36-72명(임원 7-13명, 직원 29-60명)이었고, 이들은 3-7개의 부문(전략기획, 인재육성, 재경・지원, 인사・홍보, 경영관리, 경영진단, 경영기획)으로 조직되었다.

제5장

GS그룹과 LS그룹의 지주회사체제: 종합 및 전망

1. 한국재벌과 지주회사체제

1.1 공정거래법상 지주회사

2000년 이후 2013년 9월 현재까지 신설된 공정거래법상 지주회사는 모두 194개이며, 2013년 9월 현재 존속하고 있는 지주회사는 127개이다.

(1) 1999년 2월 지주회사의 설립 및 전환이 다시 허용된 이후 처음 탄생한 지주회사는 SK엔론(이후 SK E&S)이었으며, 같은 해 5개의 지주회사가 더 생겨 2000년 한 해 동안 모두 6개의 신설 지주회사가 등록되었다.

이후 2006년까지 매년 비슷한 수준인 5-8개씩의 지주회사가 신규로 전환 또는 설립되었으며, 2007년부터는 자회사 및 손자회사에 대한 주식 보유 기준이 하향 조정되면서(상장회사 30% → 20%; 비상장회사 50% → 40%) 신설 지주회사가 대폭 증가하였다. 2006년 8개에서 2007년에는 15개로 2배가량 증가하였고 2008년에는 31개로 다시 2배 이상 급증하면서 최고치를 기록하였다. 2009-2010년에는 20개로 다소 주춤해졌다가 2011년에는 26개로 그리고 2012년에는 27개로 다시 증가하였으며, 2013년에는 9월 현재까지 12개가 새로 생겼다.

누적 신설 지주회사 수는 2000년 6개에서 2003년에는 25개가 되었으며, 2007년부터는 급증하여 2007년(58개)에는 50개를, 2009년(109개)에는 100개를, 그리고 2011년에는 150개(155개)를 각각 넘어섰다. 2013년 9월 현재에는 194개로, 2000년 1월 이후 14년 동안 매년 평균 14개씩의 공정거래법상 지주회사가 새로 생겼다. 194개 신설 지주회사들 중 172개(89%)는 일반지주회사이고 나머지 22개(11%)는 금융지주회사이다.

(2) 신설 지주회사 중 일부는 시간이 지남에 따라 자산총액(1999-2000년 100억 원 이상, 2001년 300억 원 이상, 2002년 이후 1,000억 원 이상) 및 지주비율(50% 이상)의 법률상 요

건 중 하나 이상을 충족하지 못하여 공정거래법상 지주회사에서 제외되었다.

2004년 말 현재 신설 지주회사 누계는 30개인데 2005년 8월 현재 남아 있는 지주회사는 25개였으며, 2005년 말 현재 신설 지주회사 누계는 35개인 반면 2006년 8월 현재 존속 지주회사는 31개였다. 2007년 이후에는 신설 회사가 급증하면서 존속 회사 또한 이 시기에 크게 늘어났다. 2006년 8월 31개이던 것이 2008년 9월에는 60개로 2배가량 증가하였으며, 2011년 9월(105개) 100개를 넘어선 후 2013년 9월 현재에는 127개가 되었다.

2013년 9월 현재 누적 신설회사는 194개이며 이 중 67개(35%)를 제외한 127개(65%)가 공정거래법상 지주회사로 존속하고 있다. 누적 신설 일반지주회사 172개 중에서는 58개를 제외한 114개(66%), 그리고 누적 신설 금융지주회사 22개 중에서는 9개를 제외한 13개(59%)가 남아 있다.

1.2 한국재벌과 지주회사체제

2000년 이후 2013년 9월 현재까지 공정거래법상 지주회사체제를 채택한 적이 있는 재벌은 모두 30개이다.

(1) 1999년 2월 지주회사제도가 다시 허용된 이후 가장 먼저 제도를 도입한 것은 4위 재벌인 SK그룹이었다. 계열회사인 SK엔론(이후 SK E&S)이 2000년 1월 제1호 공정거래법상 지주회사로 지정된 것이다. 2001년에는 3위 재벌인 LG그룹이 지주회사체제를 채택하였다. 이후 매년 다수의 재벌들이 새로운 지배구조로서의 지주회사 실험 대열에 동참하였고 2000년대 후반 들어 큰 흐름을 형성하였다.

일반지주회사를 가진 재벌은 2001년 2개이던 것이 2005년에는 9개로 늘어났으며 2007년(14개)에는 처음으로 10개를 넘어섰다. 2008-2009년에는 11-13개로 조금 줄어들었다가 2010년 17개로 그리고 2011년에는 20개로 다시 늘어났으며, 2012-2013년에는 21개로 역대 최고치를 기록하였다. 2001년 이후 지주회사체제를 채택한 재벌은 모두 30개이며, 소속 일반지주회사는 모두 46개이다.

전체 공정거래법상 재벌 중에서 일반지주회사를 보유한 재벌이 차지하는 비중 또한 지속적으로 증가하였다. 2001년 7%(30개 재벌 중 2개 재벌)에 불과하던 것이 2005년에는 19%(48개 중 9개)로, 그리고 2007년에는 25%(55개 중 14개)로 늘어났다. 2009년에는 33%(39개 중 13개)로 더욱 증가하였으며, 2011년에는 43%(46개 중 20개)로 역대 최고치를 기록하였다. 2013년 현재의 비중은 41%(51개 중 21개)이다.

(2) 2001년 이후 2013년까지 지주회사체제를 채택한 30개 재벌 중 21개는 2013년 현재에도 지주회사체제를 유지하고 있고, 30개 중 23개는 적극적인 지주회사체제를 채택하였으며, 30개 중 24개는 2005년 이후에 지주회사체제를 채택하였다(<표 5.1>).

〈표 5.1〉 지주회사체제를 채택한 30개 재벌, 2000-2013년

	2013년 현재 존속	2013년 이전 존속
적극적인 지주회사체제	(18개) 1-10위: SK, LG, GS, 농협, 한진 11-30위: 두산, CJ, LS, 부영, 현대백화점 31위 이하: 코오롱, 한진중공업, 대성, 세아, 하이트진로, 태영, 웅진, 아모레퍼시픽	(5개) 금호아시아나 STX 동원, 농심, 오리온
소극적인 지주회사체제	(3개) 1-10위: 삼성 11-30위: 한화 31위 이하: 태광	(4개) 현대자동차, 롯데 동부 대한전선
2000-2004년 시작	(4개) 2000: SK 2001: LG 2003: 2004: 세아, 삼성	(2개) 동원, 농심
2005-2009년 시작	(8개) 2005: GS, 한화 2006: 현대백화점 2007: CJ, 한진중공업 2008: LS 2009: 두산, 웅진	(6개) STX, 롯데 금호아시아나, 오리온, 현대자동차 대한전선
2010-2013년 시작	(9개) 2010: 한진, 코오롱, 하이트진로, 부영 2011: 대성, 태광 2012: 농협, 태영 2013: 아모레퍼시픽	(1개) 동부

주: 시작 연도는 공정거래법상 대규모기업집단으로서 지주회사를 보유한 첫 연도임.
출처: 제2장 〈표 2.3〉.

첫째, 2013년 현재 지주회사체제를 채택하고 있는 21개 재벌 중 18개는 적극적인 지주회사체제를 그리고 3개는 소극적인 지주회사체제를 채택하였다. 2013년 이전에 지주회사체제를 채택한 적이 있는 9개 재벌 중에서는 5개가 적극적인 지주회사체제를 유지하였다.

둘째, 적극적인 지주회사체제를 채택한 23개 재벌 중 18개는 2013년 현재에도 체제를 유지하고 있다. 재벌 순위 10위 이내인 재벌이 5개(3위 SK, 4위 LG, 8위 GS, 9위 농협, 10위 한진), 11-30위가 5개(13위 두산, 15위 CJ, 17위 LS, 23위 부영, 26위 현대백화점), 그리고 31위 이하가 8개(코오롱, 한진중공업, 대성, 세아, 하이트진로, 태영, 웅진, 아모레퍼시픽)이다. 2013년 이전에 적극적인 지주회사체제를 유지한 적이 있는 5개 재벌 중에서는 1-10위가 1개(금호아시아나), 11-30위가 1개(STX), 그리고 31위 이하가 3개(동원, 농심, 오리온)이다. 한편 2013년 현재 소극적인 지주회사체제를 채택하고 있는 재벌은 3개이며, 순위가 1-10위인 재벌이 1개(삼성), 11-30위 1개(한화), 그리고 31위 이하 1개(태광)이다. 또 2013년 이전에 소극적인 지주회사체제를 채택했던 4개 재벌 중에서는 1-10위가 2개(롯데, 현대자동차), 11-30위가 1개(동부), 그리고 31위 이하가 1개(대한전선)였다.

셋째, 30개 재벌 중 6개는 2000-2004년 사이에, 그리고 나머지 24개는 2005년 이후에 지주회사체제를 도입하였다.

지주회사체제를 최초로 도입한 재벌은 2000년의 SK그룹이다. 2001년 LG그룹이 두 번째로 지주회사체제를 도입하였으며, 2003년에는 동원과 농심이, 그리고 2004년에는 세아와 삼성이 그 뒤를 이었다. 따라서 지주회사체제를 채택한 30개 재벌 중 1/5(6개, 20%)만 2000년대 전반에 시작하였으며, 이들 중 4개(SK, LG, 세아, 삼성)는 2013년 현재에도 지주회사체제를 유지하고 있고 앞의 3개 재벌은 적극적인 지주회사체제를 채택하고 있다. 2013년 현재 SK그룹의 지주회사체제 역사가 13년으로 가장 오래되었고, 그다음이 LG그룹 12년, 세아그룹 9년 등의 순이다.

30개 재벌 중 대다수인 24개(80%)는 2005년 이후 지주회사체제를 채택하였으며 따라서 도입 역사가 8년 또는 그 이하로 짧다. 2005-2009년 사이에 14개 재벌이 그리고 2010-2013년에 10개 재벌이 지주회사체제를 도입하였으며, 2007년에 가장 많은 5개가 관련되어 있다. 2005년 4개(GS, 한화, STX, 롯데), 2006년 1개(현대백화점), 2007년 5개(CJ, 한진중공업, 금호아시아나, 오리온, 현대자동차), 2008년 2개(LS, 대한전선), 2009년 2개(두산, 웅진), 2010년 4개(한진, 코오롱, 하이트진로, 부영), 2011년 3개(대성, 태광, 동부), 2012년 2개(농협, 태영), 2013년 1개(아모레퍼시픽) 등이다.

2005년 이후 지주회사체제를 도입한 24개 재벌 중 17개는 2013년 현재에도 지주회사체제를 유지하고 있으며, 이들 중 15개(GS, 현대백화점, CJ, 한진중공업, LS, 두산, 웅진, 한진, 코오롱, 하이트진로, 부영, 대성, 농협, 태영, 아모레퍼시픽)는 적극적인 지주회사체제를, 그리고 나머지 2개(한화, 태광)는 소극적인 지주회사체제를 채택하고 있다.

1.3 GS그룹과 LS그룹

GS그룹과 LS그룹은 각각 2005년과 2008년에 적극적인 지주회사체제를 채택하였고, 재벌 순위는 2013년 현재 8위와 17위이며, 지주회사체제 달성 비율은 2011년 현재 42%와 57%이다.

첫째, 2013년 현재 적극적인 지주회사체제를 채택하고 있는 18개 재벌들 중 GS그룹은 네 번째(8년), 그리고 LS그룹은 여덟 번째(5년)로 긴 지주회사체제 역사를 가지고 있다. GS그룹의 GS홀딩스(이후 ㈜GS)는 2004년 7월 공정거래법상 지주회사로 설립되었으며, 그룹이 공정거래법상 대규모기업집단으로 지정된 것은 2005년 4월이었다. GS그룹은 출범 때부터 지주회사체제였으며, 이는 재벌들 중에서는 유일무이한 사례이다. LS그룹은 2004년 4월 대규모기업집단으로 지정되었고, ㈜LS(이전 LS전선)는 2008년 7월 공정거래법상 지주회사로 전환되었다.

둘째, 18개 재벌들 중 GS그룹은 SK와 LG에 이어 세 번째(8위)로 재벌 순위가 높으며, 농협 및 한진과 함께 6-10위권에 속해 있다. LS그룹은 18개 재벌들 중 순위가 여덟 번째(17위)이며, 두산 및 CJ와 함께 11-20위권에 속해 있다.

셋째, GS그룹(42%)과 LS그룹(57%)의 지주회사체제 달성 비율 즉 '그룹 전체 계열회사들 중 지주회사체제에 편입된 회사의 비중'은 2011년 현재 적극적인 지주회사체제를 채택한 15개 재벌들 중 높은 순서로 각각 13위, 11위이다. GS그룹에서는 76개 전체 계열회사들(4월 현재) 중 31개가 지주회사 ㈜GS 및 산하 계열회사였고, LS그룹에서는 47개 계열회사들 중 26개가 ㈜LS 및 산하 계열회사였다.

15개 재벌들 중 비율이 100%인 재벌이 1개(한진중공업)였고, 80-89% 재벌이 4개(하이트진로 87%, LG 86%, SK 84%, 두산 84%), 70-79% 재벌이 3개(코오롱 79%, CJ 77%, 세아 71%), 60-69% 재벌이 2개(대성 67%, 웅진 65%), 50-59% 재벌이 1개(LS 57%), 40-49% 재

벌이 2개(현대백화점 46%, GS 42%), 30-39% 재벌이 2개(한진 35%, 부영 31%) 등이었다.

2012년 이후에는 관련 자료가 없어 지주회사체제 달성 비율을 비교할 수 없지만, 뒤에서 서술하는 것처럼, GS그룹에서의 비율은 50% 미만 그리고 LS그룹에서의 비율은 50% 남짓인 상태가 계속되었다.

2. GS그룹과 LS그룹 지주회사체제의 성립 과정

2.1 그룹의 성장

GS그룹과 LS그룹은 각각 2005년, 2004년에 LG그룹에서 계열 분리되어 새롭게 형성되었다. 재벌 순위는 GS그룹이 8-9위 그리고 LS그룹이 15-19위였다(<표 5.2>).

(1) LG그룹은 1947년 구인회에 의해 시작되었으며, 사돈 일가인 허씨 일가 또한 소유와 경영에 참여하였다. 1999년 구씨 일가의 일부(구인회의 첫째 동생 구철회 일가)가 LIG그룹

〈표 5.2〉 GS그룹과 LS그룹의 성장, 2004-2014년: 순위 (A, 위), 계열회사 (B, 개), 자산총액 (C, 10억 원)

연도	GS그룹			LS그룹		
	A	B	C	A	B	C
2004				17	12	5,056
2005	9	50	18,719	19	17	5,877
2006	8	50	21,827	19	19	6,591
2007	8	48	25,136	16	20	9,852
2008	7	57	31,051	18	24	9,562
2009	8	64	39,044	17	32	12,845
2010	7	69	43,084	15	44	16,179
2011	8	76	46,720	15	47	18,043
2012	8	73	51,388	15	50	19,316
2013	8	79	55,246	17	49	20,075
2014	8	80	58,087	16	51	20,367

주: 4월 현재; 순위는 공기업집단 제외; LS그룹 2004년 = LG전선그룹.
출처: 제3장 〈표 3.1〉, 제4장 〈표 4.1〉.

으로 독립하였으며, LG그룹 창립 47-48년째가 되던 2004과 2005년에 LS그룹과 GS그룹이 연이어 분가하였다.

LS그룹은 구씨 일가의 다른 일부 즉 구인회의 둘째 동생을 제외한 나머지 3명 동생(구태회, 구평회, 구두회) 일가의 몫이었고, GS그룹은 허씨 일가의 몫이었다. 허씨 일가 중에서는 허정구의 8형제 중 2명(둘째 동생 허학구, 일곱째 동생 허승표)을 제외한 6명(허정구, 허준구, 허신구, 허완구, 허승효, 허승조) 일가가 소유 및 경영에 참여하였다.

(2) GS그룹은 2005년 출범 이후 줄곧 10대 재벌에 속해 있다. 2005년에는 순위(자산총액 기준)가 9위였고, 자산총액은 18.7조 원 그리고 계열회사는 50개였다. 이후 순위는 7-8위가 유지되었으며, 자산총액과 계열회사는 2014년(58.1조 원, 80개)까지 최고치를 기록하면서 각각 3.1배, 1.6배 증가하였다.

이에 비해 LS그룹은 2004년 출범 이후 줄곧 20대 재벌에 속해 있다. 2004년에는 순위가 17위였고, 자산총액은 5.1조 원 그리고 계열회사는 12개였다. 이후 순위는 15-19위가 유지되었으며, 자산총액과 계열회사는 2014년(20.4조 원, 51개)까지 최고치를 기록하면서 각각 4배, 4.4배 증가하였다.

LS그룹의 계열회사는 2005년 이후 2008년까지는 GS그룹의 절반 이하(17-24개 vs. 50-57개)였으며, 지주회사체제로 전환한 이듬해인 2009년에는 절반(32개 vs. 64개)이 되었고 2010년부터는 2/3 내외 수준(44-51개 vs. 69-80개)으로 늘어났다. 반면 LS그룹의 자산총액은 GS그룹의 절반 이하 수준(5.1-20.4조 원 vs. 18.7-58.1조 원)이 계속되는 가운데, 2009년까지는 대체로 1/3 이하였고 2010년부터는 줄곧 1/3 이상이었다.

2.2 지주회사체제의 성립 과정

GS그룹의 지주회사체제는 2004-2012년 사이에, 그리고 LS그룹의 지주회사체제는 2008-2013년 사이에 각각 2단계의 과정을 거쳐 구축되었다(<표 5.3>).

(1) GS그룹은 2005년 출범 때부터 지주회사체제였다. 재벌들 중에서는 유일한 경우이다. 지주회사 ㈜GS는 2004년 7월 LG그룹의 계열회사로 설립되었으며, 2005년 4월부터 GS그룹의 주력회사로 자리매김하였다. 이후 다른 변화가 없다가 7년가량이 지난 2012년 1월 ㈜GS가 분할되어 2개의 지주회사 ㈜GS와 GS에너지가 생겼다.

제1단계 [2004년 7월, ㈜LG의 2개 지주회사 ㈜LG와 GS홀딩스로의 인적 분할]: 2004년

7월 LG그룹의 지주회사 ㈜LG가 2개 지주회사 ㈜LG와 GS홀딩스(2009년 3월 이후 ㈜GS)로 인적 분할되었다. 전자는 이전의 ㈜LG가 존속하는 것으로 하였고 후자는 신설되었다. 두 회사 모두 순수지주회사로서 공정거래법상 지주회사였다. GS홀딩스는 이전 ㈜LG의 사업 중 정유・유통・홈쇼핑 출자부문 및 임대사업부문 일부를 넘겨받았고, ㈜LG는 나머지 출자부문 및 사업부문을 담당하였다.

제2단계 [2012년 1월, ㈜GS의 2개 지주회사 ㈜GS와 GS에너지로의 물적 분할]: 2012년 1월 ㈜GS가 2개 지주회사 ㈜GS와 GS에너지로 물적 분할되었다. 전자는 이전의 순수지주회사 ㈜GS가 존속하는 것으로 하였고, 후자는 사업지주회사로 신설된 뒤 ㈜GS의 자회사로 편입되었다. GS에너지는 이전의 ㈜GS의 사업 중 'GS칼텍스 주식을 소유함으로써 그 회사의 제반 사업 내용을 지배하는 에너지 관련 지주사업'을 물려받았으며, ㈜GS는 나머지 모든 사업을 계속 담당하였다.

(2) LS그룹은 출범(2004년 4월) 이후 4년 3개월이 지난 2008년 7월 지주회사체제를 구축하기 시작하였다. 주력회사인 LS전선(이전 LG전선)이 분할되어 공정거래법상 지주회사 ㈜LS로 전환되면서였다. 이후 5년 이상 다른 변화가 없다가 2013년 12월에 ㈜LS의 자회사인 LS전선이 분할되어 새로운 지주회사 LS I&D가 설립되었다.

제1단계 [2008년 7월, LS전선의 3개 회사로의 물적 분할 및 공정거래법상 지주회사로의 전환]: 2008년 7월 그룹의 주력회사이자 실질적인 지주회사 역할을 해오던 LS전선이 ㈜LS, LS전선, LS엠트론 등 3개 회사로 물적 분할되었다. ㈜LS는 이전의 LS전선이 새로운 회사명을 가지고 '투자사업부문'을 수행하는 순수지주회사로 성격을 바꾼 뒤 존속하는 것으로 하였으며 공정거래법상 지주회사로 지정되었다. 다른 2개 회사는 신설된 뒤 ㈜LS의 자회사로 편입되었으며, 이전의 LS전선 사업 중 '전선업부문'과 '기계업부문'을 각각 넘겨받았다.

제2단계 [2013년 12월, 자회사 LS전선의 2개 회사로의 인적 분할 및 제2의 지주회사 설립]: 2013년 12월 ㈜LS 자회사인 LS전선이 LS전선과 LS I&D의 2개 회사로 인적 분할되었다. 전자는 전선업을 계속 영위하면서 존속하는 것으로 하였고, 후자는 LS전선으로부터 'Cyprus 해외투자사업과 부동산개발사업'을 물려받기 위해 신설된 뒤 사업지주회사의 성격을 가지고 ㈜LS의 자회사로 편입되었다.

(3) 두 그룹에서 각각 한 차례씩의 인적 분할과 물적 분할이 진행되었다. GS그룹에서는 '인적 분할 → 물적 분할'의 순서로, 그리고 LS그룹에서는 '물적 분할 → 인적 분할'의 순서로 진행되었다. 인적 분할은 분할되는 회사의 주주가 분할기일 현재의 지분율에 비례하여

존속 및 신설 회사의 주식을 배정받는 방식이고, 물적 분할은 분할되는 회사가 신설회사 발행 주식의 총수를 취득하는 방식이다.

물적 분할로 신설된 3개 회사(GS에너지; LS전선, LS엠트론)는 존속회사인 2개 지주회사((주)GS, (주)LS)의 자회사로 편입되었으며, 인적 분할로 신설된 2개 회사 중에서는 1개(LS

〈표 5.3〉 GS그룹과 LS그룹의 지주회사체제 성립 과정, 2004-2013년

(A) GS그룹, 2004-2012년

단계	시기	내용
(1)	2004년 7월	* LG그룹 소속 (주)LG의 2개 지주회사로의 인적 분할 (주)LG → (주)LG (존속, 순수지주회사) + GS홀딩스 (신설, 순수지주회사; 2009년 3월 이후 (주)GS)
	2005년 1월 2005년 4월	* GS홀딩스가 LG그룹에서 계열 분리 * GS그룹 출범
(2)	2012년 1월	* (주)GS의 2개 지주회사로의 물적 분할 (주)GS → (주)GS (존속, 순수지주회사) + GS에너지 (신설, 사업지주회사, 자회사)

(B) LS그룹, 2008-2013년

단계	시기	내용
	2003년 11월 2004년 4월	* LG전선(2005년 3월 이후 LS전선, 2008년 7월 이후 (주)LS) 관련 회사 LG그룹에서 계열 분리 * LG전선그룹(2005년 3월 이후 LS그룹) 출범
(1)	2008년 7월	* LS전선의 3개 회사로의 물적 분할 및 공정거래법상 지주회사로의 전환 LS전선 → (주)LS (존속, 순수지주회사) + LS전선 (신설, 자회사) + LS엠트론 (신설, 자회사)
(2)	2013년 12월	* LS전선의 2개 회사로의 인적 분할 LS전선 → LS전선 (존속) + LS I&D (신설, 사업지주회사, (주)LS의 자회사)

주: LS I&D는 공정거래법상 지주회사가 아님.
출처: 제3장 〈표 3.2〉, 제4장 〈표 4.2〉.

I&D)는 분할되는 회사(LS전선)의 최대주주인 ㈜LS의 자회사로 편입된 반면 다른 1개(GS홀딩스=㈜GS)는 분할되는 회사(㈜LG)와는 별도로 독자적인 지위를 가졌다.

결과적으로, 두 그룹 모두에서 각각 2개의 지주회사를 중심으로 '㈜GS → GS에너지' 또는 '㈜LS → LS I&D'로 이어지는 2중 구조의 지주회사체제를 구축하게 되었다. GS에너지는 공정거래법상 지주회사이고, LS I&D는 해외 계열회사를 자회사로 두고 있어 공정거래법상 지주회사의 요건을 갖추지는 못하였다.

2.3 지주회사체제 달성 비율

지주회사체제 달성 비율, 즉 '그룹 전체 계열회사들 중 지주회사체제에 편입된 회사의 비중'은 GS그룹에서는 26-45% 사이에서 증가하였고 LS그룹에서는 54-60% 사이에서 감소하였다(<표 5.4>).

(1) GS그룹은 2005년 4월 출범할 당시에는 그룹 계열회사 50개 중 1/4 남짓(26%)인 13개만 지주회사체제에 편입되어 있었다. 지주회사 GS홀딩스(=㈜GS), 자회사 4개, 손자회사 8개 등이었다. 지주회사체제 편입 계열회사 수는 2006-2008년 사이 그룹 전체의 1/3 수준(31-34%)으로 늘어났고, 2009-2011년에는 그룹 전체의 2/5 이상(40-43%)으로 더욱 늘어났다. 이어 2012-2013년에는 2개 지주회사(㈜GS, GS에너지)를 중심으로 2중 구조의 지주회사체제가 구축되면서 이전에 비해 체제 편입 회사가 그룹 전체의 2/5 이상 수준(43-45%)에서 조금 더 증가하였다.

2013년의 비율은 역대 최고치인 45%로 2005년의 최저치인 26%에 비하면 1.7배 늘어난 수치이다. 그룹 계열회사는 77개 그리고 체제 편입 회사는 35개였다. 후자의 35개는 지주회사 ㈜GS, 자회사 6개, 손자회사 22개, 증손회사 6개 등으로 구성되었으며, 이 중에는 자회사 겸 지주회사인 GS에너지와 그 계열회사 21개(GS에너지 → 자회사 14개 → 손자회사 6개)가 포함되어 있다.

(2) LS그룹은 지주회사체제 첫 해인 2008년에는 그룹 계열회사 30개 중 2/3가량(60%)인 18개 회사가 체제에 편입되었다. 지주회사 ㈜LS, 자회사 4개, 손자회사 12개, 증손회사 1개 등으로 구성되었다.

2010년 초부터 2013년 초까지는 비율이 2008년에 비해 3-4%포인트 줄어든 상태(56-57%)가 계속되었으며, 2013년 12월에는 54%로 더욱 낮아져 역대 최저치를 기록하였다. 2008년의 최고치인 60%와 비교하면 6%포인트 줄어든 수치이다. 그룹 계열회사는 50개 그리고 체제 편입 회사는 27개였으며, 지주회사 ㈜LS, 자회사 6개, 손자회사 19개, 그리고 증손회사 1개로 구성되었다.

〈표 5.4〉 GS그룹과 LS그룹의 지주회사체제, 2005-2013년: 그룹 계열회사 중 지주회사체제 편입 회사의 비중 (개, %)

(A) GS그룹, 2005-2013년

연.월	그룹		지주회사체제				지주회사체제 달성 비율 (B/A, %)
	순위	계열회사 (A, 개)	지주회사 (a)	순위	계열회사 (자+손자+증손) (b, 개)	합 (a+b=B, 개)	
2005.4	9	50	GS홀딩스	2	12 (4+8+0)	13	26
2006.3	8	49	GS홀딩스	2	14 (5+9+0)	15	31
2007.3	8	47	GS홀딩스	4	15 (5+10+0)	16	34
2008.3	7	57	GS홀딩스	4	17 (5+12+0)	18	32
2009.3	8	64	GS홀딩스	3	25 (5+19+1)	26	41
2010.3	7	68	㈜GS	3	26 (6+20+0)	27	40
2011.3	8	76	㈜GS	4	32 (6+24+2)	33	43
2011.12	8	73	㈜GS	4	30 (6+24+0)	31	42
2012.12	8	76	㈜GS	-	32 (6+18+8)	33	43
			GS에너지	-	[19 (11+8+0)]		
2013.12	8	77	㈜GS	-	34 (6+22+6)	35	45
			GS에너지	-	[20 (14+6+0)]		

(B) LS그룹, 2008-2013년

연.월	순위	계열회사 (A, 개)	지주회사 (a)	순위	계열회사 (자+손자+증손) (b, 개)	합 (a+b=B, 개)	지주회사체제 달성 비율 (B/A, %)
2008.12	18	30	㈜LS	6	17 (4+12+1)	18	60
2010.1	15	43	㈜LS	7	23 (4+18+1)	24	56
2010.12	15	46	㈜LS	7	25 (4+20+1)	26	57
2011.12	15	47	㈜LS	7	26 (5+20+1)	27	57
2013.3	17	50	㈜LS	-	27 (5+21+1)	28	56
2013.12	17	50	㈜LS	-	26 (6+19+1)	27	54

주: 1) 그룹 및 지주회사의 계열회사는 해당 연월 현재.
2) 그룹 순위는 해당 연도 4월 현재; 지주회사 순위는 해당 연도 8월(2005-2007년) 또는 9월(2008-2011년) 현재, 2012-2013년 순위 정보는 없음
3) GS그룹: GS홀딩스 = ㈜GS; GS에너지는 ㈜GS의 자회사, GS에너지의 자회사 및 손자회사는 ㈜GS의 손자회사 및 증손회사임.

출처: 제3장 〈표 3.3〉, 제4장 〈표 4.3〉.

㈜LS의 전신인 LS전선은 2004년 그룹이 출범한 이후 실질적인 지주회사 역할을 해왔는데, LS전선 및 계열회사가 그룹 전체에서 차지하는 비중은 2004-2006년에는 2/3 이상(67-72%)이었고 2007년에는 절반 수준(55%)이었다. 이와 비교하면, 2008년 공정거래법상 지주회사체제로 전환한 이후의 비율(54-60%)은 상당히 줄어든 수치이며, 특히 2013년의 비율(54%)은 2006년 비율(72%)의 3/4 수준이다.

(3) GS그룹와 LS그룹의 지주회사체제 달성 비율은 다른 재벌들에 비해 매우 낮은 편이다. 앞에서 서술한 것처럼, 2011년 현재 적극적인 지주회사체제를 채택한 15개 재벌들 중 GS그룹(42%)과 LS그룹(57%)의 비율은 높은 순서로 각각 13위, 11위이다. 15개 재벌의 비율은 31%에서 100%에 이르기까지 다양하며, 100% 재벌이 1개(한진중공업), 84-87% 4개(하이트진로, LG, SK, 두산), 71-79% 3개(코오롱, CJ, 세아), 65-67% 2개(대성, 웅진), 57% 1개(LS), 42-46% 2개(현대백화점, GS), 31-35% 2개(한진, 부영) 등이었다.

3. GS그룹과 LS그룹 소유구조의 변화

3.1 공동적이면서 개별적인 소유구조

GS그룹과 LS그룹의 지주회사체제 달성 비율이 낮은 이유는 다양한 가족구성원들이 지분에 참여하는 '공동적이면서 개별적인 소유구조'가 형성되어 있기 때문이다. 2013년 현재의 비율은 각각 45%, 54%이다(<표 5.5>).

(1) GS그룹에서는, 공정거래법상 지주회사인 ㈜GS에는 허씨 일가 8형제 중 6형제(1남 허정구, 3남 허준구, 4남 허신구, 5남 허완구, 6남 허승효, 8남 허승조) 일가 가족구성원들이 공동으로 지분으로 가지고 있으며, 그런 한편으로 4형제는 일가별로 지주회사체제에 편입되지 않은 계열회사들을 나누어 독자적으로 지분을 보유하고 있다. 1남 허정구 일가는 삼양통상 및 그 계열회사를, 허준구 일가는 GS건설 및 그 계열회사를, 4남 허신구 일가는 코스모앤컴퍼니 및 그 계열회사를, 그리고 5남 허완구 일가는 승산을 각각 지배하고 있다. 그 결과, '공정거래법상 지주회사체제'와는 별도로 '3개의 실질적인 지주회사체제'가 구축되어 '4개의 지주회사체제'가 공존하고 있는 모습을 보이고 있다.

〈표 5.5〉 GS그룹과 LS그룹의 지주회사체제, 2013년 12월

(가) GS그룹

· 그룹 계열회사 77개 (a) = 지주회사체제 편입 회사 35개 (b) + 미편입 회사 42개 (c)
· 지주회사체제 달성 비율 (b/a) = 45%
· * 표시된 8개 회사는 상장회사이며, 밑줄 친 14개 회사는 계열회사 보유.

· [b: 지주회사체제 편입 35개 회사]
· * 표시된 4개 회사는 상장회사이며, 밑줄 친 6개 회사는 계열회사 보유.

최대주주 허창수 → 지주회사 ㈜GS → 자회사 6개 → 손자회사 22개 → 증손회사 6개
지주회사 ㈜GS* →
[A] 자회사·지주회사 GS에너지 → 손자회사 14개 (1 + 13) → 증손회사 6개
[B] 자회사 3개* → 손자회사 8개
[C] 자회사 2개

· [c: 지주회사체제 미편입 42개 회사]
· * 표시된 4개 회사는 상장회사이며, 밑줄 친 8개 회사는 계열회사 보유.

① (17개) 최대주주 허창수 → [GS건설* → 자회사 15개 (1 + 14) → 손자회사 1개]
(2개) 허창수 일가 → 2개 회사
② (10개) 최대주주 허연수 → [코스모앤컴퍼니 → 자회사 5개 (1* + 2 + 2)
→ 손자회사 3개 (1* + 1 + 1) → 증손회사 1개]
(1개) 허연수일가 → 1개 회사
③ (7개) 최대주주 허남각 → [삼양통상* → 자회사 6개]
④ (1개) 최대주주 허용수 → [승산]
⑤ (4개) 친족 및 기타 → 4개 회사

(나) LS그룹

· 그룹 계열회사 50개 (a) = 지주회사체제 편입 회사 27개 (b) + 미편입 회사 23개 (c)
· 지주회사체제 달성 비율 (b/a) = 54%
· * 표시된 7개 회사는 상장회사이며, 밑줄 친 12개 회사는 계열회사 보유.

· [b: 지주회사체제 편입 27개 회사]
· * 표시된 3개 회사는 상장회사이며, 밑줄 친 6개 회사는 계열회사 보유.

최대주주 구자열 → 지주회사 ㈜LS → 자회사 6개 → 손자회사 19개 → 증손회사 1개
지주회사 ㈜LS* →
[A] 자회사 1개 → 손자회사 3개 (1 + 2) → 증손회사 1개
[B] 자회사 3개 (1* + 2) → 손자회사 16개 (1* + 15)
[C] 자회사 2개

· [c: 지주회사체제 미편입 23개 회사]
· * 표시된 4개 회사는 상장회사이며, 밑줄 친 6개 회사는 계열회사 보유.

① (10개) 최대주주 구자열 → [E1* → 자회사 5개 (1* + 4) → 손자회사 3개 (1 + 2) → 증손회사 1개]
② (10개) 최대주주 구자은 → [예스코* → 자회사 4개 (1 + 3) → 손자회사 5개]
③ (3개) 최대주주 구자홍 → [가온전선* → 자회사 2개]

출처: 제3장 〈표 3.6〉, 제4장 〈표 4.6〉.

(2) LS그룹의 경우도 크게 다르지 않다. 공정거래법상 지주회사인 ㈜LS에는 구씨 일가 3형제(4남 구태회, 5남 구평회, 6남 구두회) 일가 가족구성원들이 공동으로 지분을 가지고 있으며, 그런 한편으로 이들 3형제는 지주회사체제에 편입되어 있지 않은 계열회사들에 대해 일가별로 또는 공동으로 지분을 보유하고 있다. 구평회 일가는 E1 및 그 계열회사를, 구태회와 구두회 일가는 예스코 및 그 계열회사를, 그리고 3형제 일가 모두는 가온전선 및 그 계열회사를 각각 지배하고 있다. 그 결과, '공정거래법상 지주회사체제'와는 별도로 '3개의 실질적인 지주회사체제'가 구축되어 '4개의 지주회사체제'가 공존하고 있는 모습을 보이고 있다.

3.2 GS그룹의 지주회사체제, 2013년

2013년 12월 현재, GS그룹은 77개 계열회사 중 35개가 지주회사 ㈜GS 및 산하 계열회사로 조직되어 있으며, 지주회사체제 달성 비율은 45%이다(<표 5.5>).

(1) 지주회사 ㈜GS의 최대주주는 허창수이고, ㈜GS의 34개 계열회사는 자회사(6개), 손자회사(22개), 증손회사(6개) 등 3단계로 연결되어 있다. 자회사 6개 중 4개는 자신의 계열회사를 거느리고 있는데, 이 4개 자회사 중 1개(GS에너지)는 지주회사로서 계열회사가 2단계에 걸쳐 이어져 있고, 나머지 3개(GS홈쇼핑, GS리테일, GS글로벌)는 계열회사가 각각 1단계로만 되어 있다.

결국 GS그룹 지주회사체제의 소유구조는 허창수를 정점으로 하는 5단계 하향구조이면서 비대칭적인 피라미드구조이다. 5단계 하향구조는 '① 최대주주 허창수 → ② 지주회사 ㈜GS → ③ 자회사 6개 → ④ 손자회사 22개 → ⑤ 증손회사 6개'이다. 또 비대칭적인 피라미드구조는 다음과 같이 구성되어 있다: ① 최대주주 허창수 → ② 지주회사 ㈜GS → 【[③ 자회사 겸 지주회사 1개(GS에너지) → ④ 손자회사 14개 → ⑤ 증손회사 6개] + [③ 자회사 1개(GS홈쇼핑) → ④ 손자회사 3개] + [③ 자회사 1개(GS리테일) → ④ 손자회사 3개] + [③ 자회사 1개(GS글로벌) → ④ 손자회사 2개] + ③ 자회사 2개】.

지주회사 ㈜GS에는 허씨 일가 8형제 중 6형제의 일가 소속 49명의 가족구성원들이 지분(45.46%)을 보유하고 있다. 이들 중 3남 허준구 일가가 지분 크기(15.02%)와 가족구성원 수(14명) 모두에서 우위를 점하고 있으며, 허창수(허준구의 1남)가 최대주주로서 가장 많은 지분(4.75%)을 보유하고 있다. 그다음이 1남 허정구 일가(12.03%, 9명), 5남 허완구 일가

(8.24%, 6명), 4남 허신구 일가(6.30%, 9명), 8남 허승조 일가(2.68%, 4명), 6남 허승효 일가(1.05%, 5명) 등의 순이다.

(2) 한편, 지주회사체제 미편입 42개 회사는 4형제 일가가 나누어 독자적으로 소유하고 있다.

첫째, 42개 중 19개(45%)는 3남 허준구 일가 몫으로 되어 있다. 19개 중 17개는 GS건설(상장)과 그 계열회사(자회사 15개, 손자회사 1개)이며, GS건설의 최대주주는 허창수(11.8%; 허준구의 1남)이다. 허창수는 ㈜GS의 최대주주이기도 하다. 즉, 'GS건설그룹'은 '① 최대주주 허창수 → ② 실질적인 지주회사 GS건설 → 【[③ 자회사 1개(파르나스호텔) → ④ 손자회사 1개] + ③ 자회사 14개】'의 구조로 연결되어 있다. GS건설에 지분을 보유하고 있는 허준구 일가는 모두 13명(29.43%)이며, 이들과 다른 1명은 ㈜GS에도 지분을 가지고 있다.

둘째, 42개 회사 중 1/4인 11개(26%)는 4남 허신구 일가가 지배하고 있다. 11개 중 10개는 코스모앤컴퍼니(비상장)와 그 계열회사(자회사 5개, 손자회사 3개, 증손회사 1개)이며, 코스모앤컴퍼니의 최대주주는 허연수(35%; 허신구의 2남)이다. 즉, '코스모그룹'은 '① 최대주주 허연수 → ② 실질적인 지주회사 코스모앤컴퍼니 → 【[③ 자회사 1개(코스모글로벌) → ④ 손자회사 1개(마루망코리아) → ⑤ 증손회사 1개] + [③ 자회사 1개(코스모화학) → ④ 손자회사 1개] + [③ 자회사 1개(코스모건설) → ④ 손자회사 1개] + ③ 자회사 2개】'의 구조로 되어 있다.

코스모앤컴퍼니에 지분을 보유하고 있는 허신구 일가는 3명(80%)이며, 이들과 다른 6명은 ㈜GS에도 지분을 가지고 있다. 허연수는 ㈜GS에 지분을 보유하고 있는 49명 허씨 가족구성원들 중 11번째로 많은 지분(1.59%)을 가지고 있다. 한편, 허신구 일가 몫의 11개 회사 중 나머지 1개는 코스모정밀화학이다.

셋째, 7개 회사(17%)는 1남 허정구 일가 몫이다. 7개 회사는 삼양통상(상장)과 산하 6개 계열회사(자회사)이며, 삼양통상의 최대주주는 허남각(20%; 허정구의 1남)이다. 즉, '삼양통상그룹'은 '최대주주 허남각 → 실질적인 지주회사 삼양통상 → 자회사 6개'의 구조로 되어 있다. 삼양통상에 지분을 보유하고 있는 허정구 일가는 모두 7명(51.3%)이며, 이들과 다른 2명은 ㈜GS에도 지분을 가지고 있다. 허남각은 ㈜GS에 지분을 보유하고 49명 허씨 가족구성원들 중에서는 네 번째 대주주(3.02%)이다.

넷째, 1개 회사(승산; 비상장)는 5남 허완구 일가가 지배하고 있다. 허완구의 1남 허용수가 최대주주(58.55%)이며 다른 3명의 가족구성원과 함께 100% 지분을 가지고 있다. 이들 중 3명과 다른 3명은 ㈜GS에도 지분을 보유하고 있다. 허용수는 ㈜GS에 지분을 보유하고 있는 49명 허씨 가족구성원들 중에서는 최대주주 허창수(4.75%)에 이어 두 번째로 많은 지분(4.31%)을 보유하고 있다.

3.3 LS그룹의 지주회사체제, 2013년

2013년 12월 현재, LS그룹은 50개 계열회사 중 27개가 지주회사 ㈜LS 및 산하 계열회사로 조직되어 있으며, 지주회사체제 달성 비율은 54%이다(<표 5.5>).

(1) 지주회사 ㈜LS의 최대주주는 구자열이고, ㈜LS의 26개 계열회사는 자회사(6개), 손자회사(19개), 증손회사(1개) 등 3단계로 연결되어 있다. 자회사 6개 중 4개는 자신의 계열회사를 거느리고 있는데, 이 4개 자회사 중 1개(LS엠트론)는 계열회사가 2단계에 걸쳐 이어져 있고, 나머지 3개(LS-Nikko동제련, LS산전, LS전선)는 계열회사가 각각 1단계로만 되어 있다.

결국, LS그룹 지주회사체제의 소유구조는 구자열을 정점으로 하는 5단계 하향구조이면서 비대칭적인 피라미드구조이다. 5단계 하향구조는 '① 최대주주 구자열 → ② 지주회사 ㈜LS → ③ 자회사 6개 → ④ 손자회사 19개 → ⑤ 증손회사 1개'이다. 또 비대칭적 피라미드구조는 다음과 같이 구성되어 있다: ① 최대주주 구자열 → ② 지주회사 ㈜LS → 【[③ 자회사 1개(LS엠트론) → ④ 손자회사 3개 → ⑤ 증손회사 1개] + [③ 자회사 1개(LS-Nikko동제련) → ④ 손자회사 6개] + [③ 자회사 1개(LS산전) → ④ 손자회사 5개] + [③ 자회사 1개(LS전선) → ④ 손자회사 5개] + ③ 자회사 2개】.

지주회사 ㈜LS에는 구씨 3형제의 일가 소속 40명의 가족구성원들이 지분(33.13%)을 보유하고 있다. 이들 중 4남 구태회 일가와 5남 구평회 일가가 비슷한 크기의 지분(13.35%, 22명; 13.09%, 11명)을 가지고 있으며, 6남 구두회 일가의 지분(6.69%, 7명)은 앞의 두 일가 지분의 절반 정도이다. 최대주주는 구자열(구평회의 1남)인데 그의 지분(3.27%)은 두 번째로 많으며, 가장 많은 지분(4.02%)을 가진 실질적인 최대주주는 구자은(구두회의 1남)이다.

(2) 한편, 지주회사체제에 편입되어 있지 않은 23개 회사는 구씨 3형제 일가가 독자적으로 또는 공동으로 소유하고 있다.

첫째, 23개 회사 중 절반에 가까운 10개(43%)는 5남 구평회 일가의 몫으로 되어 있다. 10개 회사는 E1(상장)과 그 계열회사(자회사 5개, 손자회사 3개, 증손회사 1개)이며, E1의 최대주주는 구자열(17.66%; 구평회의 1남)이다. 구자열은 ㈜LS의 최대주주이기도 하다. 즉,

'E1그룹'은 '① 최대주주 구자열→ ② 실질적인 지주회사 E1 → 【[③ 자회사 1개(LS네트웍스) → ④ 손자회사 3개(케이제이모터라드 + 2개) → ⑤ 증손회사 1개] + ③ 자회사 4개】' 의 구조로 연결되어 있다. E1에 지분을 보유하고 있는 구평회 일가는 모두 9명(44.52%)이며, 이들과 다른 2명은 ㈜LS에도 지분을 가지고 있다.

둘째, 미편입 23개 회사 중 다른 10개(43%)는 4남 구태회 일가와 6남 구두회 일가가 공동으로 지배하고 있다. 10개 회사는 예스코(상장)와 그 계열회사(자회사 4개, 손자회사 5개)이며, 예스코의 최대주주는 구자은(13.16%; 구두회의 1남)이다. 구자은은 ㈜LS의 실질적인 최대주주이기도 하다. 즉, '예스코그룹'은 '① 최대주주 구자은 → ② 실질적인 지주회사 예스코 → 【[③ 자회사 1개(한성) → ④ 손자회사 5개] + 자회사 3개】'의 구조로 되어 있다. 예스코에 지분을 보유하고 있는 구태회 일가는 19명(19.33%)이고 구두회 일가는 6명(19.40%)이며, 구태회 일가 19명과 다른 3명 그리고 구두회 일가 6명과 다른 2명은 ㈜LS에도 지분을 보유하고 있다.

셋째, 23개 회사 중 나머지 3개(13%)는 구씨 3형제 일가가 공동으로 지배하고 있다. 3개 회사는 가온전선(상장)과 산하 2개 계열회사(자회사)이며, 가온전선의 최대주주는 구자홍(3.14%; 구태회의 1남)이다. 즉, '가온전선그룹'은 '① 최대주주 구자홍 → ② 실질적인 지주회사 가온전선 → ③ 자회사 2개'의 구조로 연결되어 있다.

가온전선에 지분을 보유하고 있는 가족구성원은 모두 18명으로, 구태회 일가 11명(15.46%), 구평회 일가 4명(14.77%), 그리고 구두회 일가 3명(7.39%)이다. 최대주주인 구자홍(3.14%)은 18명 중 6위의 주주이며, 실질적인 최대주주는 구자열(5.54%; 구평회의 1남, ㈜LS의 최대주주)이다. 가온전선에 지분을 보유하고 있는 구태회 일가 11명과 구두회 일가 3명은 다른 구성원들과 함께 각각 ㈜LS(지분 보유 총인원 22명, 7명)와 예스코(19명, 6명)에도 지분을 가지고 있다. 또 가온전선 지분을 보유한 구평회 일가 4명은 다른 구성원들과 함께 ㈜LS(지분 보유 총인원 11명)와 E1(9명)에도 지분을 가지고 있다.

3.4 그룹 주요 계열회사의 지분 보유 회사

GS그룹의 13개 계열회사 그리고 LS그룹의 13개 계열회사는 각각 그룹의 다른 계열회사들의 지분을 보유하면서 지배한 적이 있었다. 26개 계열회사에는 공정거래법상 지주회사인 ㈜GS와 ㈜LS를 비롯해 실질적인 지주회사들인 GS그룹의 4개 회사(GS건설, 코스모앤컴퍼니, 삼양통상, 승산)와 LS그룹의 3개 회사(예스코, E1, 가온전선)가 포함되어 있다. 특히 뒤의 7개 회사는 그룹이 출범한 2004-2005년 또는 그 이후의 시기부터 자신의 계열회사를 거느리면서 독자적인 '실질적인 지주회사체제'를 구축해 왔다(<표 5.6>).

〈표 5.6〉 GS그룹과 LS그룹 주요 계열회사의 지분 보유 회사, 2004-2013년 (개)

(A) GS그룹

	2004	2005	2006	2007	2008	2009	2010	2011	2012	2013
㈜GS 및 자회사										
㈜GS	4	5	5	5	5	6	6	6	6	6
GS칼텍스(1)	5	6	6	7	12	11	17	17		
GS에너지									11	14
GS홈쇼핑	2	2	3	3	4	4	2	2	2	3
GS리테일	1	1	1	2	3	3	3	3	3	3
GS글로벌						2	2	2	2	2
GS칼텍스(2)									8	6
지주회사체제 미편입 회사										
GS건설	3	5	6	9	11	14	13	13	13	15
코스모앤컴퍼니	10	9	7	8	8	11	11	12	13	10
삼양통상	4	4	4	4	4	4	4	5	5	6
승산	1	1	1	1	1	1	1	1	1	

(B) LS그룹

	2004	2005	2006	2007	2008	2009	2010	2011	2012	2013
㈜LS 및 자회사										
㈜LS	9	10	11	10	4	4	4	5	5	6
LS-Nikko동제련	1	1	1	1	2	3	4	5	6	6
LS산전						3	5	6	5	5
LS전선					6	6	6	5	6	5
LS엠트론					4	6	5	4	4	3
지주회사체제 미편입 회사										
예스코	2	3	2	2	2	3	3	3	4	4
E1				3	4	4	5	5	5	5
가온전선						1	1	1	1	2

주: 1) 12월 또는 이듬해 3월 현재; GS그룹 2004년 = 2005년 4월, LS그룹 2009년 = 2010년 1월.
2) GS그룹: ㈜GS 2004-2009년 = GS홀딩스; GS칼텍스(1) = ㈜GS의 자회사, GS칼텍스(2) = GS에너지의 자회사 및 ㈜GS의 손자회사; 코스모앤컴퍼니 = 코스모그룹에 속하는 것으로 추정되는 회사들 모두의 수치임; 삼양통상과 승산 = 잠정적인 수치임.
3) LS그룹: 2004-2007년 = 지주회사체제 이전; ㈜LS 2004년 = LG전선, 2005-2007년 = LS전선; LS전선 2008-2013년 = ㈜LS의 신설 자회사; 예스코 2004-2005년 = 극동도시가스.

출처: 제3장 〈표 3.8〉, 제4장 〈표 4.8〉.

(1) GS그룹 계열회사들 중 자신의 계열회사를 거느린 적이 있는 회사는 13개이며, 지주회사체제에 편입된 회사가 9개 그리고 편입되지 않은 회사가 4개이다.

지주회사체제에 편입된 9개 회사는 지주회사 ㈜GS, 자회사였다가 손자회사로 전환된 1개(GS칼텍스), 자회사 4개(지주회사 GS에너지, GS홈쇼핑, GS리테일, GS글로벌), 손자회사 3개(에코메탈, GS그린텍, 디앤샵) 등이며, 이들 중 4개 회사(㈜GS, GS칼텍스, GS홈쇼핑, GS리테일)는 2005년 그룹이 출범한 이후 2013년까지 줄곧 다른 계열회사들의 지분을 보유해 오고 있다. 반면 지주회사체제에 편입되지 않은 실질적인 지주회사 4개(GS건설, 코스모앤컴퍼니, 삼양통상, 승산) 모두는 2005년 이후 줄곧 체제 미편입 회사들을 자신의 계열회사로 거느려 오고 있는데, 승산의 경우 2013년 들어 산하 계열회사가 없어졌다.

13개 회사들 중 가장 많은 계열회사에 지분을 보유한 회사는 GS칼텍스(5-17개; 2005-2011년 ㈜GS의 자회사, 2012-2013년 GS에너지의 자회사 겸 ㈜GS의 손자회사)이며, 그다음이 GS건설(3-15개)과 코스모앤컴퍼니(10개 내외)이다. 지주회사 ㈜GS가 지분을 보유한 계열회사는 4-6개로 적었다.

(2) LS그룹에서는 13개 회사가 자신의 계열회사를 거느렸다. 지주회사체제에 편입된 회사가 6개이고, 편입되지 않은 회사가 7개이다.

지주회사체제에 편입된 6개 회사는 지주회사 ㈜LS, 자회사 4개(LS-Nikko동제련, LS전선, LS엠트론, LS산전), 그리고 손자회사 1개(대성전기공업)이며, 이들 중 ㈜LS(2007년까지 실질적인 지주회사, 2008년부터 공정거래법상 지주회사)와 LS-Nikko동제련이 2004년 그룹이 출범한 이후 줄곧 다른 회사들에 지분을 보유하였다.

한편, 지주회사체제에 편입되지 않은 7개 회사는 실질적인 지주회사 3개(예스코, E1, 가온전선), 자회사 2개(한성(예스코 계열), LS네트웍스(E1 계열)), 손자회사 2개(한성플랜지(한성 계열), 케이제이모터라드(LS네트웍스 계열)) 등이며, 이들 중 예스코가 2004년 이후 줄곧 체제 미편입 회사들에 지분을 보유해 오고 있다.

13개 회사들 중 ㈜LS가 2008년 이전에 9-11개의 가장 많은 계열회사를 거느렸으며, 2008년부터는 지분 보유 회사가 4-6개로 줄어들었다. 자회사 4개(LS-Nikko동제련, LS전선, LS엠트론, LS산전)와 실질적인 지주회사 2개(예스코, E1)는 각각 5개 내외의 엇비슷한 계열회사에 지분을 보유하였다.

3.5 ㈜GS와 ㈜LS의 최대주주 및 특수관계인 지분

㈜GS와 ㈜LS는 각각 허씨 일가, 구씨 일가가 공동으로 그리고 전적으로 소유하고 있다(<표 5.7>).

(1) ㈜GS는 2004년 설립 이후 50명에 가까운 허씨 일가 가족구성원들이 50% 내외의 지분(45.26-51.50%)을 보유하였다. 최대주주 및 특수관계인 지분은 2006년 이후 45-47%대이며, 2013년 현재에는 45.47%이다. 최대주주인 허창수(1세대 3남 허준구의 장남)는 가족 전체 지분의 1/10 정도(4.75-5.58%; 2013년 현재 4.75%)를 가졌으며, 친족 이외에는 계열회사 1개가 3개 연도에 약간의 지분(0.10%)을 보유하였다.

(2) ㈜LS는 2004년 LS그룹이 출범한 이후 40명 내외의 구씨 일가 가족구성원들이 33%대의 지분(33.12-33.42%)을 보유하였다. 최대주주 및 특수관계인 지분은 2004년 이후 33%대(33.42-33.43%)이며, 2013년 현재에는 33.43%이다. 최대주주인 구자열(1세대 5남 구평회의 장남)은 가족 전체 지분의 1/10 정도(3.27-3.55%; 2013년 현재 3.27%)를 가졌으며, 친족 이외에는 임원(0.00-0.01%)이 2004년 이후 줄곧 그리고 비영리법인 1개(0.30%)가 2013년에 약간의 지분을 보유하였다.

구자열은 최대주주이기는 하지만 그의 지분 크기는 가족구성원들 지분 중 2위였다. 실질적인 최대주주는 구자은(1세대 6남 구두회의 장남)이며, 그의 지분은 구자열보다 조금 더 많았다(3.93-4.02% vs. 3.27-3.55%). 결국, ㈜LS는 구씨 가족이 공동으로 소유하는 가운데 구자열이 대주주의 자격으로 가족을 대표해서 대외적으로 최대주주 역할을 수행하고 있다.

3.6 ㈜GS와 ㈜LS의 최대주주 및 친족 지분: 지분 참여 가족구성원

2004년 ㈜GS가 설립된 이후 2013년까지 지분에 참여한 적이 있는 허씨 일가 가족구성원은 모두 56명이며, 이들은 7개 일가에, 그리고 1,2,3세대에 속하였다. 또 2002년 최대주주가 구자열로 변경되고 친족 지분이 크게 늘어난 이후 2013년 까지 ㈜LS의 지분에 참여한 적이 있는 구씨 일가 가족구성원은 모두 43명이며, 이들은 3개 일가에 그리고 1, 2, 3세대에 속하였다. ㈜GS와 ㈜LS 모두에서, 어느 1명 또는 몇 명의 가족구성원이 전체 가족 지분 중에서 절대적인 비중을 차지하지 못하는 가운데, 2세대 구성원들을 중심으로 세대 간에 그리고 일가 간에 지분이 골고루 배분되는 '분산적 공동소유'의 구조가 정착되었다(<표 5.8>, <표 5.9>).

〈표 5.7〉 ㈜GS와 ㈜LS의 최대주주(허창수, 구자열) 및 특수관계인 지분, 2002-2013년 (%)

(A) ㈜GS, 2004-2013년

연도	최대주주	특수관계인						총합
		친족	계열회사	자사주	비영리법인	임원	합	
(LG그룹)								
2004	5.58	45.00					45.00	50.58
(GS그룹)								
2005	5.41	46.09					46.09	51.50
2006	4.77	40.75					40.75	45.52
2007	4.77	40.99	0.10				41.09	45.86
2008	4.86	42.45	0.10				42.55	47.41
2009	4.86	42.00	0.10				42.10	46.96
2010	4.75	40.79					40.79	45.54
2011	4.75	40.51					40.51	45.26
2012	4.75	40.51					40.51	45.26
2013	4.75	40.72					40.72	45.47

(B) ㈜LS, 2002-2013년

연도	최대주주	친족	계열회사	자사주	비영리법인	임원	합	총합
(LG그룹)								
2002	2.50	13.77		14.00	0.05	0.01	27.83	30.33
2003	2.95	25.76		13.98		0.03	39.77	42.72
(LS그룹)								
2004	3.55	29.87				0.00	29.87	33.42
2005	3.55	29.87				0.00	29.87	33.42
2006	3.27	30.15				0.01	30.16	33.43
2007	3.27	30.15				0.01	30.16	33.43
지주회사								
2008	3.27	30.15				0.01	30.16	33.43
2009	3.27	30.15				0.01	30.16	33.43
2010	3.27	30.15				0.01	30.16	33.43
2011	3.27	30.15				0.01	30.16	33.43
2012	3.27	30.15				0.01	30.16	33.43
2013	3.27	29.85			0.30	0.01	30.16	33.43

주: 1) 12월 현재, 보통주 기준.
2) ㈜GS: 2004-2008년 = GS홀딩스; 2004년 = LG그룹 계열회사.
3) ㈜LS: 2002-2004년 = LG전선, 2005-2007년 = LS전선; 2002-2003년 = LG그룹 계열회사.
출처: 제3장 〈표 3.10〉, 제4장 〈표 4.10〉.

(1) ㈜GS에서는 2004년 이후 매년 지분에 참여하는 가족구성원이 46-49명씩이었으며, 전체 인원은 56명이다. 56명은 1세대인 허정구의 8형제 중 7형제 일가에 속해 있었다. 허정구(1남), 허준구(3남), 허신구(4남), 허완구(5남), 허승효(6남), 허승표(7남), 허승조(8남) 등이며, 허승표(7남) 일가는 2004년 7월 ㈜GS가 설립된 직후에만 잠깐 지분을 보유하였다.

지분에 참여한 56명을 일가별로 보면, 허준구 일가가 15명(1세대 0명+2세대 6명+3세대 9명)으로 가장 많고, 그다음이 허정구 일가 10명(0+3+7), 허신구 일가 10명(0+5+5), 허완구 일가 6명(1+3+2), 허승효 일가 5명(2+3+0), 허승조 일가 5명(3+2+0), 허승표 일가 3명(1+2+0) 등의 순이다. 세대별로 보면, 1세대 7명, 2세대 24명 그리고 3세대 25명이며, 유일하게 허완구의 일가에만 1, 2, 3세대가 모두 포함되어 있다. 또 56명 중 허씨 직계가 아닌 가족구성원은 9명이다.

(2) ㈜LS의 경우에는, 2002년 이후 매년 지분에 참여하는 가족구성원은 28-41명이었으며, 전체 인원은 43명이다. 43명은 1세대인 구태회(4남), 구평회(5남) 및 구두회(6남) 3형제 일가에 속해 있었다.

지분에 참여한 43명을 일가별로 보면, 구태회 일가가 22명(1세대 1명+2세대 8명+3세대 13명)으로 전체의 절반 이상을 차지하고 있고, 구평회 일가는 12명(1+4+7) 그리고 구두회 일가는 9명(1+4+4)이다. 세대별로 보면, 1세대 3명, 2세대 16명 그리고 3세대 24명이며, 세 일가 모두에 1, 2, 3세대가 포함되어 있다. 또 43명 중 구씨 직계가 아닌 가족구성원은 8명이다.

3.7 ㈜GS의 최대주주 및 친족 지분: 일가별, 세대별, 주요 개인별 지분

1세대 7형제 중에서는 지분 참여 구성원이 가장 많은(15명) 3남 허준구 일가가 보유 지분도 가장 많았으며, 1, 2, 3세대 중에서는 2세대가 압도적인 우위를 차지하였다. 또 56명의 가족구성원들은 0.00%에서 5.58%에 이르는 다양한 지분을 보유하였으며, 어느 1명 또는 몇 명이 전체 가족 지분(38.53-51.46%) 중에서 절대적인 비중을 차지하지 못하는 가운데 2세대 구성원들을 중심으로 세대 간에 그리고 일가 간에 지분이 골고루 배분되는 '분산적 공동소유'의 구조가 정착되었다(<표 5.8>).

〈표 5.8〉 ㈜GS의 최대주주(허창수) 및 친족 지분, 2004-2013년 (%)

(A) 지분 참여 가족구성원

· 총 인원: 56명

· 세대별: 1세대 7명, 2세대 24명, 3세대 25명

· 1세대 일가별: 1남 허정구 일가 10명 (1세대 0명, 2세대 3명, 3세대 7명),
3남 허준구 일가 15명 (0,6,9), 4남 허신구 일가 10명 (0,5,5),
5남 허완구 일가 6명 (1,3,2), 6남 허승효 일가 5명 (2,3,0),
7남 허승표 일가 3명 (1,2,0), 8남 허승조 일가 5명 (3,2,0), 기타 2명 (0,0,2)

· 연도별: 2004년 46명, 2005년 46명, 2006년 48명, 2007년 47명, 2008년 48명,
2009년 49명, 2010년 47명, 2011년 49명, 2012년 49명, 2013년 49명

(B) 지분: 세대별, 1세대 일가별, 1·2·3세대 주요 개인별 (%)

	2004.9	2004.12	2005	2006	2007	2008	2009	2010	2011	2012	2013
총합	38.53	50.58	51.46	45.48	45.72	47.31	46.85	45.43	45.31	45.25	45.46
1세대	7.12	7.54	7.54	7.00	5.84	5.05	4.40	4.04	4.00	3.79	3.59
2세대	27.21	37.37	36.72	30.34	31.00	32.67	32.57	31.81	31.77	31.86	31.89
3세대	4.20	5.67	7.20	8.14	8.88	9.59	9.88	9.58	9.54	9.60	9.98
허정구 일가	9.17	14.71	13.97	11.39	11.85	12.47	12.31	11.90	11.86	11.86	12.03
허준구 일가	14.97	20.02	19.03	15.35	15.35	15.65	15.65	15.02	15.02	15.02	15.02
허신구 일가	4.40	5.28	6.09	6.27	6.27	6.39	6.39	6.37	6.33	6.32	6.30
허완구 일가	6.53	6.79	8.66	8.63	8.41	8.88	8.58	8.22	8.22	8.17	8.24
허승효 일가	1.12	1.17	1.02	1.06	1.06	1.08	1.08	1.08	1.08	1.08	1.05
허승조 일가	2.13	2.58	2.66	2.67	2.66	2.72	2.72	2.72	2.68	2.68	2.68
허정구											
허남각	3.35	4.05	4.05	3.73	3.73	3.67	3.51	3.10	3.10	3.10	3.02
허준홍	0.19	0.19	0.51	0.72	0.72	1.24	1.24	1.24	1.24	1.24	1.51
허동수	2.00	3.82	2.99	2.41	2.41	2.46	2.46	2.46	2.46	2.46	2.46
허세홍	0.58	0.55	0.81	0.84	1.30	1.32	1.32	1.43	1.43	1.43	1.43
허광수	2.58	5.36	4.66	2.73	2.73	2.79	2.79	2.69	2.69	2.69	2.64
허준구											
허창수	3.40	5.58	5.41	4.77	4.77	4.86	4.86	4.75	4.75	4.75	4.75
허정수	2.78	3.33	2.78	0.11	0.11	0.12	0.12	0.12	0.12	0.12	0.12
허철홍	0.57	1.24	1.37	1.37	1.37	1.40	1.40	1.37	1.37	1.37	1.37
허진수	1.64	2.83	2.48	1.98	1.98	2.02	2.02	2.02	2.02	2.02	2.02
허명수	1.69	1.70	1.94	1.94	1.94	1.98	1.98	1.95	1.95	1.95	1.95
허태수	3.08	2.91	2.12	2.03	2.03	2.07	2.07	1.98	1.98	1.98	1.98
허신구											
허경수	2.81	2.82	3.15	3.15	3.15	3.21	3.21	3.21	3.21	3.21	3.21
허연수	0.53	1.14	1.62	1.62	1.62	1.65	1.65	1.65	1.65	1.64	1.59
허완구	4.43	4.43	4.63	4.11	2.95	2.48	1.89	1.53	1.53	1.32	1.15
허용수	1.74	1.80	2.76	2.93	3.43	4.10	4.10	4.10	4.10	4.20	4.31
허인영	0.09	0.29	0.89	1.10	1.26	1.42	1.42	1.42	1.42	1.42	1.52
허승효	0.56	0.56	0.28	0.30	0.30	0.31	0.31	0.31	0.31	0.31	0.28
허승조	2.11	2.55	2.63	2.59	2.59	2.26	2.20	2.20	2.16	2.16	2.16

주: 2005-2013년 - 12월 현재; ㈜GS 2004-2008년 = GS홀딩스.
출처: 제3장 〈표 3.11〉, 〈표 3.12〉, 〈표 3.13〉, 〈표 3.16〉.

〈표 5.9〉 ㈜LS의 최대주주(구자열) 및 친족 지분, 2002-2013년 (%)

(A) 지분 참여 가족구성원

· 총 인원: 43명

· 세대별: 1세대 3명, 2세대 16명, 3세대 24명

· 1세대 일가별: 4남 구태회 일가 22명 (1세대 1명, 2세대 8명, 3세대 13명),
5남 구평회 일가 12명 (1,4,7), 6남 구두회 일가 9명 (1,4,4)

· 연도별: 2002년 28명, 2003년 36명, 2004년 37명, 2005년 37명, 2006년 40명, 2007년 40명, 2008년 40명, 2009년 40명, 2010년 40명, 2011년 41명, 2012년 41명, 2013년 40명

(B) 지분: 세대별, 1세대 일가별, 1·2·3세대 주요 개인별 (%)

	2002	2003	2004	2005	2006	2007	2008	2009	2010	2011	2012	2013
총합	16.19	28.72	33.41	33.42	33.40	33.40	33.40	33.40	33.40	33.44	33.44	33.13
1세대	0.01	0.31	0.76	0.76	0.76	0.76	0.76	0.76	0.76	0.76	0.76	0.46
2세대	16.18	24.63	28.29	28.29	27.12	27.12	27.12	27.12	27.12	26.76	26.76	26.72
3세대	0.00	3.78	4.36	4.37	5.52	5.52	5.52	5.52	5.52	5.92	5.92	5.95
구태회 일가	6.89	11.48	13.35	13.36	13.35	13.35	13.35	13.43	13.43	13.36	13.36	13.35
구평회 일가	6.61	11.50	13.39	13.39	13.38	13.38	13.38	13.38	13.38	13.39	13.39	13.09
구두회 일가	2.69	5.74	6.67	6.67	6.67	6.67	6.67	6.59	6.59	6.69	6.69	6.69
구태회	0.00	0.01	0.46	0.46	0.46	0.46	0.46	0.46	0.46	0.46	0.46	0.46
구자홍	1.42	2.82	3.13	3.13	2.96	2.96	2.96	2.96	2.96	2.83	2.83	2.83
구본웅	0.00	0.38	0.44	0.44	0.53	0.53	0.53	0.53	0.53	0.59	0.59	0.59
구자엽	1.38	1.83	1.91	1.91	1.72	1.72	1.72	1.72	1.72	1.69	1.69	1.69
구본규	0.00	0.37	0.47	0.47	0.52	0.52	0.52	0.52	0.52	0.55	0.55	0.55
구자명	1.37	1.87	2.02	2.02	1.93	1.93	1.93	1.93	1.93	1.88	1.88	1.86
구자철	1.37	1.18	1.20	1.20	1.18	1.18	1.18	1.26	1.26	1.20	1.20	1.19
구근희	0.68	1.04	1.30	1.30	1.26	1.26	1.26	1.26	1.26	1.21	1.21	1.21
구혜정	0.63	0.22	0.52	0.52	0.52	0.52	0.52	0.52	0.52	0.52	0.52	0.52
이인정	0.04	0.91	0.91	0.91	0.86	0.86	0.86	0.86	0.86	0.83	0.83	0.82
구평회	0.01	0.30	0.30	0.30	0.30	0.30	0.30	0.30	0.30	0.30	0.30	
구자열	2.50	2.95	3.55	3.55	3.27	3.27	3.27	3.27	3.27	3.27	3.27	3.27
구동휘	0.00	0.98	1.07	1.07	1.27	1.27	1.27	1.27	1.27	1.27	1.27	1.27
구자용	1.65	2.43	2.88	2.88	2.71	2.71	2.71	2.71	2.71	2.71	2.71	2.71
구자균	1.64	2.22	2.64	2.64	2.48	2.48	2.48	2.48	2.48	2.47	2.47	2.47
구혜원	0.81	1.40	1.63	1.63	1.63	1.63	1.63	1.63	1.63	1.63	1.63	1.63
구두회	0.00	0.00	0.00	0.00	0.00	0.00	0.00	0.00	0.00			
구자은	1.34	3.35	3.93	3.93	3.93	3.93	3.93	4.02	4.02	4.02	4.02	4.02
구은정	0.54	0.65	0.65	0.65	0.65	0.65	0.65	0.75	0.75	0.77	0.77	0.77
구재희	0.81	1.25	1.51	1.51	1.51	1.51	1.51	1.71	1.71	1.71	1.71	1.71

주: 1) 12월 현재.
2) ㈜LS: 2002-2004년 = LG전선, 2005-2007년 = LS전선; 2002-2003년 = LG그룹 계열회사, 2004-2013년 = LS그룹 계열회사.

출처: 제4장 〈표 4.11〉, 〈표 4.12〉, 〈표 4.13〉, 〈표 4.16〉.

(1) 3남 허준구 일가(14.97-20.02%)와 1남 허정구 일가(9.17-14.71%)가 첫 번째와 두 번째로 많은 지분을 보유하고 있으며, 그다음이 5남 허완구 일가(6.53-8.88%)와 4남 허신구 일가(4.40-6.39%), 그리고 8남 허승조 일가(2.13-2.72%)와 6남 허승효 일가(1.02-1.17%)이다. 상위 2개 일가, 중위 2개 일가, 하위 2개 일가 간의 지분 차이가 크다. 7남 허승표 일가는 2004년 9월 현재에만 약간의 지분(0.18%)을 보유하였다. 가족 전체 지분 중 허준구 일가 지분이 차지하는 비중이 1/3 내외이고 허정구 일가 지분이 차지하는 비중이 1/4 내외이다. 이 두 일가의 지분을 합하면 전체의 2/3 남짓이 된다.

1세대 7형제 일가는 각각 3-5개씩, 모두 25개의 하위 일가로 구성되어 있는데, 25개 중 어느 1개 일가가 월등하게 많은 지분을 가지고 있지는 못하다. 25개 하위 일가 중 14개 일가에는 2명 이상의 가족구성원이 포함되어 있으며, 이 일가들은 2004년 이후 각각 0.28%에서 6.31%에 이르는 지분을 가지고 있다. 허창수(1세대 3남 허준구의 장남; 5%대), 허용수(1세대 5남 허완구의 장남; 5%대), 허남각과 허동수(1세대 1남 허정구의 장남과 차남; 4%대), 허광수(허정구의 3남; 3%대), 허경수(1세대의 4남 허진구의 장남; 3%대) 일가 등 주로 장남 일가들이 상대적으로 많은 3-5%대의 지분을 보유하였다.

(2) 2세대의 지분은 2004-2005년 36-37%대, 2006-2009년 30-32%대, 그리고 2010년 이후 31%대이며, 가족 전체 지분(38.53-51.46%) 중에서 2세대 지분이 차지하는 비중은 2/3 이상이었다. 한편, 1세대의 지분은 5% 내외 수준에서 지속적으로 감소하여 2004년 7.54%이던 것이 2013년에는 절반 이하인 3.59%로 최저치를 기록하였으며, 반면 3세대의 지분은 5-10% 사이에서 점차 증가하여 2004년 5.67%에서 2013년에는 1.8배 늘어나 9.98%로 최고치를 기록하였다. 2세대가 우위를 유지하는 가운데 3세대로의 소유승계가 조금씩 이루어지고는 있지만 진행 속도는 더뎌서 2008년 이후 9%대에 머물러 있는 상황이다.

(3) 2013년 현재 49명의 가족구성원들은 0.00-4.75%씩의 지분을 보유하고 있으며, 최대주주인 2세대 허창수가 가장 많은 지분(4.75%)을 가지고 있다. 4%대 지분 보유 2명, 3%대 보유 2명, 2%대 보유 4명, 1%대 보유 8명, 1% 미만 보유 33명 등이다. 1% 미만의 지분을 보유한 사람이 전체의 2/3 이상(67%)을 차지하고 있다.

1% 이상의 지분을 보유한 16명은 다음과 같다: ① 허창수(최대주주, 4.75%), 허용수(4.31%); ② 허경수(3.21%), 허남각(3.02%); ③ 허광수(2.64%), 허동수(2.46%), 허승조(2.16%), 허진수(2.01%); ④ 허태수(1.98%), 허명수(1.95%), 허연수(1.59%), 허인영(1.52%), 허준홍(1.51%), 허세홍(1.43%), 허철홍(1.37%), 허완구(1.15%).

2-4%대를 보유한 8명 중 7명은 2세대, 그리고 1명(허승조)은 1세대이다. 또 1%대를 보유한 8명은 1세대 1명(허완구), 2세대 4명(허태수, 허명수, 허연수, 허인영), 그리고 3세대 3명이며, 2세대 4명이 상대적으로 많은 지분을 가지고 있다.

1% 이상 지분을 보유한 16명을 1세대 기준 일가별로 보면, 1남 허정구 일가가 5명(2세대 허남각, 허광수, 허동수; 3세대 허준홍, 허세홍)으로 가장 많으며, 그다음이 3남 허준구 일가 5명(2세대 허창수, 허진수, 허태수, 허명수; 3세대 허철홍), 5남 허완구 일가 3명(1세대 허완구; 2세대 허용수, 허인용), 4남 허신구 일가 2명(2세대 허경수, 허연수), 8남 허승조 일가 1명(1세대 허승조) 등이다.

3.8 ㈜LS의 최대주주 및 친족 지분: 일가별, 세대별, 주요 개인별 지분

1세대 구씨 3형제 중 4남 구태회 일가와 5남 구평회 일가가 비슷한 크기의 많은 지분을 가졌으며, 1,2,3세대 중에서는 2세대가 압도적인 우위를 차지하였다. 또 43명의 가족구성원들은 0.00%에서 4.02%에 이르는 다양한 지분을 보유하였으며, 어느 1명 또는 몇 명이 전체 가족 지분(16.19-33.44%) 중에서 절대적인 비중을 차지하지 못하는 가운데 2세대 구성원들을 중심으로 세대 간에 그리고 일가 간에 지분이 골고루 배분되는 '분산적 공동소유'의 구조가 정착되었다(<표 5.9>).

(1) 4남 구태회 일가(6.89-13.43%)와 5남 구평회 일가(6.61-13.39%)가 비슷한 크기의 지분을 보유하였다. 반면 6남 구두회 일가의 지분(2.69-6.69%)은 2002년에는 구태회 및 구평회 일가 지분의 2/5 정도였다가 2003년부터 1/2 수준이 유지되어 오고 있다. 가족 전체 지분이 세 일가에 나누어지는 비율은 2003년 이후 대략 '4:4:2'였다. 구태회 일가와 구평회 일가가 각각 40%가량씩의 비율을, 그리고 구두회 일가가 나머지 20%가량을 차지하였다.

1세대 3형제 일가는 각각 5-7개씩, 모두 17개의 하위 일가로 구성되어 있는데, 17개 중 어느 1개 일가가 월등하게 많은 지분을 가지고 있지는 못하다. 17개 하위 일가 중 10개 일가에는 2명 이상의 가족구성원이 포함되어 있으며, 이 일가들은 2004년 이후 각각 1.30%에서 4.92%에 이르는 지분을 가지고 있다. 구자열(1세대 5남 구평회의 장남; 4%대), 구자은(1세대 구두회의 외동아들; 4%대), 구자홍(1세대 4남 구태회의 장남; 3%대), 구자용과 구자균(구평회의 차남과 3남; 3%대), 구자엽과 구자명(구태회의 차남과 3남; 2%대) 일가 등 주로 장남 일가들이 상대적으로 많은 2-4%대의 지분을 보유하였다.

(2) 2세대의 지분은 2002년 16%대 그리고 2003년 24%대였으며, 2004년 이후에는 26-28%대 사이에서 다소 감소하는 추세를 보였다. 가족 전체 지분(16.19-33.44%) 중에서 2세대 지분이 차지하는 비중은 4/5 이상이었다. 한편, 1세대의 지분은 1% 미만이었으며, 반면 3세대의 지분은 5% 내외 수준에서 꾸준히 증가하여 2003년 3.78%이던 것이 2013년에는 1.6배 늘어나 5.95%로 최고치를 기록하였다. 2세대가 우위를 유지하는 가운데 3세대로의 소유승계가 조금씩 이루어지고는 있지만 진행 속도는 더뎌서 2006년 이후 5%대에 머물러 있는 상황이다.

(3) 2013년 현재 40명의 가족구성원들은 0.02-4.02%씩의 지분을 보유하고 있으며, 2세대인 구자은이 가장 많은 지분(4.02%)을 가지고 있고 그다음이 최대주주인 2세대 구자열(3.27%)이다. 4%대 지분 보유 1명, 3%대 보유 1명, 2%대 보유 3명, 1%대 보유 7명, 1% 미만 보유 28명 등이다. 1% 미만의 지분을 보유한 사람이 전체의 2/3 이상(70%)을 차지하고 있다.

1% 이상의 지분을 보유한 12명은 다음과 같다: ① 구자은(4.02%); ② 구자열(최대주주; 3.27%); ③ 구자홍(2.83%), 구자용(2.71%), 구자균(2.47%); ④ 구자명(1.86%), 구재희(1.71%), 구자엽(1.69%), 구혜원(1.63%), 구동휘(1.27%), 구근희(1.21%), 구자철(1.19%).

2-4%대를 보유한 5명은 모두 2세대이다. 또 1%대를 보유한 7명 중에서는 1명(구동휘)은 3세대 그리고 나머지 6명은 2세대이며, 7명 중 구동휘의 지분 크기는 5위이다.

1% 이상의 지분을 보유한 12명을 1세대 기준 일가별로 보면, 4남 구태회 일가(2세대 구자홍, 구자엽, 구자명, 구자철, 구근희)와 5남 구평회 일가(2세대 구자열, 구자용, 구자균; 3세대 구동휘)가 각각 5명이고, 6남 구두회 일가는 2명(2세대 구자은, 구재희)이다.

3.9 지주회사체제 미편입 계열회사의 최대주주 및 친족 지분

GS그룹의 지주회사체제에 편입되지 않은 실질적인 지주회사 4개(GS건설, 코스모앤컴퍼니, 삼양통상, 승산)는 1세대 허씨 4형제(허준구, 허신구, 허정구, 허완구) 일가가 각각 개별적으로 소유하고 있다. 또 LS그룹의 지주회사체제에 편입되지 않은 실질적인 지주회사 3개(예스코, E1, 가온전선)는 1세대 구씨 3형제(구태회, 구평회, 구두회) 일가가 공동으로 또는 개별적으로 소유하고 있다(<표 5.10>).

(1) 먼저, GS그룹의 4개 회사 중, GS건설은 1세대 3남 허준구 일가의 몫이다. 허준구의

아들 5형제(허창수, 허정수, 허진수, 허명수, 허태수) 일가 구성원 14명이 29-30%대의 지분을 보유하였으며, 최대주주인 허창수의 지분(11-12%대)이 가장 많다. 2013년 12월 현재 'GS건설 및 계열회사'는 모두 17개로 지주회사체제 미편입 회사 42개 중 가장 큰 비중(40%)을 차지하고 있다. 또 허준구 일가는 ㈜GS에서는 1세대 일가들 중 가장 많은 지분(2006년 이후 15%대)을 보유하고 있다.

코스모앤컴퍼니는 1세대 4남 허신구 일가의 몫이다. 허신구의 아들 2명(허경수, 허연수)과 손자(허선홍)가 80%의 지분을 보유하고 있다. 최대주주는 2008년까지는 허경수(45%)였고 2009년부터는 허연수(35%)이다. 2013년 12월 현재 '코스모그룹' 소속 회사는 모두 11개로 'GS건설그룹'(17개) 다음으로 많으며, 지주회사체제 미편입 회사 42개 중에서 차지하는 비중은 1/4 이상(26%)이다. 또 허신구 일가는 ㈜GS에서는 1세대 일가들 중 네 번째로 많은 지분(6%대)을 가지고 있다.

삼양통상은 1세대 1남 허정구 일가의 몫이다. 허정구의 아들 3형제(허남각, 허동수, 허광수) 일가 구성원 7명이 39-51%대의 지분을 보유하고 있으며, 최대주주인 허남각의 지분(17-20%대)이 가장 많다. 2013년 12월 현재 삼양통상 및 관련 회사는 모두 7개이며, 이들이 지주회사체제 미편입 42개 회사 중에서 차지하는 비중은 1/5 이하(17%)이다. 또 허정구 일가는 ㈜GS에서는 1세대 일가들 중 두 번째로 많은 지분(11-12%대)을 가지고 있다.

승산은 1세대 5남 허완구 일가가 전적으로 소유하고 있다. 허완구 부부와 자녀 2명(허용수, 허인영)이 100% 지분을 가지고 있으며, 최대주주인 허용수의 지분(58.55%)이 절반 이상이다. 승산은 2012년까지 1개의 계열회사를 거느렸으며 2013년 현재는 산하 계열회사가 없다. 또 허완구 일가는 ㈜GS에서는 1세대 일가들 중 세 번째로 많은 지분(8%대)을 가지고 있다.

(2) 한편, LS그룹의 지주회사체제에 편입되지 않은 실질적인 지주회사 3개 중, 예스코(이전 극동도시가스)는 1세대 형제 2명(4남 구태회, 6남 구두회) 일가가 공동으로 소유하고 있다. 각각 절반 정도씩(19%대) 모두 38%대의 지분을 가지고 있으며, 최대주주인 구자은(구두회의 외동아들)의 보유 지분(13%대)이 가장 많다. 지분 참여 구성원은 27명이며, 이 중 19명은 구태회 일가 소속이고 나머지 8명은 구두회 일가 소속이다. 2013년 12월 현재 '예스코 및 계열회사'는 모두 10개로 지주회사체제 미편입 회사 23개 중 'E1그룹'과 함께 가장 큰 비중(43%)을 차지하고 있다. 또 ㈜LS에서는 구태회 일가와 1세대 5남 구평회 일가 지분(각각 13%대)이 구두회 일가 지분(6%대)보다 2배가량 많다.

〈표 5.10〉 GS그룹과 LS그룹 지주회사체제 미편입 계열회사의 최대주주 및 친족 지분, 2003-2013년 (%)

(A) GS그룹, 2005-2013년

	2003	2004	2005	2006	2007	2008	2009	2010	2011	2012	2013
삼양통상											
허정구 일가			39.80	43.70	43.62	43.62	45.80	46.80	49.30	49.30	51.30
최대주주 허남각			17.00	18.21	18.18	18.18	20.00	20.00	20.00	20.00	20.00
GS건설											
허준구 일가			30.05	29.98	29.83	29.80	29.74	29.64	29.56	29.43	29.43
최대주주 허창수			12.66	12.38	12.21	12.15	12.09	11.99	11.93	11.80	11.80
코스모앤컴퍼니											
허신구 일가			80	80	80	80	80	80	80	80	
최대주주 허경수			45	45	45	45	(19	19	19	19)	
허연수			(35	35	35	35)	35	35	35	35	
승산											
허완구 일가			100	100	100	100	100	100	100	100	
최대주주 허용수			58.55	58.55	58.55	58.55	58.55	58.55	58.55	58.55	

(B) LS그룹, 2003-2013년

	2003	2004	2005	2006	2007	2008	2009	2010	2011	2012	2013
예스코											
합	38.74	38.74	38.74	38.74	38.74	38.74	38.74	38.74	38.73	38.73	38.73
구태회 일가	19.46	19.46	19.46	19.46	19.46	19.46	19.33	19.33	19.33	19.33	19.33
구두회 일가	19.28	19.28	19.28	19.28	19.28	19.28	19.41	19.41	19.40	19.40	19.40
최대주주 구자은	13.16	13.16	13.16	13.16	13.16	13.16	13.16	13.16	13.16	13.16	13.16
E1											
구평회 일가	45.33	45.33	45.33	45.33	45.33	45.33	45.33	45.33	45.32	45.32	44.52
최대주주 구자열	17.66	17.66	17.66	17.66	17.66	17.66	17.66	17.66	17.66	17.66	17.66
가온전선											
합	37.56	37.56	37.56	37.56	37.47	37.47	37.47	37.57	37.62	37.62	37.62
구태회 일가	15.50	15.50	15.50	15.50	15.41	15.41	15.41	15.45	15.46	15.46	15.46
구평회 일가	14.70	14.70	14.70	14.70	14.70	14.70	14.70	14.75	14.77	14.77	14.77
구두회 일가	7.36	7.36	7.36	7.36	7.36	7.36	7.36	7.37	7.39	7.39	7.39
최대주주 구자홍	5.56	5.56	5.56	5.56	5.56	5.56	5.56	5.58	3.14	3.14	3.14

주: 1) 12월 현재.

2) LS그룹은 2004년 4월 출범; 예스코 2003-2005년 = 극동도시가스, 2003년 11월 LG그룹에서 분리; E1 2003년 = LG-Caltex가스, 2003년 11월 LG그룹에서 분리; 가온전선 2003년 = 희성전선, 2003년 12월 희성그룹에서 분리.

출처: 제3장 〈표 3.17〉, 〈표 3.18〉, 〈표 3.19〉, 〈표 3.20〉, 〈표 3.21〉; 제4장 〈표 4.17〉, 〈표 4.18〉, 〈표 4.19〉, 〈표 4.20〉, 〈표 4.21〉, 〈표 4.22〉.

E1(이전 LG-Caltex가스)은 1세대 5남 구평회 일가의 몫이다. 구평회의 자녀 4명(구자열, 구자용, 구자균, 구혜원) 일가 10명이 45%대의 지분을 가지고 있으며, 최대주주인 구자열의 지분(17%대)이 가장 많다. 2013년 12월 현재 'E1그룹' 소속 회사는 모두 10개로 '예스코그룹' 소속 회사 수와 같으며, 지주회사체제 미편입 회사 23개 중에서의 비중은 43%이다.

가온전선(이전 희성전선)은 1세대 3형제(구태회, 구평회, 구두회) 일가가 공동으로 소유하고 있다. 보유 지분은 37%대로 세 일가가 각각 15%대, 14%대, 7%대씩 가지고 있다. 또 지분 참여 구성원은 모두 19명이며, 11명, 5명, 3명씩 세 일가에 속해 있다. 이들 중 1세대 3형제의 장남들인 구자홍, 구자열 그리고 구자은이 상대적으로 많은 지분을 가졌는데, 최대주주인 구자홍은 2010년까지 1위(5%대)의 주주이다가 2011년 이후에는 6위(3%대)의 주주가 되었으며, 대신 2011년 이후에는 구자열이 가장 많은 지분(5%대)을 보유하였다. 2013년 12월 현재 '가온전선 및 계열회사'는 3개이며 지주회사체제 미편입 회사 23개 중 '예스코그룹'(10개)과 'E1그룹'(10개)에 소속되지 않은 회사들이다.

4. GS그룹과 LS그룹 경영구조의 변화

4.1 ㈜GS와 ㈜LS의 최고경영진

그룹의 주력회사이자 공정거래법상 지주회사인 ㈜GS와 ㈜LS는 각각 허씨 일가, 구씨 일가 구성원들이 경영을 장악하였다(<표 5.11>).

(1) ㈜GS에서는 2004년 설립 이후 '허창수-허동수 체제'가 유지되어 오고 있다. 허창수는 대표이사 회장 그리고 허동수는 비상근이사이다. 사내이사 3명 중 2명이 허씨 일가 가족구성원이고 이 중 1명이 대표이사회장직을 가지고 있는 점에서 ㈜GS의 경영권은 허씨 일가에 의해 안정적으로 확보되어 있다.

허창수는 1세대 3남 허신구의 장남이고 허동수는 1남 허정구의 차남이다. ㈜GS에서 허신구 일가와 허정구 일가는 6형제 일가 중 첫 번째(15%대)와 두 번째(11-12%대)로 많은 지분으로 가지고 있으며, 다른 4형제 일가 지분(1-8%대)과는 큰 차이가 난다. 이 두 일가를 대표해서 허창수와 허동수가 지주회사의 경영에 참여하고 있으며, 허창수가 전면에 나서고 허동수는 허창수를 보조 또는 견제하는 역할을 하는 것으로 볼 수 있다.

허창수는 ㈜GS의 지분에 참여한 56명의 허씨 일가 전체 가족구성원들 중 가장 많은 지분(4%대)을 보유한 최대주주이며, 허동수 또한 5위 내외의 순위를 가진 대주주(2%대)이다. 최대주주인 허창수가 최고경영자의 위치에 있는 점에서는 지주회사의 소유권과 경영권이 허창수 1인에게로 집중 또는 통합되어 있는 셈이다.

〈표 5.11〉 ㈜GS와 ㈜LS의 등기임원, 2002-2013년 (명)

(A) ㈜GS, 2004-2013년

연도	합	사외이사	사내이사	사내이사			사내이사	
				대표이사 (A)	상근이사 (B)	비상근이사 (C)	허창수 일가 (A,C)	전문경영인 (A,C)
2004	7	4	3	2		1	2 (1,1)	1 (1,0)
2005	7	4	3	2		1	2 (1,1)	1 (1,0)
2006	7	4	3	2		1	2 (1,1)	1 (1,0)
2007	7	4	3	2		1	2 (1,1)	1 (1,0)
2008	7	4	3	2		1	2 (1,1)	1 (1,0)
2009	7	4	3	2		1	2 (1,1)	1 (1,0)
2010	7	4	3	2		1	2 (1,1)	1 (1,0)
2011	7	4	3	2		1	2 (1,1)	1 (1,0)
2012	7	4	3	2		1	2 (1,1)	1 (1,0)
2013	7	4	3	2		1	2 (1,1)	1 (1,0)

(B) ㈜LS, 2002-2013년

							구자열 일가 (A,B,C)	전문경영인 (A,B,C)
2002	7	2	4	2	1	1	1 (1,0,0)	3 (1,1,1)
2003	7	3	4	2	1	1	2 (1,0,1)	2 (1,1,0)
2004	7	3	4	1	3		2 (1,1,0)	2 (0,2,0)
2005	7	4	3	1	2		2 (1,1,0)	1 (0,1,0)
2006	7	4	3	1	2		2 (1,1,0)	1 (0,1,0)
2007	6	3	3	1	2		2 (1,1,0)	1 (0,1,0)
지주회사								
2008	6	3	3	2		1	2 (1,0,1)	1 (1,0,0)
2009	6	3	3	2		1	2 (1,0,1)	1 (1,0,0)
2010	6	3	3	2	1		2 (1,1,0)	1 (1,0,0)
2011	7	4	3	2	1		2 (1,1,0)	1 (1,0,0)
2012	7	4	3	2	1		2 (1,1,0)	1 (1,0,0)
2013	7	4	3	2	1		2 (1,1,0)	1 (1,0,0)

주: 1) 12월 또는 이듬해 3월 현재.
2) ㈜GS: 2004-2008년 = GS홀딩스; 2004년 = LG그룹 계열회사, 2005-2013년 = GS그룹 계열회사.
3) ㈜LS: 2002-2004년 = LG전선, 2005-2007년 = LS전선; 2002-2003년 = LG그룹 계열회사, 2004-2013년 = LS그룹 계열회사.
출처: 제3장 〈표 3.22〉, 제4장 〈표 4.23〉.

(2) ㈜LS에서는 2004년 그룹 출범 이후 2012년까지 '구자열-구자홍 체제'가 유지되었다. 2004-2007년에는 구자열이 대표이사 그리고 구자홍은 상근이사였고, 2008-2012년에는 구자홍이 대표이사 그리고 구자열은 비상근이사 또는 상근이사였다. 2013년에는 구자열이 다시 대표이사가 되었으며 구자홍 대신 구자엽이 상근이사로 임명되었다.

2004년에는 사내이사 4명 중 가족구성원과 전문경영인이 각각 2명이었으며, 2005년부터 사내이사 3명 중 2명이 가족구성원이고 이 중 1명이 대표이사직을 유지하면서 구씨 일가 우위체제가 정착되었다.

구자열은 1세대 5남 구평회의 장남이고 구자홍은 4남 구태회의 장남이다. 구평회 일가와 구태회 일가는 ㈜LS에 13%대의 비슷한 지분을 보유하였으며, 구두회 일가의 지분은 그 절반 정도인 6%대였다. 앞의 두 일가를 대표해서 구자열과 구자홍이 대표이사로서 경영의 전면에 나서고 있으며, 2013년에는 구자엽이 형 구자홍을 대신하게 되었다. 2004년 이후 두 일가는 구성원 1명씩을 경영에 참여시켜 각자의 지분을 지키려고 한 것으로 볼 수 있다.

등기임원인 2세대 3명은 모두 대주주들이다. 구자열은 ㈜LS의 지분에 참여한 43명의 구씨 일가 전체 가족구성원들 중 2위(3%대)의 주주로서 ㈜LS의 '공식적인 최대주주'이며, 구자홍은 3위(2-3%대) 그리고 구자엽은 7위(1%대)이다. 가장 많은 지분(3-4%대)을 보유한 '실질적인 최대주주'는 구자은(1세대 6남 구두회의 외동아들)이었다.

4.2 공동적이면서 개별적인 소유 및 경영 구조

허씨 일가 가족구성원들은 2005년 GS그룹 출범 때부터 지주회사 ㈜GS와 주요 계열회사를 공동으로 그리고 개별적으로 소유하는 한편으로 경영권 또한 같은 방식으로 장악하였다. 마찬가지로, 구씨 일가 가족구성원들은 2004년 LS그룹 출범 때부터 주력회사인 ㈜LS와 주요 계열회사를 공동으로 그리고 개별적으로 소유하는 한편으로 경영권 또한 같은 방식으로 장악하였다. 그 결과 두 그룹 모두에서 '공동적이면서 개별적인 소유 및 경영'의 독특한 가족지배체제가 구축되었다. 다만 가족구성원들이 소유권 및 경영권에 참여하는 정도와 방식에는 차이가 있었다.

(1) GS그룹에서는, ㈜GS의 소유권은 1세대 6형제(허정구, 허준구, 허신구, 허완구, 허승효, 허승조) 일가가 공동으로 그리고 전적으로 가졌다. 매년 46-49명씩 모두 56명의 가족구성원들이 45% 내외의 지분을 보유하였으며, 최대주주인 가족구성원은 가족 전체 지분의

1/10 정도만을 보유하였다. 그런 한편으로, 4형제(허정구, 허준구, 허신구, 허완구) 일가에서는, ㈜GS의 지분을 보유한 대다수의 가족구성원들이 몇몇 다른 가족구성원들과 함께 지주회사체제에 편입되어 있지 않은 주요 4개 계열회사(삼양통상, GS건설, 코스모앤컴퍼니, 승산)를 일가별로 독자적으로 소유하였다.

이에 비해, 경영에는 ㈜GS에 지분을 보유한 6형제 중 5형제(허정구, 허준구, 허신구, 허완구, 허승조) 일가만 참여하였으며, 참여 가족구성원은 모두 14명으로 ㈜GS 지분을 보유한 56명과 비교하면 1/4 수준이다. 이들 중 4형제(허정구, 허준구, 허신구, 허완구) 일가 소속 13명은, 한편으로는 지주회사체제에 편입된 주요 회사들을 1-3개 일가 소속 구성원들이 공동으로 또는 독자적으로 경영하고 다른 한편으로는 지주회사체제에 편입되지 않은 주요 회사들을 일가별로 독자적으로 경영하였다. 특히 ㈜GS의 경영에는 3형제(허정구, 허준구, 허완구) 일가 소속 3명만 참여하였으며, 이 중 허준구 일가의 허창수는 최대주주이면서 대표이사회장직을 가지고 경영을 전적으로 담당하였다.

(2) LS그룹의 경우에는, ㈜LS의 소유권은 1세대 3형제(구태회, 구평회, 구두회) 일가가 공동으로 그리고 전적으로 가졌다. 매년 37-41명씩 모두 43명의 가족구성원들이 33%대의 지분을 보유하였으며, 최대주주인 가족구성원은 가족 전체 지분의 1/10 정도만을 보유하였다. 그런 한편으로, 3형제 일가 구성원들의 일부는 E1(구평회 일가), 예스코(구태회와 구두회 일가), 가온전선(3형제 일가) 등 지주회사체제에 편입되지 않은 주요 3개 계열회사를 공동으로 또는 개별적으로 소유하였다.

이에 비해, 경영에는 3형제 일가가 모두 참여하기는 하였지만, 참여 가족구성원은 10명으로 ㈜LS의 지분을 보유한 43명과 비교하면 1/4 이하이다. 지주회사체제에 편입된 회사들에서는 1-3개 일가 소속 구성원들이 공동으로 또는 독자적으로 경영에 참여하였으며, 특히 두 주력회사인 ㈜LS와 신설 LS전선의 경영에는 3개 일가가 모두 관여하였다. 한편 지주회사체제에 편입되지 않은 회사들 중 E1 및 주요 관련 회사들에서는 소유권을 가지고 있는 구평회 일가가 경영권 또한 전적으로 행사하였으며, 예스코와 가온전선에서는 소유는 2-3개 일가가 공동으로 하면서도 경영은 구태회 일가가 전적으로 담당하였다. 특히 구두회 일가는 지주회사체제 미편입 회사들의 소유에는 참여하면서도 경영에는 전혀 관여하지 않고 있다.

4.3 허씨 일가 가족구성원의 GS그룹 계열회사 경영 참여

2005년 GS그룹이 출범한 이후 ㈜GS 및 그룹 계열회사의 경영에 참여한 적이 있는 허씨 일가 가족구성원은 모두 14명이다. 이들은 5개 일가에 그리고 1·2·3세대에 속해 있으며, 모두 11개 계열회사의 경영에 참여하였다. 경영 참여 인원 14명은 ㈜GS의 소유에 참여한 인원 56명과 비교하면 1/4 수준(25%)이다(<표 5.12>, <표 5.13>, <표 5.14>).

첫째, 경영에 참여한 14명은 ㈜GS 및 주요 계열회사에 지분을 보유한 1세대 6형제 일가 중 5형제 일가에 속해 있다. 허정구(1남), 허준구(3남), 허신구(4남), 허완구(5남), 허승조(8남) 등이며, 6남 허승효 일가는 지분을 가지고 있으면서 경영에는 참여하지 않았다.

둘째, 14명을 일가별로 보면, 허준구 일가가 5명(1세대 0명+2세대 4명+3세대 1명)으로 가장 많고, 그다음이 허정구 일가 4명(0+3+1), 허신구 일가 2명(0+2+0), 허완구 일가 2명(0+2+0), 허승조 일가 1명(1+0+0) 등의 순이다. ㈜GS에 지분을 많이 보유하고 있는 일가 순서(허준구, 허정구, 허완구, 허신구, 허승조, 허승효)와 거의 동일하다.

셋째, 14명을 세대별로 보면, 2세대가 11명으로 절대다수를 차지하고 있고, 3세대가 2명(허준홍, 허윤홍) 그리고 1세대가 1명(허승조)이다. ㈜GS의 지분을 보유한 56명(1세대 7명, 2세대 24명, 3세대 25명)과 비교해 보면, 지분 보유 인원 중 경영 참여 인원의 비중이 2세대의 경우 거의 절반(46%)으로 압도적으로 높고, 1세대는 14% 그리고 3세대는 8%이다. 허승조 일가에는 1세대(허승조)만 있었고, 허신구와 허완구 일가에는 2세대(허경수, 허연수; 허용수, 허인영)만 있었으며, 허준구와 허정구 일가에는 2세대와 3세대가 함께 있었다(허창수, 허진구, 허명수, 허태수+허윤홍; 허남각, 허동수, 허광수+허준홍).

넷째, 경영에 참여한 14명 중 4명(2세대; 허창수, 허동수, 허태수, 허용수)은 2005-2013년 사이에 3개 회사의 경영에 참여하였으며, 2명(1세대 허승조, 2세대 허진수)은 2개 회사에, 그리고 대다수인 8명(2세대 6명, 3세대 2명)은 1개 회사에만 참여하였다.

다섯째, 14명의 가족구성원들이 참여한 그룹 계열회사는 모두 11개이다. 이 중 7개는 지주회사 ㈜GS 및 자회사 6개(GS칼텍스, GS에너지, GS홈쇼핑, GS리테일, GS스포츠, GS이피에스)이고, 나머지 4개는 지주회사체제에 편입되어 있지 않은 주요 계열회사들인 GS건설, 삼양통상, 코스모앤컴퍼니 그리고 승산이다.

여섯째, 11개 회사에는 1개 회사 당 1-4명씩의 가족구성원들이 경영에 참여하였다. GS건설에 가장 많은 4명이 관련되어 있고, 3명 관련 회사가 4개(㈜GS, GS에너지, GS리테일, 삼양통상), 2명 관련 회사가 2개(GS칼텍스, GS홈쇼핑), 그리고 1명 관련 회사가 4개(GS스포츠, GS이피에스, 코스모앤컴퍼니, 승산)이다.

일곱째, 지주회사 ㈜GS에는 14명 중 2세대 3명이 관여하였다. 허창수는 대표이사회장(2005년 이후), 허동수는 비상근이사(2005년 이후), 그리고 허용수는 미등기임원(2006-2012

〈표 5.12〉 가족구성원의 GS그룹 및 LS그룹 계열회사 경영 참여, 2002-2013년: (1) 참여 구성원 및 참여 대상 회사 (명, 개)

(A) GS그룹 허씨 일가 가족구성원, 2005-2013년

	합	2002	2003	2004	2005	2006	2007	2008	2009	2010	2011	2012	2013
참여 구성원 (명)	14				11	12	12	11	12	12	12	13	14
허정구 일가	4				4	4	4	3	4	4	4	4	4
허준구 일가	5				4	4	4	4	4	4	4	5	5
허신구 일가	2				2	2	2	2	2	2	2	2	2
허완구 일가	2					1	1	1	1	1	1	1	2
허승조 일가	1				1	1	1	1	1	1	1	1	1
1세대	1				1	1	1	1	1	1	1	1	1
2세대	11				9	10	10	10	10	10	10	10	11
3세대	2				1	1	1		1	1	1	2	2
참여 대상 회사 (개)	11				8	8	8	9	9	9	9	10	10
지주회사체제 편입 회사	7				5	5	5	6	6	6	6	7	6
지주회사체제 미편입 회사	4				3	3	3	3	3	3	3	3	4
(B) LS그룹 구씨 일가 가족구성원, 2002-2013년													
참여 구성원 (명)	10	4	6	9	9	9	8	8	7	7	7	7	8
구태회 일가	5	1	3	4	4	4	3	3	3	3	3	3	4
구평회 일가	4	3	3	4	4	4	4	4	4	4	4	3	3
구두회 일가	1			1	1	1	1	1				1	1
1세대	2	1	1	2	2	2	1	1	1	1	1		
2세대	8	3	5	7	7	7	7	7	6	6	6	7	8
참여 대상 회사 (개)	13	3	4	6	6	6	9	10	11	12	13	13	13
지주회사체제 편입 회사	7	1	2	3	3	3	3	4	5	6	7	7	7
지주회사체제 미편입 회사	6	2	2	3	3	3	6	6	6	6	6	6	6

주: 1) 12월 현재; 합은 전체 연도 기준임.
2) LS그룹: 2002-2003년 = LG그룹; 2008년 이후 지주회사체제.
출처: 제3장 〈표 3.24〉, 제4장 〈표 4.26〉.

〈표 5.13〉 가족구성원의 GS그룹 및 LS그룹 계열회사 경영 참여, 2002-2013년: (2) 구성원별 · 회사별 참여 연도 (년)

(A) GS그룹 허씨 일가 가족구성원, 2005-2013년

	지주회사	지주회사체제 편입 회사						지주회사체제 미편입 회사			
	㈜GS	GS 칼텍스	GS 에너지	GS 홈쇼핑	GS 리테일	GS 스포츠	GS 이피에스	GS 건설	코스모 앤컴퍼니	삼양 통상	승산
허정구 일가											
2세대 허남각										05-13	
허동수	05-13	05-13	12-13								
허광수										05-13	
3세대 허준홍										05-07, 09-13	
허준구 일가											
2세대 허창수	05-13					05-13		05-13			
허진수		05-13	12-13								
허명수								05-13			
허태수				05-13	05-13			13			
3세대 허윤홍								12-13			
허신구 일가											
2세대 허경수									05-13		
허연수					05-13						
허완구 일가											
2세대 허용수	06-12		13				08-12				
허인영											13
허승조 일가											
1세대 허승조				05-13	05-13						

(B) LS그룹 구씨 일가 가족구성원, 2002-2013년

	지주회사	지주회사체제 편입 회사						지주회사체제 미편입 회사					
	㈜LS	LS 산전	LS-Nikko 동제련	LS 전선	LS 엠트론	JS 전선	대성 전기 공업	예스코	E1	가온 전선	LS 네트 웍스	E1 물류	E1 컨테 이너
구태회 일가													
1세대 구태회	04-06												
2세대 구자홍	04-12	03-07, 12-13											
구자엽	13	03-12		13						04-13			
구자명	03		04-13					02-13					
구자철								13					
구평회 일가													
1세대 구평회	04-06								02-11				
2세대 구자열	02-13		04-13	08-12	09-13	10-13	11-13				07-13		
구자용									02-13		07-13	07-13	07-13
구자균		04-13											
구두회 일가													
2세대 구자은	04-07			08, 12-13									

주: LS그룹: 2002-2003년 = LG그룹; 2008년 이후 지주회사체제; E1컨테이너 = E1컨테이너터미널; 구자철 2013년 = 2014년.
출처: 제3장 〈표 3.26〉, 제4장 〈표 4.28〉.

〈표 5.14〉 가족구성원의 GS그룹 및 LS그룹 계열회사 경영 참여, 2002-2013년: (3) ㈜GS와 ㈜LS에서의 직책

(A) ㈜GS, 2005-2013년

	허창수	허동수	허용수
2005	대표회장	비상근이사	
2006	대표회장	비상근이사	미등기상무
2007	대표회장	비상근이사	미등기상무
2008	대표회장	비상근이사	미등기상무
2009	대표회장	비상근이사	미등기상무
2010	대표회장	비상근이사	미등기전무
2011	대표회장	비상근이사	미등기전무
2012	대표회장	비상근이사	미등기부사장
2013	대표회장	비상근이사	

(B) ㈜LS, 2002-2013년

	구자열	구자홍	구자엽	구자명	구자은	구태회	구평회
2002	대표						
2003	대표			비상근이사			
2004	대표	상근이사			미등기이사	명예회장	고문
2005	대표	상근이사			미등기이사	명예회장	고문
2006	대표	상근이사			미등기이사	명예회장	고문
2007	대표	상근이사			미등기이사		
지주회사							
2008	비상근이사	대표					
2009	비상근이사	대표					
2010	상근이사	대표회장					
2011	상근이사	대표회장					
2012	상근이사	대표회장					
2013	대표회장		상근이사				

주: 1) 12월 또는 이듬해 3월 현재.
2) 대표 = 상근 대표이사, '대표' = 직책(회장, 사장 등) 표시 없음; 대표이사와 비상근이사는 등기임원; 명예회장 = 미등기 비상근명예회장, 고문 = 미등기 비상근고문; 구자은 이사 = 집행이사.
3) ㈜GS 2005-2008년 = GS홀딩스; ㈜LS 2002-2004년 = LG전선, 2005-2007년 = LS전선, 2002-2003년 = LG그룹 계열회사.

출처: 제3장 〈표 3.27〉, 제4장 〈표 4.29〉.

년)이었다. 이들 3명은 각각 1세대 허준구, 허정구 및 허완구 일가 소속이며, 이 세 일가는 순서대로 1세대 6형제 일가들 중 ㈜GS에 가장 많은 지분을 보유하였다.

전체적으로 보면, 1세대 5형제 가족구성원 14명이 11개 그룹 계열회사의 경영에 관여하는 가운데, 3남 허준구 일가(5명, 7개)가 참여 구성원 및 회사 수에서 가장 앞섰고, 그다음이 1남 허정구 일가(4명, 4개), 허완구 일가(2명, 4개), 허신구 일가(2명, 2개), 허승조 일가(1명, 2개) 등의 순이다.

이들 중 허승조를 제외한 나머지 4형제 일가 13명은, 한편으로는 지주회사 ㈜GS 및 6개 자회사의 경영에 참여하고 다른 한편으로는 일가별로 소유하고 있는 지주회사체제 미편입 4개 회사를 독자적으로 경영하였다. 경영에 참여한 14명의 대다수는 ㈜GS의 대주주들이며, 이들 중 4형제 일가 구성원 13명의 대다수는 일가별로 소유한 지주회사체제 미편입 회사에서도 큰 지분을 보유하였다.

4.4 구씨 일가 가족구성원의 LS그룹 계열회사 경영 참여

2004년 LS그룹이 출범한 이후(2002-2003년 기간 포함) ㈜LS 및 그룹 계열회사의 경영에 참여한 적이 있는 구씨 일가 가족구성원은 모두 10명이다. 이들은 3개 일가에 그리고 1·2세대에 속해 있으며, 모두 13개 계열회사의 경영에 참여하였다. 경영 참여 인원 10명은 ㈜LS의 소유에 참여한 인원 43명과 비교하면 1/4 수준(23%)이다(<표 5.12>, <표 5.13>, <표 5.14>).

첫째, 경영에 참여한 10명은 ㈜LS 및 주요 계열회사에 지분을 보유한 1세대 3형제(4남 구태회, 5남 구평회, 6남 구두회) 일가에 속해 있었다.

둘째, 10명을 일가별로 보면, 구태회 일가가 5명(1세대 1명+2세대 4명)으로 절반을 차지하였고, 구평회 일가가 4명(1+3) 그리고 구두회 일가가 1명(0+1)이다. ㈜LS에 비슷한 크기의 가장 많은 지분을 가지고 있는 앞의 두 일가가 경영에서도 비슷한 크기의 가장 많은 인원을 참여시키고 있다.

셋째, 10명을 세대별로 보면, 2세대가 8명으로 절대다수를 차지하고 있고 나머지 2명은 1세대(구태회, 구평회)이다. ㈜LS의 지분을 보유한 43명(1세대 3명, 2세대 16명, 3세대 24명)과 비교해 보면, 지분 보유 인원 중 경영 참여 인원의 비중이 1세대에서 67% 그리고 2세대에서 50%이며, 3세대는 아직 경영에 참여하고 있지 않다. 구두회 일가에는 2세대(구자은)만 있었고, 구태회 일가와 구평회 일가에는 1세대와 2세대가 함께 있었다(구태회+구자홍, 구자엽, 구자명, 구자철; 구평회+구자열, 구자용, 구자균).

넷째, 경영에 참여한 10명 중 1명(2세대 구자열)은 2002-2013년 사이에 7개 회사의 경영에 참여하였으며, 2명(2세대 구자용, 구자엽)은 4개 회사에, 1명(2세대 구자명)은 3개 회사에, 3명(1세대 구평회, 2세대 구자홍과 구자은)은 2개 회사에, 그리고 나머지 3명(1세대 1명, 2세대 2명)은 1개 회사에만 참여하였다.

다섯째, 10명의 가족구성원들이 참여한 그룹 계열회사는 모두 13개이다. 이 중 7개는 지주회사 ㈜LS, 자회사 4개(LS산전, LS-Nikko동제련, LS전선, LS엠트론), 그리고 손자회사 2개(JS전선, 대성전기공업)이며, 나머지 6개는 지주회사체제에 편입되지 않은 예스코, 가온전선, 그리고 E1 및 자회사 3개(LS네트웍스, E1물류, E1컨테이너터미널)이다.

여섯째, 13개 회사에는 1개 회사 당 1-7명씩의 가족구성원들이 참여하였다. ㈜LS에 가장 많은 7명이 관련되어 있고, 3명 관련 회사가 2개(LS산전, LS전선), 2명 관련 회사가 4개(LS-Nikko동제련, 예스코, E1, LS네트웍스), 그리고 1명 관련 회사가 가장 많은 6개 회사(LS엠트론, JS전선, 대성전기공업, 가온전선, E1물류, E1컨테이너터미널)이다.

일곱째, 지주회사 ㈜LS에는 10명 중 7명(2세대 5명, 1세대 2명)이나 경영에 참여하였다. 2세대인 구자열은 대표이사, 비상근이사 또는 상근이사(2002년 이후), 구자홍은 대표이사 또는 상근이사(2004-2012년), 구자명은 비상근이사(2003년), 구자엽은 상근이사(2013년), 그리고 구자은은 미등기이사(2004-2007년)였으며, 1세대인 구태회와 구평회는 각각 명예회장, 고문(2004-2006년)이었다. 4명(구태회, 구자홍, 구자명, 구자엽)은 1세대 구태회 일가 소속이고, 2명(구평회, 구자열)은 구평회 일가 소속이며, 나머지 1명(구자은)은 구두회 일가 소속이다. 구태회와 구평회 일가는 ㈜LS에 비슷한 크기의 지분을 보유하였고 구두회 일가의 지분은 그 절반 정도였다.

전체적으로 보면, 2002년 이후 1세대 3형제 가족구성원 10명이 13개 그룹 계열회사의 경영에 참여하는 가운데, 참여 구성원은 4남 구태회 일가(5명)와 5남 구평회 일가(4명) 소속이 각각 절반 정도씩이고 6남 구두회 일가 소속은 1명이다. 또 참여 회사는 구평회 일가(11개)가 월등하게 많고, 그다음이 구태회 일가(6개)와 구두회 일가(2개)이다.

이들 가족구성원 10명은, 한편으로는 지주회사 ㈜LS, 자회사 4개 및 손자회사 2개의 경영에 참여하고 다른 한편으로는 지주회사체제 미편입 6개 회사의 경영에도 관여하였다. 경영에 참여한 10명의 대다수는 ㈜LS의 대주주들이며, 지주회사체제 미편입 회사 중 핵심 회사

3개(예스코, E1, 가온전선)에도 큰 지분을 보유하였다.

4.5 ㈜GS와 ㈜LS 경영진의 겸직

지주회사 ㈜GS와 ㈜LS의 임원들은 대부분이 겸직을 보유하면서 그룹의 주요 계열회사들을 직접적 또는 간접적으로 통제하였다(<표 5.15>).

(1) 2005년 GS그룹 출범 이후 겸직을 보유한 적이 있는 등기임원 및 미등기임원은 모두 8명이며, 겸직 대상 회사는 지주회사체제에 편입되거나 편입되지 않은 19개이다.

겸직을 보유한 8명 중 3명은 등기임원(사내이사; 대표이사 2명, 비상근이사 1명)이고 나머지 5명은 미등기임원이다. ㈜GS의 사내 등기임원은 2005년 이후 줄곧 3명이었으며, 등기임원은 전원이 매년 겸직을 보유하였다. 반면 미등기임원은 2005년 3명 그리고 2006-2013년 4명이었으며, 2012년 한 해에만 전원 겸직을 보유하였고 나머지 연도에는 절반 이상의 일부 인원만 겸직을 보유하였다. 8명 중 3명(대표이사 허창수, 비상근이사 허동수; 미등기임원 허용수)은 허씨 일가 가족구성원이고 나머지 5명(대표이사 서경석, 미등기임원 4명)은 전문경영인이다. 허동수가 가장 많은 7개 회사에 겸직을 보유한 적이 있었고, 서경석은 5개 회사에 그리고 허창수는 2개 회사에 관여하였다.

8명 임원이 겸직을 보유한 그룹 계열회사는 모두 19개이다. 이 중 10개는 ㈜GS의 계열회사이며, 자회사가 7개(GS칼텍스, GS에너지, GS홈쇼핑, GS리테일, GS글로벌, GS스포츠, GS이피에스) 그리고 손자회사가 3개(GS파워, GS플라텍, 디케이티)이다. 나머지 9개는 지주회사체제에 편입되지 않은 회사들이다. 허신구 일가 소유의 GS건설 계열 2개(GS건설, 파르나스호텔), 허정구 일가 소유의 삼양통상 계열 3개(보헌개발, 컴텍인터내셔날, 삼정건업), 허완구 일가 소유의 승산 계열(승산, 승산레저), 기타 회사 2개(GS자산운용, 위너셋) 등이다.

(2) LS그룹의 경우에는 등기임원의 겸직 정보만 이용 가능하다. 2004년 그룹 출범 이후 겸직을 보유한 적이 있는 등기임원이 모두 6명이며, 겸직 대상 회사는 지주회사체제에 편입되거나 편입되지 않은 9개이다.

㈜LS의 사내 등기임원은 2004년에는 4명이었고 2005년 이후에는 줄곧 3명이었으며, 따라서 2007년까지는 등기임원 전원이, 그리고 2009년 이후에는 3명 중 2명이 겸직을 보유하였다. 6명 중 2명(구자열, 대표이사, 비상근이사 또는 상근이사; 구자홍, 상근이사 또는 대표이사)은 구씨 일가 가족구성원이고 나머지 4명(대표이사 1명, 상근이사 3명)은 전문경영인

이다. 구자열이 가장 많은 6개 회사에 겸직을 보유한 적이 있었고, 그다음이 전문경영인 이철우(상근이사)가 3개 회사에 관여하였다.

〈표 5.15〉 ㈜GS와 ㈜LS 경영진의 겸직, 2004-2013년 (명, 개)

(A) ㈜GS 경영진, 2005-2013년

	합	2005	2006	2007	2008	2009	2011	2012	2013
겸직 임원 (명)	8	5	5	5	5	6	3	7	5
등기임원	3	3	3	3	3	3	3	3	3
미등기임원	5	2	2	2	2	3		4	2
(등기임원별 겸직 회사, 개)									
허동수	7	3	2	1	1	1	3	5	5
허창수	2	2	2	2	2	2	2	2	2
서경석	5	3	3	3	3	4	4	5	5
겸직 회사 (개)	19	8	8	7	6	8	7	17	14
지주회사체제 편입 회사	10	6	6	5	4	6	3	8	7
지주회사체제 미편입 회사	9	2	2	2	2	2	4	9	7

(B) ㈜LS 경영진, 2004-2012년

	합	2004	2005	2006	2007	2009	2010	2011	2012
겸직 임원 (명)	6	4	3	3	3	2	2	2	2
(임원별 겸직 회사, 개)									
구자열	6	1	1	1	1	4	4	6	6
구자홍	1	1	1	1	1				
이철우	3		3	3	1				
이광우	1					1	1	1	1
이범순	1	1							
조일권	1	1							
겸직 회사 (개)	9	2	4	4	2	5	5	7	7
지주회사체제 편입 회사	8	2	4	4	2	4	4	6	6
지주회사체제 미편입 회사	1					1	1	1	1

주: 1) 합은 전체 연도 기준임.
2) ㈜GS: 2005-2008년 = GS홀딩스; 2010년 정보 없음; 2011년에는 등기임원 정보만 있음.
3) ㈜LS: 2004년 = LG전선, 2005-2007년 = LS전선; 2008년과 2013년 정보 없음; 임원은 모두 등기임원임.
출처: 제3장 〈표 3.29〉, 〈표 3.30〉, 제4장 〈표 4.31〉, 〈표 4.32〉.

6명의 등기임원이 겸직을 보유한 그룹 계열회사는 모두 9개이다. 이 중 8개는 ㈜LS의 계열회사이며, 자회사가 6개(LS-Nikko동제련, LS산전, 네옵텍, LS글로벌인코퍼레이티드, LS전선, LS엠트론)이고 손자회사가 2개(JS전선, 대성전기공업)이다. 나머지 1개는 지주회사체제에 편입되어 있지 않은 회사로서, E1의 자회사인 LS네트웍스이다.

4.6 ㈜GS와 ㈜LS의 업무조직

㈜GS는 2004년 이후 그리고 ㈜LS는 2008년 이후 공정거래법상 지주회사이며 지주사업을 수행하는 순수지주회사이다. 그런 만큼 임직원은 적고 업무조직은 단순하였다.

(1) ㈜GS의 임직원은 2004년 이후 29-40명 사이에서 조금씩 늘어났으며, 임원은 10-11명(등기 7명, 미등기 3-4명)이고 직원은 18-29명이었다. 미등기임원과 직원은 3-5개의 팀(재무, 업무지원, 사업지원, 경영지원, 브랜드관리)으로 조직되었다.

(2) ㈜LS의 임직원과 조직 규모는 상대적으로 더 컸다. 2008년 이후 임직원은 36-72명, 임원은 7-13명(등기 6-7명, 미등기 1-6명), 그리고 직원은 29-60명이었다. 또 조직은 3-7개 사이의 부문(전략기획, 인재육성, 재경 · 지원, 인사 · 홍보, 경영관리, 경영진단, 경영기획)이었다.

5. 맺음말

(1) GS그룹과 LS그룹 지배구조의 가장 큰 특징은 '공동적이면서 개별적인 가족 소유 · 경영 지배체제'라는 점이다.

가족구성원들이 그룹의 주요 계열회사들을 한편으로는 공동으로 소유하고 다른 한편으로는 개별적으로 소유하고 있으며, 경영 또한 같은 방식이 적용되었다. 따라서 그룹의 전체 계열회사들이 하나의 소유권 및 경영권 아래에 놓여 있지 않고, 대신 전체 계열회사들이 여러 개의 묶음으로 나뉘어 각각 별개로 소유 · 경영되고 있다. 그 결과, GS그룹 그리고 LS그룹은 외형적으로는 '하나의 그룹'이지만 실제로는 '여러 개의 독립적인 소그룹들이 동거하는 집합체'이다.

이런 소그룹들이 GS그룹에는 5개가 있고 LS그룹에는 4개가 있으며, 이들은 각각 '1+4',

'1+3' 체제로 형성되어 있다. '소그룹 1'은 그룹 전체 계열회사들 중 공정거래법상 지주회사체제에 편입된 계열회사들로 구성된 1개의 모임이고, '소그룹 4'와 '소그룹 3'은 공식적인 지주회사체제에는 편입되지 않으면서 실질적인 지주회사체제를 형성하고 있는 계열회사들로 구성된 4개 그리고 3개의 모임들이다. '소그룹 1'의 정점에는 공정거래법상 지주회사가 있고, '소그룹 4'와 '소그룹 3'의 정점에는 실질적인 지주회사들이 있다.

지주회사는 '다른 회사의 주식 보유가 주된 목적인 회사'이며, 공정거래법상의 요건(국내회사 주식 보유, 자산총액 1천억 원 이상, 지주비율 50% 이상)을 충족하는 지주회사가 공정거래법상 지주회사이다. 반면 지주회사는 아니지만 다른 계열회사들의 지분을 보유하면서 지배하는 회사가 실질적인 지주회사이다.

GS그룹에서는, 공정거래법상 지주회사는 ㈜GS이고 실질적인 지주회사 4개는 GS건설, 코스모앤컴퍼니, 삼양통상, 그리고 승산이다. 또, LS그룹의 공정거래법상 지주회사는 ㈜LS이고 실질적인 지주회사 3개는 예스코, E1, 그리고 가온전선이다. 코스모앤컴퍼니는 공정거래법상 요건을 갖추지 않은 지주회사이며, ㈜LS는 2007년까지는 실질적인 지주회사였고 2008년부터 공정거래법상 지주회사이다.

(2) GS그룹의 소유와 경영에는 허씨 7개 일가 소속 1,2,3세대 가족구성원 56명이 참여하였고, LS그룹의 소유와 경영에는 구씨 3개 일가 소속 1,2,3세대 가족구성원 43명이 참여하였다.

㈜GS의 소유에는 1세대 7형제(허정구, 허준구, 허신구, 허완구, 허승효, 허승표, 허승조) 일가가 공동으로 참여하였으며, 그런 한편으로 4형제(허정구, 허준구, 허신구, 허완구) 일가는 삼양통상, GS건설, 코스모앤컴퍼니, 그리고 승산을 각각 일가별로 독자적으로 소유하였다. 경영에는 4형제(허정구, 허준구, 허신구, 허완구) 일가만 참여하였다. 이 4개 일가는, 한편으로는 지주회사 ㈜GS 및 주요 계열회사들을 1-3개 일가가 공동으로 또는 일가별로 경영하고 다른 한편으로는 일가별로 각각 소유권을 장악하고 있는 실질적인 지주회사 4개를 일가별로 독자적으로 경영하였다. 특히 ㈜GS의 경영에는 3형제(허정구, 허준구, 허완구) 일가만 참여하였다.

㈜LS의 소유에는 1세대 3형제(구태회, 구평회, 구두회) 일가가 공동으로 참여하였으며, 그런 한편으로 3형제 일가는 E1(구평회 일가), 예스코(구태회와 구두회 일가), 그리고 가온전선(3형제 일가)을 공동으로 또는 일가별로 소유하였다. 3형제 일가는 경영에도 모두 관여하였다. 지주회사 ㈜LS 및 주요 계열회사들에 대해서는 1-3개 일가가 공동으로 또는 독자적으

로 경영하였으며, 특히 ㈜LS에는 3형제 일가가 모두 관여하였다. 그런 한편으로, 구평회 일가는 소유권을 장악하고 있는 E1을 전적으로 경영하였으며, 구태회 일가는 예스코와 가온전선의 경영을 담당하였다.

(3) GS그룹과 LS그룹의 지배구조 특히 소유구조가 '공동적인' 모습을 가지는 것은 충분히 이해할 수 있는 일이다. 1세대 형제들이 여러 명이고 후손들이 많으므로 이들을 최대한 포용하여 허씨 그리고 구씨 일가의 동질성 및 영속성을 유지하려는 노력의 결과인 것으로 보인다. 특히 그룹의 주력회사들인 ㈜GS와 ㈜LS에서는, 어느 1명 또는 몇 명의 가족구성원이 전체 가족 지분 중에서 절대적인 비중을 차지하지 못하는 가운데, 2세대 구성원들을 중심으로 세대 간에 그리고 일가 간에 지분이 골고루 배분되는 '분산적 공동소유'의 구조가 정착되었다.

반면, 두 그룹의 소유구조가 '개별적인' 모습을 가지는 것에 대해서는 선뜻 이해하기가 쉽지 않다. 삼양통상, GS건설, 코스모앤컴퍼니 및 승산을 지주회사 ㈜GS가 소유하지 않고 일가별로 독자적으로 소유하는 이유, 그리고 E1, 예스코 및 가온전선을 ㈜LS가 소유하지 않고 2-3개 일가가 공동으로 또는 1개 일가가 독자적으로 소유하는 이유가 무엇인지 그 속사정에 대해서는 아직 명확한 답을 찾지 못하고 있는 상황이다.

더구나, '개별적'의 정도가 심해서 그룹 전체의 절반 정도가 '개별적인' 모습을 띄고 있는 점에 대해서는 궁금증이 더 커지고 있다. 2013년 현재, GS그룹에서는 77개 전체 계열회사들 중 절반이 넘는 42개(55%)가, 그리고 LS그룹에서는 50개 계열회사들 중 절반에 조금 못 미치는 23개(46%)가 '개별적인 모습' 속에 담겨 있다. 공정거래법상 지주회사체제에 편입되지 않고 몇 개의 실질적인 지주회사체제들을 형성하고 있는 것이다. GS그룹의 경우, 공정거래법상 지주회사체제 출범 첫 해인 2005년에는 이 '개별적인' 비중이 74%에 달했으며, 이후 점점 줄어 2013년에는 그 비중이 가장 낮은 상태이기는 하다. 반면, LS그룹에서는 지주회사체제 첫 해인 2008년에는 '개별적인' 비중이 40%였는데, 2013년에는 이 비중이 오히려 늘어난 상태이다.

(4) 소유구조가 '개별적인' 모습을 가지게 된 것은, 56명과 43명의 가족구성원들이 소속되어 있는 허씨 7개 일가 그리고 구씨 3개 일가가 '창업 1세대' 일가인 점과 관련이 있는 것으로 보인다. 10개 일가의 정점에 있는 7형제(허정구, 허준구, 허신구, 허완구, 허승효, 허승표, 허승조)와 3형제(구태회, 구평회, 구두회)는 모두 1세대들이다. 1세대 일가들의 과거 행적 그리고 '전통'을 존중하는 의미에서 그룹이라는 한 울타리 내에서 상당 정도의 독자성을 부여해 준 것으로 판단된다.

GS그룹은 2005년에 그리고 LS그룹은 2004년에 각각 LG그룹으로부터 분리되어 새롭게 형성되었다. LG그룹은 1947년 구인회에 의해 창립되었고 이 과정에서 같은 세대인 사돈 집안의 허준구가 일부 형제들과 함께 그룹에 참여하기 시작하였다. 허씨 일가 입장에서는 허준구가 창업주인 셈이다. 구씨 3형제는 구인회의 동생들이다. 2004-2005년 당시, 구인회의 6형제 중 3명(구인회, 구철회, 구정회) 그리고 허정구의 8형제 중 3명(허정구, 허학구, 허준구)은 고인이 된 상태였다.

구인회와 허준구를 비롯한 '창업 1세대' 일가들은 1947년 이후 LG그룹의 소유와 경영에 서로 다른 정도로 참여해 왔고, 그런 한편으로 그룹 외부에서 독자적인 사업을 수행해 왔다. 삼양통상(허정구 일가), 코스모앤컴퍼니(허신구 일가), 승산(허완구 일가) 및 가온전선은 후자에 해당된다.

2005년 GS그룹이 출범하면서 2개 회사(㈜GS(이전 GS홀딩스), GS건설(이전 LG건설))는 LG그룹으로부터 이관되었고, 3개 회사(삼양통상, 코스모앤컴퍼니, 승산)는 외부에서 합류하였다. 또, 2004년 LS그룹이 출범하면서는 3개 회사(㈜LS(이전 LG전선), 예스코(이전 극동도시가스), E1(이전 LG-Caltex가스))가 LG그룹으로부터 넘어 왔고, 1개 회사(가온전선(이전 희성전선))는 외부에서 합류하였다. 한편, 1세대 허씨 8형제 중 허승효 일가가 운영하는 외부회사(알토)는 GS그룹에 합류하지 않았으며, 2명 형제(허학구, 허승표) 일가는 GS그룹에는 참여하지 않고 외부에서 독자적으로 사업(새로닉스, 피플웍스프로모션)을 운영하였다. 허승표 일가는 2004년 ㈜GS에 지분을 잠깐 보유한 적이 있었다.

따라서, GS그룹에서 2005년 이후 삼양통상, 코스모앤컴퍼니 및 승산이 공정거래법상 지주회사체제에 편입되지 않고 독자적으로 실질적인 지주회사체제를 유지하고 있는 것은 상당한 이유가 있는 셈이다. 외부에서 오랜 기간 독자적인 행보를 해 왔기 때문이다. 반면 GS건설이 허준구 일가 몫으로 결정된 것은 LG그룹 시절 이 회사에 대한 허준구 일가의 참여 또는 기여 정도가 컸기 때문이 아닐까 짐작된다.

LS그룹의 경우에는, 외부 업체였던 가온전선이 2008년 이후 공정거래법상 지주회사체제 밖에 머물러 있는 사정은 어느 정도 수긍이 가지만 소유에 구씨 3형제 일가가 모두 참여하고 있는 이유에 대해서는 알 길이 없다. 더구나, LG그룹으로부터 이관되어온 E1과 예스코가 지주회사체제에 편입되지 않은 점, 그리고 각각 1개 일가와 2개 일가가 소유하고 있는 점에 대해서는 더욱 짐작이 가지 않는다. 아마도, 3개 회사에 대한 3개 일가의 개입 정도가 과거에 서로 달랐고, 그 결과 3개 일가 간의 역학 관계가 독특하게 형성되었기 때문이 아닐

까 추측된다.

(5) GS그룹과 LS그룹 지배구조의 모습은 지주회사제도 도입의 취지인 '투명하고 민주적인 지배구조의 정착'과는 상당한 거리가 있음에 틀림없다.

지주회사체제 자체가 불완전하고 복합적이다. 그룹의 절반 정도만 공정거래법상 지주회사체제이고 나머지 절반 정도는 3-4개의 실질적인 지주회사체제들이다. 경영권과 소유권이 통일되어 있지 않고 여러 갈래로 분산되어 얽혀 있다. 개개의 지주회사체제 내에서는, 소유구조는 '공정거래법상 지주회사 또는 실질적인 지주회사 → 자회사 → 손자회사'로 하향적으로 이어지면서 단순 명료하게 형성되어 있는 반면 소유권과 경영권은 1-6개의 허씨 또는 구씨 일가에게로 집중되어 있다. 그룹 전체로 보면, '단순 투명한 4-5개 소유구조의 집합체'이면서 '1-6개 최대주주 일가에 집중된 4-5개 소유·경영권의 집합체'이다. 그룹의 소유 및 경영구조가 단순하지도 투명하지도 민주적이지도 못하며, 외형적으로나 본질적으로나 지주회사제도 도입의 취지가 크게 퇴색하거나 왜곡되어 있는 상황이다.

GS그룹과 LS그룹의 역사 자체가 짧고, 더구나 LS그룹에서는 공정거래법상 지주회사체제의 역사가 더욱 일천한 상황이므로, 두 그룹에서의 '공동적이면서 개별적인 가족 소유·경영 지배체제'는 앞으로 상당 기간 지속될 것으로 전망된다.

2005년 이후 그리고 2008년 이후 공정거래법상 지주회사인 ㈜GS와 ㈜LS는 공동적인 지배체제를 유지하고 강화하는 구심점 역할을 해왔고, 앞으로도 계속해 갈 것으로 보인다. 두 지주회사가 보다 적극적으로 구심점 역할을 하면서 실질적인 지주회사 및 관련 회사들을 빠른 속도로 흡수하고 그럼으로써 현재보다 더 '공동적인' 지배체제를 구축할지 주목된다. 또, 두 지주회사의 역할이 현재 수준에 머물거나 오히려 소극적이 되면서 보다 더 '개별적인' 지배체제가 구축되고 궁극적으로는 일가들이 차례로 분가하여 새로운 그룹들로 독립할지에 대해서도 관심을 가지고 지켜보아야 할 것으로 보인다.

부 록

〈부록 1〉 GS그룹의 지주회사체제, 2005-2013년

〈부록 표 1.1〉 GS그룹의 지주회사체제, 2005년 4월

(가) 개관

· 그룹 계열회사 50개 (a) = 지주회사체제 편입 회사 13개 (b) + 미편입 회사 37개 (c)
· 지주회사체제 달성 비율 (b/a) = 26%

· [b]
최대주주 허창수 → 지주회사 GS홀딩스 → 자회사 4개 → 손자회사 8개
지주회사 GS홀딩스* →
[A] 자회사 3개 (1* + 2) → 손자회사 8개
[B] 자회사 1개
· * 표시된 2개 회사는 상장회사이며, 밑줄 친 4개 회사는 계열회사 보유.

· [c] * 표시된 3개 회사는 상장회사.

(나) 지주회사 GS홀딩스* 및 12개 계열회사 (b)

자회사 (4개): [A] (3개) GS칼텍스(50%), GS홈쇼핑*(30), GS리테일(65.8)
[B] (1개) GS스포츠(100)

손자회사 (8개): [A] (5개) (GS칼텍스) 서라벌도시가스(100), 세티(58.8), 오일체인(31.3), 해양도시가스(100), GS파워(100)
(2개) (GS홈쇼핑) 한국케이블TV울산방송(98.7), GS텔레시스템(100)
(1개) (GS리테일) GS왓슨스(50)

(다) 지주회사체제 미편입 37개 회사 (c)

(4개) GS건설*; (자회사 3개) 이지빌(16%), 위드서비스(100), 한무개발(67.56)

(11개) 코스모앤컴퍼니; (관련 회사 10개)
코스모화학*, 코스모정밀화학, 코스모산업, 코스모양행, 코스모아니넷, 랜드마크아시아, 코스모앤홀딩스, 코스모레저, 코스모에스앤에프, 마루망코리아

(5개) 삼양통상*; (관련 회사 4개) 삼양인터내셔널, 보헌개발, 켐텍인터내셔날, 옥산유통

(2개) 승산; (관련 회사 1개) 승산레저

(15개) 기타 회사: 캠바이오테크놀로지아시아, 에이치플러스홀딩스, 로슬린코퍼레이션, 크린에어월드, 에스엠, GS네오텍, 센트럴모터스, 에스엘에스, 여수화물, 곤지암리조트, 스마트로, 아이써프, 드림스포즈, 디에이치클럽닷컴, 정산스포츠

주: (나) 회사는 사업보고서 자료, 지분은 공정거래위원회 자료를 각각 취함.
(다) GS건설 지분은 2005년 3월 현재; 코스모앤컴퍼니, 삼양통상 및 승산의 관련 회사는 잠정적임.
출처: 사업보고서, 공정거래위원회 홈페이지 자료.

〈부록 표 1.2〉 GS그룹의 지주회사체제, 2006년 3월

(가) 개관

· 그룹 계열회사 49개 (a) = 지주회사체제 편입 회사 15개 (b) + 미편입 회사 34개 (c)
· 지주회사체제 달성 비율 (b/a) = 31%

· [b]
최대주주 허창수 → 지주회사 GS홀딩스 → 자회사 5개 → 손자회사 9개
지주회사 GS홀딩스* →
[A] 자회사 3개 (1* + 2) → 손자회사 9개
[B] 자회사 2개
· * 표시된 2개 회사는 상장회사이며, 밑줄 친 4개 회사는 계열회사 보유.

· [c] * 표시된 3개 회사는 상장회사.

(나) 지주회사 GS홀딩스* 및 14개 계열회사 (b)

자회사 (5개): [A] (3개) GS칼텍스(50%), GS홈쇼핑*(30), GS리테일(65.8)
[B] (2개) GS스포츠(100), GS이피에스(70)

손자회사 (9개): [A] (6개) (GS칼텍스) 넥스테이션(66.3), 서라벌도시가스(100), 오일체인(50),
해양도시가스(100), GS파워(100), GS퓨얼셀(55)
(2개) (GS홈쇼핑) 한국케이블TV울산방송(98.7), GS텔레서비스(100)
(1개) (GS리테일) GS왓슨스(50)

(다) 지주회사체제 미편입 34개 회사 (c)

(6개) GS건설*; (자회사 5개) 이지빌(32%), 위드서비스(100), 한무개발(67.56), 에스텍적산(100),
의정부경전철(47.54)

(10개) 코스모앤컴퍼니; (관련 회사 9개)
코스모화학*, 코스모정밀화학, 코스모산업, 코스모양행, 코스모아이넷,
랜드마크아시아, 코스모앤홀딩스, 코스모에스앤에프, 마루망코리아

(5개) 삼양통상*; (관련 회사 4개) 삼양인터내셔널, 보헌개발, 켐텍인터내셔날, 옥산유통

(2개) 승산; (관련 회사 1개) 승산레저

(11개) 기타 회사: 에스엠, GS네오텍, 센트럴모터스, 에스엘에스, 여수화물, 위너셋, 스마트로, 아이써프,
드림스포즈, 디에이치클럽닷컴, 에스티에스로지스틱스

주: (나) 회사는 사업보고서 자료, 지분은 공정거래위원회 자료를 각각 취함; GS텔레서비스 = 2005년 GS텔레시스템.
(다) GS건설 지분은 2005년 12월 현재; 코스모앤컴퍼니, 삼양통상 및 승산의 관련 회사는 잠정적임; 위너셋 = 2005년 곤지암리조트.
출처: 사업보고서, 공정거래위원회 홈페이지 자료.

〈부록 표 1.3〉 GS그룹의 지주회사체제, 2007년 3월

(가) 개관

· 그룹 계열회사 47개 (a) = 지주회사체제 편입 회사 16개 (b) + 미편입 회사 31개 (c)
· 지주회사체제 달성 비율 (b/a) = 34%

· [b]
최대주주 허창수 → 지주회사 GS홀딩스 → 자회사 5개 → 손자회사 10개
지주회사 GS홀딩스* →
[A] 자회사 3개 (1* + 2) → 손자회사 10개
[B] 자회사 2개
· * 표시된 2개 회사는 상장회사이며, 밑줄 친 4개 회사는 계열회사 보유.

· [c] * 표시된 3개 회사는 상장회사.

(나) 지주회사 GS홀딩스* 및 15개 계열회사 (b)

자회사 (5개): [A] (3개) GS칼텍스(50%), GS홈쇼핑*(30), GS리테일(65.8)
[B] (2개) GS스포츠(100), GS이피에스(70)

손자회사 (10개): [A] (6개) (GS칼텍스) 넥스테이션(97.2), 서라벌도시가스(100), 해양도시가스(100), AMCO(100), GS파워(100), GS퓨얼셀(53.7)
(3개) (GS홈쇼핑) GS강남방송(51), GS울산방송(98.7), GS텔레서비스(100)
(1개) (GS리테일) GS왓슨스(50)

(다) 지주회사체제 미편입 31개 회사 (c)

(7개) GS건설*; (자회사 6개) 이지빌(78%), 자이서비스(100), 한무개발(67.56), 에스텍적산(100), 의정부경전철(47.54), 지엘에스서비스(100)

(8개) 코스모앤컴퍼니; (관련 회사 7개)
코스모화학*, 코스모정밀화학, 코스모산업, 코스모양행, 랜드마크아시아, 코스모에스앤에프, 마루망코리아

(5개) 삼양통상*; (관련 회사 4개) 삼양인터내셔널, 보헌개발, 켐텍인터내셔날, 옥산유통

(2개) 승산; (관련 회사 1개) 승산레저

(9개) 기타 회사: 에스엠, GS네오텍, 센트럴모터스, 위너셋, 스마트로, 드림스포즈, 디에이치클럽닷컴, 에스티에스로지스틱스, 아이티멕스에스와이아이

주: (나) 회사는 사업보고서 자료, 지분은 공정거래위원회 자료를 각각 취함; GS울산방송 = 2005-2006년 한국케이블TV울산방송.
(다) GS건설 지분은 2006년 12월 현재; 코스모앤컴퍼니, 삼양통상 및 승산의 관련 회사는 잠정적임; 자이서비스 = 2005-2006년 위드서비스.
출처: 사업보고서, 공정거래위원회 홈페이지 자료.

〈부록 표 1.4〉 GS그룹의 지주회사체제, 2008년 3월

(가) 개관

· 그룹 계열회사 57개 (a) = 지주회사체제 편입 회사 18개 (b) + 미편입 회사 39개 (c)
· 지주회사체제 달성 비율 (b/a) = 32%

· [b]
최대주주 허창수 → 지주회사 GS홀딩스 → 자회사 5개 → 손자회사 12개
지주회사 GS홀딩스* →
[A] 자회사 3개 (1* + 2) → 손자회사 12개
[B] 자회사 2개
· * 표시된 2개 회사는 상장회사이며, 밑줄 친 4개 회사는 계열회사 보유.

· [c] * 표시된 4개 회사는 상장회사.

(나) 지주회사 GS홀딩스* 및 17개 계열회사 (b)

자회사 (5개): [A] (3개) GS칼텍스(50%), GS홈쇼핑*(30), GS리테일(65.8)
[B] (2개) GS스포츠(100), GS이피에스(70)

손자회사 (12개): [A] (7개) (GS칼텍스) 누리셀(48.5), 넥스테이션(98.7), 서라벌도시가스(100), 해양도시가스(100), AMCO(100), GS파워(100), GS퓨얼셀(53.7)
(3개) (GS홈쇼핑) GS강남방송(51), GS울산방송(99.8), GS텔레서비스(100)
(2개) (GS리테일) 후레쉬서브(100), GS왓슨스(50)

(다) 지주회사체제 미편입 39개 회사 (c)

(10개) GS건설*; (자회사 9개) 이지빌(78%), 자이서비스(100), 한무개발(67.56), 에스텍적산(100), 의정부경전철(47.54), 지엘에스서비스(100), 서울문산고속도로(45.5), 울산그린(41.66), 지씨에스플러스(100)

(9개) 코스모앤컴퍼니; (관련 회사 8개)
코스모화학*, 코스모정밀화학, 코스모산업, 코스모양행, 랜드마크아시아, 코스모에스앤에프, 마루망코리아, 코스모디엔아이

(5개) 삼양통상*; (관련 회사 4개) 삼양인터내셔널, 보헌개발, 켐텍인터내셔날, 옥산유통

(2개) 승산; (관련 회사 1개) 승산레저

(13개) 기타 회사: 디앤샵*, 에스엠, GS네오텍, 센트럴모터스, 위너셋, 스마트로, 드림스포즈, 디에이치클럽닷컴, 에스티에스로지스틱스, 아이티멕스에스와이아이, 비에스엠, 코로나, 다음온켓

주: (나) 회사는 사업보고서 자료, 지분은 공정거래위원회 자료를 각각 취함.
(다) GS건설 지분은 2007년 12월 현재; 코스모앤컴퍼니, 삼양통상 및 승산의 관련 회사는 잠정적임.
출처: 사업보고서, 공정거래위원회 홈페이지 자료.

〈부록 표 1.5〉 GS그룹의 지주회사체제, 2009년 3월

(가) 개관

· 그룹 계열회사 64개 (a) = 지주회사체제 편입 회사 26개 (b) + 미편입 회사 38개 (c)
· 지주회사체제 달성 비율 (b/a) = 41%

· [b]
최대주주 허창수 → 지주회사 GS홀딩스 → 자회사 5개 → 손자회사 19개 → 증손회사 1개
지주회사 GS홀딩스* →
[A] 자회사 1개 → 손자회사 4개 (1* + 3) → 증손회사 1개
[B] 자회사 2개 → 손자회사 15개
[C] 자회사 2개
· * 표시된 3개 회사는 상장회사이며, 밑줄 친 5개 회사는 계열회사 보유.

· [c] * 표시된 3개 회사는 상장회사.

(나) 지주회사 GS홀딩스* 및 25개 계열회사 (b)

자회사 (5개): [A] (1개) GS홈쇼핑*(30%)
[B] (2개) GS칼텍스(50), GS리테일(65.8)
[C] (2개) GS스포츠(100), GS이피에스(70)

손자회사 (19개): [A] (4개) (GS홈쇼핑) 디앤샵*(29.3), GS강남방송(51), GS울산방송(99.8), GS텔레서비스(100)
[B] (12개) (GS칼텍스) 그린센츄리(100), 누리셀(86), 서라벌도시가스(100), 코로나(51), 파워카본테크놀로지(50), 해양도시가스(100), AMCO(100), BNC(100), GS넥스테이션(98.7), GS파크24(50), GS파워(100), GS퓨얼셀(74.6)
(3개) (GS리테일) 후레쉬서브(100), GS넷비전(55.6), GS왓슨스(50)

증손회사 (1개): [A] (디앤샵) 다음온켓 (50.5)

(다) 지주회사체제 미편입 38개 회사 (c)

(12개) GS건설*; (자회사 11개) 이지빌(78%), 자이서비스(100), 한무개발(67.56), 에스텍적산(100), 의정부경전철(47.54), 지엘에스서비스(100), 서울문산고속도로(45.5), 울산그린(41.66), 지씨에스플러스(100), 비에스엠(100), GS오엔엠(100)

(9개) 코스모앤컴퍼니; (관련 회사 8개)
코스모화학*, 코스모정밀화학, 코스모산업, 코스모양행, 랜드마크아시아, 코스모에스앤에프, 마루망코리아, 코스모디엔아이

(5개) 삼양통상*; (관련 회사 4개) 삼양인터내셔널, 보헌개발, 켐텍인터내셔날, 옥산유통

(2개) 승산; (관련 회사 1개) 승산레저

(10개) 기타 회사: GS네오텍, 센트럴모터스, 위너셋, 스마트로, 드림스포즈, 디에이치클럽닷컴, 에스티에스로지스틱스, 아이티멕스에스와이아이, 동보아이엔티, GS자산운용

주: (나) 회사는 사업보고서 자료, 지분은 공정거래위원회 자료를 각각 취함; GS넥스테이션 = 2006-2008년 넥스테이션.
(다) GS건설 지분은 2008년 12월 현재; 코스모앤컴퍼니, 삼양통상 및 승산의 관련 회사는 잠정적임.
출처: 사업보고서, 공정거래위원회 홈페이지 자료.

〈부록 표 1.6〉 GS그룹의 지주회사체제, 2010년 3월

(가) 개관

· 그룹 계열회사 68개 (a) = 지주회사체제 편입 회사 27개 (b) + 미편입 회사 41개 (c)
· 지주회사체제 달성 비율 (b/a) = 40%

· [b]
최대주주 허창수 → 지주회사 ㈜GS → 자회사 6개 → 손자회사 20개
지주회사 ㈜GS* →
[A] 자회사 4개 (2* + 2) → 손자회사 20개 (1* + 19)
[B] 자회사 2개
· * 표시된 4개 회사는 상장회사이며, 밑줄 친 5개 회사는 계열회사 보유.

· [c] * 표시된 3개 회사는 상장회사.

(나) 지주회사 ㈜GS* 및 26개 계열회사 (b)

자회사 (6개): [A] (4개) GS칼텍스(50%), GS홈쇼핑*(30), GS리테일(65.8), GS글로벌*(55.9)
[B] (2개) GS스포츠(100), GS이피에스(70)

손자회사 (20개): [A] (11개) (GS칼텍스) 서라벌도시가스(100), 파워카본테크놀로지(50), 해양도시가스(100), AMCO(100), BNC(100), GS그린텍(100), GS나노텍(86), GS넥스테이션(99.3), GS파크24(50), GS파워(100), GS퓨얼셀(76.9)
(4개) (GS홈쇼핑) 디앤샵*(34.7), GS강남방송(84.9), GS울산방송(99.8), GS텔레서비스(100)
(3개) (GS리테일) 후레쉬서브(100), GS넷비전(100), GS왓슨스(50)
(2개) (GS글로벌) 쌍용기초소재(36), GS피엘에스(90)

(다) 지주회사체제 미편입 41개 회사 (c)

(15개) GS건설*; (자회사 14개) 이지빌(78%), 자이서비스(100), 파르나스호텔(67.56), 에스텍적산(100), 의정부경전철(42), 지엘에스서비스(100), 서울문산고속도로(45.5), 울산그린(31.26), 지씨에스플러스(100), 비에스엠(100), GS오엔엠(100), 상락푸드(96.15), 옥산오창고속도로(50), 은평새길(54.4)

(12개) 코스모앤컴퍼니; (관련 회사 11개)
코스모화학*, 코스모정밀화학, 코스모산업, 코스모양행, 랜드마크아시아, 코스모레포츠, 코스모에스앤에프, 마루망코리아, 정산이엔티, 코스모디엔아이, 엠케이비앤에프

(5개) 삼양통상*; (관련 회사 4개) 삼양인터내셔널, 보헌개발, 켐텍인터내셔날, 옥산유통

(2개) 승산; (관련 회사 1개) 승산레저

(7개) 기타 회사: GS네오텍, 센트럴모터스, 위너셋, 에스티에스로지스틱스, 아이티멕스에스와이아이, GS자산운용, 상지해운

주: (나) ㈜GS = 2005–2009년 GS홀딩스.
(다) GS건설 지분은 2009년 12월 현재; 코스모앤컴퍼니, 삼양통상 및 승산의 관련 회사는 잠정적임; 파르나스호텔 = 2005–2009년 한무개발.
출처: 사업보고서.

〈부록 표 1.7〉 GS그룹의 지주회사체제, 2011년 3월

(가) 개관

· 그룹 계열회사 76개 (a) = 지주회사체제 편입 회사 33개 (b) + 미편입 회사 43개 (c)
· 지주회사체제 달성 비율 (b/a) = 43%

· [b]
최대주주 허창수 → 지주회사 ㈜GS → 자회사 6개 → 손자회사 24개 → 증손회사 2개
지주회사 ㈜GS* →
[A] 자회사 1개 → 손자회사 17개 (2 + 15) → 증손회사 2개
[B] 자회사 3개 (2* + 1) → 손자회사 7개 (1* + 6)
[C] 자회사 2개
· * 표시된 4개 회사는 상장회사이며, 밑줄 친 7개 회사는 계열회사 보유.

· [c] * 표시된 4개 회사는 상장회사.

(나) 지주회사 ㈜GS* 및 32개 계열회사 (b)

자회사 (6개): [A] (1개) GS칼텍스(50%),
[B] (3개) GS리테일(65.8), GS홈쇼핑*(30), GS글로벌*(54.6)
[C] (2개) GS스포츠(100), GS이피에스(70)

손자회사 (24개): [A] (17개) (GS칼텍스) 에코메탈(50), GS그린텍(100), 살데비다코리아(33.3),
삼일폴리머(100), 상지해운(100), 서라벌도시가스(100),
파워카본테크놀로지(50), 해양도시가스(100), AMCO(100),
BNC(100), GS나노텍(86), GS넥스테이션(99.3), GS바이오(50),
GS파크24(50), GS파워(100), GS플라텍(100), GS퓨얼셀(76.9)
[B] (3개) (GS리테일) 후레쉬서브(100), GS넷비전(100), GS왓슨스(50)
(2개) (GS홈쇼핑) 디앤샵*(48.9), GS텔레서비스(100)
(2개) (GS글로벌) 디케이티(69.6), GS피엘에스(90)

증손회사 (2개): [A] (1개) (에코메탈) 다우메탈(100)
(1개) (GS그린텍) 서림흥업(100)

(다) 지주회사체제 미편입 43개 회사 (c)

(14개) GS건설*; (자회사 13개) 이지빌(83%), 자이서비스(100), 파르나스호텔(67.56), 에스텍적산(100),
의정부경전철(35.89), 지엘에스서비스(100), 서울문산고속도로(45.5),
지씨에스플러스(100), 비에스엠(100), GS오엔엠(100), 상락푸드(97.69),
옥산오창고속도로(50), 은평새길(54.4)

(12개) 코스모앤컴퍼니; (관련 회사 11개)
코스모화학*, 코스모정밀화학, 코스모산업, 코스모양행, 랜드마크아시아,
코스모레포츠, 코스모에스앤에프, 마루망코리아, 정산이엔티, 코스모디엔아이,
엠케이비앤에프

(5개) 삼양통상*; (관련 회사 4개) 삼양인터내셔널, 보헌개발, 켐텍인터내셔날, 옥산유통

(2개) 승산; (관련 회사 1개) 승산레저

(10개) 기타 회사: 새한미디어*, 새한정보시스템, GS네오텍, 센트럴모터스, 위너셋, 에스티에스로지스틱스,
아이티멕스에스와이아이, GS자산운용, 알폰소로벰버그코리아, 엔씨타스

주: (나) GS바이오와 에코메탈은 GS칼텍스와 GS글로벌이 각각 50% 지분 보유, GS칼텍스의 손자회사로 간주함.
(다) GS건설 지분은 2010년 12월 현재; 코스모앤컴퍼니, 삼양통상 및 승산의 관련 회사는 잠정적임.
출처: 사업보고서.

〈부록 표 1.8〉 GS그룹의 지주회사체제, 2011년 12월

(가) 개관

· 그룹 계열회사 73개 (a) = 지주회사체제 편입 회사 31개 (b) + 미편입 회사 42개 (c)
· 지주회사체제 달성 비율 (b/a) = 42%

· [b]
최대주주 허창수 → 지주회사 ㈜GS → 자회사 6개 → 손자회사 24개
지주회사 ㈜GS* →
[A] 자회사 4개 (3* + 1) → 손자회사 24개
[B] 자회사 2개
· * 표시된 4개 회사는 상장회사이며, 밑줄 친 5개 회사는 계열회사 보유.

· [c] * 표시된 4개 회사는 상장회사.

(나) 지주회사 ㈜GS* 및 30개 계열회사 (b)

자회사 (6개): [A] (4개) GS칼텍스(50%), GS리테일*(65.8), GS홈쇼핑*(30), GS글로벌*(54.6)
[B] (2개) GS스포츠(100), GS이피에스(70)

손자회사 (24개): [A] (17개) (GS칼텍스) 살데비다코리아(33.3), 삼일폴리머(100), 상지해운(100), 서라벌도시가스(100), 파워카본테크놀로지(50), 해양도시가스(100), AMCO(100), BNC(100), GS그린텍(100), GS나노텍(90.1), GS넥스테이션(99.7), GS바이오(50), GS에코메탈(50), GS파크24(50), GS파워(100), GS플라텍(61.2), GS퓨얼셀(95)
(3개) (GS리테일) 후레쉬서브(100), GS넷비전(100), GS왓슨스(50)
(2개) (GS홈쇼핑) GS샵티앤엠(100), GS텔레서비스(100)
(2개) (GS글로벌) 디케이티(69.6), 피엘에스(90)

(다) 지주회사체제 미편입 42개 회사 (c)

(14개) GS건설*; (자회사 13개) 이지빌(83%), 자이서비스(100), 파르나스호텔(67.56), 지에스텍(100), 의정부경전철(29.9), 지엘에스서비스(100), 서울문산고속도로(48.58), 지씨에스플러스(100), 비에스엠(100), GS오엔엠(100), 상락푸드(97.69), 옥산오창고속도로(50), 은평새길(54.4)

(13개) 코스모앤컴퍼니; (관련 회사 12개)
코스모화학*, 코스모신소재*, 코스모정밀화학, 코스모산업, 코스모글로벌, 랜드마크아시아, 코스모에스앤에프, 코스모레포츠, 마루망코리아, 정산이엔티, 코스모디엔아이, 엠케이비앤에프

(6개) 삼양통상*; (관련 회사 5개) 삼양인터내셔널, 보헌개발, 켐텍인터내셔날, 옥산유통, GS아이티엠

(2개) 승산; (관련 회사 1개) 승산레저

(7개) 기타 회사: GS네오텍, 센트럴모터스, 위너셋, 에스티에스로지스틱스, GS자산운용, 엔씨타스, 보그너판매

주: (나) GS바이오와 GS에코메탈은 GS칼텍스와 GS글로벌이 각각 50% 지분 보유, GS칼텍스의 손자회사로 간주함; 피엘에스 = 2010년-2011년 3월 GS피엘에스, GS에코메탈 = 2011년 3월 에코메탈.
(다) 코스모앤컴퍼니, 삼양통상 및 승산의 관련 회사는 잠정적임; 지에스텍 = 2006년-2011년 3월 에스텍적산.
출처: 사업보고서.

〈부록 그림 1.1〉 GS그룹 소유지분도, 2012년 4월

(출처: 공정거래위원회 홈페이지 자료)

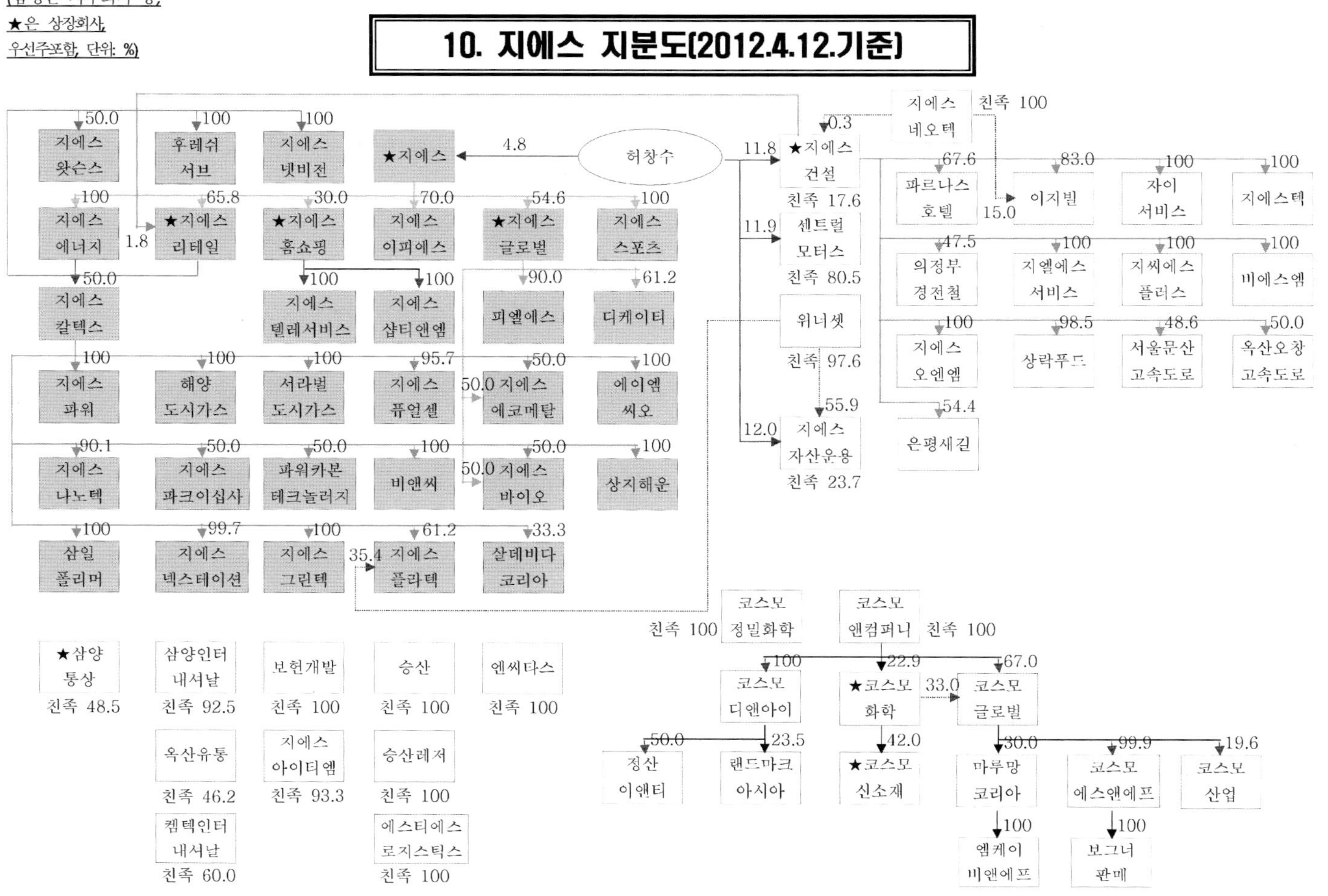

〈부록 표 1.9〉 GS그룹의 지주회사체제, 2012년 12월

(가) 개관

· 그룹 계열회사 76개 (a) = 지주회사체제 편입 회사 33개 (b) + 미편입 회사 43개 (c)
· 지주회사체제 달성 비율 (b/a) = 43%

· [b]
최대주주 허창수 → 지주회사 ㈜GS → 자회사 6개 → 손자회사 18개 → 증손회사 8개
<u>지주회사 ㈜GS</u>* →
[A] <u>자회사 · 지주회사 1개</u> → <u>손자회사</u> 11개 (<u> 1 </u>+ 10) → 증손회사 8개
[B] <u>자회사 3개</u>* → 손자회사 7개
[C] 자회사 2개
· * 표시된 4개 회사는 상장회사이며, 밑줄 친 6개 회사는 계열회사 보유.

· [c] * 표시된 4개 회사는 상장회사.

(나) 지주회사 ㈜GS* 및 32개 계열회사 (b)

자회사 (6개): [A] (1개) <u>GS에너지</u>(100%)
[B] (3개) <u>GS리테일</u>*(65.8), <u>GS홈쇼핑</u>*(30), <u>GS글로벌</u>*(54.6)
[C] (2개) GS스포츠(100), GS이피에스(70)

손자회사 (18개): [A] (11개) (GS에너지) <u>GS칼텍스</u>(50), 살데비다코리아(33.3), 삼일폴리머(100), 서라벌도시가스(100), 파워카본테크놀로지(50), 해양도시가스(100), GS나노텍(91.7), GS파워(50), GS플라텍(62.3), GS퓨얼셀(95.7), GSE WTE(100)
[B] (3개) (GS리테일) 후레쉬서브(100), GS넷비전(100), GS왓슨스(50)
(2개) (GS홈쇼핑) GS샵티앤엠(100), GS텔레서비스(100)
(2개) (GS글로벌) 디케이티(61.2), 피엘에스(90)

증손회사 (8개): [A] (GS칼텍스) 상지해운(100), AMCO(100), BNC(100), GS그린텍(100), GS바이오(100), GS에코메탈(100), GS엠비즈(99.9), GS파크24(50)

(다) 지주회사체제 미편입 43개 회사 (c)

(14개) GS건설*; (자회사 13개) 이지빌(83%), 자이서비스(100), 파르나스호텔(67.56), 지에스텍(100), 의정부경전철(47.54), 지엘에스서비스(100), 서울문산고속도로(45.5), 지씨에스플러스(100), 비에스엠(100), GS오엔엠(100), 상락푸드(98.46), 옥산오창고속도로(50), 은평새길(54.4)

(14개) 코스모앤컴퍼니; (관련 회사 13개)
코스모화학*, 코스모신소재*, 코스모정밀화학, 코스모산업, 코스모글로벌, 랜드마크아시아, 코스모엘앤에스, 마루망코리아, 정산이앤티, 코스모건설, 코스모에스앤에프, 제비오코리아, 엠케이비앤에프

(6개) 삼양통상*; (관련 회사 5개) 삼양인터내셔널, 보헌개발, 켐텍인터내셔날, 옥산유통, GS아이티엠

(2개) 승산; (관련 회사 1개) 승산레저

(7개) 기타 회사: 피앤에쓰, GS네오텍, 에스티에스로지스틱스, 센트럴모터스, 위너셋, 엔씨타스, GS자산운용

주: (나) GS에너지의 계열회사: 한편으로는 GS에너지의 자회사 및 손자회사이며, 다른 한편으로는 ㈜GS의 손자회사 및 증손회사임.
(다) 코스모앤컴퍼니, 삼양통상 및 승산의 관련 회사는 잠정적임.
출처: 사업보고서.

〈부록 표 1.10〉 GS그룹의 지주회사체제, 2013년 12월

(가) 개관

· 그룹 계열회사 77개 (a) = 지주회사체제 편입 회사 35개 (b) + 미편입 회사 42개 (c)
· 지주회사체제 달성 비율 (b/a) = 45%

· [b]
  최대주주 허창수 → 지주회사 ㈜GS → 자회사 6개 → 손자회사 22개 → 증손회사 6개
  지주회사 ㈜GS* →
    [A] 자회사 · 지주회사 1개 → 손자회사 14개 (1 + 13) → 증손회사 6개
    [B] 자회사 3개* → 손자회사 8개
    [C] 자회사 2개
· * 표시된 4개 회사는 상장회사이며, 밑줄 친 6개 회사는 계열회사 보유.

· [c] * 표시된 4개 회사는 상장회사.

(나) 지주회사 ㈜GS* 및 34개 계열회사 (b)

자회사 (6개): [A] (1개) GS에너지(100%)
[B] (3개) GS홈쇼핑*(30), GS리테일*(65.8), GS글로벌*(54.6)
[C] (2개) GS스포츠(100), GS이피에스(70)

손자회사 (22개): [A] (14개) (GS에너지) GS칼텍스(50), 보령LNG터미널(50), 살데비다코리아(33.3), 삼일폴리머(100), 서라벌도시가스(100), 파워카본테크놀로지(50), 해양도시가스(100), GS나노텍(99.8), GS이엠(100), GS파워(50), GS파크24(50), GS플라텍(62.3), GS퓨얼셀(95.7), GSE WTE(100)
[B] (3개) (GS홈쇼핑) 에이플러스비(96.8), 텐바이텐(80), GS텔레서비스(100)
(3개) (GS리테일) 후레쉬서브(100), GS넷비전(100), GS왓슨스(50)
(2개) (GS글로벌) 디케이티(42.2), 피엘에스(90)

증손회사 (6개): [A] (GS칼텍스) 상지해운(100), 이노폴리텍(100), GS그린텍(100), GS바이오(100), GS에코메탈(100), GS엠비즈(100)

(다) 지주회사체제 미편입 42개 회사 (c)

(17개) GS건설*; (자회사 15개) 이지빌(84%), 자이서비스(100), 파르나스호텔(67.56), 지에스텍(100), 의정부경전철(47.54), 지엘에스서비스(100), 서울문산고속도로(45.5), 지씨에스플러스(100), 비에스엠(100), GS오엔엠(100), 상락푸드(98.46), 옥산오창고속도로(60.1), 은평새길(57.93), 대구그린에너지센터(40.01), 지앤엠에스테이트(50)
(손자회사 1개) (파르나스호텔) 피앤에쓰(100)

(11개) 코스모앤컴퍼니; (관련 회사 10개)
코스모화학*, 코스모신소재*, 코스모정밀화학, 코스모산업, 코스모글로벌, 랜드마크아시아, 마루망코리아, 코스모건설, 제비오코리아, 엠케이비앤에프

(7개) 삼양통상*; (관련 회사 6개) 삼양인터내셔널, 보헌개발, 켐텍인터내셔날, 옥산유통, GS아이티엠, 삼정건업

(1개) 승산

(6개) 기타 회사: GS샵티앤엠, GS네오텍, 센트럴모터스, 위너셋, 엔씨타스, GS자산운용

주: (나) GS에너지의 계열회사: 한편으로는 GS에너지의 자회사 및 손자회사이며, 다른 한편으로는 ㈜GS의 손자회사 및 증손회사임; 이노폴리텍 = 2009-2012년 BNC.
(다) 코스모앤컴퍼니와 삼양통상의 관련 회사는 잠정적임.
출처: 사업보고서.

〈부록 그림 1.2〉 GS그룹 소유지분도, 2013년 4월

(출처: 공정거래위원회 홈페이지 자료)

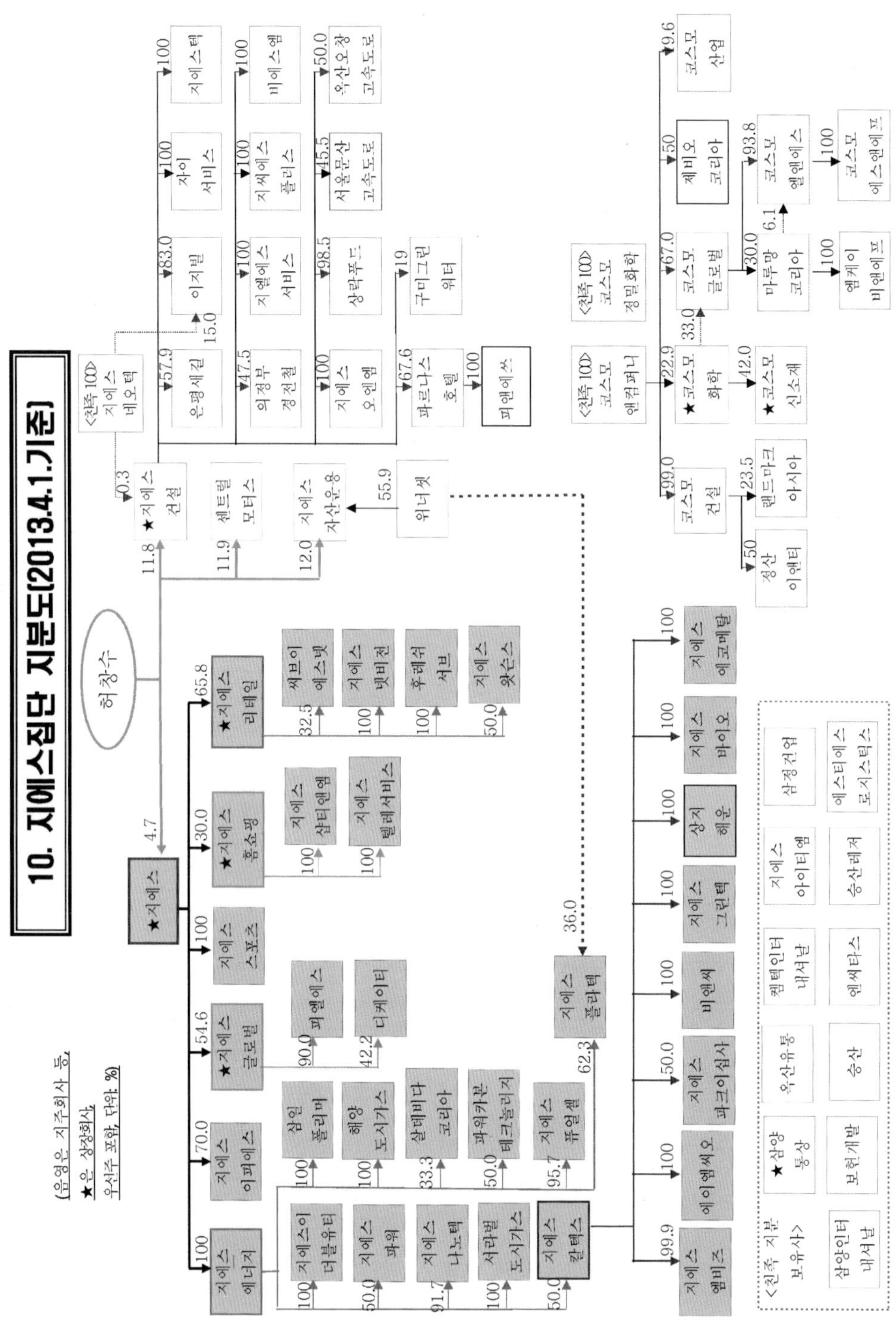

〈부록 그림 1.3〉 GS그룹 소유지분도, 2014년 4월

(출처: <부록 4>)

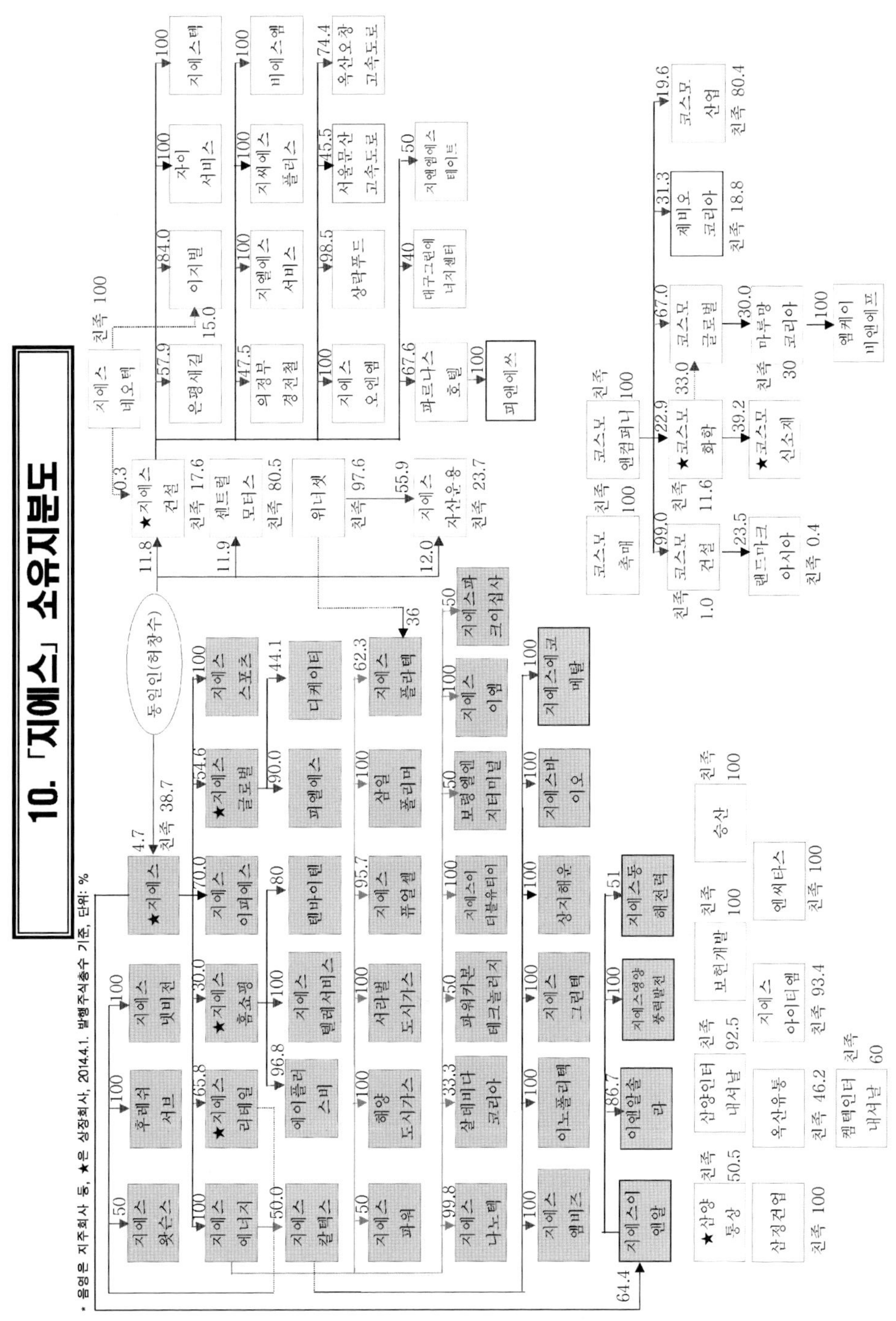

〈부록 2〉 LS그룹의 지주회사체제, 2008-2013년

* <부록 표 2.1> - <부록 표 2.4>: 공정거래법상 지주회사체제 이전, 2004-2007년

* <부록 표 2.5> - <부록 표 2.10>,

<부록 그림 2.1> - <부록 그림 2.3>: 공정거래법상 지주회사체제, 2008-2013년

〈부록 표 2.1〉 LS그룹의 소유구조, 2004년 12월

(가) 개관

· 그룹 계열회사 16개 (a) = LS전선 계열회사 11개 (b) + 기타 계열회사 5개 (c)
· LS전선 계열회사의 비중 (b/a) = 69%

· [b]
최대주주 구자열 → LS전선 → 자회사 9개 → 손자회사 1개
LS전선* →
[A] 자회사 1개 → 손자회사 1개
[B] 자회사 8개 (1* + 7)
· * 표시된 2개 회사는 상장회사이며, 밑줄 친 2개 회사는 계열회사 보유.

· [c]
① (1개) 최대주주 구자열 → E1*
② (3개) 최대주주 구자은 → 극동도시가스* → 자회사 2개
③ (1개) 최대주주 구자홍 → 가온전선*
· * 표시된 3개 회사는 상장회사이며, 밑줄 친 1개 회사는 계열회사 보유.

(나) LS전선* 및 10개 계열회사 (b)

자회사 (9개): [A] (1개) LS Nikko동제련(50%)
[B] (8개) LS산전*(46), 네옵텍(40.5), 슈미들린코리아(87.9), 지씨아이(87.9), 카보닉스(73.5), 코스페이스(87.1), 파운텍(51), 피앤에프(19.5)

손자회사 (1개): (LS-Nikko동제련) 이엔알(100)

(다) 기타 5개 계열회사 (c)

① (1개) E1*

② (1개) 극동도시가스*
(2개) 자회사: 극동도시가스엔지니어링(100%), 세원가스관리(50)

③ (1개) 가온전선*

주: LS그룹 = LG전선그룹; LS전선 = LG전선, LS-Nikko동제련 = LG-Nikko동제련, LS산전 = LG산전.
출처: 사업보고서.

〈부록 표 2.2〉 LS그룹의 소유구조, 2005년 12월

(가) 개관

· 그룹 계열회사 18개 (a) = LS전선 계열회사 12개 (b) + 기타 계열회사 6개 (c)
· LS전선 계열회사의 비중 (b/a) = 67%

· [b]
최대주주 구자열 → LS전선 → 자회사 10개 → 손자회사 1개
LS전선* →
[A] 자회사 1개 → 손자회사 1개
[B] 자회사 9개 (1* + 8)
· * 표시된 2개 회사는 상장회사이며, 밑줄 친 2개 회사는 계열회사 보유.

· [c]
① (1개) 최대주주 구자열 → E1*
② (4개) 최대주주 구자은 → 극동도시가스* → 자회사 3개
③ (1개) 최대주주 구자홍 → 가온전선*
· * 표시된 3개 회사는 상장회사이며, 밑줄 친 1개 회사는 계열회사 보유.

(나) LS전선* 및 11개 계열회사 (b)

자회사 (10개): [A] (1개) LS-Nikko동제련(50.1%)
[B] (9개) LS산전*(46), 네옵텍(44.4), 알루텍(100), 지씨아이(92.3), 진로산업(95.5), 카보닉스(73.5), 코스페이스(87.1), 캐스코(50), 파운텍(51)

손자회사 (1개): (LS-Nikko동제련) 이엔알(100)

(다) 기타 6개 계열회사 (c)

① (1개) E1*

② (1개) 극동도시가스*
(3개) 자회사: 극동도시가스엔지니어링(100%), 대한가스기기(69.8), 세원가스관리(100)

③ (1개) 가온전선*

출처: 사업보고서.

〈부록 표 2.3〉 LS그룹의 소유구조, 2006년 12월

(가) 개관

· 그룹 계열회사 18개 (a) = LS전선 계열회사 13개 (b) + 기타 계열회사 5개 (c)
· LS전선 계열회사의 비중 (b/a) = 72%

· [b]
최대주주 구자열 → LS전선 → 자회사 11개 → 손자회사 1개
LS전선* →
[A] 자회사 1개 → 손자회사 1개
[B] 자회사 10개 (1* + 9)
· * 표시된 2개 회사는 상장회사이며, 밑줄 친 2개 회사는 계열회사 보유.

· [c]
① (1개) 최대주주 구자열 → E1*
② (3개) 최대주주 구자은 → 예스코* → 자회사 2개
③ (1개) 최대주주 구자홍 → 가온전선*
· * 표시된 3개 회사는 상장회사이며, 밑줄 친 1개 회사는 계열회사 보유.

(나) LS전선* 및 12개 계열회사 (b)

자회사 (11개): [A] (1개) LS-Nikko동제련(50.1%)
[B] (10개) LS산전*(46), LS글로벌인코퍼레이티드(51), 네옵텍(44.4), 알루텍(100), 지씨아이(92.3), 진로산업(95.5), 카보닉스(73.5), 코스페이스(87.1), 캐스코(50), 파운텍(51)

손자회사 (1개): (LS-Nikko동제련) 이엔알(100)

(다) 기타 5개 계열회사 (c)

① (1개) E1*

② (1개) 예스코*
(2개) 자회사: 대한가스기기(69.8%), 예스코서비스(100)

③ (1개) 가온전선*

주: (다) 예스코 = 2004–2005년 극동도시가스; 예스코서비스 = 2004–2005년 세원가스관리.
출처: 사업보고서.

〈부록 표 2.4〉 LS그룹의 소유구조, 2007년 12월

(가) 개관

· 그룹 계열회사 22개 (a) = LS전선 계열회사 12개 (b) + 기타 계열회사 10개 (c)
· LS전선 계열회사의 비중 (b/a) = 55%

· [b]
최대주주 구자열 → LS전선 → 자회사 10개 → 손자회사 1개
LS전선* →
[A] 자회사 1개 → 손자회사 1개
[B] 자회사 9개 (2* + 7)
· * 표시된 3개 회사는 상장회사이며, 밑줄 친 2개 회사는 계열회사 보유.

· [c]
① (5개) 최대주주 구자열 → E1* → 자회사 3개 (1* + 2) → 손자회사 1개
② (3개) 최대주주 구자은 → 예스코* → 자회사 2개
③ (1개) 최대주주 구자홍 → 가온전선*
④ (1개) 기타
· * 표시된 4개 회사는 상장회사이며, 밑줄 친 3개 회사는 계열회사 보유.

(나) LS전선* 및 11개 계열회사 (b)

자회사 (10개): [A] (1개) LS-Nikko동제련(50.1%)
[B] (9개) JS전선*(78.7), LS산전*(46), LS글로벌인코퍼레이티드(51),알루텍(100),
지씨아이(98.2), 카보닉스(96), 코스페이스(99), 캐스코(50), 파운텍(51)

손자회사 (1개): (LS-Nikko동제련) 이엔알(100)

(다) 기타 10개 계열회사 (c)

① (1개) E1*
(4개) 자회사: (3개) LS네트웍스*(93.5%), E1물류(100), E1컨테이너터미널(100)
손자회사: (1개) (LS네트웍스) 케이제이모터라드(100)

② (1개) 예스코*
(2개) 자회사: 대한가스기기(69.8), 예스코서비스(100)

③ (1개) 가온전선*

④ (1개) 델타투자자문

주: (다) 델타투자자문: 구씨 일가 56.7% 보유.
출처: 사업보고서.

〈부록 표 2.5〉 LS그룹의 지주회사체제, 2008년 12월

(가) 개관

· 그룹 계열회사 30개 (a) = 지주회사체제 편입 회사 18개 (b) + 미편입 회사 12개 (c)
· 지주회사체제 달성 비율 (b/a) = 60%

· [b]
최대주주 구자열 → 지주회사 ㈜LS → 자회사 4개 → 손자회사 12개 → 증손회사 1개
지주회사 ㈜LS* →
[A] 자회사 1개 → 손자회사 4개 (1 + 3) → 증손회사 1개
[B] 자회사 2개 → 손자회사 8개 (1* + 7)
[C] 자회사 1개*
· * 표시된 3개 회사는 상장회사이며, 밑줄 친 5개 회사는 계열회사 보유.

· [c]
① (7개) 최대주주 구자열 → E1* → 자회사 4개 (1* + 3) → 손자회사 2개
② (3개) 최대주주 구자은 → 예스코* → 자회사 2개
③ (1개) 최대주주 구자홍 → 가온전선*
④ (1개) 기타
· * 표시된 4개 회사는 상장회사이며, 밑줄 친 3개 회사는 계열회사 보유.

(나) 지주회사 ㈜LS* 및 17개 계열회사 (b)

자회사 (4개): [A] (1개) LS엠트론(100%)
[B] (2개) LS전선(100), LS-Nikko동제련(50.1)
[C] (1개) LS산전*(46)

손자회사 (12개): [A] (4개) (LS엠트론) 대성전기공업(50.5), 에이스냉동공조(100), 카보닉스(96), 캐스코(50)
[B] (6개) (LS전선) 알루텍(100), 지씨아이(98.2), 코스페이스(99), 파운텍(51), JS전선*(78.7), LS글로벌인코퍼레이티드(51)
(2개) (LS-Nikko동제련) 지알엠(100), 휘닉스엠앤엠(63.6)

증손회사 (1개): [A] (대성전기공업) 델텍(100)

(다) 지주회사체제 미편입 12개 회사 (c)

① (1개) E1*
(6개) 자회사: (4개) LS네트웍스*(93%), E1물류(100), E1컨테이너터미널(100), 동방도시가스산업(100)
손자회사: (2개) (LS네트웍스) 케이제이모터라드(100), 오디캠프(100)

② (1개) 예스코*
(2개) 자회사: 대한가스기기(69.8), 예스코서비스(100)

③ (1개) 가온전선*

④ (1개) LS자산운용

주: (나) ㈜LS 2004년 = LG전선, 2005-2007년 = LS전선; 2008년 이후 LS전선 = ㈜LS의 신설 자회사.
(다) LS자산운용 = 2007년 델타투자자문.
출처: 사업보고서.

〈부록 표 2.6〉 LS그룹의 지주회사체제, 2010년 1월

(가) 개관

· 그룹 계열회사 43개 (a) = 지주회사체제 편입 회사 24개 (b) + 미편입 회사 19개 (c)
· 지주회사체제 달성 비율 (b/a) = 56%

· [b]
최대주주 구자열 → 지주회사 ㈜LS → 자회사 4개 → 손자회사 18개 → 증손회사 1개
지주회사 ㈜LS* →
[A] 자회사 1개 → 손자회사 6개 (1 + 5) → 증손회사 1개
[B] 자회사 3개 (1* + 2) → 손자회사 12개 (1* + 11)
· * 표시된 3개 회사는 상장회사이며, 밑줄 친 6개 회사는 계열회사 보유.

· [c]
① (7개) 최대주주 구자열 → E1* → 자회사 4개 (1* + 3) → 손자회사 2개
② (9개) 최대주주 구자은 → 예스코* → 자회사 3개 (1 + 2) → 손자회사 4개 (1 + 3)
→ 증손회사 1개
③ (2개) 최대주주 구자홍 → 가온전선* → 자회사 1개
④ (1개) 기타
· * 표시된 4개 회사는 상장회사이며, 밑줄 친 6개 회사는 계열회사 보유.

(나) 지주회사 ㈜LS* 및 23개 계열회사 (b)

자회사 (4개): [A] (1개) LS엠트론(100%)
[B] (3개) LS전선(100), LS산전*(46), LS-Nikko동제련(50.1)

손자회사 (18개): [A] (6개) (LS엠트론) 대성전기공업(50.5), 농가온경주(100), 농가온평택(100),
에이스냉동공조(100), 카보닉스(97.6), 캐스코(50)
[B] (6개) (LS전선) 알루텍(100), 지씨아이(98.2), 코스페이스(99), 파운텍(51), JS전선*(69.9),
LS글로벌인코퍼레이티드(51)
(3개) (LS산전) 플레넷(63.1), LS메카피온(60), LS파워세미텍(53.6)
(3개) (LS-Nikko동제련) 리싸이텍코리아(100), 지알엠(100), 토리컴(99.4)

증손회사 (1개): [A] (대성전기공업) 델텍(100)

(다) 지주회사체제 미편입 19개 회사 (c)

① (1개) E1*
(6개) 자회사: (4개) LS네트웍스*(90%), E1물류(100), E1컨테이너터미널(100), 동방도시가스산업(100)
손자회사: (2개) (LS네트웍스) 케이제이모터라드(100), 오디캠프(100)

② (1개) 예스코*
(8개) 자회사: (3개) 한성(65), 대한가스기기(69.8), 예스코서비스(100)
손자회사: (4개) (한성) 한성플랜지(93), 리앤에스(98.8), 우성지앤티(49.1), 한성피씨건설(100)
증손회사: (1개) (한성플랜지) 한성메드(100)

③ (1개) 가온전선*
(1개) 자회사: 위더스(35.6)

④ (1개) LS자산운용

주: (나) 토리컴 = 2008년 휘닉스엠앤엠.
(다) LS자산운용: 2010년 3월 현재 최대주주는 구자용(구자열 동생) 외 12인(88.7%), 2010년 이전에는 지분 정보 없음.
출처: 사업보고서.

〈부록 표 2.7〉 LS그룹의 지주회사체제, 2010년 12월

(가) 개관

· 그룹 계열회사 46개 (a) = 지주회사체제 편입 회사 26개 (b) + 미편입 회사 20개 (c)
· 지주회사체제 달성 비율 (b/a) = 57%

· [b]
최대주주 구자열 → 지주회사 ㈜LS → 자회사 4개 → 손자회사 20개 → 증손회사 1개
지주회사 ㈜LS* →
[A] 자회사 1개 → 손자회사 5개 (1 + 4) → 증손회사 1개
[B] 자회사 3개 (1* + 2) → 손자회사 15개 (1* + 14)
· * 표시된 3개 회사는 상장회사이며, 밑줄 친 6개 회사는 계열회사 보유.

· [c]
① (8개) 최대주주 구자열 → E1* → 자회사 5개 (1* + 4) → 손자회사 2개
② (10개) 최대주주 구자은 → 예스코* → 자회사 3개 (1 + 2) → 손자회사 5개 (1 + 4)
→ 증손회사 1개
③ (2개) 최대주주 구자홍 → 가온전선* → 자회사 1개
· * 표시된 4개 회사는 상장회사이며, 밑줄 친 6개 회사는 계열회사 보유.

(나) 지주회사 ㈜LS* 및 25개 계열회사 (b)

자회사 (4개): [A] (1개) LS엠트론(100%)
[B] (3개) LS전선(87), LS산전*(46), LS-Nikko동제련(50.1)

손자회사 (20개): [A] (5개) (LS엠트론) 대성전기공업(50.5), 농가온경주(100), 농가온평택(100),
에이스냉동공조(100), 캐스코(50)
[B] (6개) (LS전선) 알루텍(100), 지씨아이(98.2), 코스페이스(99.2), 파운텍(51),
JS전선*(69.9), LS글로벌인코퍼레이티드(51)
(5개) (LS산전) 플레넷(63.1), LS메카피온(60), LS메탈(100), LS사우타(90),
LS파워세미텍(53.6)
(4개) (LS-Nikko동제련) 리싸이텍코리아(100), 지알엠(100), 토리컴(99.8), 화창(100)

증손회사 (1개): [A] (대성전기공업) 델텍(100)

(다) 지주회사체제 미편입 20개 회사 (c)

① (1개) E1*
(7개) 자회사: (5개) LS네트웍스*(81.8%), E1물류(100), E1컨테이너터미널(100), 동방도시가스산업(100),
온산탱크터미널(20)
손자회사: (2개) (LS네트웍스) 케이제이모터라드(100), 오디캠프(100)

② (1개) 예스코*
(9개) 자회사: (3개) 한성(65), 대한가스기기(69.8), 예스코서비스(100)
손자회사: (5개) (한성) 한성플랜지(93.1), LS자산운용(6.7), 리앤에스(98.8), 우성지앤티(96.7),
한성피씨건설(100)
증손회사: (1개) (한성플랜지) 한성메드(100)

③ (1개) 가온전선*
(1개) 자회사: 위더스(35.6)

주: (다) 온산탱크터미널 – E1과 예스코가 각각 20% 보유, E1의 자회사로 간주함; LS자산운용 – 2011년 3월 현재 최대주주는 구자용(구자열 동생) 외 12인(88.7%).
출처: 사업보고서.

〈부록 표 2.8〉 LS그룹의 지주회사체제, 2011년 12월

(가) 개관

· 그룹 계열회사 47개 (a) = 지주회사체제 편입 회사 27개 (b) + 미편입 회사 20개 (c)
· 지주회사체제 달성 비율 (b/a) = 57%

· [b]
최대주주 구자열 → 지주회사 ㈜LS → 자회사 5개 → 손자회사 20개 → 증손회사 1개
지주회사 ㈜LS* →
[A] 자회사 1개 → 손자회사 4개 (1 + 3) → 증손회사 1개
[B] 자회사 3개 (1* + 2) → 손자회사 16개 (1* + 15)
[C] 자회사 1개
· * 표시된 3개 회사는 상장회사이며, 밑줄 친 6개 회사는 계열회사 보유.

· [c]
① (8개) 최대주주 구자열 → E1* → 자회사 5개 (1* + 4) → 손자회사 1개 → 증손회사 1개
② (10개) 최대주주 구자은 → 예스코* → 자회사 3개 (1 + 2) → 손자회사 5개 (1 + 4)
→ 증손회사 1개
③ (2개) 최대주주 구자홍 → 가온전선* → 자회사 1개
· * 표시된 4개 회사는 상장회사이며, 밑줄 친 7개 회사는 계열회사 보유.

(나) 지주회사 ㈜LS* 및 26개 계열회사 (b)

자회사 (5개): [A] (1개) LS엠트론(100%)
[B] (3개) LS산전*(46), LS전선(87), LS-Nikko동제련(50.1)
[C] (1개) LS글로벌인코퍼레이티드(100)

손자회사 (20개): [A] (4개) (LS엠트론) 대성전기공업(100), 농가온경주(100), 농가온평택(100), 캐스코(50)
[B] (6개) (LS산전) 트리노테크놀로지(66.7), 플레넷(63.1), LS메카피온(60), LS메탈(100), LS사우타(90), LS파워세미텍(53.6)
(5개) (LS전선) 알루텍(100), 지씨아이(98.2), 코스페이스(99.2), 파운텍(100), JS전선*(69.9)
(5개) (LS-Nikko동제련) 리싸이텍코리아(100), 선우(100), 지알엠(100), 토리컴(99.8), 화창(100)

증손회사 (1개): [A] (대성전기공업) 델텍(100)

(다) 지주회사체제 미편입 20개 회사 (c)

① (1개) E1*
(7개) 자회사: (5개) LS네트웍스*(84%), E1물류(100), E1컨테이너터미널(100), 동방도시가스산업(100), 온산탱크터미널(24)
손자회사: (1개) (LS네트웍스) 케이제이모터라드(100)
증손회사: (1개) (케이제이모터라드) 스포츠모터사이클코리아(100)

② (1개) 예스코*
(9개) 자회사: (3개) 한성(65), 대한가스기기(69.8), 예스코서비스(100)
손자회사: (5개) (한성) 한성플랜지(93.1), LS자산운용(6.7), 리앤에스(99.4), 우성지앤티(96.7), 한성피씨건설(100)
증손회사: (1개) (한성플랜지) 한성메드(100)

③ (1개) 가온전선*
(1개) 자회사: 위더스(65.6)

注: (다) 온산탱크터미널 - E1과 예스코가 각각 24% 보유, E1의 자회사로 간주함; LS자산운용 - 2012년 3월 현재 최대주주는 구자용(구자열 동생) 외 12인(88.7%).
출처: 사업보고서.

〈부록 그림 2.1〉 LS그룹 소유지분도, 2012년 4월

(출처: 공정거래위원회 홈페이지 자료)

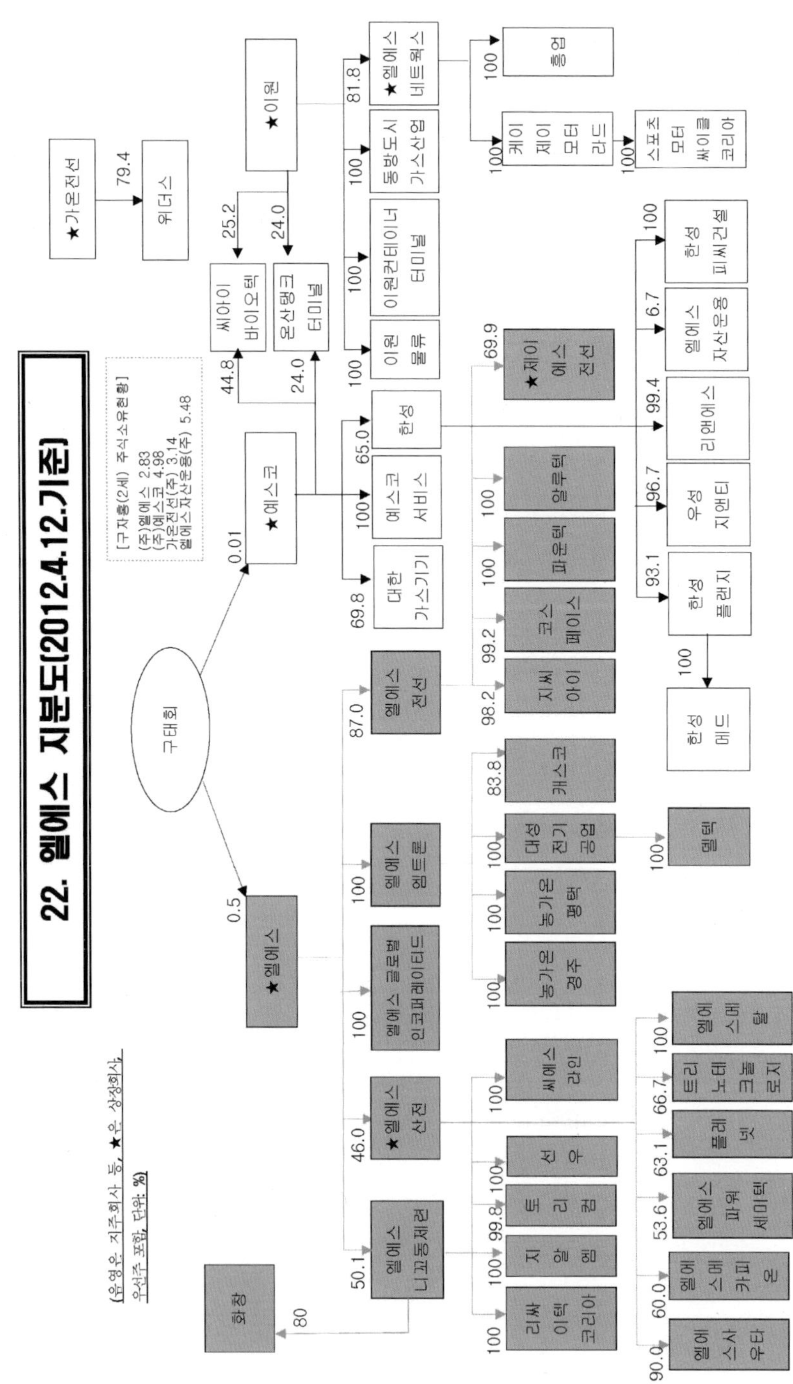

〈부록 표 2.9〉 LS그룹의 지주회사체제, 2013년 3월

(가) 개관

· 그룹 계열회사 50개 (a) = 지주회사체제 편입 회사 28개 (b) + 미편입 회사 22개 (c)
· 지주회사체제 달성 비율 (b/a) = 56%

· [b]
최대주주 구자열 → 지주회사 ㈜LS → 자회사 5개 → 손자회사 21개 → 증손회사 1개
지주회사 ㈜LS* →
[A] 자회사 1개 → 손자회사 4개 (1 + 3) → 증손회사 1개
[B] 자회사 3개 (1* + 2) → 손자회사 17개 (1* + 16)
[C] 자회사 1개
· * 표시된 3개 회사는 상장회사이며, 밑줄 친 6개 회사는 계열회사 보유.

· [c]
① (9개) 최대주주 구자열 → E1* → 자회사 5개 (1* + 4) → 손자회사 2개 (1 + 1)
→ 증손회사 1개
② (11개) 최대주주 구자은 → 예스코* → 자회사 4개 (1 + 3) → 손자회사 5개 (1 + 4)
→ 증손회사 1개
③ (2개) 최대주주 구자홍 → 가온전선* → 자회사 1개
· * 표시된 4개 회사는 상장회사이며, 밑줄 친 7개 회사는 계열회사 보유.

(나) 지주회사 ㈜LS* 및 27개 계열회사 (b)

자회사 (5개): [A] (1개) LS엠트론(100%)
[B] (3개) LS전선(87), LS-Nikko동제련(50.1), LS산전*(46)
[C] (1개) LS글로벌인코퍼레이티드(100)

손자회사 (21개): [A] (4개) (LS엠트론) 대성전기공업(100), 농가온경주(100), 농가온평택(100), 캐스코(93.5)
[B] (6개) (LS전선) 모보(54.2), 알루텍(98.9), 지씨아이(98.2), 코스페이스(99.2),
파운텍(100), JS전선*(69.9)
(6개) (LS-Nikko동제련) 리싸이텍코리아(100), 선우(100), 씨에스라인(100),
지알엠(100), 토리컴(99.8), 화창(80)
(5개) (LS산전) 트리노테크놀로지(66.7), LS메카피온(60), LS메탈(100), LS사우타(90),
LS파워세미텍(53.6)

증손회사 (1개): [A] (대성전기공업) 델텍(100)

(다) 지주회사체제 미편입 22개 회사 (c)

① (1개) E1*
(8개) 자회사: (5개) LS네트웍스*(83.3%), E1물류(100), E1컨테이너터미널(100), 동방도시가스산업(100),
온산탱크터미널(24)
손자회사: (2개) (LS네트웍스) 케이제이모터라드(100), 홍업(100)
증손회사: (1개) (케이제이모터라드) 스포츠모터사이클코리아(100)

② (1개) 예스코*
(10개) 자회사: (4개) 한성(65), 대한가스기기(69.8), 씨아이바이오텍(52.2), 예스코서비스(100)
손자회사: (5개) (한성) 한성플랜지(93.1), LS자산운용(6.7), 리앤에스(99.4), 우성지앤티(96.7),
한성피씨건설(100)
증손회사: (1개) (한성플랜지) 한성메드(100)

③ (1개) 가온전선*
(1개) 자회사: 위더스(79.4)

주: (다) 온산탱크터미널 – E1과 예스코가 각각 24% 보유, E1의 자회사로 간주함; LS자산운용 – 최대주주는 구자용(구자열 동생) 외 12인(88.7%).
출처: 사업보고서.

〈부록 그림 2.2〉 LS그룹 소유지분도, 2013년 4월

(출처: 공정거래위원회 홈페이지 자료)

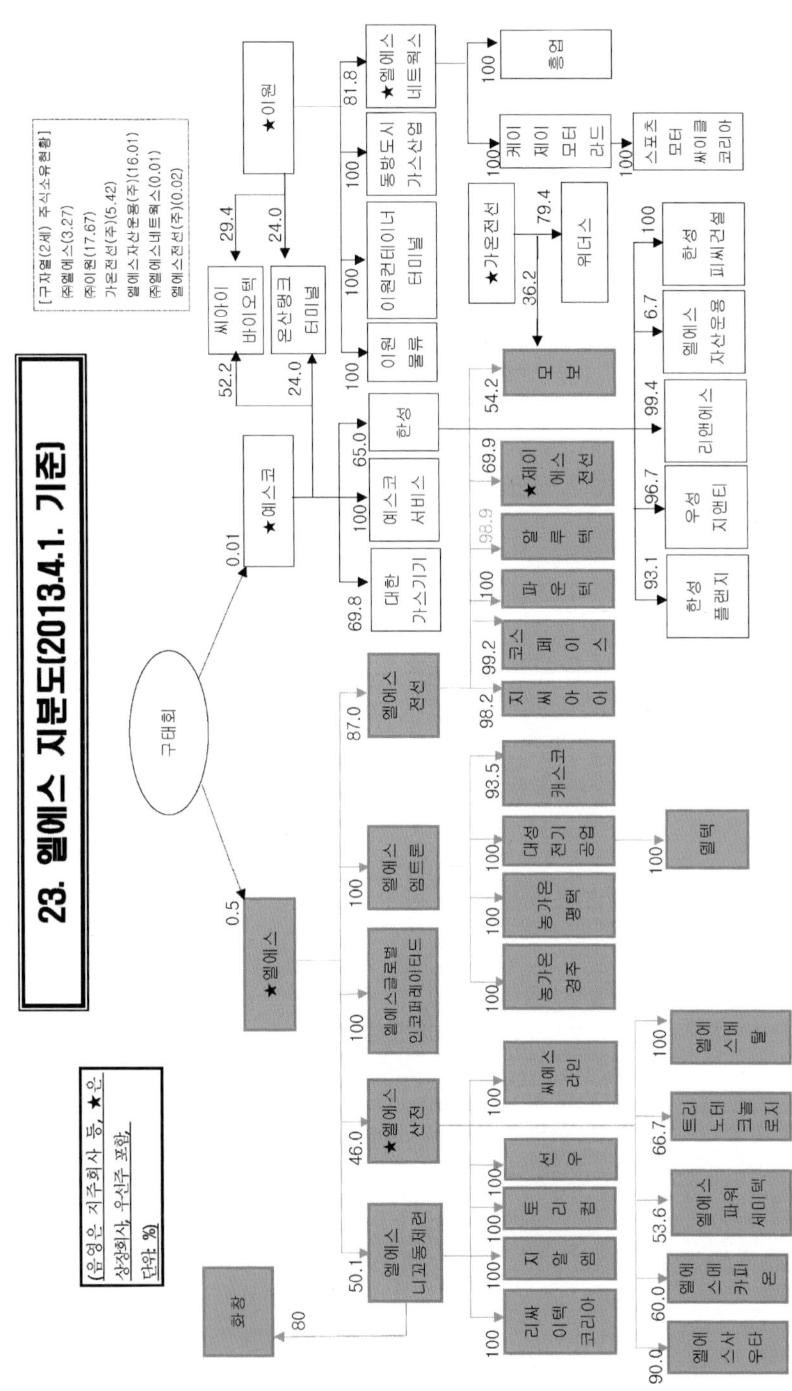

〈부록 표 2.10〉 LS그룹의 지주회사체제, 2013년 12월

(가) 개관

· 그룹 계열회사 50개 (a) = 지주회사체제 편입 회사 27개 (b) + 미편입 회사 23개 (c)
· 지주회사체제 달성 비율 (b/a) = 54%

· [b]
최대주주 구자열 → 지주회사 ㈜LS → 자회사 6개 → 손자회사 19개 → 증손회사 1개
지주회사 ㈜LS* →
[A] 자회사 1개 → 손자회사 3개 (1 + 2) → 증손회사 1개
[B] 자회사 3개 (1* + 2) → 손자회사 16개 (1* + 15)
[C] 자회사 2개
· * 표시된 3개 회사는 상장회사이며, 밑줄 친 6개 회사는 계열회사 보유.

· [c]
① (10개) 최대주주 구자열 → E1* → 자회사 5개 (1* + 4) → 손자회사 3개 (1 + 2)
→ 증손회사 1개
② (10개) 최대주주 구자은 → 예스코* → 자회사 4개 (1 + 3) → 손자회사 5개
③ (3개) 최대주주 구자홍 → 가온전선* → 자회사 2개
· * 표시된 4개 회사는 상장회사이며, 밑줄 친 6개 회사는 계열회사 보유.

(나) 지주회사 ㈜LS* 및 26개 계열회사 (b)

자회사 (6개): [A] (1개) LS엠트론(100%)
[B] (3개) LS-Nikko동제련(50.1), LS산전*(46), LS전선(87)
[C] (2개) LS글로벌인코퍼레이티드(100), LS I&D(87)

손자회사 (19개): [A] (3개) (LS엠트론) 대성전기공업(100), 농가온(100), 캐스코(93.5)
[B] (6개) (LS-Nikko동제련) 리싸이텍코리아(100), 선우(100), 씨에스라인(100), 지알엠(100), 토리컴(100), 화창(80)
(5개) (LS산전) 트리노테크놀로지(66.7), LS메카피온(60), LS메탈(100), LS사우타(90), LS파워세미텍(53.6)
(5개) (LS전선) 알루텍(99.5), 지씨아이(98.2), 코스페이스(99.9), 파운텍(100), JS전선*(69.9)

증손회사 (1개): [A] (대성전기공업) 델텍(100)

(다) 지주회사체제 미편입 23개 회사 (c)

① (1개) E1*
(9개) 자회사: (5개) LS네트웍스*(83.2%), E1물류(100), E1컨테이너터미널(100), 동방도시가스산업(100), 온산탱크터미널(24)
손자회사: (3개) (LS네트웍스) 케이제이모터라드(100), 베스트토요타(100), 흥업(100)
증손회사: (1개) (케이제이모터라드) 스포츠모터사이클코리아(100)

② (1개) 예스코*
(9개) 자회사: (4개) 한성(65), 대한가스기기(69.8), 씨아이바이오텍(52.2), 예스코서비스(100)
손자회사: (5개) (한성) LS자산운용(6.7), 리앤에스(99.4), 우성지앤티(96.7), 한성플랜지(93.1), 한성피씨건설(100)

③ (1개) 가온전선*
(2개) 자회사: 모보(90.4), 위더스(79.4)

주: (나) 농가온 = 2010년-2013년 3월 농가온평택.
(다) 온산탱크터미널 – E1과 예스코가 각각 24% 보유, E1의 자회사로 간주함.
출처: 사업보고서.

〈부록 그림 2.3〉 LS그룹 소유지분도, 2014년 4월

(출처: <부록 4>)

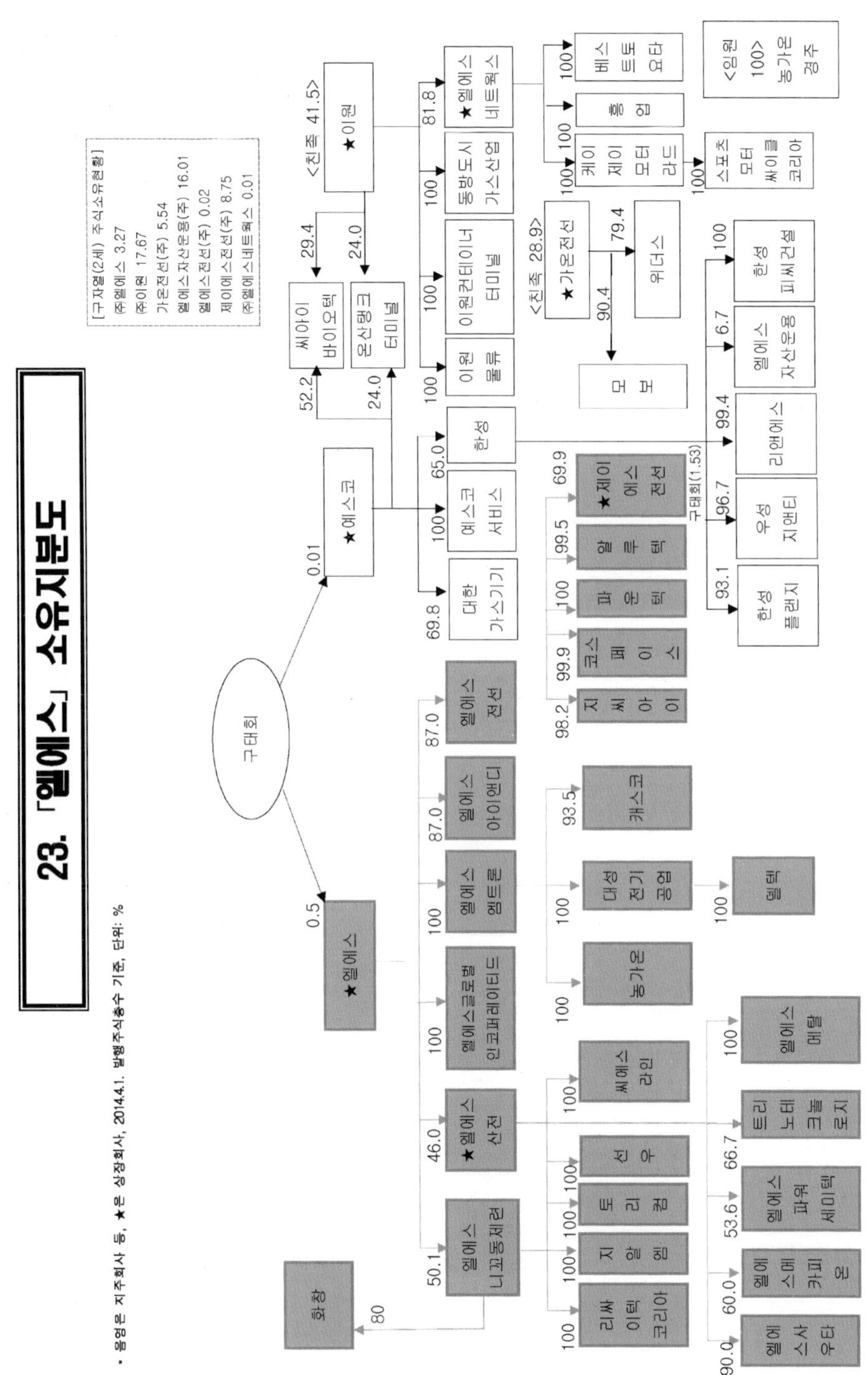

〈부록 3〉 한국재벌과 지주회사체제, 2001-2013년

〈부록 표 3.1〉 재벌과 지주회사체제, 2001년 7월

(가) 2개 재벌

그룹			지주회사체제				지주회사체제 달성 비율 (B/A,%)
이름	순위	계열회사 (A, 개)	지주회사 (a)	순위	계열회사 (b, 개)	a+b (B, 개)	
적극적인 지주회사체제 (1개)							
LG	3	43	㈜LGCI	1	(13)	(14)	(33)
소극적인 지주회사체제 (1개)							
SK	4	54	SK엔론	2	(13)	(14)	(26)

(나) 2개 일반지주회사

지주회사	순위	설립·전환 시기 (연.월)	자산 총액 (억 원)	지주 비율 (%)	부채 비율 (%)	계열회사 (개)		
						합	자	손자
적극적인 지주회사체제 소속 (1개)								
㈜LGCI	1	2001.4	26,500	77.0	121.6	(13)	13	-
소극적인 지주회사체제 소속 (1개)								
SK엔론	2	2000.1	5,733	96.1	-	(13)	11	(2)

주: 1) 그룹은 2001년 4월 현재; 지주회사 명단은 2001년 7월 현재이며, 재무현황 및 계열회사는 2000년 12월 현재인 것으로 보임.
2) 공정거래위원회의 '지주회사' 자료에는 대규모사기업집단 소속 관련 정보가 별도로 표시되어 있지 않으며, 대규모기업집단' 자료 및 다른 연도의 '지주회사' 자료를 이용함.
3) ㈜LGCI - 손자회사 정보 없음; SK엔론 - 손자회사 2000년 3월 현재, 부채비율 정보 없음.
출처: 공정거래위원회 홈페이지 자료, 〈부록 5〉.

〈부록 표 3.2〉 재벌과 지주회사체제, 2003년 7월

(가) 4개 재벌

그룹			지주회사체제				지주회사체제 달성 비율 (B/A, %)
이름	순위	계열회사 (A, 개)	지주회사 (a)	순위	계열회사 (b, 개)	a+b (B, 개)	
적극적인 지주회사체제 (3개)							
LG	2	50	㈜LG	1	37	38	76
동원	32	17	동원엔터프라이즈	12	9	10	59
농심	42	10	농심홀딩스	9	4	5	50
소극적인 지주회사체제 (1개)							
SK	3	60	SK엔론	2	14	15	25

(나) 4개 일반지주회사

지주회사	순위	설립·전환 시기 (연.월)	자산 총액 (억 원)	지주 비율 (%)	부채 비율 (%)	계열회사 (개)		
						합	자	손자
적극적인 지주회사체제 소속 (3개)								
㈜LG	1	2001.4	57,583	103.7	58.7	37	17	20
농심홀딩스	9	2003.7	1,839	50.8	0	4	4	–
동원엔터프라이즈	12	2001.4	1,398	95.4	49.7	9	8	1
소극적인 지주회사체제 소속 (1개)								
SK엔론	2	2000.1	7,016	92.9	6.1	14	11	3

주: 1) 그룹은 2003년 4월 현재; 지주회사 명단은 2003년 7월, 재무현황 및 계열회사는 2002년 3월(동원엔터프라이즈) 또는 2002년 12월(다른 지주회사) 현재.
2) ㈜LG = 2001년 ㈜LGCI; 동원그룹 소속 금융지주회사(동원금융지주)는 제외함.
출처: 공정거래위원회 홈페이지 자료, 〈부록 5〉.

〈부록 표 3.3〉 재벌과 지주회사체제, 2004년 5월

(가) 6개 재벌

그룹			지주회사체제				지주회사체제 달성 비율 (B/A,%)
이름	순위	계열회사 (A, 개)	지주회사 (a)	순위	계열회사 (b, 개)	a+b (B, 개)	
적극적인 지주회사체제 (4개)							
LG	2	46	㈜LG	1	37	38	83
동원	31	17	동원엔터프라이즈	14	9	10	59
세아	33	28	세아홀딩스	5	14	15	54
농심	39	12	농심홀딩스	8	6	7	59
소극적인 지주회사체제 (2개)							
삼성	1	63	삼성종합화학	2	1	2	3
SK	4	59	SK엔론	3	13	14	24

(나) 6개 일반지주회사

지주회사	순위	설립·전환 시기 (연.월)	자산 총액 (억 원)	지주 비율 (%)	부채 비율 (%)	계열회사 (개)		
						합	자	손자
적극적인 지주회사체제 소속 (4개)								
㈜LG	1	2001.4	61,750	97.0	44.3	37	17	20
세아홀딩스	5	2001.7	3,831	82.1	33.6	14	14	-
농심홀딩스	8	2003.7	2,854	99.9	2.0	6	6	-
동원엔터프라이즈	14	2001.4	1,398	96.9	7.0	9	8	1
소극적인 지주회사체제 소속 (2개)								
삼성종합화학	2	2004.1	10,529	51.2	89.7	1	1	-
SK엔론	3	2000.1	7,685	92.7	6.1	13	11	2

주: 1) 그룹은 2004년 4월 현재; 지주회사 명단은 2004년 5월, 재무현황 및 계열회사는 2003년 3월(동원엔터프라이즈) 또는 2003년 12월(다른 지주회사) 현재.
2) 공정거래위원회의 '지주회사' 자료에는 대규모사기업집단 소속 관련 정보가 별도로 표시되어 있지 않으며, '대규모기업집단' 자료 및 다른 연도의 '지주회사' 자료를 이용함.
3) 삼성그룹과 동원그룹 소속 금융지주회사(삼성에버랜드, 동원금융지주)는 제외함.
출처: 공정거래위원회 홈페이지 자료, 〈부록 5〉.

〈부록 표 3.4〉 재벌과 지주회사체제, 2005년 8월

(가) 9개 재벌

그룹			지주회사체제				지주회사체제 달성 비율 (B/A,%)
이름	순위	계열회사 (A, 개)	지주회사 (a)	순위	계열회사 (b, 개)	a+b (B, 개)	
적극적인 지주회사체제 (4개)							
LG	3	38	㈜LG	1	33	34	89
STX	28	14	㈜STX	9	8	9	64
세아	32	28	세아홀딩스	7	15	16	57
농심	43	12	농심홀딩스	8	6	7	58
소극적인 지주회사체제 (5개)							
삼성	1	62	삼성종합화학	5	1	2	3
SK	4	50	SK엔론	4	12	13	26
롯데	5	41	롯데물산	3	4	5	
			롯데산업	16	1	2 [7]	17
GS	9	50	GS홀딩스	2	12	13	26
한화	10	30	한화도시개발	22	1	2	7

(나) 10개 일반지주회사

지주회사	순위	설립·전환 시기 (연.월)	상장 여부	자산 총액 (억 원)	지주 비율 (%)	부채 비율 (%)	계열회사 (개)		
							합	자	손자
적극적인 지주회사체제 소속 (4개)									
㈜LG	1	2001.4	O	43,491	101.6	25.7	33	15	18
세아홀딩스	7	2001.7	O	5,304	88.8	26.6	15	14	1
농심홀딩스	8	2003.7	O	3,594	99.8	6.8	6	6	-
㈜STX	9	2004.4	O	3,301	58.0	153.0	8	4	4
소극적인 지주회사체제 소속 (6개)									
GS홀딩스	2	2004.7	O	26,646	93.8	37.6	12	4	8
롯데물산	3	2005.1	X	9,707	55.8	11.9	4	1	3
SK엔론	4	2000.1	X	8,068	94.6	1.8	12	11	1
삼성종합화학	5	2004.1	X	7,212	97.1	1.3	1	1	-
롯데산업	16	2005.1	X	1,910	86.4	37.8	1	1	-
한화도시개발	22	2005.1	X	1,007	57.7	68.7	1	1	-

주: 그룹은 2005년 4월 현재; 지주회사 명단은 2005년 8월 현재이며, 재무현황 및 계열회사는 출처에 표시는 없으나 2004년 12월 현재인 것으로 보임.

출처: 공정거래위원회 홈페이지 자료, 〈부록 5〉.

〈부록 표 3.5〉 재벌과 지주회사체제, 2006년 8월

(가) 9개 재벌

그룹			지주회사체제				지주회사체제 달성 비율 (B/A, %)
이름	순위	계열회사 (A, 개)	지주회사 (a)	순위	계열회사 (b, 개)	a+b (B, 개)	
적극적인 지주회사체제 (5개)							
LG	4	30	㈜LG	1	28	29	97
GS	8	50	GS홀딩스	2	15	16	32
현대백화점	31	23	㈜HC&	16	9	10	43
세아	36	23	세아홀딩스	7	14	15	65
농심	44	12	농심홀딩스	9	6	7	58
소극적인 지주회사체제 (4개)							
삼성	1	59	삼성종합화학	5	1	2	3
SK	3	56	SK E&S	4	12	13	23
롯데	5	43	롯데물산	3	4	5	
			롯데산업	13	1	2 [7]	16
한화	11	31	한화도시개발	23	1	2	6

(나) 10개 일반지주회사

지주회사	순위	설립・전환 시기 (연.월)	자산 총액 (억 원)	지주 비율 (%)	부채 비율 (%)	계열회사 (개)		
						합	자	손자
적극적인 지주회사체제 소속 (5개)								
㈜LG	1	2001.4	47,964	96.0	18.0	28	14	14
GS홀딩스	2	2004.7	29,871	96.0	29.0	15	5	10
세아홀딩스	7	2001.7	6,423	90.8	25.8	14	14	-
농심홀딩스	9	2003.7	4,191	98.6	27.6	6	6	-
㈜HC&	16	2006.1	2,506	87.7	91.4	9	9	-
소극적인 지주회사체제 소속 (5개)								
롯데물산	3	2005.1	11,461	61.4	20.1	4	1	3
SK E&S	4	2000.1	8,996	93.0	11.0	12	11	1
삼성종합화학	5	2004.1	7,546	98.3	0.3	1	1	-
롯데산업	13	2005.1	2,282	84.5	27.7	1	1	-
한화도시개발	23	2005.1	1,366	99.2	6.5	1	1	-

주: 1) 그룹은 2006년 4월 현재; 지주회사 명단은 2006년 8월, 재무현황 및 계열회사는 2005년 12월 현재(2006년 신설된 경우는 다른 기준이 적용될 수 있음).
2) 공정거래위원회의 '지주회사' 자료에는 대규모사기업집단 소속 관련 정보가 별도로 표시되어 있지 않으며, '대규모기업집단' 자료 및 다른 연도의 '지주회사' 자료를 이용함.
3) SK E&S = 2001-2005년 SK엔론.
출처: 공정거래위원회 홈페이지 자료, 〈부록 5〉.

〈부록 표 3.6〉 재벌과 지주회사체제, 2007년 8월

(가) 14개 재벌

그룹			지주회사체제				지주회사체제 달성 비율 (B/A, %)
이름	순위	계열회사 (A, 개)	지주회사 (a)	순위	계열회사 (b, 개)	a+b (B, 개)	
적극적인 지주회사체제 (10개)							
SK	3	57	SK㈜	1	23	24	
			SK E&S	6	11	12 [35]	61
LG	4	31	㈜LG	2	28	29	94
GS	8	48	GS홀딩스	4	14	15	31
금호아시아나	9	38	금호산업	3	21	22	58
현대백화점	27	24	㈜HC&	21	10	11	46
한진중공업	32	4	한진중공업홀딩스	11	4	5	125
세아	38	22	세아홀딩스	9	14	15	68
농심	46	15	농심홀딩스	13	6	7	47
태평양	48	7	태평양	5	4	5	71
오리온	54	22	온미디어	15	9	10	45
소극적인 지주회사체제 (4개)							
삼성	1	59	삼성종합화학	8	1	2	3
현대자동차	2	36	차산골프장지주회사	36	1	2	6
한화	12	34	드림파마	12	5	6	18
CJ	19	64	CJ홈쇼핑	7	13	14	22

(나) 15개 일반지주회사

지주회사	순위	설립・전환 시기 (연.월)	자산 총액 (억 원)	지주 비율 (%)	부채 비율 (%)	계열회사 (개)		
						합	자	손자
적극적인 지주회사체제 소속 (11개)								
SK㈜	1	2007.7	64,788	88.3	86.3	23	7	16
㈜LG	2	2001.4	46,044	103.3	8.6	28	14	14
금호산업	3	2007.1	38,868	65.8	240.9	21	11	10
GS홀딩스	4	2004.7	32,729	95.0	24.7	14	5	9
태평양	5	2007.1	13,705	68.2	12.3	4	4	–
SK E&S	6	2000.1	9,530	94.5	14.8	11	10	1
세아홀딩스	9	2001.7	7,291	91.2	23.7	14	14	–
한진중공업홀딩스	11	2007.8	5,872	54.1	52.3	4	4	–
농심홀딩스	13	2003.7	4,494	97.8	24.4	6	6	–
온미디어	15	2000.6	4,121	60.1	4.0	9	8	1
㈜HC&	21	2006.1	2,797	87.1	0.9	10	9	1
소극적인 지주회사체제 소속 (4개)								
CJ홈쇼핑	7	2007.1	8,562	71.0	86.4	13	5	8
삼성종합화학	8	2004.1	7,937	96.7	2.7	1	1	–
드림파마	12	2007.4	5,280	63.8	104.1	5	5	–
차산골프장지주회사	36	2006.1	1,002	70.8	–	1	1	–

주: 1) 그룹은 2007년 4월 현재; 지주회사 명단은 2007년 8월, 재무현황 및 계열회사는 2006년 12월 또는 설립・전환일 (2007년 설립・전환된 경우) 현재.
2) SK E&S는 SK㈜의 자회사; 차산골프장지주회사 부채비율 – 자본잠식.
출처: 공정거래위원회 홈페이지 자료, 〈부록 5〉.

〈부록 표 3.7〉 재벌과 지주회사체제, 2008년 9월

(가) 11개 재벌

그룹			지주회사체제				지주회사체제 달성 비율 (B/A, %)
이름	순위	계열회사 (A, 개)	지주회사 (a)	순위	계열회사 (b, 개)	a+b (B, 개)	
적극적인 지주회사체제 (8개)							
SK	3	64	SK㈜	1	35	36	
			SK E&S	10	11	12 [47]	73
LG	4	36	㈜LG	2	29	30	83
GS	7	57	GS홀딩스	4	17	18	32
금호아시아나	10	52	금호산업	3	22	23	44
CJ	17	66	CJ㈜	5	43	44	
			CJ홈쇼핑	12	13	14 [57]	86
LS	18	24	㈜LS	6	14	15	63
한진중공업	29	5	한진중공업홀딩스	11	4	5	100
현대백화점	31	25	㈜HC&	24	10	11	44
소극적인 지주회사체제 (3개)							
삼성	1	59	삼성종합화학	13	1	2	3
한화	12	40	드림파마	16	5	6	15
대한전선	30	20	티이씨앤코	48	3	4	20

(나) 13개 일반지주회사

지주회사	순위	설립·전환 시기 (연.월)	상장 여부	자산 총액 (억 원)	지주 비율 (%)	부채 비율 (%)	계열회사 (개)			
							합	자	손자	증손
적극적인 지주회사체제 소속 (10개)										
SK㈜	1	2007.7	O	95,056	92.7	42.8	35	7	28	–
㈜LG	2	2001.4	O	55,988	98.3	10.2	29	14	15	–
금호산업	3	2007.1	O	41,240	57.4	272.8	22	8	14	–
GS홀딩스	4	2004.7	O	35,587	94.5	26.5	17	5	12	–
CJ㈜	5	2007.9	O	21,594	84.8	25.8	43	15	27	1
㈜LS	6	2008.7	O	17,364	89.7	16.1	14	4	10	–
SK E&S	10	2000.1	X	9,989	94.8	17.7	11	10	1	–
한진중공업홀딩스	11	2007.8	O	9,958	85.6	9.6	4	4	–	–
CJ홈쇼핑	12	2007.1	O	8,886	68.4	85.9	13	5	7	1
㈜HC&	24	2006.1	X	3,018	93.2	19.1	10	9	1	–
소극적인 지주회사체제 소속 (3개)										
삼성종합화학	13	2004.1	X	8,833	98.3	3.3	1	1	–	–
드림파마	16	2007.4	X	5,166	62.1	99.4	5	5	–	–
티이씨앤코	48	2008.5	O	1,280	61.4	13.5	3	3	–	–

주: 1) 그룹은 2008년 4월 현재; 지주회사 명단은 2008년 9월, 재무현황 및 계열회사는 2007년 12월 또는 설립·전환일 (2007년 8월-2008년 9월 설립·전환된 경우) 현재.
2) SK E&S는 SK㈜의 자회사, CJ홈쇼핑은 CJ㈜의 자회사.
출처: 공정거래위원회 홈페이지 자료, 〈부록 5〉.

〈부록 표 3.8〉 재벌과 지주회사체제, 2009년 9월

(가) 13개 재벌

그룹			지주회사체제				지주회사체제 달성 비율
이름	순위	계열회사 (A, 개)	지주회사 (a)	순위	계열회사 (b, 개)	a+b (B, 개)	(B/A, %)
적극적인 지주회사체제 (10개)							
SK	3	77	SK㈜	1	48	49	
			SK E&S	15	10	11 [59]	77
LG	4	52	㈜LG	2	45	46	88
GS	8	64	㈜GS	3	24	25	39
두산	12	26	두산	4	20	21	
			두산모트롤홀딩스	46	1	2 [22]	85
LS	17	32	㈜LS	7	19	20	63
CJ	19	61	CJ㈜	5	43	44	
			CJ오쇼핑	12	13	14 [57]	93
한진중공업	29	6	한진중공업홀딩스	10	5	6	100
현대백화점	33	22	㈜HC&	29	9	10	45
웅진	34	29	웅진홀딩스	8	18	19	66
세아	38	23	세아홀딩스	14	15	16	70
소극적인 지주회사체제 (3개)							
삼성	1	63	삼성종합화학	16	1	2	3
한화	13	44	드림파마	20	5	6	14
대한전선	25	32	티이씨앤코	69	4	5	16

(나) 16개 일반지주회사

지주회사	순위	설립·전환 시기 (연.월)	상장 여부	자산 총액 (억 원)	지주 비율 (%)	부채 비율 (%)	계열회사 (개)			
							합	자	손자	증손
적극적인 지주회사체제 소속 (13개)										
SK㈜	1	2007.7	O	96,197	96.6	41.7	58	8	42	8
㈜LG	2	2001.4	O	69,563	92.0	11.6	45	15	28	2
㈜GS	3	2004.7	O	44,557	89.9	25.6	24	5	19	−
두산	4	2009.1	O	27,910	57.6	78.3	21	11	8	2
CJ㈜	5	2007.9	O	27,811	62.8	40.4	50	14	33	3
㈜LS	7	2008.7	O	16,180	91.4	11.3	19	4	14	1
웅진홀딩스	8	2008.1	O	14,755	93.9	103.0	18	10	7	1
한진중공업홀딩스	10	2007.8	O	10,892	89.0	4.1	5	4	1	−
CJ오쇼핑	12	2007.1	O	9,699	57.8	94.1	13	5	7	1
세아홀딩스	14	2001.7	O	9,293	86.8	24.7	15	14	1	−
SK E&S	15	2000.1	X	9,095	89.0	13.7	10	9	1	−
㈜HC&	29	2006.1	X	3,530	84.9	37.4	9	9	−	−
두산모트롤홀딩스	46	2009.1	X	1,947	95.6	298.7	1	1	−	−
소극적인 지주회사체제 소속 (3개)										
삼성종합화학	16	2004.1	O	8,693	92.6	2.1	1	1	−	−
드림파마	20	2007.4	X	5,130	62.8	102.6	5	5	−	−
티이씨앤코	69	2008.5	O	1,013	58.8	14.0	4	2	2	−

주: 1) 그룹은 2009년 4월 현재; 지주회사 명단은 2009년 6월, 재무현황 및 계열회사는 2008년 12월 현재.
2) SK E&S는 SK㈜의 자회사, 두산모트롤홀딩스는 두산의 자회사, CJ오쇼핑은 CJ㈜의 자회사; CJ오쇼핑 = 2007-2008년 CJ홈쇼핑.
출처: 공정거래위원회 홈페이지 자료, 〈부록 5〉.

〈부록 표 3.9〉 재벌과 지주회사체제, 2010년 9월

(가) 17개 재벌

그룹			지주회사체제				지주회사체제 달성 비율 (B/A, %)
이름	순위	계열회사 (A, 개)	지주회사 (a)	순위	계열회사 (b, 개)	a+b (B, 개)	
적극적인 지주회사체제 (13개)							
SK	3	75	SK㈜	1	53	54	
			SK E&S	16	9	10 [63]	84
LG	4	53	㈜LG	2	45	46	87
GS	7	69	㈜GS	3	27	28	41
한진	10	37	한진해운홀딩스	32	11	12	32
두산	12	29	두산	6	18	19	
			디아이피홀딩스	47	3	4 [22]	76
LS	15	44	㈜LS	7	24	25	57
CJ	18	54	CJ㈜	5	41	42	
			CJ오쇼핑	13	5	6	
			오미디어홀딩스	27	1	2	
			온미디어	28	9	10 [58]	107
한진중공업	29	7	한진중공업홀딩스	14	6	7	100
웅진	33	24	웅진홀딩스	9	20	21	88
현대백화점	34	29	㈜HC&	37	13	14	48
코오롱	36	37	코오롱	24	29	30	81
하이트맥주	38	16	하이트홀딩스	10	13	14	88
세아	44	19	세아홀딩스	17	12	13	68
소극적인 지주회사체제 소속 (4개)							
삼성	1	67	삼성종합화학	15	1	2	3
한화	13	48	한화도시개발	33	8	9	19
부영	24	15	부영	4	2	3	20
대한전선	31	26	티이씨앤코	76	4	5	19

(나) 22개 일반지주회사

지주회사	순위	설립·전환 시기 (연.월)	상장 여부	자산 총액 (억 원)	지주 비율 (%)	부채 비율 (%)	계열회사 (개)			
							합	자	손자	증손
적극적인 지주회사체제 소속 (18개)										
SK㈜	1	2007.7	O	102,405	96.4	43.5	62	9	44	9
㈜LG	2	2001.4	O	80,141	92.2	8.3	45	16	27	2
㈜GS	3	2004.7	O	51,718	90.4	26.7	27	6	21	–
CJ㈜	5	2007.9	O	27,914	68.8	35.8	46	16	27	3
두산	6	2009.1	O	27,484	66.1	51.4	23	9	12	2
㈜LS	7	2008.7	O	17,971	89.6	12.6	24	4	19	1
웅진홀딩스	9	2008.1	O	17,838	90.0	118.5	20	9	9	2
하이트홀딩스	10	2008.7	O	17,172	95.7	91.7	13	5	8	–
CJ오쇼핑	13	2007.1	O	11,321	50.0	104.6	5	3	2	–
한진중공업홀딩스	14	2007.8	O	10,543	89.3	3.4	6	4	2	–
SK E&S	16	2000.1	X	9,612	88.8	56.5	9	9	–	–
세아홀딩스	17	2001.7	O	9,220	86.1	22.5	12	11	1	–
코오롱	24	2010.1	O	5,388	54.3	35.5	29	5	23	1
오미디어홀딩스	27	2010.9	X	4,749	92.1	58.1	10	1	9	–
온미디어	28	2000.6	O	4,493	67.0	2.6	9	9	–	–
한진해운홀딩스	32	2009.12	O	3,776	65.9	30.0	11	2	9	–
㈜HC&	37	2006.1	X	3,482	90.3	40.9	13	8	5	–
디아이피홀딩스	47	2010.1	X	2,920	66.0	77.6	3	3	–	–
소극적인 지주회사체제 (4개)										
부영	4	2009.12	X	39,396	96.9	0.5	2	2	–	–
삼성종합화학	15	2004.1	X	10,442	94.0	2.3	1	1	–	–
한화도시개발	33	2009.12	X	3,619	95.0	36.6	8	8	–	–
티이씨앤코	76	2008.5	O	1,203	57.7	19.8	4	2	2	–

주: 1) 그룹은 2010년 4월 현재; 지주회사 명단은 2010년 9월, 재무현황 및 계열회사는 2009년 12월 또는 설립·전환일 (2010년 설립·전환된 경우) 현재.
2) SK E&S는 SK㈜의 자회사, 디아이피홀딩스는 두산의 자회사, CJ오쇼핑은 CJ㈜의 자회사, 온미디어는 오미디어홀딩스의 자회사.

출처: 공정거래위원회 홈페이지 자료, 〈부록 5〉.

〈부록 표 3.10〉 재벌과 지주회사체제, 2011년 9월

(가) 20개 재벌

그룹			지주회사체제				지주회사체제 달성 비율 (B/A, %)
이름	순위	계열회사 (A, 개)	지주회사 (a)	순위	계열회사 (b, 개)	a+b (B, 개)	
적극적인 지주회사체제 (15개)							
SK	3	86	SK이노베이션	1	16	17	
			SK㈜	2	46	47	
			SK E&S	13	9	10 [72]	84
LG	4	59	㈜LG	3	50	51	86
GS	8	76	㈜GS	4	31	32	42
한진	9	40	한진해운홀딩스	17	13	14	35
두산	12	25	두산	6	18	19	
			디아이피홀딩스	43	2	3 [21]	84
LS	15	47	㈜LS	7	26	27	57
CJ	16	65	CJ㈜	5	49	50	77
부영	23	16	부영	8	2	3	
			동광주택산업	39	1	2 [5]	31
현대백화점	30	26	현대HC&	29	11	12	46
한진중공업	31	8	한진중공업홀딩스	18	7	8	100
웅진	32	31	웅진홀딩스	9	19	20	65
코오롱	33	39	코오롱	20	30	31	79
하이트진로	42	15	하이트홀딩스	10	12	13	87
대성	43	73	대성합동지주	27	18	19	
			대성홀딩스	40	9	10	
			서울도시개발	88	19	20 [49]	67
세아	44	21	세아홀딩스	16	14	15	71
소극적인 지주회사체제 (5개)							
삼성	1	78	삼성종합화학	15	1	2	3
한화	10	55	한화도시개발	41	10	11	20
동부	20	38	동부인베스트먼트	42	1	2	5
대한전선	39	23	티이씨앤코	86	4	5	22
태광	46	50	티브로드홀딩스	25	10	11	22

(나) 26개 일반지주회사

지주회사	순위	설립・전환 시기 (연.월)	상장 여부	자산 총액 (억 원)	지주 비율 (%)	부채 비율 (%)	계열회사 (개)			
							합	자	손자	증손
적극적인 지주회사체제 소속 (21개)										
SK이노베이션	1	2011.1	X	141,457	63.3	27.7	16	7	9	–
SK㈜	2	2007.7	O	109,766	96.1	45.6	66	8	48	10
㈜LG	3	2001.4	O	73,396	87.6	5.3	50	15	33	2
㈜GS	4	2004.7	O	59,309	90.4	22.0	31	6	24	1
CJ㈜	5	2007.9	O	38,228	60.6	31.7	49	18	28	3
두산	6	2009.1	O	31,876	58.3	55.9	20	9	8	3
㈜LS	7	2008.7	O	20,711	91.1	10.4	26	4	21	1
부영	8	2009.12	X	19,249	94.7	27.9	2	2	–	–
웅진홀딩스	9	2008.1	O	18,494	84.1	109.4	19	8	10	1
하이트홀딩스	10	2008.7	O	16,679	96.7	178.5	12	5	7	–
SK E&S	13	2000.1	X	12,235	79.8	87.1	9	9	–	–
세아홀딩스	16	2001.7	O	11,107	87.0	24.2	14	12	2	–
한진해운홀딩스	17	2009.12	O	10,887	89.3	19.3	13	2	10	1
한진중공업홀딩스	18	2007.8	O	10,538	88.2	3.5	7	4	3	–
코오롱	20	2010.1	O	8,600	77.2	36.6	30	7	22	1
대성합동지주	27	2011.1	O	5,254	85.2	18.0	18	9	9	–
현대HC&	29	2006.1	O	4,314	73.5	28.8	11	8	3	–
동광주택산업	39	2011.1	X	3,425	97.8	23.6	1	1	–	–
대성홀딩스	40	2009.10	O	3,360	61.5	48.3	9	9	–	–
디아이피홀딩스	43	2010.1	X	3,191	67.0	45.9	2	2	–	–
서울도시개발	88	2011.1	X	1,115	90.5	60.2	19	2	17	–
소극적인 지주회사체제 소속 (5개)										
삼성종합화학	15	2004.1	X	11,436	88.9	2.8	1	1	–	–
티브로드홀딩스	25	2008.11	X	5,389	76.9	185.6	10	5	4	1
한화도시개발	41	2009.12	X	3,355	98.4	39.9	10	10	–	–
동부인베스트먼트	42	2011.1	X	3,269	88.5	292.8	1	1	–	–
티이씨앤코	86	2008.5	O	1,166	59.1	24.5	4	2	2	–

주: 1) 그룹은 2011년 4월 현재; 지주회사 명단은 2011년 9월, 재무현황 및 계열회사는 2010년 12월 현재.
2) 하이트진로그룹 = 2010년 하이트맥주그룹; 현대HC& = 2006-2010년 ㈜HC&; SK이노베이션과 SKE&S는 SK㈜의 자회사, 디아이피홀딩스는 두산의 자회사.

출처: 공정거래위원회 홈페이지 자료, 〈부록 5〉.

〈부록 표 3.11〉 재벌과 지주회사체제, 2012년 9월

* 21개 재벌, 28개 일반지주회사

그룹	순위	계열회사(개)	지주회사
적극적인 지주회사체제 (17개 재벌, 23개 지주회사)			
SK	3	94	SK이노베이션, SK㈜
LG	4	63	㈜LG
GS	8	73	㈜GS, GS에너지
한진	9	45	한진해운홀딩스
두산	12	24	두산, 디아이피홀딩스
CJ	14	84	CJ㈜
LS	15	50	㈜LS
부영	23	17	부영, 동광주택산업
현대백화점	28	35	현대HC&
코오롱	30	40	코오롱
웅진	31	29	웅진홀딩스
농협	34	41	농협경제지주
한진중공업	36	8	한진중공업홀딩스
대성	41	85	대성합동지주, 대성홀딩스, 서울도시개발
세아	42	24	세아홀딩스
하이트진로	44	15	하이트진로홀딩스
태영	48	40	SBS미디어홀딩스
소극적인 지주회사체제 (4개 재벌, 5개 지주회사)			
삼성	1	81	삼성종합화학
한화	10	53	한화도시개발
동부	19	56	동부인베스트먼트
태광	43	44	티브로드홀딩스, 티브로드도봉강북방송

주: 1) 그룹은 2012년 4월, 지주회사는 2012년 9월 현재.
2) 지주회사와 관련된 자세한 정보는 없으며, 따라서 지주회사체제 달성 비율을 계산할 수가 없음. '적극적 또는 소극적 지주회사체제'는 2011년 기준이며, 2012년에 새로 추가된 2개 그룹(농협, 태영)의 경우는 잠정적임.
3) 2011년과의 차이점: ① 제외 – 1개 그룹(대한전선), 2개 지주회사[(대한전선) 티이씨앤코, (SK) SK E&S]; ② 추가 – 2개 그룹(농협, 태영), 4개 지주회사((농협) 농협경제지주, (태영) SBS미디어홀딩스, (GS) GS에너지, (태광) 티브로드도봉강북방송).
4) 하이트진로홀딩스 = 2010-2011년 하이트홀딩스; 농협 소속 금융지주회사 1개(농협금융지주)는 제외함.

출처: 공정거래위원회 홈페이지 자료.

〈부록 표 3.12〉 재벌과 지주회사체제, 2013년 9월

* 21개 재벌, 30개 일반지주회사

그룹	순위	계열회사(개)	지주회사
적극적인 지주회사체제 (18개 재벌, 25개 지주회사)			
SK	3	81	SK이노베이션, SK㈜
LG	4	61	㈜LG
GS	8	79	㈜GS, GS에너지
농협	9	34	농협경제지주
한진	10	45	한진해운홀딩스, 한진칼
두산	13	25	두산, 디아이피홀딩스
CJ	15	82	CJ㈜, 케이엑스홀딩스
LS	17	49	㈜LS
부영	23	16	부영, 동광주택산업
현대백화점	26	35	현대HC&
코오롱	32	38	코오롱
한진중공업	33	9	한진중공업홀딩스
대성	37	83	대성합동지주, 서울도시개발
세아	42	23	세아홀딩스
하이트진로	47	14	하이트진로홀딩스
태영	48	40	SBS미디어홀딩스
웅진	49	25	웅진홀딩스
아모레퍼시픽	52	10	아모레퍼시픽그룹
소극적인 지주회사체제 (3개 재벌, 5개 지주회사)			
삼성	1	76	삼성종합화학
한화	11	49	한화도시개발
태광	43	44	티브로드홀딩스, 티브로드도봉강북방송, 티브로드전주방송

주: 1) 그룹은 2013년 4월, 지주회사는 2013년 9월 현재.
2) 지주회사와 관련된 자세한 정보는 없으며, 따라서 지주회사체제 달성 비율을 계산할 수가 없음. '적극적 또는 소극적 지주회사체제'는 2011년 기준이며, 2013년에 새로 추가된 1개 그룹(아모레퍼시픽)의 경우는 잠정적임.
3) 2012년과의 차이점: ① 제외 – 1개 그룹(동부), 2개 지주회사((동부) 동부인베스트먼트, (대성) 대성홀딩스); ② 추가 – 1개 그룹(아모레퍼시픽), 4개 지주회사((아모레퍼시픽), 아모레퍼시픽그룹, (한진) 한진칼, (CJ) 케이엑스홀딩스, (태광) 티브로드전주방송).
4) (그룹) 아모레퍼시픽 = 2007년 태평양, (지주회사) 아모레퍼시픽그룹 = 2007년 태평양; 농협 소속 금융지주회사 1개(농협금융지주)는 제외함.

출처: 공정거래위원회 홈페이지 자료.

〈부록 4〉 대규모기업집단의 소유지분도, 2014년 4월

공정거래위원회는 2012년 6월 대규모기업집단의 소유지분도를 처음으로 작성하여 공개하였으며, 2013년 5월과 2014년 7월에도 자료를 발표하였다. 대상은 각 연도 4월 현재의 상호출자제한기업집단들로 2012년 63개, 2013년 62개 그리고 2014년 63개이다.

소유지분도에는 이들 집단의 소유구조가 각각 1장의 그림에 담겨져 있어 전체적인 윤곽을 일목요연하게 파악할 수 있다. 2012년의 소유지분도는 『한국재벌과 지주회사체제: CJ와 두산』(김동운, 2013년, 이담북스)의 부록에 정리되어 있으며, 여기서는 2014년의 소유지분도를 소개한다('2014년 대기업집단 주식소유 현황 공개', 2014년 7월 10일).

<부록 표 4.1>에서는 2014년 4월에 지정된 63개 상호출자제한기업집단(이하 '대규모기업집단')의 순위, 집단 이름, 자산총액, 계열회사, 동일인 등 기본적인 사항들을 정리하였다. <부록 표 4.2>에서는 이들 63개 집단을 지주회사체제의 채택 여부에 따라 5개 유형으로 재분류하였으며, 이 순서에 따라 소유지분도 63개를 수록하였다. 이를 통해, 지주회사체제의 하향 단선적인 소유구조가 개개 집단에서는 구체적으로 어떤 모습으로 나타나고 있는지, 그리고 지주회사체제를 채택하지 않은 집단의 소유구조에 비해서는 어느 정도로 단순 투명한지를 가늠해 볼 수 있을 것으로 생각된다.

공정거래위원회는 9월 말 현재의 지주회사 현황을 매년 10월 말에 발표한다. 따라서 2014년의 지주회사 자료는 아직 발표되지 않았으며, 2013년 9월 자료를 기준으로 지주회사체제 채택 여부 판단하였다. '집단 전체 계열회사 중 지주회사체제에 편입된 계열회사의 비중'이 상대적으로 높은 경우는 적극적인 지주회사체제로, 그리고 그 비중이 낮은 경우는 소극적인 지주회사체제로 나누었는데, 이는 분석의 편의를 위해 잠정적으로 구분한 것이다 (<부록 표 3.10>, <부록 표 3.11>, <부록 표 3.12> 참조).

2013년 9월 현재 지주회사체제를 채택한 집단은 21개이며, 이들 중 18개는 적극적인 체제를 그리고 나머지 3개는 소극적인 체제를 채택하였다. 이를 기준으로 2014년 4월 현재의 63개 집단을 살펴보면, 지주회사체제를 채택한 집단은 21개이고 이들 중 18개는 적극적인 체제를 그리고 나머지 3개는 소극적인 체제를 채택하였다. 2013년 9월 현재의 21개 집단과 비교해 보면, 1개(웅진; 적극적인 체제)가 제외되고 1개(한국타이어; 적극적인 체제)가 추가되었다. 한편 지주회사체제를 채택하지 않은 집단은 42개이며, 이들 중 동일인이 자연인인 사기업집단이 20개, 동일인이 회사인 사기업집단이 9개, 그리고 동일인이 회사인 공기업집단이 13개이다.

〈부록 표 4.1〉 63개 대규모기업집단, 2014년 4월: (1) 순위 (자산총액 순)

순위	그룹	자산총액(조 원)	계열회사(개)	동일인
1	삼성*	331.4	74	이건희
2	(한국전력공사)	186.6	24	한국전력공사
3	현대자동차	180.9	57	정몽구
4	(한국토지주택공사)	173.7	5	한국토지주택공사
5	SK**	145.2	80	최태원
6	LG**	102.1	61	구본무
7	롯데	91.7	74	신격호
8	포스코	83.8	46	㈜포스코
9	현대중공업	58.4	26	정몽준
10	GS**	58.1	80	허창수
11	(한국도로공사)	53.5	3	한국도로공사
12	(한국가스공사)	42.5	3	한국가스공사
13	농협**	40.8	32	농업협동조합중앙회
14	한진**	39.5	48	조양호
15	한화*	37.1	51	김승연
16	KT	35.0	57	㈜KT
17	두산**	30.0	22	박용곤
18	(한국수자원공사)	25.5	2	한국수자원공사
19	신세계	25.2	29	이명희
20	CJ**	24.1	73	이재현
21	(한국석유공사)	22.5	2	한국석유공사
22	(한국철도공사)	22.1	11	한국철도공사
23	LS**	20.4	51	구태회
24	대우조선해양	18.5	19	대우조선해양㈜
25	금호아시아나	18.3	26	박삼구
26	동부	17.8	64	김준기
27	대림	16.3	22	이준용
28	부영**	15.7	14	이중근
29	현대	14.1	20	현정은
30	OCI	12.1	26	이수영

31	에쓰－오일	12.0	2	에쓰－오일㈜
32	현대백화점**	12.0	35	정지선
33	(인천도시공사)	11.3	3	인천도시공사
34	효성	11.2	44	조석래
35	대우건설	10.3	16	㈜대우건설
36	동국제강	10.1	16	장세주
37	영풍	9.9	22	장형진
38	미래에셋	9.7	30	박현주
39	코오롱**	9.4	37	이웅열
40	한국GM	9.1	3	한국GM㈜
41	한진중공업**	9.0	10	조남호
42	KCC	8.7	9	정몽진
43	한라	8.5	21	정몽원
44	홈플러스	8.0	3	홈플러스㈜
45	KT&G	8.0	11	㈜KT&G
46	(인천국제공항공사)	7.8	2	인천국제공항공사
47	한국타이어**	7.8	16	조양래
48	태광*	7.4	34	이호진
49	대성**	7.3	76	김영대
50	현대산업개발	7.2	15	정몽규
51	교보생명보험	7.1	13	신창재
52	코닝정밀소재	6.8	2	코닝정밀소재㈜
53	세아**	6.7	22	이순형
54	(서울특별시도시철도공사)	6.5	3	서울특별시도시철도공사
55	(서울메트로)	6.4	3	서울메트로
56	이랜드	6.4	24	박성수
57	태영**	6.2	42	윤세영
58	하이트진로**	5.9	12	박문덕
59	아모레퍼시픽**	5.5	10	서경배
60	삼천리	5.4	14	이만득
61	한솔	5.3	20	이인희
62	(부산항만공사)	5.2	2	부산항만공사
63	(한국지역난방공사)	5.0	3	한국지역난방공사

주: 1) 괄호 안의 집단은 13개 공기업집단.
2) ** 적극적인 지주회사체제를 채택한 18개 사기업집단.
3) * 소극적인 지주회사체제를 채택한 3개 사기업집단.
출처: 공정거래위원회홈페이지 자료, 〈부록 표 3.10〉, 〈부록 표 3.11〉, 〈부록 표 3.12〉.

〈부록 표 4.2〉 63개 대규모기업집단, 2014년 4월: (2) 지주회사체제 채택 여부

· 개관

(가) 지주회사체제를 채택한 21개 사기업집단

유형 ①: 적극적인 지주회사체제를 채택한 사기업집단 18개 <부록 그림 4.1 - 4.18>
유형 ②: 소극적인 지주회사체제를 채택한 사기업집단 3개 <부록 그림 4.19 - 4.21>

(나) 지주회사체제를 채택하지 않은 42개 집단

유형 ③: 동일인이 자연인인 사기업집단 20개 <부록 그림 4.22 - 4.41>
유형 ④: 동일인이 회사인 사기업집단 9개 <부록 그림 4.42 - 4.50>
유형 ⑤: 동일인이 회사인 공기업집단 13개 <부록 그림 4.51 - 4.63>

(가) 지주회사체제를 채택한 21개 사기업집단

순위	그룹	계열회사(개)	순위	그룹	계열회사(개)
① 적극적인 지주회사체제를 채택한 사기업집단 18개					
5	SK	80	32	현대백화점	35
6	LG	61	39	코오롱	37
10	GS	80	41	한진중공업	10
13	농협	32	47	한국타이어	16
14	한진	48	49	대성	76
17	두산	22	53	세아	22
20	CJ	73	57	태영	42
23	LS	51	58	하이트진로	12
28	부영	14	59	아모레퍼시픽	10
② 소극적인 지주회사체제를 채택한 사기업집단 3개					
1	삼성	74	48	태광	34
15	한화	51			

(나) 지주회사체제를 채택하지 않은 42개 집단

순위	그룹	계열회사(개)	순위	그룹	계열회사(개)
③ 동일인이 자연인인 사기업집단 20개					
3	현대자동차	57	36	동국제강	16
7	롯데	74	37	영풍	22
9	현대중공업	26	38	미래에셋	30
19	신세계	29	42	KCC	9
25	금호아시아나	26	43	한라	21
26	동부	64	50	현대산업개발	15
27	대림	22	51	교보생명보험	13
29	현대	20	56	이랜드	24
30	OCI	26	60	삼천리	14
34	효성	44	61	한솔	20

④ 동일인이 회사인 사기업집단 9개					
8	포스코	46	40	한국GM	3
16	KT	57	44	홈플러스	3
24	대우조선해양	19	45	KT&G	11
31	에쓰-오일	2	52	코닝정밀소재	2
35	대우건설	16			
⑤ 동일인이 회사인 공기업집단 13개					
2	한국전력공사	24	33	인천도시공사	3
4	한국토지주택공사	5	46	인천국제공항공사	2
11	한국도로공사	3	54	서울특별시도시철도공사	3
12	한국가스공사	3	55	서울메트로	3
18	한국수자원공사	2	62	부산항만공사	2
21	한국석유공사	2	63	한국지역난방공사	3
22	한국철도공사	11			

출처: 〈부록 표 4.1〉.

〈부록 그림 4.1〉 SK그룹 소유지분도, 2014년 4월 (유형 ①)

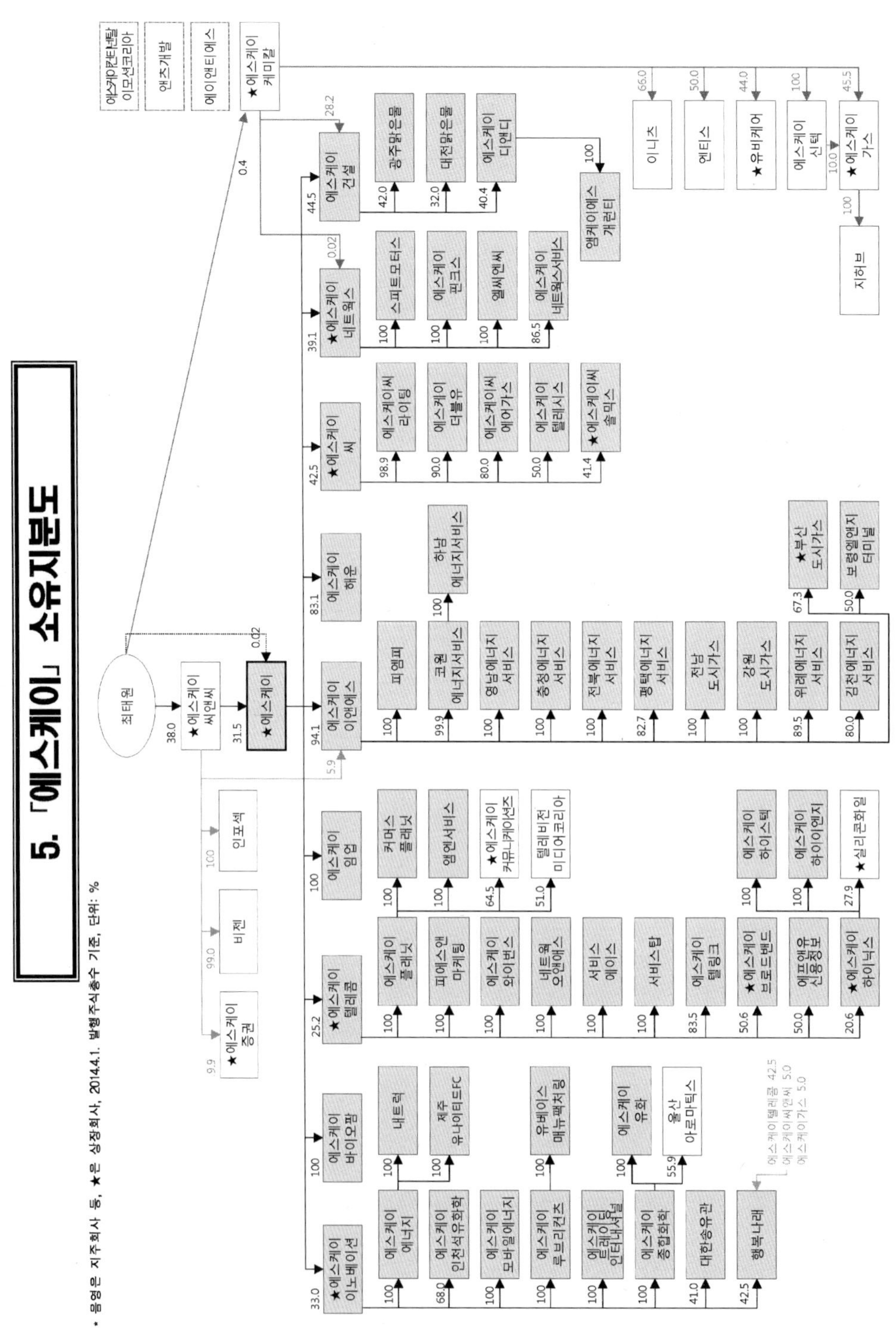

〈부록 그림 4.2〉 LG그룹 소유지분도, 2014년 4월 (유형 ①)

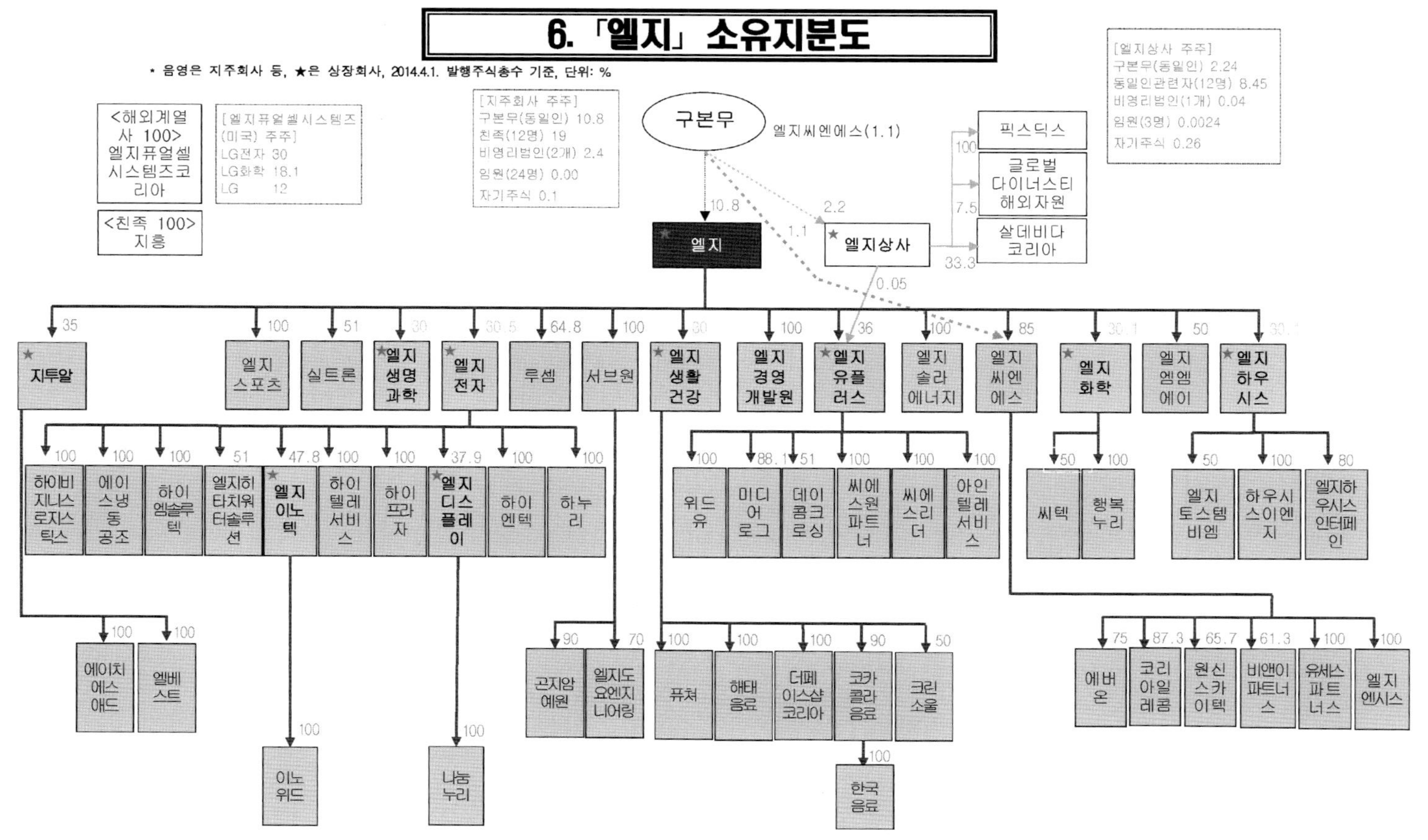

〈부록 그림 4.3〉 GS그룹 소유지분도, 2014년 4월 (유형 ①)

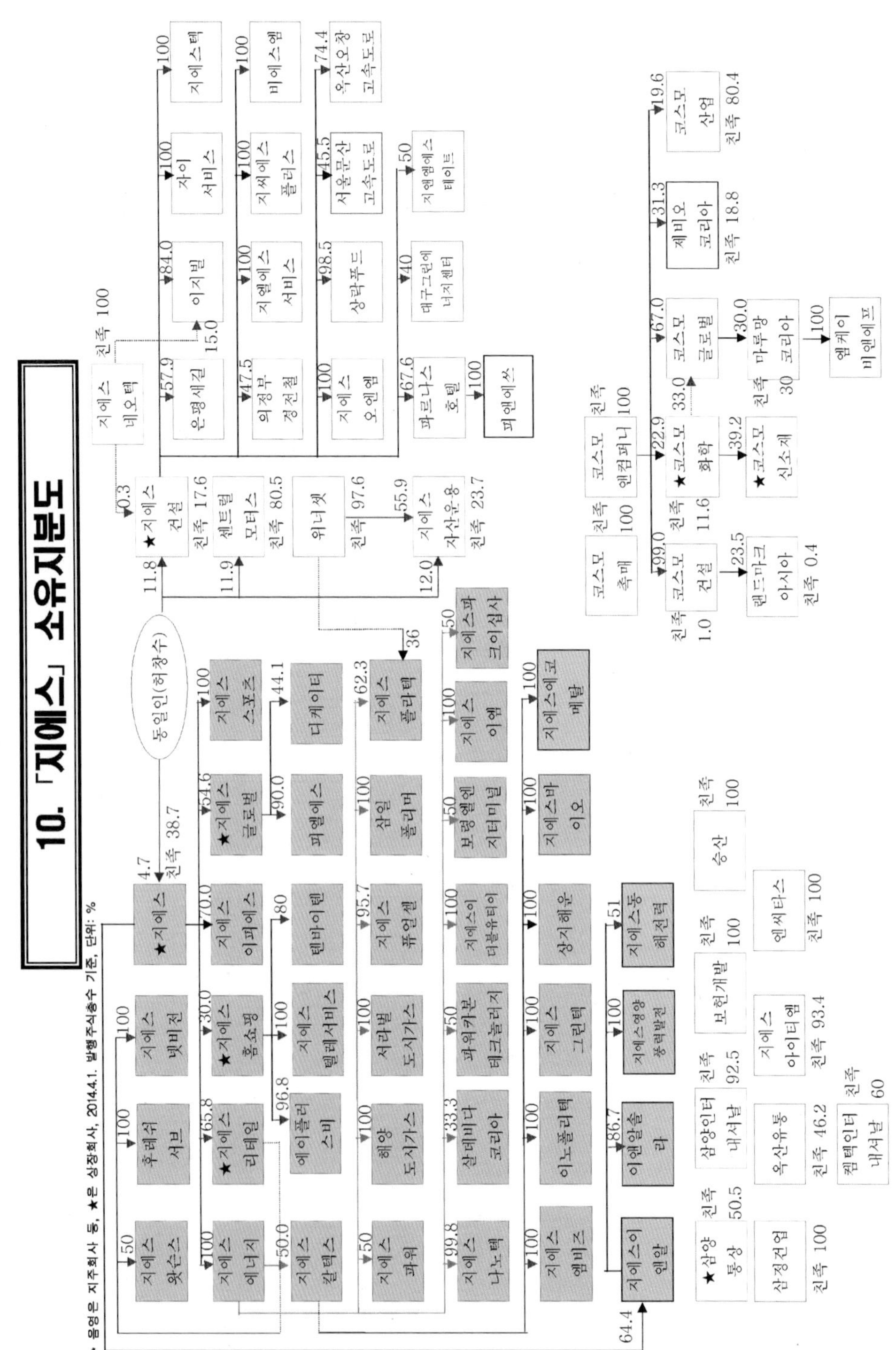

〈부록 그림 4.4〉 농협그룹 소유지분도, 2014년 4월 (유형 ①)

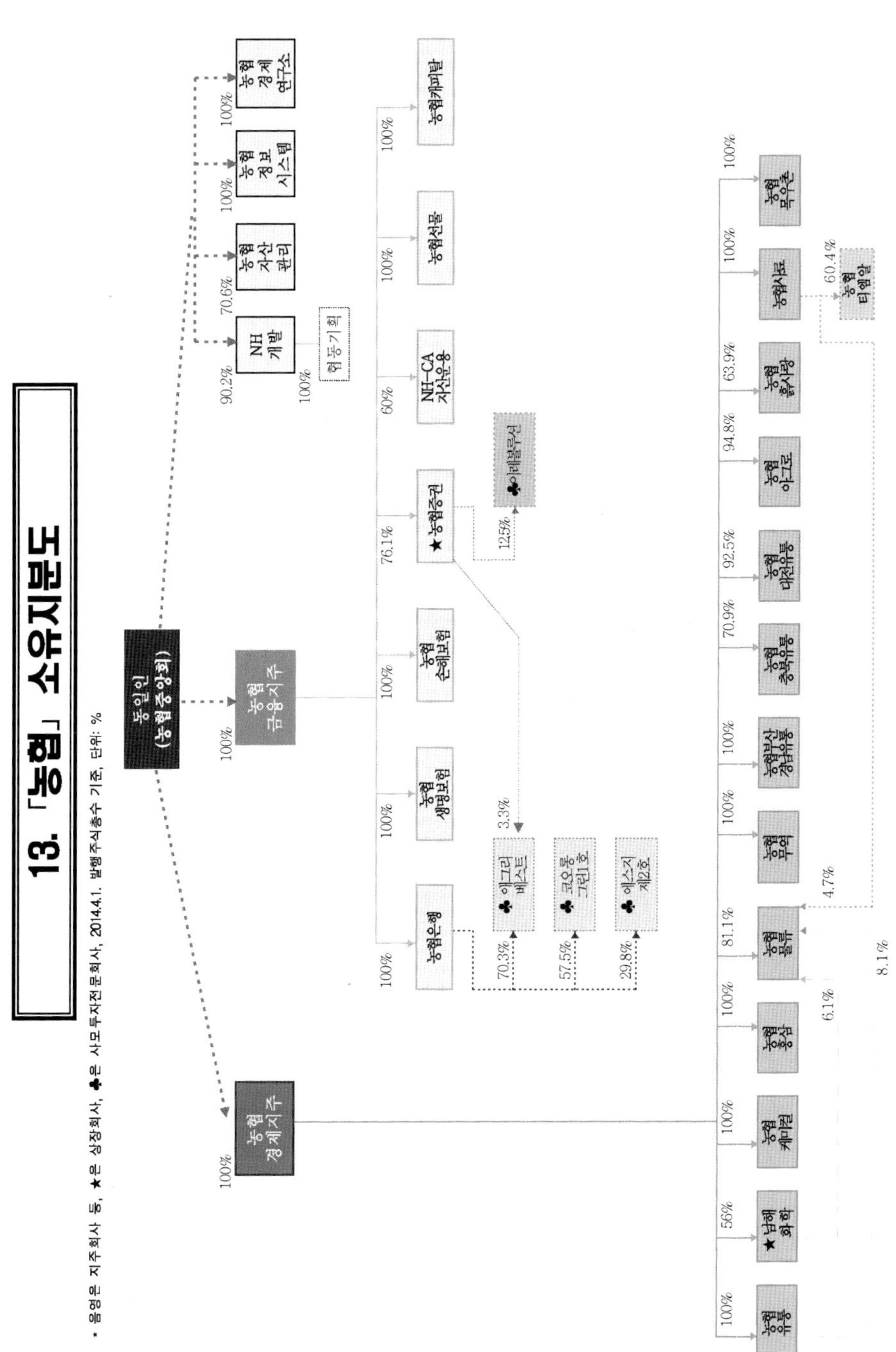

〈부록 그림 4.5〉 한진그룹 소유지분도, 2014년 4월 (유형 ①)

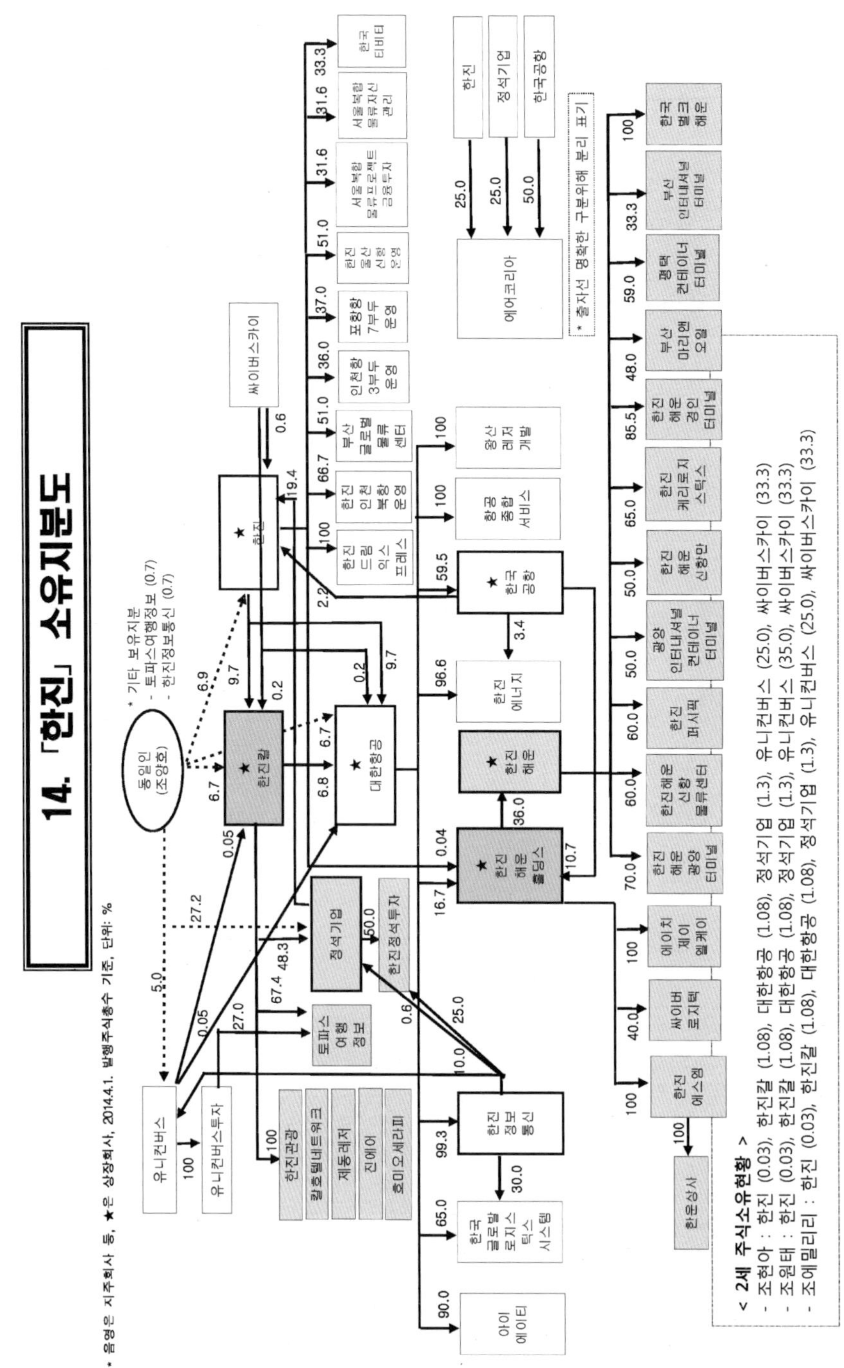

〈부록 그림 4.6〉 두산그룹 소유지분도, 2014년 4월 (유형 ①)

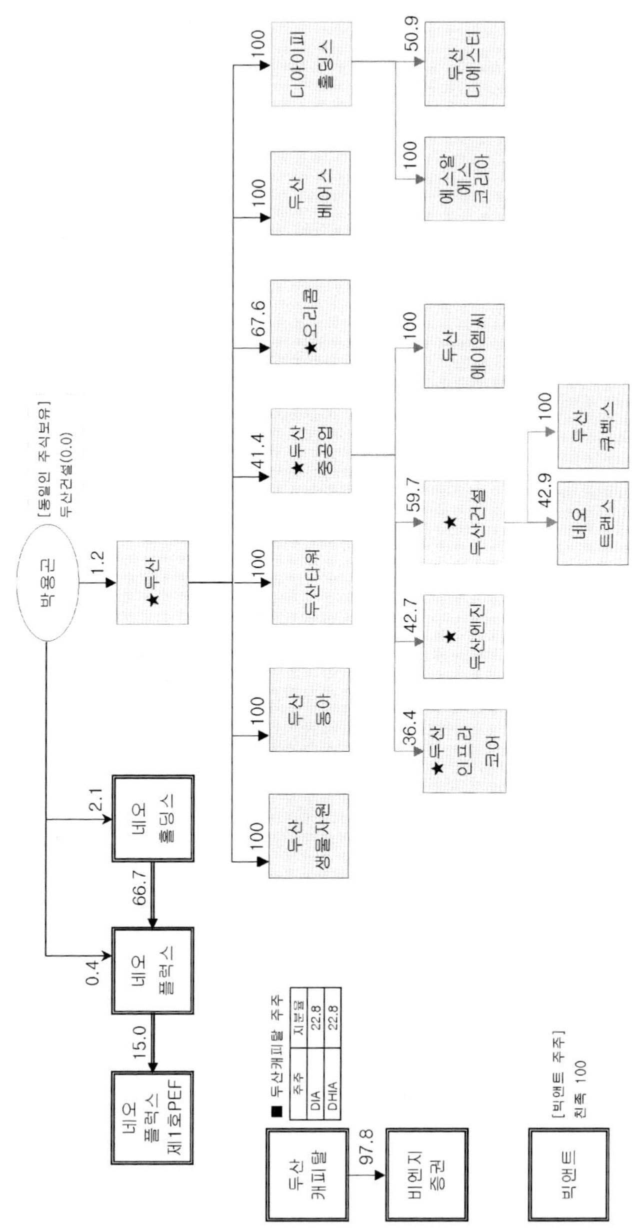

〈부록 그림 4.7〉 CJ그룹 소유지분도, 2014년 4월 (유형 ①)

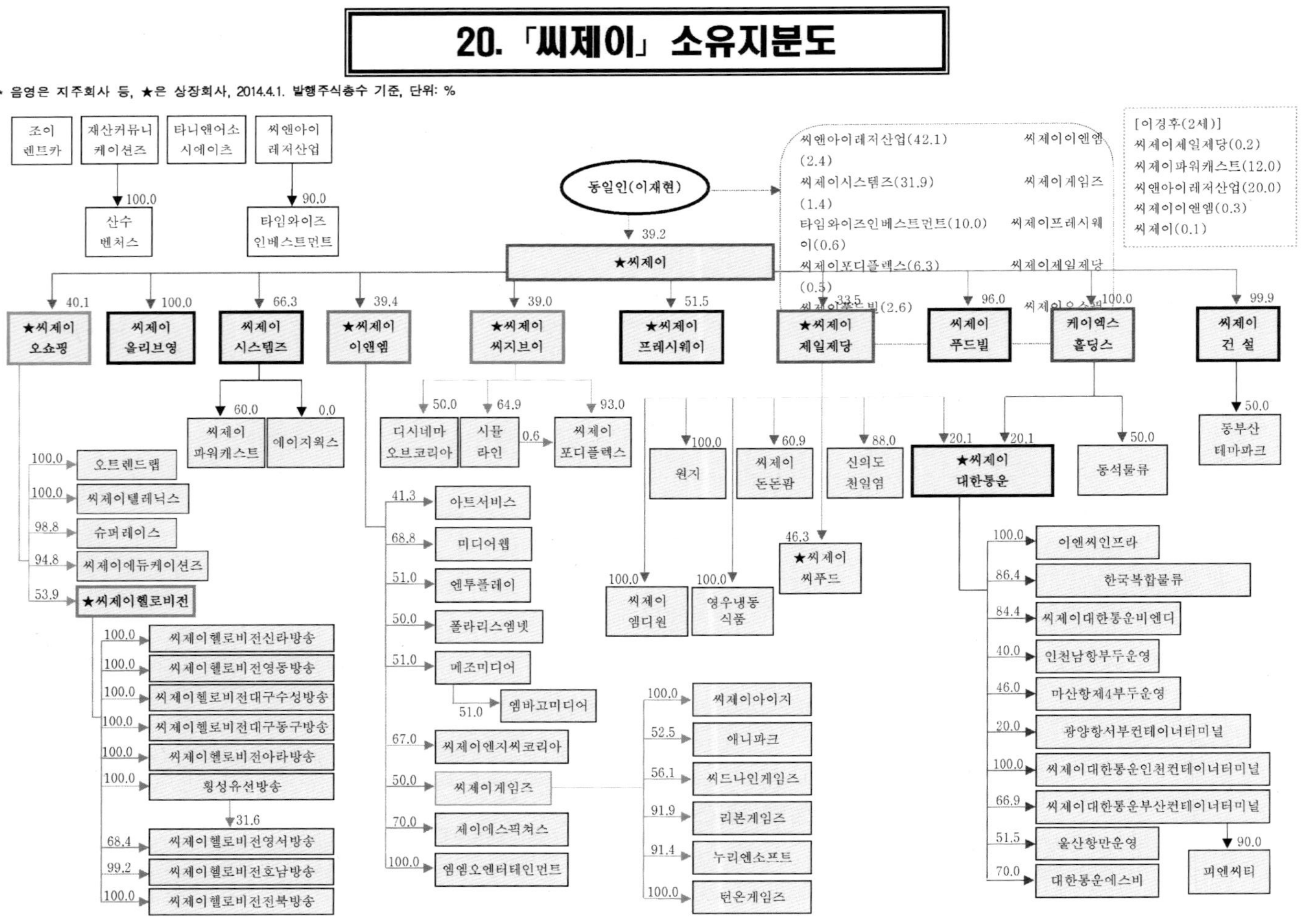

〈부록 그림 4.8〉 LS그룹 소유지분도, 2014년 4월 (유형 ①)

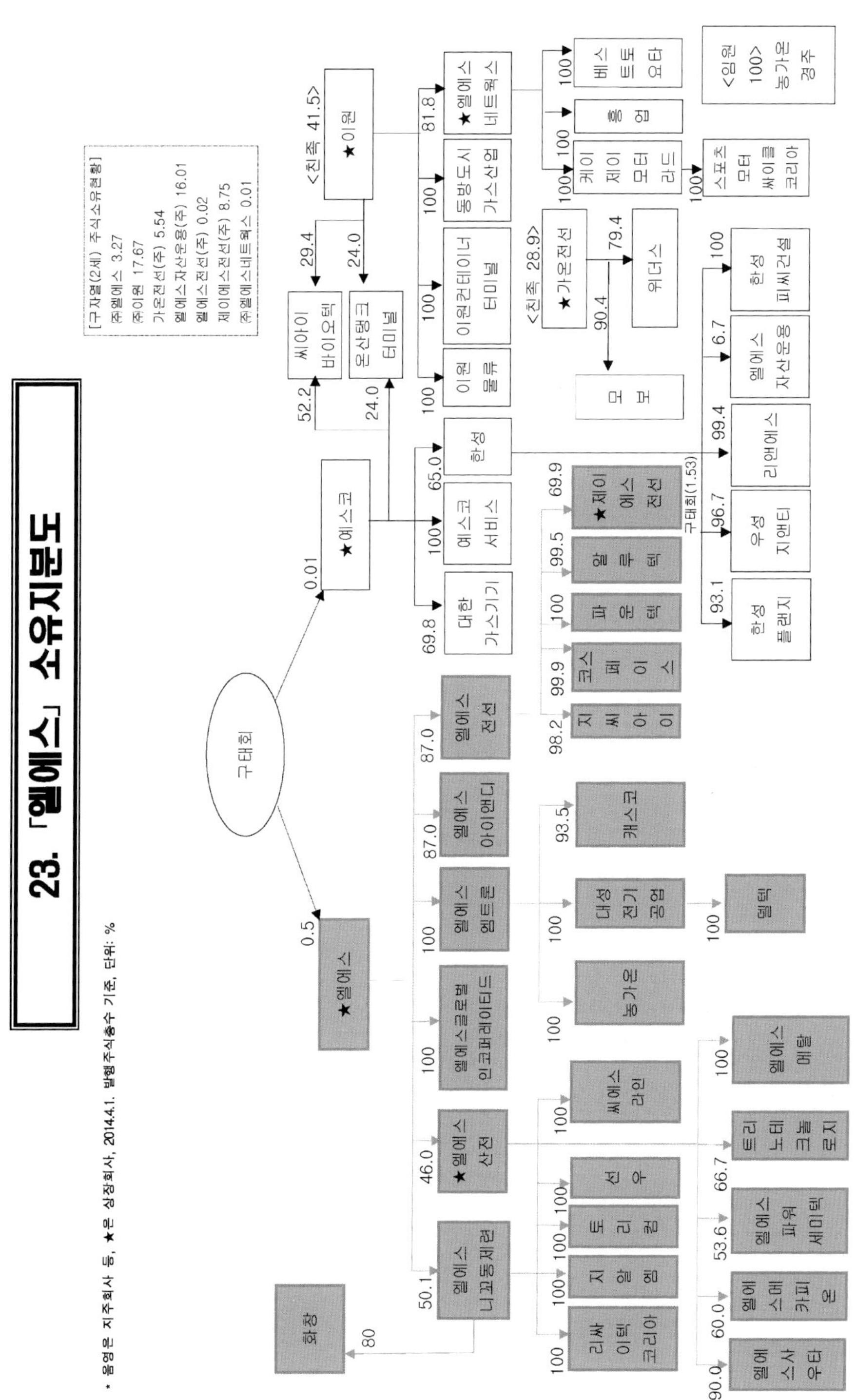

〈부록 그림 4.9〉 부영그룹 소유지분도, 2014년 4월 (유형 ①)

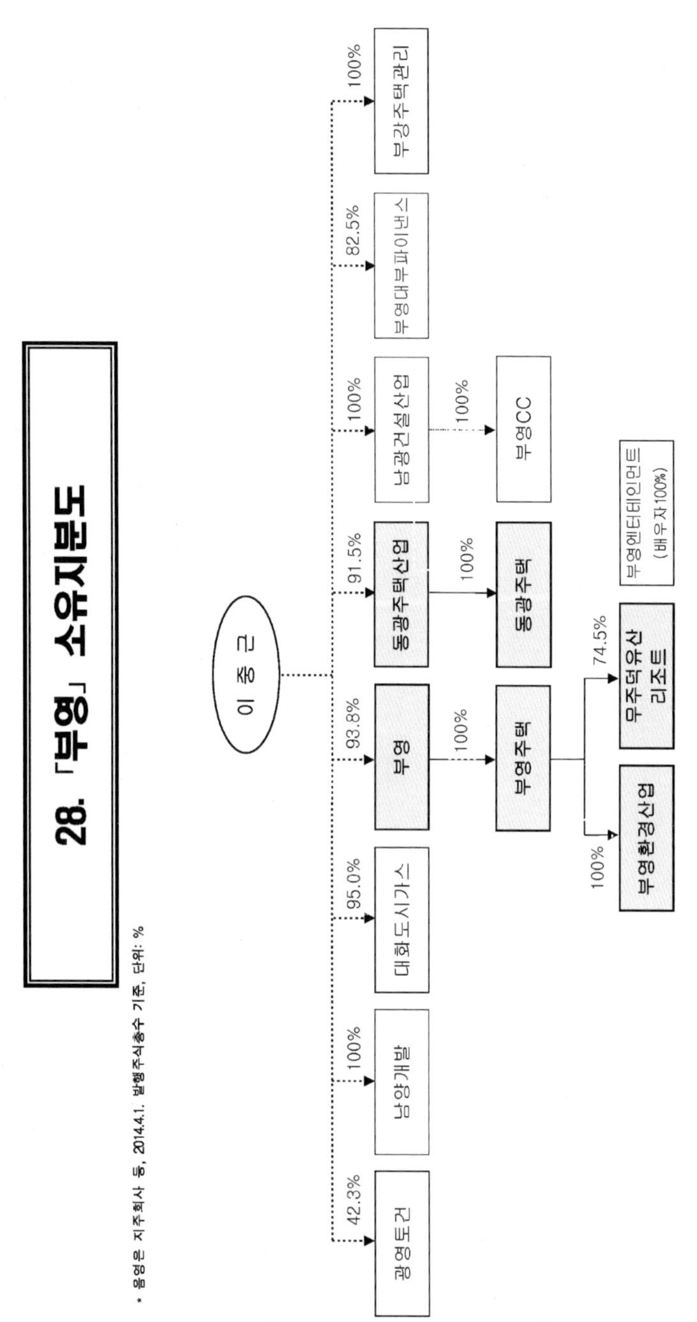

〈부록 그림 4.10〉 현대백화점그룹 소유지분도, 2014년 4월 (유형 ①)

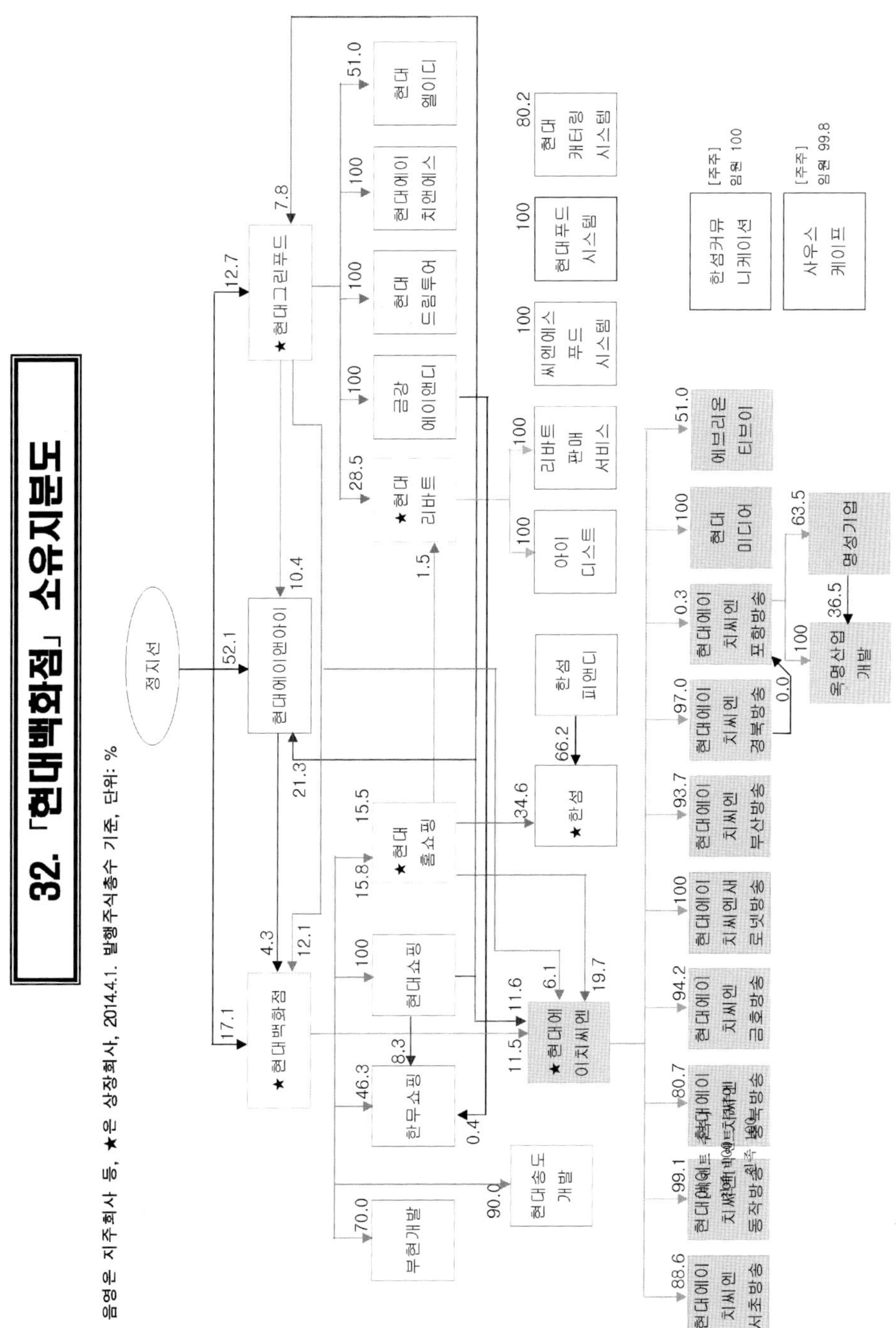

〈부록 그림 4.11〉 코오롱그룹 소유지분도, 2014년 4월 (유형 ①)

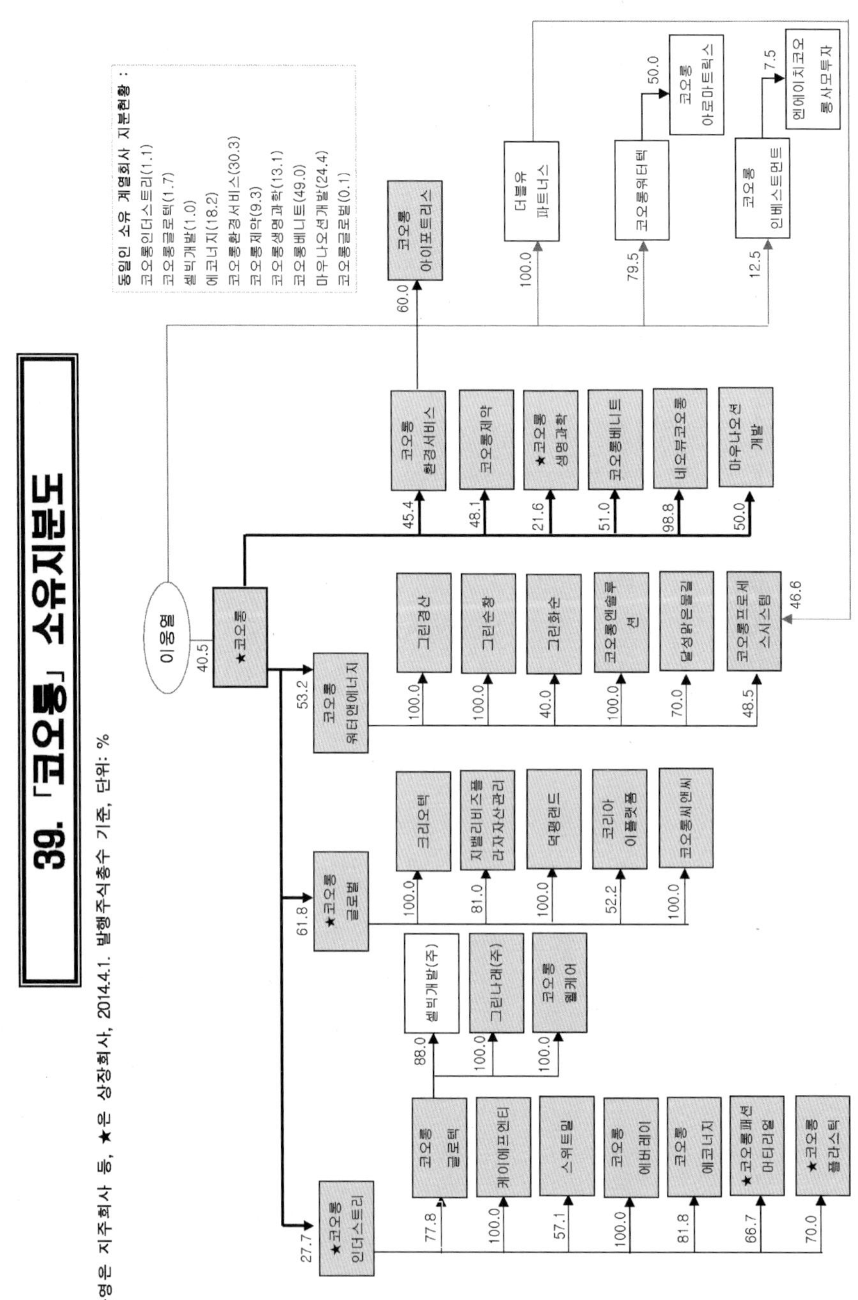

〈부록 그림 4.12〉 한진중공업그룹 소유지분도, 2014년 4월 (유형 ①)

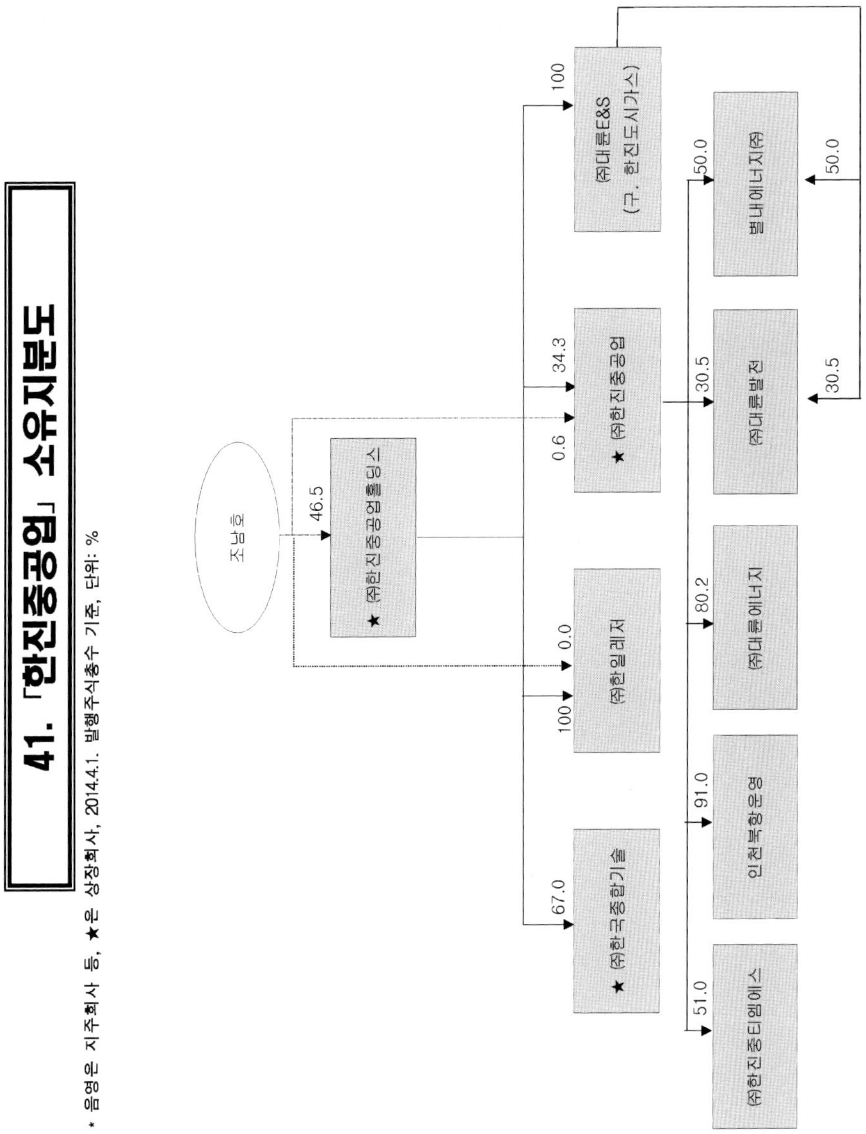

41. 「한진중공업」 소유지분도

* 음영은 지주회사 등, ★은 상장회사, 2014.4.1. 발행주식총수 기준, 단위: %

〈부록 그림 4.13〉 한국타이어그룹 소유지분도, 2014년 4월 (유형 ①)

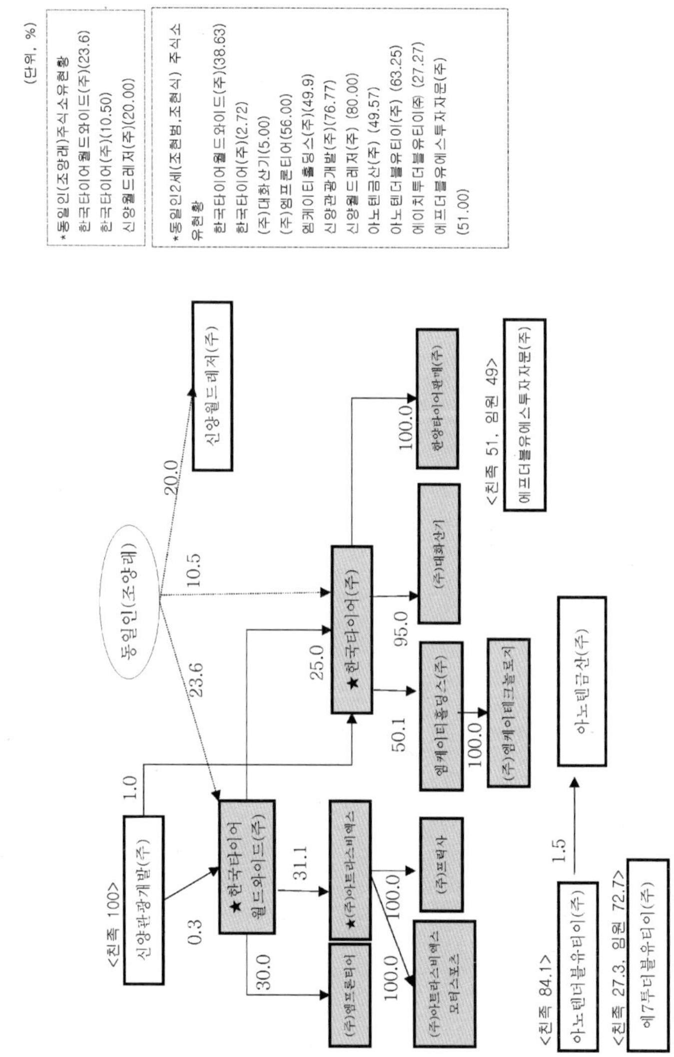

〈부록 그림 4.14〉 대성그룹 소유지분도, 2014년 4월 (유형 ①)

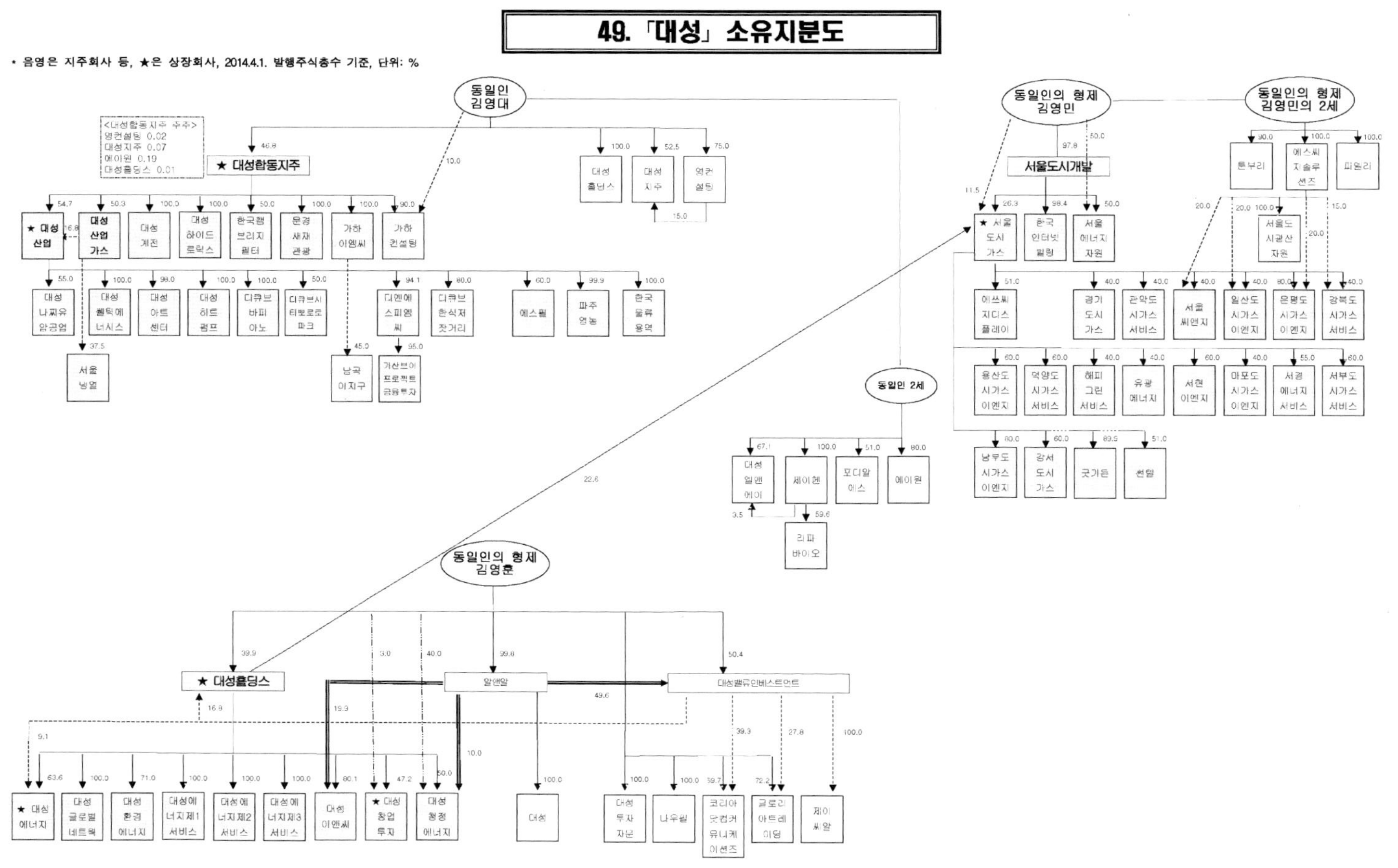

〈부록 그림 4.15〉 세아그룹 소유지분도, 2014년 4월 (유형 ①)

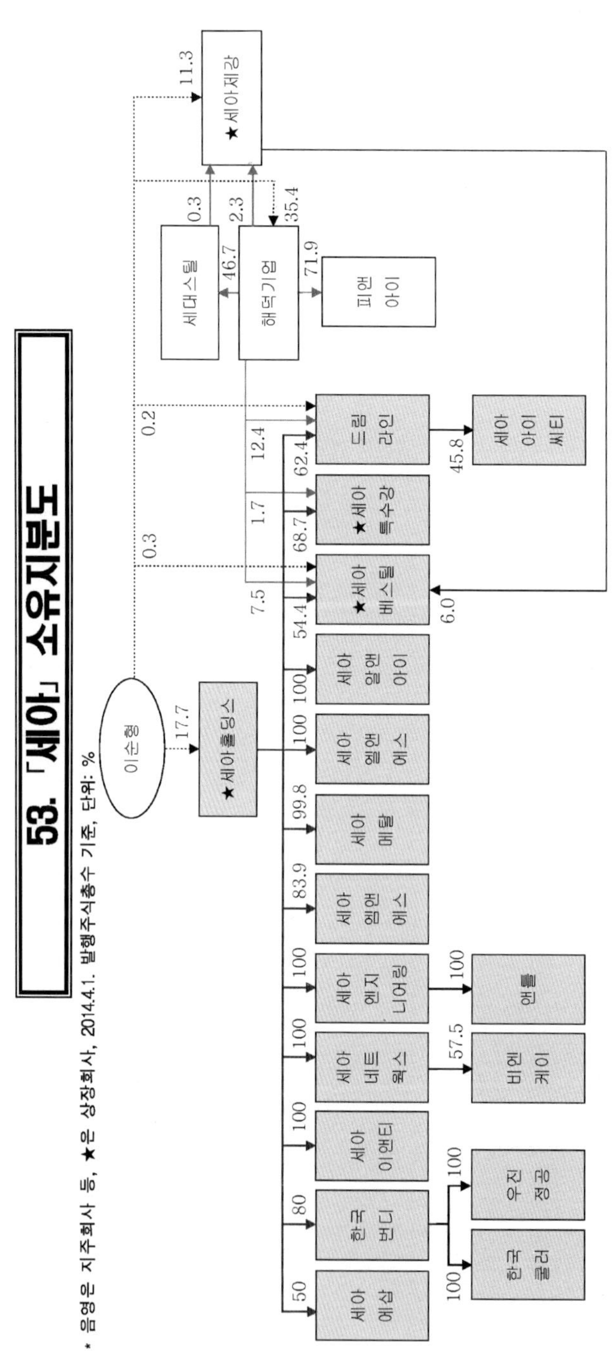

〈부록 그림 4.16〉 태영그룹 소유지분도, 2014년 4월 (유형 ①)

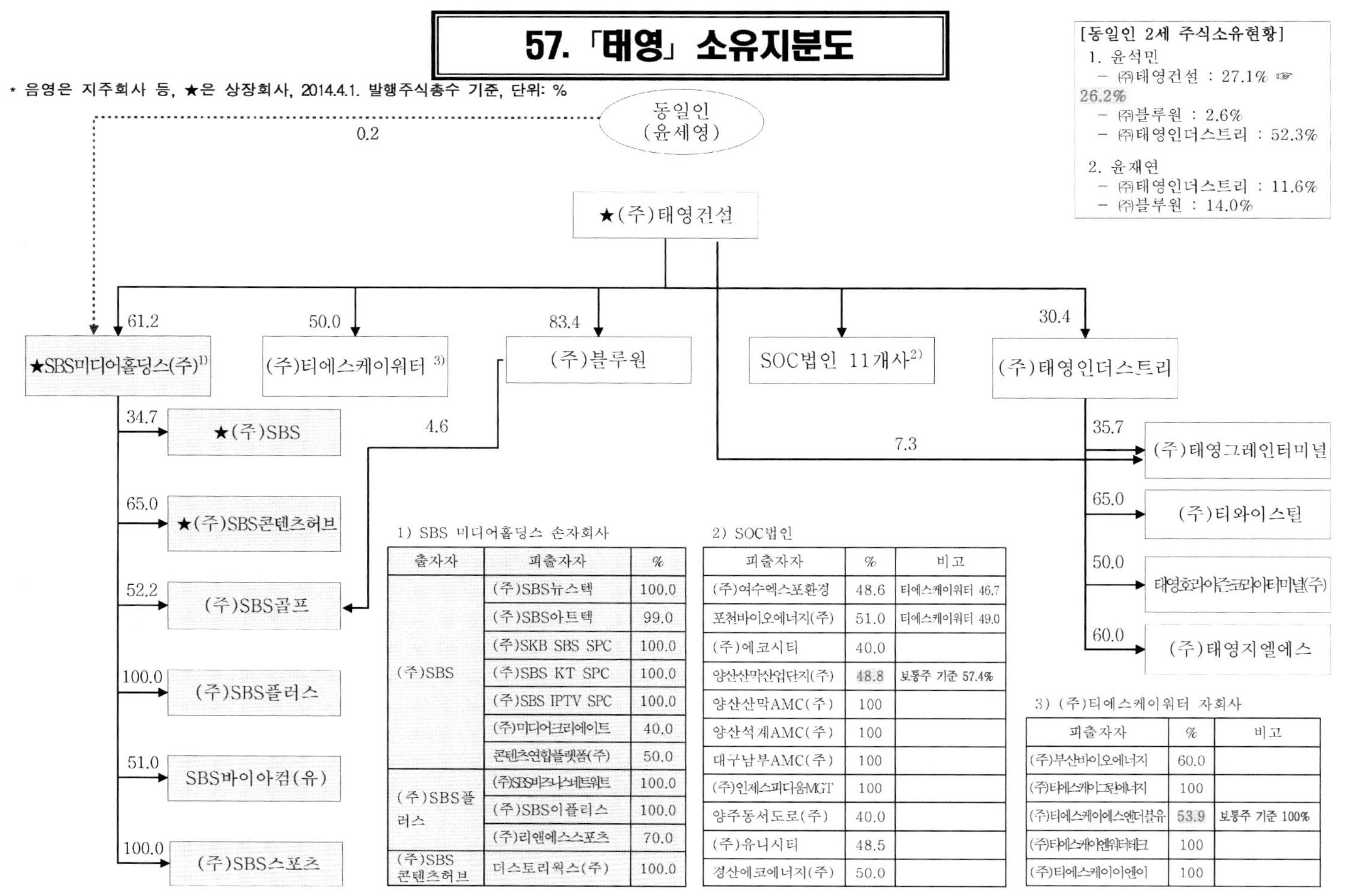

1) SBS 미디어홀딩스 손자회사

출자자	피출자자	%
(주)SBS	(주)SBS뉴스텍	100.0
	(주)SBS아트텍	99.0
	(주)SKB SBS SPC	100.0
	(주)SBS KT SPC	100.0
	(주)SBS IPTV SPC	100.0
	(주)미디어크리에이트	40.0
	콘텐츠연합플랫폼(주)	50.0
(주)SBS플러스	(주)SBS비즈니스네트워크	100.0
	(주)SBS이플러스	100.0
	(주)리앤에스스포츠	70.0
(주)SBS 콘텐츠허브	더스토리웍스(주)	100.0

2) SOC법인

피출자자	%	비고
(주)여수엑스포환경	48.6	티에스케이워터 46.7
포천바이오에너지(주)	51.0	티에스케이워터 49.0
(주)에코시티	40.0	
양산산막산업단지(주)	48.8	보통주 기준 57.4%
양산산막AMC(주)	100	
양산석계AMC(주)	100	
대구남부AMC(주)	100	
(주)인제스피디움MGT	100	
양주동서도로(주)	40.0	
(주)유니시티	48.5	
경산에코에너지(주)	50.0	

3) (주)티에스케이워터 자회사

피출자자	%	비고
(주)부산바이오에너지	60.0	
(주)티에스케이그린에너지	100	
(주)티에스케이에스엔더블유	53.9	보통주 기준 100%
(주)티에스케이엔워터테크	100	
(주)티에스케이이엔이	100	

〈부록 그림 4.17〉 하이트진로그룹 소유지분도, 2014년 4월 (유형 ①)

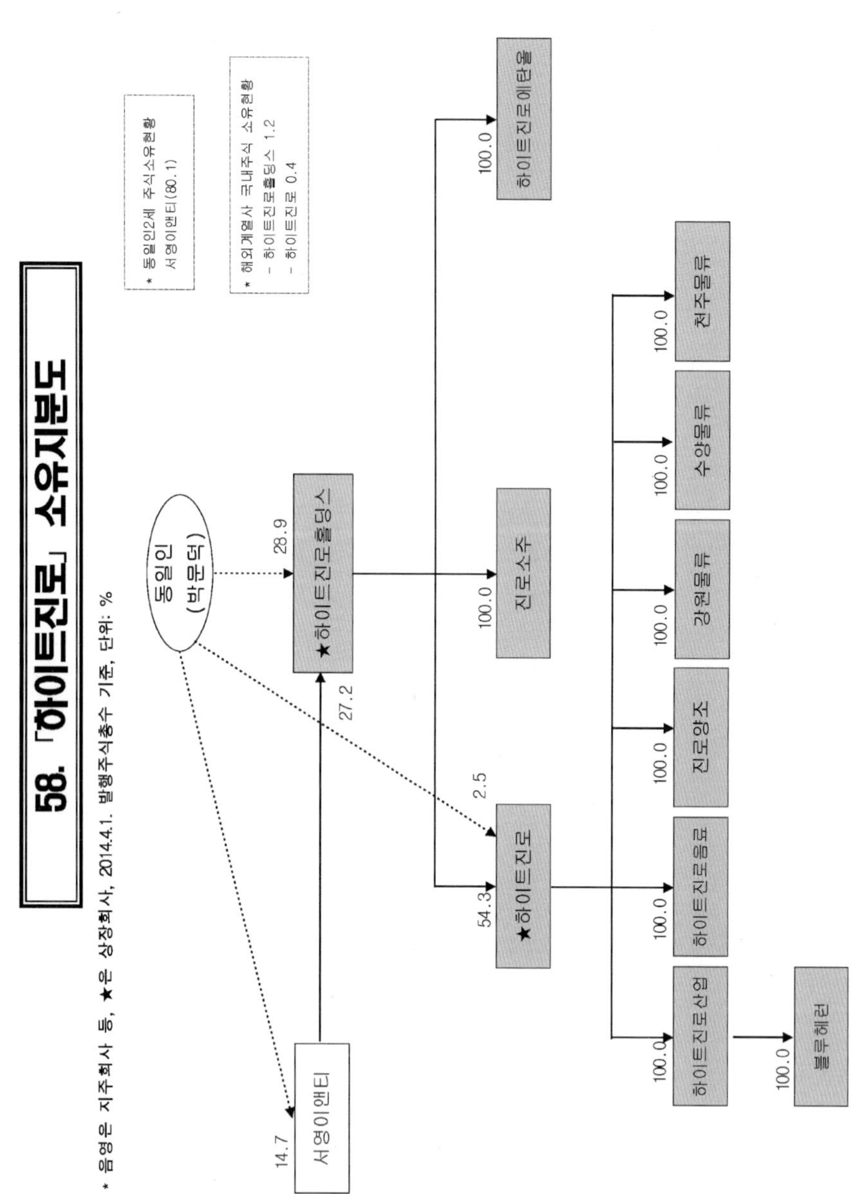

〈부록 그림 4.18〉 아모레퍼시픽그룹 소유지분도, 2014년 4월 (유형 ①)

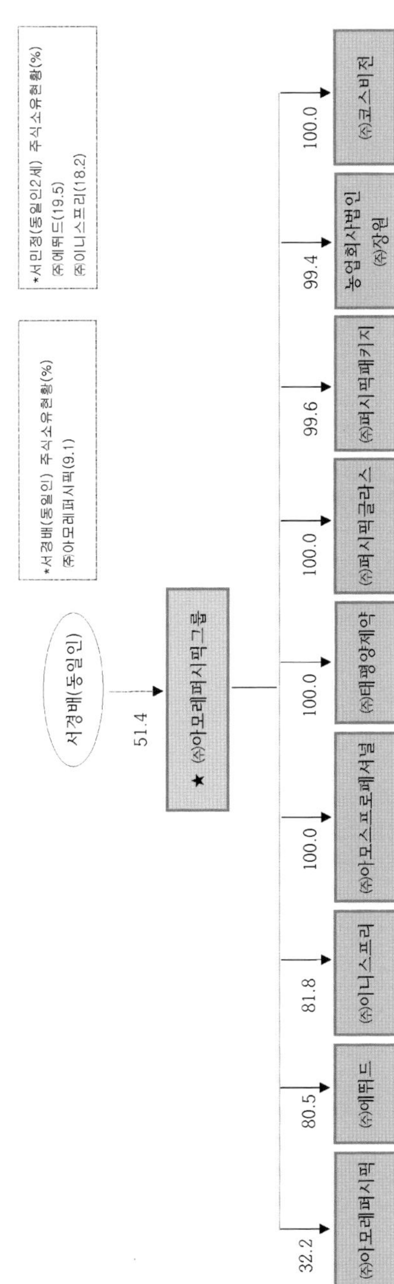

〈부록 그림 4.19〉 삼성그룹 소유지분도, 2014년 4월 (유형 ②)

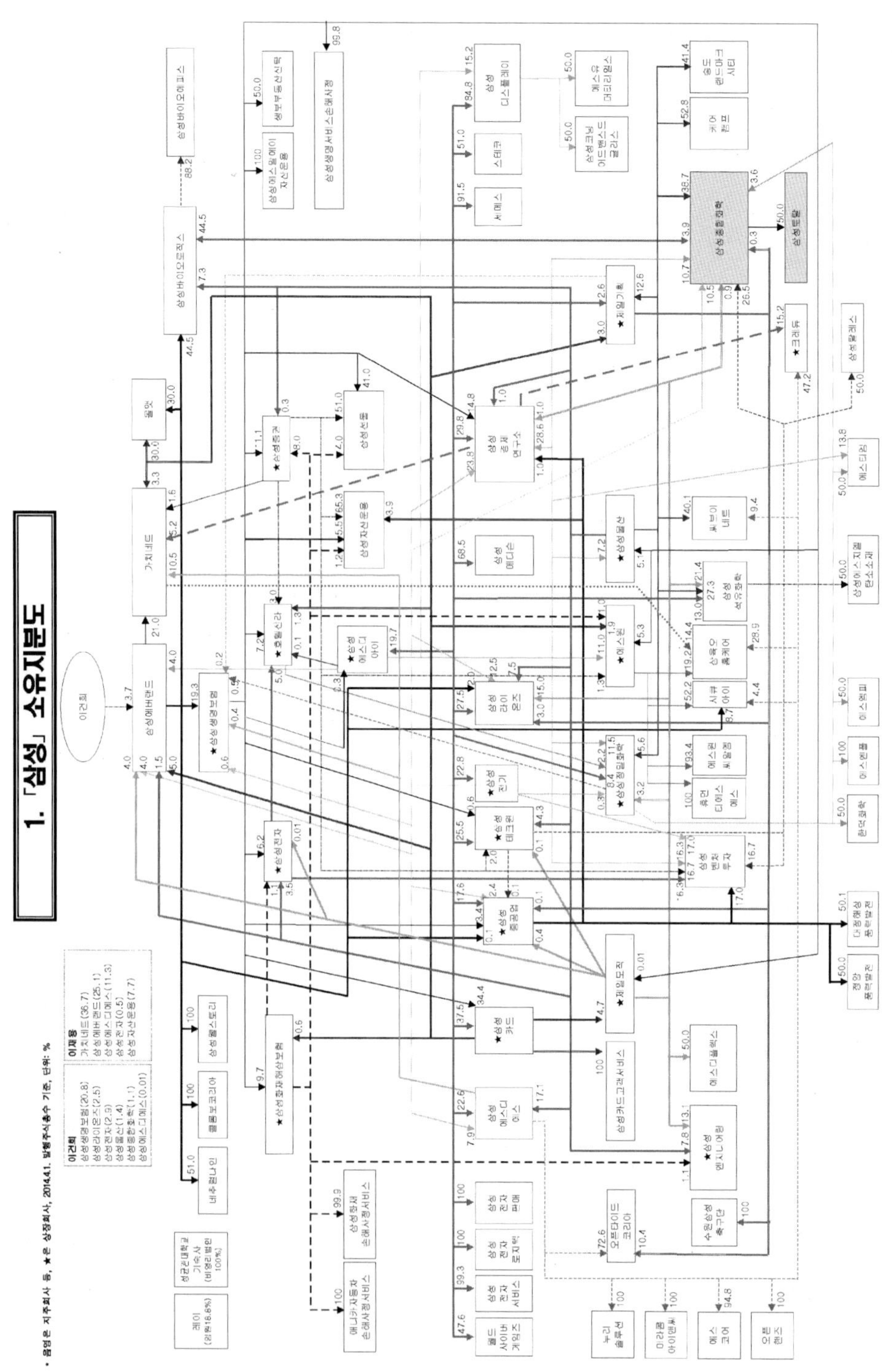

〈부록 그림 4.20〉 한화그룹 소유지분도, 2014년 4월 (유형 ②)

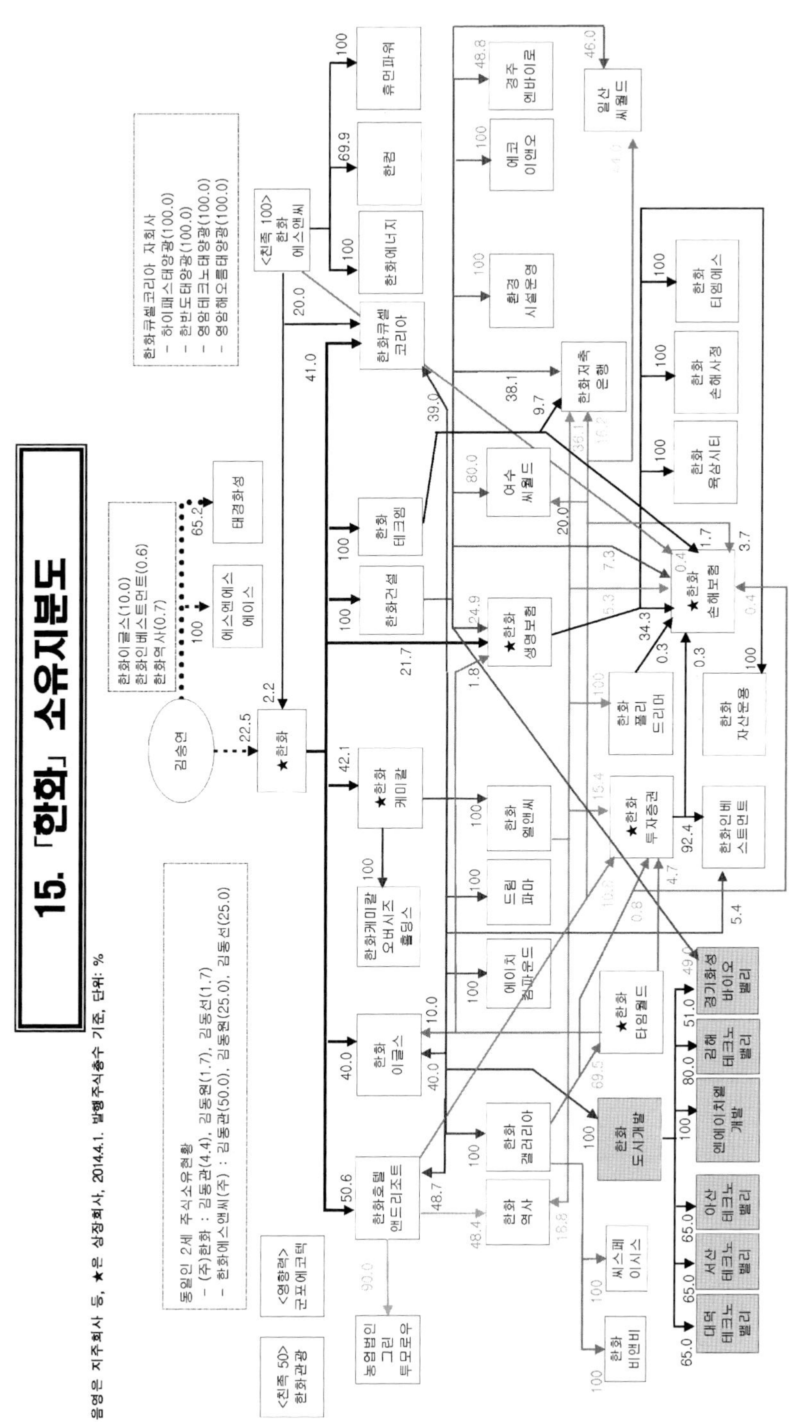

〈부록 그림 4.21〉 태광그룹 소유지분도, 2014년 4월 (유형 ②)

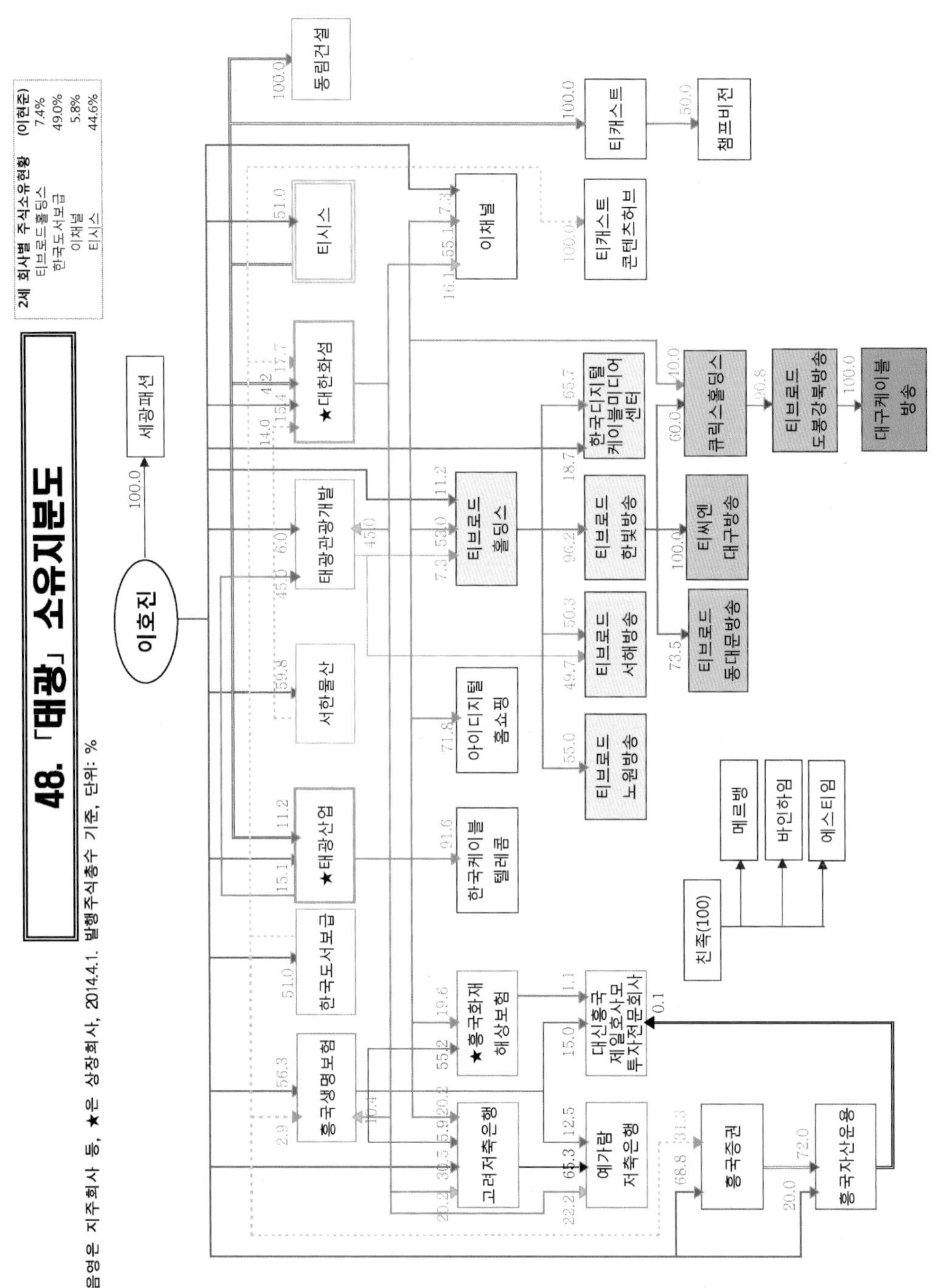

〈부록 그림 4.22〉 현대자동차그룹 소유지분도, 2014년 4월 (유형 ③)

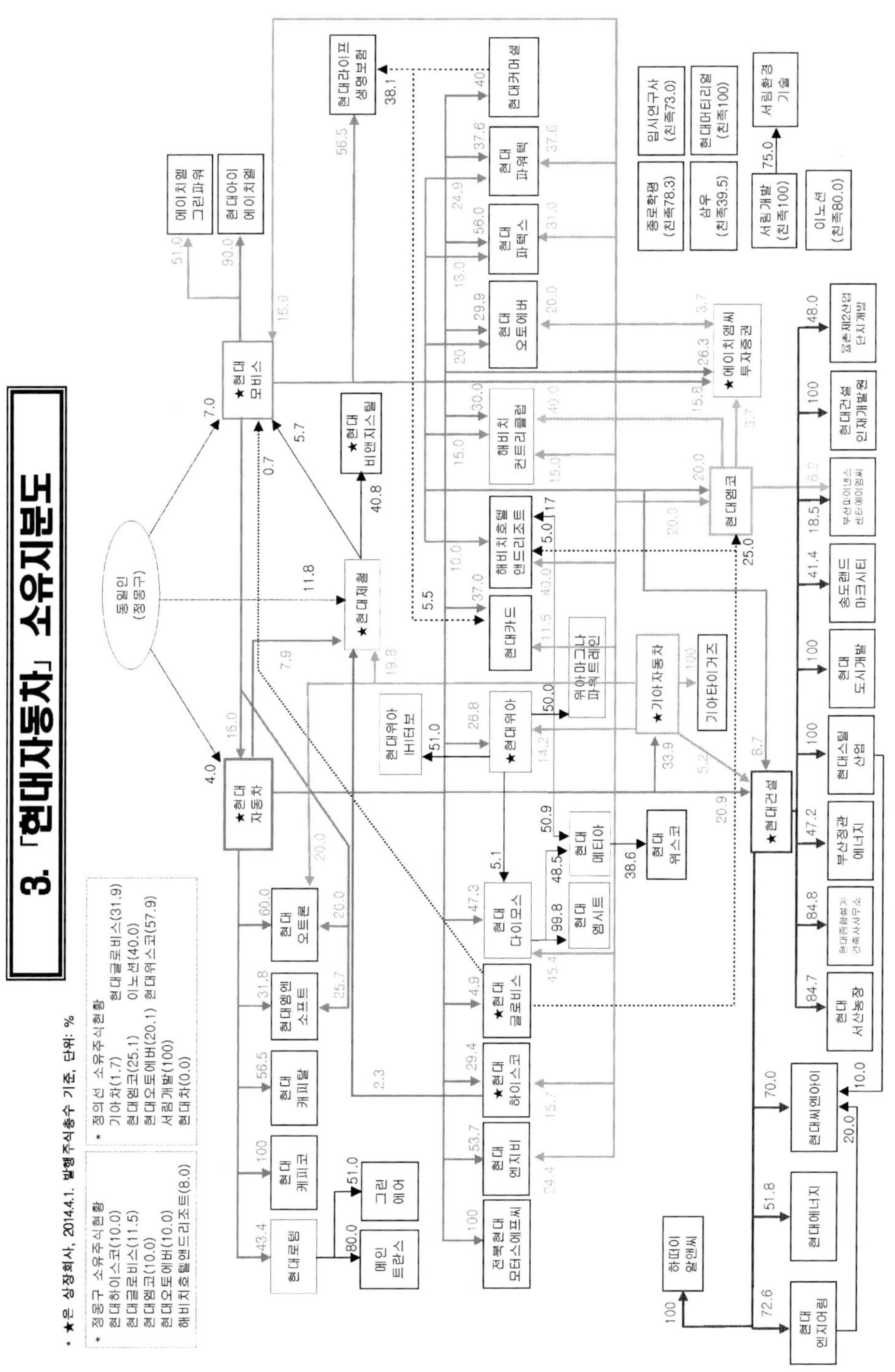

〈부록 그림 4.23〉 롯데그룹 소유지분도, 2014년 4월 (유형 ③)

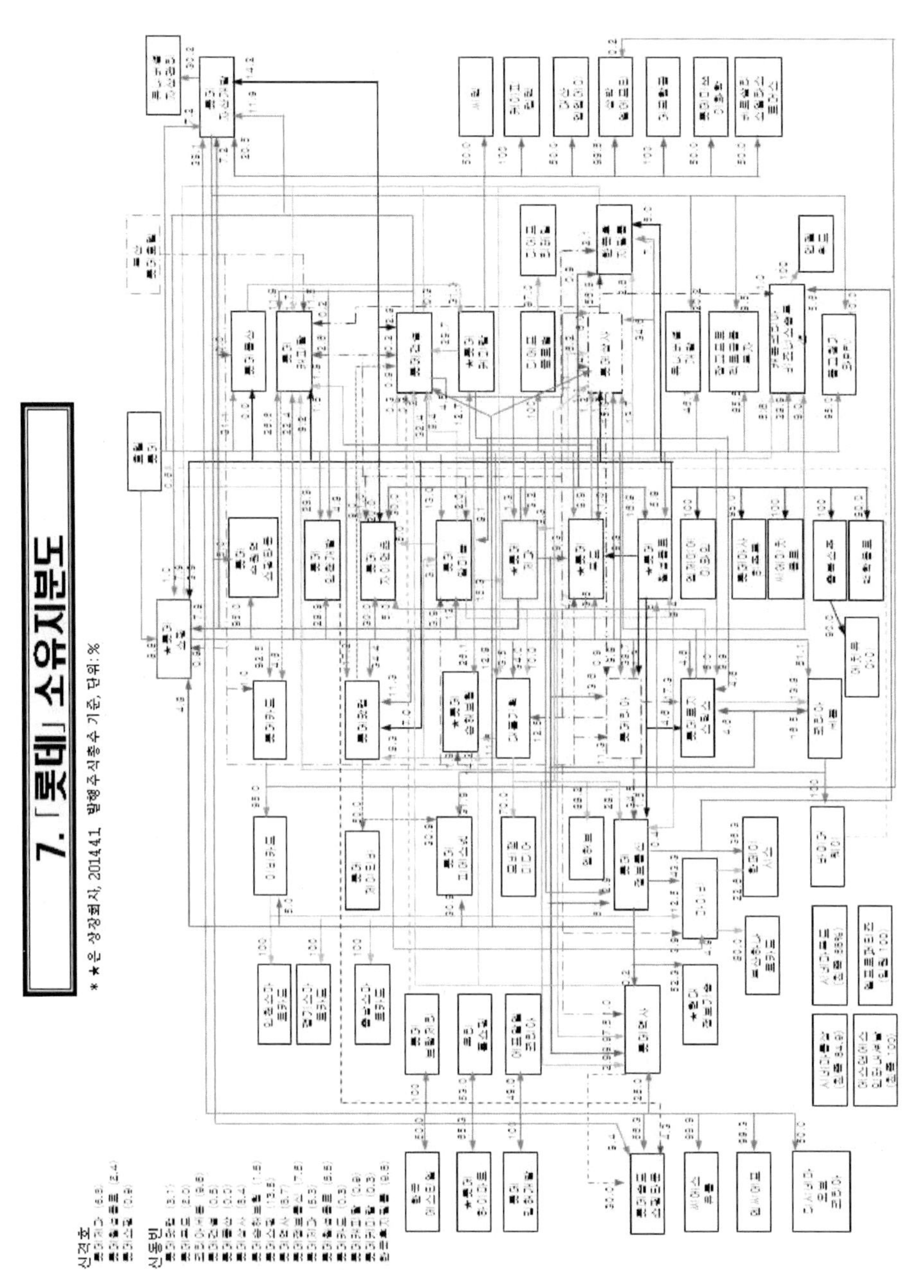

〈부록 그림 4.24〉 현대중공업그룹 소유지분도, 2014년 4월 (유형 ③)

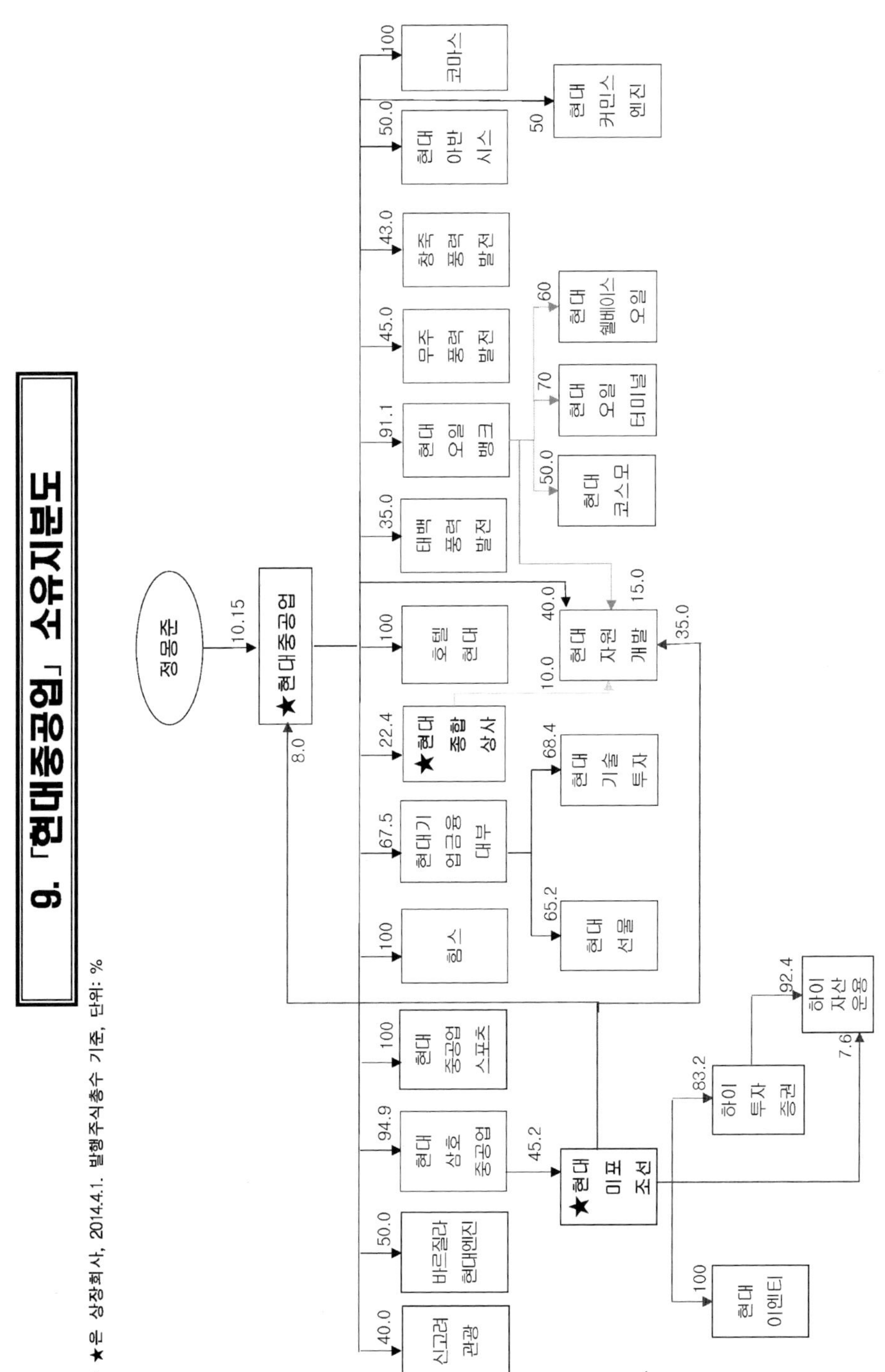

〈부록 그림 4.25〉 신세계그룹 소유지분도, 2014년 4월 (유형 ③)

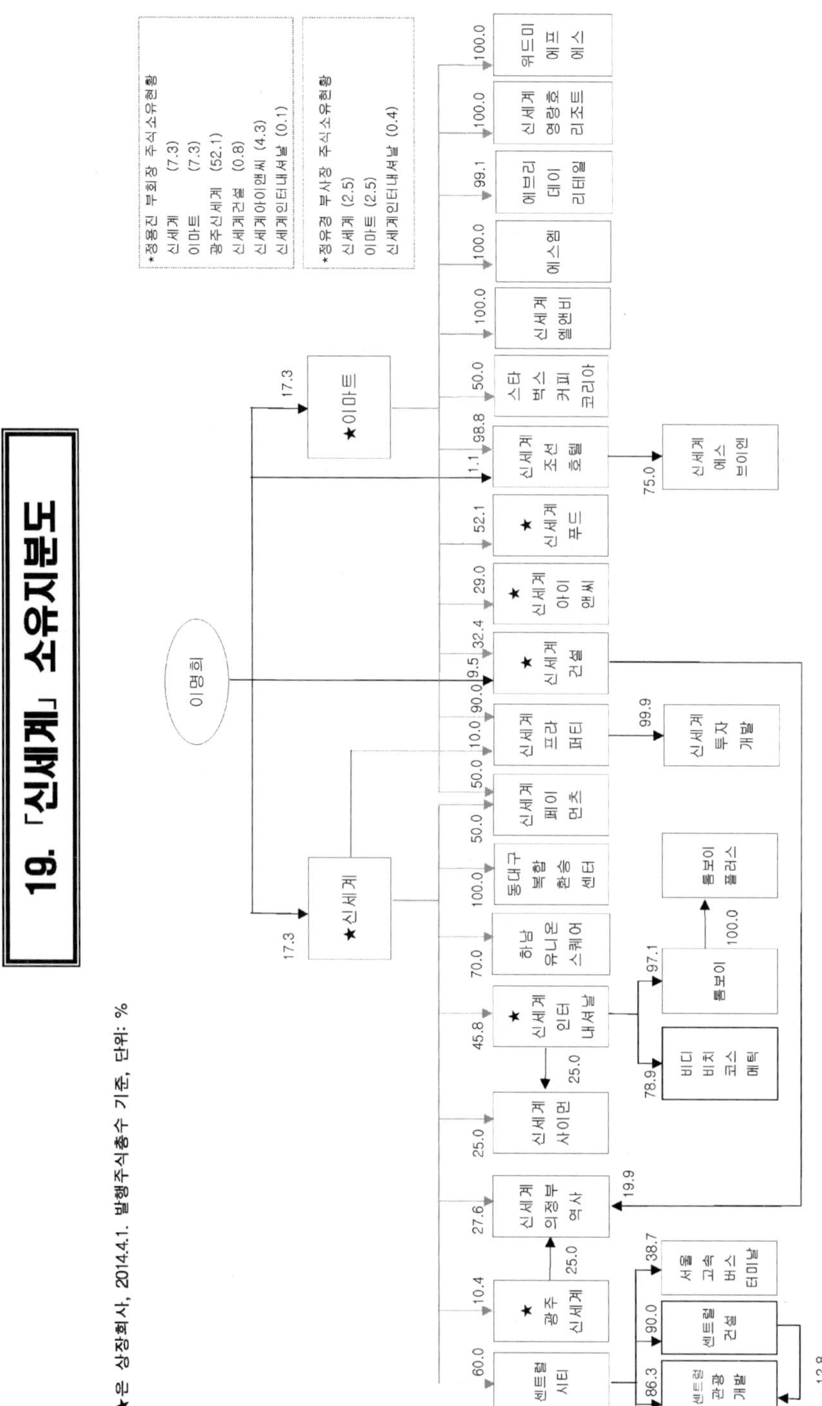

〈부록 그림 4.26〉 금호아시아나그룹 소유지분도, 2014년 4월 (유형 ③)

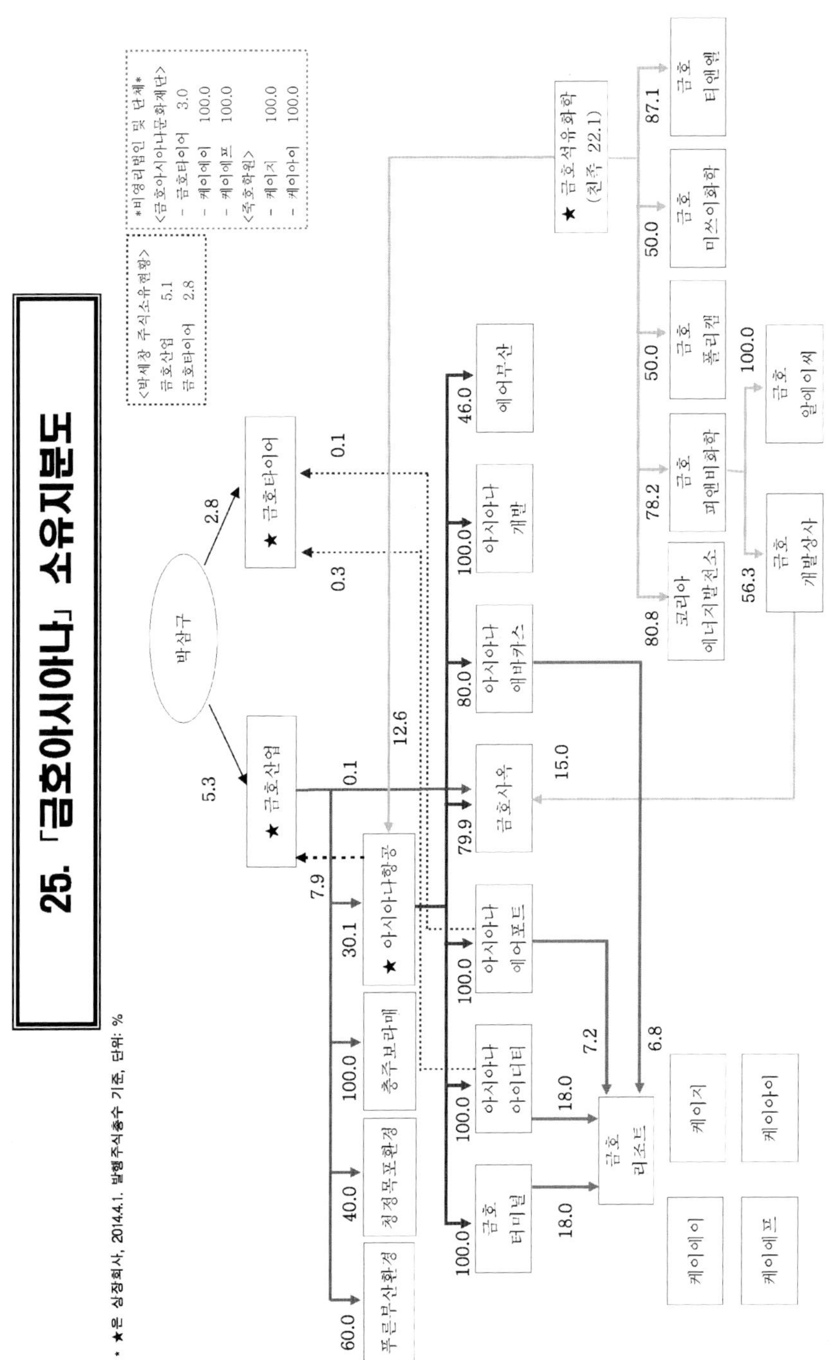

〈부록 그림 4.27〉 동부그룹 소유지분도, 2014년 4월 (유형 ③)

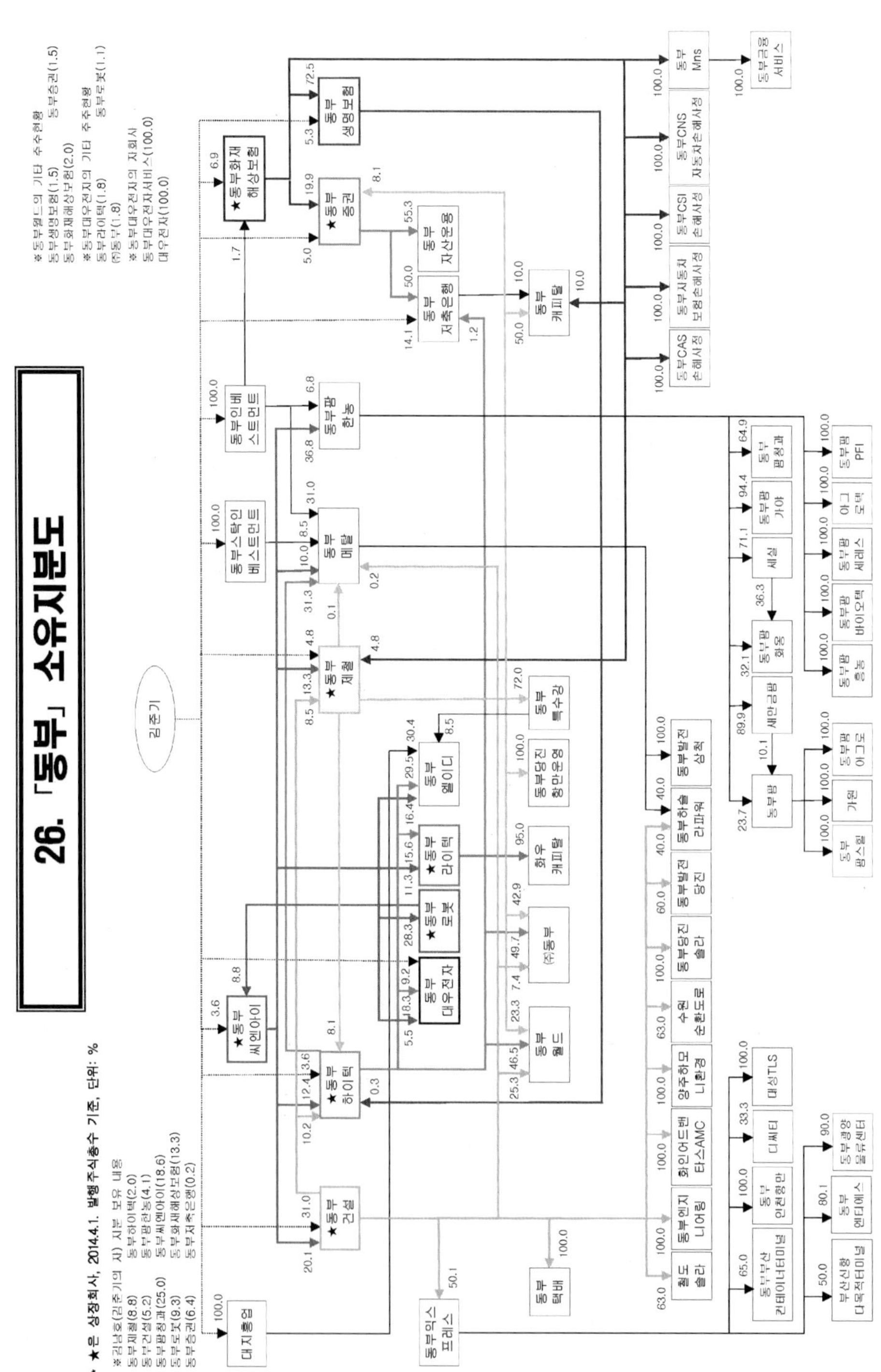

〈부록 그림 4.28〉 대림그룹 소유지분도, 2014년 4월 (유형 ③)

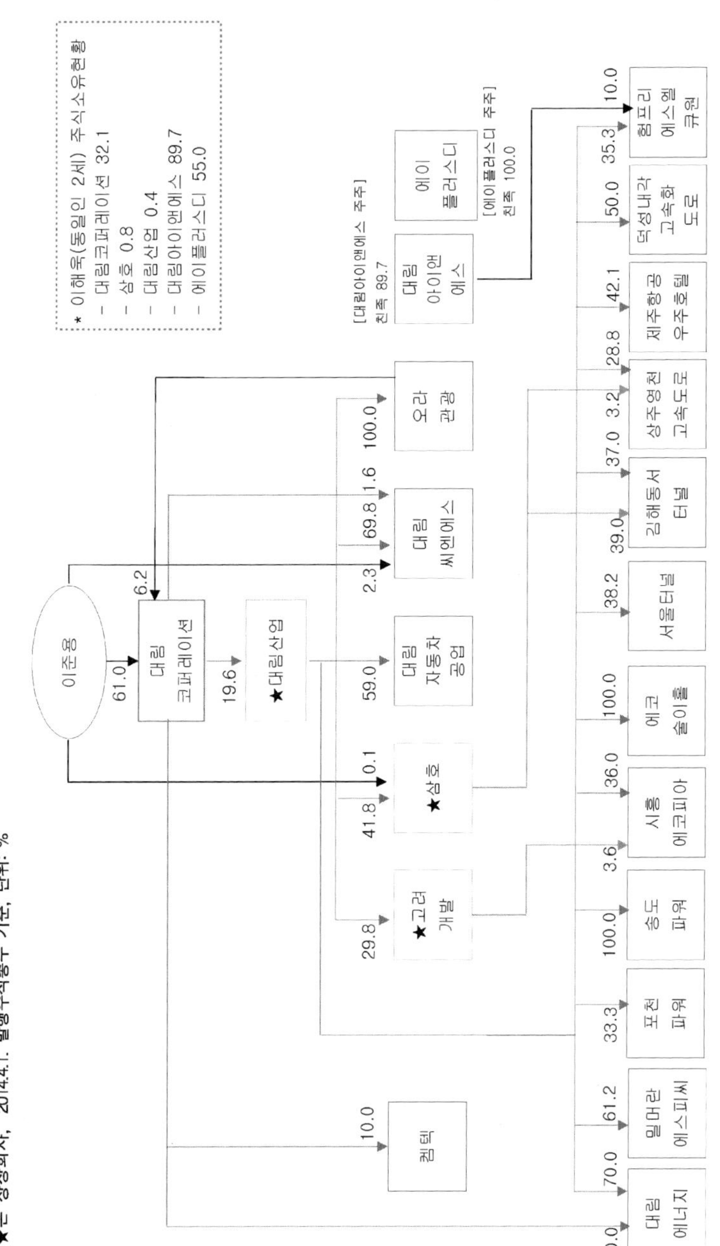

〈부록 그림 4.29〉 현대그룹 소유지분도, 2014년 4월 (유형 ③)

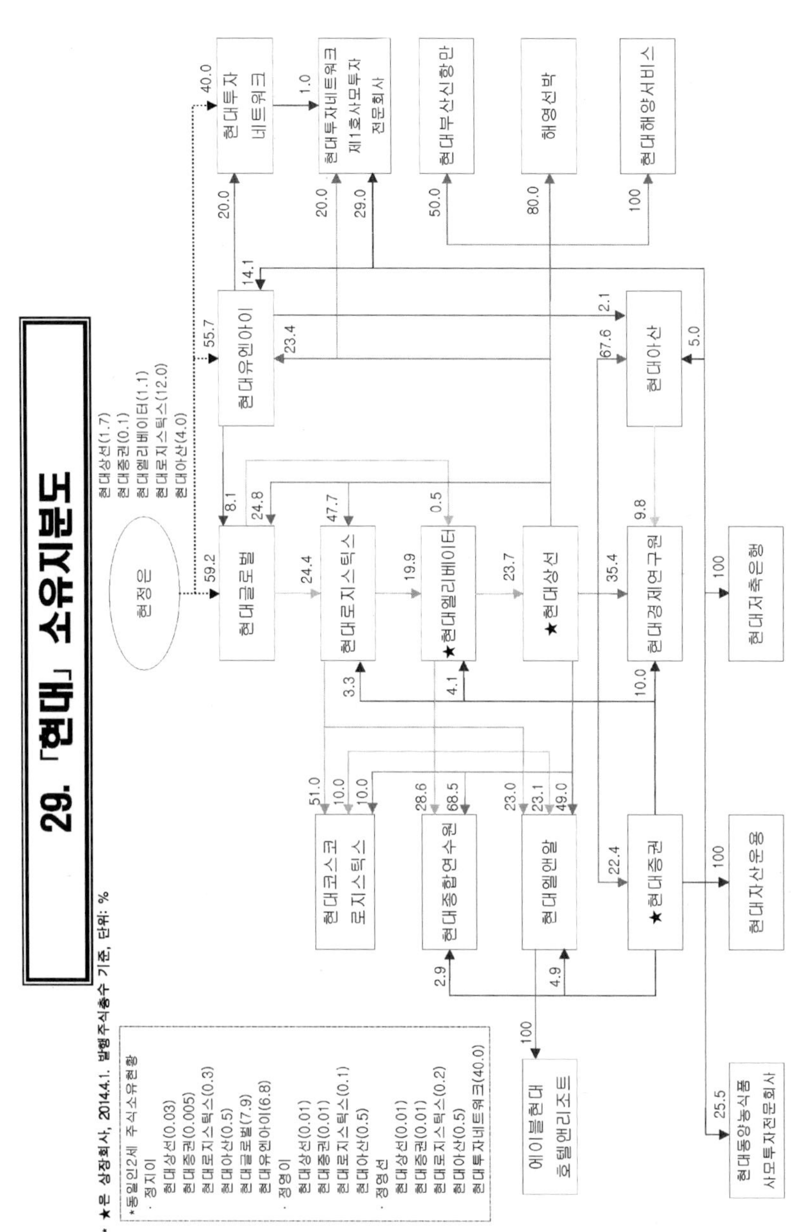

〈부록 그림 4.30〉 OCI그룹 소유지분도, 2014년 4월 (유형 ③)

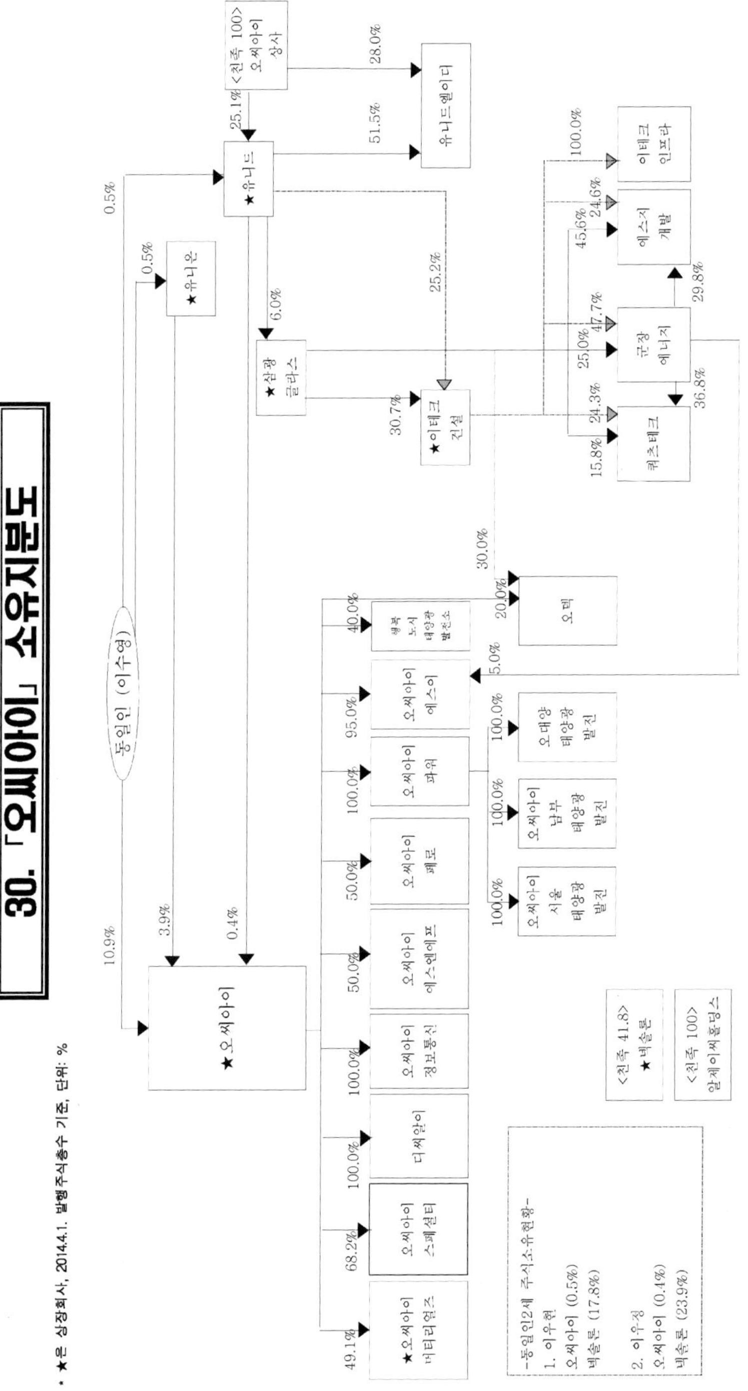

〈부록 그림 4.31〉 효성그룹 소유지분도, 2014년 4월 (유형 ③)

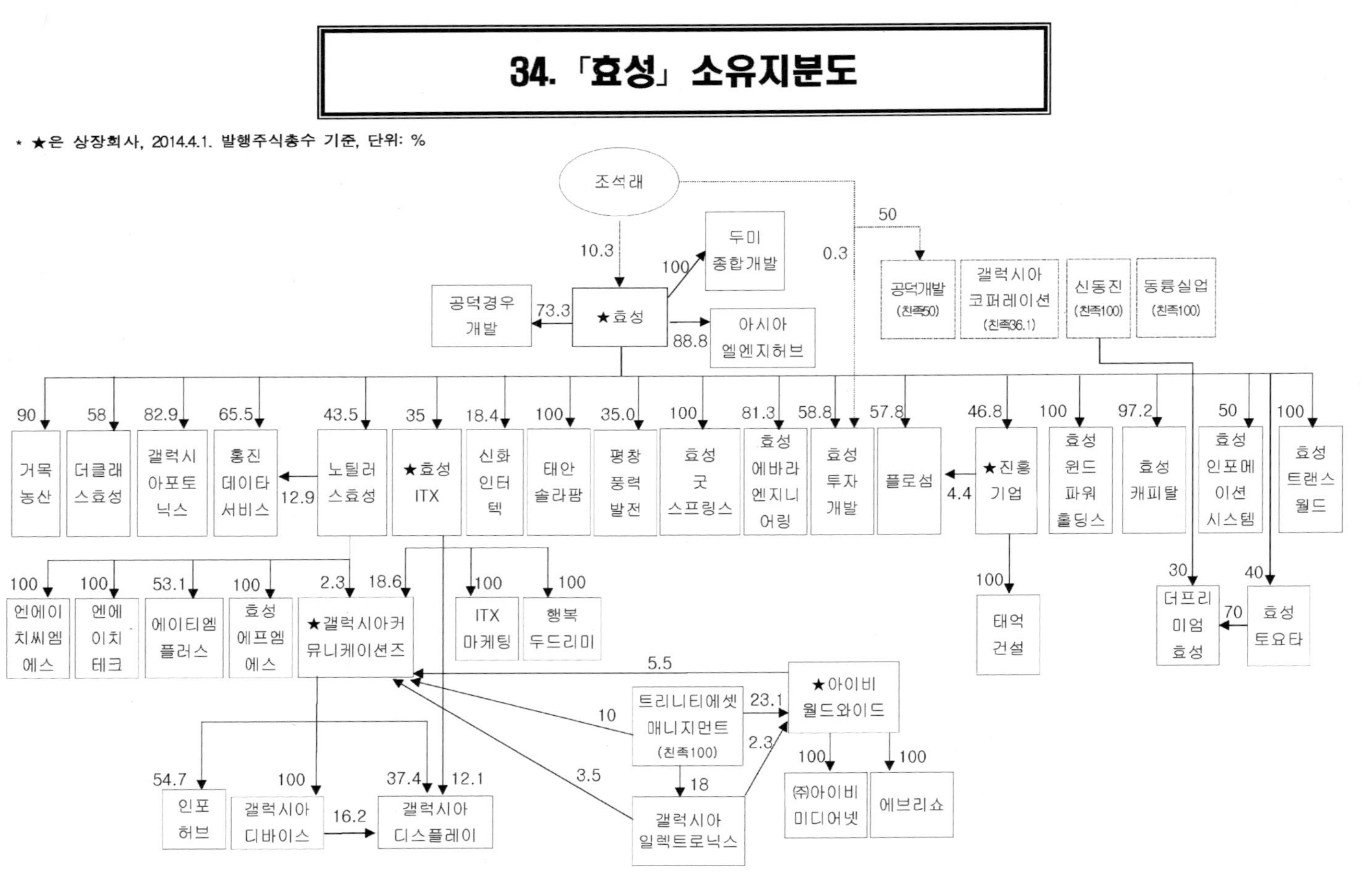

〈부록 그림 4.32〉 동국제강그룹 소유지분도, 2014년 4월 (유형 ③)

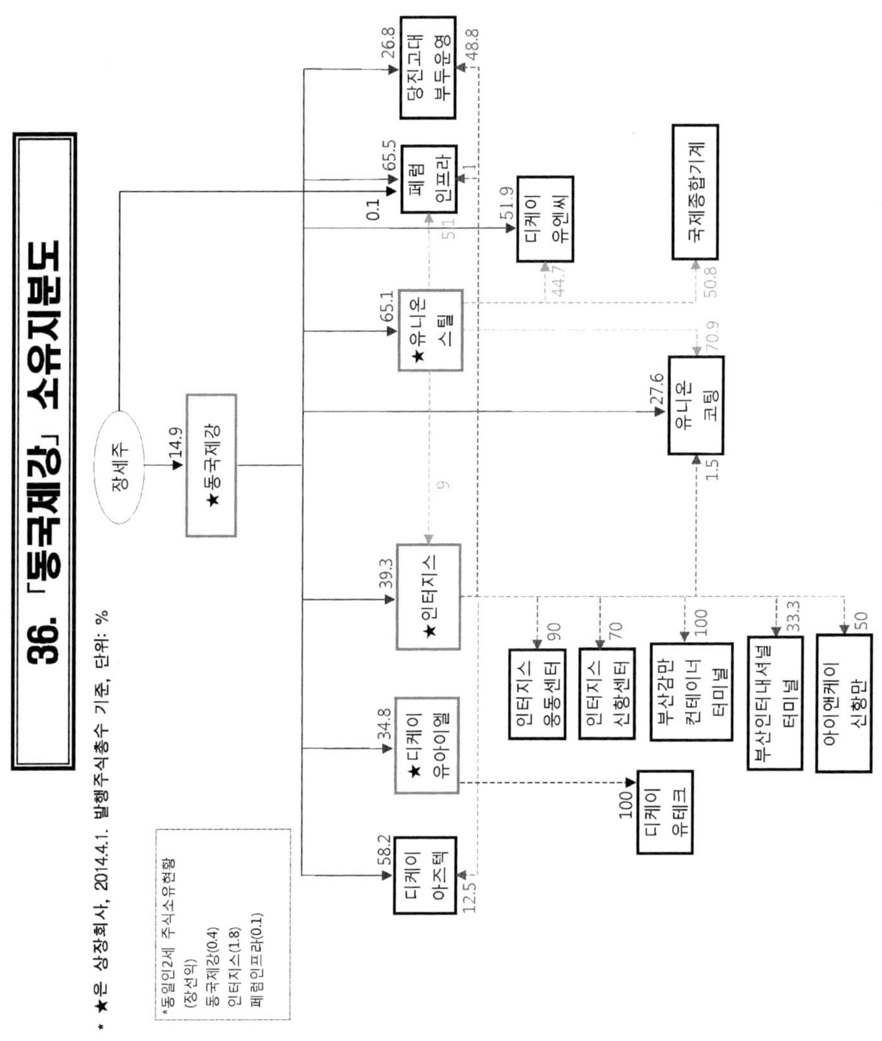

〈부록 그림 4.33〉 영풍그룹 소유지분도, 2014년 4월 (유형 ③)

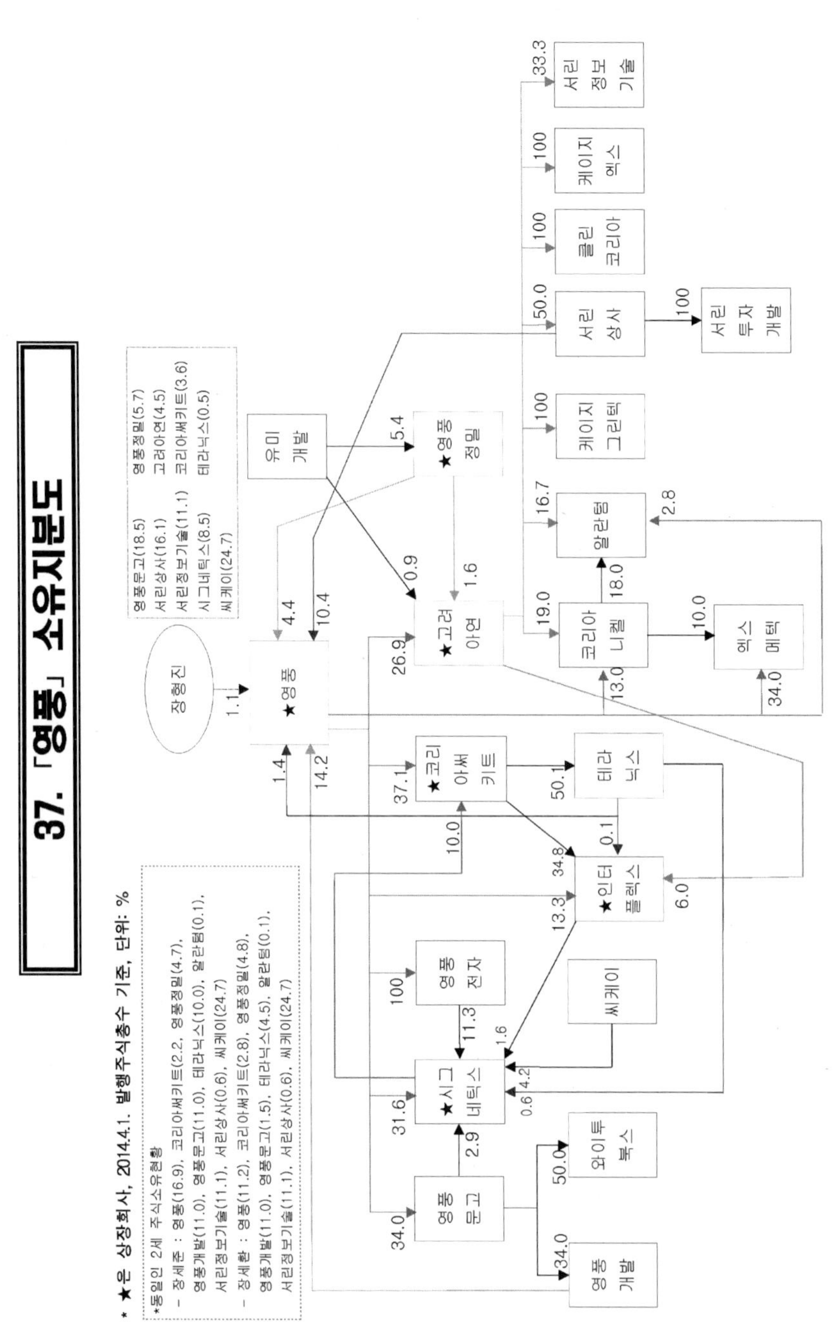

〈부록 그림 4.34〉 미래에셋그룹 소유지분도, 2014년 4월 (유형 ③)

38.「미래에셋」소유지분도

* ★은 상장회사, 2014.4.1. 발행주식총수 기준, 단위: %

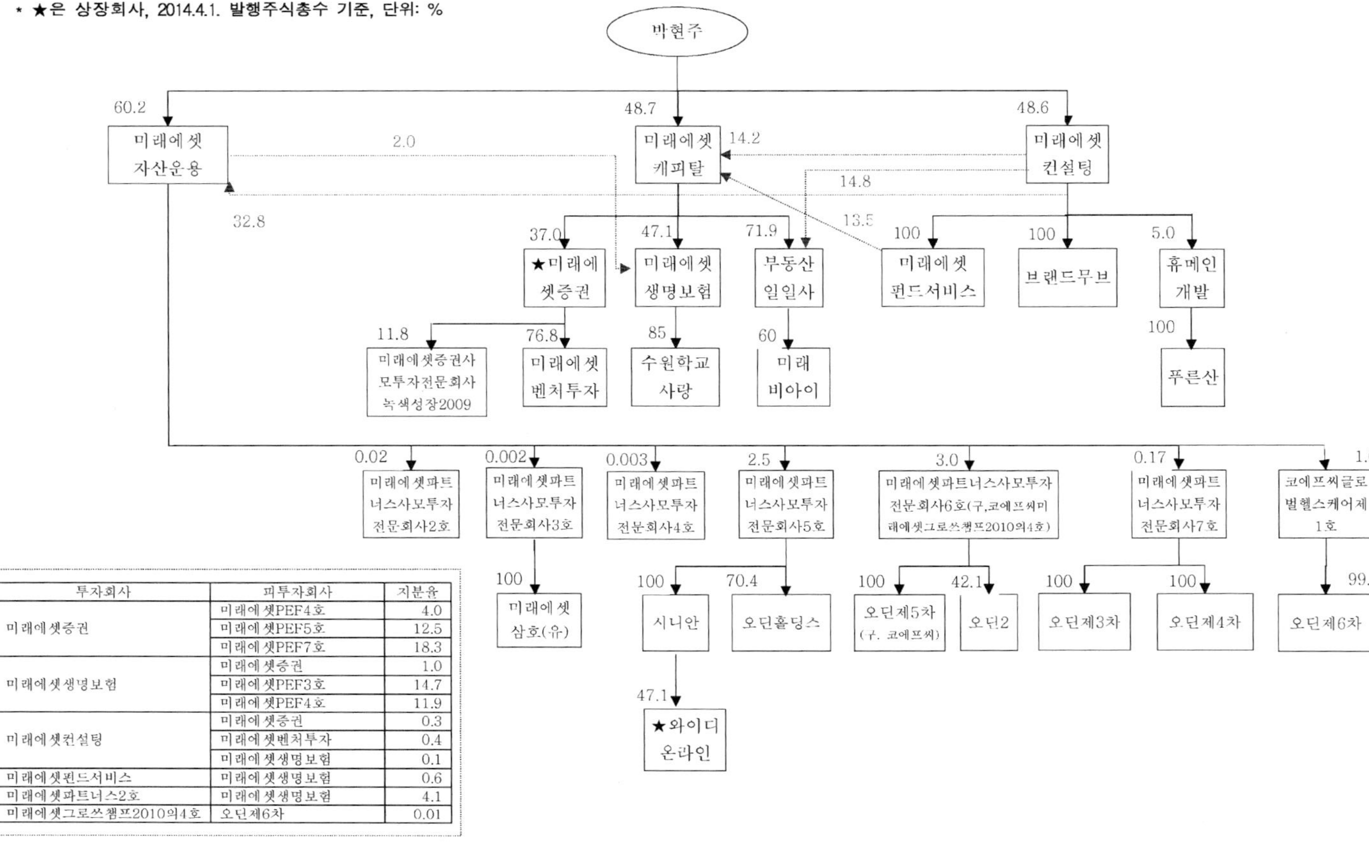

투자회사	피투자회사	지분율
미래에셋증권	미래에셋PEF4호	4.0
	미래에셋PEF5호	12.5
	미래에셋PEF7호	18.3
미래에셋생명보험	미래에셋증권	1.0
	미래에셋PEF3호	14.7
	미래에셋PEF4호	11.9
미래에셋컨설팅	미래에셋증권	0.3
	미래에셋벤처투자	0.4
	미래에셋생명보험	0.1
미래에셋펀드서비스	미래에셋생명보험	0.6
미래에셋파트너스2호	미래에셋생명보험	4.1
미래에셋그로쓰챔프2010의4호	오딘제6차	0.01

〈부록 그림 4.35〉 KCC그룹 소유지분도, 2014년 4월 (유형 ③)

42. 「케이씨씨」 소유지분도

* ★은 상장회사, 2014.4.1. 발행주식총수 기준, 단위: %

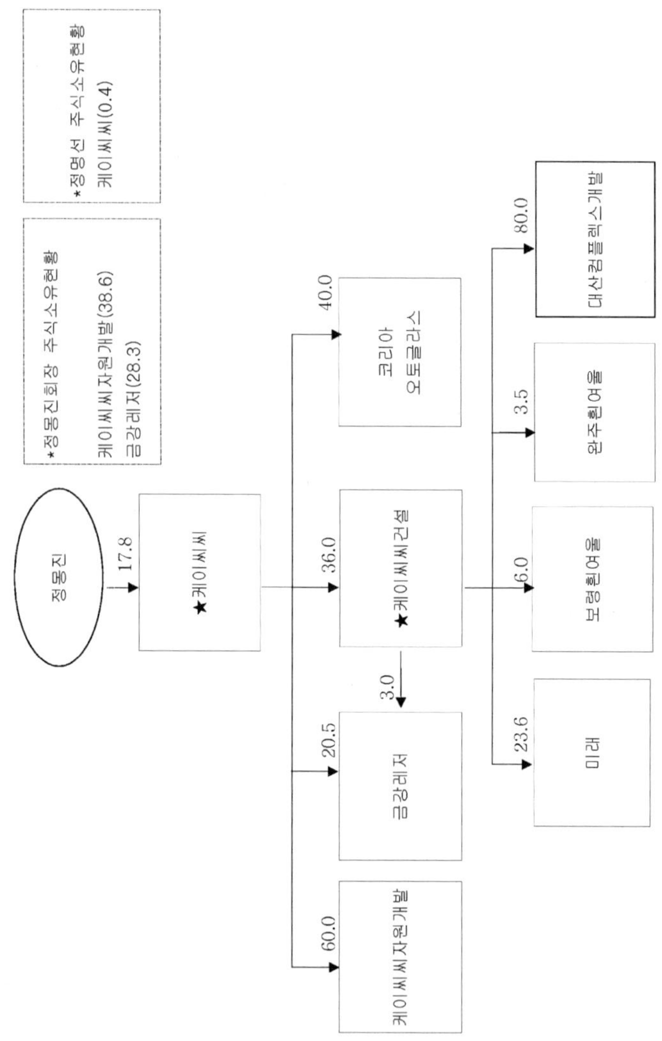

〈부록 그림 4.36〉 한라그룹 소유지분도, 2014년 4월 (유형 ③)

43. 「한라」 소유지분도

* ★은 상장회사, 2014.4.1. 발행주식총수 기준, 단위: %

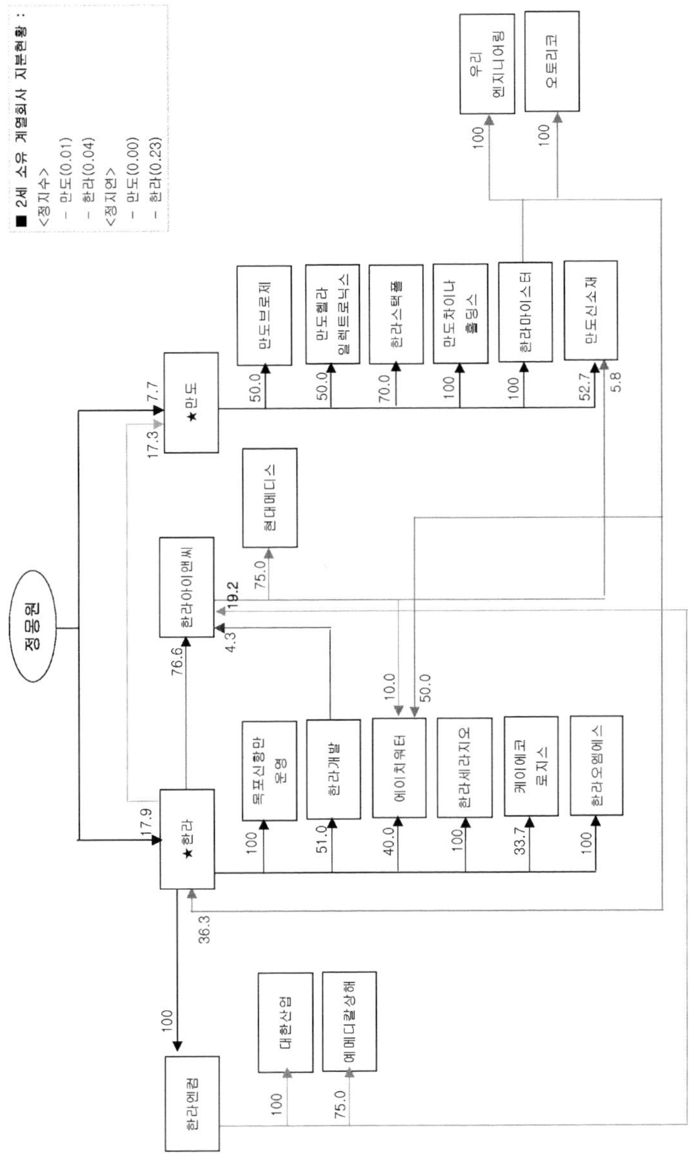

■ 2세 소유 계열회사 지분현황 :
<정지수>
- 만도(0.01)
- 한라(0.04)
<정지연>
- 만도(0.00)
- 한라(0.23)

정몽원
17.9
★한라
17.3
7.7
★만도
100
한라엔컴
36.3
76.6
한라아이앤씨
4.3
19.2
100
대한산업
75.0
예메디칼상해
100
목포신항만 운영
51.0
한라개발
40.0
에이치워터
10.0
50.0
100
한라세라지오
33.7
케이에코 로지스
100
한라오엠에스
75.0
현대메디스
50.0
만도브로제
50.0
만도헬라 일렉트로닉스
70.0
한라스택폴
100
만도차이나 홀딩스
100
한라마이스터
52.7
5.8
만도신소재
100
우리 엔지니어링
100
오토리코

〈부록 그림 4.37〉 현대산업개발그룹 소유지분도, 2014년 4월 (유형 ③)

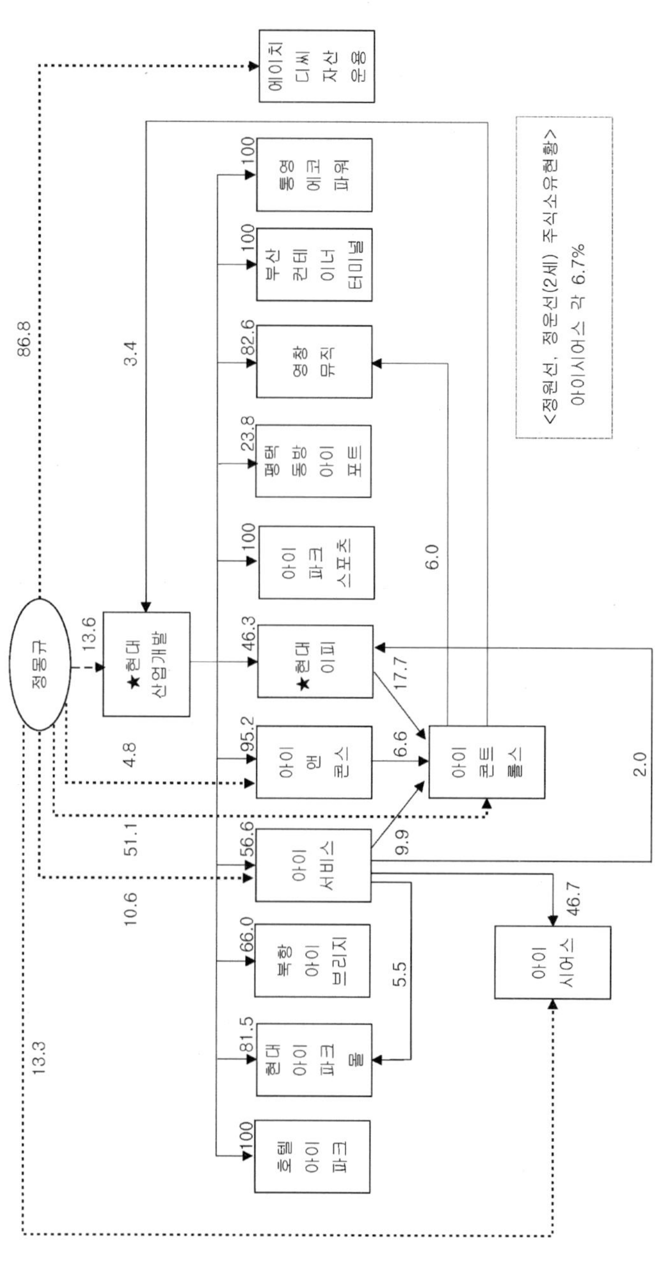

〈부록 그림 4.38〉 교보생명보험그룹 소유지분도, 2014년 4월 (유형 ③)

51. 「교보생명보험」 소유지분도

* ★은 상장회사, 2014.4.1. 발행주식총수 기준, 단위: %

동일인(신창재)
33.8
교보생명보험

51.6 ★교보 증권
10.0 코에프씨 사모투자 전문회사
15.0 (★교보 증권 → 코에프씨 사모투자 전문회사)
99.9 교보 데이터 센터
100.0 교보 리얼코
100.0 제일안전 서비스 (교보 리얼코 → 제일안전 서비스)
50.0 교보악사 자산운용
89.8 교보 정보통신
89.6 교보문고
100.0 교보 핫트랙스 (교보문고 → 교보 핫트랙스)
100.0 케이씨 에이 손해사정
50.0 생보 부동산 신탁
74.5 교보 라이프 플래닛 생명

〈부록 그림 4.39〉 이랜드그룹 소유지분도, 2014년 4월 (유형 ③)

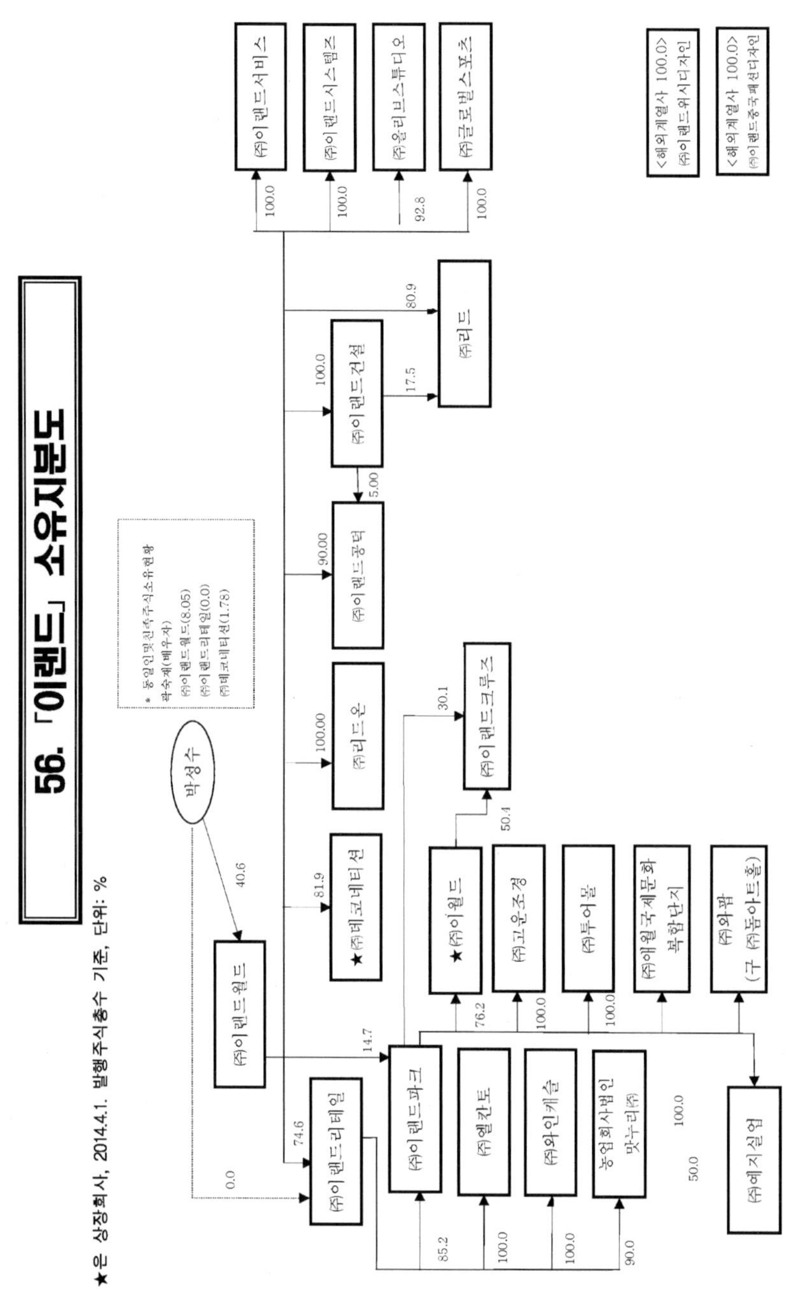

〈부록 그림 4.40〉 삼천리그룹 소유지분도, 2014년 4월 (유형 ③)

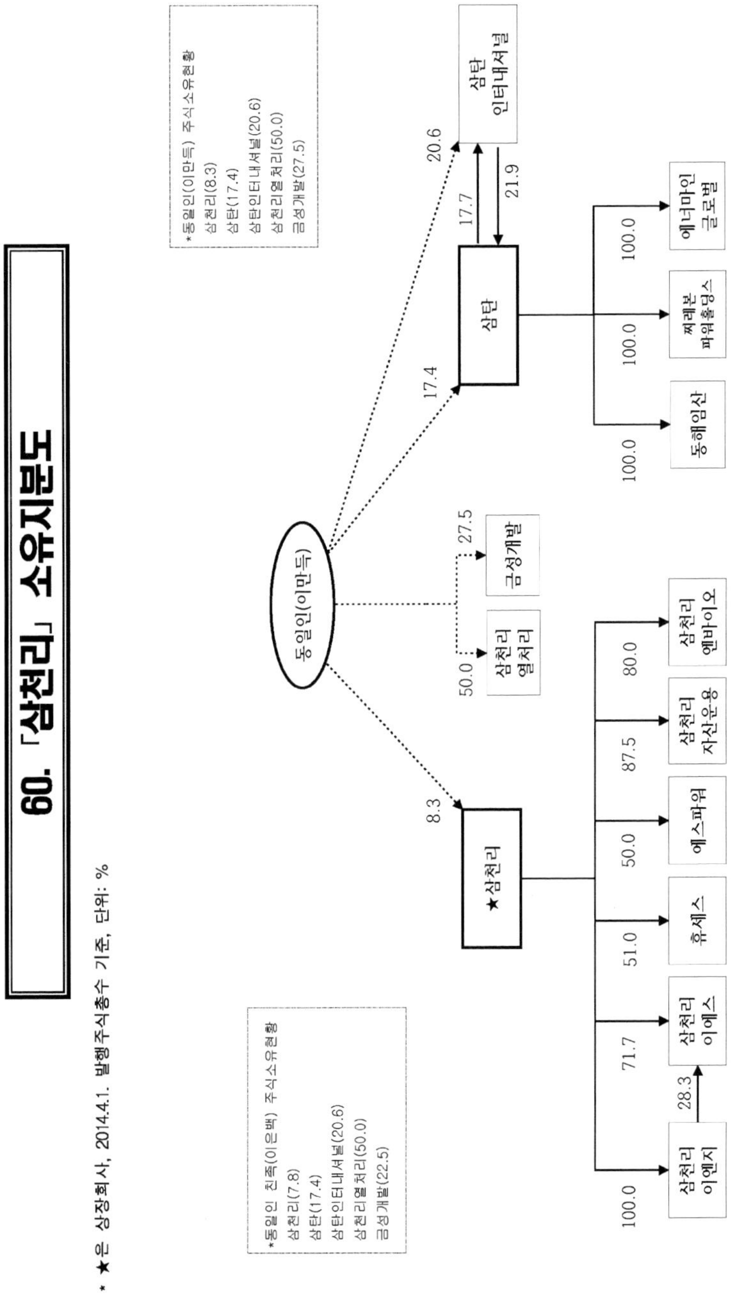

60. 「삼천리」 소유지분도

* ★은 상장회사, 2014.4.1. 발행주식총수 기준, 단위: %

*동일인 친족(이은백) 주식소유현황
삼천리(7.8)
삼탄(17.4)
삼탄인터내셔널(20.6)
삼천리열처리(50.0)
금성개발(22.5)

*동일인(이만득) 주식소유현황
삼천리(8.3)
삼탄(17.4)
삼탄인터내셔널(20.6)
삼천리열처리(50.0)
금성개발(27.5)

동일인(이만득)
8.3 → ★삼천리
50.0 → 삼천리 열처리
27.5 → 금성개발
17.4 → 삼탄
20.6 → 삼탄 인터내셔널

삼탄 → 삼탄 인터내셔널 17.7
삼탄 인터내셔널 → 삼탄 21.9

★삼천리
100.0 → 삼천리 이엔지
71.7 → 삼천리 이에스
51.0 → 휴세스
50.0 → 에스파워
87.5 → 삼천리 자산운용
80.0 → 삼천리 엔바이오

삼천리 이엔지 → 삼천리 이에스 28.3

삼탄
100.0 → 동해임산
100.0 → 찌레본 파워홀딩스
100.0 → 에너마인 글로벌

〈부록 그림 4.41〉 한솔그룹 소유지분도, 2014년 4월 (유형 ③)

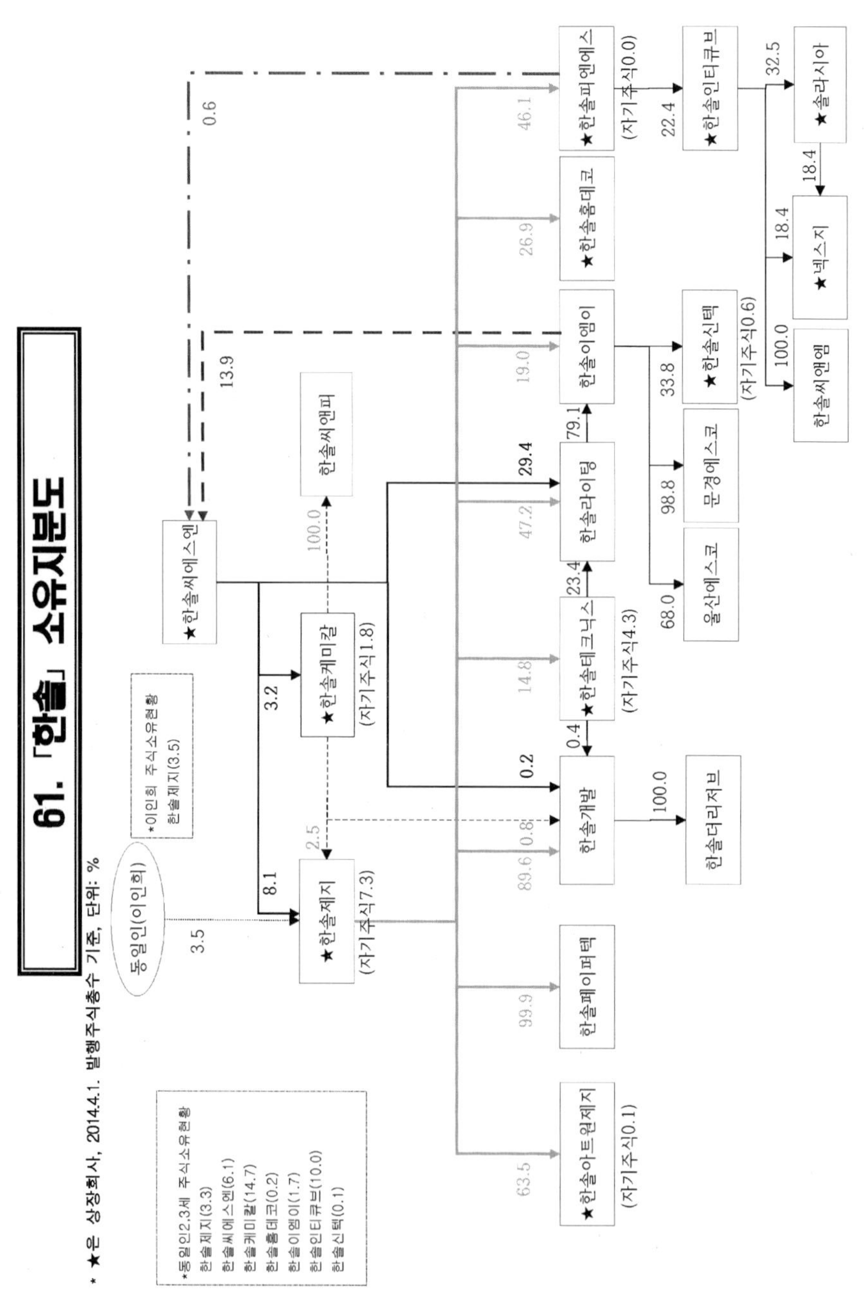

〈부록 그림 4.42〉 포스코그룹 소유지분도, 2014년 4월 (유형 ④)

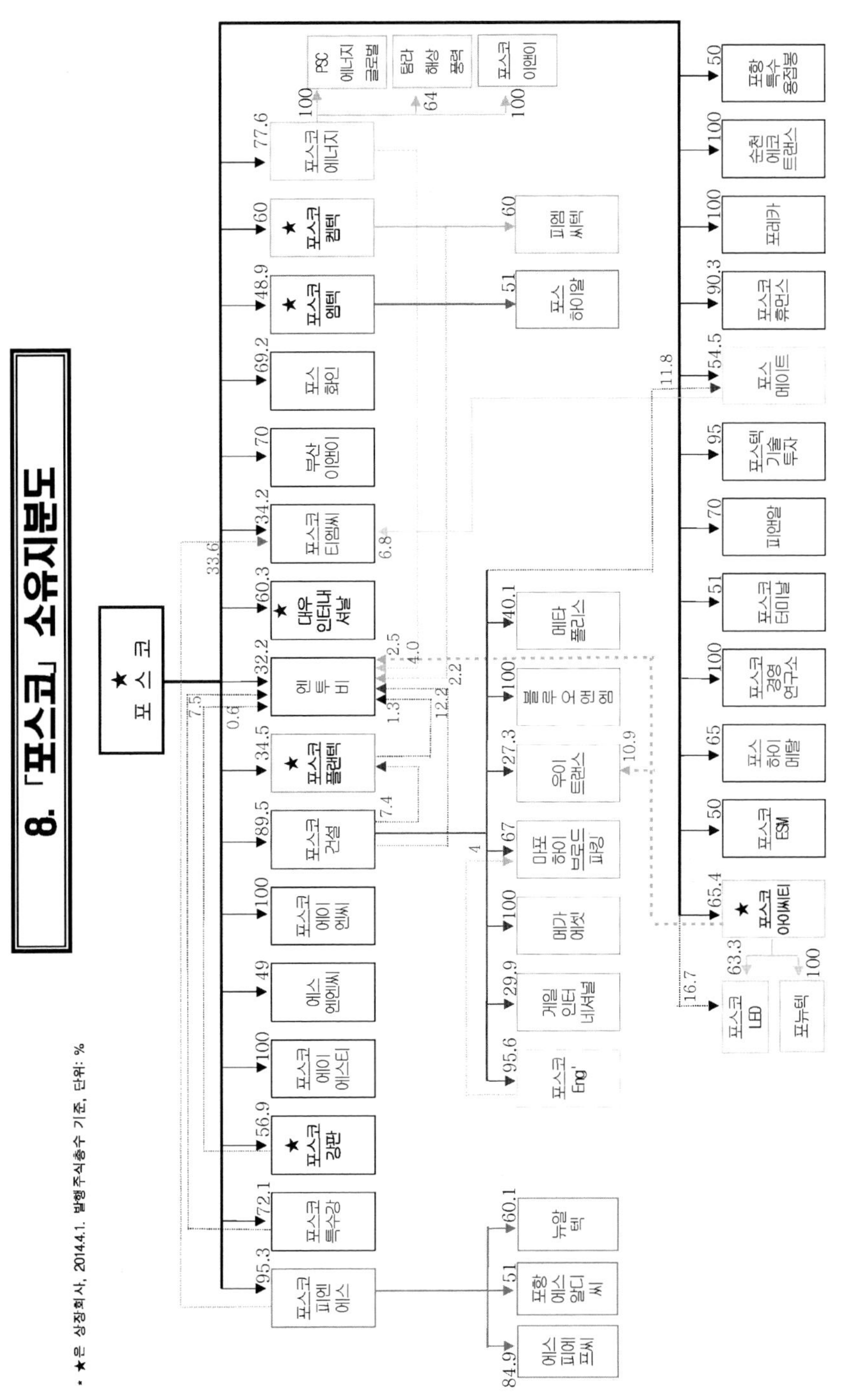

〈부록 그림 4.43〉 KT그룹 소유지분도, 2014년 4월 (유형 ④)

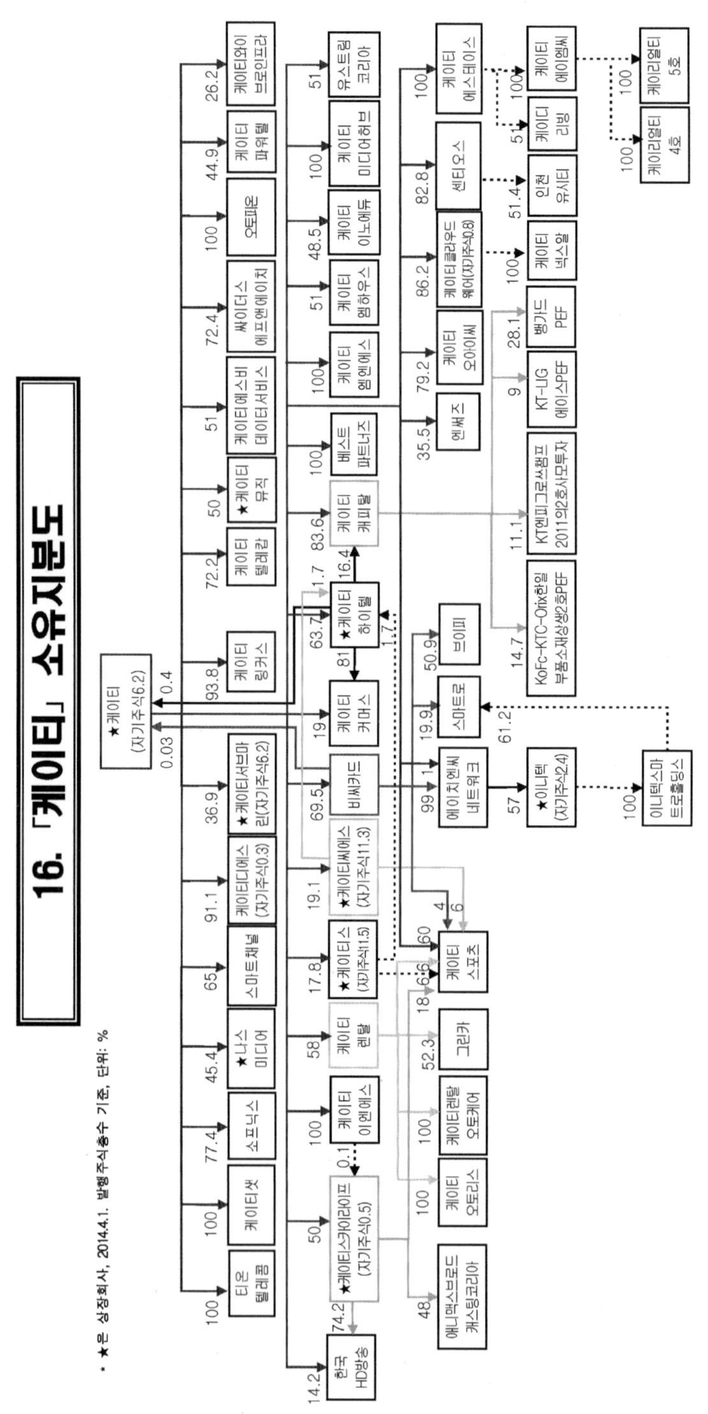

〈부록 그림 4.44〉 대우조선해양그룹 소유지분도, 2014년 4월 (유형 ④)

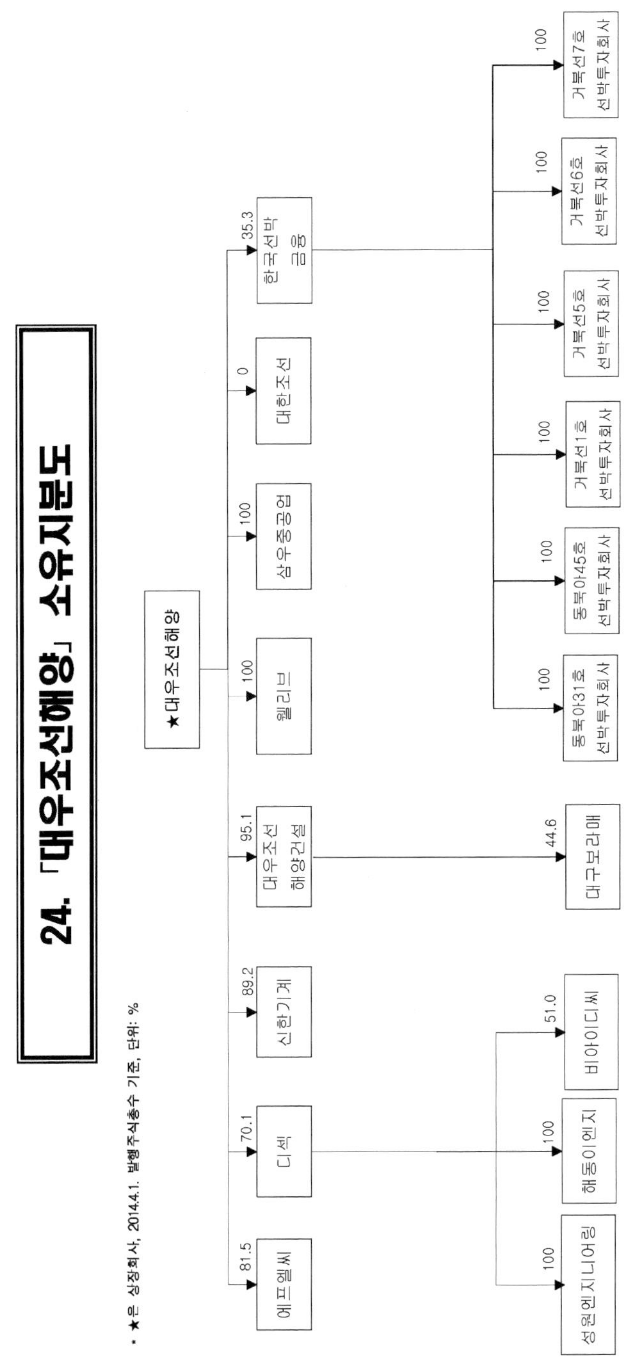

〈부록 그림 4.45〉 에쓰-오일그룹 소유지분도, 2014년 4월 (유형 ④)

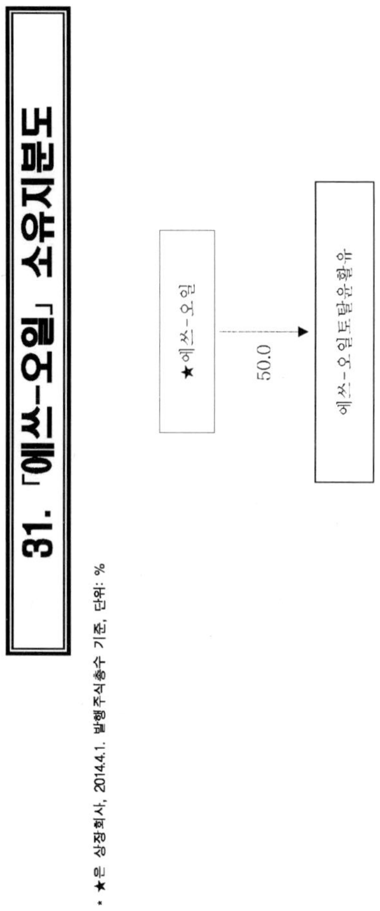

31. 「에쓰-오일」 소유지분도

* ★은 상장회사, 2014.4.1. 발행주식총수 기준, 단위: %

★에쓰-오일

50.0

에쓰-오일토탈윤활유

〈부록 그림 4.46〉 대우건설그룹 소유지분도, 2014년 4월 (유형 ④)

35. 「대우건설」 소유지분도

* ★은 상장회사, 2014.4.1. 발행주식총수 기준, 단위: %

★㈜대우건설

100.0% ㈜대우에스티
100.0% ㈜푸드림
100.0% 푸르지오 서비스㈜
100.0% 한국인프라 관리㈜
85.0% ㈜부산첨단산 업단지개발
46.0% 강화조력 발전㈜
64.0% 푸른안성 지키미㈜
80.0% 경산지식 산업개발㈜
100.0% 대우송도 호텔㈜
100.0% 부곡환경㈜
90.9% 도곡동 피에프브이㈜
48.6% 천마산터널㈜ (한국인프라 관리㈜ 2.9%)
100.0% 임고개발㈜
85.0% 강동프로젝트 금융투자㈜
100.0% 대우에너지㈜

〈부록 그림 4.47〉 한국GM그룹 소유지분도, 2014년 4월 (유형 ④)

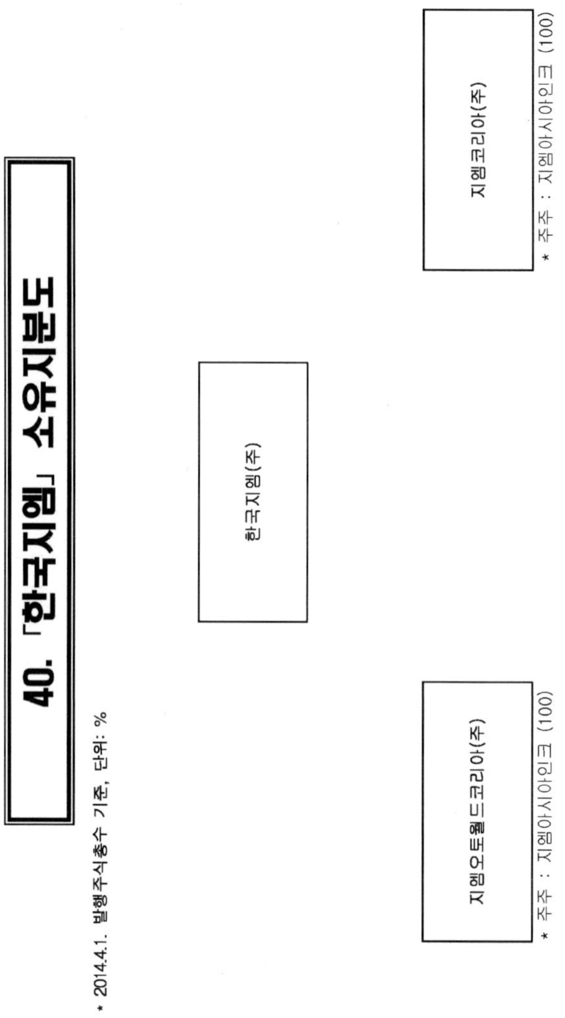

40. 「한국지엠」 소유지분도

* 2014.4.1. 발행주식총수 기준, 단위: %

한국지엠(주)

지엠코리아(주)
* 주주 : 지엠아시아인크 (100)

지엠오토월드코리아(주)
* 주주 : 지엠아시아인크 (100)

〈부록 그림 4.48〉 홈플러스그룹 소유지분도, 2014년 4월 (유형 ④)

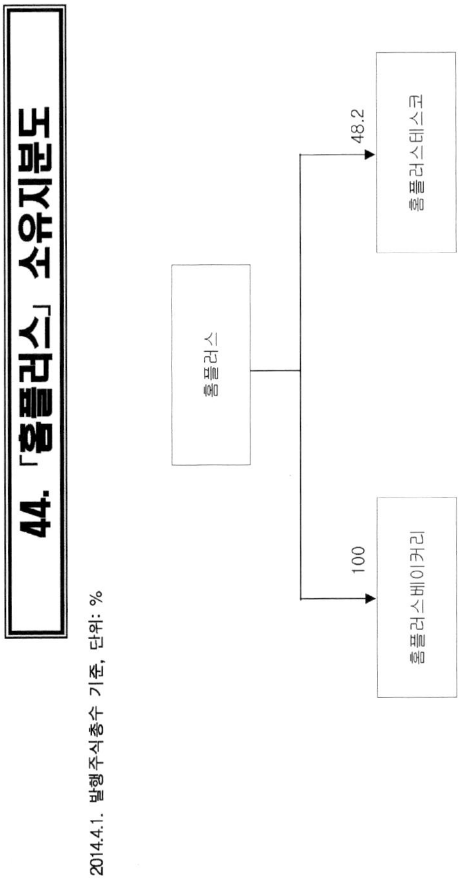

44. 「홈플러스」 소유지분도

* 2014.4.1. 발행주식총수 기준, 단위: %

홈플러스

48.2 → 홈플러스테스코

100 → 홈플러스베이커리

〈부록 그림 4.49〉 KT&G그룹 소유지분도, 2014년 4월 (유형 ④)

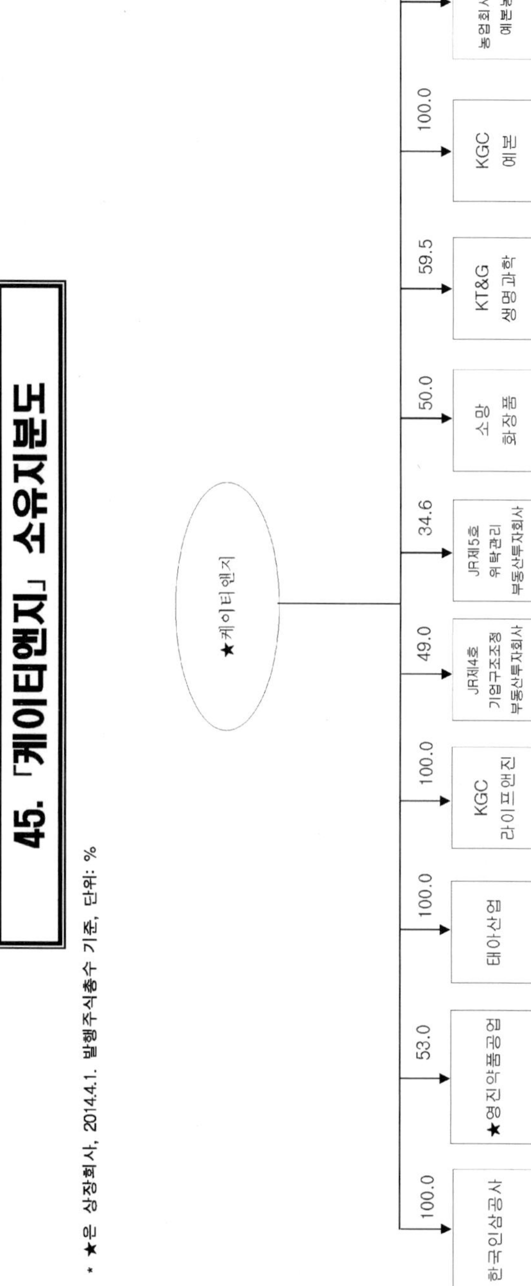

〈부록 그림 4.50〉 코닝정밀소재그룹 소유지분도, 2014년 4월 (유형 ④)

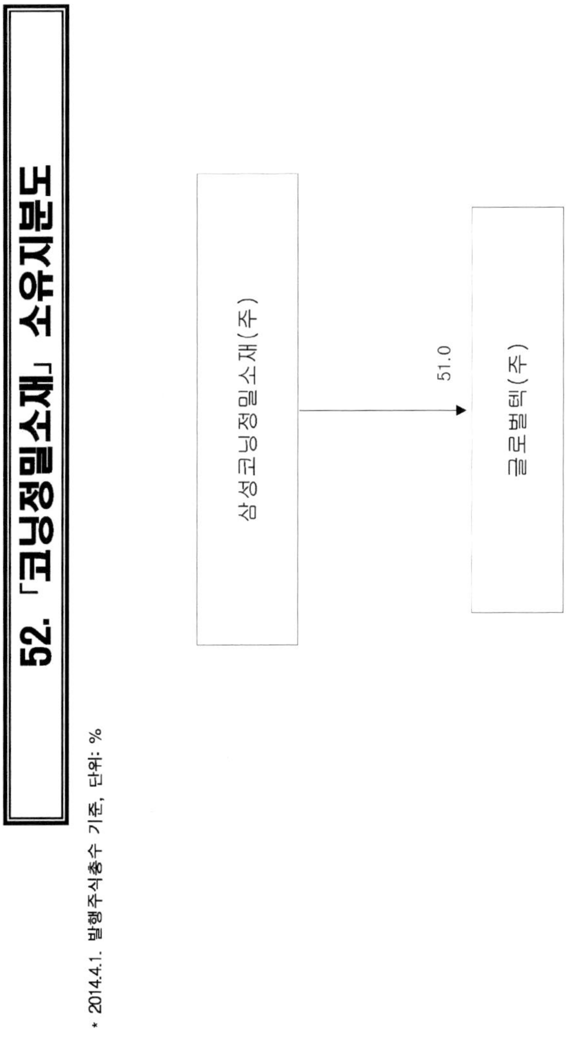

52. 「코닝정밀소재」 소유지분도

* 2014.4.1. 발행주식총수 기준, 단위: %

삼성코닝정밀소재(주)

51.0 →

글로벌텍(주)

〈부록 그림 4.51〉 한국전력공사그룹 소유지분도, 2014년 4월 (유형 ⑤)

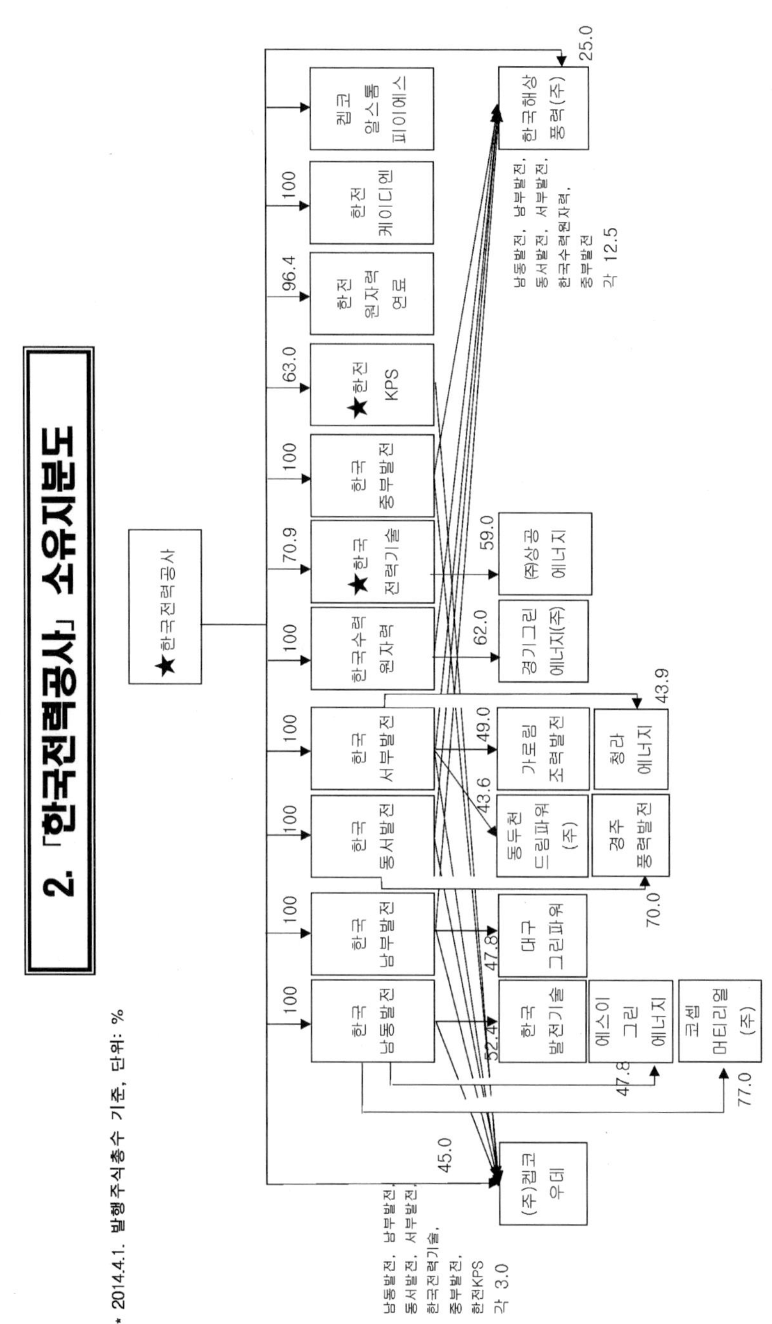

〈부록 그림 4.52〉 한국토지주택공사그룹 소유지분도, 2014년 4월 (유형 ⑤)

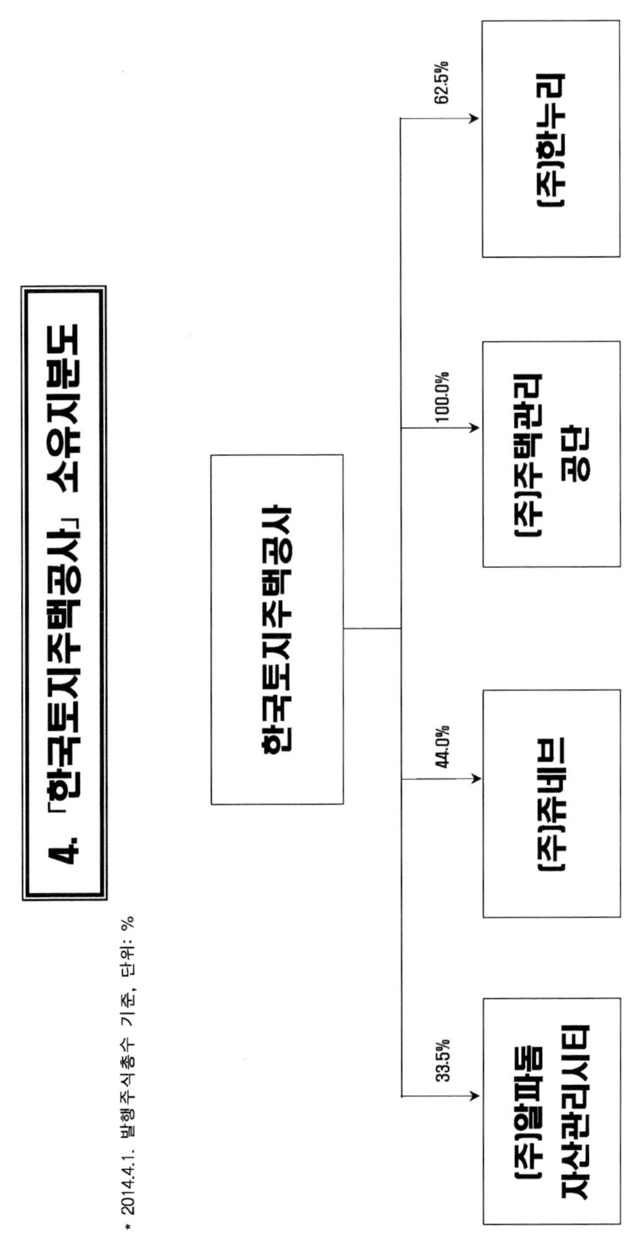

〈부록 그림 4.53〉 한국도로공사그룹 소유지분도, 2014년 4월 (유형 ⑤)

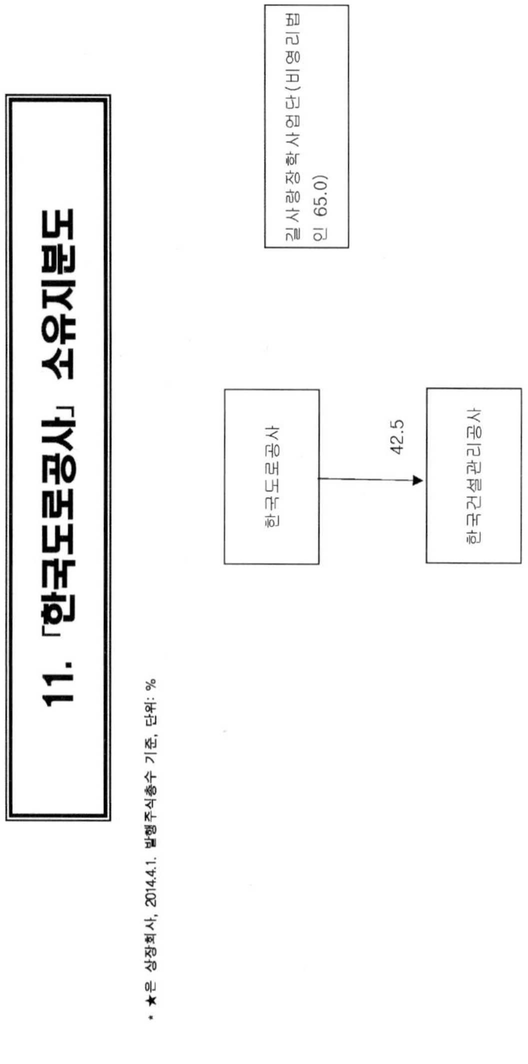

11. 「한국도로공사」 소유지분도

* ★은 상장회사, 2014.4.1. 발행주식총수 기준, 단위: %

길사랑장학사업단(비영리법인 65.0)

한국도로공사 → 42.5 → 한국건설관리공사

〈부록 그림 4.54〉 한국가스공사그룹 소유지분도, 2014년 4월 (유형 ⑤)

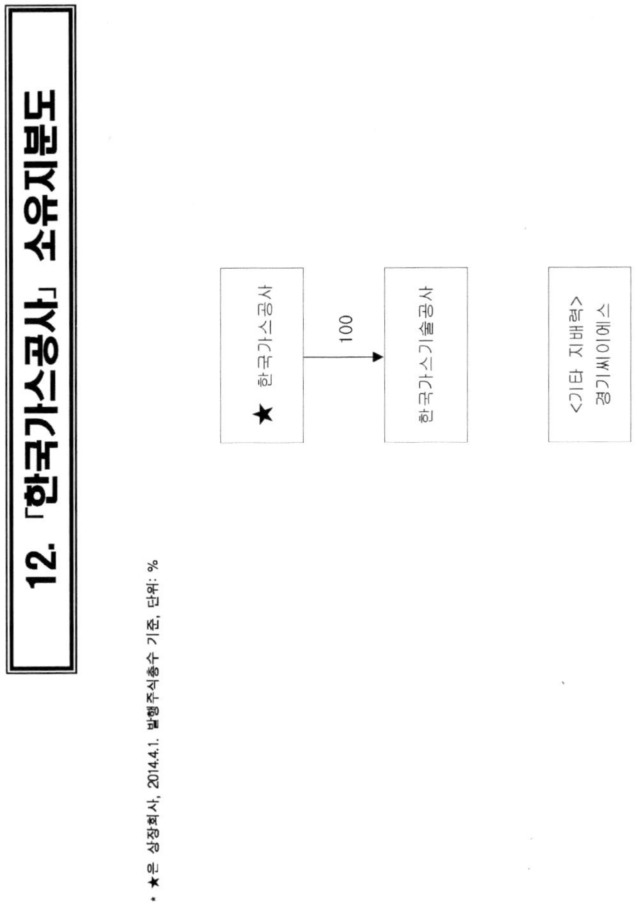

12. 「한국가스공사」 소유지분도

* ★은 상장회사, 2014.4.1. 발행주식총수 기준, 단위: %

★ 한국가스공사

100

한국가스기술공사

<기타 지배력>
경기씨이에스

〈부록 그림 4.55〉 한국수자원공사그룹 소유지분도, 2014년 4월 (유형 ⑤)

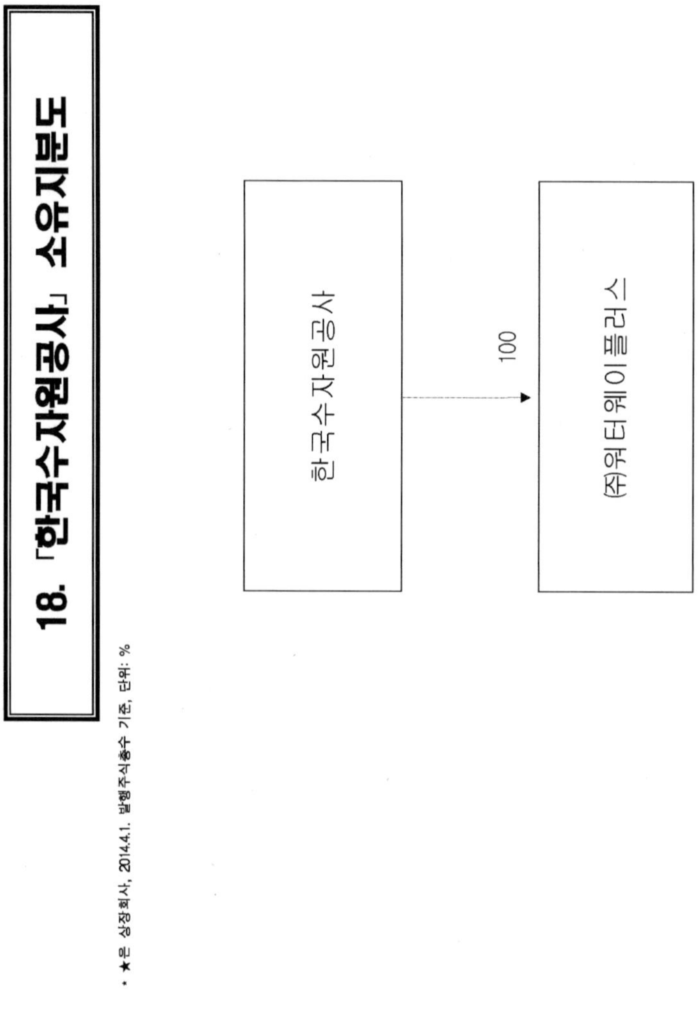

18. 「한국수자원공사」 소유지분도

* ★은 상장회사, 2014.4.1. 발행주식총수 기준, 단위: %

한국수자원공사

100

㈜워터웨이플러스

〈부록 그림 4.56〉 한국석유공사그룹 소유지분도, 2014년 4월 (유형 ⑤)

21. 「한국석유공사」 소유지분도

* 2014.4.1. 발행주식총수 기준, 단위: %)

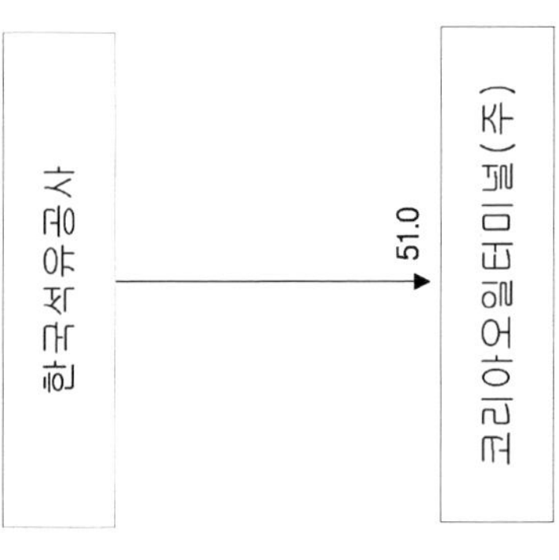

〈부록 그림 4.57〉 한국철도공사그룹 소유지분도, 2014년 4월 (유형 ⑤)

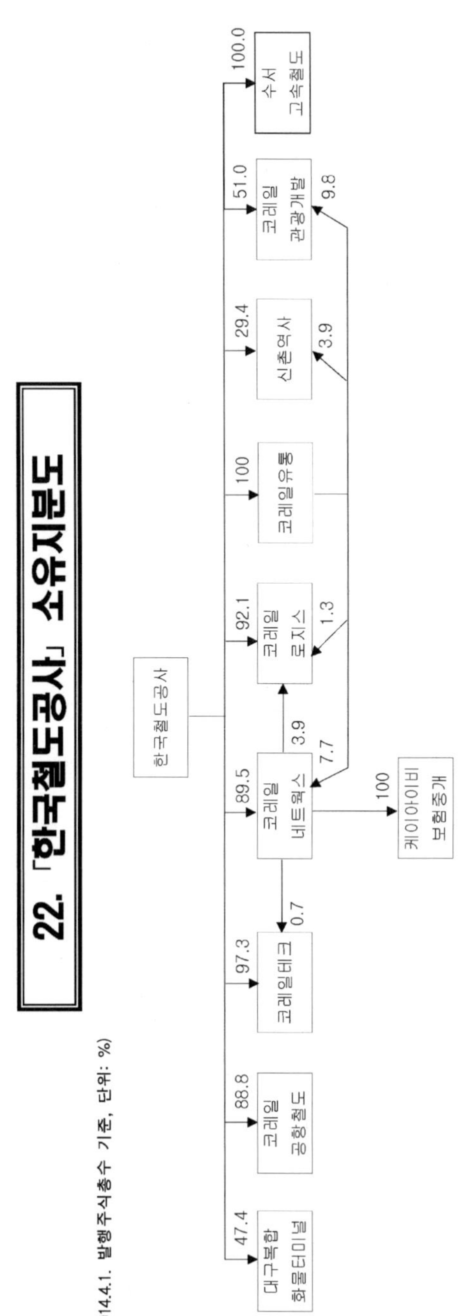

〈부록 그림 4.58〉 인천도시공사그룹 소유지분도, 2014년 4월 (유형 ⑤)

33. 「인천도시공사」 소유지분도

* ★은 상장회사, 2014.4.1. 발행주식총수 기준, 단위: %

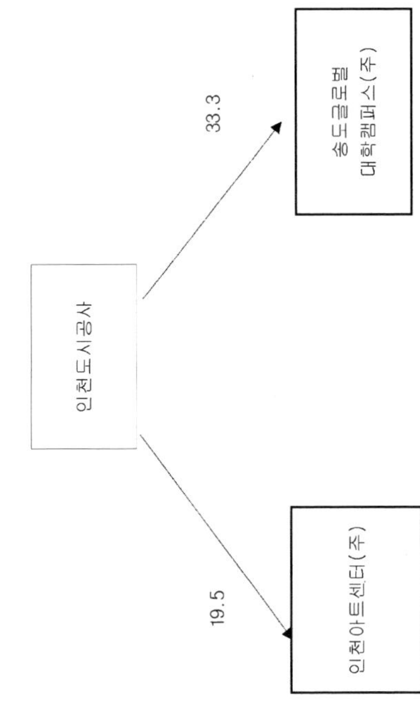

〈부록 그림 4.59〉 인천국제공항공사그룹 소유지분도, 2014년 4월 (유형 ⑤)

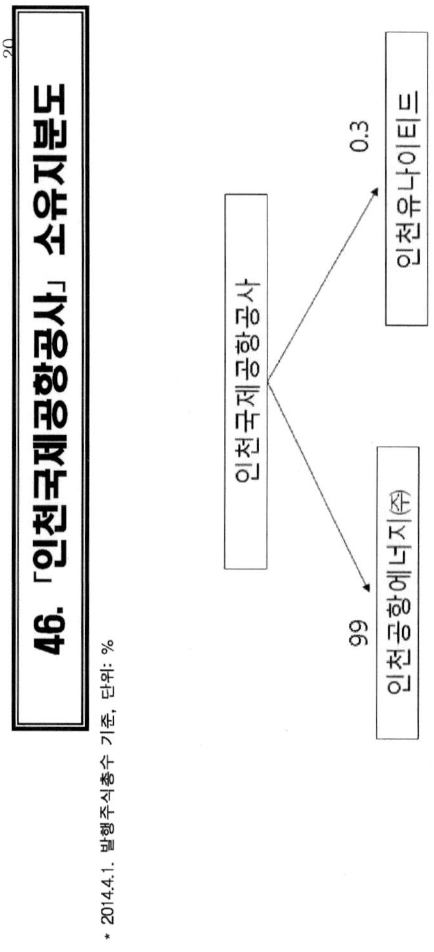

46. 「인천국제공항공사」 소유지분도

* 2014.4.1. 발행주식총수 기준, 단위: %

인천국제공항공사

99 인천공항에너지㈜

0.3 인천유나이티드

〈부록 그림 4.60〉 서울특별시도시철도공사그룹 소유지분도, 2014년 4월 (유형 ⑤)

54. 「서울특별시도시철도공사」 소유지분도

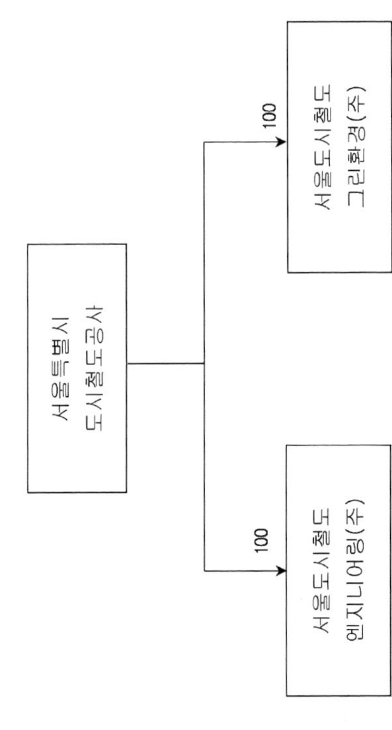

* 2014.4.1. 발행주식총수 기준, 단위: %

〈부록 그림 4.61〉 서울메트로그룹 소유지분도, 2014년 4월 (유형 ⑤)

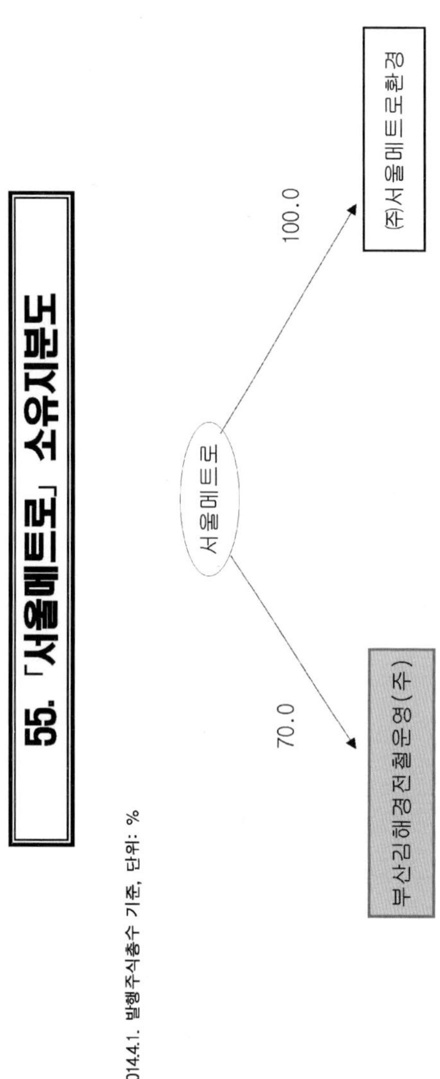

〈부록 그림 4.62〉 부산항만공사그룹 소유지분도, 2014년 4월 (유형 ⑤)

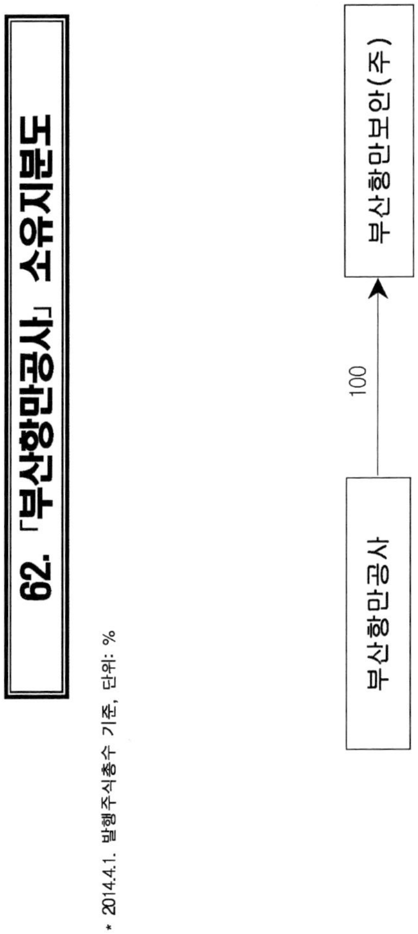

62.「부산항만공사」 소유지분도

* 2014.4.1. 발행주식총수 기준, 단위: %

부산항만공사 —100→ 부산항만보안(주)

〈부록 그림 4.63〉 한국지역난방공사그룹 소유지분도, 2014년 4월 (유형 ⑤)

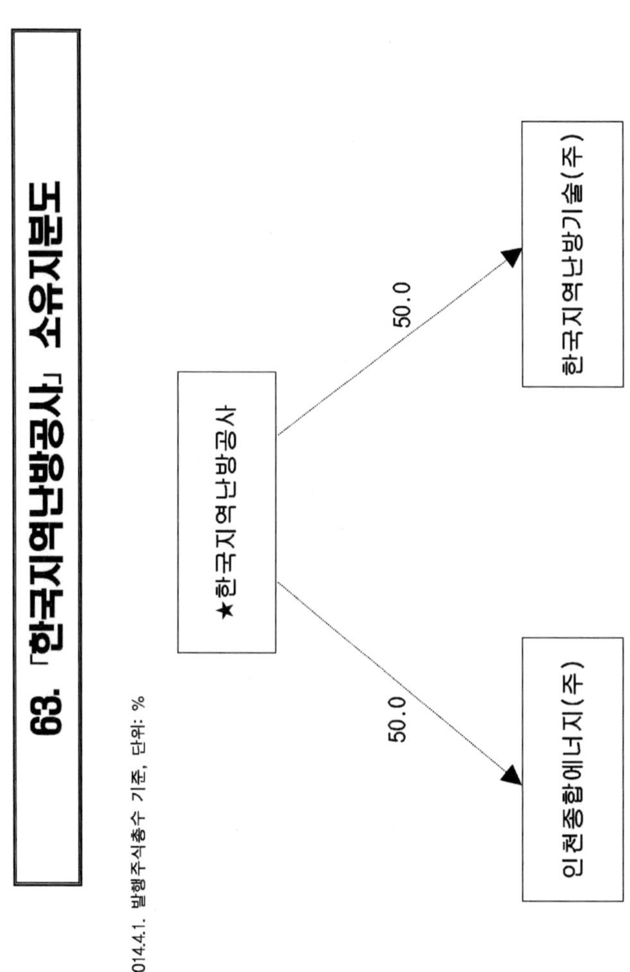

〈부록 5〉 공정거래법상 지주회사, 2000-2013년

〈부록 표 5.1〉 신설 공정거래법상 지주회사 194개, 2000-2013년

연도	합(개)	지주회사(설립・전환 월.일; 밑줄 친 회사는 금융지주회사)
2000	6	SK E&S㈜(1.1), ㈜C&M커뮤니케이션(1.25), ㈜화성사(4.1), KIG홀딩스(유)(5.24*), ㈜온미디어(6.15), ㈜세종금융지주(4.1)
2001	7	엘파소코리아홀딩(유)(1.1), ㈜LG(4.3), ㈜동원엔터프라이즈(4.16), ㈜대교홀딩스(5.4), ㈜세아홀딩스(7.3), 우리금융지주㈜(3.27), ㈜신한금융지주회사(9.1)
2002	5	LGEI(4.3), 한국컴퓨터지주㈜(5.27), ㈜대웅(10.2), 대한색소공업㈜(12.27), 퍼스트씨알비(1.1)
2003	7	대우통신㈜(1.1), ㈜풀무원(3.11), ㈜농심홀딩스(7.10), ㈜이수(8.1), 동화홀딩스㈜(10.1), 한국투자금융지주㈜(1.11), 동원금융지주㈜(5.30)
2004	5	㈜다함이텍(1.1), 삼성종합화학㈜(1.1), ㈜STX(4.1), ㈜GS(7.7), 삼성에버랜드㈜(1.1)
2005	5	롯데물산㈜(1.1), 롯데산업㈜(1.1), 한화도시개발㈜(1.1), 대상홀딩스㈜(8.1), ㈜하나금융지주(12.1)
2006	8	㈜차산골프장지주회사(1.1), 하이마트홀딩스(1.1), ㈜BSE홀딩스(1.1), ㈜현대HC&(1.1), ㈜LIG(1.1), 평화홀딩스㈜(5.2), 노루홀딩스(6.2), KPX홀딩스(9.1)
2007	15	㈜금호산업(1.1), ㈜넥슨홀딩스(1.1), 바이더웨이CVS홀딩스㈜(1.1), ㈜아모레퍼시픽그룹(1.1), ㈜CJ오쇼핑(1.1), 한국전자홀딩스(1.1), ㈜TAS(4.1), ㈜드림파마(4.2), ㈜네오위즈(4.26), SK㈜(7.3), ㈜한진중공업홀딩스(8.1), 한국멀티플렉스투자㈜(8.17), CJ㈜(9.4), 한국선무(12.31), 에이오엔이십일(유)(1.1)
2008	31	DH홀딩스(1.1), ㈜심명산업개발(1.1), ㈜웅진홀딩스(1.1), ㈜이지바이오시스템(1.1), ㈜인터파크(1.1), ㈜JW홀딩스(1.1), ㈜포휴먼(1.1), 한림토건(1.1), ㈜진양홀딩스(1.7), ㈜S&T홀딩스(2.5), ㈜반도홀딩스(3.3), SBS미디어홀딩스㈜(3.4), ㈜티이씨앤코(5.2), ㈜동성홀딩스(5.14), ㈜LS(7.2), ㈜풀무원(7.3), ㈜풍산홀딩스(7.3), 하이트홀딩스㈜(7.3), 일진홀딩스(7.4), ㈜티브로드수원방송(8.1), 키스코홀딩스㈜(9.3), 알파라발한국홀딩㈜(9.30), ㈜풀무원홀딩스(9.30), 프라임개발㈜(10.1), ㈜티브로드홀딩스(11.11), ㈜동일홀딩스(12.1), ㈜디와이에셋(12.23), ㈜디와이홀딩스(12.23), ㈜골든브릿지(1.1), ㈜KB금융지주(9.29), 한국투자운용지주㈜(10.2)

2009	20	㈜넥슨코리아(1.1), ㈜다우데이타(1.1), ㈜두산(1.1), 두산모트롤홀딩스㈜(1.1), ㈜대명홀딩스(1.1), ㈜심정개발(1.1), ㈜영앤선개발(1.1), 큐릭스(1.1), 한국신용정보㈜(1.1), 한세예스24홀딩스㈜(6.30), ㈜영원무역홀딩스(7.2), 몰트어퀴지션㈜(7.24), 엠피씨코리아홀딩스㈜(7.28), 씨앤에이치㈜(9.30), 대성홀딩스㈜(10.1), ㈜한진해운홀딩스(12.1), ㈜한화도시개발(12.2), ㈜부영(12.30), 한국스탠다드차타드금융지주㈜(6.30), 산은금융지주㈜(10.28)
2010	20	㈜녹십자홀딩스(1.1), 디아이피홀딩스㈜(1.1), 몰트홀딩㈜(1.1), ㈜셀트리온헬스케어(1.1), ㈜우리조명지주(1.1), ㈜유승홀딩스(1.1), ㈜에실로코리아(1.1), 엔오브이코리아홀딩(유)(1.1), ㈜코오롱(1.1), KC그린홀딩스㈜(1.1), ㈜티브로드한빛방송(1.1), 씨에스홀딩스㈜(1.5), ㈜파라다이스글로벌(2.2), ㈜휴맥스홀딩스(3.31), ㈜오미디어홀딩스(9.15), ㈜오션비홀딩스(9.28), 금복홀딩스㈜(11.1), ㈜셀트리온홀딩스(11.25), 미래에셋컨설팅㈜(3.31), 한국씨티금융지주(6.1)
2011	26	동광주택산업㈜(1.1), 동부인베스트먼트㈜(1.1), ㈜대성합동지주(1.1), ㈜바텍이우홀딩스(1.1), ㈜서령개발(1.1), 서울도시개발㈜(1.1), 아주L&F홀딩스㈜(1.1), ㈜와이엠에스에이(1.1), ㈜원익(1.1), 유니펩㈜(1.1), ㈜이지바이오시스템(1.1), 에스엠티케미칼(1.1), ㈜SG홀딩스(1.1), ㈜SJM홀딩스(1.1), 한미홀딩스㈜(1.1), SK이노베이션㈜(1.4), 제일홀딩스㈜(1.4), ㈜하림홀딩스(1.4), ㈜농수산홀딩스(3.8), ㈜삼양홀딩스(11.3), ㈜LIG(11.10), 엠에스피이엔비홀딩스㈜(12.13), 동양파이낸셜대부(1.1), ㈜BS금융지주(3.15), ㈜메리츠금융지주(3.28), ㈜DGB금융지주(5.7)
2012	27	㈜베바스토동희홀딩스(1.1), 세화통운㈜(1.1), 신송홀딩스㈜(1.1), 오리온엔지니어드카본즈코리아㈜(1.1), ㈜우심산업개발(1.1), ㈜이래엔에스(1.1), ㈜인터파크(1.1), 자일자동차㈜(1.1), 코암시앤시개발㈜(1.1), ㈜케이아이지홀딩스(1.1), ㈜티브로드도봉강북방송(1.1), ㈜한국유선미디어(1.1), GS에너지㈜(1.3), 농협경제지주㈜(3.2), ㈜시디즈(7.1), ㈜아이디스홀딩스(7.1), ㈜나이스홀딩스(8.23), 에이케이홀딩스㈜(9.1), 우양수산㈜(9.13), 넥스홀딩스㈜(9.21), 타이코화이어앤시큐리티서비시즈코리아㈜(10.1), ㈜심팩홀딩스(11.1), 아이에스지주㈜(11.1), ㈜고려에이치씨(12.26), 한국콜마홀딩스㈜(12.28), ㈜송현홀딩스(12.31), 농협금융지주㈜(3.2)
2013	12	㈜넥슨코리아(1.1), ㈜넥센(1.1), ㈜이지바이오(1.1), ㈜한유엘엔에스(1.1), ㈜티브로드전주방송(1.11), ㈜유라(3.30), 케이엑스홀딩스㈜(3.31), 엠에스에스홀딩스㈜(4.2), ㈜프랜차이즈서비스아시아리미티드(6.28), ㈜싸이칸홀딩스(7.1), ㈜한진칼(8.1), ㈜JB금융지주(7.1)

주: 1) * 신고수리일; 2013년은 9월 현재.

2) 6개 회사는 지주회사로의 전환・설립을 신고하였으나 수리 여부가 확인되지 않음: 리타워테크놀러지스 (신고일 2000.12.11), ㈜풍성모터스 (2001.4.28), ㈜원진 (2001.4.30), ㈜가오닉스 (2001.7.10), 타이거풀스인터네셔널㈜ (2001.7.27), ㈜미디어윌 (2001.7.31).

3) KIG홀딩스, 엘파소코리아홀딩, 에이오엔이십일, 엔오브이코리아홀딩 – 유한회사.

4) 회사명 변경: 노루홀딩스 (이전 DPI홀딩스), 넥슨코리아 (넥슨), DH홀딩스 (동희엔지니어링), 대교홀딩스 (대교네트워크), 세종금융지주 (SDN), CJ오쇼핑 (CJ홈쇼핑), 아모레퍼시픽그룹 (태평양), 우리조명지주 (우리조명), SBS미디어홀딩스 (SBS홀딩스), SK E&S (SK엔론), LG (LGCI), LIG (LIG홀딩스), GS (GS홀딩스), JW홀딩스 (중외홀딩스), KPX 홀딩스 (KPC홀딩스), TAS (TAS자동차손해사정서비스), 한국전자홀딩스 (KEC홀딩스), 현대HC& (HC&).

5) 풀무원: 2003년 3월 11일 – 지주회사 전환; 2008년 7월 3일 – 풀무원홀딩스와 풀무원으로 인적 분할되면서 '기존의 풀무원'은 지주회사에서 제외되고 '분할된 풀무원'은 신규로 지주회사로 전환됨.

6) 에이오엔이십일: 2008년 9월 현재까지는 일반지주회사였다가 2009년 9월 현재 금융지주회사로 재분류됨.

7) 2012–2013년 존속 지주회사의 경우, 공정거래위원회 자료에 자세한 정보가 없음.

출처: 공정거래위원회홈페이지 자료.

〈부록 표 5.2〉 존속 공정거래법상 지주회사 11개, 2001년 7월 (자산총액 순)

지주회사	설립·전환 시기 (연.월)	자산 총액 (억 원)	지주 비율 (%)	부채 비율 (%)	자회사 (개)
일반지주회사 (9개)					
1. ㈜LGCI*	2001.4	26,500	77.0	121.6	13
2. SK엔론㈜*	2000.1	5,733	96.1	–	11
3. ㈜화성사	2000.4	2,625	99.9	–	1
4. ㈜세아홀딩스	2001.7	2,545	61.0	–	12
5. 엘파소코리아홀딩(유)	2001.1	1,403	99.5	13.4	1
6. C&M커뮤니케이션㈜	2000.1	1,254	73.0	–	13
7. ㈜대교네트워크	2001.5	1,113	68.7	–	3
8. ㈜온미디어	2000.6	643	56.0	–	5
9. ㈜동원엔터프라이즈	2001.4	470	89.3	0	3
합					62
금융지주회사 (2개)					
1. 우리금융지주㈜	2001.3	36,373	100	–	5
2. ㈜SDN	2000.4	1,551	73.6	–	2
합					7
총합					69

주: 1) 재무현황 및 자회사: 2000년 12월 현재인 것으로 보임.
2) * 공정거래위원회 지정 30대 대규모기업집단 소속 (공정거래위원회의 '지주회사' 자료에는 별도의 표시가 없으며, '대규모기업집단' 자료 및 다른 연도의 '지주회사' 자료를 이용함).
3) 부채비율: 3개 회사 정보만 있음.
출처: 공정거래위원회 홈페이지 자료.

〈부록 표 5.3〉 존속 공정거래법상 지주회사 19개, 2003년 7월 (자산총액 순)

지주회사	설립·전환 시기 (연.월)	자산 총액 (억 원)	지주 비율 (%)	부채 비율 (%)	계열회사 (개)		
					합	자	손자
일반지주회사 (15개)							
1. ㈜LG*	2001.4	57,583	103.7	58.7	37	17	20
2. SK엔론㈜*	2000.1	7,016	92.9	6.1	14	11	3
3. ㈜대교네트워크	2001.5	5,047	94.1	3.8	10	6	4
4. 대우통신㈜	2003.1	3,874	57.1	−	2	2	−
5. 세아홀딩스㈜	2001.7	2,805	71.4	11.7	11	11	−
6. ㈜화성사	2000.4	2,634	99.9	3.4	1	1	−
7. ㈜풀무원	2003.3	2,049	53.9	75.0	18	18	−
8. ㈜온미디어	2000.6	1,841	92.0	8.3	11	10	1
9. ㈜농심홀딩스*	2003.7	1,839	50.8	0	4	4	−
10. ㈜C&M커뮤니케이션	2000.1	1,660	85.2	185.5	21	14	7
11. 엘파소코리아홀딩(유)	2001.1	1,584	95.9	4.6	1	1	−
12. ㈜동원엔터프라이즈*	2001.4	1,398	95.4	49.7	9	8	1
13. 한국컴퓨터지주㈜	2002.5	1,176	95.1	24.6	10	10	−
14. ㈜대웅	2002.10	1,097	66.3	18.1	14	12	2
15. 대한색소공업㈜	2002.12	1,013	50.1	113.3	3	3	−
합					166	128	38
금융지주회사 (4개)							
1. 우리금융지주㈜	2001.3	73,892	82.0	45.9	17	12	5
2. ㈜신한금융지주회사	2001.9	47,850	83.4	19.3	11	10	1
3. 동원금융지주㈜*	2003.5	1,772	69.1	98.9	6	1	5
4. ㈜세종금융지주	2000.4	1,050	95.1	137.3	2	1	1
합					36	24	12
총합					202	152	50

주: 1) 재무현황 및 계열회사: 대교네트워크, 화성사, 동원엔터프라이즈, 대웅 및 세종금융지주는 2002년 3월, 다른 지주회사는 2002년 12월 현재.

2) * 상호출자제한기업집단 소속.

3) 대우통신 부채비율: 자본잠식.

출처: 공정거래위원회 홈페이지 자료.

〈부록 표 5.4〉 존속 공정거래법상 지주회사 24개, 2004년 5월 (자산총액 순)

지주회사	설립·전환 시기 (연.월)	자산 총액 (억 원)	지주 비율 (%)	부채 비율 (%)	계열회사 (개)		
					합	자	손자
일반지주회사 (19개)							
1. ㈜LG*	2001.4	61,750	97.0	44.3	37	17	20
2. 삼성종합화학㈜*	2004.1	10,529	51.2	89.7	1	1	–
3. SK엔론㈜*	2000.1	7,685	92.7	6.1	13	11	2
4. ㈜대교네트워크	2001.5	5,047	94.1	3.8	10	6	4
5. 세아홀딩스㈜*	2001.7	3,831	82.1	33.6	14	14	–
6. 대우통신㈜	2003.1	3,068	66.2	–	2	2	–
7. ㈜STX	2004.4	3,034	59.5	163.6	5	3	2
8. ㈜농심홀딩스*	2003.7	2,854	99.9	2.0	6	6	–
9. ㈜화성사	2000.4	2,634	99.9	3.4	1	1	–
10. 동화홀딩스㈜	2003.10	2,380	87.4	5.7	6	6	–
11. ㈜풀무원	2003.3	2,211	55.2	67.1	16	16	–
12. ㈜온미디어	2000.6	1,896	94.8	10.2	11	10	1
13. 엘파소코리아홀딩(유)	2001.1	1,864	87.6	6.7	1	1	–
14. ㈜동원엔터프라이즈*	2001.4	1,398	96.9	7.0	9	8	1
15. ㈜다함이텍	2004.1	1,389	59.6	6.6	4	4	–
16. ㈜이수	2004.1	1,380	97.1	46.6	8	5	3
17. ㈜대웅	2002.10	1,079	66.3	18.0	14	12	2
18. 한국컴퓨터지주㈜	2002.5	1,065	80.4	25.4	9	8	1
19. 대한색소공업㈜	2002.12	1,004	50.0	99.9	3	3	–
합					170	134	36
금융지주회사 (5개)							
1. ㈜신한금융지주회사	2001.9	82,944	76.1	35.6	16	11	5
2. 우리금융지주㈜	2001.3	82,478	85.0	47.3	13	9	4
3. 삼성에버랜드㈜*	2004.1	31,749	54.8	69.9	2	2	–
4. 동원금융지주㈜*	2003.5	10,915	86.3	8.7	5	3	2
5. ㈜세종금융지주	2000.4	1,053	95.1	137.3	2	1	1
합					38	26	12
총합					208	160	48

주: 1) 재무현황 및 계열회사: 대교네트워크, 화성사, 동원엔터프라이즈, 대웅 및 세종금융지주는 2003년 3월, 다른 지주회사는 2003년 12월 현재.
2) * 상호출자제한기업집단 소속 (공정거래위원회의 '지주회사' 자료에는 별도의 표시가 없으며, '대규모기업집단' 자료 및 다른 연도의 '지주회사' 자료를 이용함).
3) 대우통신 부채비율: 자본잠식.
출처: 공정거래위원회 홈페이지 자료.

〈부록 표 5.5〉 존속 공정거래법상 지주회사 25개, 2005년 8월 (자산총액 순)

지주회사	설립·전환 시기 (연.월)	상장 여부	자산 총액 (억 원)	지주 비율 (%)	부채 비율 (%)	계열회사 (개)		
						합	자	손자
일반지주회사 (22개)								
1. ㈜LG*	2001.4	O	43,491	101.6	25.7	33	15	18
2. ㈜GS홀딩스*	2004.7	O	26,646	93.8	37.6	12	4	8
3. 롯데물산㈜*	2005.1	X	9,707	55.8	11.9	4	1	3
4. SK엔론㈜*	2000.1	X	8,068	94.6	1.8	12	11	1
5. 삼성종합화학㈜*	2004.1	X	7,212	97.1	1.3	1	1	–
6. ㈜대교홀딩스	2001.5	X	5,985	92.2	0.9	10	6	4
7. 세아홀딩스㈜*	2001.7	O	5,304	88.8	26.6	15	14	1
8. ㈜농심홀딩스*	2003.7	O	3,594	99.8	6.8	6	6	–
9. ㈜STX*	2004.4	O	3,301	58.0	153.0	8	4	4
10. ㈜화성사	2000.4	X	2,863	99.7	5.3	1	1	–
11. ㈜온미디어	2000.6	X	2,494	66.1	1.4	9	8	1
12. 동화홀딩스㈜	2003.10	O	2,401	86.9	5.6	7	7	–
13. ㈜풀무원	2003.3	O	2,328	56.8	70.6	17	16	1
14. ㈜동원엔터프라이즈	2001.4	X	2,240	88.9	50.1	9	8	1
15. 대상홀딩스㈜	2005.8	O	1,980	60.6	0.1	3	3	–
16. 롯데산업㈜*	2005.1	X	1,910	86.4	37.8	1	1	–
17. 엘파소코리아홀딩(유)	2001.1	X	1,642	99.0	7.5	1	1	–
18. ㈜이수	2004.1	X	1,543	96.7	49.9	9	4	5
19. ㈜다함이텍	2004.1	O	1,468	58.6	8.0	4	4	–
20. ㈜대웅	2002.10	O	1,416	79.4	6.1	13	12	1
21. 한국컴퓨터지주㈜	2002.5	X	1,041	90.8	21.6	9	9	–
22. 한화도시개발㈜*	2005.1	X	1,007	57.7	68.7	1	1	–
합						185	137	48
금융지주회사 (3개)								
1. ㈜신한금융지주회사	2001.9	O	100,744	82.0	30.0	18	11	7
2. 우리금융지주㈜	2001.3	O	97,364	96.8	30.9	15	8	7
3. 한국투자금융지주㈜	2003.5	O	13,832	84.4	17.0	4	3	1
합						37	22	15
총합						222	159	63

주: 1) 재무현황 및 계열회사: 출처에 표시는 없으나 화성사, 동원엔터프라이즈 및 대웅(3월 결산법인)은 2004년 3월, 다른 지주회사는 2004년 12월 현재인 것으로 보임.
2) * 상호출자제한기업집단 소속.

출처: 공정거래위원회 홈페이지 자료.

〈부록 표 5.6〉 존속 공정거래법상 지주회사 31개, 2006년 8월 (자산총액 순)

지주회사	설립·전환 시기 (연.월)	자산 총액 (억 원)	지주 비율 (%)	부채 비율 (%)	계열회사 (개)		
					합	자	손자
일반지주회사 (27개)							
1. ㈜LG*	2001.4	47,964	96.0	18.0	28	14	14
2. ㈜GS홀딩스*	2004.7	29,871	96.0	29.0	15	5	10
3. 롯데물산㈜*	2005.1	11,461	61.4	20.1	4	1	3
4. SK E&S㈜*	2000.1	8,996	93.0	11.0	12	11	1
5. 삼성종합화학㈜*	2004.1	7,546	98.3	0.3	1	1	–
6. ㈜대교홀딩스	2001.5	6,614	92.9	3.9	11	8	3
7. ㈜세아홀딩스*	2001.7	6,423	90.8	25.8	14	14	–
8. 하이마트홀딩스㈜	2006.1	5,461	77.7	90.7	4	1	3
9. ㈜농심홀딩스*	2003.7	4,191	98.6	27.6	6	6	–
10. 대상홀딩스㈜	2005.8	3,026	78.9	1.2	4	4	–
11. ㈜화성사	2000.4	2,999	99.9	0.6	1	1	–
12. ㈜온미디어	2000.6	2,983	62.0	4.1	8	7	1
13. 롯데산업㈜*	2005.1	2,282	84.5	27.7	1	1	–
14. 동화홀딩스㈜	2003.10	2,564	82.2	11.8	9	9	–
15. ㈜동원엔터프라이즈	2001.4	2,525	91.9	40.9	11	10	1
16. ㈜HC&*	2006.1	2,506	87.7	91.4	9	9	–
17. ㈜풀무원	2003.3	2,444	58.3	68.2	16	16	–
18. ㈜이수	2003.8	2,311	72.6	66.7	10	4	6
19. ㈜DPI홀딩스	2006.6	1,599	59.5	54.5	10	7	3
20. ㈜다함이텍	2004.1	1,569	62.2	3.0	4	4	–
21. ㈜대웅	2002.10	1,528	80.9	7.4	14	13	1
22. ㈜LIG홀딩스	2005.12	1,409	99.9	0.4	4	4	–
23. 한화도시개발㈜*	2005.1	1,366	99.2	6.5	1	1	–
24. ㈜차산골프장지주회사	2006.1	1,214	66.4	787.6	1	1	–
25. 평화홀딩스㈜	2006.5	1,196	58.1	16.4	4	4	–
26. ㈜BSE홀딩스	2006.1	1,064	93.5	0.4	1	1	–
27. 한국컴퓨터지주㈜	2002.5	1,033	94.6	13.8	10	10	–
합					213	167	46

금융지주회사 (4개)							
1. ㈜신한금융지주회사	2001.9	124,621	87.3	22.9	15	12	3
2. 우리금융지주㈜	2001.3	120,318	97.7	23.8	16	9	7
3. ㈜하나금융지주	2005.12	63,244	99.9	0.1	8	4	4
4. 한국투자금융지주㈜	2003.5	22,303	79.2	33.4	6	4	2
합					45	29	16
총합					258	196	62

주: 1) 재무현황 및 계열회사: 출처에 표시는 없으나 화성사, 동원엔터프라이즈, 대교홀딩스, 대웅 및 한국투자금융지주(3월 결산법인)는 2005년 3월 현재인 것으로 보이며, 다른 지주회사는 2005년 12월 현재 (2006년에 신설된 경우는 다른 기준이 적용될 수 있음).

2) * 상호출자제한기업집단 소속 (공정거래위원회의 '지주회사' 자료에는 별도의 표시가 없으며, '대규모기업집단' 자료 및 다른 연도의 '지주회사' 자료를 이용함).

출처: 공정거래위원회 홈페이지 자료.

〈부록 표 5.7〉 존속 공정거래법상 지주회사 40개, 2007년 8월 (자산총액 순)

지주회사	설립·전환 시기 (연.월)	자산 총액 (억 원)	지주 비율 (%)	부채 비율 (%)	계열회사 (개)		
					합	자	손자
일반지주회사 (36개)							
1. SK㈜*	2007.7	64,788	88.3	86.3	23	7	16
2. ㈜LG*	2001.4	46,044	103.3	8.6	28	14	14
3. 금호산업㈜*	2007.1	38,868	65.8	240.9	21	11	10
4. ㈜GS홀딩스*	2004.7	32,729	95.0	24.7	14	5	9
5. ㈜태평양*	2007.1	13,705	68.2	12.3	4	4	–
6. SK E&S㈜*	2000.1	9,530	94.5	14.8	11	10	1
7. ㈜CJ홈쇼핑*	2007.1	8,562	71.0	86.4	13	5	8
8. 삼성종합화학㈜*	2004.1	7,937	96.7	2.7	1	1	–
9. ㈜세아홀딩스*	2001.7	7,291	91.2	23.7	14	14	–
10. ㈜대교홀딩스	2001.5	6,880	94.2	4.2	13	7	6
11. ㈜한진중공업홀딩스*	2007.8	5,872	54.1	52.3	4	4	–
12. ㈜드림파마*	2007.4	5,280	63.8	104.1	5	5	–
13. ㈜농심홀딩스*	2003.7	4,494	97.8	24.4	6	6	–
14. ㈜넥슨홀딩스	2007.1	4,391	61.0	10.2	2	2	–
15. ㈜온미디어*	2000.6	4,121	60.1	4.0	9	8	1
16. ㈜동원엔터프라이즈	2001.4	3,735	90.5	66.4	12	11	1
17. 대상홀딩스㈜	2005.8	3,114	73.4	1.0	5	4	1
18. ㈜화성사	2000.4	3,099	99.9	0	1	1	–
19. TAS자동차손해사정서비스㈜	2007.4	3,028	94.8	–	1	1	–
20. 동화홀딩스㈜	2003.10	2,817	56.4	20.1	11	11	–
21. ㈜HC&*	2006.1	2,797	87.1	0.9	10	9	1
22. ㈜풀무원	2003.3	2,624	58.0	65.9	14	14	–
23. 에이오엔이십일(유)	2007.1	2,379	67.3	32.9	9	9	–
24. ㈜KPC홀딩스	2006.9	2,246	59.6	6.6	7	7	–
25. ㈜이수	2003.8	2,026	69.3	80.0	9	4	5

26. ㈜DPI홀딩스	2006.6	1,888	67.6	43.4	11	8	3
27. ㈜다함이텍	2004.1	1,700	63.5	2.7	4	4	–
28. ㈜대웅	2002.10	1,693	83.5	5.9	17	13	4
29. ㈜LIG홀딩스	2006.1	1,536	83.2	1.7	4	4	–
30. ㈜KEC홀딩스	2007.1	1,376	56.6	6.8	4	4	–
31. 바이더웨이CVS홀딩스㈜	2007.1	1,297	96.0	45.5	1	1	–
32. 평화홀딩스㈜	2006.5	1,223	81.1	14.4	7	6	1
33. ㈜네오위즈	2007.4	1,210	58.2	56.5	6	6	–
34. 한국컴퓨터지주㈜	2002.5	1,185	98.5	6.4	10	10	–
35. ㈜BSE홀딩스	2006.1	1,102	92.7	3.6	2	2	–
36. ㈜차산골프장지주회사*	2006.1	1,002	70.8	–	1	1	–
합					314	233	81
금융지주회사 (4개)							
1. ㈜신한금융지주회사	2001.9	150,036	85.2	32.1	14	11	3
2. 우리금융지주㈜	2001.3	137,935	98.5	15.6	15	9	6
3. ㈜하나금융지주	2005.12	78,034	98.2	0.1	8	5	3
4. 한국투자금융지주㈜	2003.5	24,629	81.3	33.7	7	4	3
합					43	29	15
총합					358	262	96

주: 1) 재무현황 및 계열회사: 2006년 12월 또는 설립・전환일(2007년 설립・전환된 경우) 현재.
2) * 상호출자제한기업집단 소속.
3) TAS자동차손해사정서비스와 차산골프장지주회사의 부채비율: 자본잠식.
출처: 공정거래위원회 홈페이지 자료.

〈부록 표 5.8〉 존속 공정거래법상 지주회사 60개, 2008년 9월 (자산총액 순)

지주회사	설립·전환 시기 (연.월)	상장 여부	자산 총액 (억 원)	지주 비율 (%)	부채 비율 (%)	계열회사 (개)			
						합	자	손자	증손
일반지주회사 (55개)									
1. SK㈜*	2007.7	O	95,056	92.7	42.8	35	7	28	–
2. ㈜LG*	2001.4	O	55,988	98.3	10.2	29	14	15	–
3. 금호산업㈜*	2007.1	O	41,240	57.4	272.8	22	8	14	–
4. ㈜GS홀딩스*	2004.7	O	35,587	94.5	26.5	17	5	12	–
5. CJ㈜*	2007.9	O	21,594	84.8	25.8	43	15	27	1
6. ㈜LS*	2008.7	O	17,364	89.7	16.1	14	4	10	–
7. ㈜태평양	2007.1	O	13,858	76.1	10.0	6	6	–	–
8. ㈜웅진홀딩스	2008.1	O	13,790	97.3	73.0	13	9	4	–
9. 하이트홀딩스㈜	2008.7	O	10,801	87.0	41.3	11	4	7	–
10. SK E&S㈜*	2000.1	X	9,989	94.8	17.7	11	10	1	–
11. ㈜한진중공업홀딩스*	2007.8	O	9,958	85.6	9.6	4	4	–	–
12. ㈜CJ홈쇼핑*	2007.1	O	8,886	68.4	85.9	13	5	7	1
13. 삼성종합화학㈜*	2004.1	X	8,833	98.3	3.3	1	1	–	–
14. ㈜세아홀딩스	2001.7	O	7,938	90.2	22.8	14	14	–	–
15. ㈜대교홀딩스	2001.5	X	6,613	92.9	3.7	13	7	6	–
16. ㈜드림파마*	2007.4	X	5,166	62.1	99.4	5	5	–	–
17. ㈜농심홀딩스	2003.7	O	4,820	97.9	23.0	6	6	–	–
18. ㈜온미디어	2000.6	O	4,515	63.4	3.1	9	9	–	–
19. 키스코홀딩스㈜	2008.9	O	4,057	91.2	23.8	5	4	1	–
20. ㈜풍산홀딩스	2008.7	O	3,688	69.1	22.8	8	5	3	–
21. ㈜동원엔터프라이즈	2001.4	X	3,601	89.1	58.9	14	11	3	–
22. 대상홀딩스㈜	2005.8	O	3,266	71.1	2.1	5	4	1	–
23. 동화홀딩스㈜	2003.10	O	3,110	50.1	23.2	12	12	–	–
24. ㈜HC&*	2006.1	X	3,018	93.2	19.1	10	9	1	–
25. 한국멀티플렉스투자㈜	2007.8	X	2,920	97.3	97.2	1	1	–	–
26. 에이오엔이십일(유)	2007.1	X	2,877	80.7	20.6	9	8	1	–
27. TAS자동차손해사정서비스㈜	2007.4	X	2,837	100	–	2	1	1	–
28. ㈜KPC홀딩스	2006.9	O	2,813	55.5	6.2	6	6	–	–
29. ㈜티브로드수원방송	2008.8	X	2,421	67.9	58.4	13	5	4	4
30. ㈜LIG홀딩스	2006.1	X	2,149	91.9	31.8	6	4	2	–

31. ㈜DPI홀딩스	2006.6	O	1,989	64.3	45.4	9	7	2	-
32. ㈜네오위즈	2007.4	O	1,986	63.5	30.3	7	7	-	-
33. ㈜진양홀딩스	2008.1	O	1,976	72.9	15.4	4	4	-	-
34. ㈜반도홀딩스	2008.3	X	1,976	79.4	16.3	1	1	-	-
35. ㈜SBS홀딩스	2008.3	O	1,940	67.4	4.2	8	5	3	-
36. ㈜대웅	2002.10	O	1,916	83.7	3.6	19	13	6	-
37. 한국컴퓨터지주㈜	2002.5	X	1,868	52.8	56.9	9	8	1	-
38. ㈜S&T홀딩스	2008.2	O	1,868	83.4	6.3	7	5	2	-
39. ㈜이수	2003.8	X	1,864	73.4	714.0	9	4	5	-
40. 일진홀딩스㈜	2008.7	O	1,838	61.5	17.5	8	6	2	-
41. ㈜다함이텍	2004.1	O	1,814	64.0	2.1	3	3	-	-
42. 평화홀딩스㈜	2006.5	O	1,792	69.2	49.0	8	6	2	-
43. ㈜인터파크	2007.12	O	1,654	56.2	58.9	14	14	-	-
44. ㈜이지바이오시스템	2008.1	O	1,639	52.3	56.1	17	4	11	2
45. ㈜KEC홀딩스	2007.1	O	1,567	59.1	9.3	5	4	1	-
46. ㈜중외홀딩스	2008.1	O	1,420	62.3	7.0	7	5	2	-
47. 한국선무㈜	2007.12	X	1,346	96.0	6.5	5	1	4	-
48. ㈜티이씨앤코*	2008.5	O	1,280	61.4	13.5	3	3	-	-
49. ㈜동희엔지니어링	2008.1	X	1,175	99.1	0	3	1	2	-
50. ㈜BSE홀딩스	2006.1	O	1,162	94.5	3.7	3	3	-	-
51. ㈜포휴먼	2008.1	O	1,055	59.0	4.9	1	1	-	-
52. ㈜심명산업개발	2008.1	X	1,053	81.0	0.1	14	12	2	-
53. ㈜한림토건	2008.1	X	1,019	88.1	10.8	3	2	1	-
54. ㈜동성홀딩스	2008.5	O	1,010	50.5	6.3	8	5	3	-
55. ㈜풀무원	2008.7	O	157	52.7	144.4	7	7	-	-
합						539	334	197	8
금융지주회사 (5개)									
1. ㈜신한금융지주회사	2001.9	O	253,275	93.8	40.9	15	12	3	-
2. 우리금융지주㈜	2001.3	O	152,814	99.2	16.2	21	10	10	1
3. ㈜KB금융지주	2008.9	O	130,548	100	0	10	8	2	-
4. ㈜하나금융지주	2005.12	O	93,280	98.3	0.1	7	7	-	-
5. 한국투자금융지주㈜	2003.5	O	29,033	83.6	34.5	7	4	3	-
합						60	41	18	1
총합						599	375	215	9

주: 1) 재무현황 및 계열회사: 2007년 12월 또는 설립·전환일(2007년 8월 - 2008년 9월 설립·전환된 경우) 현재.
2) * 상호출자제한기업집단 소속.
3) TAS자동차손해사정서비스의 부채비율: 자본잠식.
출처: 공정거래위원회 홈페이지 자료.

〈부록 표 5.9〉 존속 공정거래법상 지주회사 79개, 2009년 9월 (자산총액 순)

지주회사	설립·전환 시기 (연.월)	상장 여부	자산 총액 (억 원)	지주 비율 (%)	부채 비율 (%)	계열회사 (개)			
						합	자	손자	증손
일반지주회사 (70개)									
1. SK㈜*	2007.7	O	96,197	96.6	41.7	58	8	42	8
2. ㈜LG*	2001.4	O	69,563	92.0	11.6	45	15	28	2
3. ㈜GS*	2004.7	O	44,557	89.9	25.6	24	5	19	–
4. ㈜두산*	2009.1	O	27,910	57.6	78.3	21	11	8	2
5. CJ㈜*	2007.9	O	27,811	62.8	40.4	50	14	33	3
6. 몰트어퀴지션㈜	2009.7	X	22,534	96.8	108.3	2	1	1	–
7. ㈜LS*	2008.7	O	16,180	91.4	11.3	19	4	14	1
8. ㈜웅진홀딩스*	2008.1	O	14,755	93.9	103.0	18	10	7	1
9. ㈜태평양	2007.1	O	14,325	76.5	8.0	6	6	–	–
10. ㈜한진중공업홀딩스*	2007.8	O	10,892	89.0	4.1	5	4	1	–
11. 하이트홀딩스㈜	2008.7	O	10,644	90.6	53.0	11	4	7	–
12. ㈜CJ오쇼핑*	2007.1	O	9,699	57.8	94.1	13	5	7	1
13. 프라임개발㈜	2008.10	X	9,536	55.5	388.3	24	17	7	–
14. ㈜세아홀딩스*	2001.7	O	9,293	86.8	24.7	15	14	1	–
15. SK E&S㈜*	2000.1	X	9,095	89.0	13.7	10	9	1	–
16. 삼성종합화학㈜*	2004.1	O	8,693	92.6	2.1	1	1	–	–
17. ㈜넥슨	2009.1	X	7,278	67.7	140.5	6	6	–	–
18. ㈜대교홀딩스	2001.5	X	5,868	93.8	0.8	13	7	6	–
19. ㈜농심홀딩스	2003.7	O	5,149	98.9	16.2	6	6	–	–
20. ㈜드림파마*	2007.4	X	5,130	62.8	102.6	5	5	–	–
21. SBS미디어홀딩스㈜	2008.3	O	4,827	85.3	2.2	11	6	5	–
22. 키스코홀딩스㈜	2008.9	O	4,373	94.1	13.2	5	4	1	–
23. ㈜온미디어	2000.6	O	4,345	66.5	2.3	9	9	–	–
24. ㈜티브로드홀딩스	2008.11	X	4,136	58.9	170.5	13	7	3	3
25. ㈜S&T홀딩스	2008.2	O	4,048	98.2	9.6	8	5	3	–
26. ㈜풍산홀딩스	2008.7	O	3,818	71.3	17.4	8	5	3	–
27. ㈜동원엔터프라이즈	2001.4	X	3,814	87.0	48.3	15	9	6	–

28. ㈜대명홀딩스	2009.1	X	3,785	99.8	41.9	11	4	7	-
29. ㈜HC&*	2006.1	X	3,530	84.9	37.4	9	9	-	-
30. 대상홀딩스㈜	2005.8	O	3,347	55.7	2.6	5	4	1	-
31. ㈜반도홀딩스	2008.3	X	2,987	88.2	11.3	3	3	-	-
32. TAS자동차손해사정서비스㈜	2007.4	X	2,978	98.6	-	2	1	1	-
33. 동화홀딩스㈜	2003.10	O	2,893	88.1	22.6	12	12	-	-
34. KPX홀딩스㈜	2006.9	O	2,734	57.5	2.4	5	5	-	-
35. ㈜다함이텍	2004.1	O	2,679	74.0	1.3	3	3	-	-
36. ㈜디와이홀딩스	2008.12	X	2,637	71.3	43.8	7	2	1	4
37. ㈜LIG홀딩스	2006.1	X	2,610	90.3	28.1	6	4	2	-
38. ㈜DPI홀딩스	2006.6	O	2,546	65.3	48.7	12	7	5	-
39. ㈜DH홀딩스	2008.1	X	2,450	98.5	0.7	4	2	2	-
40. ㈜풀무원	2008.7	X	2,436	52.0	135.0	8	8	-	-
41. ㈜대웅	2002.10	O	2,361	94.0	4.7	23	17	6	-
42. ㈜풀무원홀딩스	2008.9	O	2,342	65.3	38.7	18	7	11	-
43. 한국멀티플렉스투자㈜	2007.8	X	2,180	99.2	88.0	1	1	-	-
44. ㈜다우데이타	2009.1	O	2,116	64.8	57.7	7	3	4	-
45. 일진홀딩스	2008.7	O	1,980	72.3	8.6	8	6	2	-
46. 두산모트롤홀딩스㈜*	2009.1	X	1,947	95.6	298.7	1	1	-	-
47. ㈜네오위즈	2007.4	O	1,925	68.5	27.0	9	7	2	-
48. 한국컴퓨터지주㈜	2002.5	X	1,917	53.5	50.3	9	7	2	-
49. ㈜인터파크	2008.1	O	1,870	54.6	51.9	10	9	1	-
50. 한국신용정보㈜	2009.1	O	1,854	60.1	57.1	15	9	6	-
51. ㈜영원무역홀딩스	2009.7	O	1,825	78.5	10.7	2	2	-	-
52. 평화홀딩스㈜	2006.5	O	1,736	58.8	55.8	9	6	3	-
53. ㈜이수	2003.8	X	1,707	92.6	-	8	5	3	-
54. ㈜동일홀딩스	2008.12	X	1,697	95.6	3.0	2	2	-	-
55. ㈜중외홀딩스	2008.1	O	1,524	71.4	15.3	10	6	4	-
56. ㈜포휴먼	2008.1	O	1,501	53.7	8.2	2	1	1	-
57. ㈜KEC홀딩스	2007.1	O	1,464	57.7	6.3	5	4	1	-
58. ㈜진양홀딩스	2008.1	O	1,409	92.6	1.7	9	9	-	-
59. ㈜심명산업개발	2008.1	X	1,352	82.6	13.7	15	13	2	-
60. ㈜한림토건	2008.1	X	1,331	91.4	7.8	3	2	1	-
61. 큐릭스	2009.1	O	1,240	76.5	97.3	8	3	5	-

62. 한세예스24홀딩스㈜	2009.6	O	1,217	76.4	11.0	3	2	1	–
63. ㈜영앤선개발	2009.1	X	1,209	91.4	24.5	4	1	2	1
64. 알파라발한국홀딩㈜	2008.9	X	1,190	99.9	263.4	1	1	–	–
65. ㈜심정개발	2009.1	X	1,173	71.4	0.1	4	2	2	–
66. ㈜BSE홀딩스	2006.1	O	1,160	79.7	20.9	3	3	–	–
67. 엠피씨코리아홀딩스㈜	2009.7	X	1,084	96.6	6.1	2	2	–	–
68. ㈜디와이에셋	2008.12	X	1,046	75.8	0	8	1	6	1
69. ㈜티이씨앤코*	2008.5	O	1,013	58.8	14.0	4	2	2	–
70. ㈜동성홀딩스	2008.5	O	1,008	47.2	6.3	10	7	3	–
합						721	402	292	27
금융지주회사 (9개)									
1. ㈜신한금융지주회사	2001.9	O	259,136	87.5	47.2	18	12	6	–
2. ㈜KB금융지주	2008.9	O	165,680	98.3	4.7	10	8	2	–
3. 우리금융지주㈜	2001.3	O	156,202	97.9	28.0	25	11	13	1
4. ㈜하나금융지주	2005.12	O	104,022	98.6	16.4	6	6	–	–
5. 한국스탠다드차타드금융지주㈜	2009.6	X	38,778	100	0	5	3	2	–
6. 한국투자금융지주㈜*	2003.1	O	28,580	78.6	57.9	12	5	5	2
7. 에이오엔이십일(유)	2007.1	X	3,054	60.4	0.9	9	8	1	–
8. ㈜골든브릿지	2008.1	X	1,370	86.7	53.3	5	5	–	–
9. 한국투자운용지주㈜*	2008.10	X	1,170	90.3	0.1	2	2	–	–
합						92	60	29	3
총합						813	462	321	30

주: 1) 재무현황 및 계열회사: 2008년 12월 또는 설립·전환일(2009년 6월 이후 설립·전환된 경우) 현재.
2) * 상호출자제한기업집단 소속.
3) 이수 및 TAS자동차손해사정서비스의 부채비율: 자본잠식.
출처: 공정거래위원회홈페이지 자료.

〈부록 표 5.10〉 존속 공정거래법상 지주회사 96개, 2010년 9월 (자산총액 순)

지주회사	설립·전환 시기 (연.월)	상장 여부	자산 총액 (억 원)	지주 비율 (%)	부채 비율 (%)	계열회사 (개)			
						합	자	손자	증손
일반지주회사 (84개)									
1. SK㈜*	2007.7	O	102,405	96.4	43.5	62	9	44	9
2. ㈜LG*	2001.4	O	80,141	92.2	8.3	45	16	27	2
3. ㈜GS*	2004.7	O	51,718	90.4	26.7	27	6	21	-
4. ㈜부영*	2009.12	X	39,396	96.9	0.5	2	2	-	-
5. CJ㈜*	2007.9	O	27,914	68.8	35.8	46	16	27	3
6. ㈜두산*	2009.1	O	27,484	66.1	51.4	23	9	12	2
7. ㈜LS*	2008.7	O	17,971	89.6	12.6	24	4	19	1
8. 몰트어퀴지션㈜	2009.7	X	17,943	99.8	51.7	2	1	1	-
9. ㈜웅진홀딩스*	2008.1	O	17,838	90.0	118.5	20	9	9	2
10. 하이트홀딩스㈜*	2008.7	O	17,172	95.7	91.7	13	5	8	-
11. ㈜태평양	2007.1	O	15,015	77.9	7.5	7	7	-	-
12. 몰트홀딩㈜	2010.1	X	11,894	99.5	31.9	3	1	1	1
13. ㈜CJ오쇼핑*	2007.1	O	11,321	50.0	104.6	5	3	2	-
14. ㈜한진중공업홀딩스*	2007.8	O	10,543	89.3	3.4	6	4	2	-
15. 삼성종합화학㈜*	2004.1	X	10,442	94.0	2.3	1	1	-	-
16. SK E&S㈜*	2000.1	X	9,612	88.8	56.5	9	9	-	-
17. ㈜세아홀딩스*	2001.7	O	9,220	86.1	22.5	12	11	1	-
18. 프라임개발㈜	2008.10	X	8,991	54.2	1,234	21	16	5	-
19. ㈜넥슨	2009.1	X	8,811	65.7	81.1	10	10	-	-
20. ㈜대교홀딩스	2001.5	X	6,325	92.1	2.0	13	7	6	-
21. ㈜농심홀딩스	2003.7	O	5,762	98.8	16.3	7	7	-	-
22. ㈜티브로드홀딩스	2008.11	X	5,658	78.6	195.8	13	5	4	4
23. SBS미디어홀딩스㈜	2008.3	O	5,490	83.7	8.7	13	6	7	-
24. ㈜코오롱*	2010.1	O	5,388	54.3	35.5	29	5	23	1
25. ㈜녹십자홀딩스	2010.1	O	5,170	52.0	67.3	10	6	4	-
26. 키스코홀딩스㈜	2008.9	O	5,147	98.1	4.3	5	4	1	-
27. ㈜오미디어홀딩스*	2010.9	X	4,749	92.1	58.1	10	1	9	-
28. ㈜온미디어*	2000.6	O	4,493	67.0	2.6	9	9	-	-
29. ㈜동원엔터프라이즈	2001.4	X	4,452	83.7	41.7	16	8	8	-
30. ㈜풍산홀딩스	2008.7	O	4,124	77.8	11.0	7	5	2	-

31. ㈜S&T홀딩스	2008.2	O	3,984	91.3	10.1	8	5	3	–
32. ㈜한진해운홀딩스*	2009.12	O	3,776	65.9	30.0	11	2	9	–
33. ㈜한화도시개발*	2009.12	X	3,619	95.0	36.6	8	8	–	–
34. ㈜대명홀딩스	2009.1	X	3,614	74.3	37.6	11	3	8	–
35. 대상홀딩스㈜	2005.8	O	3,592	61.9	1.4	8	5	3	–
36. ㈜파라다이스글로벌	2010.2	X	3,501	52.8	121.5	12	6	6	–
37. ㈜HC&*	2006.1	X	3,482	90.3	40.9	13	8	5	–
38. KPX홀딩스㈜	2006.9	O	3,478	68.3	3.7	6	6	–	–
39. ㈜반도홀딩스	2008.3	X	3,431	91.1	11.4	4	3	1	–
40. 대성홀딩스㈜	2009.10	O	3,394	62.0	48.5	10	9	1	–
41. ㈜풀무원홀딩스	2008.9	O	3,301	61.1	78.6	16	7	9	–
42. ㈜LIG홀딩스	2006.1	X	3,288	81.7	39.1	6	4	2	–
43. ㈜TAS	2007.4	X	3,181	100	–	5	2	3	–
44. 알파라발한국홀딩㈜	2008.9	X	3,087	99.6	183.0	4	4	–	–
45. 일진홀딩스	2008.7	O	3,050	80.2	18.8	10	6	4	–
46. ㈜DH홀딩스	2008.1	X	2,947	92.1	7.3	4	2	2	–
47. 디아이피홀딩스㈜*	2010.1	X	2,920	66.0	77.6	3	3	–	–
48. ㈜다함이텍	2004.1	O	2,845	74.5	1.0	3	3	–	–
49. 동화홀딩스㈜	2003.10	O	2,832	94.2	19.8	11	10	1	–
50. ㈜영원무역홀딩스	2009.7	O	2,721	87.5	9.8	2	2	–	–
51. ㈜대웅	2002.10	O	2,656	94.9	4.8	22	16	6	–
52. ㈜노루홀딩스	2006.6	O	2,529	74.8	42.0	13	8	5	–
53. ㈜네오위즈	2007.4	O	2,362	63.6	30.1	11	7	4	–
54. 한국신용정보㈜	2009.1	O	2,353	52.4	49.9	15	9	6	–
55. ㈜디와이홀딩스	2008.12	X	2,179	95.3	7.0	7	2	1	4
56. ㈜휴맥스홀딩스	2010.3	X	2,167	71.5	3.9	6	4	2	–
57. ㈜심명산업개발	2008.1	X	2,106	98.6	10.7	14	14	–	–
58. ㈜이수	2003.8	X	2,103	88.5	282.7	8	4	4	–
59. 한국컴퓨터지주㈜	2002.5	X	1,993	54.9	42.9	9	7	2	–
60. ㈜티브로드한빛방송	2010.1	O	1,964	50.4	13.8	7	3	4	–
61. 한국멀티플렉스투자㈜	2007.8	X	1,909	99.5	114.1	1	1	–	–
62. ㈜한림토건	2008.1	X	1,856	79.9	9.7	2	2	–	–
63. ㈜동성홀딩스	2008.5	O	1,749	51.2	42.8	13	9	4	–
64. ㈜한국전자홀딩스	2007.1	O	1,727	58.0	9.6	5	4	1	–
65. 평화홀딩스㈜	2006.5	O	1,650	64.0	53.4	8	6	2	–
66. ㈜동일홀딩스	2008.12	X	1,648	98.0	0.7	2	2	–	–
67. 엠피씨코리아홀딩스㈜	2009.7	X	1,639	92.9	64.5	2	2	–	–

68. 엔오브이코리아홀딩(유)	2010.1	X	1,630	99.1	262.2	1	1	-	-
69. ㈜중외홀딩스	2008.1	O	1,580	75.5	33.6	9	6	3	-
70. ㈜포휴먼	2008.1	O	1,503	52.7	18.2	1	1	-	-
71. ㈜진양홀딩스	2008.1	O	1,489	89.3	1.3	9	9	-	-
72. ㈜영앤선개발	2009.1	X	1,341	92.1	24.9	5	1	3	1
73. ㈜디와이에셋	2008.12	X	1,317	63.0	0.4	7	1	5	1
74. 한세예스24홀딩스㈜	2009.6	O	1,316	79.2	8.4	3	2	1	-
75. ㈜셀트리온헬스케어	2010.1	X	1,310	57.3	3,099	7	5	2	-
76. ㈜티이씨앤코*	2008.5	O	1,203	57.7	19.8	4	2	2	-
77. 씨앤에이치㈜	2009.9	O	1,123	50.7	6.2	4	2	2	-
78. ㈜오션비홀딩스	2010.9	X	1,118	99.9	41.5	12	9	3	-
79. ㈜BSE홀딩스	2006.1	O	1,101	83.5	0.9	2	2	-	-
80. ㈜에실로코리아	2010.1	X	1,047	79.2	13.5	2	1	1	-
81. KC그린홀딩스㈜	2010.1	O	1,042	54.2	42.5	15	11	4	-
82. 우리조명㈜	2010.1	O	1,040	61.5	36.1	4	2	2	-
83. ㈜유승홀딩스	2010.1	X	1,021	90.1	6.7	2	1	1	-
84. 씨에스홀딩스㈜	2010.1	O	1,006	69.8	0.2	1	1	-	-
합						858	457	370	31
금융지주회사 (12개)									
1. ㈜신한금융지주회사	2001.9	O	271,207	92.3	30.8	17	11	6	-
2. ㈜KB금융지주	2008.9	O	186,635	94.4	4.6	12	9	3	-
3. 우리금융지주㈜	2001.3	O	175,451	98.9	27.9	29	10	16	3
4. 산은금융지주㈜	2009.10	X	167,783	99.5	3.0	21	5	16	-
5. ㈜하나금융지주	2005.12	O	114,653	97.9	20.1	10	7	2	1
6. 한국씨티금융지주	2010.6	X	53,742	100	0	4	3	1	-
7. 한국스탠다드차타드금융지주㈜	2009.6	X	44,090	99.5	8.3	5	5	-	-
8. 한국투자금융지주㈜*	2003.1	O	29,576	87.5	42.6	15	5	7	3
9. 에이오엔이십일(유)	2007.1	X	3,992	65.9	5.1	9	8	1	-
10. ㈜골든브릿지	2008.1	X	1,382	96.9	50.8	7	7	-	-
11. 한국투자운용지주㈜*	2008.10	X	1,335	86.3	0.0	2	2	-	-
12. 미래에셋컨설팅㈜*	2010.3	X	1,069	62.2	34.6	2	1	1	-
합						133	73	53	7
총합						991	530	423	38

주: 1) 재무현황 및 계열회사: 2009년 12월 또는 설립·전환일(2010년 설립·전환된 경우) 현재.
2) * 상호출자제한기업집단 소속.
3) TAS 부채비율: 자본잠식.
출처: 공정거래위원회홈페이지 자료.

〈부록 표 5.11〉 존속 공정거래법상 지주회사 105개, 2011년 9월 (자산총액 순)

지주회사	설립·전환 시기 (연.월)	상장 여부	자산 총액 (억 원)	지주 비율 (%)	부채 비율 (%)	계열회사 (개)			
						합	자	손자	증손
일반지주회사 (92개)									
1. SK이노베이션㈜*	2011.1	X	141,457	63.3	27.7	16	7	9	–
2. SK㈜*	2007.7	O	109,766	96.1	45.6	66	8	48	10
3. ㈜LG*	2001.4	O	73,396	87.6	5.3	50	15	33	2
4. ㈜GS*	2004.7	O	59,309	90.4	22.0	31	6	24	1
5. CJ㈜*	2007.9	O	38,228	60.6	31.7	49	18	28	3
6. ㈜두산*	2009.1	O	31,876	58.3	55.9	20	9	8	3
7. ㈜LS*	2008.7	O	20,711	91.1	10.4	26	4	21	1
8. ㈜부영*	2009.12	X	19,249	94.7	27.9	2	2	–	–
9. ㈜웅진홀딩스*	2008.1	O	18,494	84.1	109.4	19	8	10	1
10. 하이트홀딩스㈜*	2008.7	O	16,679	96.7	178.5	12	5	7	–
11. ㈜아모레퍼시픽그룹	2007.1	O	15,909	80.0	7.1	8	8	–	–
12. 몰트홀딩㈜	2010.1	X	13,627	97.6	63.8	1	1	–	–
13. SK E&S㈜*	2000.1	X	12,235	79.8	87.1	9	9	–	–
14. ㈜넥슨코리아	2009.1	X	12,180	60.8	71.6	15	13	2	–
15. 삼성종합화학㈜*	2004.1	X	11,436	88.9	2.8	1	1	–	–
16. ㈜세아홀딩스*	2001.7	O	11,107	87.0	24.2	14	12	2	–
17. ㈜한진해운홀딩스*	2009.12	O	10,887	89.3	19.3	13	2	10	1
18. ㈜한진중공업홀딩스*	2007.8	O	10,538	88.2	3.5	7	4	3	–
19. 프라임개발㈜	2008.10	X	8,977	59.1	5,893	18	12	6	–
20. ㈜코오롱*	2010.1	O	8,600	77.2	36.6	30	7	22	1
21. ㈜동원엔터프라이즈	2001.4	X	6,526	88.9	35.8	17	7	9	1
22. ㈜대교홀딩스	2001.5	X	6,435	93.1	2.2	13	7	6	–
23. ㈜농심홀딩스	2003.7	O	6,262	98.4	15.8	7	6	1	–
24. SBS미디어홀딩스㈜	2008.3	O	5,453	88.2	4.5	15	6	9	–
25. ㈜티브로드홀딩스*	2008.11	X	5,389	76.9	185.6	10	5	4	1
26. 키스코홀딩스㈜	2008.9	O	5,264	96.3	2.7	5	4	1	–
27. ㈜대성합동지주*	2011.1	O	5,254	85.2	18.0	18	9	9	–
28. ㈜풍산홀딩스	2008.7	O	4,664	73.0	12.5	6	4	2	–
29. ㈜현대HC&*	2006.1	O	4,314	73.5	28.8	11	8	3	–
30. ㈜S&T홀딩스	2008.2	O	4,272	92.3	8.8	7	5	2	–
31. KPX홀딩스㈜	2006.9	O	4,213	73.0	4.1	16	7	9	–
32. 한미홀딩스㈜	2011.1	O	4,007	70.4	3.6	3	2	1	–
33. 대상홀딩스㈜	2005.8	O	3,949	63.8	6.3	25	7	5	13

34. ㈜LIG	2006.1	X	3,754	75.8	41.7	8	4	4	-
35. ㈜파라다이스글로벌	2010.2	X	3,743	52.6	154.7	13	6	7	-
36. ㈜반도홀딩스	2008.3	X	3,666	91.3	12.6	4	3	1	-
37. ㈜대명홀딩스	2009.1	X	3,587	75.1	36.0	9	3	6	-
38. ㈜영원무역홀딩스	2009.7	O	3,560	90.9	11.4	2	2	-	-
39. 동광주택산업㈜*	2011.1	X	3,425	97.8	23.6	1	1	-	-
40. 대성홀딩스㈜*	2009.10	O	3,360	61.5	48.3	9	9	-	-
41. ㈜한화도시개발*	2009.12	X	3,355	98.4	39.9	10	10	-	-
42. 동부인베스트먼트㈜*	2011.1	X	3,269	88.5	292.8	1	1	-	-
43. 디아이피홀딩스㈜*	2010.1	X	3,191	67.0	45.9	2	2	-	-
44. 일진홀딩스㈜	2008.7	O	3,037	88.4	17.0	11	7	4	-
45. 제일홀딩스㈜	2011.1	X	3,028	73.8	44.3	20	12	6	2
46. ㈜DH홀딩스	2008.1	X	3,001	95.9	3.9	5	3	2	-
47. 동화홀딩스㈜	2003.10	O	2,970	95.0	26.6	10	10	-	-
48. ㈜서령개발	2011.1	X	2,897	54.0	102.0	13	13	-	-
49. ㈜풀무원홀딩스	2008.9	O	2,861	54.3	123.2	15	6	9	-
50. 알파라발한국홀딩㈜	2008.9	X	2,819	99.9	153.3	3	3	-	-
51. ㈜대웅	2002.10	O	2,819	95.2	4.5	22	15	7	-
52. ㈜농수산홀딩스	2011.3	X	2,626	78.7	36.8	20	6	14	-
53. ㈜노루홀딩스	2006.6	O	2,603	74.4	42.8	11	8	3	-
54. ㈜이지바이오시스템	2011.1	O	2,540	53.2	77.5	19	5	13	1
55. ㈜휴맥스홀딩스	2010.3	O	2,294	72.0	7.8	8	4	4	-
56. ㈜이수	2003.8	X	2,234	84.3	157.7	8	4	4	-
57. ㈜디와이홀딩스	2008.12	X	2,145	96.8	5.8	8	2	1	5
58. 한국컴퓨터지주㈜	2002.5	X	2,053	57.6	35.0	9	7	2	-
59. 엠피씨코리아홀딩스㈜	2009.7	X	1,978	90.0	58.8	2	2	-	-
60. ㈜네오위즈	2007.4	O	1,946	50.0	3.2	13	6	7	-
61. ㈜TAS	2007.4	X	1,926	99.7	-	4	1	3	-
62. 평화홀딩스㈜	2006.5	O	1,837	64.7	48.6	8	6	2	-
63. ㈜동일홀딩스	2008.12	X	1,788	98.0	0.9	2	2	-	-
64. ㈜셀트리온홀딩스	2010.11	X	1,778	84.1	114.6	6	5	1	-
65. 엔오브이코리아홀딩(유)	2010.1	X	1,750	99.8	192.0	1	1	-	-
66. 한국멀티플렉스투자㈜	2007.8	X	1,731	99.4	158.0	1	1	-	-
67. ㈜JW홀딩스	2008.1	O	1,710	73.7	74.7	8	5	3	-
68. ㈜동성홀딩스	2008.5	O	1,691	60.1	38.0	9	7	2	-
69. 금복홀딩스㈜	2010.11	X	1,682	91.5	15.9	3	3	-	-
70. ㈜한국전자홀딩스	2006.9	O	1,609	50.5	4.1	5	4	1	-
71. ㈜진양홀딩스	2008.1	O	1,607	84.4	1.8	9	9	-	-
72. ㈜영앤선개발	2009.1	X	1,505	92.7	25.3	6	1	4	1
73. ㈜포휴먼	2008.1	O	1,503	52.7	18.2	1	1	-	-
74. 씨앤에이치㈜	2009.9	O	1,492	51.4	28.9	8	4	4	-

75. 씨에스홀딩스㈜	2010.1	O	1,473	79.7	5.6	2	2	–	–
76. ㈜디와이에셋	2008.12	X	1,459	76.1	1.2	7	1	6	–
77. 유니펩㈜	2011.1	X	1,433	93.5	13.1	2	1	1	–
78. KC그린홀딩스㈜	2010.1	O	1,396	70.0	32.1	17	13	4	–
79. 한세예스24홀딩스㈜	2009.6	O	1,368	80.5	8.8	2	2	–	–
80. ㈜하림홀딩스	2011.1	X	1,272	88.9	8.3	17	6	8	3
81. ㈜에실로코리아	2010.1	X	1,265	78.3	6.9	2	1	1	–
82. ㈜SG홀딩스	2011.1	X	1,246	99.9	0.1	3	1	2	–
83. ㈜유승홀딩스	2010.1	X	1,214	92.3	13.2	2	1	1	–
84. ㈜원익	2011.1	O	1,190	51.6	93.7	12	5	7	–
85. ㈜오션비홀딩스	2010.9	X	1,178	99.4	38.5	12	9	3	–
86. ㈜티이씨앤코*	2008.5	O	1,166	59.1	24.5	4	2	2	–
87. ㈜우리조명지주	2010.1	O	1,115	59.8	40.2	6	3	3	–
88. 서울도시개발㈜*	2011.1	X	1,115	90.5	60.2	19	2	17	–
89. ㈜바텍이우홀딩스	2011.1	X	1,095	91.3	16.9	4	3	1	–
90. ㈜SJM홀딩스	2011.1	O	1,083	66.9	3.7	4	4	–	–
91. ㈜BSE홀딩스	2006.1	O	1,070	88.8	0.7	4	2	2	–
92. 아주L&F홀딩스㈜	2011.1	X	1,007	93.1	16.2	27	10	15	2
합						1,032	499	481	52
금융지주회사 (13개)									
1. ㈜신한금융지주회사	2001.9	O	296,167	91.3	30.3	16	11	5	–
2. ㈜KB금융지주	2008.9	O	189,125	94.2	5.4	15	9	5	1
3. 우리금융지주㈜	2001.3	O	184,009	98.8	26.6	36	10	24	2
4. 산은금융지주㈜	2009.10	X	179,184	98.8	3.8	31	5	26	–
5. ㈜하나금융지주	2005.12	O	134,188	79.3	25.7	12	8	4	–
6. 한국씨티금융지주	2010.6	X	56,008	99.9	0.1	4	3	1	–
7. 한국스탠다드차타드금융지주㈜	2009.6	X	51,011	87.3	14.8	5	5	–	–
8. 한국투자금융지주㈜*	2003.1	O	29,427	95.5	32.4	14	5	7	2
9. ㈜BS금융지주	2011.3	O	26,052	100	0	4	4	–	–
10. ㈜DGB금융지주	2011.5	O	20,921	100	0	3	3	–	–
11. ㈜메리츠금융지주	2011.3	X	3,277	63.7	3.5	6	5	1	–
12. ㈜골든브릿지	2008.1	X	1,457	98.6	57.2	7	6	1	–
13. 한국투자운용지주㈜*	2008.10	X	1,398	86.9	0.0	2	2	–	–
합						155	76	74	5
총합						1,187	575	555	57

주: 1) 재무현황 및 계열회사: 2010년 12월 현재.
2) * 상호출자제한기업집단 소속.
3) ㈜TAS 부채비율: 자본잠식
4) ㈜포휴먼: 출처에 정보 없음, 2010년 9월 현재 정보임.
출처: 공정거래위원회홈페이지 자료.

〈부록 6〉 지주회사 관련 법률, 2014년 6월

* 독점규제 및 공정거래에 관한 법률 (시행 2014.7.25; 법률 제12334호)

* 독점규제 및 공정거래에 관한 법률 시행령 (시행 2014.7.25; 대통령령 제25503호)

(1) 독점규제 및 공정거래에 관한 법률

제1장 총칙

제1조(목적)

이 법은 사업자의 시장지배적지위의 남용과 과도한 경제력의 집중을 방지하고, 부당한 공동행위 및 불공정거래행위를 규제하여 공정하고 자유로운 경쟁을 촉진함으로써 창의적인 기업 활동을 조장하고 소비자를 보호함과 아울러 국민경제의 균형 있는 발전을 도모함을 목적으로 한다.

제2조(정의)

이 법에서 사용하는 용어의 정의는 다음과 같다.

1의2. '지주회사'라 함은 주식(지분을 포함한다. 이하 같다)의 소유를 통하여 국내회사의 사업내용을 지배하는 것을 주된 사업으로 하는 회사로서 자산총액이 대통령령이 정하는 금액 이상인 회사를 말한다. 이 경우 주된 사업의 기준은 대통령령으로 정한다.

1의3. '자회사'라 함은 지주회사에 의하여 대통령령이 정하는 기준에 따라 그 사업내용을 지배받는 국내회사를 말한다.

1의4. '손자회사'란 자회사에 의하여 대통령령으로 정하는 기준에 따라 사업내용을 지배받는 국내회사를 말한다.

2. '기업집단'이라 함은 동일인이 다음 각목의 구분에 따라 대통령령이 정하는 기준에 의하여 사실상 그 사업내용을 지배하는 회사의 집단을 말한다.

가. 동일인이 회사인 경우 그 동일인과 그 동일인이 지배하는 하나 이상의 회사의 집단

나. 동일인이 회사가 아닌 경우 그 동일인이 지배하는 2 이상의 회사의 집단

3. '계열회사'라 함은 2 이상의 회사가 동일한 기업집단에 속하는 경우에 이들 회사는 서로 상대방의 계열회사라 한다.

5. '임원'이라 함은 이사·대표이사·업무집행을 하는 무한책임사원·감사나 이에 준하는 자 또는 지배인 등 본점이나 지점의 영업전반을 총괄적으로 처리할 수 있는 상업사용인을 말한다.

10. '금융업 또는 보험업'이라 함은 「통계법」 제22조(표준분류)제1항의 규정에 의하여 통계청장이 고시하는 한국표준산업분류상 금융 및 보험업을 말한다.

제3장 기업결합의 제한 및 경제력집중의 억제

제8조(지주회사 설립 · 전환의 신고)

지주회사를 설립하거나 지주회사로 전환한 자는 대통령령이 정하는 바에 의하여 공정거래위원회에 신고하여야 한다.

제8조의2(지주회사 등의 행위제한 등)

① 이 조에서 사용하는 용어의 정의는 다음과 같다.

1. '공동출자법인'이라 함은 경영에 영향을 미칠 수 있는 상당한 지분을 소유하고 있는 2인 이상의 출자자(특수관계인의 관계에 있는 출자자 중 대통령령이 정하는 자 외의 자는 1인으로 본다)가 계약 또는 이에 준하는 방법으로 출자지분의 양도를 현저히 제한하고 있어 출자자간 지분변동이 어려운 법인을 말한다.

2. '벤처지주회사'라 함은 「벤처기업육성에 관한 특별조치법」 제2조(정의)제1항에 따른 벤처기업(이하 '벤처기업'이라 한다)을 자회사로 하는 지주회사로서 대통령령이 정하는 기준에 해당하는 지주회사를 말한다.

② 지주회사는 다음 각 호의 어느 하나에 해당하는 행위를 하여서는 아니 된다.

1. 자본총액(대차대조표상의 자산총액에서 부채액을 뺀 금액을 말한다. 이하 같다)의 2배를 초과하는 부채액을 보유하는 행위. 다만, 지주회사로 전환하거나 설립될 당시에 자본

총액의 2배를 초과하는 부채액을 보유하고 있는 때에는 지주회사로 전환하거나 설립된 날부터 2년간은 자본총액의 2배를 초과하는 부채액을 보유할 수 있다.

2. 자회사의 주식을 그 자회사 발행주식총수의 100분의 40[자회사가 「자본시장과 금융투자업에 관한 법률」에 따른 주권상장법인(이하 '상장법인'이라 한다)인 경우, 주식 소유의 분산요건 등 상장요건이 같은 법에 따른 증권시장으로서 대통령령으로 정하는 국내 증권시장의 상장요건에 상당하는 것으로 공정거래위원회가 고시하는 국외 증권거래소에 상장된 법인(이하 '국외상장법인'이라 한다)인 경우, 공동출자법인인 경우 또는 벤처지주회사의 자회사인 경우에는 100분의 20으로 한다. 이하 이 조에서 '자회사주식보유기준'이라 한다] 미만으로 소유하는 행위. 다만, 다음 각 목의 어느 하나에 해당하는 사유로 인하여 자회사주식보유기준에 미달하게 된 경우에는 그러하지 아니하다.

가. 지주회사로 전환하거나 설립될 당시에 자회사의 주식을 자회사주식보유기준 미만으로 소유하고 있는 경우로서 지주회사로 전환하거나 설립된 날부터 2년 이내인 경우

나. 상장법인 또는 국외상장법인이거나 공동출자법인이었던 자회사가 그에 해당하지 아니하게 되어 자회사주식보유기준에 미달하게 된 경우로서 그 해당하지 아니하게 된 날부터 1년 이내인 경우

다. 벤처지주회사이었던 회사가 그에 해당하지 아니하게 되어 자회사주식보유기준에 미달하게 된 경우로서 그 해당하지 아니하게 된 날부터 1년 이내인 경우

라. 자회사가 주식을 모집하거나 매출하면서 「자본시장과 금융투자업에 관한 법률」 제165조의7에 따라 우리사주조합원에게 배정하거나 당해 자회사가 「상법」 제513조(전환사채의 발행) 또는 제516조의2(신주인수권부사채의 발행)의 규정에 따라 발행한 전환사채 또는 신주인수권부사채의 전환이 청구되거나 신주인수권이 행사되어 자회사주식보유기준에 미달하게 된 경우로서 그 미달하게 된 날부터 1년 이내인 경우

마. 자회사가 아닌 회사가 자회사에 해당하게 되고 자회사주식보유기준에는 미달하는 경우로서 당해 회사가 자회사에 해당하게 된 날부터 1년 이내인 경우

바. 자회사를 자회사에 해당하지 아니하게 하는 과정에서 자회사주식보유기준에 미달하게 된 경우로서 그 미달하게 된 날부터 1년 이내인 경우(자회사주식보유기준에 미달하게 된 날부터 1년 이내에 자회사에 해당하지 아니하게 된 경우에 한한다)

사. 자회사가 다른 회사와 합병하여 자회사주식보유기준에 미달하게 된 경우로서 그 미달하게 된 날부터 1년 이내인 경우

3. 계열회사가 아닌 국내회사(「사회기반시설에 대한 민간투자법」 제4조(민간투자사업의 추진방식)제1호부터 제4호까지의 규정에 정한 방식으로 민간투자사업을 영위하는 회사를 제외한다. 이하 이 호에서 같다)의 주식을 당해 회사 발행주식총수의 100분의 5를 초과하여 소유하는 행위(소유하고 있는 계열회사가 아닌 국내회사의 주식가액의 합계액이 자회사의 주식가액의 합계액의 100분의 15 미만인 지주회사에 대하여는 적용하지 아니한다) 또는 자회사 외의 국내계열회사의 주식을 소유하는 행위. 다만, 다음 각목의 1에 해당하는 사유로 인하여 주식을 소유하고 있는 계열회사가 아닌 국내회사나 국내계열회사의 경우에는 그러하지 아니하다.

가. 지주회사로 전환하거나 설립될 당시에 이 호 본문에서 규정하고 있는 행위에 해당하고 있는 경우로서 지주회사로 전환하거나 설립된 날부터 2년 이내인 경우

나. 계열회사가 아닌 회사를 자회사에 해당하게 하는 과정에서 이 호 본문에서 규정하고 있는 행위에 해당하게 된 날부터 1년 이내인 경우(같은 기간 내에 자회사에 해당하게 된 경우에 한한다)

다. 주식을 소유하고 있지 아니한 국내계열회사를 자회사에 해당하게 하는 과정에서 그 국내계열회사 주식을 소유하게 된 날부터 1년 이내인 경우(같은 기간 내에 자회사에 해당하게 된 경우에 한한다)

라. 자회사를 자회사에 해당하지 아니하게 하는 과정에서 당해 자회사가 자회사에 해당하지 아니하게 된 날부터 1년 이내인 경우

4. 금융업 또는 보험업을 영위하는 자회사의 주식을 소유하는 지주회사(이하 '금융지주회사'라 한다)인 경우 금융업 또는 보험업을 영위하는 회사(금융업 또는 보험업과 밀접한 관련이 있는 등 대통령령이 정하는 기준에 해당하는 회사를 포함한다)외의 국내회사의 주식을 소유하는 행위. 다만, 금융지주회사로 전환하거나 설립될 당시에 금융업 또는 보험업을 영위하는 회사 외의 국내회사 주식을 소유하고 있는 때에는 금융지주회사로 전환하거나 설립된 날부터 2년간은 그 국내회사의 주식을 소유할 수 있다.

5. 금융지주회사외의 지주회사(이하 '일반지주회사'라 한다)인 경우 금융업 또는 보험업을 영위하는 국내회사의 주식을 소유하는 행위. 다만, 일반지주회사로 전환하거나 설립될 당시에 금융업 또는 보험업을 영위하는 국내회사의 주식을 소유하고 있는 때에는 일반지주회사로 전환하거나 설립된 날부터 2년간은 그 국내회사의 주식을 소유할 수 있다.

③ 일반지주회사의 자회사는 다음 각 호의 어느 하나에 해당하는 행위를 하여서는 아니

된다.

1. 손자회사의 주식을 그 손자회사 발행주식총수의 100분의 40(그 손자회사가 상장법인 또는 국외상장법인이거나 공동출자법인인 경우에는 100분의 20으로 한다. 이하 이 조에서 '손자회사주식보유기준'이라 한다) 미만으로 소유하는 행위. 다만, 다음 각 목의 어느 하나에 해당하는 사유로 인하여 손자회사주식보유기준에 미달하게 된 경우에는 그러하지 아니하다.

가. 자회사가 될 당시에 손자회사의 주식을 손자회사주식보유기준 미만으로 소유하고 있는 경우로서 자회사에 해당하게 된 날부터 2년 이내인 경우

나. 상장법인 또는 국외상장법인이거나 공동출자법인이었던 손자회사가 그에 해당하지 아니하게 되어 손자회사주식보유기준에 미달하게 된 경우로서 그 해당하지 아니하게 된 날부터 1년 이내인 경우

다. 손자회사가 주식을 모집 또는 매출하면서 「증권거래법」 제191조의7(우리사주조합원에 대한 우선배정)의 규정에 따라 우리사주조합에 우선 배정하거나 당해 손자회사가 「상법」 제513조(전환사채의 발행) 또는 제516조의2(신주인수권부사채의 발행)의 규정에 따라 발행한 전환사채 또는 신주인수권부사채의 전환이 청구되거나 신주인수권이 행사되어 손자회사주식보유기준에 미달하게 된 경우로서 그 미달하게 된 날부터 1년 이내인 경우

라. 손자회사가 아닌 회사가 손자회사에 해당하게 되고 손자회사주식보유기준에는 미달하는 경우로서 당해 회사가 손자회사에 해당하게 된 날부터 1년 이내인 경우

마. 손자회사를 손자회사에 해당하지 아니하게 하는 과정에서 손자회사주식보유기준에 미달하게 된 경우로서 그 미달하게 된 날부터 1년 이내인 경우(같은 기간 내에 손자회사에 해당하지 아니하게 된 경우에 한한다)

바. 손자회사가 다른 회사와 합병하여 손자회사주식보유기준에 미달하게 된 경우로서 그 미달하게 된 날부터 1년 이내인 경우

2. 손자회사가 아닌 국내계열회사의 주식을 소유하는 행위. 다만, 다음 각 목의 어느 하나에 해당하는 사유로 인하여 주식을 소유하고 있는 국내계열회사의 경우에는 그러하지 아니하다.

가. 자회사가 될 당시에 주식을 소유하고 있는 국내계열회사의 경우로서 자회사에 해당하게 된 날부터 2년 이내인 경우

나. 계열회사가 아닌 회사를 손자회사에 해당하게 하는 과정에서 당해 회사가 계열

회사에 해당하게 된 날부터 1년 이내인 경우(같은 기간 내에 손자회사에 해당하게 된 경우에 한한다)

다. 주식을 소유하고 있지 아니한 국내계열회사를 손자회사에 해당하게 하는 과정에서 당해 계열회사의 주식을 소유하게 된 날부터 1년 이내인 경우(같은 기간 내에 손자회사에 해당하게 된 경우에 한한다)

라. 손자회사를 손자회사에 해당하지 아니하게 하는 과정에서 당해 손자회사가 손자회사에 해당하지 아니하게 된 날부터 1년 이내인 경우(같은 기간 내에 계열회사에 해당하지 아니하게 된 경우에 한한다)

마. 손자회사가 다른 자회사와 합병하여 그 다른 자회사의 주식을 소유하게 된 경우로서 주식을 소유한 날부터 1년 이내인 경우

바. 자기주식을 보유하고 있는 자회사가 회사분할로 인하여 다른 국내계열회사의 주식을 소유하게 된 경우로서 주식을 소유한 날부터 1년 이내인 경우

3. 금융업이나 보험업을 영위하는 회사를 손자회사로 지배하는 행위. 다만, 일반지주회사의 자회사가 될 당시에 금융업이나 보험업을 영위하는 회사를 손자회사로 지배하고 있는 경우에는 자회사에 해당하게 된 날부터 2년간 그 손자회사를 지배할 수 있다.

④ 일반지주회사의 손자회사는 국내계열회사의 주식을 소유하여서는 아니 된다. 다만, 다음 각 호의 어느 하나에 해당하는 경우에는 그러하지 아니하다.

1. 손자회사가 될 당시에 주식을 소유하고 있는 국내계열회사의 경우로서 손자회사에 해당하게 된 날부터 2년 이내인 경우

2. 주식을 소유하고 있는 계열회사가 아닌 국내회사가 계열회사에 해당하게 된 경우로서 당해 회사가 계열회사에 해당하게 된 날부터 1년 이내인 경우

3. 자기주식을 소유하고 있는 손자회사가 회사분할로 인하여 다른 국내계열회사의 주식을 소유하게 된 경우로서 주식을 소유한 날부터 1년 이내인 경우

4. 손자회사가 국내계열회사(금융업 또는 보험업을 영위하는 회사를 제외한다) 발행주식총수를 소유하고 있는 경우

⑤ 제4항제4호에 따라 손자회사가 주식을 소유하고 있는 회사(이하 '증손회사'라 한다)는 국내계열회사의 주식을 소유하여서는 아니 된다. 다만, 다음 각 호의 어느 하나에 해당하는 경우에는 그러하지 아니하다.

1. 증손회사가 될 당시에 주식을 소유하고 있는 국내계열회사인 경우로서 증손회사에

해당하게 된 날부터 2년 이내인 경우

2. 주식을 소유하고 있는 계열회사가 아닌 국내회사가 계열회사에 해당하게 된 경우로서 그 회사가 계열회사에 해당하게 된 날부터 1년 이내인 경우

⑥ 제2항제1호 단서, 제2항제2호가목, 제2항제3호가목, 제2항제4호 단서, 제2항제5호 단서, 제3항제1호가목, 제3항제2호가목, 제3항제3호 단서, 제4항제1호 및 제5항제1호를 적용함에 있어서 각 해당 규정의 유예기간은 주식가격의 급격한 변동 등 경제여건의 변화, 주식처분금지계약, 사업의 현저한 손실 그 밖의 사유로 인하여 부채액을 감소시키거나 주식의 취득·처분 등이 곤란한 경우에는 공정거래위원회의 승인을 얻어 2년을 연장할 수 있다.

⑦ 지주회사는 대통령령이 정하는 바에 의하여 당해 지주회사·자회사·손자회사 및 증손회사(이하 '지주회사등'이라 한다)의 주식소유현황·재무상황 등 사업내용에 관한 보고서를 공정거래위원회에 제출하여야 한다.

제8조의3(채무보증제한기업집단의 지주회사 설립제한)

제14조(상호출자제한기업집단 등의 지정 등)제1항의 규정에 따라 지정된 채무보증제한기업집단에 속하는 회사를 지배하는 동일인 또는 당해 동일인의 특수관계인이 지주회사를 설립하고자 하거나 지주회사로 전환하고자 하는 경우에는 제10조의2(계열회사에 대한 채무보증의 금지)의 규정에 의한 채무보증으로서 다음 각 호의 1에 해당하는 채무보증을 해소하여야 한다.

1. 지주회사와 자회사간의 채무보증

2. 지주회사와 다른 국내계열회사(당해 지주회사가 지배하는 자회사를 제외한다)간의 채무보증

3. 자회사 상호간의 채무보증

4. 자회사와 다른 국내계열회사(당해 자회사를 지배하는 지주회사 및 당해지주회사가 지배하는 다른 자회사를 제외한다)간의 채무보증

제9조(상호출자의 금지등)

① 일정규모이상의 자산총액등 대통령령이 정하는 기준에 해당되어 제14조(상호출자제한기업집단등의 지정)제1항의 규정에 따라 지정된 기업집단(이하 '상호출자제한기업집단'이라 한다)에 속하는 회사는 자기의 주식을 취득 또는 소유하고 있는 계열회사의 주식을 취득 또는 소유하여서는 아니 된다. 다만, 다음 각 호의 1에 해당하는 경우에는 그러하지 아니하다.

1. 회사의 합병 또는 영업전부의 양수
2. 담보권의 실행 또는 대물변제의 수령

② 제1항 단서의 규정에 의하여 출자를 한 회사는 당해주식을 취득 또는 소유한 날부터 6월 이내에 이를 처분하여야 한다. 다만, 자기의 주식을 취득 또는 소유하고 있는 계열회사가 그 주식을 처분한 때에는 그러하지 아니하다.

③ 상호출자제한기업집단에 속하는 회사로서 「중소기업창업 지원법」에 의한 중소기업창업투자회사는 국내 계열회사주식을 취득 또는 소유하여서는 아니된다.

제9조의2(순환출자의 금지)

① 이 조에서 사용하는 용어의 뜻은 다음과 같다.

1. '계열출자'란 상호출자제한기업집단 소속 회사가 계열회사의 주식을 취득 또는 소유하는 행위를 말한다.

2. '계열출자회사'란 계열출자를 통하여 다른 계열회사의 주식을 취득 또는 소유하는 계열회사를 말한다.

3. '계열출자대상회사'란 계열출자를 통하여 계열출자회사가 취득 또는 소유하는 계열회사 주식을 발행한 계열회사를 말한다.

4. '순환출자'란 3개 이상의 계열출자로 연결된 계열회사 모두가 계열출자회사 및 계열출자대상회사가 되는 계열출자 관계를 말한다.

5. '순환출자회사집단'이란 상호출자제한기업집단 소속 회사 중 순환출자 관계에 있는 계열회사의 집단을 말한다.

② 상호출자제한기업집단에 속하는 회사는 순환출자를 형성하는 계열출자를 하여서는 아니 된다. 순환출자회사집단에 속하는 계열회사의 계열출자대상회사에 대한 추가적인 계열출자[계열출자회사가 「상법」 제418조제1항에 따른 신주배정 또는 제462조의2제1항에 따른 주식배당(이하 '신주배정등'이라 한다)에 의하여 취득 또는 소유한 주식 중에서 신주배정등

이 있기 전 자신의 지분율 범위의 주식, 순환출자회사집단에 속하는 계열회사 간 합병에 의한 계열출자는 제외한다] 또한 같다. 다만, 다음 각 호의 어느 하나에 해당하는 경우에는 그러하지 아니하다.

1. 회사의 합병·분할, 주식의 포괄적 교환·이전 또는 영업전부의 양수

2. 담보권의 실행 또는 대물변제의 수령

3. 계열출자회사가 신주배정등에 의하여 취득 또는 소유한 주식 중에서 다른 주주의 실권 등에 의하여 신주배정등이 있기 전 자신의 지분율 범위를 초과하여 취득 또는 소유한 계열출자대상회사의 주식이 있는 경우

4. 「기업구조조정 촉진법」 제4조제4항에 따라 부실징후기업의 관리절차를 개시한 회사에 대하여 같은 법 제18조제1항 본문에 따라 채권금융기관협의회가 의결하여 동일인(친족을 포함한다)의 재산출연 또는 부실징후기업의 주주인 계열출자회사의 유상증자 참여(채권의 출자전환을 포함한다)를 결정한 경우

5. 「기업구조조정 촉진법」 제2조제1호의 채권금융기관이 같은 법 제2조제5호에 따른 부실징후기업과 경영정상화를 위한 협약을 체결하여 공동관리절차를 개시하고 동 협약에 따라 구성된 채권금융기관협의회의 의결로 동일인(친족을 포함한다)의 재산출연 또는 부실징후기업의 주주인 계열출자회사의 유상증자 참여(채권의 출자전환을 포함한다)를 결정한 경우

③ 제2항 단서에 따라 계열출자를 한 회사는 다음 각 호의 어느 하나에 해당하는 기간 내에 취득 또는 소유한 해당 주식(제2항제3호부터 제5호까지의 규정에 따른 경우는 신주배정등의 결정, 재산출연 또는 유상증자 결정이 있기 전 지분율 초과분을 말한다)을 처분하여야 한다. 다만, 순환출자회사집단에 속한 다른 회사 중 하나가 취득 또는 소유하고 있는 계열출자대상회사의 주식을 처분하여 제2항의 계열출자에 의하여 형성 또는 강화된 순환출자가 해소된 경우에는 그러하지 아니하다.

1. 제2항제1호 또는 제2호에 따라 계열출자를 한 회사는 해당 주식을 취득 또는 소유한 날부터 6개월

2. 제2항제3호에 따라 계열출자를 한 회사는 해당 주식을 취득 또는 소유한 날부터 1년

3. 제2항제4호 또는 제5호에 따라 계열출자를 한 회사는 해당 주식을 취득 또는 소유한 날부터 3년

제13조(주식소유현황등의 신고)

① 상호출자제한기업집단 또는 채무보증제한기업집단에 속하는 회사는 대통령령이 정하는 바에 의하여 당해 회사의 주주의 주식소유현황·재무상황 및 다른 국내회사 주식의 소유현황을 공정거래위원회에 신고하여야 한다.

제14조(상호출자제한기업집단등의 지정 등)

① 공정거래위원회는 대통령령이 정하는 바에 의하여 상호출자제한기업집단 및 채무보증제한기업집단(이하 '상호출자제한기업집단등'이라 한다)을 지정하고 동기업집단에 속하는 회사에 이를 통지하여야 한다.

제16조(시정조치 등)

① 공정거래위원회는 제7조(기업결합의 제한)제1항, 제8조의2(지주회사 등의 행위제한 등)제2항부터 제5항까지, 제8조의3(채무보증제한기업집단의 지주회사 설립제한), 제9조(상호출자의 금지 등), 제9조의2(순환출자의 금지), 제10조의2(계열회사에 대한 채무보증의 금지)제1항, 제11조(금융회사 또는 보험회사의 의결권 제한), 제11조의2(대규모내부거래의 이사회 의결 및 공시)부터 제11조의4(기업집단현황 등에 관한 공시)까지 또는 제15조(탈법행위의 금지)의 규정에 위반하거나 위반할 우려가 있는 행위가 있는 때에는 당해 사업자[제7조(기업결합의 제한)제1항을 위반한 경우에는 기업결합 당사회사(기업결합 당사회사에 대한 시정조치만으로는 경쟁제한으로 인한 폐해를 시정하기 어렵거나 기업결합 당사회사의 특수관계인이 사업을 영위하는 거래분야의 경쟁제한으로 인한 폐해를 시정할 필요가 있는 경우에는 그 특수관계인을 포함한다)를 말한다] 또는 위반행위자에 대하여 다음 각 호의 1의 시정조치를 명할 수 있다. 이 경우 제12조(기업결합의 신고)제6항 단서의 규정에 의한 신고를 받아 행하는 때에는 동조제7항의 규정에 의한 기간 내에 이를 하여야 한다.

1. 당해 행위의 중지
2. 주식의 전부 또는 일부의 처분
3. 임원의 사임
4. 영업의 양도
5. 채무보증의 취소

6. 시정명령을 받은 사실의 공표

7. 기업결합에 따른 경쟁제한의 폐해를 방지할 수 있는 영업방식 또는 영업범위의 제한

7의2. 공시의무의 이행 또는 공시내용의 정정

8. 기타 법위반상태를 시정하기 위하여 필요한 조치

② 공정거래위원회는 제7조(기업결합의 제한)제1항, 제8조의3(채무보증제한기업집단의 지주회사 설립제한), 제12조제8항을 위반한 회사의 합병 또는 설립이 있는 때에는 당해 회사의 합병 또는 설립무효의 소를 제기할 수 있다.

제17조(과징금)

④ 공정거래위원회는 제8조의2(지주회사 등의 행위제한 등)제2항 내지 제5항을 위반한 자에 대하여 다음 각 호의 금액에 100분의 10을 곱한 금액을 초과하지 아니하는 범위 안에서 과징금을 부과할 수 있다.

1. 제8조의2(지주회사 등의 행위제한 등)제2항제1호의 규정을 위반한 경우에는 대통령령이 정하는 대차대조표(이하 이 항에서 '기준대차대조표'라 한다)상 자본총액의 2배를 초과한 부채액

2. 제8조의2(지주회사 등의 행위제한 등)제2항제2호의 규정을 위반한 경우에는 당해 자회사 주식의 기준대차대조표상 장부가액의 합계액에 다음 각 목의 비율에서 그 자회사 주식의 소유비율을 뺀 비율을 곱한 금액을 그 자회사 주식의 소유비율로 나누어 산출한 금액

가. 당해 자회사가 상장법인 또는 국외상장법인이거나 공동출자법인인 경우 및 벤처지주회사의 자회사인 경우에는 100분의 20

다. 가목에 해당하지 아니하는 경우에는 100분의 40

3. 제8조의2(지주회사 등의 행위제한 등)제2항제3호 내지 제5호, 같은 조 제3항제2호, 같은 조 제4항 또는 같은 조 제5항을 위반한 경우에는 위반하여 소유하는 주식의 기준대차대조표상 장부가액의 합계액

4. 제8조의2(지주회사 등의 행위제한 등)제3항제1호의 규정을 위반한 경우에는 당해 손자회사 주식의 기준대차대조표상 장부가액의 합계액에 다음 각 목의 비율에서 그 손자회사 주식의 소유비율을 뺀 비율을 곱한 금액을 그 손자회사 주식의 소유비율로 나누어 산출한 금액

가. 당해 손자회사가 상장법인 또는 국외상장법인이거나 공동출자법인인 경우에는 100분의 20

나. 가목에 해당하지 아니하는 손자회사의 경우에는 100분의 40

제14장 벌칙

제66조(벌칙)

① 다음 각 호의 어느 하나에 해당하는 자는 3년 이하의 징역 또는 2억 원 이하의 벌금에 처한다.

3. 제8조의2(지주회사 등의 행위제한 등)제2항 내지 제5항을 위반한 자

4. 제8조의3(채무보증제한기업집단의 지주회사 설립제한)의 규정에 위반하여 지주회사를 설립하거나 지주회사로 전환한 자

5. 제9조(상호출자의 금지 등), 제9조의2(순환출자의 금지)를 위반하여 주식을 취득하거나 소유하고 있는 자

② 제1항의 징역형과 벌금형은 이를 병과할 수 있다.

제68조(벌칙)

다음 각 호의 어느 하나에 해당하는 자는 1억 원 이하의 벌금에 처한다.

1. 제8조(지주회사 설립·전환의 신고)의 규정에 위반하여 지주회사의 설립 또는 전환의 신고를 하지 아니하거나 허위의 신고를 한 자

2. 제8조의2(지주회사 등의 행위제한 등)제7항을 위반하여 당해 지주회사등의 사업내용에 관한 보고를 하지 아니하거나 허위의 보고를 한 자

3. 제13조(주식소유현황등의 신고)제1항 및 제2항의 규정에 위반하여 주식소유현황 또는 채무보증현황의 신고를 하지 아니하거나 허위의 신고를 한 자

(2) 독점규제 및 공정거래에 관한 법률 시행령

제1장 총칙

제2조(지주회사의 기준)

① 「독점규제 및 공정거래에 관한 법률」(이하 '법'이라 한다) 제2조(정의)제1호의2 전단에서 '자산총액이 대통령령이 정하는 금액 이상인 회사'란 다음 각 호의 회사를 말한다.

1. 해당 사업연도에 새로이 설립되었거나 합병 또는 분할 · 분할합병 · 물적분할(이하 '분할'이라 한다)을 한 회사의 경우에는 각각 설립등기일 · 합병등기일 또는 분할등기일 현재의 대차대조표상 자산총액이 1천억 원 이상인 회사

2. 제1호 외의 회사의 경우에는 직전 사업연도 종료일(사업연도 종료일 이전의 자산총액을 기준으로 지주회사 전환신고를 하는 경우에는 해당 전환신고 사유의 발생일) 현재의 대차대조표상의 자산총액이 1천억 원 이상인 회사

② 법 제2조(정의)제1호의2 후단에 따른 주된 사업의 기준은 회사가 소유하고 있는 자회사의 주식(지분을 포함한다. 이하 같다)가액의 합계액(제1항 각 호의 자산총액 산정 기준일 현재의 대차대조표상에 표시된 가액을 합계한 금액을 말한다)이 해당 회사 자산총액의 100분의 50 이상인 것으로 한다.

③ 법 제2조(정의)제1호의3에서 '대통령령이 정하는 기준'이란 다음 각 호의 요건을 충족하는 것을 말한다.

1. 지주회사의 계열회사(「중소기업창업 지원법」에 따라 설립된 중소기업창업투자회사 또는 「여신전문금융업법」에 따라 설립된 신기술사업금융업자가 창업투자 목적 또는 신기술사업자 지원 목적으로 다른 국내회사의 주식을 취득함에 따른 계열회사를 제외한다)일 것

2. 지주회사가 소유하는 주식이 제11조(특수관계인의 범위)제1호 또는 제2호에 규정된 각각의 자중 최다출자자가 소유하는 주식과 같거나 많을 것

④ 법 제2조(정의)제1호의4에서 '대통령령으로 정하는 기준'이란 다음 각 호의 요건을 충족하는 것을 말한다.

1. 자회사의 계열회사일 것

2. 자회사가 소유하는 주식이 제11조(특수관계인의 범위)제1호 또는 제2호에 규정된

각각의 자 중 최다출자자가 소유하는 주식과 같거나 많을 것

제3장 기업결합의 제한 및 경제력집중의 억제

제15조(지주회사의 설립·전환의 신고 등)

① 지주회사를 설립하거나 지주회사로 전환한 자는 법 제8조에 따라 공정거래위원회가 정하여 고시하는 바에 따라 다음 각 호의 기한 내에 신고인의 성명, 지주회사, 자회사, 손자회사와 법 제8조의2(지주회사 등의 행위제한 등)제5항에 따른 증손회사(이하 '지주회사등'이라 한다)의 명칭, 자산총액, 부채총액, 주주현황, 주식소유현황, 사업내용 등을 기재한 신고서에 신고내용을 입증하는 서류를 첨부하여 공정거래위원회에 제출하여야 한다.

1. 지주회사를 설립하는 경우에는 설립등기일부터 30일 이내

2. 다른 회사와의 합병 또는 회사의 분할을 통하여 지주회사로 전환하는 경우에는 합병등기일 또는 분할등기일부터 30일 이내

3. 다른 법률에 따라 법 제8조의 적용이 제외되는 회사의 경우에는 다른 법률에서 정하고 있는 제외기간이 지난 날부터 30일 이내

4. 다른 회사의 주식취득, 자산의 증감 및 그 밖의 사유로 인하여 지주회사로 전환하는 경우에는 제2조(지주회사의 기준)제1항제2호의 자산총액 산정 기준일부터 4개월 이내

② 제1항의 규정에 의한 신고를 하는 자가 법 제10조의2(계열회사에 대한 채무보증의 금지)제1항의 규정에 의한 채무보증제한기업집단에 속하는 회사를 지배하는 동일인 또는 당해동일인의 특수관계인에 해당하는 경우에는 법 제8조의3(채무보증제한기업집단의 지주회사 설립제한) 각호의 규정에 의한 채무보증의 해소실적을 함께 제출하여야 한다.

③ 제1항의 규정에 의한 지주회사의 설립신고에 있어서 설립에 참여하는 자가 2 이상인 경우에는 공동으로 신고하여야 한다. 다만, 신고의무자중 1인을 대리인으로 정하여 그 대리인이 신고하는 경우에는 그러하지 아니하다.

④ 지주회사로서 사업연도 중 소유 주식의 감소, 자산의 증감등의 사유로 인하여 제2조(지주회사의 기준)제1항 또는 제2항의 규정에 해당하지 아니하게 되는 회사가 이를 공정거래위원회에 신고한 경우에는 당해사유가 발생한 날부터 이를 지주회사로 보지 아니한다.

⑤ 제4항의 규정에 의하여 신고를 하는 회사는 공정거래위원회가 정하는 바에 따라 당해 사유가 발생한 날을 기준으로 한 공인회계사의 회계감사를 받은 대차대조표 및 주식소유현황을 공정거래위원회에 제출하여야 한다. 이 경우 공정거래위원회는 신고를 받은 날부터 30일 이내에 그 심사결과를 신고인에게 통지하여야 한다.

제15조의2(벤처지주회사의 기준)

법 제8조의2제1항제2호에서 '대통령령이 정하는 기준'이라 함은 지주회사가 소유하고 있는「벤처기업육성에 관한 특별조치법」제2조제1항의 규정에 의한 벤처기업의 주식가액 합계액이 당해 지주회사가 소유하고 있는 전체 자회사 주식가액 합계액의 100분의 50 이상인 경우를 말한다.

제15조의4(금융지주회사의 자회사 주식 소유제한 등)

① 법 제8조의2제2항제2호 각 목외의 부분 본문에서 '대통령령으로 정하는 국내 증권시장'이란「자본시장과 금융투자업에 관한 법률 시행령」제176조의9제1항에 따른 유가증권시장을 말한다.

② 법 제8조의2제2항제4호 본문에서 '금융업 또는 보험업과 밀접한 관련이 있는 등 대통령령이 정하는 기준에 해당하는 회사'라 함은 다음 각호의 1의 사업을 영위하는 것을 목적으로 하는 회사를 말한다.

1. 금융회사 또는 보험회사에 대한 전산·정보처리 등의 역무의 제공
2. 금융회사 또는 보험회사가 보유한 부동산 기타 자산의 관리
3. 금융업 또는 보험업과 관련된 조사·연구
4. 기타 금융회사 또는 보험회사의 고유업무와 직접 관련되는 사업

제15조의6(지주회사등의 주식소유현황등의 보고)

① 법 제8조의2(지주회사 등의 행위제한 등)제7항에 따라 지주회사는 공정거래위원회가 정하여 고시하는 바에 따라 당해사업연도 종료 후 4개월 이내에 다음 각 호의 사항을 기재한 보고서를 공정거래위원회에 제출하여야 한다.

1. 지주회사등의 명칭·소재지·설립일·사업내용 및 대표자의 성명 등 회사의 일반

현황

2. 지주회사 등의 주주현황

3. 지주회사 등의 주식소유현황

4. 지주회사 등의 납입자본금·자본총액·부채총액·자산총액 등 재무현황

② 제1항에 따른 보고서에는 다음 각 호의 서류를 첨부하여야 한다.

1. 지주회사 등의 직전사업연도의 대차대조표·손익계산서등 재무제표(「주식회사의 외부감사에 관한 법률」의 규정에 의하여 연결재무제표를 작성하는 기업의 경우에는 연결재무제표를 포함한다) 및 재무제표에 대한 감사인의 감사보고서(상호출자제한기업집단 및 채무보증제한기업집단(이하 '상호출자제한기업집단 등'이라 한다)에 소속된 회사 및 「주식회사의 외부감사에 관한 법률」의 규정에 의한 외부감사의 대상이 되는 회사에 한한다)

2. 자회사, 손자회사와 법 제8조의2(지주회사 등의 행위제한 등)제5항에 따른 증손회사(이하 '증손회사'라 한다)의 주주명부

③ 공정거래위원회는 제1항 및 제2항의 규정에 의하여 제출된 보고서 및 첨부서류가 미비된 경우에는 기간을 정하여 당해서류의 보정을 명할 수 있다.

제20조(주식소유현황등의 신고)

① 법 제13조(주식소유현황 등의 신고)제1항 및 제2항의 규정에 의한 신고를 하고자 하는 자는 매년 4월 말까지 다음 각 호의 사항을 기재한 신고서를 공정거래위원회에 제출하여야 한다. 다만, 새로 상호출자제한기업집단 등으로 지정된 기업집단에 속하는 회사의 경우 지정된 당해 연도에 있어서는 제21조(상호출자제한기업집단 등의 지정)제2항의 규정에 의한 통지를 받은 날부터 30일 이내에 신고서를 제출하여야 한다.

1. 당해 회사의 명칭·자본금 및 자산총액 등 회사의 개요

2. 계열회사 및 특수관계인이 소유하고 있는 당해 회사의 주식수

3. 해당 회사의 국내회사 주식소유현황

4. 당해 회사의 채무보증 금액

② 제1항의 신고서에는 다음 각 호의 서류를 첨부하여야 한다.

1. 당해회사의 소유주식 명세서

2. 계열회사와의 상호출자 현황표

3. 당해 회사의 직전사업연도의 감사보고서

4. 당해 회사의 계열회사에 대한 채무보증명세서 및 직전 1년간의 채무보증 변동내역

5. 당해 회사가 계열회사로부터 받은 채무보증명세서 및 직전 1년간의 채무보증 변동 내역

6. 제4호·제5호 및 제1항제4호의 내용을 확인하기 위하여 법 제10조의2(계열회사에 대한 채무보증의 금지)제2항의 규정에 의한 국내금융기관이 공정거래위원회가 정하는 서식에 따라 작성한 확인서

③ 법 제13조(주식소유현황 등의 신고)제1항의 규정에 의하여 상호출자제한기업집단 등에 속하는 회사는 주식취득 등으로 소속회사의 변동사유가 발생한 경우에는 다음 각 호의 구분에 따른 날부터 30일 이내에 그 변동내용을 기재한 신고서를 공정거래위원회에 제출하여야 한다.

1. 주식을 소유하게 되거나 주식소유비율이 증가한 경우: 제18조(기업결합의 신고 등) 제8항제1호 각 목에 따른 날

2. 임원 선임의 경우: 임원을 선임하는 회사의 주주총회 또는 사원총회에서 임원의 선임이 의결된 날

3. 새로운 회사설립에 참여한 경우: 회사의 설립등기일

4. 제1호부터 제3호까지에 해당하지 아니하는 경우: 주요 주주와의 계약·합의 등에 의하여 해당 소속회사의 경영에 대하여 지배적인 영향력을 행사할 수 있게 된 날

〈부록 7〉
『한국재벌과 지주회사체제: LG와 SK』, 『한국재벌과 지주회사체제: CJ와 두산』의 목차

(1) 『한국재벌과 지주회사체제: LG와 SK』(김동운, 2011년, 이담북스)의 목차

제3장 LG그룹의 지주회사체제

1. 머리말
2. LG그룹의 성장 과정
3. LG그룹 지주회사체제의 성립 과정
   3.1 지주회사체제 성립 5단계 과정, 2001-2005년: 개관
   3.2 지주회사체제 달성 비율, 2001-2010년
   3.3 지주회사체제 성립 1단계: LG화학의 분할 및 사업지주회사 ㈜LGCI로의 전환, 2000-2001년
   3.4 지주회사체제 성립 2단계: LG전자의 분할 및 순수지주회사 ㈜LGEI로의 전환, 2001-2002년
   3.5 지주회사체제 성립 3단계: ㈜LGCI의 분할 및 순수지주회사로의 전환, 2002년
   3.6 지주회사체제 성립 4단계: ㈜LGCI의 ㈜LGEI 합병 및 통합지주회사 ㈜LG로의 확대 개편, 2002-2003년
   3.7 지주회사체제 성립 5단계: ㈜LG의 2개 순수지주회사 ㈜LG · GS홀딩스로의 분할, 2004년
4. 소유구조의 변화
   4.1 LG그룹의 지주회사체제, 2010년 9월
   4.2 LG화학 · ㈜LGCI · ㈜LG 및 주요 계열회사의 지분 보유, 1997-2010년
   4.3 LG화학 · ㈜LGCI · ㈜LG의 최대주주 및 특수관계인 지분, 1998-2010년
      4.3.1 LG화학 · ㈜LGCI · ㈜LG, 1998-2010년
      4.3.2 LG화학 · ㈜LGCI · ㈜LG 분할 전후의 존속 · 신설 회사, 2001-2004년
   4.4 LG전자 · ㈜LGEI의 최대주주 및 특수관계인 지분, 1998-2002년
5. 경영구조의 변화
   5.1 최고경영진의 변화
      5.1.1 구본무 및 주요 임원의 직책, 1998-2010년
      5.1.2 LG화학 · ㈜LGCI · ㈜LG 분할 전후의 존속 · 신설 회사, 2001-2004년
   5.2 업무조직의 변화
      5.2.1 LG화학 · ㈜LGCI · ㈜LG 분할 전후의 존속 · 신설 회사, 2001-2004년
      5.2.2 지주회사 ㈜LGCI · ㈜LG, 2001-2011년
   5.3 LG그룹 구조조정본부 vs. 지주회사 ㈜LG, 2003-2010년
6. 요약 · 정리

2.3 소유권의 강화 · 집중

2.4 경영권의 강화 · 집중

2.5 소유지배구조의 왜곡 지속, 그리고 가시적인 경영성과의 미비

3. 과제 및 전망

부록

<부록 1> 독점규제 및 공정거래에 관한 법률, 2010년 11월

<부록 2> 독점규제 및 공정거래에 관한 법률 시행령, 2010년 11월

<부록 3> 신설 및 존속 공정거래법상 지주회사 현황, 2000-2010년

<부록 4> LG그룹의 지주회사체제, 2001-2010년

<부록 5> SK그룹의 지주회사체제, 2000-2010년

참고문헌

(2) 『한국재벌과 지주회사체제: CJ와 두산』(김동운, 2013년, 이담북스)의 목차

제1장 공정거래법상 지주회사, 2000-2012년

1. 머리말
2. 신설 및 존속 지주회사, 2000-2012년

   2.1 신설 지주회사

   2.2 존속 지주회사

3. 존속 지주회사의 자산총액, 2001-2011년

   3.1 자산총액의 범위

   3.2 10대 일반지주회사

4. 존속 지주회사의 지주비율, 2001-2011년
5. 존속 지주회사의 계열회사, 2001-2011년

   5.1 계열회사의 유형

   5.2 계열회사 수

   5.3 계열회사 수의 범위

      5.3.1 계열회사 수의 분포

      5.3.2 20개 이상 계열회사를 보유한 지주회사

6. 맺음말

참고문헌

(1) 금융감독원 전자공시시스템(http://dart.fss.or.kr) 자료

(1.1) GS그룹

㈜GS <사업보고서> (GS홀딩스) 제1기(2004.7-12), 제2기(2005.1-12), 제3기(2006.1-12), 제4기(2007.1-12).
제5기(2008.1-12), 제6기(2009.1-12), 제7기(2010.1-12), 제8기(2011.1-12),
제9기(2012.1-12), 제10기(2013.1-12).
<분기보고서> (GS홀딩스) 제1기 제3분기(2004.7-9), 제2기 제1분기(2005.1-3).
제7기 제3분기(2010.1-9), 제10기 제3분기(2013.1-9).
<반기보고서> (GS홀딩스) 제2기 반기(2005.1-6), 제5기 반기(2008.1-6).
제8기 반기(2011.1-6).
<주요사항보고서> (2011.10.19).
<합병 등 종료보고서> (2012.1.5).

GS건설 <사업보고서> (LG건설) 제32기(2000.1-12), 제33기(2001.1-12), 제34기(2002.1-12),
제35기(2003.1-12).
제36기(2004.1-12), 제37기(2005.1-12), 제38기(2006.1-12), 제39기(2007.1-12),
제40기(2008.1-12), 제41기(2009.1-12), 제42기(2010.1-12), 제43기(2011.1-12),
제44기(2012.1-12), 제45기(2013.1-12).
<분기보고서> (LG건설) 제33기 제3분기(2001.1-9), 제34기 제3분기(2002.1-9).
제37기 제1분기(2005.1-3), 제45기 제3분기(2013.1-9).

GS글로벌 <사업보고서> (㈜쌍용) 제58기(2008.1-12).
제59기(2009.1-12), 제60기(2010.1-12), 제61기(2011.1-12), 제62기(2012.1-12),
제63기(2013.1-12).

GS리테일 <사업보고서> 제34기(2004.1-12), 제35기(2005.1-12), 제36기(2006.1-12), 제37기(2007.1-12),
제38기(2008.1-12), 제39기(2009.1-12), 제40기(2010.1-12), 제41기(2011.1-12),
제42기(2012.1-12), 제43기(2013.1-12).
<분기보고서> 제44기 제1분기(2014.1-3).

GS이피에스 <사업보고서> (LG에너지) 제9기(2004.1-12).
제10기(2005.1-12), 제11기(2006.1-12), 제12기(2007.1-12), 제13기(2008.1-12), 제14기(2009.1-12), 제15기(2010.1-12), 제16기(2011.1-12), 제17기(2012.1-12), 제18기(2013.1-12).

GS에너지 <사업보고서> 제1기(2012.1-12), 제2기(2013.1-12).
<분기보고서> 제1기 제1분기(2012.1-3).
<반기보고서> 제1기 반기(2012.1-6).

GS칼텍스 <사업보고서> (LG칼텍스정유) 제37기(2003.1-12).
제42기(2008.1-12), 제43기(2009.1-12), 제44기(2010.1-12), 제45기(2011.1-12), 제46기(2012.1-12), 제47기(2013.1-12).

GS홈쇼핑 <사업보고서> (LG홈쇼핑) 제11기(2004.1-12).
제12기(2005.1-12), 제13기(2006.1-12), 제14기(2007.1-12), 제15기(2008.1-12), 제16기(2009.1-12), 제17기(2010.1-12), 제18기(2011.1-12), 제19기(2012.1-12), 제20기(2013.1-12).

㈜LG <분할신고서> (2004.4.13; 정정 2004.5.6).
<분할종료보고서> (2004.7.8.).

디앤샵 <사업보고서> 제3기(2008.1-12).

삼양통상 <사업보고서> 제45기(2005.1-12), 제46기(2006.1-12), 제47기(2007.1-12), 제48기(2008.1-12), 제49기(2009.1-12), 제50기(2010.1-12), 제51기(2011.1-12), 제52기(2012.1-12), 제53기(2013.1-12).
<분기보고서> 제45기 제1분기(2005.1-3), 제53기 제3분기(2013.1-9).

승산 <감사보고서> 제37기(2005.1-12), 제38기(2006.1-12), 제39기(2007.1-12), 제40기(2008.1-12), 제41기(2009.1-12), 제42기(2010.1-12), 제43기(2011.1-12), 제44기(2012.1-12).

코스모앤컴퍼니 <감사보고서> 제25기(2005.1-12), 제26기(2006.1-12), 제27기(2007.1-12), 제28기(2008.1-12), 제29기(2009.1-12), 제30기(2010.1-12), 제31기(2011.1-12), 제32기(2012.1-12).

코스모화학 <사업보고서> 제38기(2005.1-12), 제39기(2006.1-12), 제40기(2007.1-12), 제41기(2008.1-12), 제42기(2009.1-12), 제43기(2010.1-12), 제44기(2011.1-12), 제45기(2012.1-12), 제46기(2013.1-12).
<분기보고서> 제38기 제1분기(2005.1-3), 제46기 제3분기(2013.1-9).

(1.2) LS그룹

E1 <사업보고서> (LG-Caltex가스) 제15기(1998.1-12), 제16기(1999.1-12), 제17기(2000.1-12),
제18기(2001.1-12), 제19기(2002.1-12).
제20기(2003.1-12), 제21기(2004.1-12), 제22기(2005.1-12), 제23기(2006.1-12),
제24기(2007.1-12), 제25기(2008.1-12), 제26기(2009.1-12), 제27기(2010.1-12),
제28기(2011.1-12), 제29기(2012.1-12), 제30기(2013.1-12).
<분기보고서> 제30기 제3분기(2013.1-9).

JS전선 <사업보고서> (진로산업) 제38기(2005.1-12), 제39기(2006.1-12).
제40기(2007.1-12), 제41기(2008.1-12), 제42기(2009.1-12), 제43기(2010.1-12),
제44기(2011.1-12), 제45기(2012.1-12), 제46기(2013.1-12).

㈜LS <사업보고서> (LG전선) 제29기(1997.1-12), 제30기(1998.1-12), 제31기(1999.1-12), 제32기(2000.1-12),
제33기(2001.1-12), 제34기(2002.1-12), 제35기(2003.1-12).
(LS전선) 제36기(2004.1-12), 제37기(2005.1-12), 제38기(2006.1-12), 제39기(2007.1-12).
제40기(2008.1-12), 제41기(2009.1-12), 제42기(2010.1-12), 제43기(2011.1-12),
제44기(2012.1-12), 제45기(2013.1-12).
<분기보고서> (LG전선) 제34기 제1분기(2002.1-3), 제36기 제1분기(2004.1-3).
(LS전선) 제37기 제3분기(2005.1-9), 제40기 제1분기(2008.1-3).
제40기 제3분기(2008.1-9), 제45기 제3분기(2013.1-9).
<반기보고서> (LG전선) 제34기 반기(2002.1-6).
제40기 반기(2008.1-6).
<분할신고서> (LS전선) (2008.5.2; 정정 2008.5.9, 6.5).
<분할종료보고서> (2008.7.4; 정정 2008.7.31).

LS네트웍스 <사업보고서> (국제상사) 제57기(2006.1-12).
제58기(2007.1-12), 제59기(2008.1-12), 제60기(2009.1-12), 제61기(2010.1-12),
제62기(2011.1-12), 제63기(2012.1-12), 제64기(2013.1-12).

LS산전 <사업보고서> (LG산전) 제28기(2001.1-12), 제29기(2002.1-12), 제30기(2003.1-12).
제31기(2004.1-12), 제32기(2005.1-12), 제33기(2006.1-12), 제34기(2007.1-12),
제35기(2008.1-12), 제36기(2009.1-12), 제37기(2010.1-12), 제38기(2011.1-12),
제39기(2012.1-12), 제40기(2013.1-12).

LS엠트론 <사업보고서> 제2기(2009.1-12), 제3기(2010.1-12), 제4기(2011.1-12), 제5기(2012.1-12),
제6기(2013.1-12).
<분기보고서> 제1기 제3분기(2008.7-9).

LS자산운용 <감사보고서> 제11기(2009.4-2010.3), 제12기(2010.4-2011.3), 제13기(2011.4-2012.3),
제14기(2012.4-2013.3).

LS전선 <사업보고서> 제1기(2008.7-12), 제2기(2009.1-12), 제3기(2010.1-12), 제4기(2011.1-12),
제5기(2012.1-12), 제6기(2013.1-12).
<분기보고서> 제1기 제3분기(2008.7-9).
<증권신고서(분할)> (2013.10.21; 정정 2013.11.13).
<증권발행실적보고서(분할)> (2013.12.31).
<주요사항보고서> (2013.10.21: 정정 2013.11.8).

가온전선 <사업보고서> (희성전선) 제55기(2002.1-12), 제56기(2003.1-12).
제57기(2004.1-12), 제58기(2005.1-12), 제59기(2006.1-12), 제60기(2007.1-12),
제61기(2008.1-12), 제62기(2009.1-12), 제63기(2010.1-12), 제64기(2011.1-12),
제65기(2012.1-12), 제66기(2013.1-12).
<분기보고서> 제66기 제3분기(2013.1-9).

예스코 <사업보고서> (극동도시가스) 제18기(1998.1-12), 제19기(1999.1-12), 제20기(2000.1-12),
제21기(2001.1-12), 제22기(2002.1-12), 제23기(2003.1-12),
제24기(2004.1-12).
제25기(2005.1-12), 제26기(2006.1-12), 제27기(2007.1-12), 제28기(2008.1-12),
제29기(2009.1-12), 제30기(2010.1-12), 제31기(2011.1-12), 제32기(2012.1-12),
제33기(2013.1-12).
<분기보고서> 제33기 제3분기(2013.1-9).

(1.3) 기타

새로닉스 <분기보고서> 제44기 제3분기(2013.1-9).
알토 <감사보고서> 제37기(2012.1-12).
피플웍스 <감사보고서> 제13기(2012.1-12).
피플웍스프로모션 <감사보고서> 제10기(2012.1-12).

(2) 공정거래위원회 홈페이지(http://www.ftc.go.kr) 자료

'지주회사 설립동향' (2000.3.10).
'지주회사 설립동향' (2000.5.31).
'지주회사 전환, 설립 신고현황' (2001.5.11).
'지주회사 설립, 전환 신고동향' (2001.7.31 현재; 2001.8.9).
'지주회사 설립, 전환 신고현황 (2003년1월 현재)'.
'지주회사 설립, 전환 신고현황 (2003.7.31 현재)'.
'2003년 지주회사 현황' (2003.7.31 현재; 2003.8.15).
'지주회사 설립, 전환 신고현황 (2003.12.31 현재)'.
'2004년 지주회사 현황' (2004.5.31 현재; 2004.7.1).

'2005년 8월말 현재 지주회사 현황' (2005.9.30).
'2006년 공정거래법상 지주회사 현황 분석 (06.8 현재)' (2006.11.1).
'2007년 공정거래법상 지주회사 현황 분석 (07.8.31 현재)' (2007.10.4).
'2008년 공정거래법상 지주회사 현황 분석 결과 발표' (2008.9.30 현재; 2008.10.30).
'2009년 공정거래법상 지주회사 현황 분석 결과' (2009.9.30 현재; 2009.10.28).
'지주회사 증가 추세 지속' (2010.5.30 현재; 2010.5.25).
'지주회사 증가 추세 계속' (2010.9.30 현재; 2010.11.8).
'2011년 공정거래법상 지주회사 현황 분석 결과 발표' (2011.9.30 현재; 2011.10.27).
'2012년 공정거래법상 지주회사 현황 분석 결과 발표' (2012.9.30 현재; 2012.10.25).
'2013년 공정거래법상 지주회사 현황 분석 결과 발표' (2013.9.30 현재; 2013.11.6).

'99년도 대규모기업집단 지정' (1999.4.6).
'2000년도 대규모기업집단 지정' (2000.4.17).
'2001년도 대규모기업집단 지정' (2001.4.2).
'2002년도 출자총액제한대상 기업집단 지정' (2002.4.3).
'2003년도 상호출자제한기업집단 등 지정' (2003.4.2).
'2004년도 상호출자제한기업집단 등 지정' (2004.4.2).
'2005년도 상호출자제한기업집단 등 지정' (2005.4).
'2006년도 상호출자제한기업집단 등 지정' (2006.4.14).
'2007년도 상호출자제한기업집단 등 지정' (2007.4.13).
'2008년도 상호출자제한기업집단 등 지정' (2008.4.4).
'공정위, 자산 5조 원 이상 48개 상호출자제한기업집단 지정' (2009.4.1).
'공정위, 자산 5조 원 이상 53개 상호출자제한기업집단 지정' (2010.4.1).
'공정위, 자산 5조 원 이상 상호출자제한기업집단으로 55개 지정' (2011.4.5).
'공정위, 자산 5조 원 이상 상호출자제한기업집단으로 63개 지정' (2012.4.12).
'공정위, 자산 5조 원 이상 상호출자제한기업집단 62개 지정' (2013.4.1).
'공정위, 자산 5조 원 이상 상호출자제한기업집단 63개 지정' (2014.4.1).

'대기업집단의 소유지분구조 공개' (2004.12.28).
'2005년 대기업집단의 소유지배구조에 관한 정보공개' (2005.7.13).
'2006년 대규모기업집단 소유지배구조에 대한 정보공개' (2006.7.31).
'2007년 대규모기업집단 소유지분구조에 대한 정보공개' (2007.9.3).
'2008년 대규모기업집단 소유지분구조에 대한 정보공개' (2008.11.6).
'2009년 대기업집단 주식소유 현황 등 정보공개' (2009.10.23).
'2010년 대기업집단 주식소유 현황 등 정보공개' (2010.10.11).
'2011년 대기업집단 지배구조 현황에 대한 정보 공개' (2011.11.4).
'2012년 대기업집단 주식소유 현황 및 소유지분도에 대한 정보 공개' (2012.6.29).
'2012년 대기업집단 지배구조 현황에 대한 정보 공개' (2012.9.27).
'2013년 대기업집단 주식소유 현황 정보 공개' (2013.5.30).
'2014년 대기업집단 주식소유 현황 공개' (2014.7.10).

'지주회사 관련 법령' (2006.6).

'지주회사제도 안내' (2006.7).
'지주회사제도 해설' (2008.4).
'독점규제 및 공정거래에 관한 법률'.
'독점규제 및 공정거래에 관한 법률시행령'.
<공정거래백서> (1999, 2001, 2002, 2003, 2004, 2005, 2006, 2009).
권오승(2007), '지주회사에 대한 정책 방향' (한국이사협회 강연 원고, 2007.6.13, 연세대).

(3) 학술논문, 단행본

강길환(2001), '기업지배구조 개선을 위한 지주회사제도 활용방안', <경기교육논총> 제10호.
강석규(2008), 'DEA를 이용한 지주회사 편입 이후의 은행 효율성 분석', <금융공학연구> 제7권 제3호.
강희갑(2000), '지주회사에 있어서의 주주의 보호에 관한 연구, <사회과학논총> 제16호.
경제정의연구소(2005), <글로벌 스탠다드에 적합한 한국기업집단들의 지배구조 개선방안 연구: 국제적 비교를 중심으로>.
고동수(2008), <기업구조조정 촉진을 위한 지주회사 관련 제도의 개선방향>, 산업연구원.
고동원(2012), '금융지주회사의 경영지배구조에 관한 법적 검토', <은행법연구> 제5권 제1호.
고려대학교 기업지배구조연구소(2010), <지주회사제도 운영 성과와 향후 과제>.
고인배(2012), '금융지주회사, 은행 사외이사의 감시 의무', <동아법학> 제54호.
곽수환・최석봉(2008), '지주회사 전환이 자회사의 경영성과와 기업 가치에 미치는 영향', <규제연구> 제17권 제2호.
국제무역경영연구원(2009), <금융지주회사제도의 본질과 효율적 운영 및 정책 방향: 금산분리 완화를 중심으로>.
권상로(2013), '지주회사의 규제에 관한 법적 연구', <법학논총> 제20권 제1호.
권영애(2006), '기업지배구조의 변환 과정과 지주회사 이사 책임의 문제점', <상사판례연구> 제19권 제3호.
권종섭・전인오(2009), '금융지주회사 마케팅 환경 요인이 경영성과에 미치는 영향 - 지주회사 도입 여부에 따른 조절 효과 차이 비교를 중심으로', <한국협동조합연구> 제26권 제1호.
권택호・최수미(2013), '대규모기업집단 중 지주회사에 속한 기업의 소유지배괴리도와 이익조정', <금융공학연구> 제12권 제2호.
김건식 외(2005), <지주회사와 법>, 소화.
김건식(2010), <금융회사 지배구조 개선방안 연구>, 한국기업지배구조원.
김광동(2002), '금융지주회사 도입에 따른 재무건전성', <국제회계연구> 제7호.
김광록(2009), '보험지주회사 도입 논의를 위한 미국법제 연구', <기업법연구> 제23권 제2호.
김광록(2009), '금융지주회사법의 최근 개정을 통해 본 보험지주회사 관련 주요국의 법제 고찰', <경제법연구> 제8권 제2호.
김동운(2007), 'LG그룹 지주회사체제의 성립과정과 의의', <경영사학> 제22권 제1호.
김동운(2008), <한국재벌과 개인적 경영자본주의>, 혜안.
김동운(2009), 'STX그룹과 지주회사체제', <경영사학> 제24권 제4호.
김동운(2010), '한진중공업그룹 지주회사체제의 성립과정과 의의', <지역사회연구> 제18권 제1호.
김동운(2010), '한국재벌과 지주회사체제 - SK그룹의 사례', <경영사학> 제25권 제2호.

김동운(2010), '금호아시아나그룹과 지주회사체제', <지역사회연구> 제18권 제3호.
김동운(2011), '대규모기업집단과 지주회사', <지역사회연구> 제19권 제1호.
김동운(2011), '공정거래법상 지주회사의 주요 추세와 특징 - 신설・존속 지주회사, 계열회사, 지주비율, 자산총액을 중심으로', <기업경영연구> 제18권 제2호.
김동운(2011), 'LG그룹 지주회사체제와 개인화된 지배구조의 강화, 2001-2010년', <경영사학> 제26권 제3호.
김동운(2011), <한국재벌과 지주회사체제: LG와 SK>, 이담북스.
김동운(2012), '지주회사체제와 개인화된 지배구조의 강화: CJ그룹의 사례, 1997-2012년', <경영사학> 제27권 제3호
김동운(2012), '두산그룹 지주회사체제와 개인화된 소유지배구조의 강화, 1998-2011년', <질서경제저널> 제15권 제3호.
김동운(2012), 'CJ그룹과 두산그룹의 지주회사체제 성립과정: 주요 추세 및 특징의 비교', <유라시아연구> 제9권 제3호.
김동운(2013), '두산그룹 지주회사체제와 개인화된 경영지배구조의 강화, 1998-2011년', <질서경제저널> 제16권 제1호.
김동운(2013), '한국재벌과 지주회사체제: 주요 추세 및 특징, 2001-2011년', <경영사학> 제28권 제2호.
김동운(2013), 'BS금융그룹과 DGB금융그룹', <지역사회연구> 제21권 제4호.
김동운(2013), <한국재벌과 지주회사체제: CJ와 두산>, 한국학술정보.
김동운 외 (2005), <재벌의 경영지배구조와 인맥 혼맥>, 나남출판.
김동원(2013), <금융지주회사의 CEO 리스크와 지배구조 개선방안>, 한국금융연구원.
김동훈(2002), '금융지주회사의 규제와 책임', <상사법연구> 제20권 제4호.
김동훈(2000), '금융지주회사에 대한 법 규제', <외법논집> 제9호.
김명아(2011), '중국 금융지주회사 감독 법제에 관한 연구', <동북아법연구> 제5권 제1호.
김문재(1999), '순수지주회사의 허용과 관련 법제의 대응 방향', <상사판례연구> 제10권 제1호.
김문재(1999), '지주회사의 도입에 따른 회사법의 향방', <상사법연구> 제18권 제1호.
김문재(2001), '금융지주회사법에 대한 분석과 제언', <비교사법> 제8권 제1호.
김병곤・김동욱(2006), '한국기업의 지배구조 특성 분석 및 개선 방안에 관한 연구', <금융공학연구> 제5권 제1호.
김병구(2011), '중국 내 지주회사 설립을 통한 중국시장 진출 전략에 관한 연구', <China연구> 제10호.
김병주(1989), '금융업무 통합의 방식: 은행지주회사제도를 중심으로', <경상논총>.
김보영・이세우(2014), '금융지주회사 설립이 소속 은행의 경영성과에 미치는 영향', <재무와회계정보저널> 제14권 제1호.
김상일・최원욱(2012), '지주회사 전환 기업의 재무 분석가 이익 예측 특성', <회계·세무와 감사연구> 제54권 제2호.
김상일・최원욱(2013), '재벌의 지주회사 전환이 소유 집중과 이익조정에 미치는 영향', <회계학연구> 제38권 제4호.
김상조(2006), '미국 보험지주회사제도에서의 금융자본과 산업자본의 분리 원칙 - 보험지주회사법상의 자산운용규제를 중심으로', <사회경제평론> 제26호.
김선정(2009), '최근 금융지주회사법 개정에 대한 보험사업자의 반응과 남겨진 문제', <경제법연구> 제8권 제2호.
김선정(2010), '최근 금융지주회사법 개정에 대한 보험사업자의 반응과 남겨진 문제', <기업소송연구> 제8권.
김선제・김성태(2014), '지주회사 전환 정보가 주식수익률에 미치는 영향 연구', <경영컨설팅연구> 제14

권 제1호.
김성환・김태동・김상기(2009), ‘지주회사 전환 과정에서 지배주주와 소수주주의 이해상충’, <회계연구> 제14권 제1호.
김영균・최흥은(2013), ‘농업협동조합중앙회와 농협금융지주회사의 문제점과 해결방안’, <법학논고> 제44권.
김용열(1998), <IMF 체제 이후 기업지배제도의 전개 방안: 한국과 일본의 제도 개선 논의를 중심으로>, 산업연구원.
김용열(2000), <선진경제 도약을 위한 기업지배구조 개혁>, 산업연구원.
김용재(2000), ‘금융지주회사법 제정 시 고려하여야 할 논점’, <정보와법연구> 제2호.
김우진(2002), <금융지주회사의 설립과 운영>, 한국금융연구원.
김우찬・이수정(2010), ‘지주회사체제로의 전환은 과연 기업집단의 소유지배구조 개선을 가져 오는가?’, <기업지배구조연구> 제36호.
김인・신철호(2011), ‘CFO의 전략가적인 역할의 사례연구: 두산그룹 지주사의 전문경영인 CFO를 중심으로’, <전문경영인연구> 제14권 제1호.
김정렬(2003), <금융지주회사의 리스크와 리스크 관리>, 예금보험공사.
김정호(2000), <지주회사 규제의 경제학적 검토>, 자유기업원.
김종우(2011), ‘중국 금융지주회사 감독 시의 주요 쟁점과 입법 과제’, <중국법연구> 제16권.
김주영・이은정・이주영(2003), ‘지주회사 전환과 기업지배구조’, <Business Finance Law>, 제2호.
김지홍・신현한・고재민(2009), ‘지주회사 전환이 이익조정에 미치는 영향’, <회계정보연구> 제27권 제4호.
김진방(2005), <재벌의 소유구조>, 나남출판.
김진수(1998), ‘일본 지주회사의 해체 과정과 해금 과정’, <재정포럼>.
김진수(1999), ‘지주회사제도의 도입에 따른 과세 문제’, <재정포럼> 제34호.
김진수(1999), <지주회사제도와 조세정책 방향>, 한국조세연구원.
김진수(2001), ‘금융지주회사제도의 도입과 전망’, <재정포럼> 제56호.
김재형・최장현(2001), ‘개정 상법상 지주회사의 설립 방식의 검토’, <기업법연구> 제8호.
김재형・최장현(2002), ‘지배 종속 관계의 종료 시 지주회사의 충실 의무’, <기업법연구> 제10호.
김창수・최효선(2012), ‘대기업집단의 지주회사 전환이 회계투명성에 미친 영향’, <회계정보연구> 제30권 제3호.
김천웅・김원배(2012), ‘지주회사의 연결납세제도 선택에 영향을 미치는 요인에 관한 연구’, <회계정보연구> 제30권 제4호.
김춘성・석지웅(2009), ‘은행 및 금융지주회사의 사외이사제도 개선 방안’, <은행법연구> 제2권 제2호.
김학현(2004), ‘지주회사의 규제논리와 향후 과제: 소유와 지배의 괴리 문제를 중심으로’, <상장협> 제49호.
김현식(2013), ‘금융지주회사제도의 문제점과 개선방안’, <기업법연구> 제27권 제1호.
김현종(2006), <순환출자 금지에 대한 최근 논의와 대안적 검토>, 한국경제연구원.
김형욱(2005), ‘지주회사 설립의 법적 문제에 관한 고찰’, <비교법학> 제5호.
김홍기(2010), ‘개정 금융지주회사법의 주요 내용과 관련 법제의 개선 방향’, <연세 글로벌 비즈니스 법학연구> 제2권 제1호.
김효신(2009), <주식회사 지배구조의 법리>, 경북대학교출판부.
김희경(2001), ‘금융지주회사의 도입과 향후 과제’, <산업과학연구> 제11호.

나석보(1999), ‘지주회사의 회사법상 문제에 대한 연구’, <성균관법학>.
나승성(2007), <금융지주회사법>, 한국학술정보.

남상욱(2012), '아시아 지역총괄 지주회사에 대한 서설적 고찰: 일본 손해보험회사 사례를 중심으로', <아시아연구> 제15권 제1호.
노진석 · 황인학(2012), '국제비교로 본 지주회사 행위규제의 문제점: 공정거래법상 일반지주회사제도를 중심으로', <기업소송연구> 제10권.
노택환 · 최용석(2000), '일본과 한국의 금융지주회사제도 도입 현황과 과제', <산경연구> 제8호.
노혁준(2004), '공정거래법상 지주회사의 설립 또는 전환 - 관련자들의 법적 이해관계를 중심으로', <분쟁해결연구> 제2권 제2호.
노혁준(2004), '완전지주회사의 설립 및 운용', <비교사법> 제11권 제1호.
노혁준(2013), <회사분할의 제 문제>, 소화.
노혁준(2014), '금융지주회사의 정보공유 법리', <금융정보연구> 제3권 제1호.

대한 · 서울상공회의소(1997), <지주회사의 원리와 경영전략>.
대한 · 서울상공회의소(2000), <지주회사 활성화를 위한 연결납세제도의 도입방안>.

라채원 · 고윤성(2009), '지주회사제도 도입 효과 및 사례에 관한 연구', <산업경제연구> 제22권 제5호.
류혁선(2010), '미국 금융지주회사제도에 관한 고찰과 그 시사점', <은행법연구> 제3권 제1호.

매일경제산업부(2011), <재계 3세 대해부>, 매일경제신문사.
맹수석(2006), '자은행의 경영 부실과 은행지주회사의 책임', <기업법연구> 제20권 제1호.
맹수석(2010), '일본의 금융지주회사제도의 현황', <기업법연구> 제24권 제1호.

박경서(1997), <금융지주회사제도에 관한 연구>, 한국금융연구원.
박길준(1997), <지주회사제도에 관한 연구: 지주회사의 금지와 그 규제 완화에 관한 논의를 중심으로>, 한국상장회사협의회.
박노경 · 손용정(2000), '금융지주회사제도의 문제점과 활성화 방안', <경영경제연구> 제23권 제2호.
박민우(2013), '금융지주회사와 그 자회사들에 대한 실체적 병합이론의 적용 여부에 관한 연구', <비교사법>, 제20권 제4호.
박상수(2000), <지주회사의 역할 모델과 운영 방안>, LG경제연구원.
박상인(2008), <한국의 기업지배구조 연구>, 법문사.
박승두(2000), '금융지주회사의 인사정책과 노동법상의 문제점 고찰', <인천법학논총> 제3권.
박종국 · 김은호 · 홍영은(2011), '지주회사 전환과 회계투명성', <대한경영학회지> 제24권 제4호.
박창욱 · 최종범(2008), 'SK그룹 지주회사 전환 사례', <경영교육연구> 제12권 제2호.
박철순 · 진문균 · 신동훈(2010), '기업지배구조로서 지주회사체제의 성공적 도입 및 실행: 신한금융지주회사', <경영교육연구> 제14권 제1호.
박춘광(2003), '인적 분할(Spin-offs)과 공시효과 - 인적 분할 이유별 비교', <금융공학연구> 제2권 제1호.
백정웅(2007), '한국 금융지주회사에 대한 적기 시정조치', <원광법학> 제23권 제2호.
백정웅(2008), '2008년 10월 금융지주회사법 개정안의 자회사', <법학연구> 제19권 제2호.
백정웅(2008), '금융지주회사법 개정안의 법적 쟁점과 과제', <은행법연구> 제1권 제2호.
백정웅(2010), '비은행지주회사에 대한 한국 금융지주회사법과 EU 지침의 비교법적 연구', <상사판례연구> 제23권 제4호.
백정웅(2011), '한국 금융지주회사법상 비은행지주회사에 대한 비교법적 연구', <비교사법> 제18권 제2호.
백재승(2006), '기업지배구조와 주주의 부', <경영교육연구> 제10권 제1호.

백재승 · 박종하(2010), '지주회사 정보가 주주가치와 신용등급에 미치는 영향에 관한 연구', <대한경영학회지> 제23권 제5호.
백제흠(2009), '해외지주회사의 과세 문제', <조세법연구> 제15권 제2호.

삼성경제연구소(2000), <금융지주회사 도입 전망과 과제>.
서봉교(2012), '중국금융지주회사의 금융사별 특징과 외국 금융사에 대한 시사점', <현대중국연구> 제14권 제1호.
서성호 · 이진국(2013), '지주회사의 경영지배구조에 관한 개선방안', <기업법연구> 제27권 제4호.
서세원(2007), '지주회사의 지휘권과 책임', <기업법연구> 제21권 제4호.
서세원(2009), '금융지주회사법에 관한 고찰: 개정안을 중심으로', <무역보험연구> 제10권 제3호.
서완석(2010), '미국에 있어서 금융지주회사법제의 현황', <기업법연구> 제24권 제1호.
서울신문사 산업부(2005), <재벌家 脈 (상)>, 무한.
서울신문사 산업부(2007), <재벌家 脈 (하)>, 무한.
성승제(2009), '일본 보험지주회사 입법 그리고 한국 보험지주회사론', <비교사법> 제45호.
송혁준(2007), '지주회사제도의 도입 실태 및 국제 간 비교와 정책적 시사점', <사회과학연구> 제13호.
신장철(1997), '최근 일본의 순수 지주회사제에 관한 고찰 - 해금의 내용과 논리를 중심으로', <사회과학연구>.
신장철(1998), '일본의 순수 지주회사 부활', <경영사학>.
신태호(2002), '금융지주회사 정착을 위한 규제 개선 방안', <산업연구> 제15호.
신호영 · 박화윤(2008), '지주회사 전환 기업의 이익조정과 지배구조개선', <국제회계연구> 제23호.
심영(2006), '미국 은행지주회사법상의 끼워팔기 규제 내용과 판례 동향', <중앙법학> 제8권 제3호.

안상인(2000), '금융지주회사제도의 도입에 관한 연구', <산업경제연구> 제13권 제6호.
안철경(2006), <보험지주회사제도 도입 및 활용 방안>, 보험개발원 보험연구소.
안철경 · 민세진(2006), '보험지주회사에 관한 규제 연구', <보험학회지> 제75호.
양병찬(2010), '중국 금융지주회사 규제의 현황', <기업법연구> 제24권 제1호.
양효령(2004), '중국의 외국인 투자 지주회사 설립에 관한 연구', <중국법연구> 제4호.
오일환(2010), '중국에 있어서 외국인투자 지주회사제도의 현황과 향후 개선 과제', <경제법연구> 제9권 제2호.
원동욱(2010), '한국 금융지주회사의 법제 현황', <기업법연구> 제24권 제1호.
위정범(2003), '금융지주회사의 위험과 규제', <재무연구> 제16권 제2호.
유관영(1996), <일본의 기업제도 혁신과 지주회사>, 산업연구원.
유주선(2010), '독일의 보험지주회사에 대한 법적 규제', <기업법연구> 제24권 제1호.
유진수(2014), '인적분할을 통한 지주회사 전환에 대한 연구', <산업조직연구> 제22권 제2호.
윤관호 · 채지윤 · 김동관(2013), '미국은행산업의 금융지주회사 확대 이후 경영성과 분석 및 시사점', <경영교육저널> 제24권 제1·2호.
윤병철(1999), '구조조정 목적의 지주회사 설립과 관련된 조세 문제', <조세학술논집> 제15호.
윤선중(2014), '금융지주회사의 정보공유와 시너지창출', <금융정보연구> 제3권 제1호.
윤창술(2000), '금융지주회사에 대한 일고', <법학연구> 제9호.
윤창술(2004), '현행의 금융지주회사제도에 관한 소고', <기업법연구> 제16호.
윤현석(1998), '지주회사의 법적 문제에 관한 연구', <인천법학논총>.
윤현석(2008), '지주회사 관련 세제의 개선 방안', <조세법연구> 제14권 제1호.

이건범(2006), <금융지주회사의 효율적 운용을 위한 제도개선 방안 연구>, 한국금융연구원.
이건범(2011), '금융지주회사 지배구조 개선방향: 금융그룹의 시각을 중심으로', <민주사회와 정책연구> 제20호.
이동원(1998), '지주회사 도입에 따른 노동법적 문제', <비교사법>.
이동원(1999), '지주회사 허용에 따른 법적 문제점', <안암법학> 제9호.
이동원(1999), '지주회사에 관한 상법상의 문제', <상사법연구> 제18권 제1호.
이동원(1999), '지주회사에 관한 법적 문제', <경영법률> 제9호.
이동원(2000), '금융지주회사에 있어서의 법적 문제', <경영법률> 제11호.
이동원(2000), <지주회사>, 세창출판사.
이동원(2001), '지주회사에 관한 최근의 법적 쟁점', <상사법연구> 제20권 제1호.
이동원(2007), '지주회사의 현대적 의의', <비교사법> 제14권 제1호.
이명철・박주철(2010), '금융지주회사 설립 전후 투자자 반응', <대한경영학회지> 제23권 제1호.
이명철・박주철(2010), '금융지주회사 자회사인 은행의 수익성', <금융공학연구> 제9권 제4호.
이석영・유상열(2004), '회사 분할을 이용한 지주회사 설립과 계열 분리', <관리회계연구> 제4권 제1호.
이성봉(2007), '독일과 프랑스의 지주회사 사례 분석 및 시사점', <질서경제저널> 제10권 제2호.
이성우(2006), '현행 지주회사 과세체계의 문제점 및 개선 방안', <조세학술논집> 제22권 제1호.
이승욱・이화성(2000), '한국의 지주회사제도에 관한 연구', <산업연구> 제22호.
이승준(2013), <보험지주회사 감독체계 개선방안 연구>, 보험연구원.
이세우(2013), '지주회사 전환이 주가에 미치는 영향에 관한 사례연구', <재무와회계정보저널> 제13권 제1호.
이양복(2008), '공정거래법상 지주회사 규제의 문제점과 개선방안', <고려법학> 제51호.
이용규・오웅락・노희천・이석정(2012), '연결납세제도 도입효과 실증분석 - 지주회사를 중심으로', <세무와회계저널> 제13권 제1호.
이영대(2001), '금융지주회사의 규제에 관한 연구', <상사법연구> 제20권 제1호.
이용찬(2001), '금융지주회사의 설립 방법에 관한 연구', <중앙법학> 제4호.
이우택(2000), '지주회사의 유용성과 연결납세방안에 관한 연구', <세무학연구> 제15호.
이은정(2004), '삼성에버랜드의 금융지주회사법 위반을 통해 본 삼성그룹 소유구조의 문제', <기업지배구조연구> 제11호.
이은정(2013), '중간(금융)지주회사 제도 도입의 효과 분석', <경제개혁리포트> 제2013권 제6호.
이은정・이주영(2003), '지주회사 LG의 설립과정 및 특징: 소유구조를 중심으로', <기업지배구조연구> 제8호.
이원흠(2008), '지주회사와 대기업집단 규제의 정책효과에 대한 연구: 대리인비용의 추정을 중심으로', <규제연구> 제17권 제2호.
이주영(2007), '지주회사 현황과 전환 가능성: 상호출자제한기업집단을 중심으로', <기업지배구조연구> 제24호.
이재형(2000), <지주회사의 본질과 정책 과제>, 한국개발연구원.
이재희(1998), '일본의 지주회사제 도입에 관한 연구', <산업혁신연구>.
이재희(2004), '재벌과 지주회사제도', <상경연구> 특별1호.
이태윤(2004), '지주회사 설립 사례: (주)세아홀딩스', <상장협> 제49호.
이한구(2010), <한국재벌사>, 대명출판사.
이현주・정현욱・이강일(2014), '지주회사 전환이 외국인지분율에 미치는 영향', <회계학연구> 제39권 제1호.
이형규(1998), '지주회사 규제에 관한 공정거래법 개선안의 검토', <비교사법>.

이화성(2007), <지주회사의 경영전략>, 한국학술정보.
임영완(2001), '금융지주회사제도 도입에 따른 금융산업 재편 방향', <무역학회지> 제26권 제2호.

장지상 · 이근기(2012), '공정거래법상 일반지주회사 규제의 현황과 개선방안', <경제발전연구> 제18권 제2호.
전국경제인연합회(1997), <지주회사제도의 도입 과제>.
전국경제인연합회(2009), <현행 지주회사제도의 문제점과 개선방안: 공정거래법상 지주회사를 중심으로>.
전극수(2009), '금융지주회사법의 이행강제금에 대한 연구', <법학논총> 제22호.
전삼현(2002), <금융지주회사법의 문제와 대안>, 자유기업원.
전삼현(2004), '지주회사의 주식 소유 규제', <규제연구> 제13권 제2호.
전삼현(2009), '일반지주회사 자회사 국내 회사 주식 소유 제한', <상사판례연구> 제22권 제3호.
전삼현(2009), '보험지주회사 규제에 관한 소고', <중앙법학>, 제11권 제1호.
전성인(2001), '금융지주회사와 금융 감독 - Gramm-Leach-Bliley Act와의 비교를 중심으로', <경제발전연구> 제7권 제2호.
정규언(2000), '지주회사 과세제도의 현황과 개선방안', <세무와 회계 저널> 제1권 제1호.
정기승(2007), <금융회사 지배구조론>, 법문사.
정도진(2008), '지주회사 전환 기업집단과 상호출자제한기업집단의 경영성과와 기업가치 및 지배구조 투명성 비교', <대한경영학회지> 제21권 제2호.
정용상(2006), <미국 금융지주회사법의 이해>, 부산외국어대학교출판부.
정준우(2006), '사업자회사에 대한 지주회사 주주의 법적 지위 - 주식 교환, 이전에 의한 순수지주회사의 주주 보호 방안을 중심', <법과정책연구> 제6권 제2호.
정진향 · 홍지윤(2012), '지주회사 전환이 재무분석가의 이익 예측 정확성에 미치는 영향', <상업교육연구> 제26권 제2호.
정재욱 · 이석호(2009), '보험지주회사 규제 및 감독에 관한 연구', <한국경제의 분석> 제15권 제1호.
정현욱 · 이현주 · 이강일(2013), '지주회사 전환이 자기자본비용에 미치는 영향', <회계정보연구> 제31권 제2호.
정호열(2006), '한국에 있어서 지주회사 규제의 최근 동향', <경쟁법연구> 제14호.
조성봉(2003), '지주회사제도의 주요 논점', <질서경제저널> 제6권 제1호.
조용미 · 홍창목(2011), '지주회사 전환이 기업지배구조에 미치는 영향', <상업교육연구> 제25권 제4호.
조재영(2010), '금융지주회사와 기업지배구조에 관한 법적 고찰', <비교사법> 제17권 제2호.
좋은기업지배구조연구소(2008), '지주회사 전환을 통한 지배주주의 지배권 확대', <기업지배구조연구> 제26호.
주수익(2012), '공정거래법상 지주회사의 규제에 대한 개선 방안 - 행위규제를 중심으로', <상사판례연구> 제25권 제1호.
지광운(2010), '보험지주회사의 효율적 운영을 위한 관련 법제 개선 방안에 관한 연구', <인문사회과학연구> 제11권 제2호.
지광운(2012), <보험지주회사의 법리>, 한국학술정보.
지동현(2000), '금융구조조정과 금융지주회사', <금융연구> 제14권 제1호.
지현미 · 박홍조 · 이영한, '지주회사 전환이 이익조정과 가치 관련성에 미치는 영향', <회계정보연구> 제26권 제3호.

최성근(1997), '지주회사제도의 도입과 과세문제', <조세법연구>.

최성근(1999), ‘지주회사의 설립 방식’, <상사법연구>.
최성근(1999), <지주회사의 해금과 상법 관련 제도에 관한 연구>, 한국법제연구원.
최성근(2003), ‘지주회사와 사업회사 간 지배·견제의 적정화를 위한 해석론·입법론’, <비교사법> 제10권 제2호.
최성백(2002), ‘일본 재벌의 소유, 지배 형태’, <한일경상논집> 제24호.
최수미 · 임묘경(2009), ‘지주회사의 지배구조와 이익의 질’, <회계저널> 제18권 제4호.
최승재(2010), <전략적 기업경영과 법: 기업지배구조와 재무구조의 이해>, 한국학술정보.
최장현(2002), ‘지주회사의 회사법적 문제에 관한 고찰’, <기업법연구> 제9호.
최정표(2006), ‘지주회사와 재벌’, <상경연구> 제31권 제2호.

파이낸셜뉴스신문산업부(2004), <집념과 도전의 역사 100년>, 아테네.

한국금융연구원(2000), <금융지주회사제도 개선 방향>.
한국법제연구원(2009), <보험산업구조의 변화에 따른 보험지주회사 관련 법제 개선 방안>. 한국증권연구원(2001), <금융지주회사의 감독과 건전성 규제>.
한국증권연구원(2008), <금융투자지주회사제도 도입 방안>.
한병영(2009), ‘금융지주회사의 자회사 은행에 대한 자본 확충에 관한 법리적 고찰’, <기업법연구> 제23권 제2호.
한상범(2001), <종합금융서비스의 시대: 금융지주회사>, 한국증권연구원.
한정미(2010), ‘금융지주회사 관련 규제 현황 분석 및 제도 보완을 위한 고찰’, <경제법연구> 제9권 제1호.
허인(2006), ‘지주회사의 설립과 소수주주의 보호’, <외법논집> 제22호.
홍승표(2001), ‘금융지주회사제도의 발전 방향에 관한 연구’, <전문경영인연구> 제4권 제1호.
황규영 · 최장현(2002), ‘지주회사의 회사법적 문제에 관한 고찰’, <기업법연구> 제9호.
임승연(2012), ‘주식의 포괄적 교환·이전 세제의 개선방안’, <세무와회계저널> 제13권 제4호.
황근수(2002), ‘지주회사의 주주대표소송’, <법률행정논총> 제22권 제1호.
황근수(2003), ‘우리나라 지주회사 규제에 관한 일고’, <법률행정논총> 제23권 제1호.
황근수(2003), ‘지주회사의 주주 보호 방안’, <기업법연구> 제14호.
황근수(2006), <지주회사의 법리>, 한국학술정보.
황근수(2008), ‘독일, 일본, 미국에서 지주회사의 주주보호 방안에 관한 고찰’, <상사판례연구> 제21권 제2호.
황근수(2009), ‘지주회사에서 주주의 법적 이익 보호와 이사의 책임 문제’, <원광법학> 제25권 제2호.
황근수(2014), ‘미국에서 지주회사의 운영과 주주 보호’, <법학연구> 제53권.

(4) 학위논문

강경수(2002), ‘독점규제법상 지주회사에 관한 연구’, 연세대 석사논문.
강석봉(2002), ‘금융지주회사에 관한 법적 연구’, 부산외국어대 석사논문.
강선정(2010), ‘보험지주회사 활성화 방안에 관한 법적 고찰’, 한국외국어대 석사논문.
강성호(2010), ‘금융지주회사 설립에 따른 노동법적 제문제 연구’, 고려대 석사논문.

강수환(2012), '97년 외환위기 이후 한국 기업지배구조 변화에 관한 연구: 삼성, LG, SK의 지배구조 변화를 중심으로', 고려대 석사논문.
강지인(2011), 'A Legal Analysis on Problems in Corporate Governance - With Focus on Chaebol', 고려대 박사논문.
고동호(2011), '지주회사와 자회사의 행위 제한에 관한 법적 연구', 연세대 석사논문.
권오상(2001), '순수지주회사에서의 소수주주 보호에 관한 연구', 충남대 석사논문.
권오승(2002), '금융지주회사에 관한 법적 연구', 숭실대 석사논문.
권오승(2006), '지주회사 설립 및 전환에 관한 연구: 주식의 포괄적 교환 및 이전 방식을 중심으로', 숭실대 박사논문.
권종섭(2008), '금융지주회사 마케팅 환경 요인이 경영성과에 미치는 영향', 호서대 박사논문.
권재현(2003), '금융지주회사 설립에 의한 은행 합병의 주식시장 반응: 한·일 은행 중심으로', 경성대 석사논문.
권태두(2009), 'KB금융지주의 자회사 포트폴리오 최적화 방안에 대한 연구: 합병을 통한 전략목표 달성을 중심으로', 서울대 석사논문.
권혜영(2012), '지주회사 재무성과로 살펴본 도입 효과의 실증분석', 연세대 석사논문.
김경곤(2004), '지주회사의 법적 문제점에 대한 연구: 상법 및 독점규제법을 중심으로', 고려대 박사논문.
김경민(2007), '지주회사체제 하 금융기관의 시너지 활성화 연구: 은행의 겸업화에 따른 금융규제 개선을 중심으로', 연세대 석사논문.
김광언(2008), '한국 대규모기업집단의 소유·지배구조 개선 방안에 관한 연구', 창원대 석사논문.
김동찬(2003), '한국에서의 지주회사 설립과 경영투명성 확보에 관한 실증적 연구', 단국대 석사논문.
김미경(2007), '지주회사의 회사법적 과제', 경북대 석사논문.
김미옥(2005), '금융지주회사의 활성화를 위한 연결납세제도에 관한 연구', 경희대 석사논문.
김범수(2005), '지주회사로의 전환이 기업투명성에 미치는 영향: 공시효과를 중심으로', 고려대 석사논문.
김병균(2010), '지주회사 전환이 재무구조와 경영성과에 미치는 영향', 숭실대 석사논문.
김상일(2011), 'Chaebols' transitions effects into holding companies', 연세대 박사논문.
김상호(2002), '금융지주회사에 관한 경쟁법적 연구', 서울대 석사논문
김선홍(2010), '금융지주회사제도에 관한 연구', 한양대 석사논문.
김성배(2001), '미국 금융지주회사의 업무와 그 규제에 관한 연구', 건국대 박사논문.
김성일(2012), '금융지주회사로의 전환이 주가에 미친 영향 분석', 부산대 석사논문.
김영복(2001), '금융지주회사의 도입에 따른 금융산업 재편 방향에 관한 연구', 전북대 석사논문.
김영주(2010), '금융회사 지배구조의 개선방안에 관한 연구', 성균관대 박사논문.
김윤정(2009), '금융지주회사로의 전환이 소유구조에 미치는 영향에 대한 연구', 단국대 석사논문.
김은호(2011), '지주회사 전환에 따른 시장반응 연구', 영남대 석사논문.
김종국(2014), '기업분할에 따른 주주의 부와 경영성과에 관한 연구', 경성대 박사논문.
김종상(2005), '주식가치와 기업지배구조 간의 상호 관련에 관한 실증연구', 중앙대 석사논문.
김종서(2013), '복합금융그룹에 관한 규제 연구', 동국대 석사논문.
김종우(2001), '금융지주회사제도의 도입이 금융산업 경쟁력 제고에 미치는 영향에 관한 연구', 동국대 석사논문.
김지영(2005), '계량경제적 방법을 이용한 X-효율성 측정: 미국의 은행지주회사를 중심으로', 이화여대 석사논문.
김지현(2002), '지주회사의 허용에 따른 법적 문제점 고찰', 한국외국어대 석사논문.
김천웅(2012), '지주회사의 연결납세제도 선택에 영향을 미치는 요인에 관한 연구', 경원대 박사논문.
김치수(2012), '금융지주회사의 관계회사 신용거래에 관한 연구', 동국대 석사논문.

김현경(2001), '금융지주회사제도에 관한 연구', 이화여대 석사논문.
김현식(2013), '우리나라 금융지주회사 제도의 법제 현황과 발전 방향', 조선대 박사논문.

나석진(1999), '지주회사의 세제에 관한 연구', 성균관대 박사논문.
나세덕(2011), '주식의 포괄적 교환·이전에 대한 과세특례 효과와 문제점에 관한 연구', 서울시립대 석사논문.
남가희(2004), '금융지주회사 제도 내 프라이빗 뱅킹의 적극적 추진 방안: 씨티그룹 사례를 중심으로', 고려대 석사논문.

라기훈(2002), '지주회사에 관한 회사법상 법적 문제', 충북대 석사논문.
류경환(2010), '우리나라 금융지주회사제도에 관한 연구: 국제경쟁력을 중심으로', 배재대 석사논문.
류영기(2008), 'Alternative strategy to build non-bank financial holding company for Dongbu Insurance Co.', 서울대 석사논문.

문명순(2010), '금융지주회사의 경영지배구조와 노사관계', 서강대 석사논문.
문현성(2010), '보험지주회사 설립의 법적 문제: 개정 금융지주회사법을 중심으로', 한국외국어대 석사논문.

박대현(2003), '금융지주회사에 관한 규제', 조선대 석사논문.
박미정(2008), '금융지주회사제도의 도입이 금융기업의 성과에 미치는 영향에 대한 연구: 증권회사의 수익성과 건전성 중심으로', 서울대 석사논문.
박상수(2003), '기업의 소유구조와 기업의 성과에 관한 실증분석: 4대 재벌의 소유와 지배의 괴리 문제를 중심으로', 인하대 석사논문.
박상욱(2007), '지주회사 전환 효과에 관한 연구: 농심 사례를 중심으로', 한국과학기술원 석사논문.
박승근(2005), '국내 지주회사 PR조직 및 활동에 관한 연구', 연세대 석사논문.
박승희(2005), '국내 금융지주회사의 경영전략 및 리스크관리 발전 방안', 고려대 석사논문.
박영섭(2002), '금융지주회사제도의 일반화와 감독 방안에 관한 연구', 연세대 석사논문.
박정민(2007), '공정거래법상 지주회사 제도의 효율성에 관한 연구: 실증분석을 중심으로', 연세대 석사논문.
박정옥(2001), '지주회사의 법제에 관한 연구: 상법 및 세법을 중심으로', 이화여대 석사논문.
박종범(2013), '기업지배구조가 경영성과에 미치는 영향', 중앙대 석사논문.
박종하(2008), '지주회사 공시가 주주가치에 미치는 영향에 관한 연구', 한국외국어대 석사논문.
박준범(2004), '금융지주회사의 회사법상 문제점', 경북대 석사논문.
박준형(2003), '순수지주회사의 법적 지위에 관한 고찰', 세명대 석사논문.
박지욱(2012), '국제회계기준 도입에 따른 지주회사의 차별적 시장반응', 영남대 석사논문.
박진화(2012), '지주회사 전환 과정에서의 지배권 강화', 연세대 석사논문.
박철훈(2008), '한국 기업집단의 지배구조와 경영성과 간의 관계', 부산대 석사논문.
박화윤(2008), '지주회사 전환 기업의 이익조정과 지배구조 개선', 한양대 석사논문.
백승일(2007), 'Restructuring of Daelim Conglomerate', 서울대 석사논문.
백정웅(2005), 'A Critique of the Korean Financial Holding Company Act: The Need for a "Consolidation-Centered" Regulatory Approach', Southern Methodist University 박사논문.

서광석(2010), '회사분할의 과제체계에 관한 연구', 중앙대 박사논문.
서보형(2000), '지주회사에 관한 경제법적 연구', 서울대 석사논문.

서윤수(1998), ‘지주회사의 허용과 관련 법제의 정비에 관한 입법론적 고찰’, 한양대 석사논문.
서주희(2012), ‘금융지주회사의 효율적인 자회사 포트폴리오 구축방안’, 부산대 석사논문.
석태현(2009), ‘금융지주회사가 은행 자회사의 수익성과 건전성에 미치는 영향’, 부산대 석사논문.
성낙홍(2008), ‘금융지주회사제도의 효율적 운영 방안에 관한 연구’, 한밭대 석사논문.
성준호(2009), ‘SK그룹 지배구조 개선에 관한 사례연구’, KAIST 석사논문.
손성호(2001), ‘금융지주회사의 활성화 방안’, 명지대 석사논문.
송승훈(2000), ‘금융지주회사제도에 관한 연구’, 고려대 석사논문.
신유진(2012), ‘지주회사 전환에 따른 자회사의 비정상수익률과 경영성과 분석’, 이화여대 석사논문.
신현대(2001), ‘지주회사제도에 관한 일 고찰’, 고려대 석사논문.
신홍기(2001), ‘금융지주회사제도 도입의 문제점과 대응 방안’, 창원대 석사논문.
심준근(2013), ‘한국 금융지주회사의 발전방향 연구’, 고려대 석사논문.

안주영(2009), ‘지주회사와 기업지배구조 연구’, 서울대 석사논문.
안현수(2012), ‘보험지주회사제도의 현황과 법적문제에 관한 연구’, 성균관대 석사논문.
어기동(2003), ‘금융지주회사제도의 활성화 방안에 관한 연구’, 경상대 석사논문.
우상현(2005), ‘An Analysis of the Effect of a Financial Holding Company System in Financial Restructuring: A Study on the Case of Korea’, Institut d'Etudes Politiques de Paris 박사논문.
우정아(2003), ‘금융지주회사의 규제에 관한 연구’, 연세대 석사논문.
유우서(2014), ‘중국 지주회사에 관한 연구’, 고려대 석사논문.
유정완(2013), ‘지주회사 자회사의 경영특성에 관한 고찰’, 전북대 석사논문.
윤지의(2009), ‘지주회사체제가 기업지배구조의 투명성과 사업집중화에 미치는 영향’, 한국외국어대 석사논문.
윤상옥(2009), ‘금융지주회사의 노사관계 연구: KB금융지주회사 사례를 중심으로’, 고려대 석사논문.
윤지의(2009), ‘지주회사체제가 기업지배구조의 투명성과 사업집중화에 미치는 영향’, 한국외국어대 석사논문.
윤진수(2004), ‘기업집단의 지주회사 전환에 관한 연구: LG 사례’, 중앙대 석사논문.
이갑진(2014), ‘지주회사 제도 및 개선방안에 관한 고찰’, 한양사이버대 석사논문.
이건규(2008), ‘지주회사 설립 제도의 문제점 및 개선 방안’, 연세대 석사논문.
이경실(2001), ‘국내 금융지주회사제도 도입 현황과 과제에 관한 연구’, 연세대 석사논문.
이광우(2000), ‘지주회사에서의 소수주주 및 채권자 보호 방안에 관한 연구’, 서울대 석사논문.
이광준(2001), ‘금융지주회사 정착을 위한 운용전략’, 한양대 석사논문.
이동길(2002), ‘Korean bank restructuring: the effectiveness of financial holding company system’, 이화여대 석사논문.
이동원(1998), ‘지주회사에 관한 연구: 법적 문제점을 중심으로’, 고려대 박사논문.
이범진(2002), ‘금융지주회사제도의 도입과 발전방향에 관한 연구: 금융그룹은행과 독립은행과의 효율성 비교 분석을 중심으로’, 경희대 석사논문.
이상경(2004), ‘지주회사 설립 단계에의 주주 및 채권자 보호에 관한 연구’, 연세대 석사논문.
이상주(1999), ‘민법 제103조 반사회적 법률행위의 유형으로서의 경제력집중에 관한 연구: 기업결합 및 지주회사 설립을 중심으로’, 전남대 석사논문.
이석정(2011), ‘지주회사의 연결납세제도 도입 효과 실증 분석’, 숭실대 박사논문.
이영대(2000), ‘금융지주회사 제도의 도입과 규제’, 연세대 석사논문.
이영대(2002), ‘금융지주회사의 규제에 관한 연구’, 서울대 박사논문.
이용찬(2003), ‘금융지주회사의 감독제도에 관한 연구’, 중앙대 박사논문.

이욱(2003), '지주회사의 법적 규제에 관한 연구', 고려대 석사논문.
이윤주(2001), 'Introduction of the financial holding company scheme in Korea and its implications as a restructuring vehicle', 연세대 석사논문.
이인로(2008), '금융지주회사로의 전환이 일반은행의 경영성과에 미치는 영향에 관한 연구: 수익성과 건전성을 기준으로', 서울대 석사논문.
이인배(2001), '금융환경 변화와 금융지주회사제도의 도입', 창원대 석사논문.
이재만(2008), '우리나라 금융지주회사제도의 현황과 발전 방향', 고려대 석사논문.
이주연(2004), '지주회사의 법적 구조에 관한 연구', 대진대 석사논문.
이철성(2006), '지주회사체제로의 전환이 자회사의 수익률에 미치는 영향', 홍익대 석사논문.
이철현(2009), '금융지주회사 경영 지배체제 및 노사관계 발전에 관한 연구: KB금융지주(주) 사례를 중심으로', 고려대 석사논문.
이화성(1999), '한국의 지주회사제도에 관한 연구: 제한적 허용에 따른 문제점과 개선책', 단국대 박사논문.
이환무(1997), '우리나라 기업의 소유구조 개선방안에 관한 연구: 순수지주회사 허용 방안을 중심으로', 연세대 석사논문.
임묘경(2008), '지주회사의 지배구조와 이익조정', 충남대 석사논문.
임성희(2003), '한국에서의 금융지주회사제도에 관한 연구', 연세대 석사논문.
임원식(2007), '금융지주회사법의 개선 방안에 관한 연구', 한양대 석사논문.

장병용(2003), '금융지주회사의 운영 성과 및 조직에 관한 연구: 국내 금융지주회사의 운영 성과 및 외국 금융지주회사의 조직을 중심으로', 고려대 석사논문.
장준홍(2010), '지주회사 설립 시의 과세체계에 관한 연구', 서울시립대 석사논문.
장창우(2003), '지주회사 설립 및 운영에 있어서 세제상 문제점에 관한 연구', 고려대 석사논문.
전선희(2004), '우리나라 지주회사 설립에 관련된 문제점 및 개선방안: 사례연구를 중심으로', 성균관대 석사논문.
정공호(2005), '금융지주회사법의 개선 방안에 관한 연구', 단국대 석사논문.
정슬기(2011), '지주회사 전환이 기업의 가치평가에 미치는 영향 분석', 연세대 석사논문.
정영진(2012), '사업전문화를 위한 기업 분할 사례 연구', 한양대 석사논문.
정원일(2009), '은행의 금융지주회사 편입이 국내은행의 경영성과에 미치는 영향', 성균관대 석사논문.
정영봉(2009), '은행산업의 금융지주회사 전환에 따른 경영성과 변화에 관한 연구: 지배구조를 중심으로', 부산대 석사논문.
정영현(2010), '금융지주회사의 다각화에 따른 시너지 효과에 관한 연구', 부산대 석사논문.
정우철(2001), '금융지주회사가 국내금융에 미치는 영향과 과제 및 대응방안', 연세대 석사논문.
정재호(2004), 'A study on the risk management-based financial supervision of financial holding companies in Korea', 연세대 석사논문.
정찬엽(2006), '지주회사 전환 시 기업가치 변화에 대한 연구', 고려대 석사논문.
정화정(2004), '지주회사의 소수주주 보호에 관한 연구', 조선대 석사논문.
정현욱(2013), '지주회사 전환이 자기자본비용에 미치는 영향', 영남대 박사논문.
정희정(2011), 'DEA모델을 이용한 일본금융지주회사의 효율성 분석', 서울대 석사논문.
조명숙(2004), '지주회사 설립 제도의 개선방안에 관한 연구', 한양대 석사논문.
조민순(2009), '금융지주회사의 법적 문제 연구', 서울시립대 석사논문.
조용미(2011), '지주회사 전환이 기업지배구조와 이익조정에 미치는 영향', 국민대 박사논문.
조용호(2010), '지주회사 전환 기업의 소유구조가 경영성과와 기업 가치에 미치는 영향', 중앙대 석사논문.

지광운(2008), '우리나라의 보험지주회사제도와 그 개선방안에 관한 연구', 한양대 석사논문.
지광운(2012), '보험지주회사의 운영 및 감독에 관한 법적 연구', 한양대 박사논문.

천유현(2011), '지주회사 디스카운트 현상의 고찰과 결정요인에 관한 실증분석', 서울대 석사논문.
최경옥(2011), '금융지주회사제도의 활성화를 위한 지원세제 연구', 고려대 석사논문.
최동일(2004), '지주회사제도에 대한 규제 및 법적 문제점에 관한 연구', 연세대 석사논문.
최륜경(2006), '금융위기 이후 지주회사 도입 사례연구: (주)LG 사례를 중심으로', 서울시립대 석사논문.
최미강(2010), 'Essays on Holding Company Structure and Korean Large Business Groups', 서울대 박사논문.
최세일(2001), '지주회사에 있어서 주주 보호에 관한 연구', 중앙대 석사논문.
최영철(2006), '중소기업형 지주회사의 설립 및 전환에 관한 법적 연구', 숭실대 박사논문.
최영하(2003), '한국 금융지주회사의 운영조직에 관한 연구: 경영지배구조를 중심으로', 건국대 박사논문.
최은미(2009), 'KB금융지주의 시너지 창출을 위한 방안', 서울대 석사논문.
최인림(2011), '지주회사의 규제에 관한 연구', 조선대 박사논문.
최장현(2002), '지주회사의 법적 문제에 관한 연구: 회사법상의 문제를 중심으로', 조선대 박사논문.
최효선(2012), '지주회사로의 전환이 기업집단의 회계투명성에 미치는 영향', 중앙대 석사논문.
채지윤(2009), 'CFMA 도입이 미 금융기관의 경영성과에 미치는 영향에 대한 연구: 은행지주회사와 투자은행을 중심으로', 한국외국어대 석사논문.

표영선(2008), '합병과 지주회사 형식에 따른 은행산업의 효율성 분석', 서강대 석사논문.

함형태(2008), '효율적인 기업지배구조에 대한 고찰', 서강대 석사논문.
허윤(2002), '금융지주회사의 규제와 책임에 관한 연구', 연세대 석사논문.
허준석(2010), '금융기관의 겸업 구조에 대한 규제 연구: 타 제도와의 비교를 통한 금융지주회사제도 도입 평가', 서울대 석사논문.
현경숙(1998), '지주회사 설립 허용과 경제력집중', 연세대 석사논문.
홍승표(2000), '금융지주회사제도의 도입과 발전 방향에 관한 연구', 숭실대 박사논문.
홍윤기(2011), '금융회사 지배구조 개선에 관한 연구', 연세대 석사논문.
홍정아(2011), '금융회사 지배구조의 개선방안에 관한 연구', 고려대 석사논문.
황근수(2002), '지주회사에 관한 연구: 주주 및 회사 채권자의 이해 조정을 중심으로', 전남대 박사논문.
황옥현(2007), '금융지주회사의 운영 및 감독과 규제에 관한 연구', 원광대 박사논문.
황인옥(2002), '지주회사의 설립 방법과 세제 연구', 동아대 석사논문.
황주연(2014), '우리나라 주요 금융지주회사 시스템리스크 측정', 이화여대 석사논문.

(5) 웹사이트

㈜GS (www.gs.co.kr), GS E&R (www.gsenr.com), GS Shop (http://company.gshop.com), GS건설 (www.gsconst.co.kr), GS글로벌 (www.gsgcorp.com), GS리테일 (www.gsretail.com), GS스포츠 (www.fcseoul.com), GS이피에스 (www.gseps.com), GS에너지 (www.gsenergy.co.kr), GS칼텍스 (www.gscaltex.com), 삼양통상 (www.samyangts.com), 승산 (www.sig.co.kr), 코스모앤컴퍼니 (www.cosmofamily.com).

㈜LS (www.lsholdings.com), LS-Nikko동제련 (www.lsnikko.com), LS산전 (www.lsis.com),
LS엠트론 (www.lsmtron.co.kr), LS전선 (www.lscns.co.kr), E1 (www.e1.co.kr), 가온전선 (www.gaoncable.com),
예스코 (www.lsyesco.com).

네이버 인물 검색 (www.naver.com).

김동운

동의대학교 경제학과 교수
이메일: dongwoon@deu.ac.kr
한국경영사학회 부회장, 『경영사학』 편집위원
경제사학회 이사
한국기업경영학회 부회장, 『기업경영연구』 편집위원 역임
한국경제학회 『경제학연구』 편집위원, 『경제학문헌연보』 편집위원 역임
『한국재벌과 지주회사체제: CJ와 두산』 (2013)
『한국재벌과 지주회사체제: LG와 SK』 (2011)
『대한민국기업사 2』 (공저, 2010)
『The Encyclopedia of Business in Today's World』 (공저, 2009)
『한국재벌과 개인적 경영자본주의』 (2008)
『대한민국기업사 1』 (공저, 2008)
『재벌의 경영지배구조와 인맥 혼맥』 (공저, 2005)
『A Study of British Business History』 (2004)
『The Oxford Encyclopedia of Economic History』 (공저, 2003)
『박승직상점, 1882-1951년』 (2001)
『한국 5대 재벌 백서, 1995-1997』 (공저, 1999)
『한국재벌개혁론』 (공저, 1999)
'A Collective Profile of British Businessmen in the 19th and Early 20th Century: Evidence from Scotland' (2012)
'A British Company in British India before 1945: The Case of J. & P. Coats' (2012)
'Selling Cotton Thread in China before 1945: J. & P. Coats, a British Multinational Enterprise' (2011)
'A British Business in Australia before World War II: J. & P. Coats, Cotton Thread Manufacturers' (2011)
'J. & P. Coats in Europe before 1914' (2006)
'The British Multinational Enterprise in Latin America before 1945: The Case of J. & P. Coats' (2005)
'Interlocking Ownership in the Korean Chaebol' (2003)
'The British Multinational Enterprise in the United States before 1914: The Case of J. & P. Coats' (1998)
'J. & P. Coats as a Multinational before 1914' (1997)
'J. & P. Coats in Tsarist Russia, 1889-1917' (1995)
'From a Family Partnership to a Corporate Company: J. & P. Coats, Thread Manufacturers' (1994)

한국재벌과 지주회사체제: GS와 LS

초판인쇄 2015년 2월 28일
초판발행 2015년 2월 28일

지은이 김동운
펴낸이 채종준
펴낸곳 한국학술정보㈜
주소 경기도 파주시 회동길 230(문발동)
전화 031) 908-3181(대표)
팩스 031) 908-3189
홈페이지 http://ebook.kstudy.com
전자우편 출판사업부 publish@kstudy.com
등록 제일산-115호(2000. 6. 19)

ISBN 978-89-268-6859-1 93320